JN026146

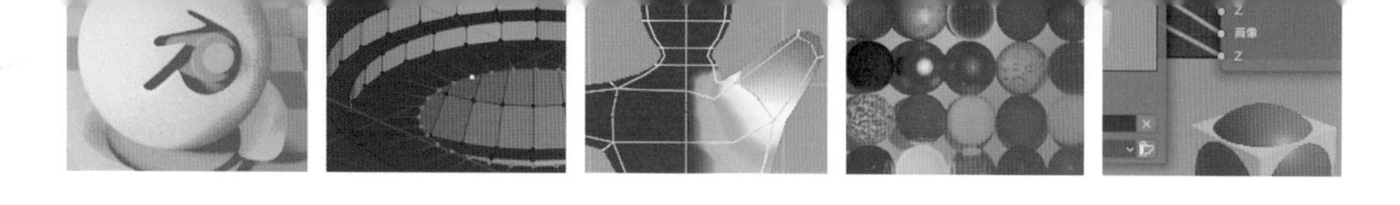

Blender 2.9
ガイド＆3DCG基本作品制作

海川メノウ◉著

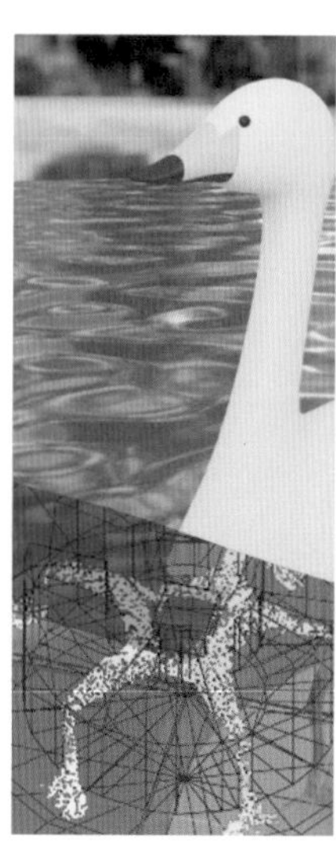

■サンプルファイルのダウンロードについて

本書に掲載のサンプルファイルは、一部を除いてインターネットからダウンロードすることができます。学習を進める際に、参考としてご利用ください。詳しいダウンロード手順については、本書の巻末にある「袋とじ」を参照してください。

※ダウンロードサービスを利用するには、巻末の「袋とじ」の中に記されている「ナンバー」が必要です。本書を中古書店で購入した場合や、図書館などから借りた場合には、ダウンロードサービスを利用できない可能性があることをご了承ください。

序文

Blenderは現在も開発が進むオープンソースのフリーソフトで、モデリング、レンダリング以外にもアニメーションや動画編集など多数の機能を有しています。

ソフトを入手したその時から、無料で誰でも自由に3DCG制作を楽しむことができます。

本書はBlender 2.90を使用し、代表的な機能の紹介と設定、モデリング方法などを図と共に解説し、各章の最後には復習となる練習問題、さらに基本的操作を踏まえた上での作品制作を掲載しています。

主に基本的な機能を解説した内容になっているので、これからBlenderを使い始める方への入門用として、また使い慣れた方にも機能の再確認として参考になる一冊として3DCG制作に活用して頂けたら幸いです。

著者

目次

付 録……317

第1部
機能解説

第1章

Blenderの基本

1

1.1 開始から終了まで〈アプリケーションの基本〉

Blenderの導入から、起動して簡単な操作によるレンダリングやデータの保存、終了までの一連の流れです。

1.1.1 ダウンロード

公式ウェブサイトから最新版のBlenderをダウンロードします。

以下のページ内リンクからアクセスできるMicrosoftストアからも入手できます。

https://www.blender.org/download/

過去のバージョンは以下でダウンロードできます。

https://download.blender.org/release/

インストーラー版

ダウンロード後、インストールを行います。

ZIP版

適当なフォルダーに展開します。Blenderを起動するにはエクスプローラーなどでblender.exeを実行します。

また、.blendファイルなどのBlender関連のファイルはBlenderに関連付けられません。

1.1.2 Blenderを起動

Blenderを起動すると、最初にコンソールウィンドウが表示され、次にメインのウィンドウが表示されます。

■ スプラッシュ画面

起動時は英語ですが、表示されるスプラッシュのLanguage →「日本語（Japanese）」を選択するとインターフェイスを日本語表示に変えられます（設定は後でも変更可能）。

以前のバージョンがある場合は左下のボタンからその設定を引き継ぎます。

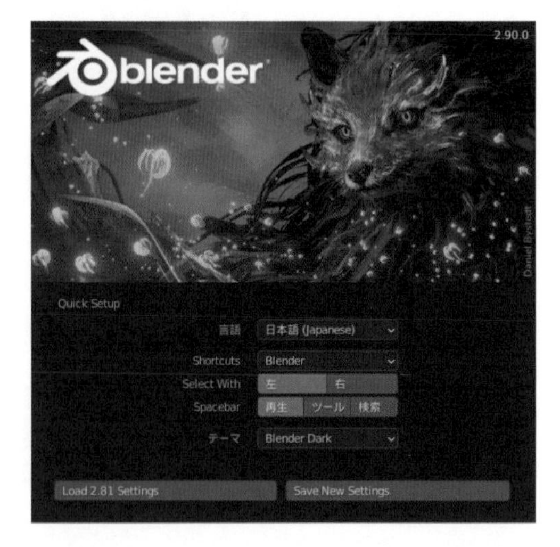

次回起動時からは画面に表示されるスプラッシュには最近使用したファイルのリストやウェブサイトへのリンクが表示されます。

利用しない場合はウィンドウのどこかをクリックするとスプラッシュが消えます。

■ デフォルトシーン

最も大きいエリア（3Dビューポート）に立方体（Cube）、光源（ポイントライト）、カメラが配置されています。

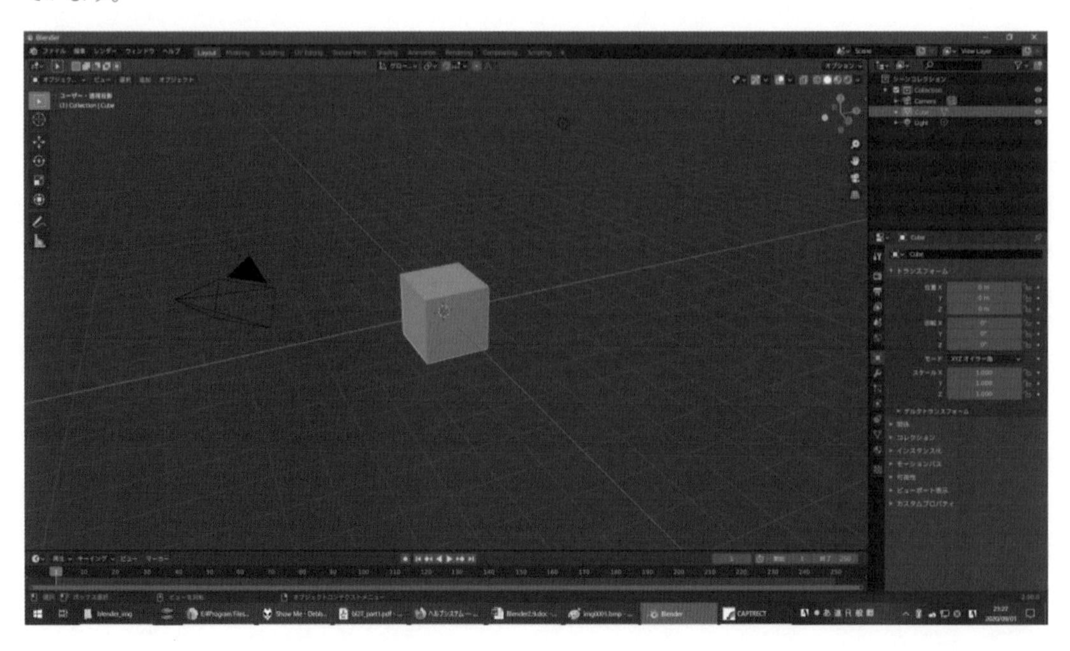

1.1.3 レンダリング

レンダリングを行うと、カメラから見たシーンが画像として出力されます。

トップバー→「レンダー」→「Render Image」(F12) でレンダリングが始まります。

レンダーウィンドウが起動し、「画像エディター」画面に結果が表示されデフォルトシーンがレンダリングされます。

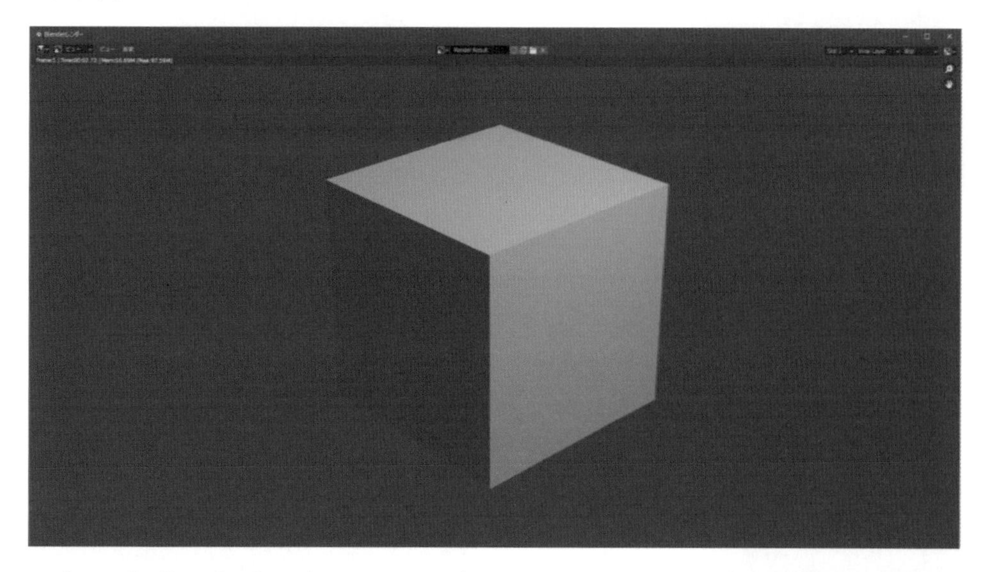

レンダリング画像は「画像エディター」ヘッダーの表示画像選択欄で「Render Result」を選択するか、トップバー→「レンダー」→「View Render」(F11) でいつでも参照できます。

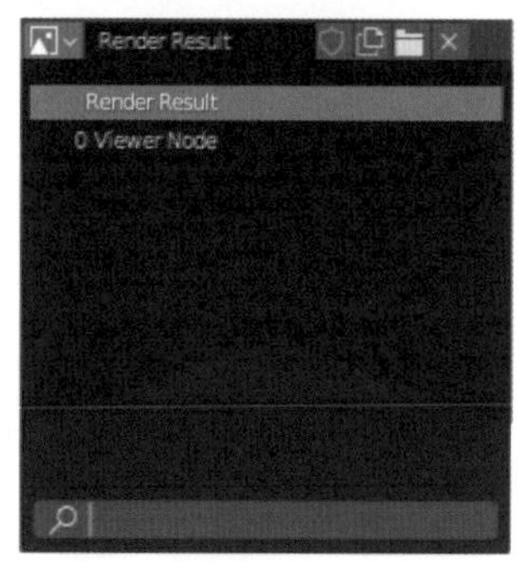

1.1.4 データの保存

トップバー→「ファイル」→「保存」(Ctrl + S) を選択するとファイルブラウザーが起動するので、任意の場所にデータを保存します。

拡張子は「.blend」です。

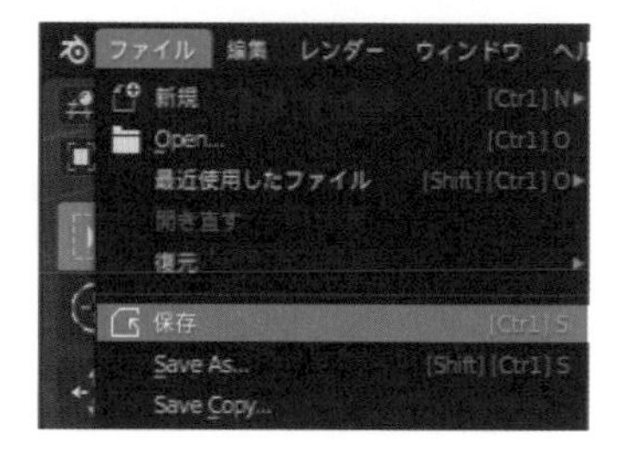

■ レンダリング画像の保存

レンダリングで出力した画像を保存します。

レンダーウィンドウの「画像エディター」(Shift + F10) ヘッダー→「画像」→「保存」(Alt + S) を選択します。

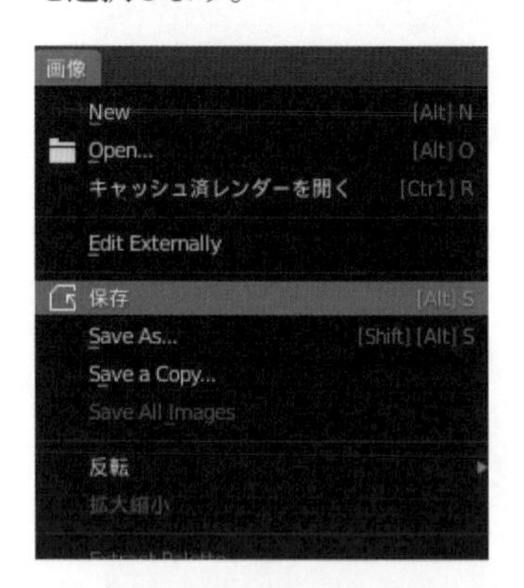

1.1.5 Blenderの終了

ウィンドウ上部右の「×」ボタンで直接閉じるか、またはトップバー→「ファイル」→「Quit」(Ctrl + Q) を選択します。

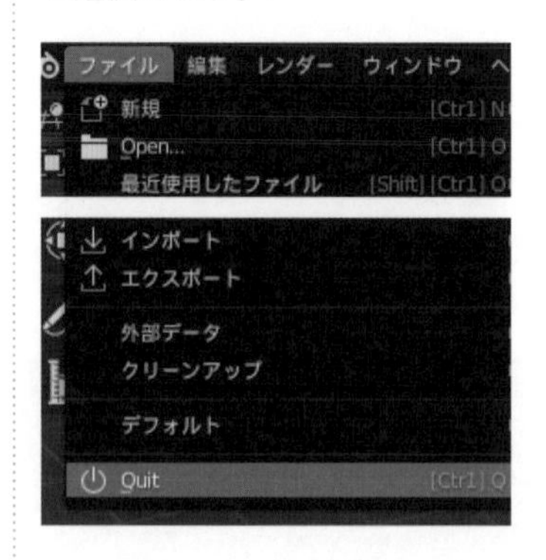

1.2 画面と構成要素〈ユーザーインターフェイス〉

表示されているエディターはそれぞれ異なるインターフェイスを持ち、役割が異なりますが、機能にアクセスするための共通の要素もあります。

1.2.1 トップバー

最上部にある領域で、Blenderアイコンをクリックするとスプラッシュ画面やシステム情報などを表示し、その他一般的な編集機能にアクセスできます。

1.2.2 ワークスペース

トップバーにはワークスペースのプリセットが用意されており、作業目的に合わせて切り替えると見通しがよくなります。

右端の「+」からプリセット選択、コピーが可能です。

1.2.3 エリア

画面を構成するエリアは、好みで位置や数、サイズを変更できます。

オリジナルの構成にすると「ワークスペース」としてファイル保存後も有効です。

■ 分割、結合

エリアの境目にマウスカーソルを合わせてドラッグすると幅を変更できます。

エリアの隅にカーソルを合わせて十字のアイコンに変わった状態でドラッグするか、右クリックメニューからエリアの分割、結合、交換を実行できます。

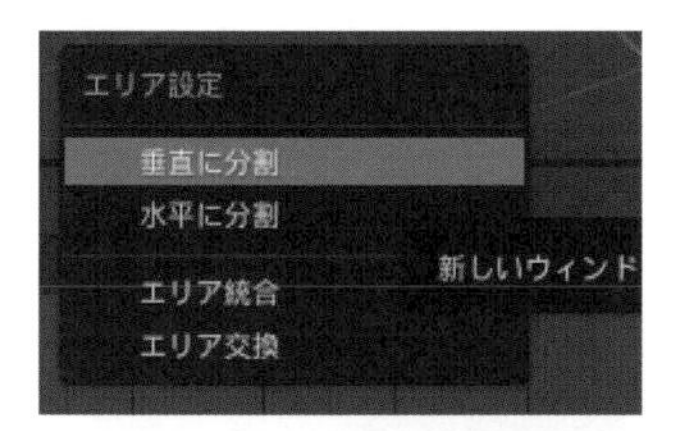

● 結合するには両方のエリアが選択方向に対して同じ幅である必要があります。

■ 表示オプション

ヘッダー→「ビュー」→「エリア」内にはエリアの様々な表示オプションがあります。

四分割表示

Ctrl + Alt + Q キーで上、前、右、ユーザー視点の 4 つの視点からの表示に分割できます。

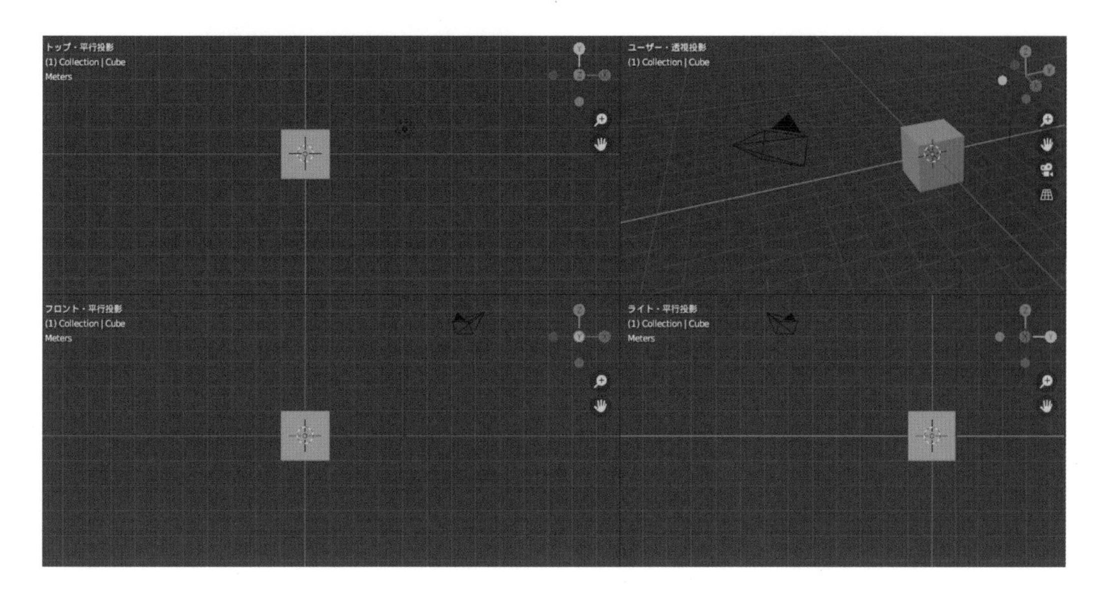

最大化

Ctrl + Alt + Space キーでエリアを最大化表示と切り替えます。

1.2.4 リージョン

各エディターの画面を構成する要素（リージョン）として、ヘッダー、ツールバー、サイドバーなどがあります。

■ ヘッダー

各エディターに備わっているツールを格納する横長のリージョンで、ヘッダーの左にあるボタン群からモードの切り替えなどを行います。

その他、3D ビューポート時はビュー、選択、追加、オブジェクトボタンが表示されます。

■ ツールバー

パネルまたはツールが表示され、ツール時は右縁をドラッグすると、配置が変化したり格納されているツール名を表示できます。

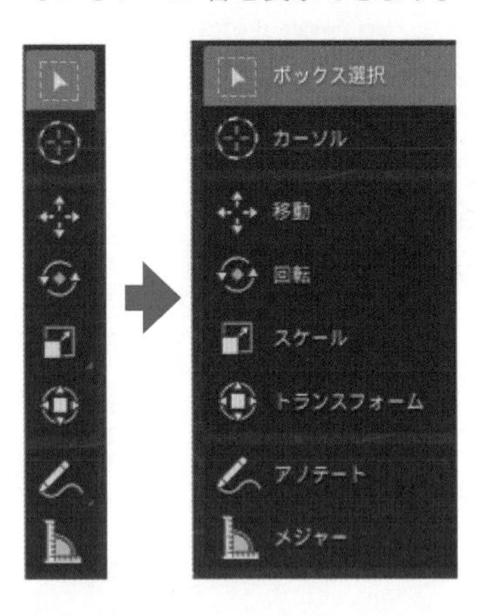

■ サイドバー

選択物の情報を表示したり、ビュー上のオプション設定などができます。右のタブから内容を切り替えます。

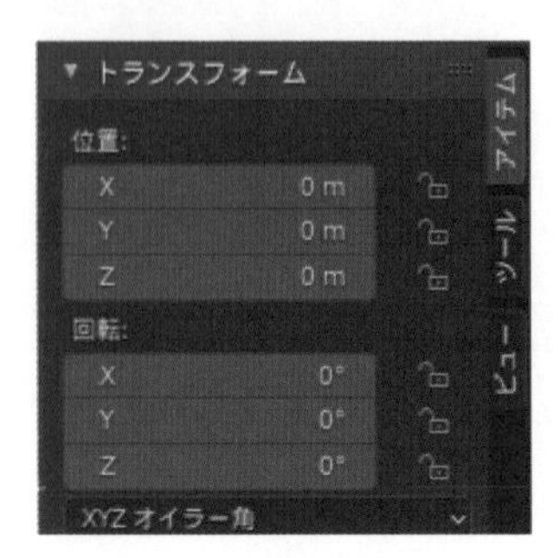

■ 表示の切り替え

Tキーでツールバー、Nキーでサイドバーの表示非表示が切り替わります。

またはエリアの端にある小さなアイコンをクリックで表示、パネルの端をドラッグして細くして格納します。

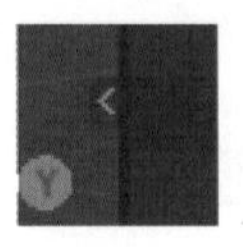

1.2.5 ツール

機能呼び出しや制作補助となるツール類です。

■ ポップアップツールバー

Shift + Spaceキーでカーソル位置に表示でき、内容はツールバーと同じです。項目右側にはツールを選択するショートカットキーが表示されます。

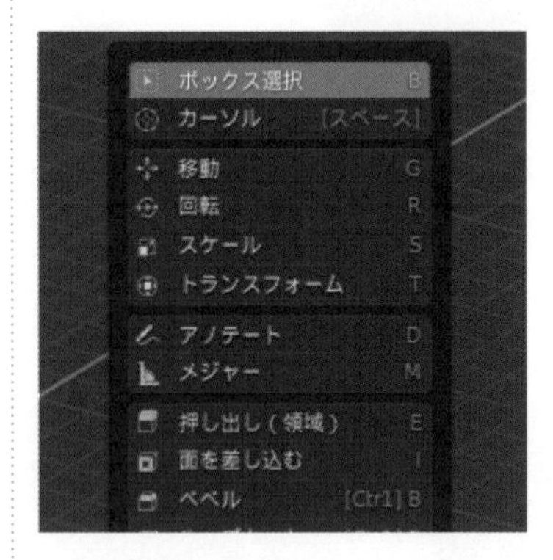

後に解説する「プリファレンス」→「キーマップ」でSpaceキーのアクションを「ツール」に変更すると、項目のショートカットキーと合わせて押すことで素早く呼び出しが可能になります。

■ お気に入りツール

ヘッダーの項目内にある階層が深い機能などを登録すると便利です。

使い方

項目上で右クリック→「お気に入りツールに追加」を選択します。

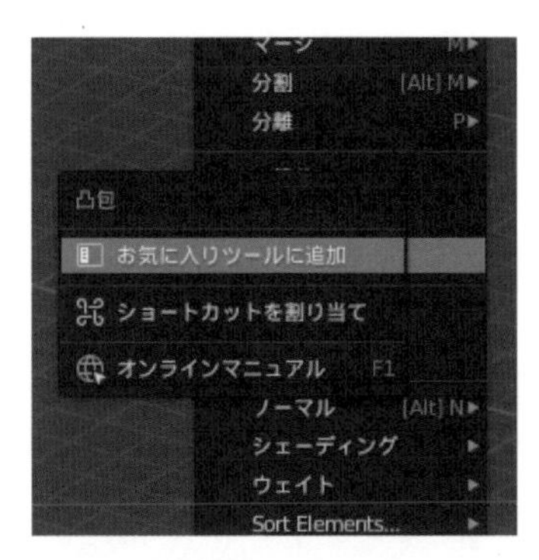

Qキーで呼び出します。

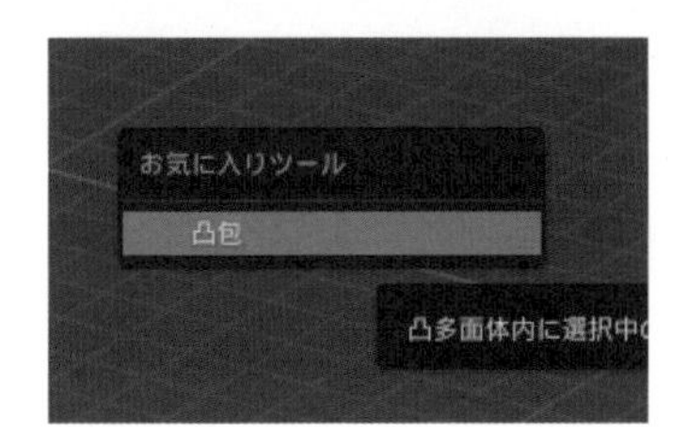

注釈ツール

画面上に直接描画でき、複数のエディターで使用できます。

レンダリングには反映されないので、構成用のメモとして役立ちます。

使い方

ツールバーから「アノテート」を選択します。

画面に描画すると、「サイドバー」(N)→「ビュー」タブ→「アノテーション」パネルに現在のレイヤーが生成され、新規レイヤー追加、ストロークの幅などの設定ができます。

3Dビューポートで使用する場合は視点が反映されるので、同じ視点時は同一面への描画になります。

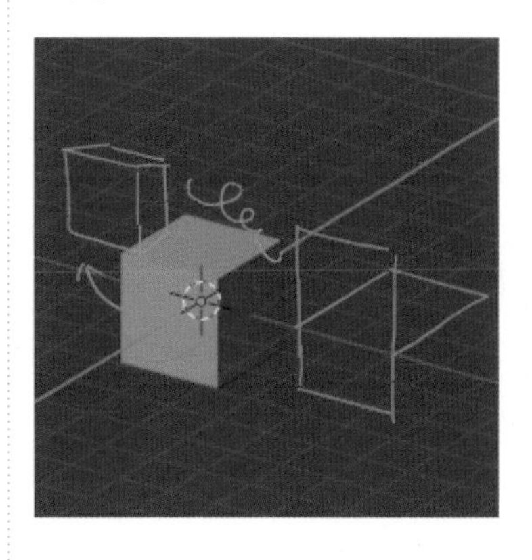

ツールプロパティ

選択中のツールは個別に設定を持ち、以下の場所からアクセスできます。

- 「サイドバー」(N) →「ツール」タブ
- 「プロパティ」(Shift + F7) →「アクティブツールとワークスペースの設定」

1.3 各種編集機能〈エディタータイプ〉

各エリアのヘッダー左端にあるアイコンボタンをクリックすると各エディタータイプを選択できます。

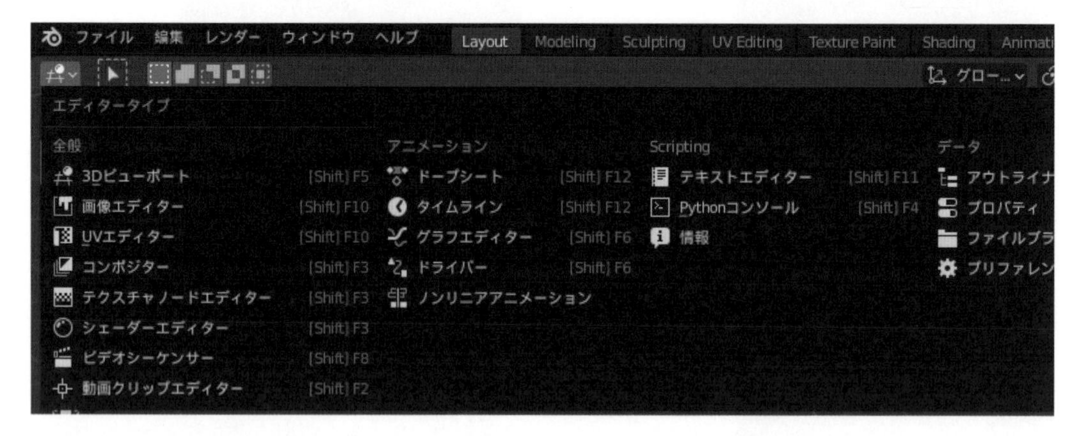

1.3.1 全般

3D ビューポート (Shift + F5)

デフォルトのワークスペース「Layout」の最も大きな画面に表示されているエディターで、モデリング、アニメーション、ペイント作業を行います。

ヘッダー→画面右のオーバーレイオプションで軸やグリッドの設定を変更できます。

XYZ 軸

X 軸は赤、Y 軸は緑、Z 軸は青で表示されており、それぞれは横、奥行き、高さとなります。Z 軸は通常、テンキーの 1 などで視点を完全に平行にした時に確認できます。

グリッド

背景や床の位置に表示されているマス目（グリッド）はモデル作成の目安やスナップ対象になります。

3D カーソル

画面上にある 3D カーソルは、オブジェクトを追加する場所や回転などのトランスフォーム操作の中心点として使用するためのターゲット位置になります。

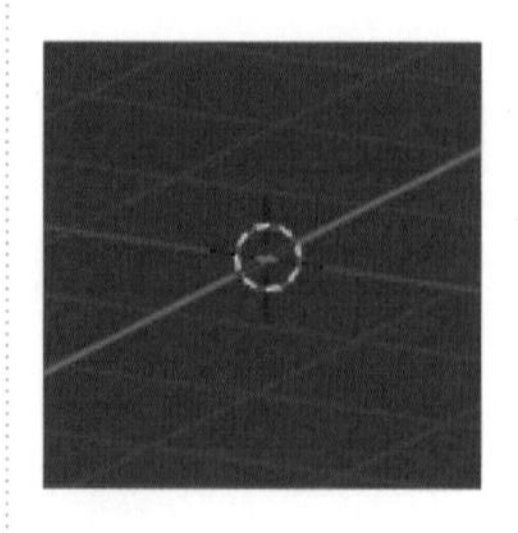

移動

Shift + 右クリックで位置の変更ができますが、ツールバーから以下のツールを選択すると、クリックで直接 3D カーソルを移動できます。

位置のリセット

Shift + C キーで軸原点に位置をリセットできます。

スナップパイメニュー

Shift + S キーのパイメニューから指定対象にスナップできます。

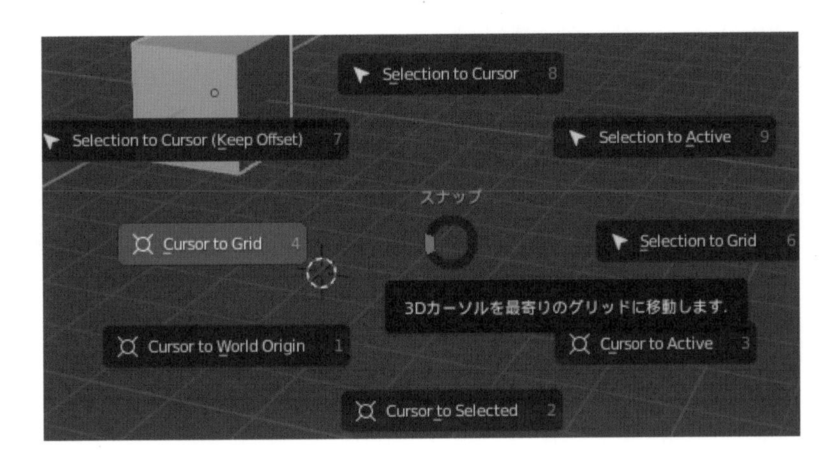

画像エディター (Shift + F10)

レンダリング画像の描画や、読み込んだ画像などの 2D 要素を表示します。

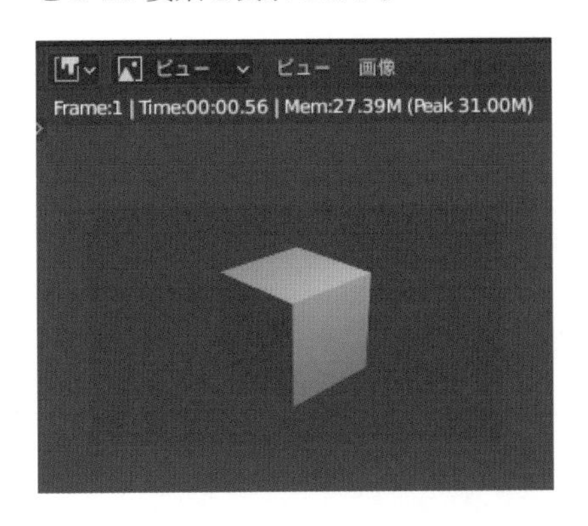

コンポジター (Shift + F3)

レンダリング結果などの画像、動画をノードツリーを使用して編集します。

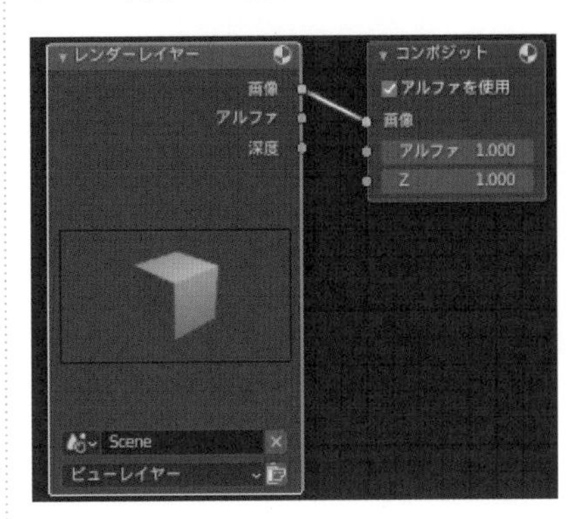

UV エディター (Shift + F10)

2D 要素を 3D 要素にマッピングするための「UV」を編集します。

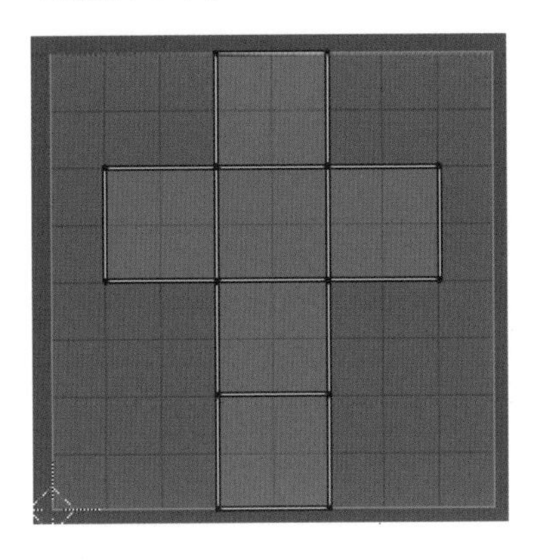

テクスチャノードエディター (Shift + F3)

読み込んだ画像や内蔵テクスチャをノードツリーを使用して編集し、ブラシなどで使用します。

■ シェーダーエディター (Shift + F3)

マテリアルを構成するシェーダーやテクスチャをノードツリーを使用して編集します。

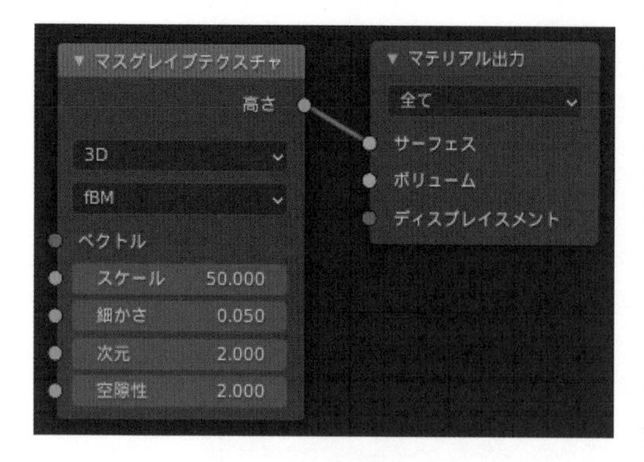

■ ビデオシーケンサー (Shift + F8)

動画ファイルや連番画像を読み込んで連結やエフェクトなどの編集を行います。

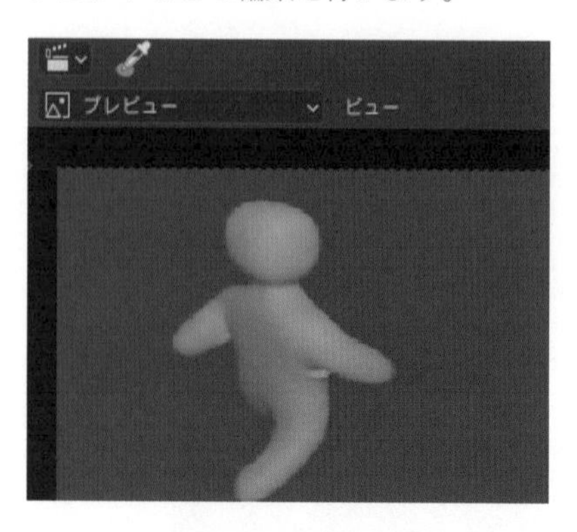

■ 動画クリップエディター (Shift + F2)

動画の視点追跡やマスキングを行います。

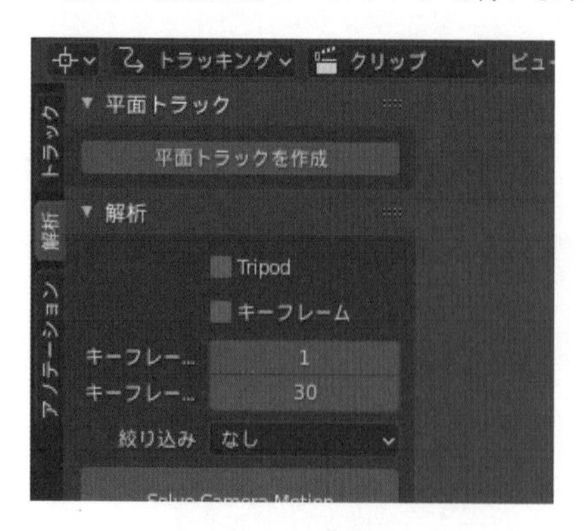

1.3.2 アニメーション

■ ドープシート (Shift + F12)

シーン内のキーフレームを一覧表示します。

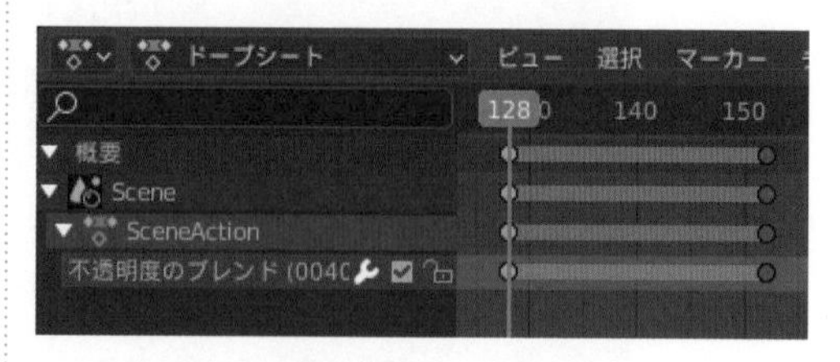

■ タイムライン (Shift + F12)

アニメーション向けの機能で、Blender 内での時間「フレーム」を操作します。

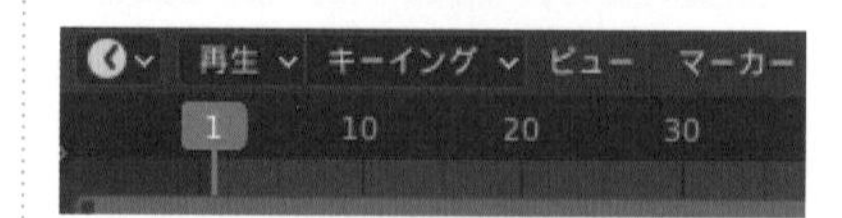

■ グラフエディター (Shift + F6)

アニメーションのトランスフォームなどによる変化をカーブを用いて調整します。

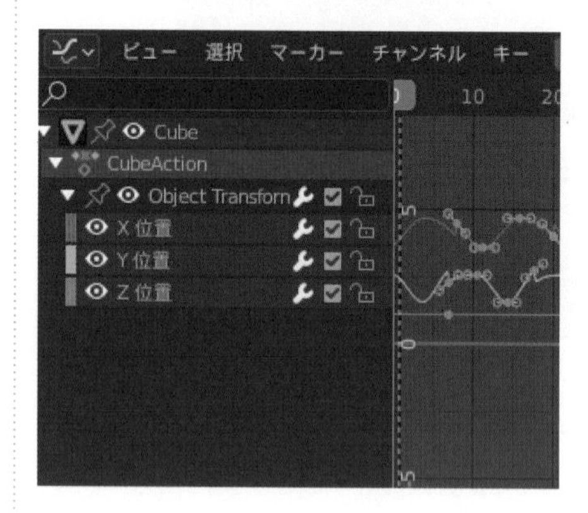

■ **ドライバー (Shift + F6)**

項目（プロパティ）を別の項目で値を変更できるようにします。

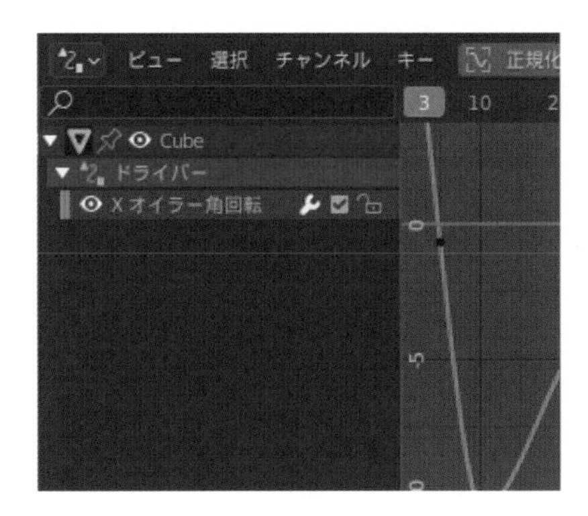

■ **ノンリニアアニメーション**

一連のアクションをストリップ化して、複製して再利用するなどアニメーションを効率よく管理します。

1.3.3 Scripting

■ **テキストエディター (Shift + F11)**

スクリプト言語「Python」で記述したソースコードを実行したり、外部ファイルを読み込んで表示するなどの用途に使用できます。

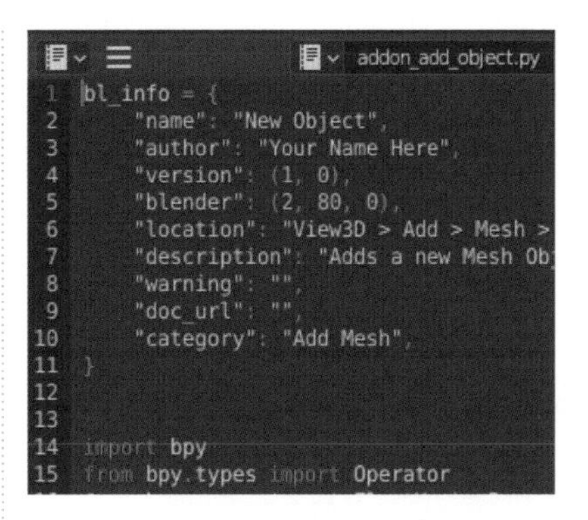

■ **Python コンソール (Shift + F4)**

スクリプト言語「Python」で Blender に指示を与え、様々なコマンドを実行します。

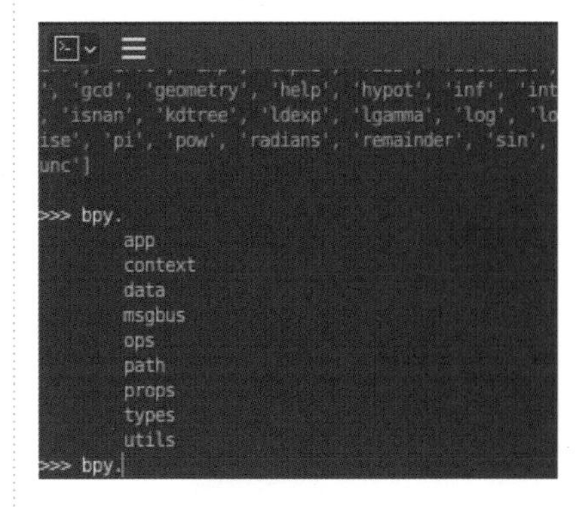

■ **情報**

実行された命令、エラーなどのログを表示します。

1.3.4 データ

アウトライナー (Shift + F9)

データを階層表示し、オブジェクトの選択や関係性の確認、管理を行います。大部分のワークスペースで右上のエリアに表示されています。

プロパティ (Shift + F7)

レンダリング設定や選択オブジェクトに関する項目の設定を行います。左のタブから内容を切り替えます。大部分のワークスペースで右下のエリアに表示されています。

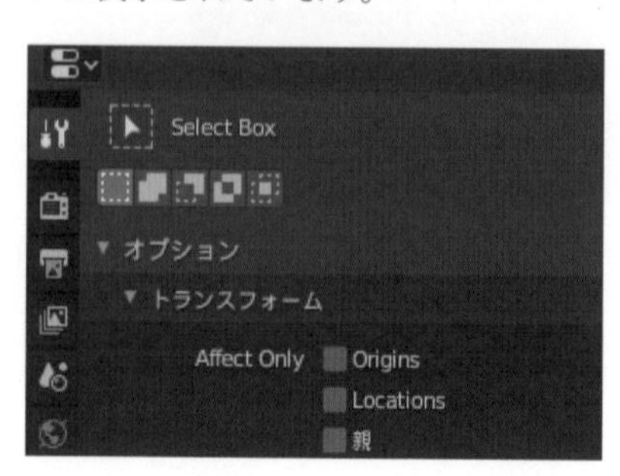

ファイルブラウザー (Shift + F1)

データを選択し、ビュー上にドラッグ&ドロップすると読み込むことができます。

プリファレンス

各種ユーザー設定を行います。

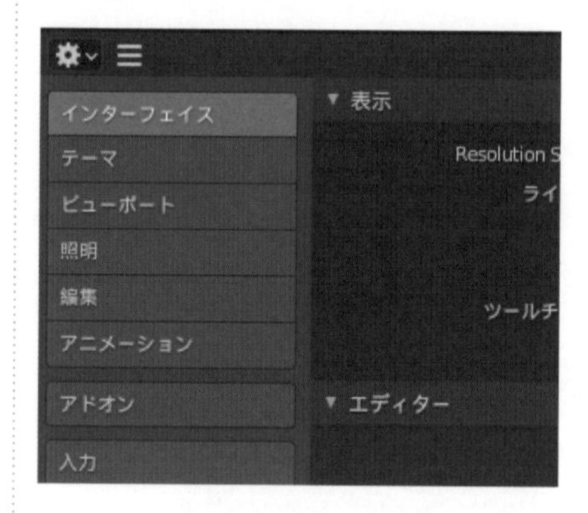

1.4 ユーザー設定〈プリファレンス〉

作業前に好みのカスタマイズを行うと、より便利にBlenderを使用できるようになります。

1.4.1 プリファレンスを表示する

ユーザー設定を変更するにはエディタータイプを「プリファレンス」にするか、トップバー「編集」→「Preferences...」で別ウィンドウを表示します。

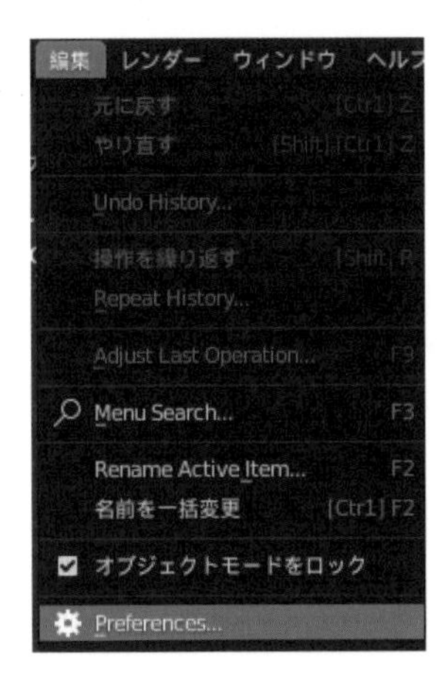

1.4.2 設定を保存する

ヘッダー（格納されている場合は右下のボタンで展開、またはメニューボタンから）→「プリファレンスを保存」で設定を保存します。

■ 変更の自動保存

「Auto-Save Preferences」有効時は設定が変更された場合、終了時に自動で保存します。

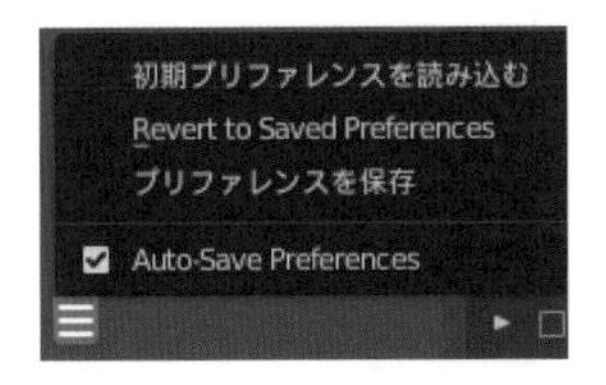

1.4.3 表示関連の設定

「インターフェイス」で表示に関わる設定を変更します。

■ 日本語化する

「翻訳」から言語と影響範囲を設定できます。初回起動時のスプラッシュでも設定可能です。

1.4.4 視点の操作方法を変える

「視点の操作」で視点の動かし方を変更します。

■ 周回とパン

「選択部分を中心に回転」を有効にすると編集時に確認がしやすくなります。

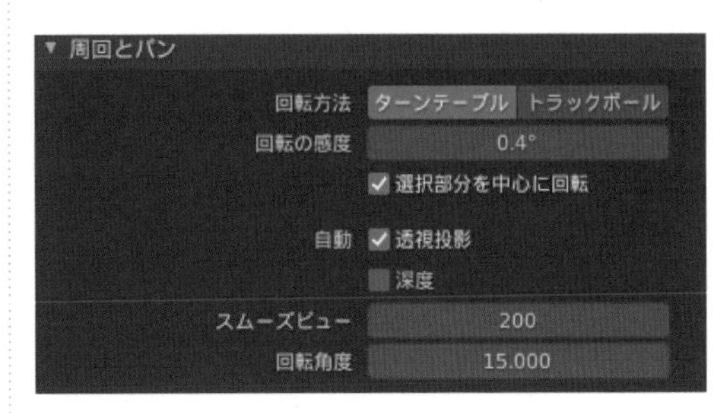

1.4.5　キー操作を変える

「キーマップ」でショートカットキーを変更できます。

選択マウスボタンを変える

「プリファレンス」で旧バージョンの右クリック選択に変更できます。

1.4.6　自動バックアップの設定

「セーブ＆ロード」→「Blendファイル」で予期せぬ強制終了に備えて、一定時間ごとにデータを保存しておくようにすると安心です。

オートセーブ

「自動保存」を有効にすると一時保存ファイルディレクトリに指定されているフォルダーに現在のデータを自動で保存します（ファイル名にランダムな数字が付加される）。

下にある「Timer(mins)」で設定した時間ごとに保存が行われます。

バージョン保存

「バージョンを保存」から同時保存するファイル数を変更できます。

ファイル数が1つであれば「.blend1」という拡張子のファイルが生成され、拡張子を「.blend」に書きかえることでデータの復元が可能になります。

1.5　データ構造〈シーンとアウトライナー〉

Blenderのファイル内の各種データがどのように位置しているかを知っておくことで目的のデータを探したり、整理しやすくなります。

1.5.1　データの階層

データは概ね以下のような階層構造になっており、アウトライナー上で表示、ドラッグで入れ替え、ダブルクリックで名前の変更などができます。

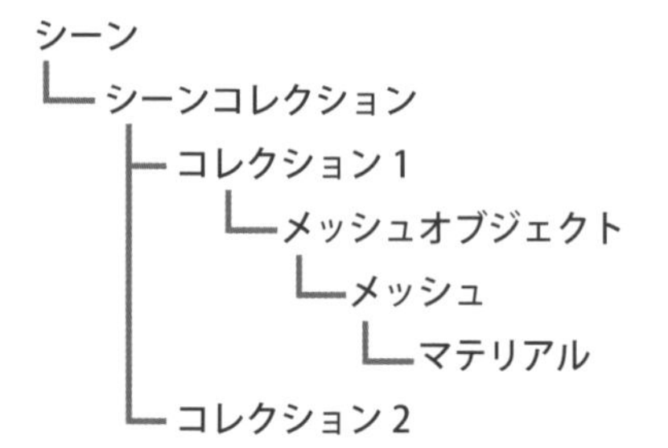

1.5.2　シーン

トップバーから新規シーンを追加、切り替えることで同じファイル内で異なる複数のシーンを管理でき、それぞれでレンダリングを行い画像を合成することなども可能です。

「プロパティ」（Shift + F7）での設定はシーンごとに異なる内容にすることができます。

1.5.3　コレクション

シーン内に直接属するコレクションはシーンコレクションと呼ばれ、シーン内の要素を全て格納しています。ユーザーはこの中に新規にコレクションを作成してデータを管理できます。

アウトライナーのヘッダーから新規作成でき、1つのオブジェクトを複数のコレクションにリンクしたり、コレクション内に別のコレクションを入れ子にしたりできるので柔軟なグルーピングが可能です。

オブジェクトをコレクションに格納

オブジェクト名をドラッグ&ドロップしてコレクション間の移動ができます。

複数コレクションにリンク

オブジェクト名をCtrlキーを押しながらコレクションにドラッグ&ドロップすると、コレクションに対してオブジェクトのリンクが作成されます。

以下では同一の「Light」オブジェクトが複数のコレクションに属しています。

「プロパティ」（Shift + F7）→「オブジェクトプロパティ」→「コレクション」パネルでも属しているコレクションの確認ができます。

表示設定

コレクション内のオブジェクトなどは画面上での表示非表示などを設定できます。ヘッダーのフィルターボタンを展開して表示されるメニューから設定用アイコンの表示を切り替えられます。

● 初期状態ではレンダリング可否のアイコンは表示されていないので表示しておくと便利です。

1.5.4　オブジェクト

オブジェクトはデータを格納する箱のようなもので、位置やスケーリングなどのトランスフォーム情報を持ちます。

オブジェクトへのリンク

格納データには色や質感を定義するマテリアル、形状を定義するメッシュなどがあり、これらは異なるオブジェクト間でリンクさせて共用することもできます。

デフォルトで画面にある立方体（Cube）の階層を展開すると、オブジェクトに同名のメッシュ、そのメッシュにマテリアルがリンクされています。

1.5.5　ビューレイヤー

各コレクションやオブジェクトの可視性の設定を個別に管理するレイヤーです。

トップバーから切り替えと新規作成ができます。

異なる表示のシーンを別々のレンダーレイヤーとしてレンダリングして後で合成するのに役立ちます。

1.6 作成済み要素〈データブロック〉

作成されたデータはメニューリスト内に表示され、選択することで使用（リンク）できます。

1.6.1　データ ID の表示

「プロパティ」（Shift + F7）内の各タブや各種パネルにある名前の左のボタンから利用可能なデータ ID のリストを展開します。種類によってはサムネイルも表示されます。

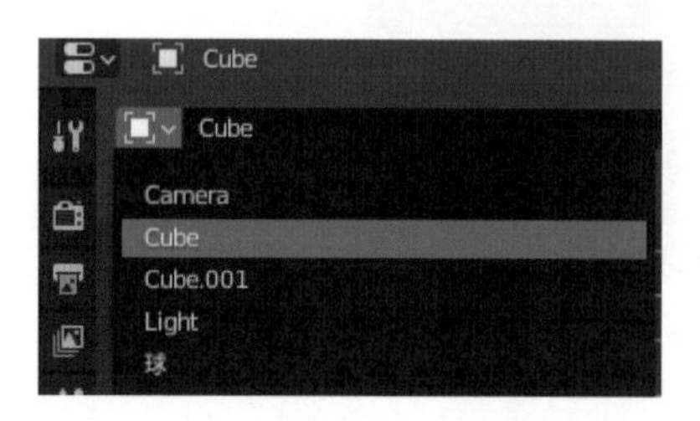

■ データ名

名前がデータ ID として使用されるため、同じタイプのオブジェクトに同じ名前を付けることはできません。同名のオブジェクトを複製した場合は自動的に末尾に番号が追加されます。

■ 簡単に名前変更

オブジェクトに命名後、リンクされているデータ名にも同じ名前を付けておくと選択しやすくなります。

「アウトライナー」上のオブジェクト名をドラッグして、データブロック名にドロップすると簡単に名前変更ができます。

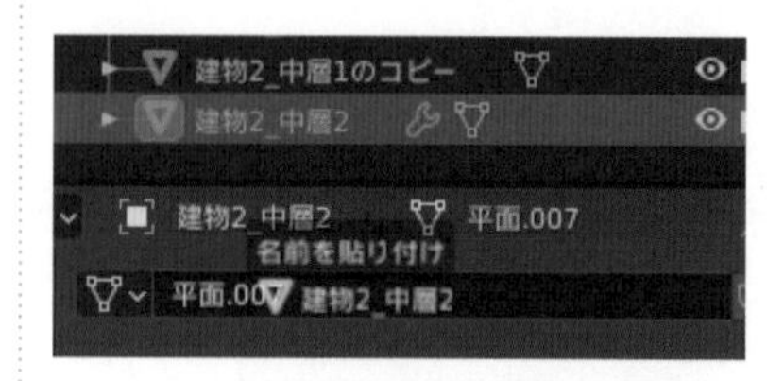

1.6.2　ユーザー

メッシュやマテリアルを使用しているオブジェクトは「ユーザー」であり、リンクされている限りデータは保持されます。

■ ユーザー数

データ名の横に表示されているのがユーザー数で、クリックすると複製されてシングルユーザーになります。

孤立データ

以下はオブジェクトデータプロパティでのメッシュの一覧表示時です。

ユーザーがいないデータは名前に0が付いています。

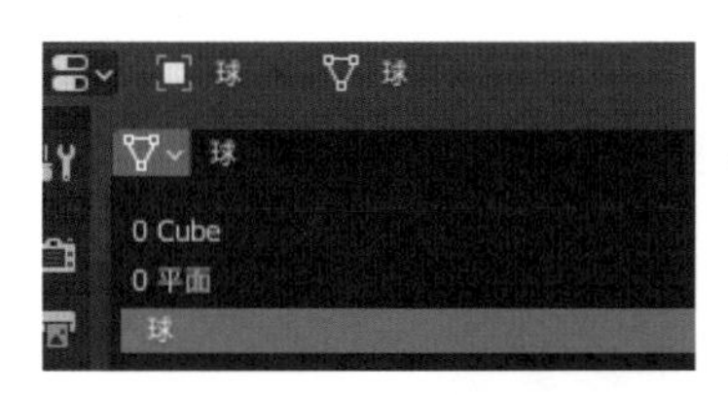

アウトライナーのヘッダーから表示モードを選択し、孤立データを表示できます。

● 0ユーザーのデータはファイルを保存後、再度ファイルを開くと削除されます。

フェイクユーザー

孤立データを残しておきたい時は、データ名の右にある盾アイコンをクリックして保護します。保護されたデータ名にはFが付きます。

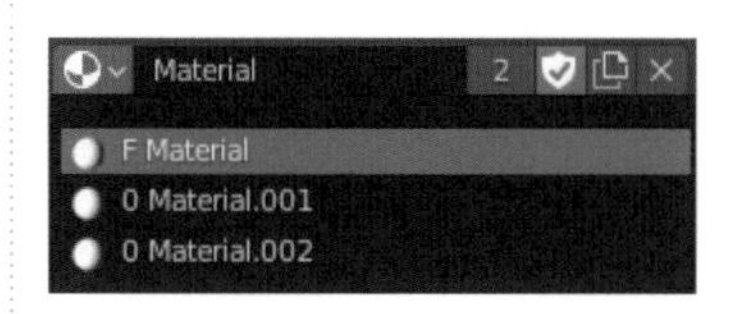

1.7 役立つ操作〈共通操作〉

Blender全体で共通の基本操作です。

1.7.1　マウスオーバー

各項目にマウスカーソルを載せるとツールチップに説明が表示されます。

その項目の詳細や、ショートカットキーがあれば共に表示されるので操作を覚えやすいです。

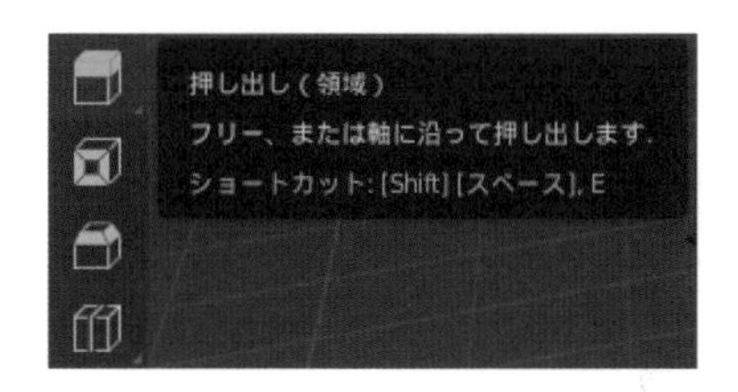

1.7.2　右クリックメニュー

項目の上などあらゆる部分で右クリックメニューによる機能呼び出しが役立ちます。

右クリックメニュー上でさらに項目を右クリックするとお気に入り登録やショートカットキーの再設定などのメニューにアクセスできます。

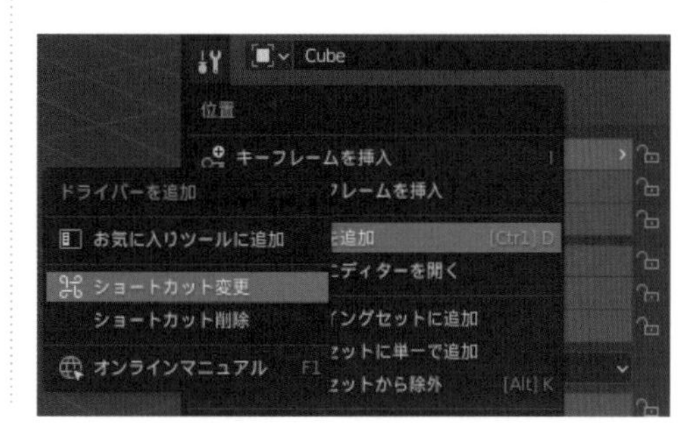

1.7.3 取り消しとやり直し

例としてやり直しを他のショートカットキーにしたい場合は、トップバー→「編集」→「やり直す」を右クリックして変更できます。

Ctrl + Z	取り消し
Shift + Ctrl + Z	やり直し

1.7.4 追加後の調整パネル (F9)

新規にオブジェクトを追加したり、ツールを使用した編集を行った直後に表示される調整パネルから最後のカスタマイズを行うことができます。

例として UV 球を生成後、他の操作を行う前であればリング数などを変更できます。

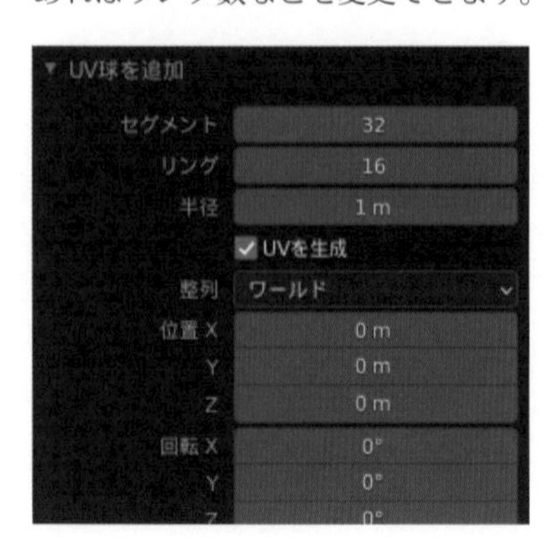

1.7.5 数値入力方法

画面上のパネルの数値入力項目ではテンキーによる直接入力も可能ですが、マウスオーバーすると項目の左右に表示されるボタンを押したり、数値上で左右ドラッグしても簡単に入力できます。

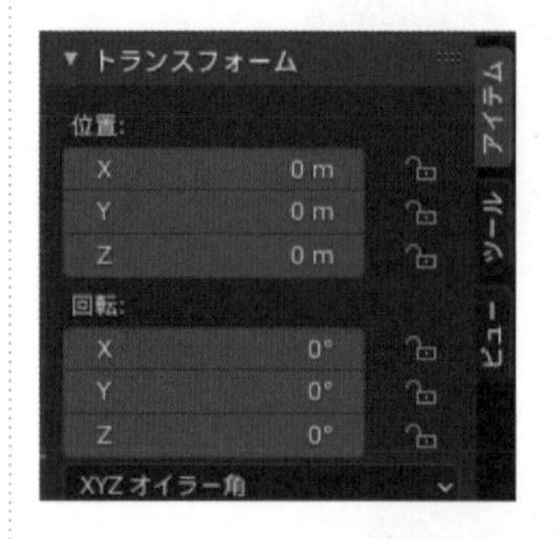

1.7.6 操作履歴

トップバー→「編集」→「Undo History」から最近の操作にアクセスできます。

1.8 視点の操作〈マウス、テンキー〉

編集画面では視点を変化させながら作業するので、マウス操作の他にショートカットキーを覚えておくとスムーズに作業できます。

1.8.1 ミニ軸

画面右上にある XYZ 軸を表すナビゲーターで、ドラッグすると視点を回転できます。

「プリファレンス」→「ビューポート」→「3D Viewport Axis」で表示タイプを変更できます。

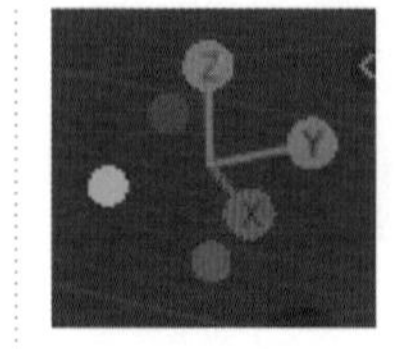

1.8.2　視点操作ツール

ミニ軸の下にあるアイコン上でドラッグするとズームや平行移動が手軽にできます。

上からズーム、平行移動、クリックでカメラ / ユーザー視点、クリックで透視 / 平行投影のアイコンです。

1.8.3　マウスボタンによる視点操作

マウスと機能拡張用キーの組み合わせは主な視点の操作手段になります。

中ボタンドラッグ

視点の回転を行う重要な操作で、以下のキーで挙動が変化します。

Ctrl	上下移動でズーム
Shift	平行移動
Alt	軸にスナップ

ドラッグ中、画面下に拡張キーによる操作ナビゲーションが表示されます。他の操作でも表示されるので編集中は確認するようにしておくと操作の助けになります。

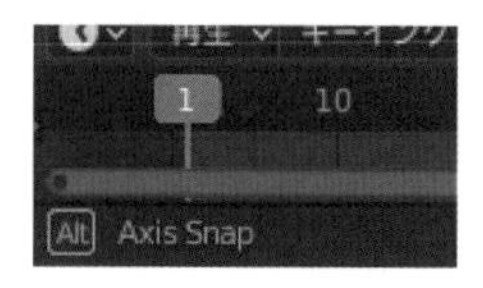

中ボタンクリック

Alt キーを押しながらクリックすると、クリック箇所が画面の中心に来るように視点がスライドします。

1.8.4　テンキーによる視点操作

正面、左右など正確に視点を変更でき、平行投影時は背景にグリッドが表示されるので編集の目安となります。

0	カメラ視点、ユーザー視点切り替え
1	正面（+ Ctrl キーで背後）
2、8	連続押しで上下回転（+ Ctrl キーで平行移動）
3	右（+ Ctrl キーで左）
4、6	連続押しで左右回転（+ Ctrl キーで平行移動）
5	平行 / 透視投影切り替え
7	真上（+ Ctrl キーで真下、+ Shift キーでユーザー視点）
.	選択中オブジェクトにズーム、視点回転の中心に
/	ローカル表示（選択中オブジェクトのみ表示）
+	ズーム（+ Shift キーで小刻み）
-	ズームアウト（+ Shift キーで小刻み）

1.8.5　直感的な視点操作

「3D ビューポート」ヘッダー→「ビュー」→「視点の操作」→「フライナビゲーション」または「ウォークナビゲーション」でマウスの動きやキーボードを使用して実際に画面内を歩行しているような視点で位置指定を行うこともできます。

使い方

いずれかのナビゲーションモードにした後、マウスで視点の向きを変えながら、操作キーで前後上下左右に移動できます。使用できるキーは画面下に表示されます。

E	上
Q	下
A	左
D	右
W	前
S	後

■ ショートカットキー

デフォルトではShift + ` キーでウォークナビゲーションモードになります。

このショートカットキーでどちらのモードを起動するかは「プリファレンス」→「視点の操作」→「フライとウォーク」パネルで選択可能です。

● 上記の設定のまま、Shift + F キー（旧バージョンではフライナビゲーションのショートカットキーで、現在は割り当てなし）をフライナビゲーションに設定すると両方のモードを簡単に使用できます。

1.9 対象の操作〈オブジェクトの基本〉

3D ビューポート上での基本操作です。
メッシュを編集する「編集モード」とも共通しています。

1.9.1 原点

オブジェクト選択時に表示されるオレンジ色の小さな丸はオブジェクトの原点で、回転などのトランスフォーム操作の中心として使用するためのターゲット位置になります。

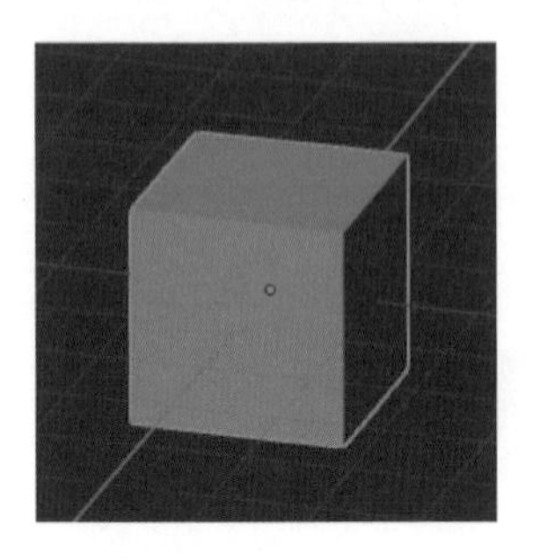

■ 原点の再配置

デフォルトでは生成した基本形状の中心にありますが、編集の過程で位置が合わなくなったり、別の位置に移動させたくなったりした場合は「オブジェクト」→「原点を設定」内の関連項目で再配置できます。

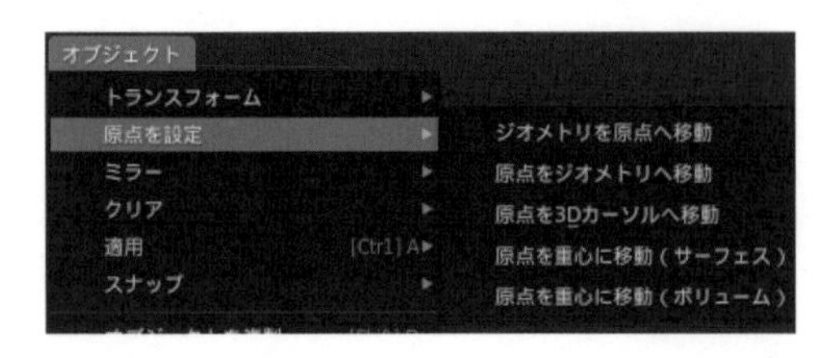

1.9.2 選択

選択関連のメニューは「3D ビューポート」ヘッダー→「選択」内にあります。

メニュー項目横にはショートカットキーが表示されているので、よく使う機能については覚えておくと便利です。

■ 基本的な選択

クリックで画面上のオブジェクトを選択します。

選択されたオブジェクトは輪郭線が黄色になります。

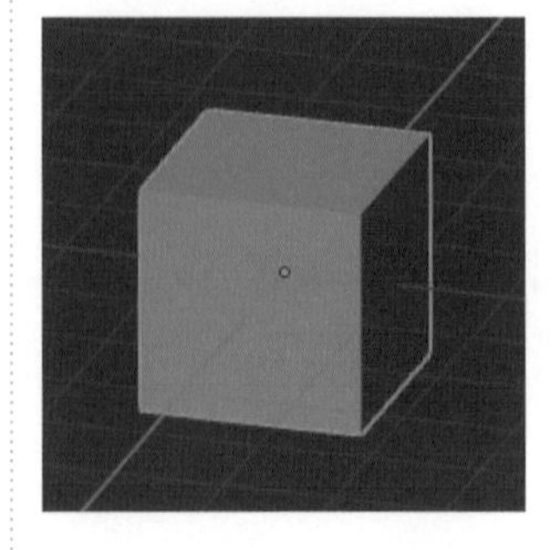

アクティブオブジェクト

最後に選択されたものは「アクティブオブジェクト」になり、様々な操作の対象となります。

アクティブオブジェクトでない選択オブジェクトは輪郭線がオレンジ色になります。

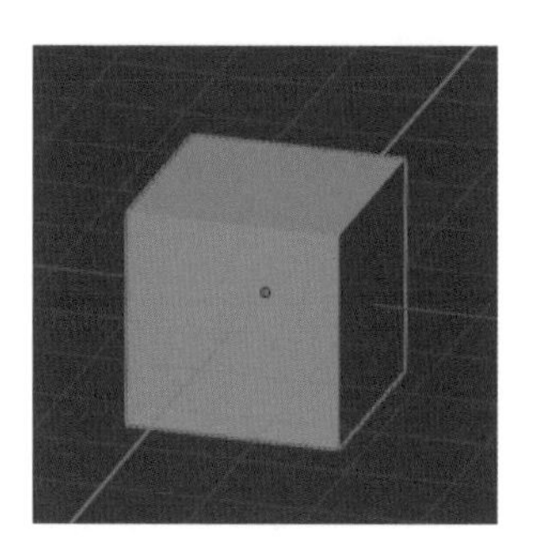

■追加選択

選択している状態で、さらに別のオブジェクトを選択するにはShiftキーを押しながら選択します。

■範囲選択

広範囲を一度に選択するには、以下のショートカットキーが便利です。

(ボックス選択ツール時)ドラッグ	矩形選択
A	全選択、2度連続で選択解除
B	矩形選択
C	ブラシ選択
Ctrl＋右ドラッグ	投げ縄選択

1.9.3 削除

Deleteキー、またはXキーで削除します。
「オブジェクトモード」時は確認のダイアログが表示されます。

「編集モード」時は削除メニューが表示され、より詳細な操作を選択できます。

1.9.4 追加

ヘッダー→「追加」(Shift＋A)から様々なオブジェクトを追加できます。

タイプごとに整理されており、主に形状の作成に使用するのは「メッシュ」カテゴリー内のオブジェクトです。

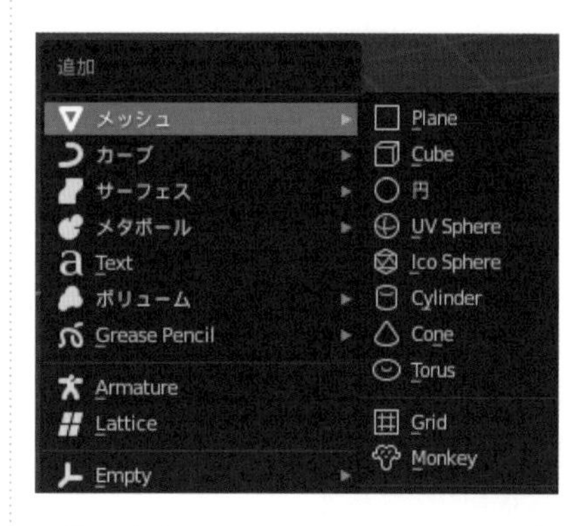

「オブジェクトモード」で追加した場合は新規オブジェクトとして、「編集モード」で追加した場合は現在編集中のメッシュ内に生成されます。

1.9.5 移動、回転、拡大縮小

基本となるトランスフォーム操作を行ういくつかの方法です。

メッシュオブジェクトの場合、「オブジェクトモード」と「編集モード」の操作方法はほぼ同じです。

ツール

ツールバーから操作用のツールを選択し、各軸方向を表す色の付いたハンドルをドラッグして操作します。

回転モード時は中心の白い円をドラッグするとトラックボール回転が可能です。

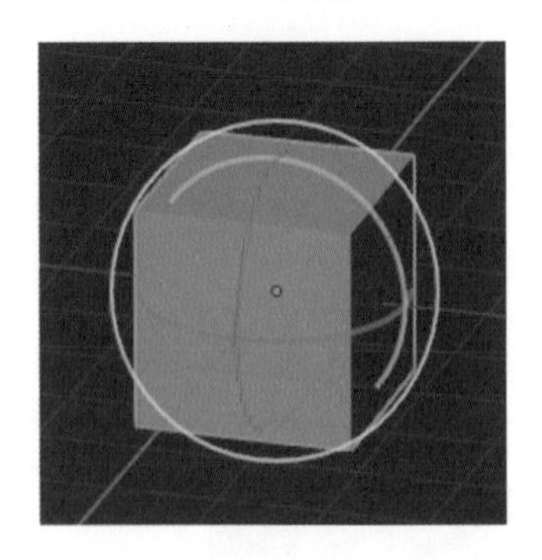

数値入力

「サイドバー」(Nキー)→「アイテム」タブ→「トランスフォーム」パネルには現在のオブジェクトの位置やスケールなどが表示されており、直接数値を入力して操作することもできます。

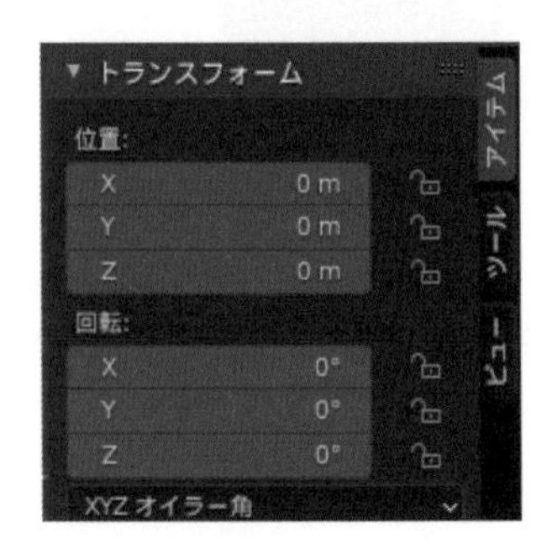

ショートカットキー

素早く操作するために、よく使うショートカットキーを覚えておくと便利です。操作時は左クリックで決定、右クリックでキャンセルします。

基本のトランスフォーム

Gキー	移動
Rキー	回転
Sキー	拡大縮小

Altキーと上記のキーを同時に押すと編集をリセットします。

Ctrl + Aキーで編集の適用メニューを開きます。

軸の限定

編集中、さらにX、Y、Zキーで選択軸方向のみに限定したり、テンキーで数値入力ができます。例としてG→Z→テンキーの2でZ軸方向に2m移動します。

連続押し

編集モード時、頂点や辺を選択しGキーを2回押すと辺に沿ったスライド移動になります。黄色のラインが移動方向で、ドラッグで移動方向を指定します。

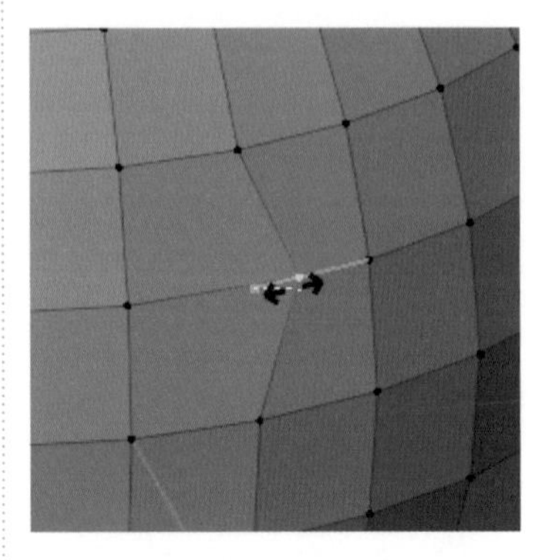

Rキーでの回転は1回押すと通常のビュー回転、もう1回押すとトラックボール回転に切り替わり、カーソルの形状が変化します。

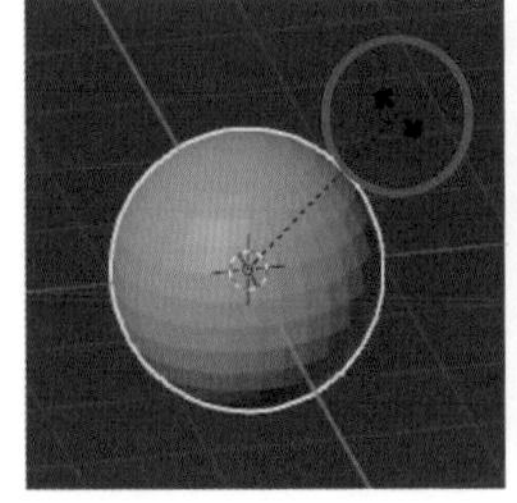
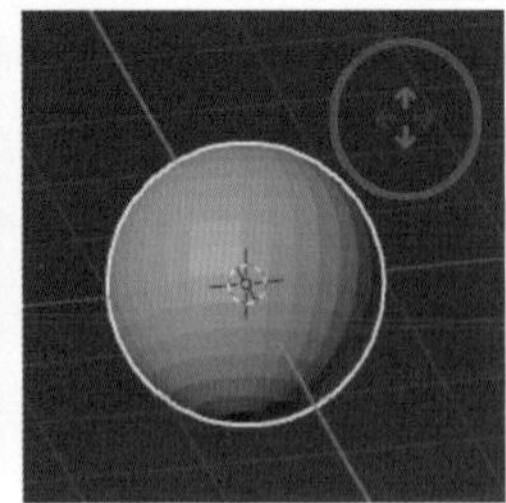

1.9.6 表示、非表示

アウトライナー上で目のアイコンをクリックして表示非表示を設定する他、3D ビューポート上でもショートカットキーで設定できます。

H	非表示
Shift + H	選択物以外を非表示
Alt + H	再表示

1.9.7 親子化

オブジェクトを親子化すると連動した編集ができるようになり、子オブジェクトには親オブジェクトへのトランスフォーム編集が適用されます。

親子化する

最初に子オブジェクトを選択し、Shift キーを押しながら親にしたいオブジェクトを追加選択し、Ctrl + P キー→ペアレント対象「オブジェクト」で親子化します。

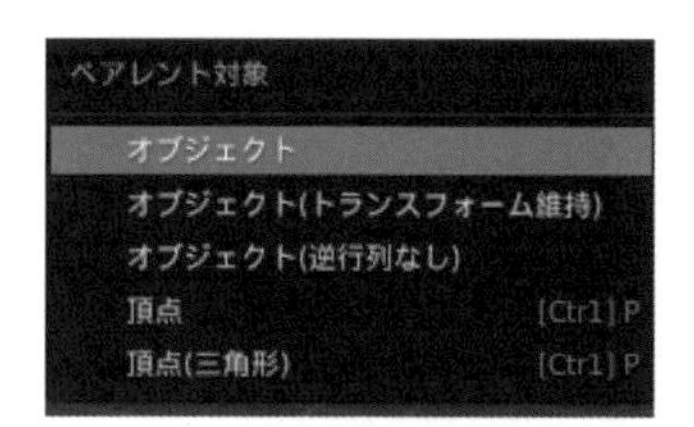

アウトライナーでは子オブジェクトは親オブジェクトの階層に格納されます。1 つのオブジェクトは 1 つの親のみ持つことができます。

親子化を解除

子オブジェクトを選択し、Alt + P キーで親子化を解除します。

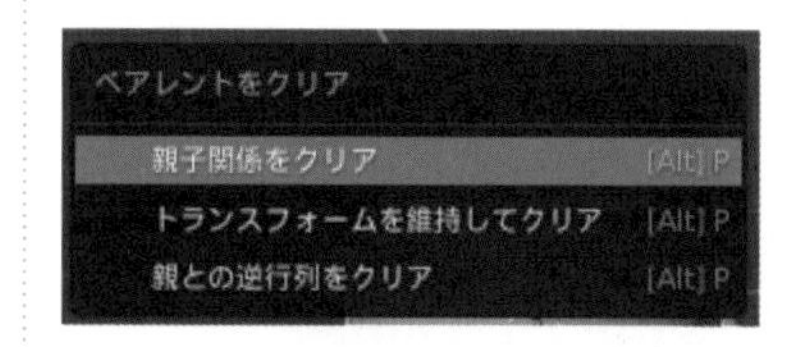

1.9.8 複製

オブジェクトは以下の方法で複製できます。

コピー&ペースト (Ctrl + C、Ctrl + V)

元のオブジェクトと同じ位置に複製されます。

新規複製 (Shift + D)

メッシュオブジェクトの場合、デフォルトでは独立したメッシュを持ちますがマテリアルなどは共通です。

オブジェクトと共に複製されるデータの種類は「プリファレンス」→「編集」→「オブジェクト」パネル→「データの複製」で設定できます。

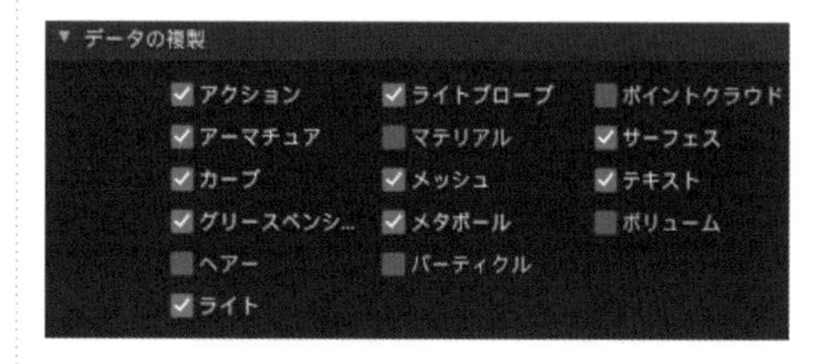

リンク複製 (Alt + D)

メッシュオブジェクトの場合、メッシュデータが共通になります。

インスタンス複製

子オブジェクトを親オブジェクトの頂点や面に複製します。

親オブジェクトを選択し、「プロパティ」(Shift + F7) →「オブジェクトプロパティ」→「インスタンス化」パネルで子オブジェクトの複製先を設定します。

親オブジェクトの平面オブジェクトの頂点に子オブジェクトの立方体が複製されます。

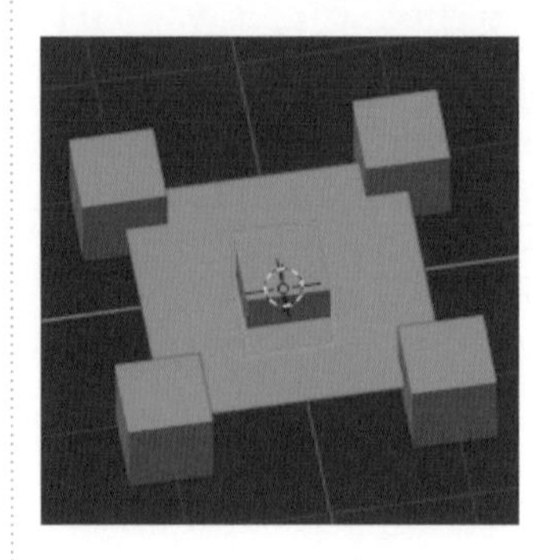

章末課題

1

オブジェクト同士を組み合わせて、三角の屋根、円柱状の壁、立方体を伸ばした煙突で構成された家を作成しましょう。

[ヒント] オブジェクト生成後に位置を移動させたり、トランスフォーム操作を行います。

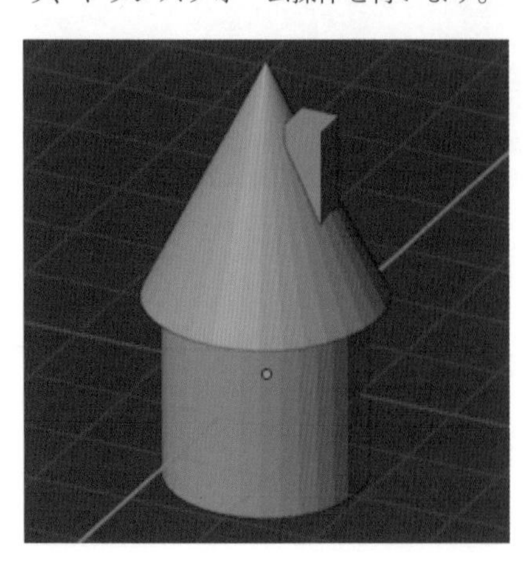

2

オブジェクトを複製して複雑な形状を作成しましょう。

[ヒント] ICO球の面に円錐を複製します。

章末課題・制作例

1

「3Dビューポート」（Shift + F5）ヘッダー→「追加」（Shift + A）→「メッシュ」→「Cylinder」で円柱を生成します。

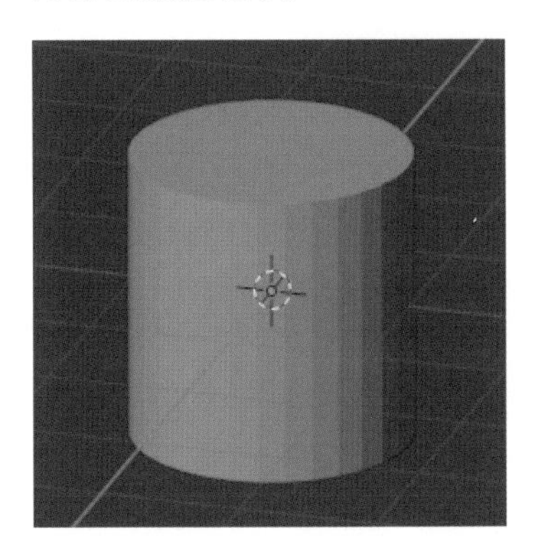

次に屋根となる「Cone（円錐）」を追加します。

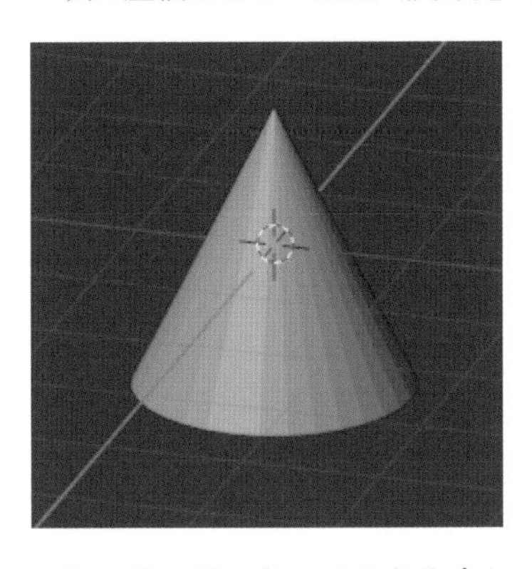

G→Z→テンキーで2を入力してZ軸方向に2m移動させ、S→テンキーで1.2を入力して少し拡大します。

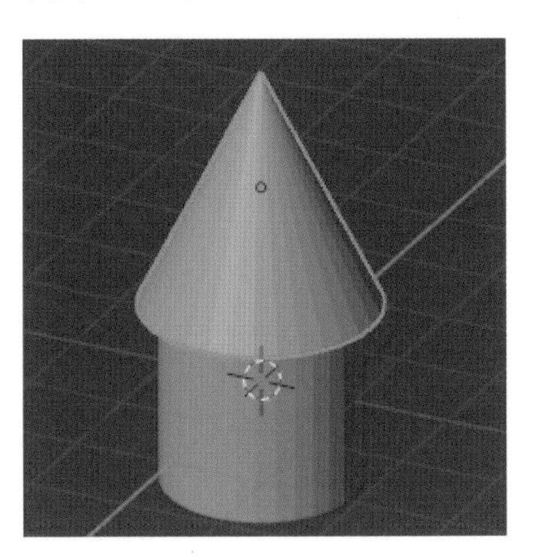

最後に煙突となる「Cube（立方体）」を追加します。

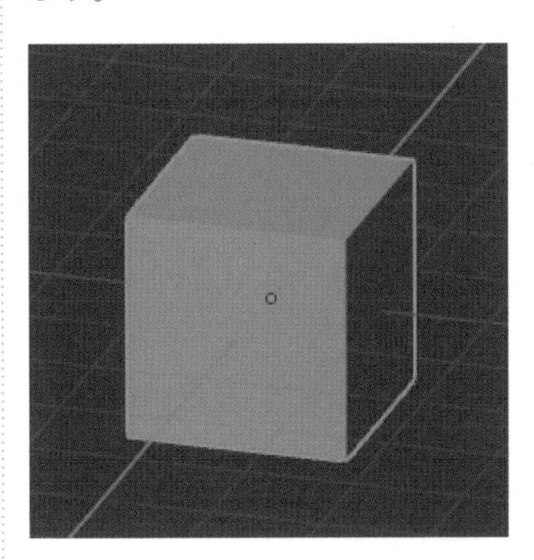

S→テンキーで0.2を入力して全体を縮小後、S→Z→テンキーで3を入力して縦長に拡大し、G→Z→テンキーで2.1、G→X→テンキーで0.5を入力して屋根から少し飛び出した位置にします。

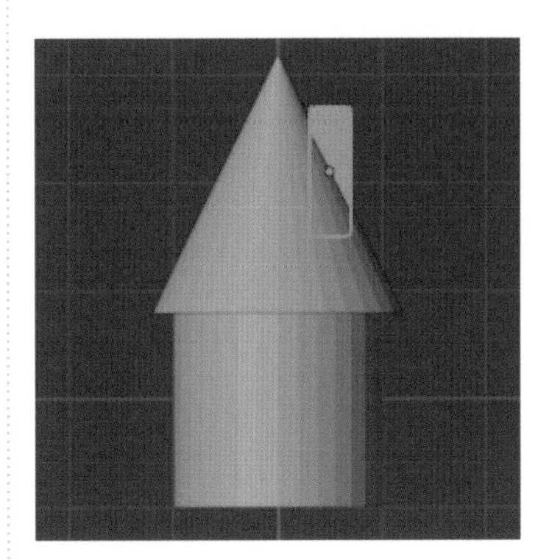

2

「3Dビューポート」(Shift + F5) ヘッダー→「追加」(Shift + A) →「メッシュ」から「IcoSphere (ICO球)」と「Cone (円錐)」を追加します。

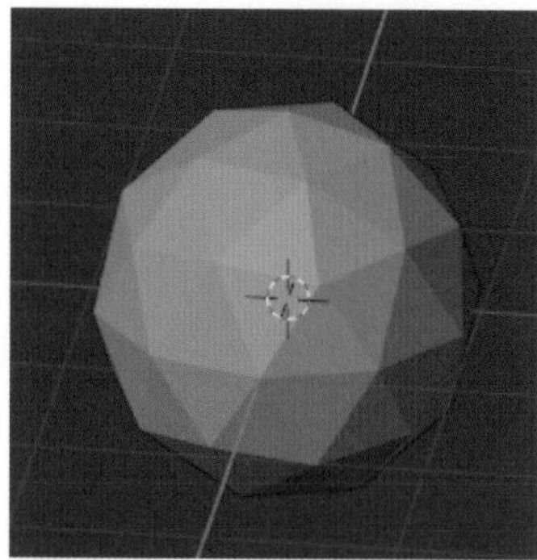

円錐を選択し、Shiftキーを押しながらICO球を追加選択してCtrl + Pキー→ペアレント対象「オブジェクト」で親子化します。

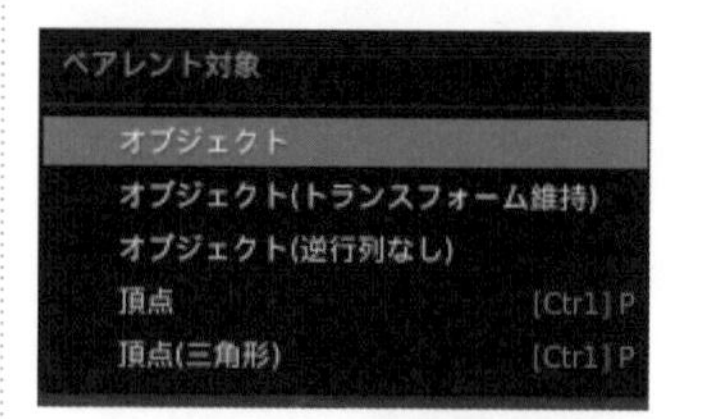

親のICO球を選択し、「プロパティ」(Shift + F7) →「オブジェクトプロパティ」→「インスタンス化」パネルで「面」を選択します。

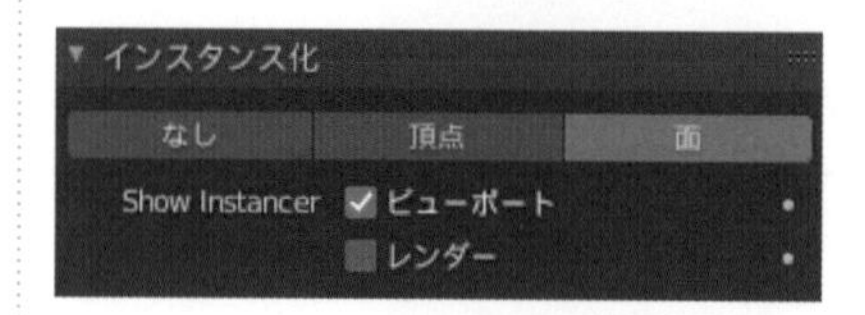

第２章

基本的なモデリング

2.1 モデリング前の知識〈オブジェクトの編集〉

オブジェクトの形状編集に関する基礎知識です。

2.1.1 オブジェクトの種類

モデリングに使用する主なオブジェクトの特徴です。種類によっては基本形状（プリミティブ）がいくつか用意されており、複雑な形状を作成するための出発点として使用されます。

メッシュ

頂点、辺、面からなるデータで、これらを編集して様々な形状に変形させることができる最も汎用性の高いオブジェクトです。

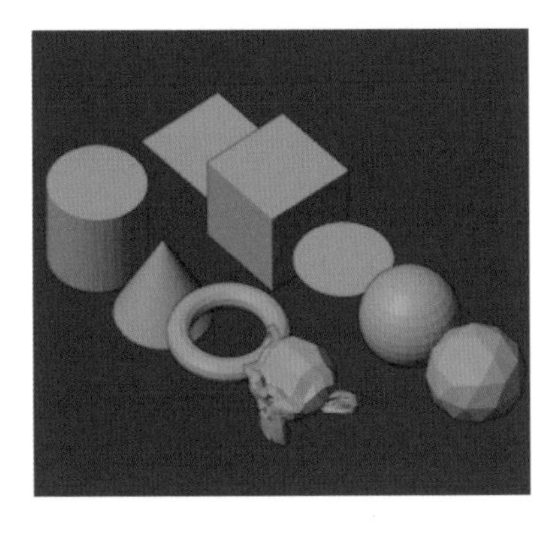

特徴

- どの面にも属さない辺や頂点など、表裏を区別できない形状「非多様体」も可能ですが、シミュレーションなどには適していません。
- 一般的に面は三角、四角が使用され、Blenderではそれ以上の面（N-Gons）も作成可能です。

カーブ

単一の次元（U）を持ち、ポイントまたはハンドルによって曲がり具合を編集できるオブジェクトです。

特徴

- Blender ではベジエカーブと NURBS カーブを使用可能です。
- 少ないデータで形状が定義されるので、使用メモリも少なめです。
- 曲線はパスと呼ばれ、ロゴやマークなどのデザインに適しています。

サーフェス

カーブと似ていて、さらにもう 1 つの次元（V）を持ったボリュームのない 2D データです。

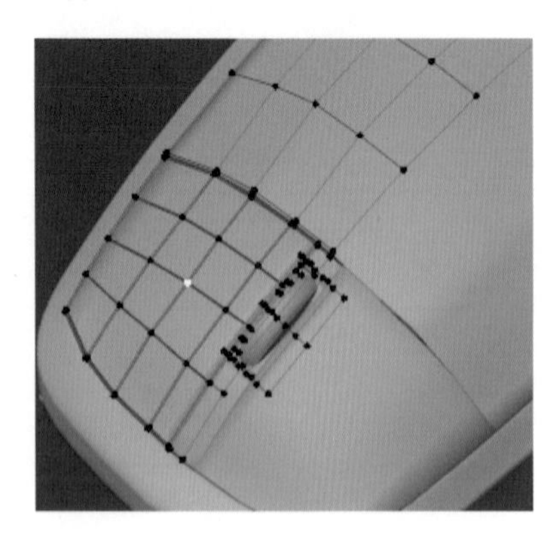

特徴

- 同一頂点数の NURBS カーブを結合して面の生成が可能です。
- 主に緩やかな地形、パーツを組み合わせて全体を形成する工業製品などに適しています。
- 任意の頂点間を細分化するなどの自由な操作はできず、押し出しなどは列単位で行われます。
- オブジェクト内にパーツが複数ある場合、選択時は色が変わるのでメッシュより見やすい利点もあります。

メタボール

互いに近付けると繋がったりへこんだりする特殊な性質を持ったオブジェクトで、いくつも足して全体の形状を作成します。

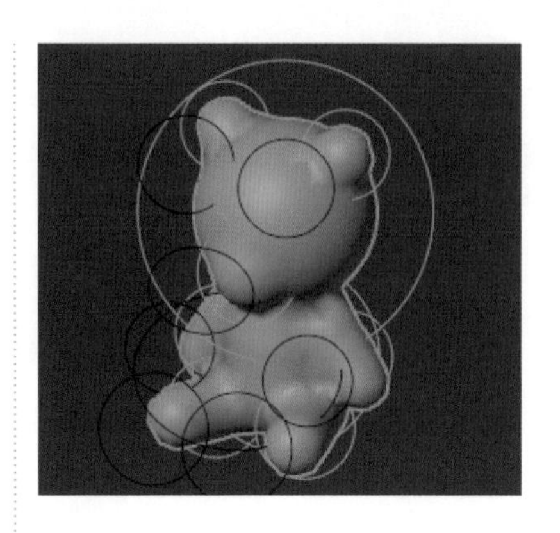

特徴

- 個々の形状の編集はできません。
- 主に液体、抽象的なオブジェクトの原型作成などに適しています。
- メッシュに変換可能です。
- やや動作が不安定で、Blender のクラッシュに注意が必要です。

テキスト

キー入力でテキストを入力できるオブジェクトで、カーブオブジェクトに似ており、押し出して厚みを加えたりできます。

特徴

- カーブやメッシュに変換可能です。
- オブジェクトごとに 50000 文字まで入力が可能です。

日本語を入力する

表示内容を記述して文字コードを UTF-8 で保存したテキストファイルを「テキストエディター」（Shift + F11）で読み込み、ヘッダー→「編集」→「テキストを 3D オブジェクトに」を実行します。

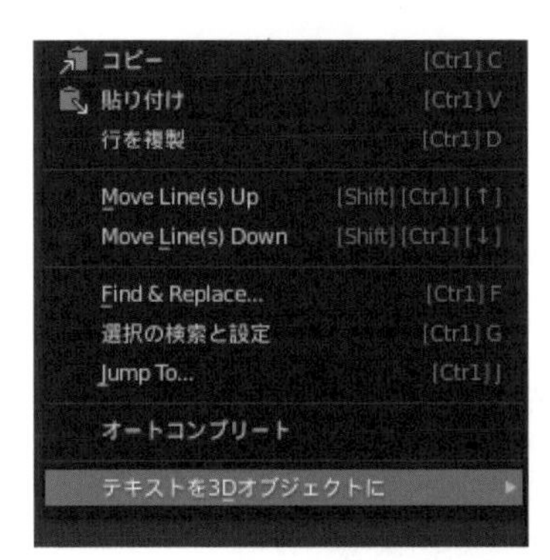

「プロパティ」(Shift + F7) →「オブジェクトデータプロパティ」→「フォント」パネルで日本語表示できるフォントを設定します。

テキストオブジェクトとして表示できます。

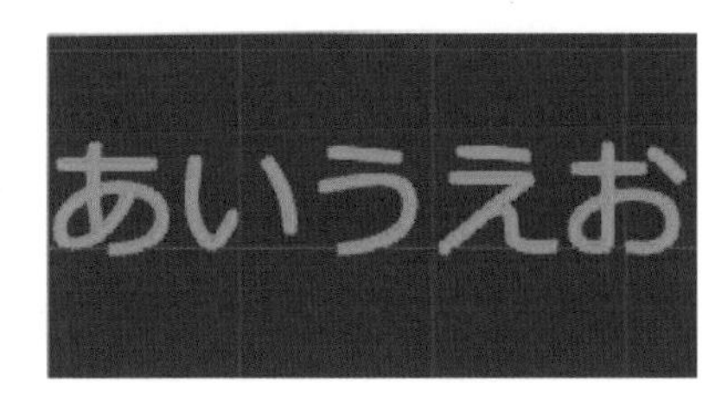

ボリューム

他のソフトウェアや流体シミュレーションで生成した OpenVDB データを読み込んで表示するためのコンテナオブジェクトです。

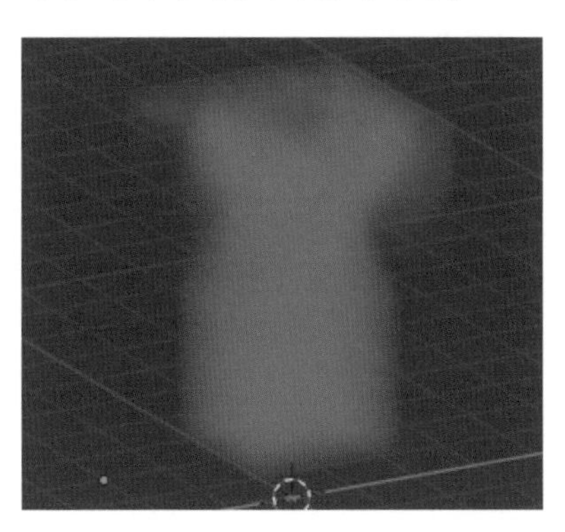

エンプティ

面を持たないため、レンダリングには反映されない空のオブジェクトです。

特徴

- 主にオブジェクトの複製先や操作用ハンドルとして使用されます。
- 画像表示も可能で、裏と表に別の画像を設定でき、3D ビューのモードにかかわらず表示されます。

2.1.2 モード切替

メッシュなどの操作を行うには、オブジェクトを選択し「3D ビューポート」ヘッダー→「編集モード」に変更します。Tab キーで直前のモードと切り替えます。

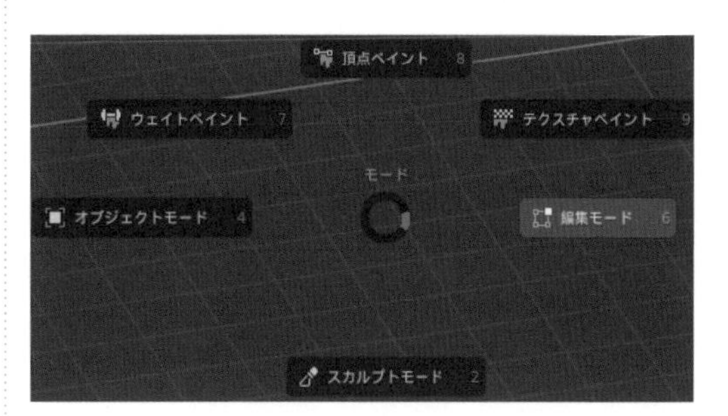

Ctrl + Tab キーで選択オブジェクトで可能なモードのパイメニューを表示します。

2.1.3 形状データ

異なるオブジェクトでも同一の形状データをリンクさせると同じ形状になります。

「プロパティ」(Shift + F7) →「オブジェクトデータプロパティ」の上部から使用データを選択できます。

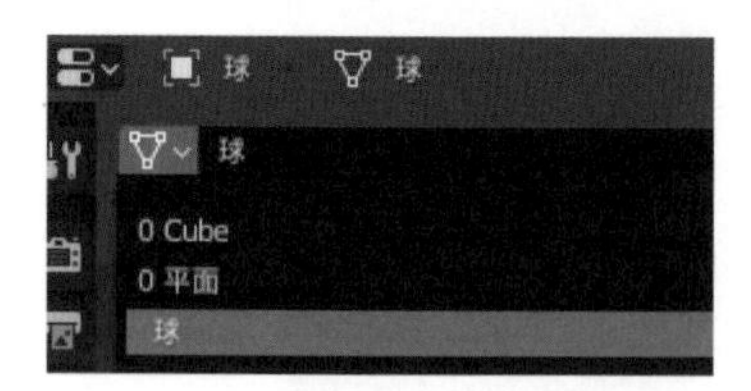

使用できるデータタイプは同一タイプに限られます。メッシュオブジェクトならメッシュデータのみ使用可能です。

2.1.4 頂点グループ

様々な効果や編集の範囲として使用でき、頂点を選択して以下の方法で定義します。

■ ショートカットキー

Ctrl + G キー→頂点グループ「新規グループに割り当て」を選択します。

■ 頂点グループパネル

「プロパティ」(Shift + F7) →「オブジェクトデータプロパティ」→「頂点グループ」パネル→「+」ボタンなどから作成済みのグループを選択し「Assign」ボタンを押します。

2.1.5 編集ツール

「ツールバー」には編集のためのツールが並んでいます。マウスオーバーで表示されるツールチップにショートカットキーが載っているのでよく使うツールについては覚えておくと呼び出しやすくなります。

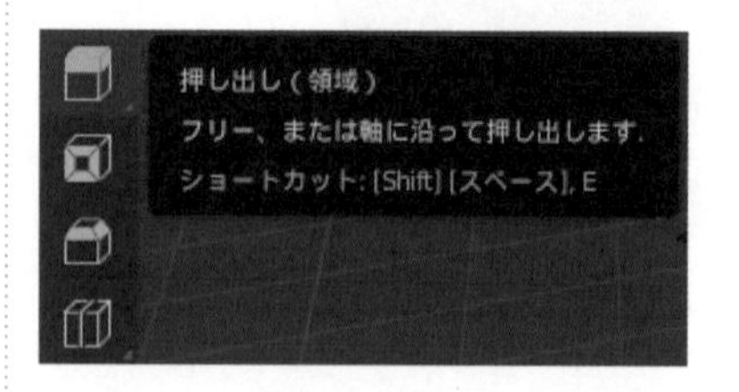

2.1.6 選択対象の切り替え

「3D ビューポート」ヘッダーから選択対象を頂点、辺、面のいずれかに切り替えられます。

上記のモードによって右クリックメニューの内容が対応したものに変化します。

2.1.7 モデリングの注意点

細かな作業を繰り返すモデリングのための基本的な注意点です。

■ 3D カーソル位置をリセットする

3D カーソル位置がオブジェクト生成位置になるため、生成前に Shift + C キーで 3D カーソルを軸の原点にリセットします。

モデリング解説での新規オブジェクト追加前は全てこの操作を行っています。

■ 頂点数を増やしすぎない

頂点が多いほどコントロールポイントが多くなるため詳細な形状を編集できますが、必要最小限に抑えた方が扱いやすくデータも軽くなります。

■ 正確な指定には数値入力を使用する

選択部位の編集中はドラッグで位置移動などができますが、編集量が決まっているならテンキーで数値入力した方が素早く指定できます。

保存はこまめに

複雑な操作をしていなくても強制終了することがあるので、何かの操作を行った後は Ctrl + S キーで保存する習慣を付けておきましょう。

「プリファレンス」でのバックアップの設定も重要です。

2.2 表面の表示〈シェーディング〉

デフォルトの状態では全ての面が角張った状態ですが、頂点を増やすことなく滑らかな表示にすることができます。

面表面のシェーディングには法線（ノーマル）が関係しています。

2.2.1　法線の基本

面に対して垂直で、閉じた形状のメッシュであれば通常は外側に向いています。

編集モード時のヘッダー→「メッシュ」→「ノーマル」（Alt + N）で法線の編集メニューにアクセスできます。

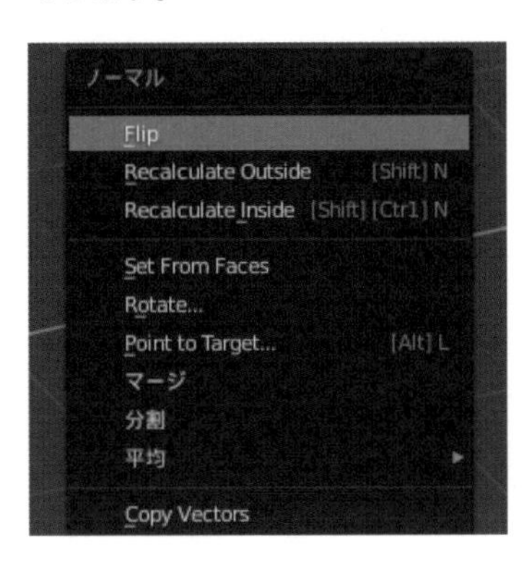

法線の表示

編集モードでヘッダー→画面右のオーバーレイオプションで法線を表示させると向きを確認できます。

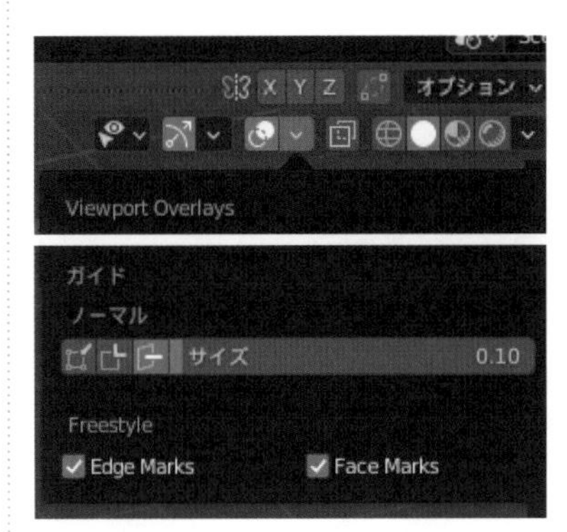

法線の向き

以下の選択された面は法線の向きが周囲とは逆になっています。

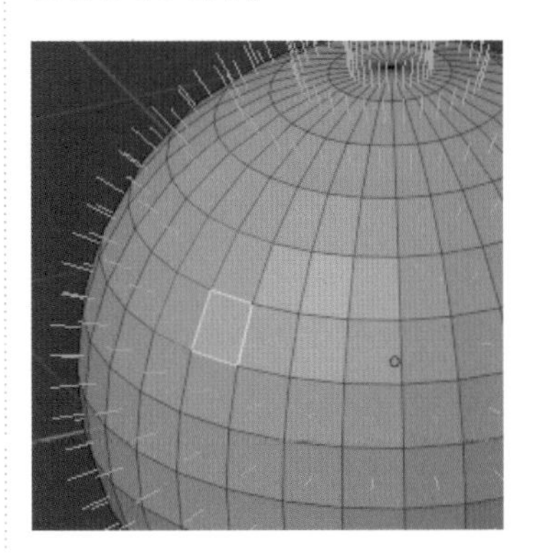

後に解説する「スムーズシェード」を設定すると、正しく表示されなくなります。

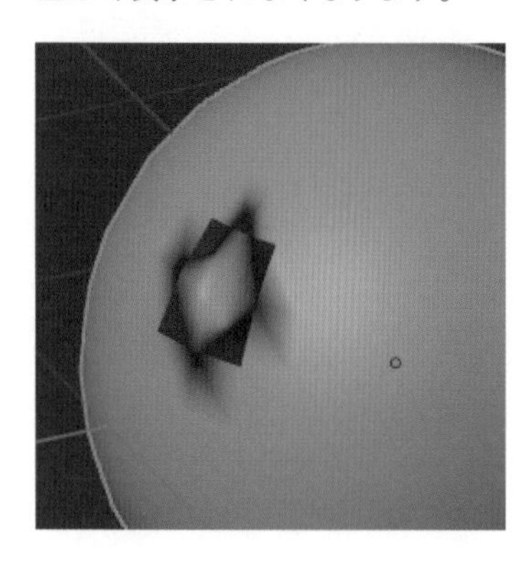

前述のメニューから法線の向きを修正し、基本的に面の法線の向きは統一するようにします。

2.2.2 面を滑らかに表示する〈スムーズシェード〉

メッシュオブジェクトを選択し、右クリックメニュー→「スムーズシェード」を選択します。「フラットシェード」で元の角張った表示になります。

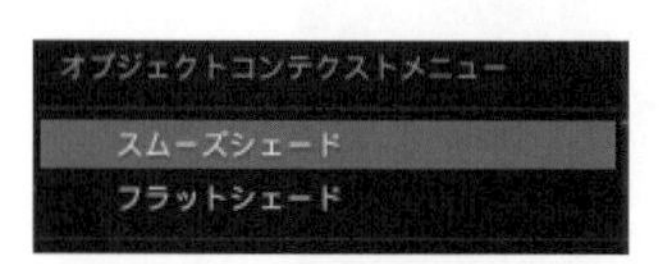

フラットシェード、スムーズシェード

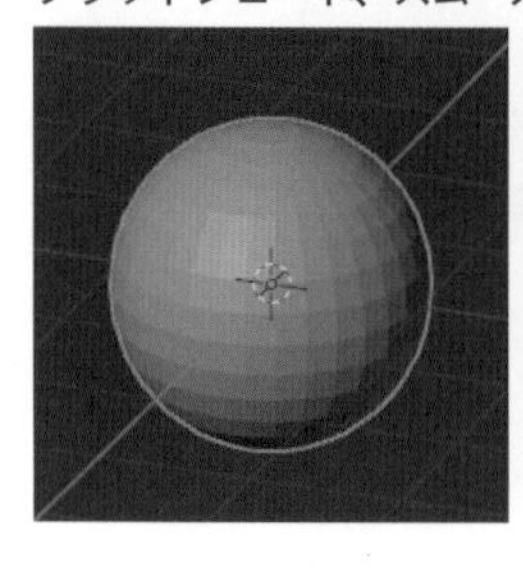
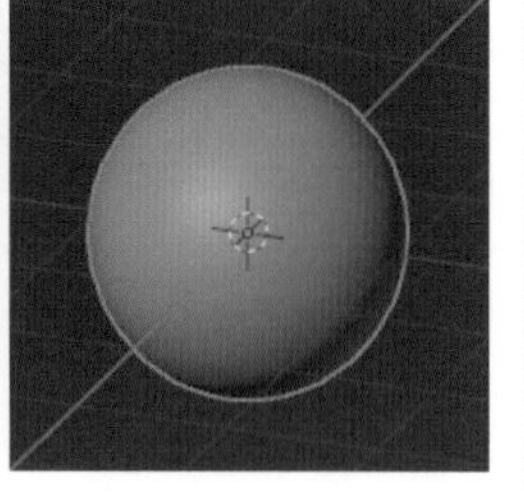

2.2.3 鋭い辺を保つ〈自動スムーズ〉

スムーズシェードは全ての面を滑らかに表示するため、角張った部分を残したい場合もあります。

「プロパティ」(Shift + F7) →「オブジェクトデータプロパティ」→「ノーマル」パネル→「自動スムーズ」を有効にすると、指定した角度に応じた面をスムーズ表示します。

自動スムーズ前、後

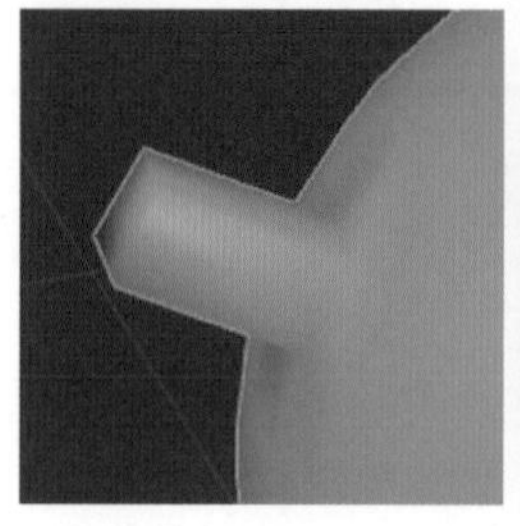
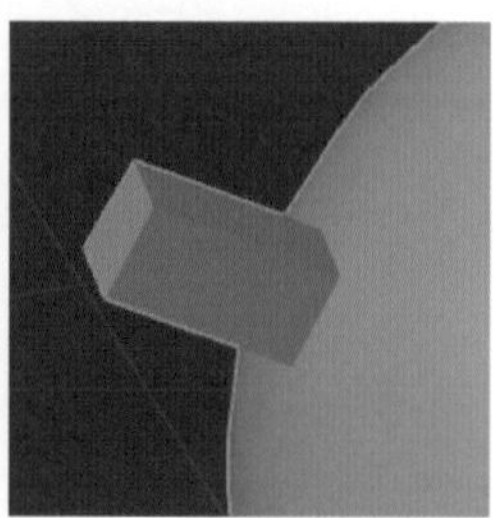

2.2.4 シャープ辺〈辺分離モディファイアー〉

任意で鋭角にしたい辺を選択し、ヘッダー→「辺」→「シャープをマーク」でシャープ辺を設定し、辺分離モディファイアーを付加すると自動スムーズと同じ効果が得られます。

モディファイアーについては「非破壊ツールを活用する」で解説しています。

2.3 非破壊ツールを活用する〈モディファイアー〉

簡単な変形、複製などメッシュを直接変更せずに編集を加えることができます。

2.3.1 モディファイアーの基本

「プロパティ」（Shift + F7）→「モディファイアープロパティ」から付加します。

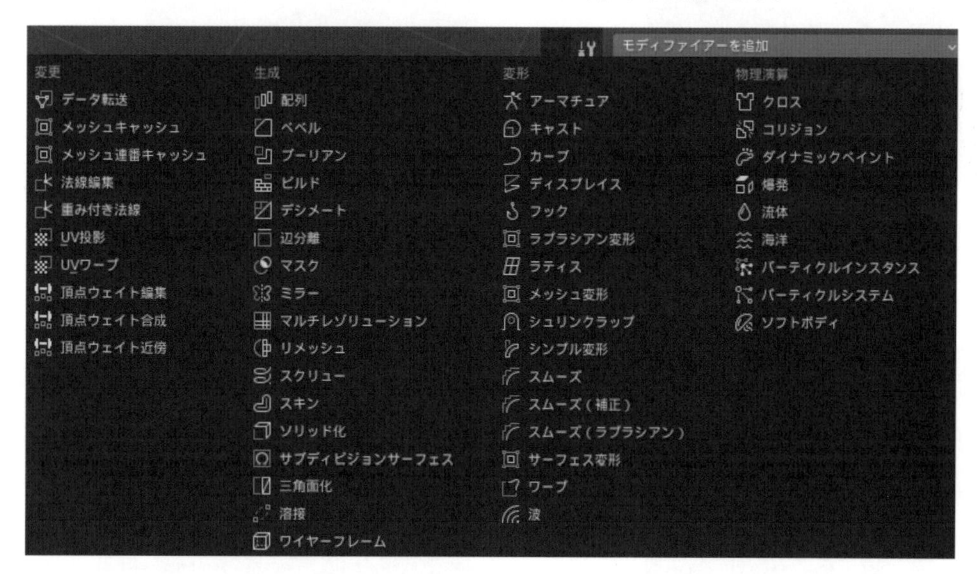

付加するとパネルが表示され、左端をクリックすると折りたたみ、右端をドラッグすると並べ替えができます。

モディファイアー名の右にあるボタンで効果を編集モードや画面上で表示するかを切り替えます。

その右にあるメニューボタン→「適用」を実行すると、オブジェクトのメッシュに対して直接変更が行われ、モディファイアーは削除されます。

モディファイアーを複数使用する場合、重なり（スタック）の上から下に順次効果が適用されます。順番によっては意図した効果を得られない場合があります。

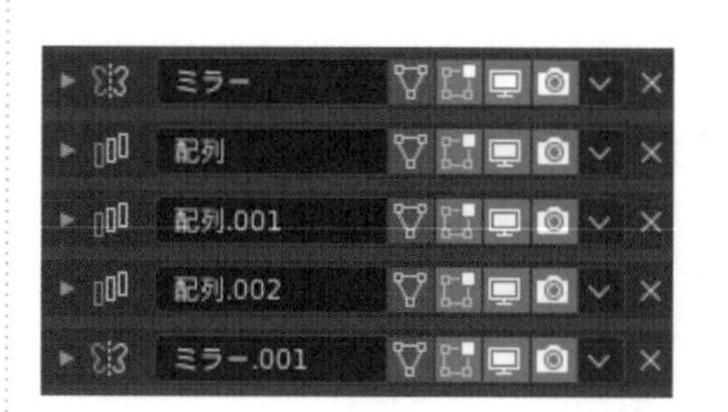

2.3.2 変更

別メッシュのデータを利用〈データ転送〉

頂点グループ、UV、頂点カラーなどのデータを1つのメッシュから別のメッシュに転送します。元データと転送先のメッシュは同一形状である必要があります。

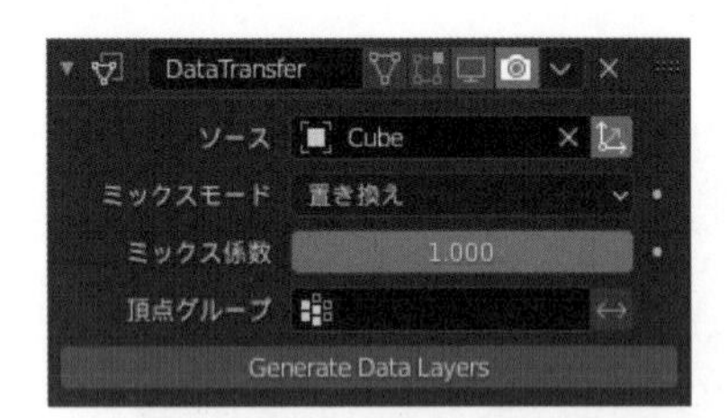

「面コーナーデータ」を有効にして、「頂点カラー」を選択すると、同じ名前の頂点カラーデータにマッピングされます。

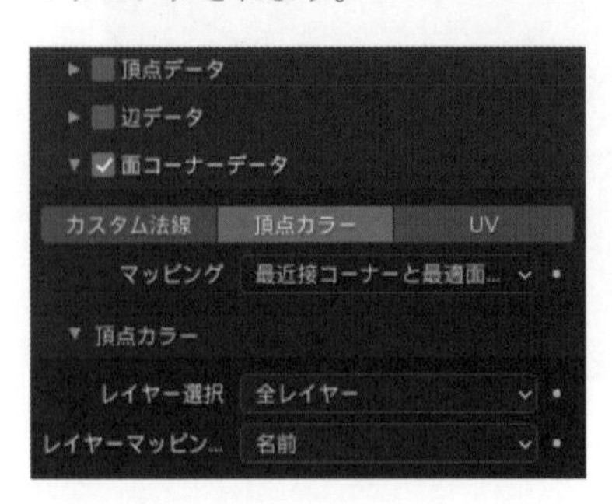

奥の立方体から手前の立方体に頂点カラーを転送します。両方にマテリアル、同名の頂点カラーデータを設定し、手前の立方体にモディファイアーを付加します。

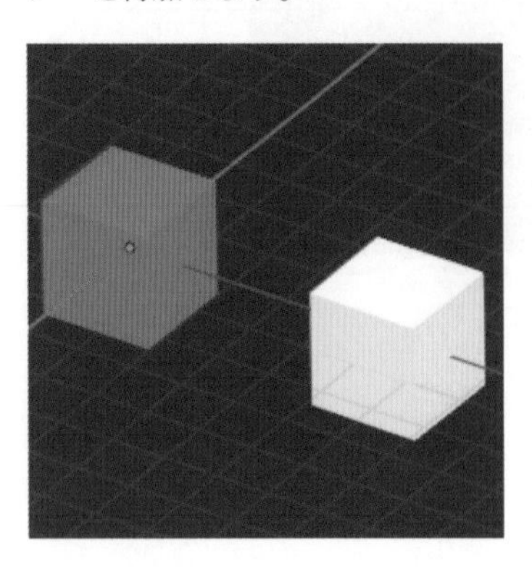

転送先オブジェクトが元データと同じ頂点カラーを持ちます。

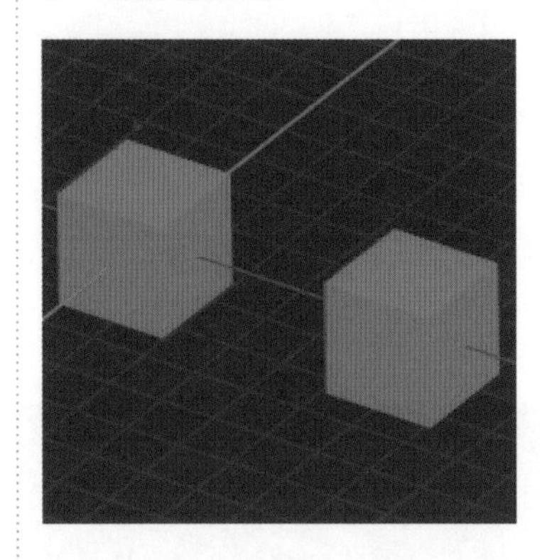

アニメーションデータ読込〈メッシュキャッシュ〉

外部ファイルのアニメーションをメッシュに適用します。

他のソフトで作成したデータを使用する時、一緒に出力された対応形式のアニメーションデータも使用できます。MDD（LightWave）、PC2（3ds Max）がサポートされています。

Alembic データ読込〈メッシュ連番キャッシュ〉

Alembic ファイルからデータを読み込み、アニメーションメッシュをロードします。メッシュの他シミュレーションの結果やカーブもサポートしています。

Alembic 以外のデータの場合はメッシュキャッシュモディファイアーを使用します。

法線の向きを変更〈法線編集〉

いくつかのメソッドで法線を生成し、既存の法線と混合します。

使用するには「プロパティ」（Shift + F7）→「オブジェクトデータプロパティ」→「ノーマル」パネル→「自動スムーズ」を有効にする必要があります。

「ターゲット」に法線への影響を与える対象を指定します。

上はボロノイテクスチャをディスプレイスメントに設定したデフォルト、下段は左からミックスモードをコピー、追加、減算、乗算にした例です。

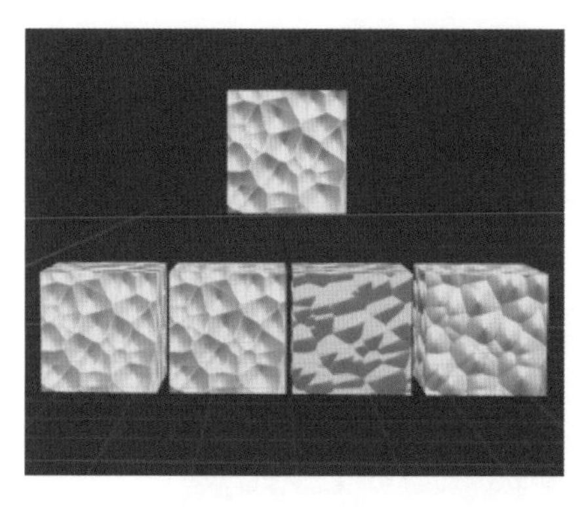

同じ方向を向いている草などの植生をカメラに向けて曲げて擬似的に散乱させるといったことが可能です。

カスタム法線への影響調整〈重み付き法線〉

いくつかのメソッドでメッシュのカスタム法線を変更します。

使用するには「プロパティ」（Shift + F7）→「オブジェクトデータプロパティ」→「ノーマル」パネル→「自動スムーズ」を有効にする必要があります。

各項目で法線への影響を設定します。

奥はボロノイテクスチャをディスプレイスメントに設定したデフォルト、手前にはモディファイアーを付加しています。

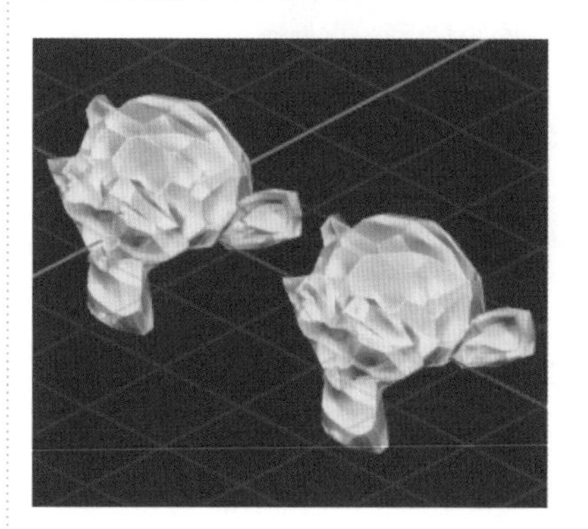

プロジェクター風にUV調整〈UV投影〉

他のオブジェクトをプロジェクターとして使用し、UVを調整できます。

「オブジェクト」にプロジェクター用オブジェクト名を指定します。

投影用オブジェクトに対して平行な面に有効で、プロジェクターオブジェクトをトランスフォームすると指定中のテクスチャもリアルタイムで変化します。

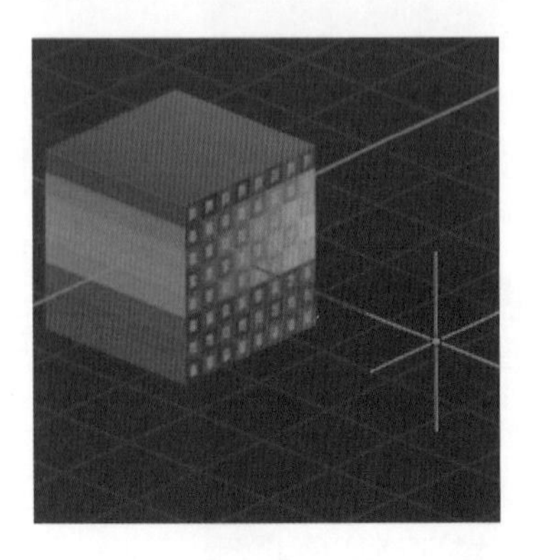

ビュー上でUVをトランスフォーム〈UVワープ〉

オブジェクトやボーンによって3Dビュー上で直接UVマップのトランスフォーム編集を行います。

「元オブジェクト」に操作されるオブジェクト名、「送り先」に操作用オブジェクト名を指定します。

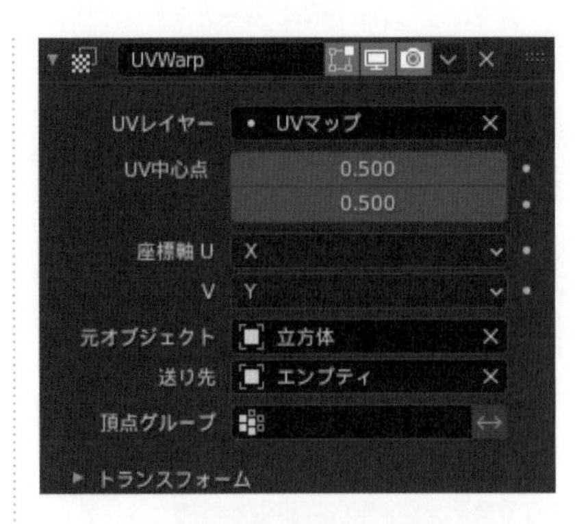

操作用オブジェクトをトランスフォームすると、UVも編集されるのでテクスチャの表示もリアルタイムで変化します。

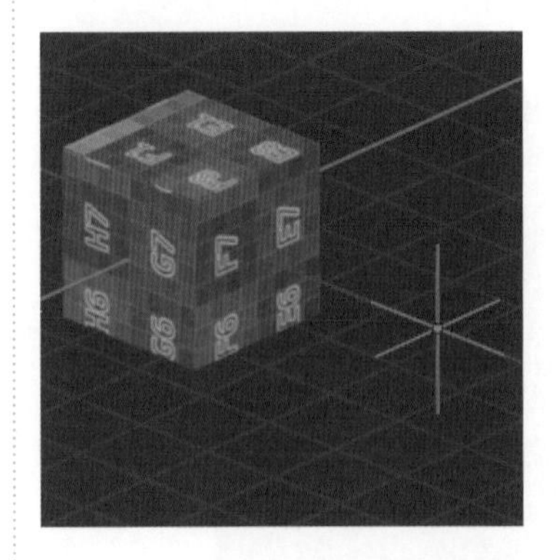

頂点グループの重み編集〈頂点ウェイト編集〉

頂点グループのウェイトを微調整します。標準の範囲（0.0～1.0）以外の値は範囲内に補正されます。

「頂点グループ」にオブジェクトの頂点グループ名を指定します。

「グループから削除」を有効にすると、設定したしきい値に応じてウェイトが削除されます。

変更前とグループから削除した後です。

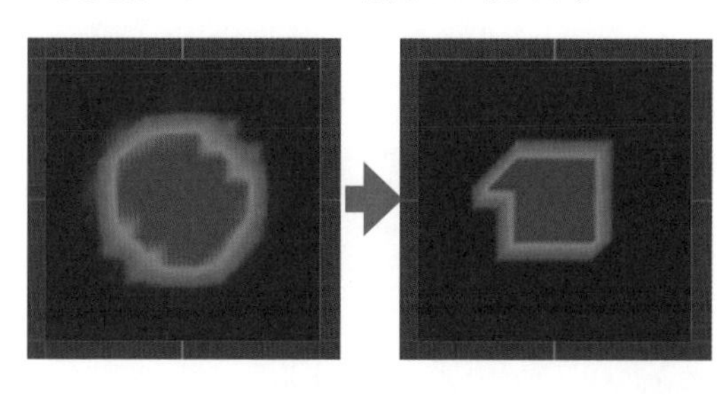

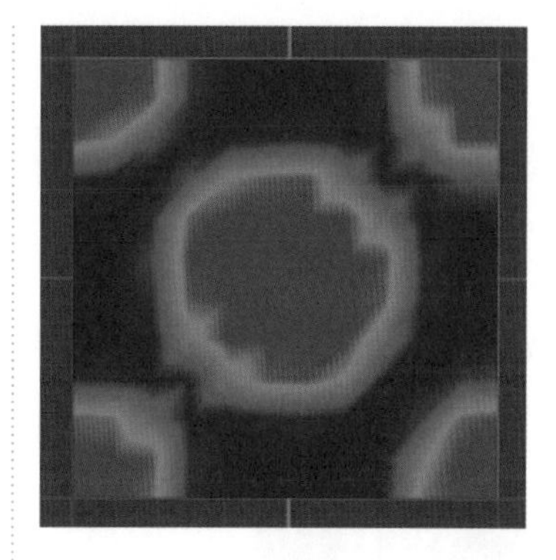

■ 2つの頂点グループを混合〈頂点ウェイト合成〉

影響を受ける頂点グループに2番目の頂点グループを様々なモードで合成します。標準の範囲（0.0 ～ 1.0）以外の値は範囲内に補正されます。

「頂点グループA/B」に影響を受ける側、合成する側の頂点グループ名を指定します。

頂点グループAとBのウェイトです。

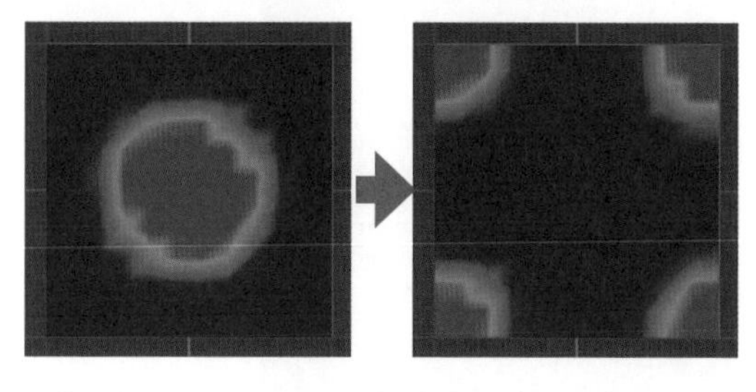

「頂点セット」→「頂点グループB」、「ミックスモード」→「置き換え」で合成し、頂点グループAに指定した頂点グループをアクティブにすると、2つのウェイトが合成されているのが確認できます。

■ 距離に応じてウェイト変化〈頂点ウェイト近傍〉

他のオブジェクトとの距離に応じて頂点グループのウェイトを変化させます。標準の範囲（0.0 ～ 1.0）以外の値は範囲内に補正されます。

「頂点グループ」に頂点グループ名、「ターゲットオブジェクト」にウェイト操作用オブジェクト名を入力します。

ターゲットオブジェクトが離れると頂点グループのウェイト値が高くなります。

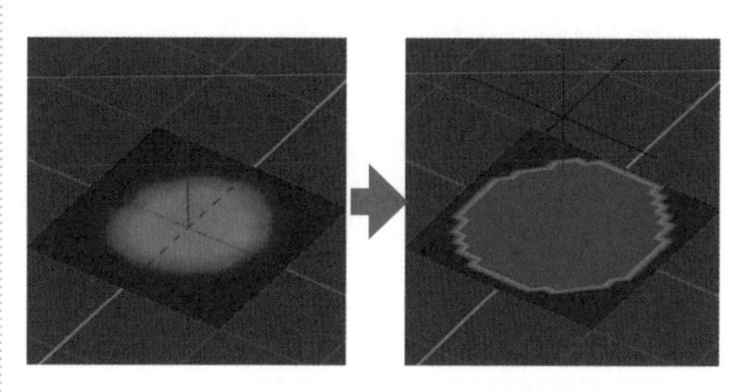

2.3.3 生成

■ 形状を複製〈配列〉

オブジェクトを指定数、指定方向に複製します。

「数」で複製数を設定します。1 を指定すると複製はされませんが、先端と終端に別のオブジェクトを付加するだけの用途に使用できます。

オブジェクトが複製されます。

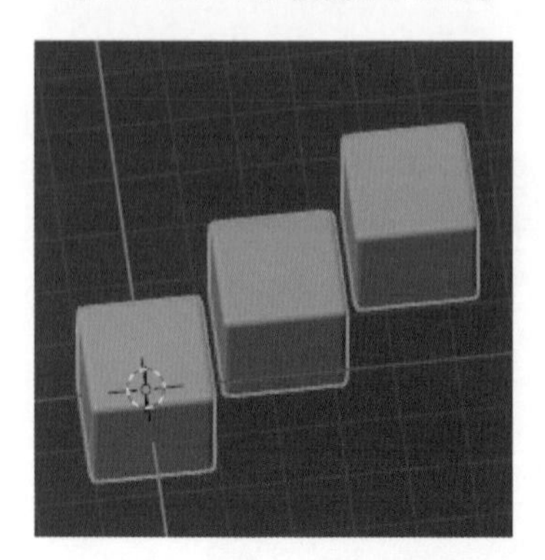

操作用オブジェクトで位置や拡大縮小を継承したり、複数の配列を組み合わせて複雑な形状も作成できます。

■ 面取り〈ベベル〉

角や辺を削り、鋭さを軽減する「面取り」を行います。辺の他、頂点のみに適用することもできます。

「量」でベベルの度合いを設定します。

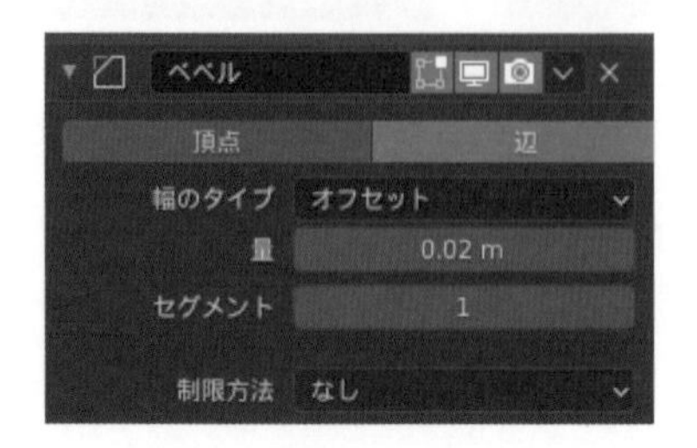

編集ツールのベベルと同じですが、直接メッシュを変更しないのでいつでも度合いの調整が可能です。

■ 形状の差し引き〈ブーリアン〉

他のオブジェクトと重なった部分の形状を残したり、くり抜いたりするなどの演算を行います。適切な結果が得られるのは閉じたオブジェクトのみです。

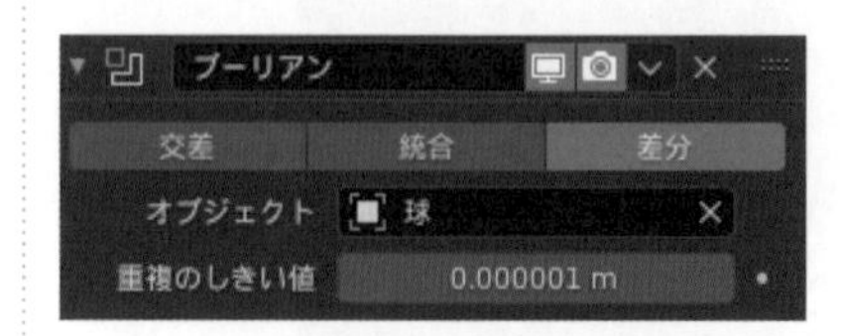

立方体と UV 球を重ね、立方体にモディファイアーを付加し、「差分」を選択します。

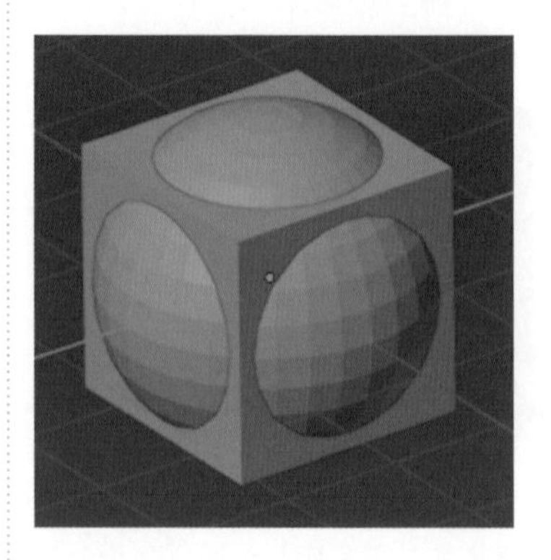

球を非表示にすると、くり抜かれた立方体を表示できます。

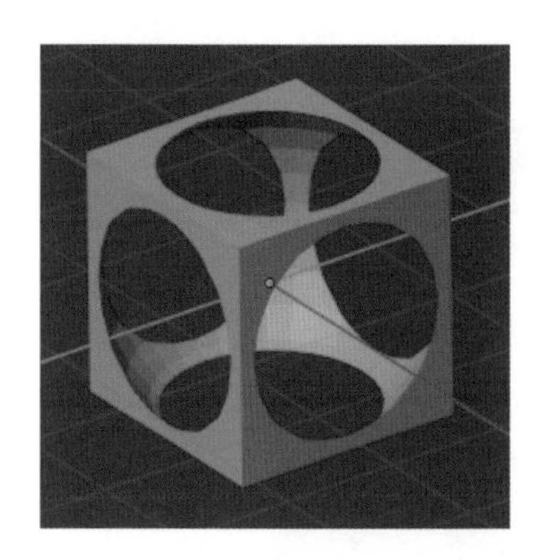

形状構築アニメーション〈ビルド〉

指定フレーム数でオブジェクトの面が表示または非表示になっていくアニメーションを作成します。

「ランダム化」無効時は順序に沿った構築が行われます。

アニメーションを再生すると、面が徐々に表示されていきます。

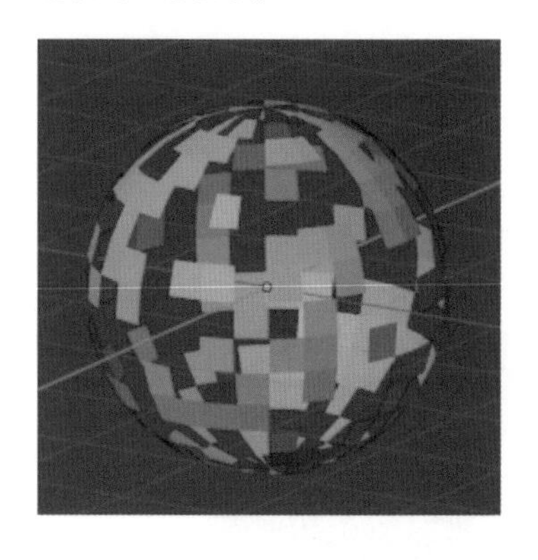

面を削減〈デシメート〉

スカルプトや細分化などによって増えすぎた面数を減らしてパフォーマンスを改善する効果を得られます。

「比率」の値を下げると面が減ります。モードによって削減後に再構築されるメッシュの構造が変化します。

形状を保ちつつ手軽に面の数を削減できます。

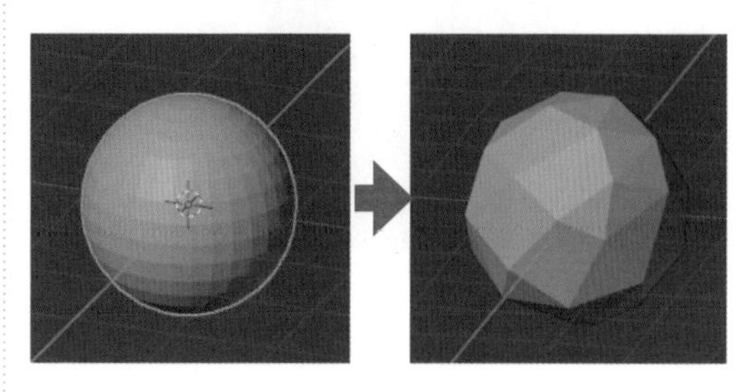

シャープ辺〈辺分離〉

メッシュ内の辺を分割して法線に影響を与え、鋭角として表示します。スムーズシェードと併用します。

分割辺は角度や「シャープ辺」としてマークした辺を使用して決定します。

シャープ辺を設定します。

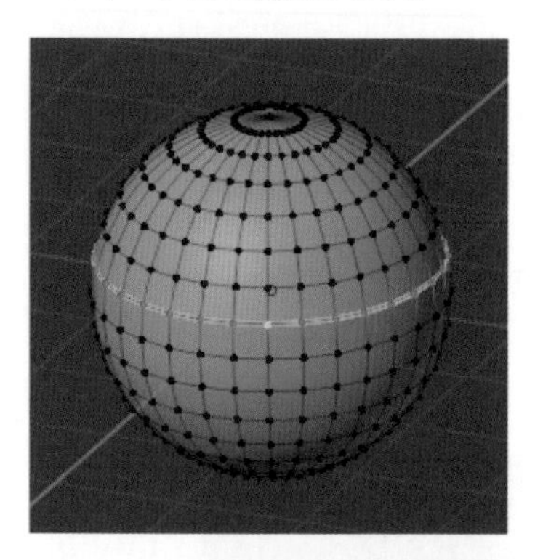

マークした辺が鋭角になります。

■指定部分を隠す〈マスク〉

オブジェクトの頂点グループ部分、または他の部分を非表示にします。

アーマチュアの場合、ポーズモード時にアクティブなボーンに関連付けられた頂点グループに属する頂点が表示され、他の部分は非表示になります。

非表示にする頂点グループを設定します。

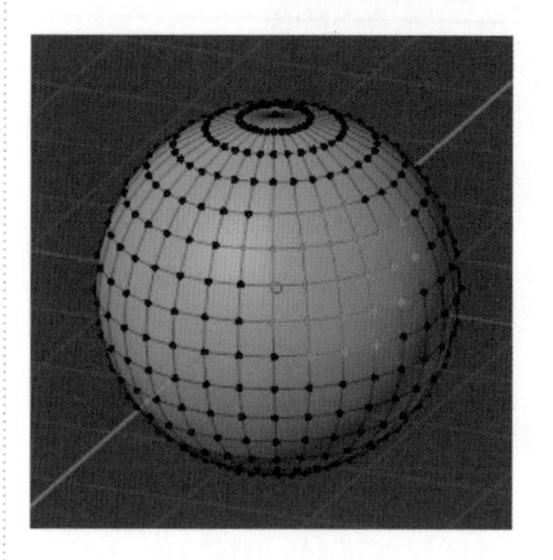

デフォルトでは指定した頂点グループ部分が非表示になり、反転オプションを有効にすると効果が逆になります。

■鏡面化〈ミラー〉

原点を中心にした片方のみのメッシュに鏡面を生成します。他のオブジェクトをミラー軸にすることもできます。

どの軸方向に対しても設定でき、工夫次第で様々な形状を生成できます。

少ない頂点数で左右対称なモデルを作成でき、ある程度形状を作成したら半分を削除して鏡面化

すると編集が簡単になります。

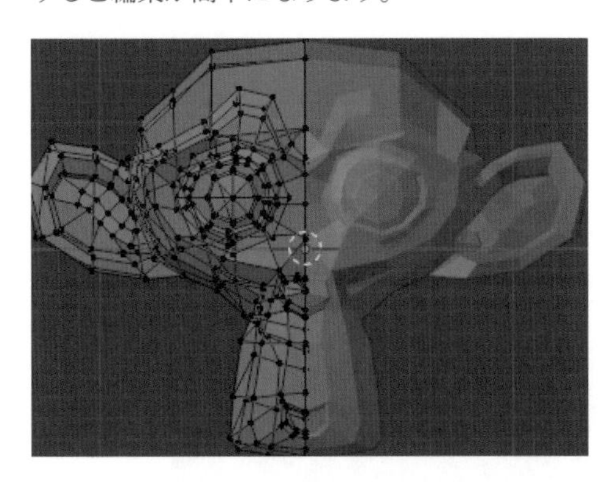

複数の細分化レベル〈マルチレゾリューション〉

オブジェクトに複数レベルの解像度を設定します。スカルプトモードで形状を編集する時に使用します。

「細分化」ボタンを押すとレベルを追加します。必要に応じて細分化し、形状を精細に編集できます。

ビュー用、スカルプトモード用、レンダリング用に分けて表示設定が可能です。

低解像度時と高解像度時です。

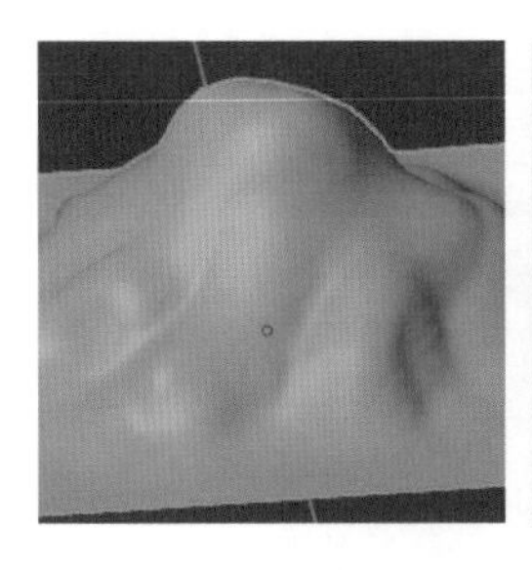

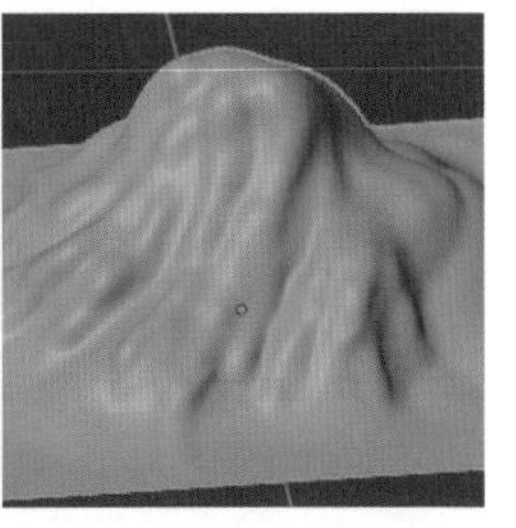

オリジナルデータを必要とするため、スタック内で形状を変更するモディファイアーの後に配置することはできません。

形状の再構築〈リメッシュ〉

メッシュを再構築し、新しい形状を生成します。生成メッシュには四角面のみが含まれます。

選択タイプによって生成されるメッシュの構造は異なります。

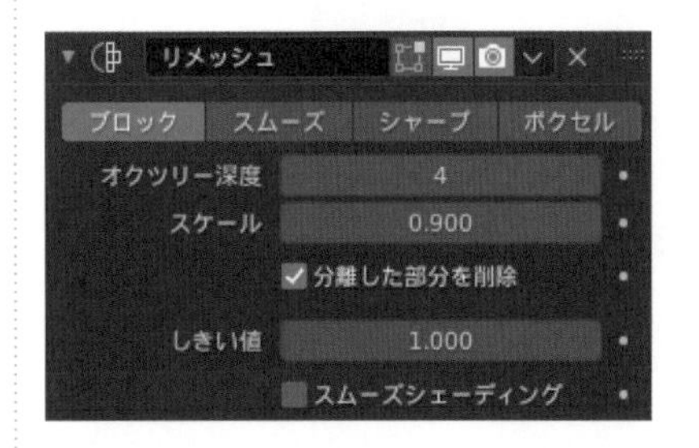

自動で張られた鋭角面を整えるのに役立ちます。

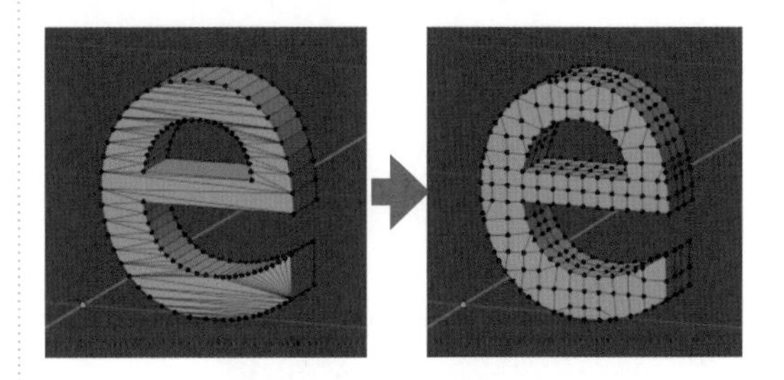

回転体〈スクリュー〉

カーブや辺を複製して回転体を生成したり、らせん形状を生成できます。メッシュ編集ツールのスピンツールに似ています。

「スクリュー」で回転のオフセット、「反復」で複製数を指定します。「座標軸」は生成の方向になります。

カーブのデフォルト形状にスクリュー 1.5 m、反復 2、座標軸 Z を設定すると以下のような形状が生成されます。

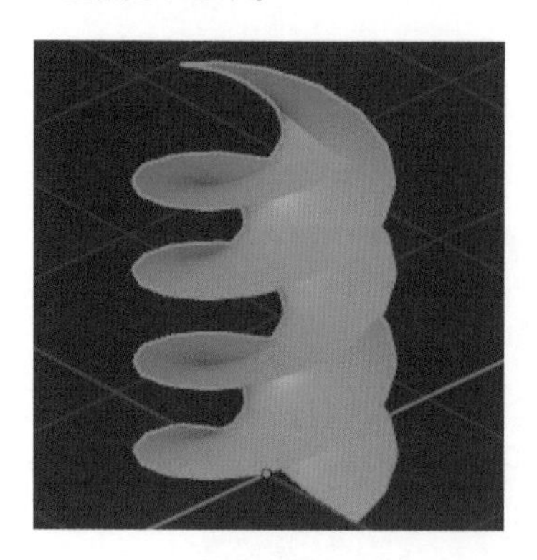

■辺に肉付け〈スキン〉

辺をボーンに見立てて肉付けするように「スキン」を生成します。

入力には辺が使用され、面は無視されます。付加後に表示される赤い点線の円はボーン生成時の親になるルートを表しています。

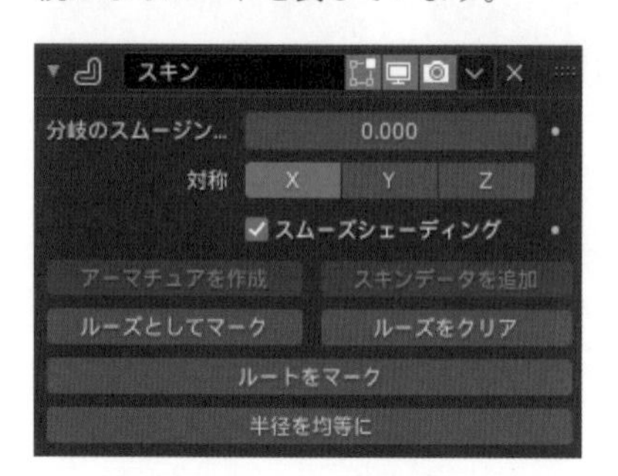

生成されたスキンは編集モードで頂点を選択し、Ctrl + A キーで厚みを変更できます。アーマチュアを生成するとメッシュにもウェイトが設定され、ポーズモードで動かせるようになります。

■厚みを付ける〈ソリッド化〉

メッシュに厚みを加えます。編集モードの押し出しツールと似ています。

「幅」で厚さを指定します。オブジェクトをトランスフォームで拡縮した場合、適用後も絶対的な厚さは変化しないので再設定が必要になります。

薄い形状に手軽に立体感を加えることができます。

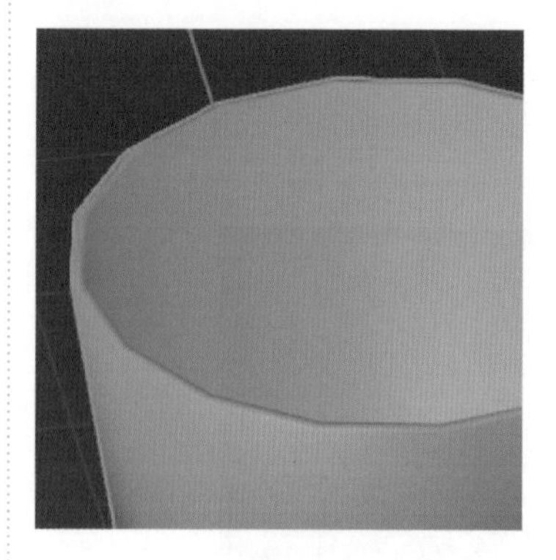

■細分化〈サブディビジョンサーフェス〉

面を細分化し、より滑らかな形状に見せます。スムーズシェードと合わせて滑らかに表示するのに役立ちます。ショートカットキーは Ctrl + 5 までの数字キーです。

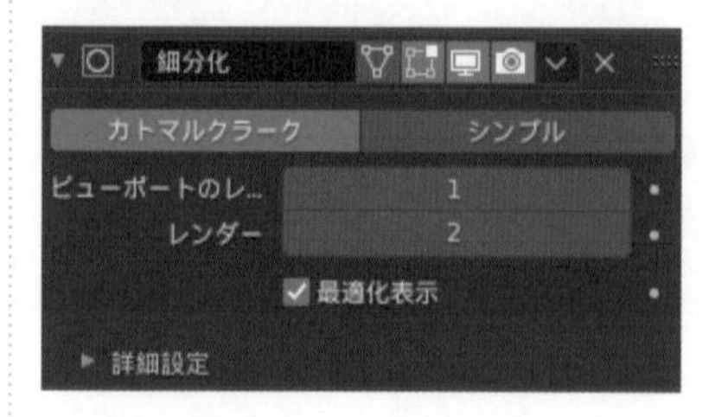

実際の頂点数は変化しませんが、高い細分化レベルは使用リソースを増大させるので適切に設定する必要があります。

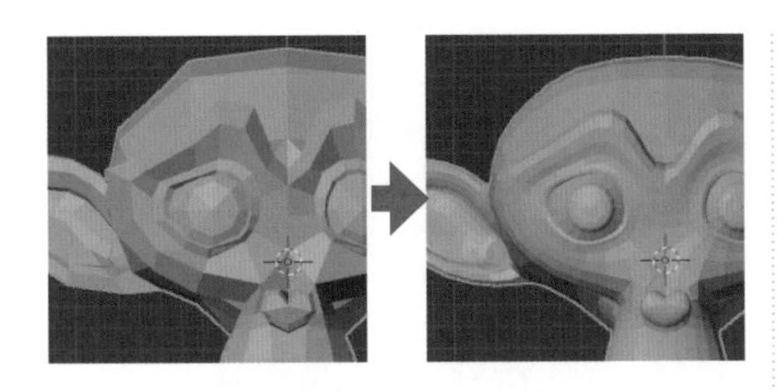

辺に重みを持たせる〈クリース辺〉

細分化されたメッシュの辺を選択し、右クリックメニュー→「辺のクリース」(Shift + E)、またはサイドバー→「アイテム」タブ→「トランスフォーム」パネル→「平均クリース」で指定した数値が1に近いほど元の形状を保ちます。

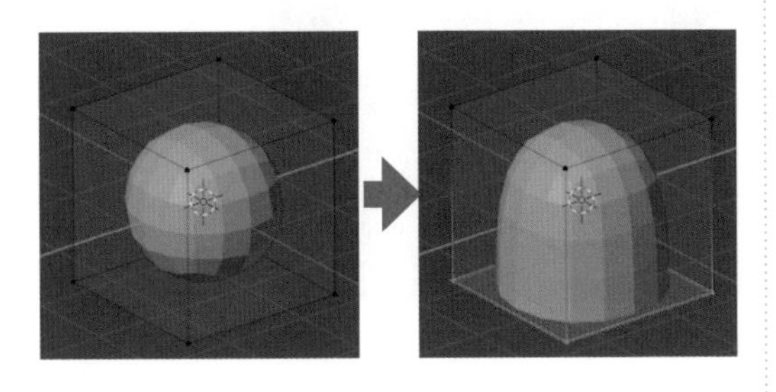

面を分割〈三角面化〉

メッシュの全ての四角面を三角面に分割します。三角形面のみ入力可能な外部レンダラー向けにデータをエクスポートする時などに使用します。

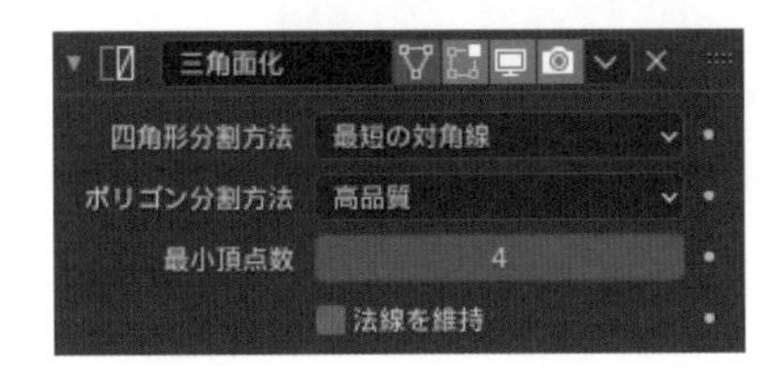

3Dビューのシェーディングを「ワイヤーフレーム」にするか、「プロパティ」(Shift + F7)→「オブジェクトプロパティ」→「ビューポート表示」パネル→「ワイヤーフレーム」を有効にすると適用せずに分割された状態を確認できます。

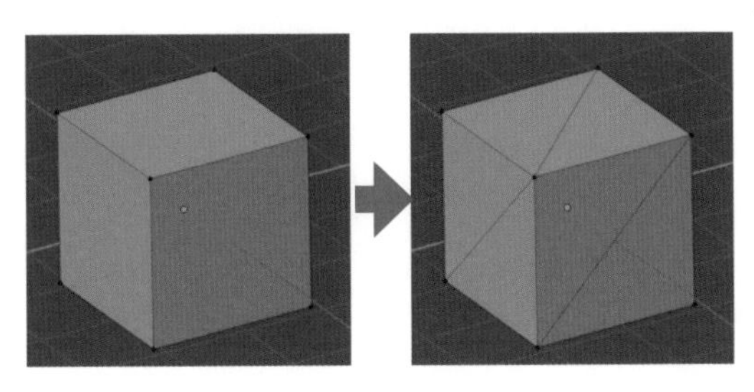

近くの頂点をマージ〈溶接〉

しきい値内の頂点をマージして形状を畳みます。

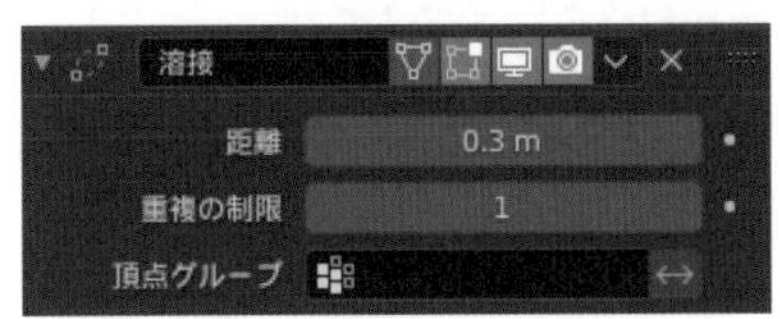

余分な頂点をまとめてパフォーマンスを向上させるのに役立ちます。

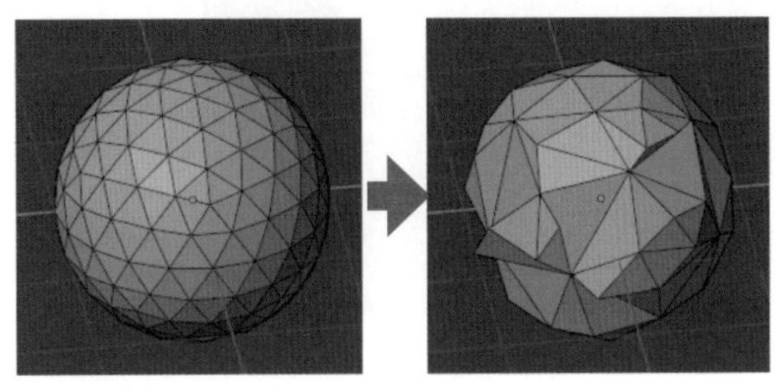

辺をメッシュ化〈ワイヤーフレーム〉

辺を4面からなるポリゴンに変換します。面が張られたメッシュが必要です。

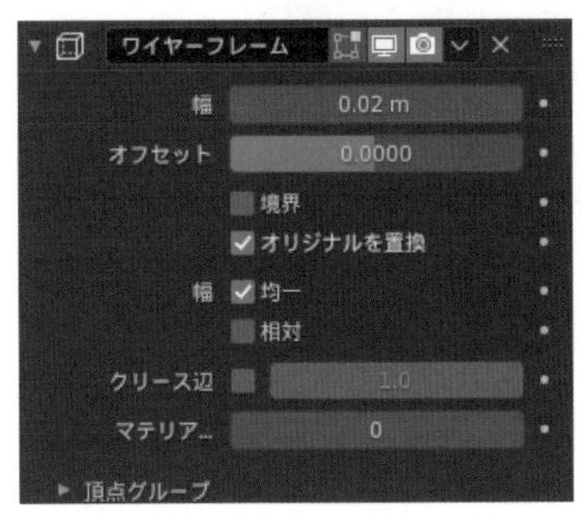

幅やクリース辺の設定で外見が大きく変化します。

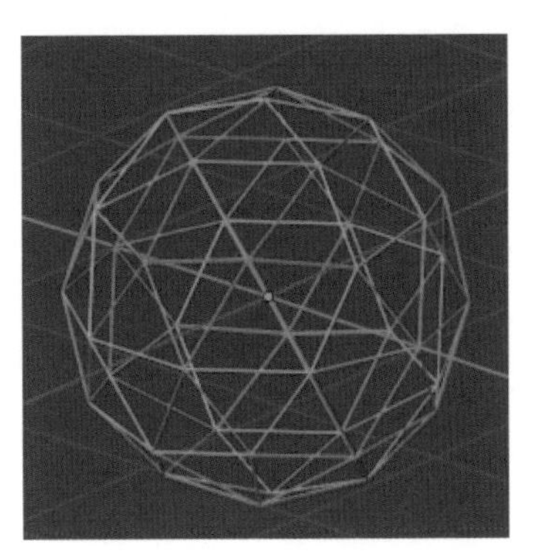

2.3.4 変形

■骨格と関連付け〈アーマチュア〉

アーマチュアオブジェクトと関連付けてポージングを可能にします。メッシュにはボーンに対応した頂点グループが必要なため、Ctrl + P キーでオブジェクトをアーマチュアの子にすると頂点グループとモディファイアーを簡単に設定できます。

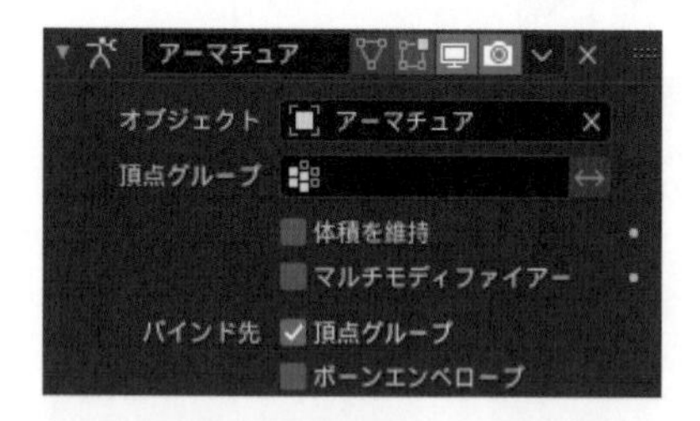

アーマチュアやポーズモードについては「アニメーション」で解説しています。

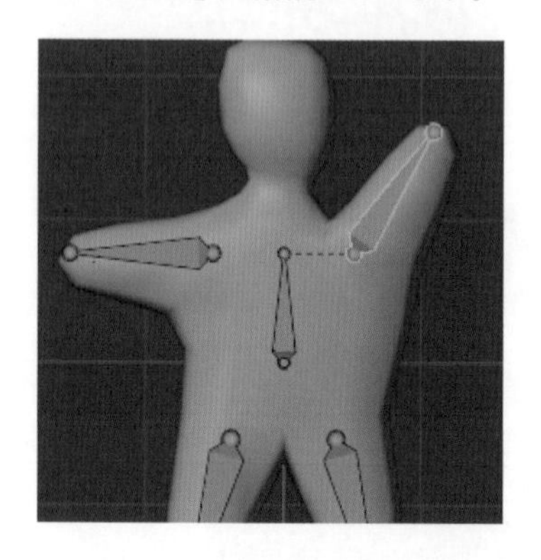

■選択形状にシフト〈キャスト〉

メッシュなどを球、円柱、直方体に変形させます。スムーズモディファイアーで形状の見栄えを整えると良好な結果を得られます。

ローカル座標でのみ機能するため、トランスフォームの適用を必要とする場合があります。

「球」を選択すると形状が丸くなります。

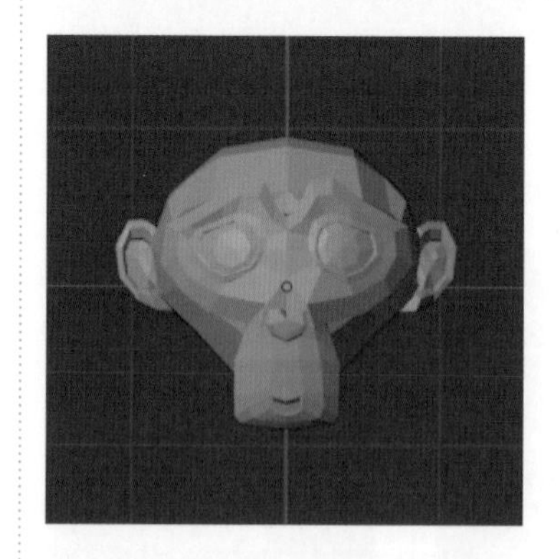

■カーブに沿って移動〈カーブ〉

カーブに沿って移動や変形を行います。オブジェクトの原点は形状の中心に配置し、カーブの原点位置と同じである必要があります。

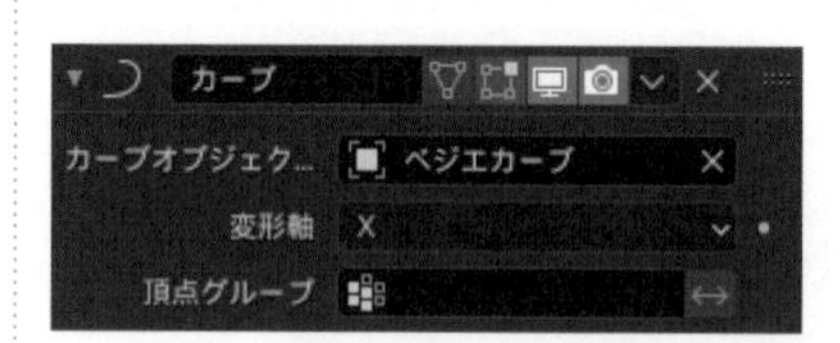

「変形軸」が X の時、X 軸方向に移動させるとカーブに沿った動きになります。

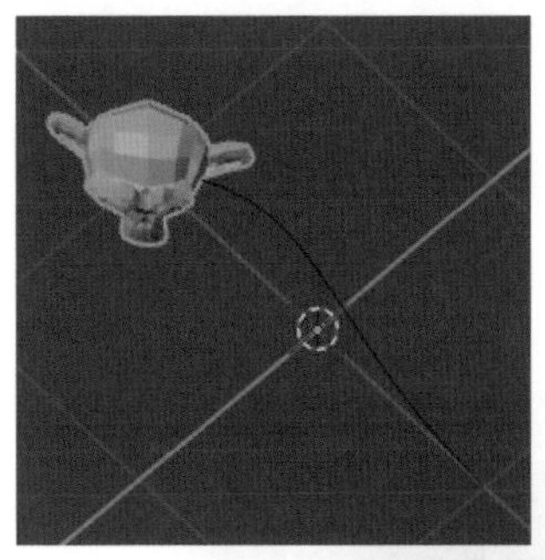

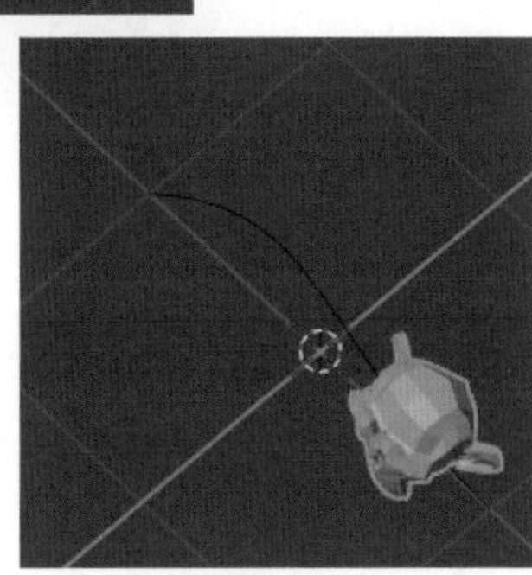

画像輝度で変位〈ディスプレイス〉

テクスチャのRGBまたは輝度を元にしてメッシュに起伏を与えます。法線方向の他、特定の軸方向に変位させることもできます。

ボロノイテクスチャを指定すると、地形を簡単に生成できます。

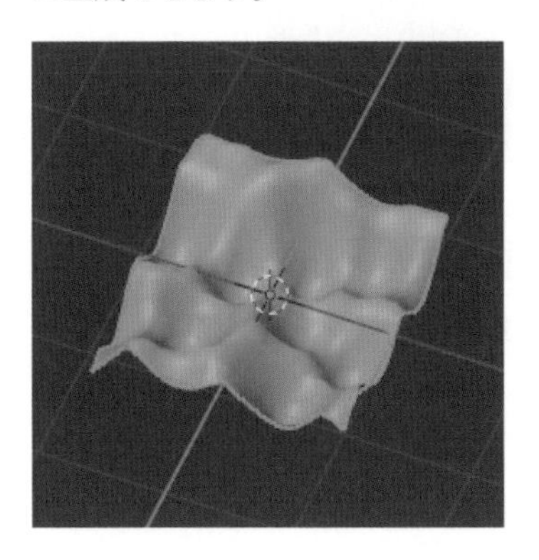

オブジェクトで頂点を操作〈フック〉

頂点を他オブジェクトと関連付けて操作できるようにします。

手軽な方法として、編集モードで頂点を選択し、Ctrl + Hキー→「新規オブジェクトにフック」を選択するとフックモディファイアーが付加され、エンプティが生成されます。

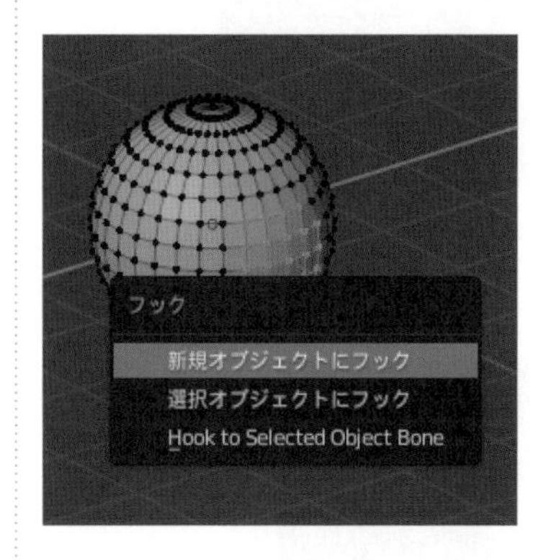

エンプティを動かすと、関連付けられた頂点部分も動きます。

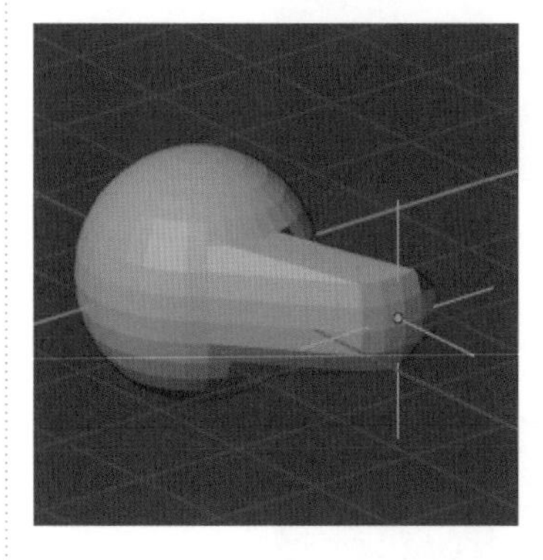

元メッシュの頂点インデックスを使用するため、サブディビジョンサーフェスモディファイアーはフックの後に配置する必要があります。

変形を改善〈ラプラシアン変形〉

表面のディテールを保持しながらポージングできます。「アンカー」として使用する頂点を定義して移動させ、残りのアンカー頂点は固定位置に保持します。

「バインド」ボタンで計算を行い、その後に形状を変形させます。頂点数が 10 万を超えるようなメッシュの場合、エラーになる可能性があります。「リピート」による反復回数が多いほど形状を保持しますが計算は遅くなります。

アーマチュアでポージングさせたオブジェクトの形状を改善します。

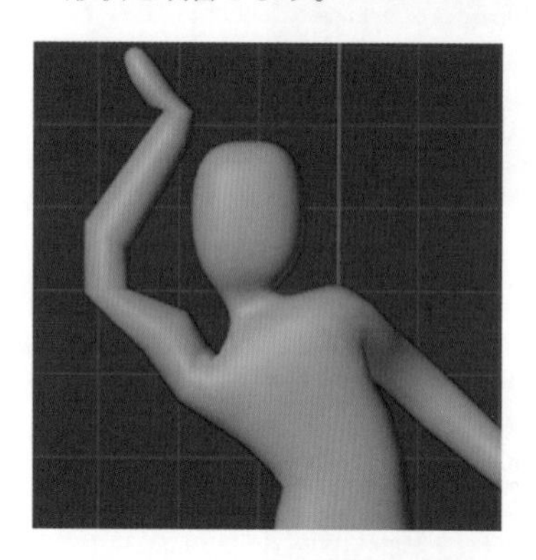

全頂点を含む頂点グループをアンカーウェイトに指定し、リピート数 3 を設定すると曲げた腕の形状が滑らかになり改善されます。

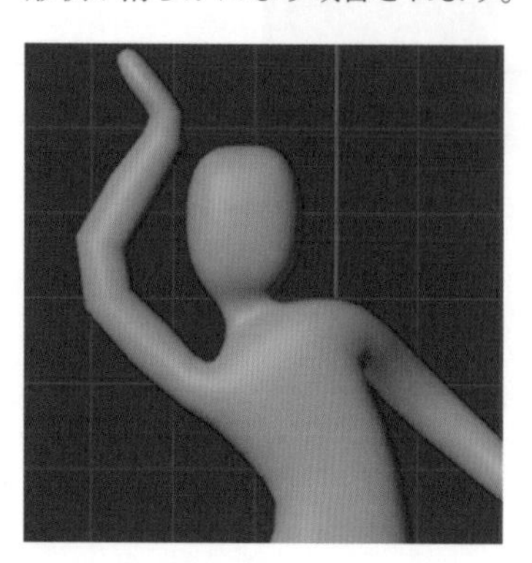

格子で変形〈ラティス〉

ラティスオブジェクトの形状を使用してベースオブジェクトを変形します。メッシュの他カーブ、サーフェス、テキスト、ラティス、パーティクルで使用できます。

Ctrl + P キーでオブジェクトをラティスの子にするとモディファイアーを簡単に設定できます。

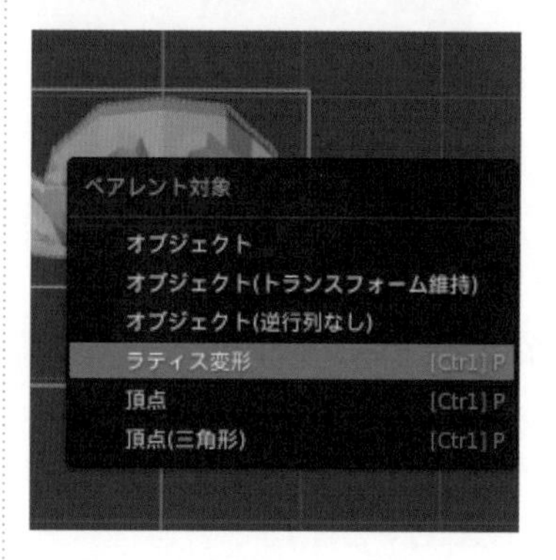

編集モードでラティスを変形させると、頂点数の多いオブジェクトを少ないコントロールポイントで効率的に変形できます。

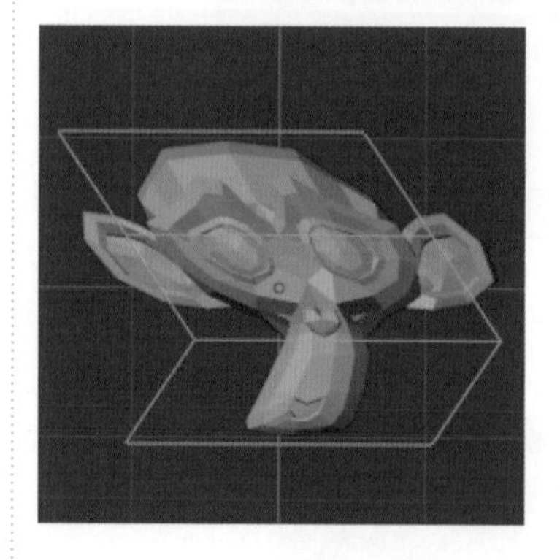

他メッシュで変形〈メッシュ変形〉

任意の閉じた形状のメッシュを変形用ケージとして使用します。

「バインド」で計算後、ケージメッシュで変形できるようになります。ベースオブジェクトの頂点数が多いと計算に時間が掛かります。

内と外を区別するため、ケージメッシュの法線は外に向いている必要があります。大まかなケージに加え、別の小さなケージを追加の制御に使用できます。

ケージメッシュ全体に大きな変更を加えると問題が発生する可能性があります。

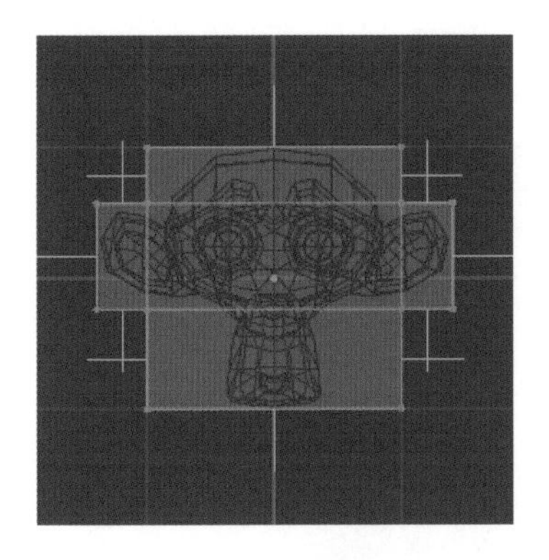

ケージメッシュの形状は自由なので、ラティスより細かな編集ができます。

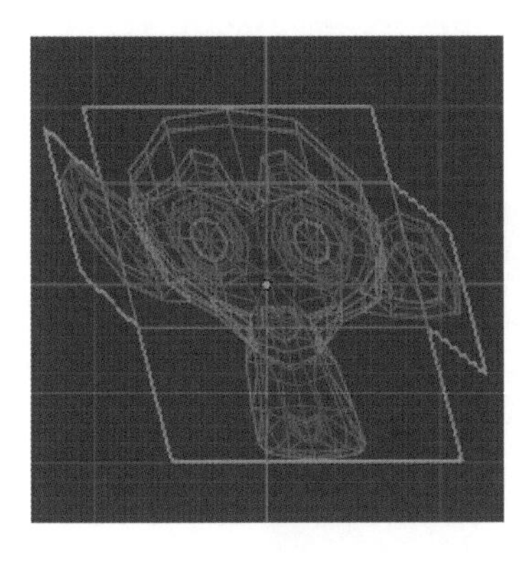

■対象に吸着〈シュリンクラップ〉

オブジェクトを別のオブジェクトの表面に収縮させます。メッシュの他ラティス、カーブ、サーフェス、テキストで使用できます。

半球の縁に頂点グループを設定し、モンキーをターゲットにします。

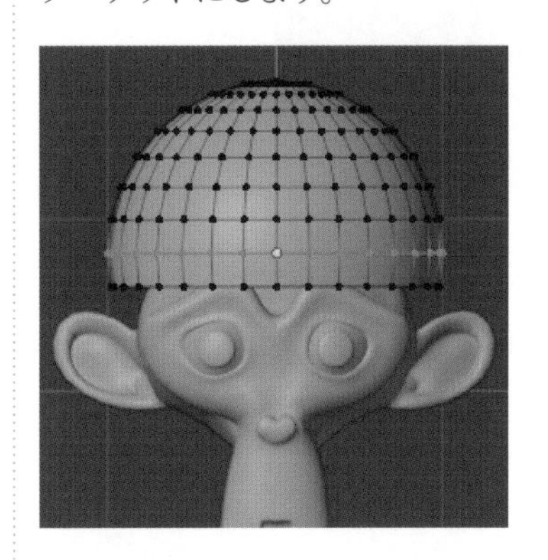

頂点グループ部分がターゲットに吸着します。

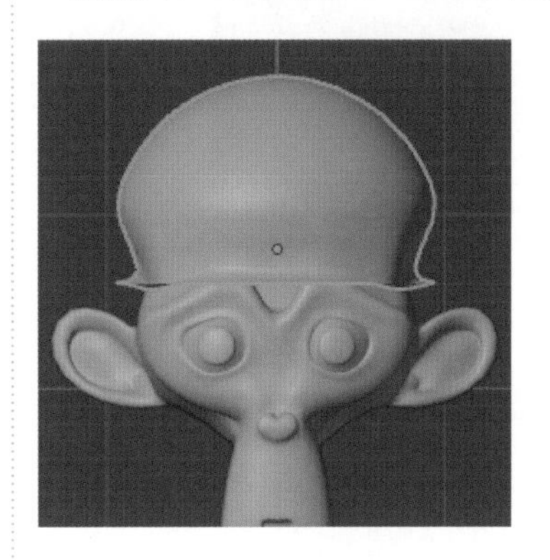

■大まかに変形〈シンプル変形〉

ねじり、曲げなどオブジェクトに単純な変形を加えます。メッシュの他ラティス、カーブ、サーフェス、テキストで使用できます。

うまく変形するには、原点位置や座標軸の設定が重要になります。

曲げ、角度 180、座標軸 Z を指定すると半円状に曲がります。

■ 形状を滑らかにする〈スムーズ〉

隣接する面の角度をフラットにしてメッシュを滑らかにします。編集ツールのスムーズと似ており、「係数」は 0.0 ～ 1.0 外も設定できますが、メッシュが歪みます。

リピート数 8 にすると、角が取れてややサイズが小さくなります。

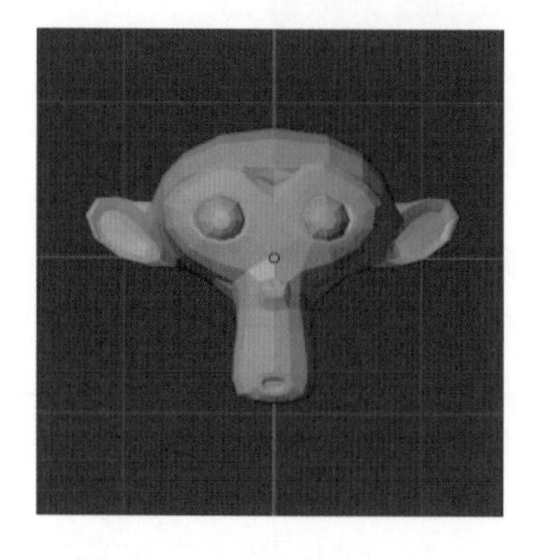

■ 変形を滑らかにする〈スムーズ（補正）〉

変形をスムージングします。アーマチュアモディファイアーによる変形で生じた関節部分の歪みを減らすのに役立ちます。

デフォルト設定ではオリジナルの頂点数を必要とするため、ミラーなどのモディファイアーを付加していると動作しませんが、「スムーズのみ」を有効にすると動作するようになります。

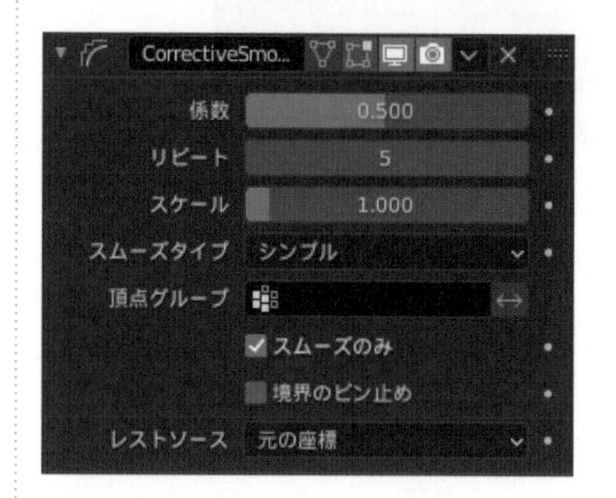

アーマチュアでポージングさせたオブジェクトの形状を改善します。

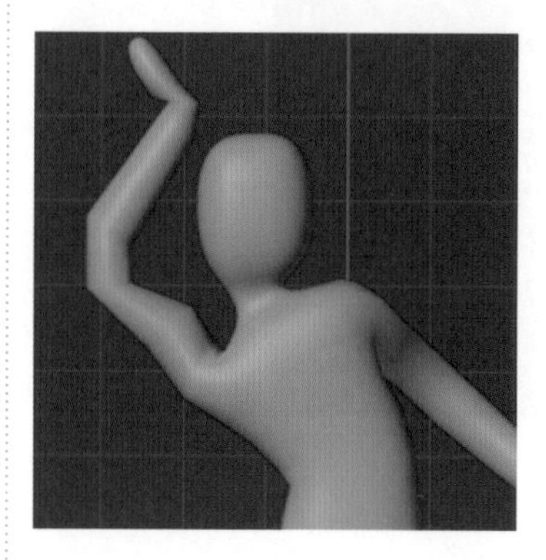

ラプラシアン変形モディファイアーに似ていますが、アンカー設定は不要で、さらに詳細な設定が可能です。

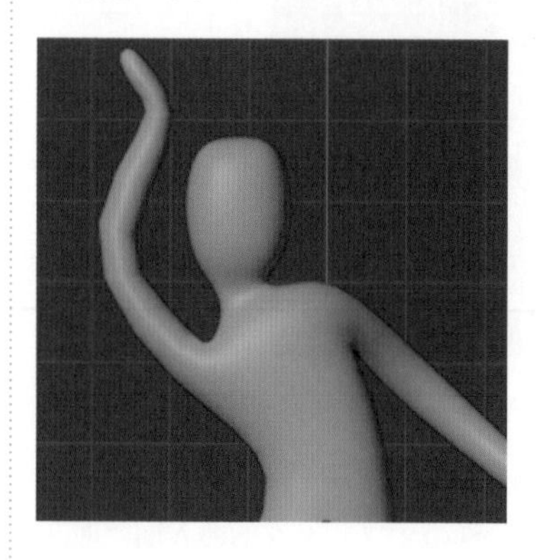

■ 形状を平滑化&誇張〈スムーズ（ラプラシアン）〉

メッシュの形状を保ちつつ表面のノイズを除去して滑らかにしたり、負の係数を指定して形状を誇張します。

1万以上の頂点を持つメッシュの場合、処理に時間が掛かります。

リピートの値を大きくすると滑らかになり、「ラムダ係数」の値で強調と平滑化の度合いを設定します。

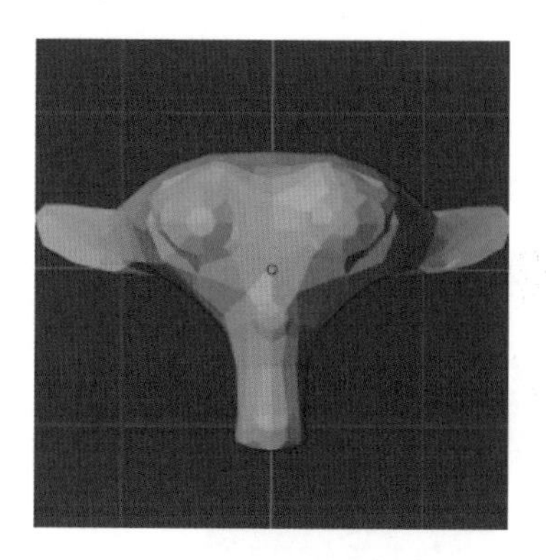

他メッシュの変形を転送〈サーフェス変形〉

任意のメッシュで別のメッシュの変形を制御します。クロスシミュレーションで得られた変形を他メッシュに転送することも可能です。

ターゲットオブジェクトのメッシュでバインドを成功させるには、3つ以上の面を持つ辺、凹面、重複頂点、同一線上の辺を持つ面を含めないようにします。ターゲットメッシュからかけ離れるほど不整合が生じやすくなるので、ある程度一致したメッシュを使用すると良好な結果を得られます。

編集モードで細分化40を実行した平面1をクロスシミュレーションで変形させます。

細分化20を実行した平面2を平面1と同位置に配置し、サーフェス変形モディファイアーを付加し「ターゲット」に平面1を指定します。

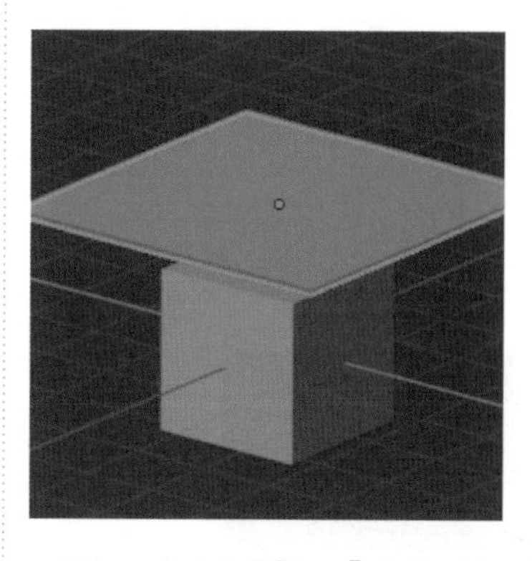

フレーム1に戻し、「バインド」ボタンを押した後アニメーションすると平面2も平面1と同じ形状に変形します。

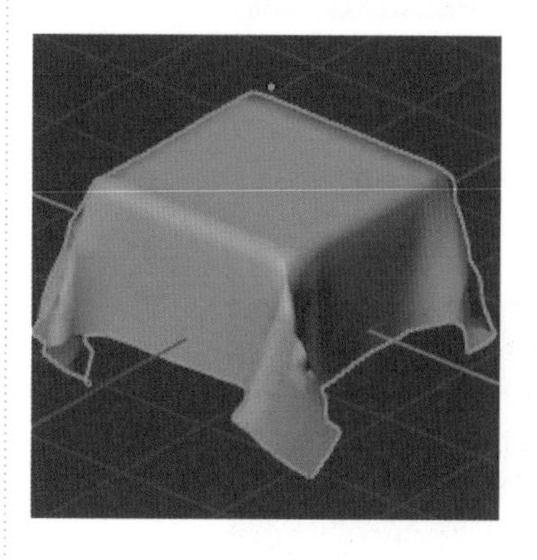

平面２の面に他オブジェクトをインスタンス複製して複雑な構造のモデルを作成できます。

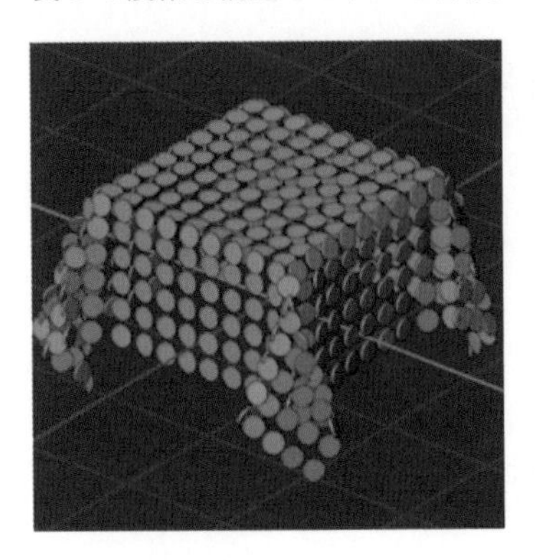

■面を移動〈ワープ〉

２つのオブジェクトを使用して面の一部を別の場所に移動させます。編集モードのプロポーショナル編集機能に似ています。

２つのオブジェクトの原点によって設定される２つのポイントが必要で、開始ポイントは終了ポイントに引っ張られます。

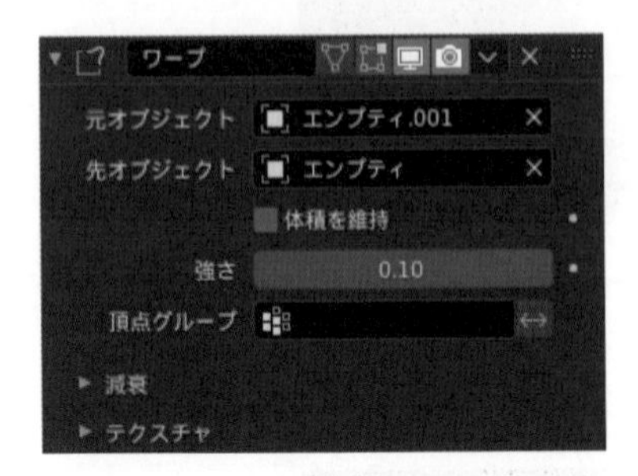

同位置に元オブジェクトと先オブジェクトのエンプティ、平面を配置し、モディファイアーで減衰タイプ「カーブ」を選択してフォールオフ形状を設定します。

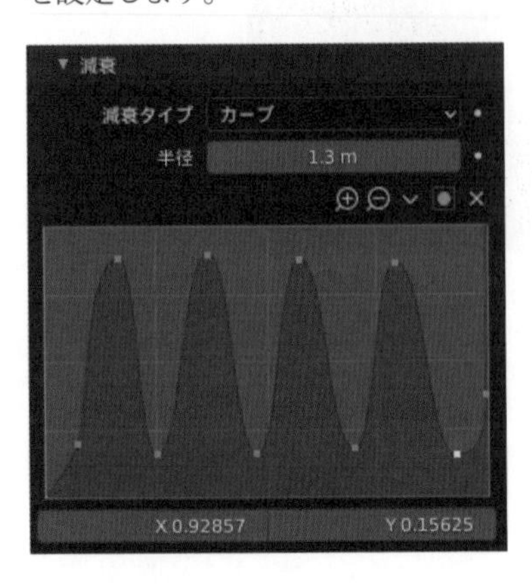

先オブジェクトのエンプティを移動させると平面の頂点も移動します。

■波打つアニメーション〈波〉

オブジェクト形状に波紋のような動きを付加します。メッシュの他ラティス、カーブ、サーフェス、テキストで使用できます。

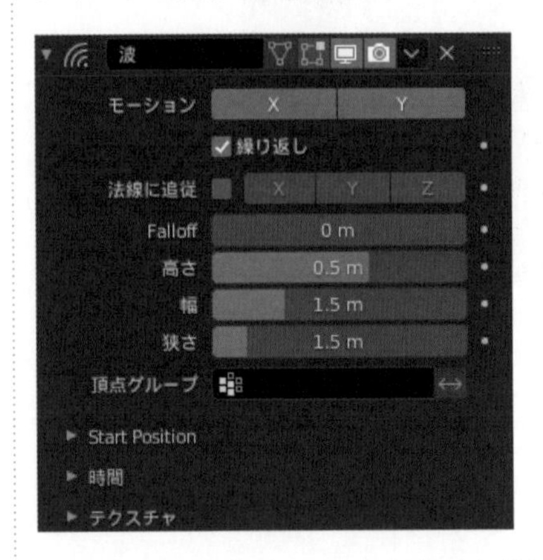

「モーション」でX、Yの両方が有効なら中央から波が発生します。

片方が有効なら一方向の波になります。

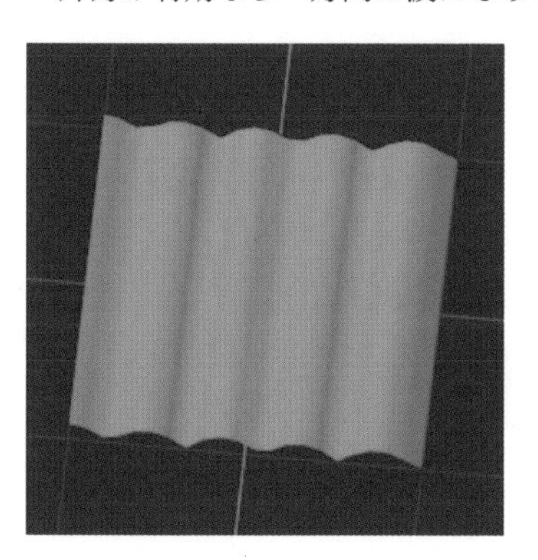

2.3.5 物理演算系

物理シミュレーションを付加すると、モディファイアースタックに表示されます。それぞれの機能については「物理演算とエフェクト」で解説しています。

2.4 カップのモデリング〈回転体〉

断面のみの図形を回転させて生成したオブジェクトは回転体と呼ばれます。

ツールを使用することで手軽に全体のモデリングが可能です。

2.4.1 断面図〈頂点生成〉

テンキーの1でフロントビューに切り替え、Shift + A キーなどで任意のメッシュを生成します。オブジェクトを選択後編集モードにして、A キーで全頂点を選択し X キーで削除します。選択モードは「頂点」に設定します。

編集モード

編集しやすいように 3D カーソルを Shift + 右クリックで原点から離れた所に移動させ、オブジェクト原点と同じ場所に Ctrl + 右クリックで頂点を追加します。

手動で追加すると位置がずれるので、サイドバー（N）→「アイテム」タブ→「トランスフォーム」パネルで頂点の XYZ の値に全て 0 を入力して完全な原点位置にします。

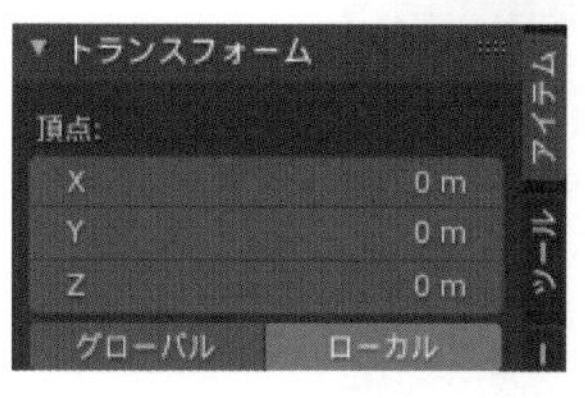

この頂点を選択した状態で、E → X →テンキーの 1 で X 軸方向に 1 m の位置に新規頂点を押し出して生成します。

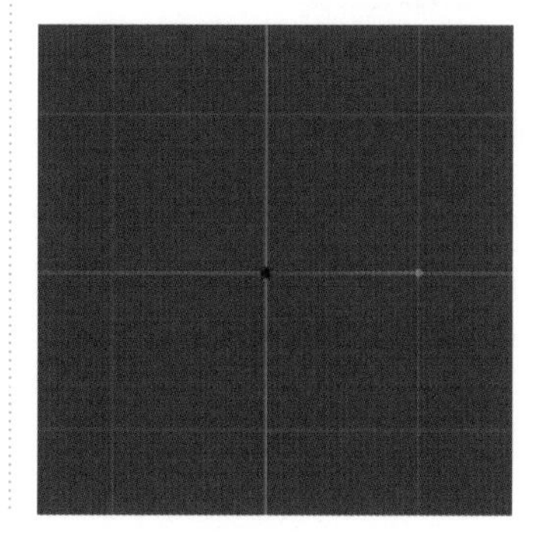

同じようにE→Z→テンキーの2でZ軸方向に2mの位置に頂点を生成します。

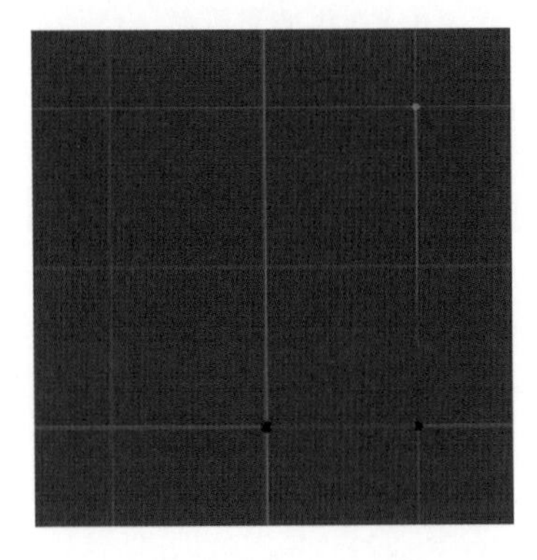

少し開いた形状にするために、G→X→テンキーで0.3を入力して位置を調整します。

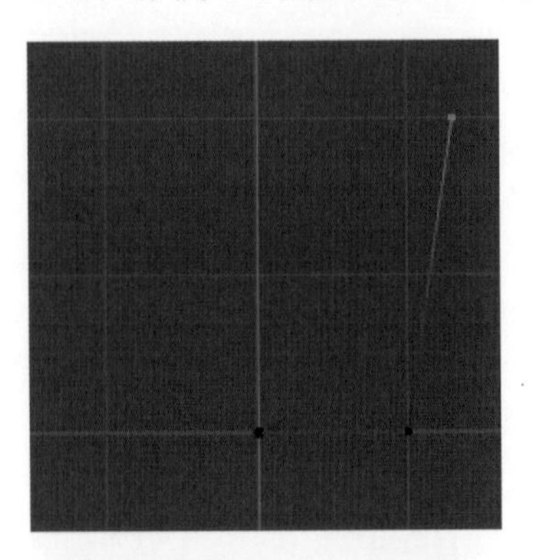

断面の完成です。

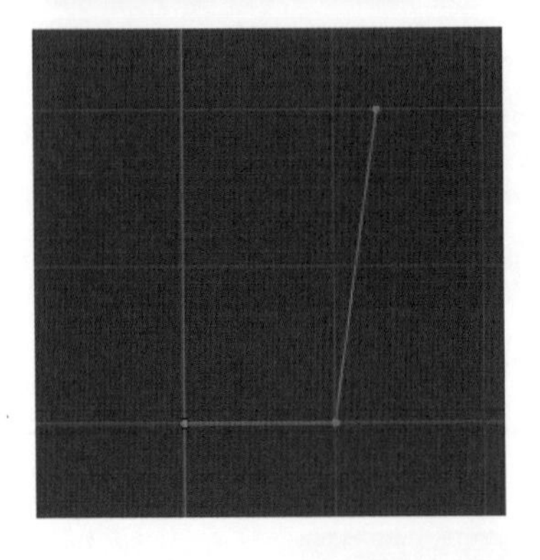

2.4.2 旋回複製〈スピンとスクリュー〉

回転させて複製するには以下の2つの方法があります。

モディファイアーを使用すると実際の頂点数を増やさずに生成できます。

スピンツール

3Dカーソル位置を中心に回転するので、Shift + Cキーで3Dカーソルを軸の原点にリセットします。視点を斜め上から見たような位置にして、Aキーで全頂点を選択し、ツールバーからスピンツールを選択します。

表示された青いハンドルの端をドラッグすると円形に面が生成されていきます。任意の位置で画面をクリックし、一旦確定します。

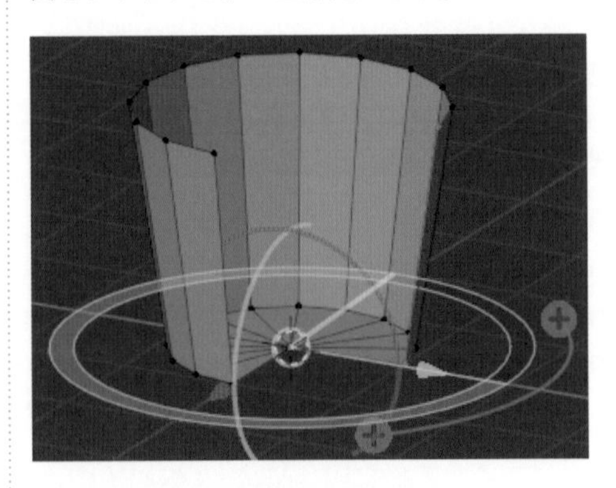

表示される調整パネルで好みのステップ数を入力し、「角度」の数値に360を入力します。

面が1周分生成されます。

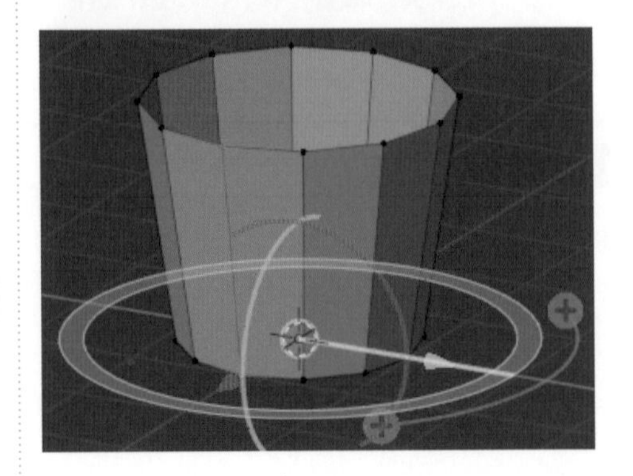

スクリューモディファイアー

「プロパティ」(Shift + F7) →「モディファイアープロパティ」→生成「スクリュー」を選択します。近くの頂点を結合する「マージ」を有効にしています。

デフォルトはスムーズシェード表示です。フラット表示にする場合はパネル内の「ノーマル」→「スムーズシェーディング」を無効にします。

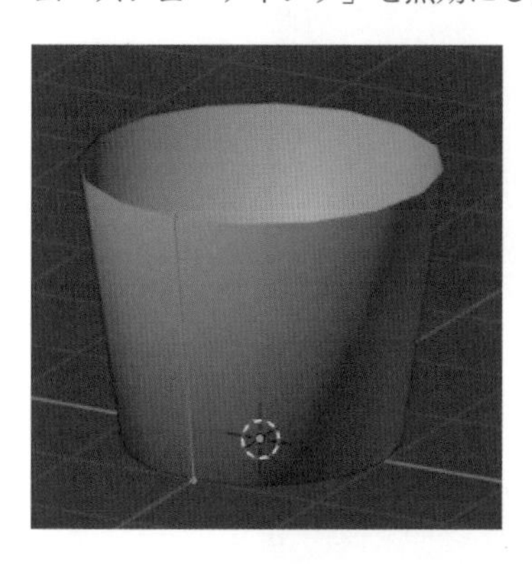

2.4.3 厚みを付ける〈ソリッド化〉

「プロパティ」(Shift + F7) →「モディファイアープロパティ」→生成「ソリッド化」を選択し、「幅」に好みの数値を入力します。

縁部分に厚みが付いて立体感が増します。

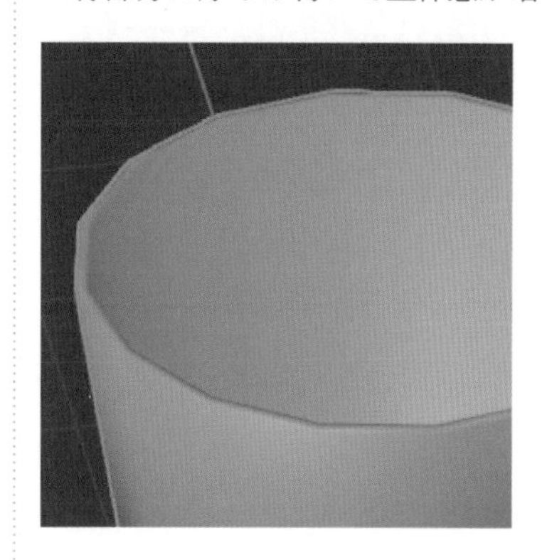

2.4.4 完成

わずかな頂点数で全体を生成できます。

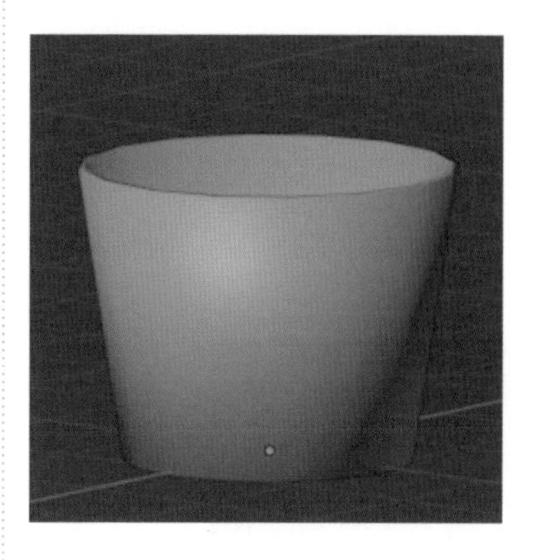

2.5 動物の頭部のモデリング〈ミラーリング〉

左右対称のモデルを作成します。形状の表面は有機的な物体らしく滑らかな曲面にします。

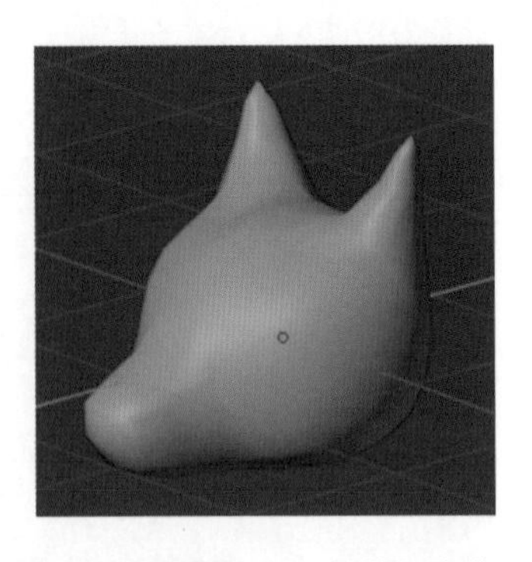

2.5.1 基本形〈メッシュ編集〉

ベース

Shift + Aキーなどから「Cube(立方体)」を生成し、「プロパティ」(Shift + F7) →「モディファイアープロパティ」→生成「サブディビションサーフェス」を選択します。

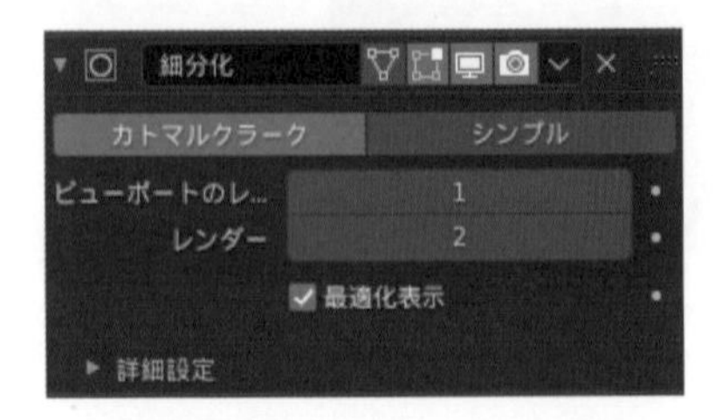

デフォルト設定のままパネル内のメニューボタン→「適用」で形状をメッシュとして実体化します。

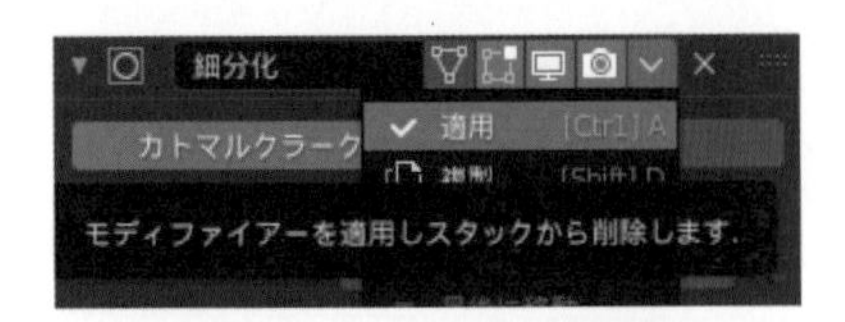

立方体が丸められた形状になります。

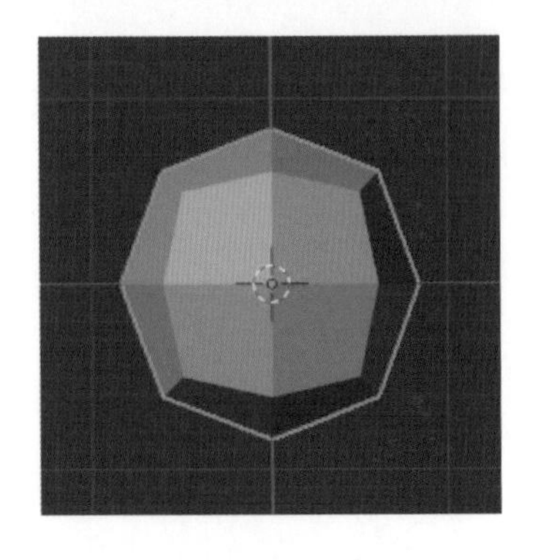

編集モードで片側の頂点を削除し、形状を半分にします。

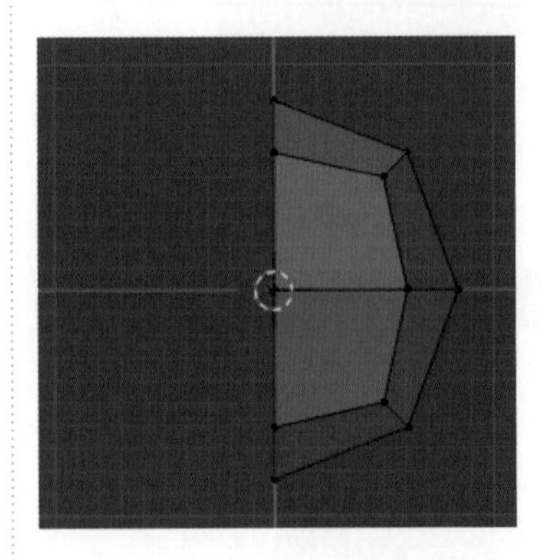

ミラーモディファイアーを付加し、自動で反対側の形状が生成されるようにします。

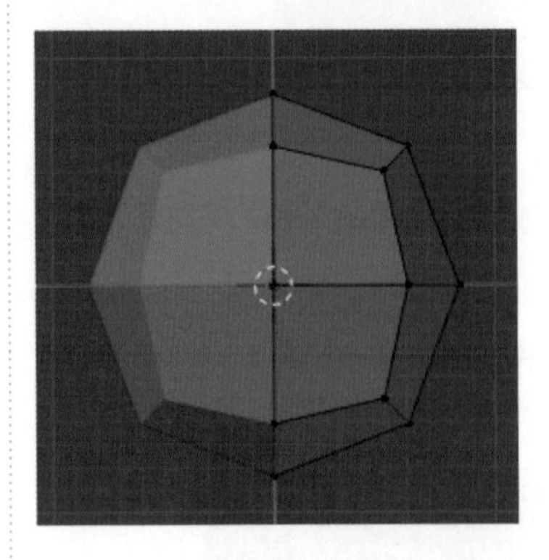

最も正面の面に対してループカット (Ctrl + R) を実行します。面にマウスオーバーして縦方向に黄色のラインが表示されるようにドラッグし、左クリックで確定後位置指定モードになるので右クリックでキャンセルすると面の中央にループ辺が生成されます。

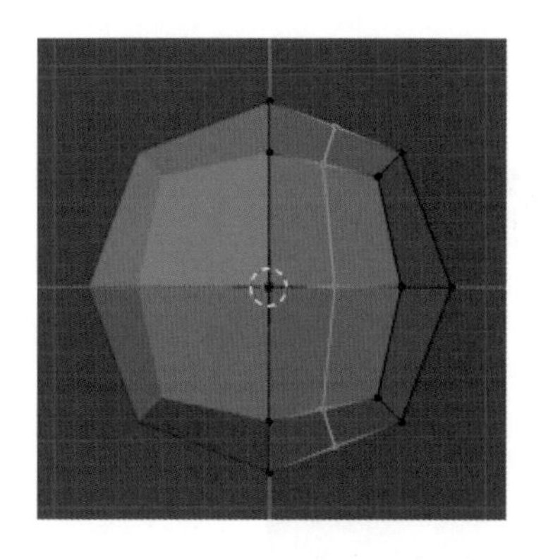

鼻

以下の面を選択します。

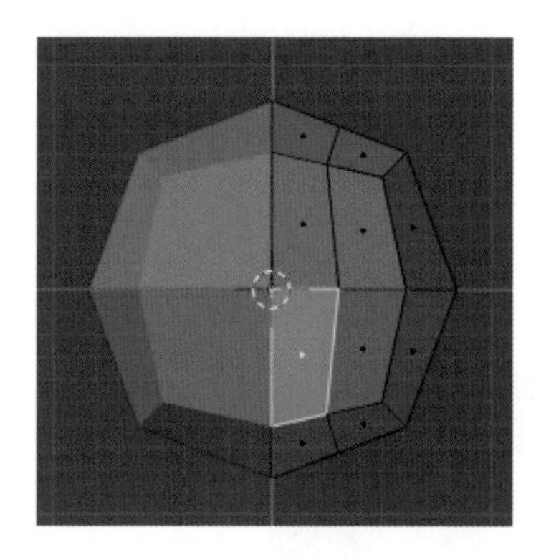

Eキーで押し出します。デフォルトでは面の法線方向に押し出されて左右が離れます。

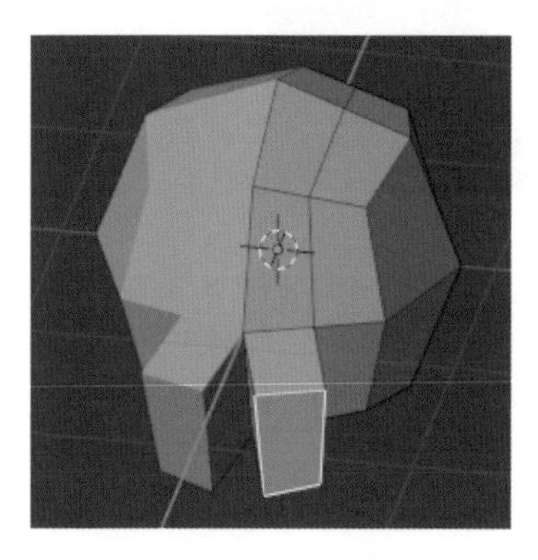

実行後に表示される調整パネルで「座標系」に「グローバル」を指定します。

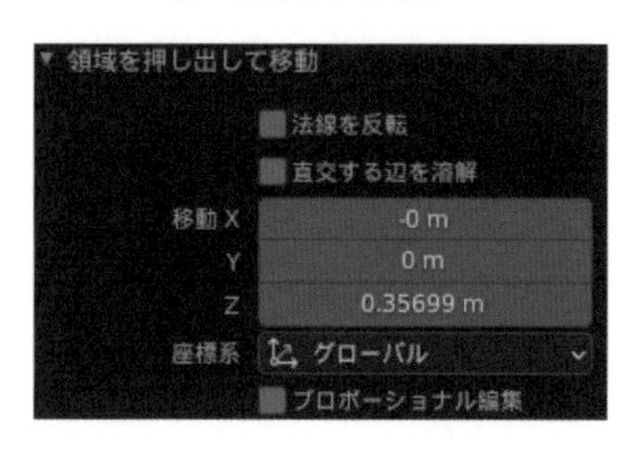

選択中の面が奥にへこむので、G→YキーでY軸方向に限定して移動し、位置を手前に直します。

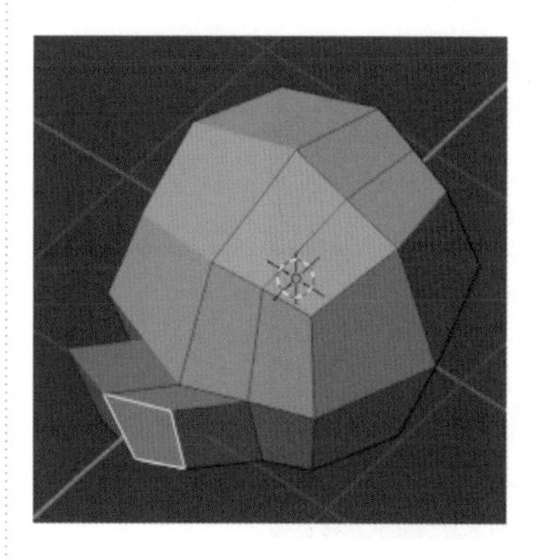

テンキーの3で右からの視点にして、G→Zキーで高さ位置を調整します。

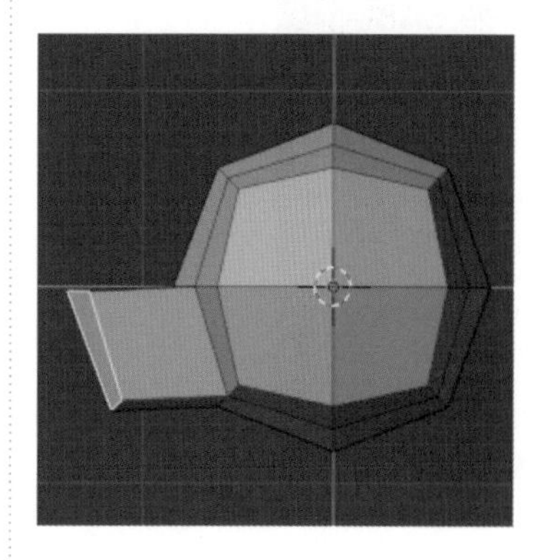

一旦ミラーモディファイアーを不可視にして、押し出しによってミラーの境目にできている余分な面を選択し、Xキー→「面」を選択して削除します。

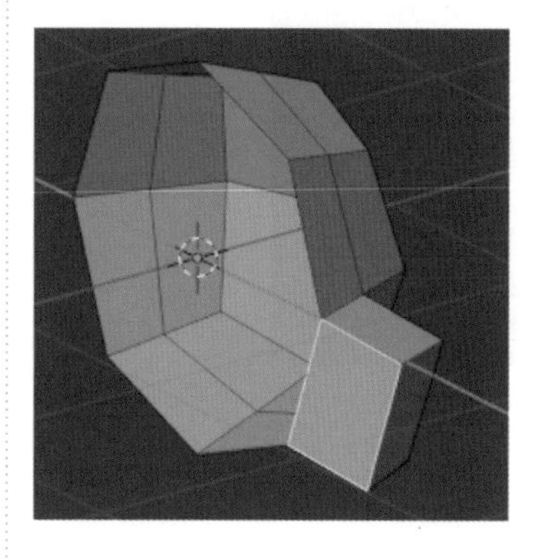

■ 耳

耳の部分に当たる面を選択します。

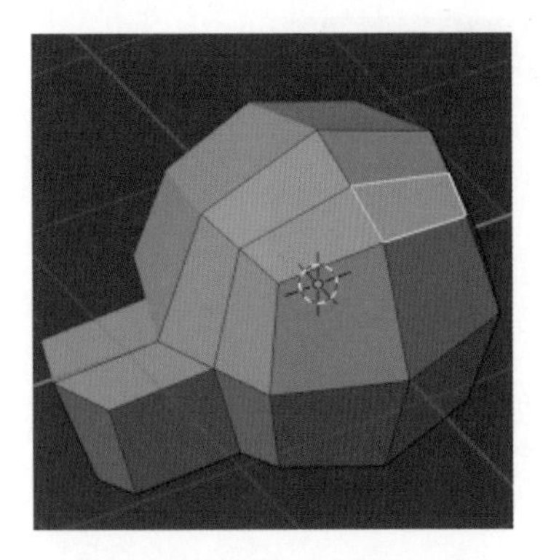

Eキーで上に面を押し出します。

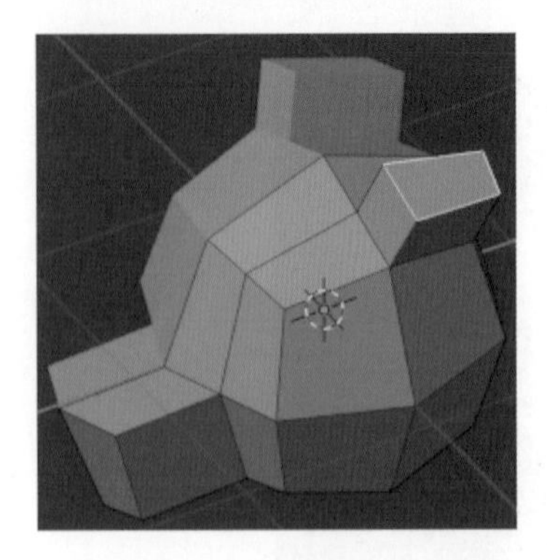

S→Z→テンキーの0で選択頂点のZ軸上の位置を揃えることができます。

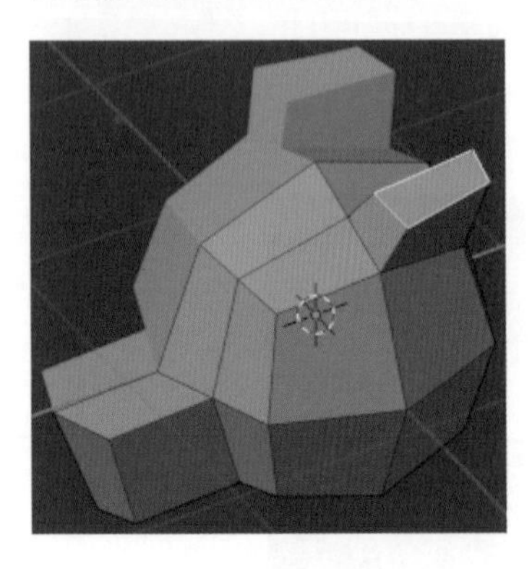

Sキーで面を縮小し、耳先が尖った形状にします。

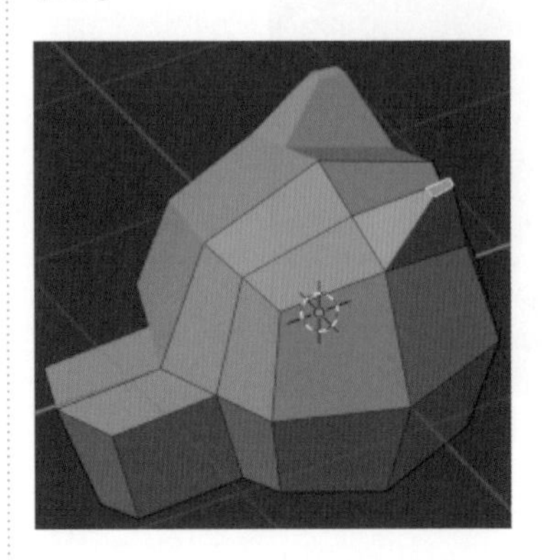

2.5.2 滑らかにする〈細分化とスムーズ〉

サブディビジョンサーフェスモディファイアーを付加し、オブジェクトモードに切り替えて右クリック→「スムーズシェード」を選択して滑らかにします。

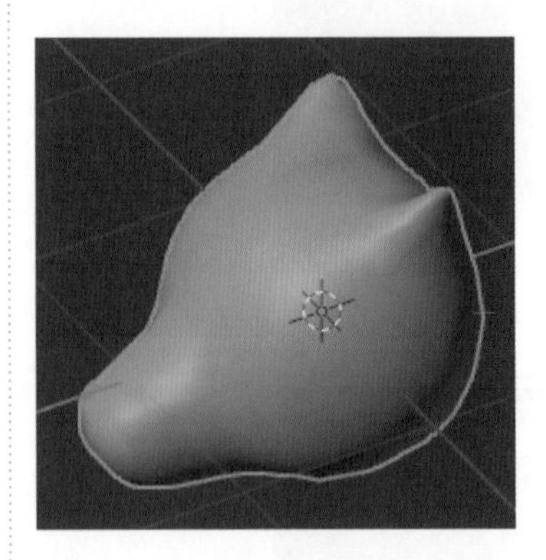

2.5.3 微調整

編集モードに切り替え、各頂点位置を調整して好みの形状にします。

頂点を選択し、Gキーを2回押して辺に沿ってスライド移動させると手軽です。

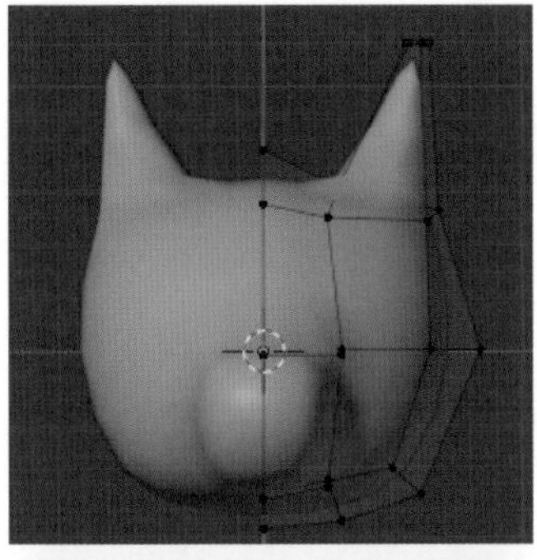

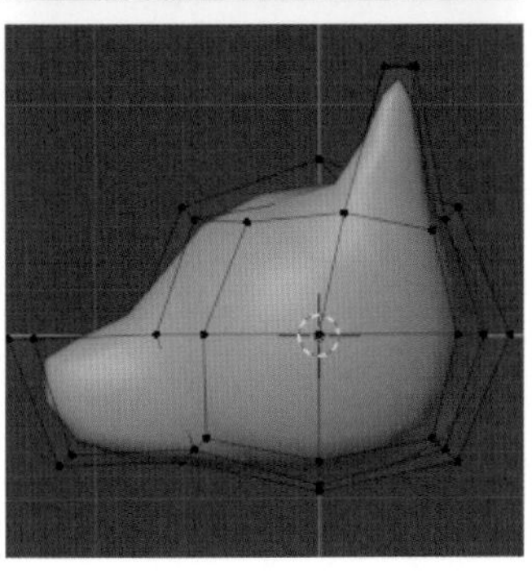

2.5.4 完成

キャラクターのモデリングなどは同じような手順で作成できます。

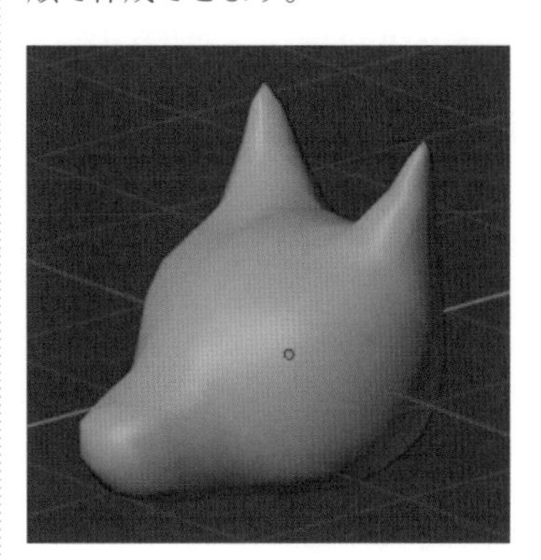

2.6 彫刻風モデリング〈スカルプト〉

スカルプトはオブジェクト表面を盛り上げたり削ったりして形状を作成できる機能です。ペンタブレットを使うとより直感的に描画することができます。

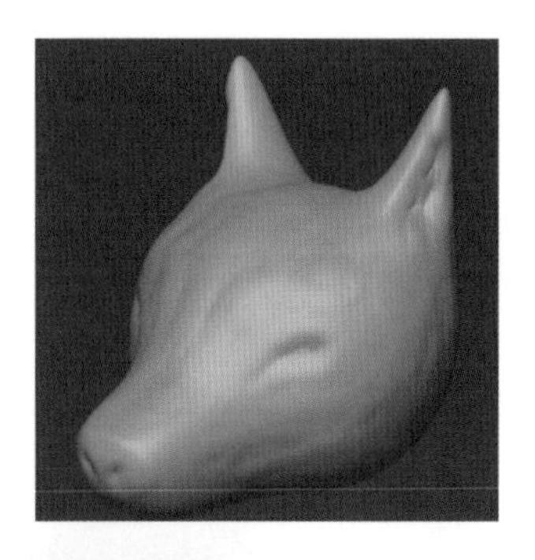

2.6.1 ベース形状

動物の頭部オブジェクトを使用します。オブジェクトを複製して元データは上書きしないように残しておきます。

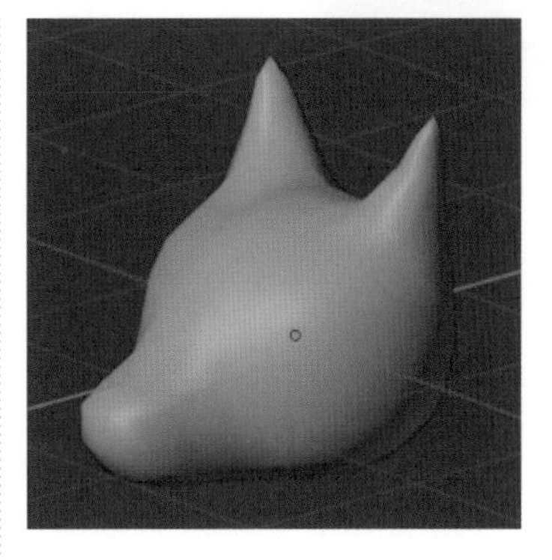

ミラーモディファイアーを適用して実体化し、サブディビジョンサーフェスモディファイアーは削除します。

2.6.2 高解像度化〈マルチレゾリューション〉

「プロパティ」(Shift + F7) →「モディファイアープロパティ」→生成「マルチレゾリューション」を選択します。

スカルプトで面の表面に描画するには面をある程度分割する必要があるので、パネル内の「細分化」ボタンを5回くらい押します。

細分化後はパネル上部の数値項目でそれぞれのモード時で使用する分割数を設定できます。

2.6.3 スカルプトモード

ヘッダーで「スカルプトモード」に切り替えます。

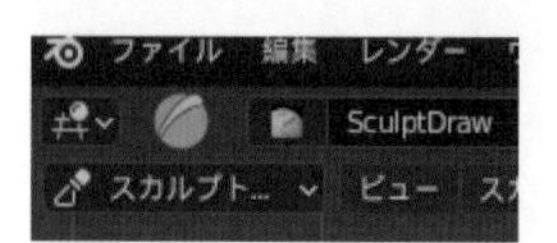

またはトップバーからレイアウト「Sculpting」を選択します。

ツールバーには多数のブラシがあります。デフォルトでは縦に長いので、右端をドラッグして横に少し広げると、レイアウトが2列になり見やすくなります。

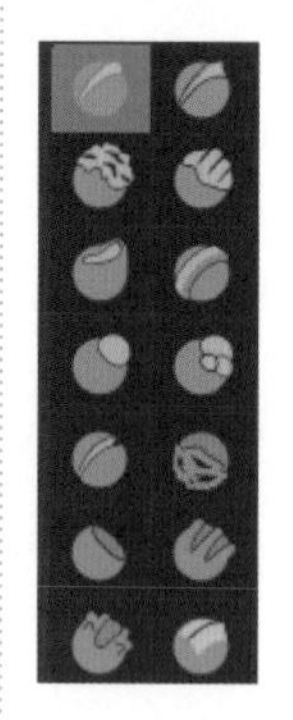

サイドバーには設定パネルが並んでいます。

デフォルトではミラー編集が有効になっているので、不要ならサイドバー (N) →「ツール」タブ→「対象」パネルのミラー軸指定を無効にします。

2.6.4 モデリング

マウスカーソルでオブジェクト表面をドラッグすると選択中のブラシで描画します。ブラシサイズはサイドバーのブラシパネルの他、[、] キーでも変更できます。

ツールバーから「クリース」を選択し、目や鼻穴などの部分をドラッグして面をへこませます。

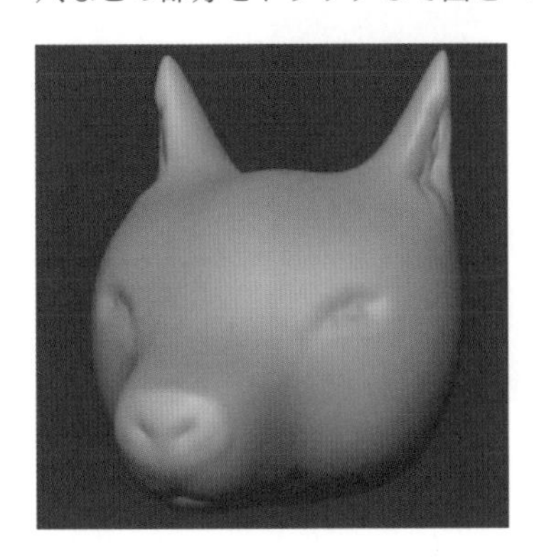

2.6.5　ブラシのカスタマイズ〈テクスチャ〉

ブラシにテクスチャを付加すると、様々な凹凸を描画できるようになります。

起伏を描画できる「クレイ」ブラシにテクスチャを付加します。

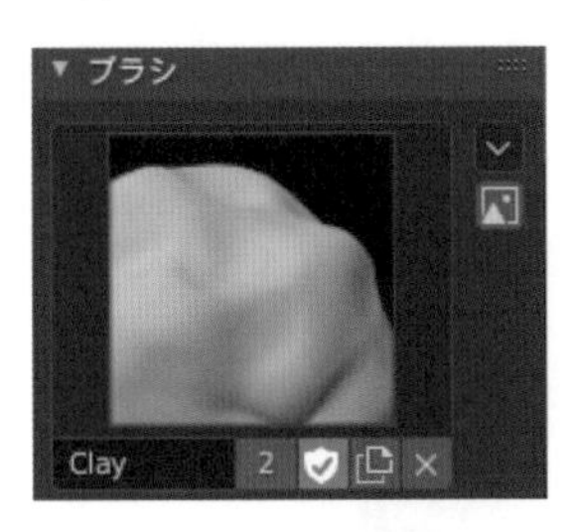

サイドバー（N）→「ツール」タブ→「テクスチャ」パネル→「新規」をクリックしてテクスチャのデータブロックを作成します。

「プロパティ」（Shift + F7）→「テクスチャプロパティ」の「タイプ」から使用したいテクスチャを選択します。

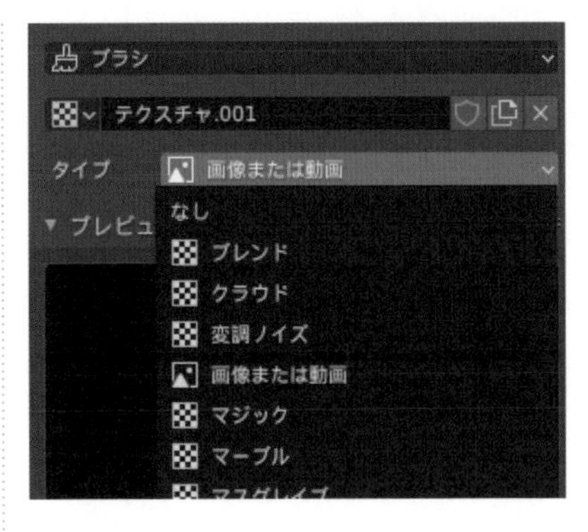

内蔵テクスチャの「クラウド」を選択します。プレビューパネルと同時にサイドバーのテクスチャパネルにもプレビューが表示されます。

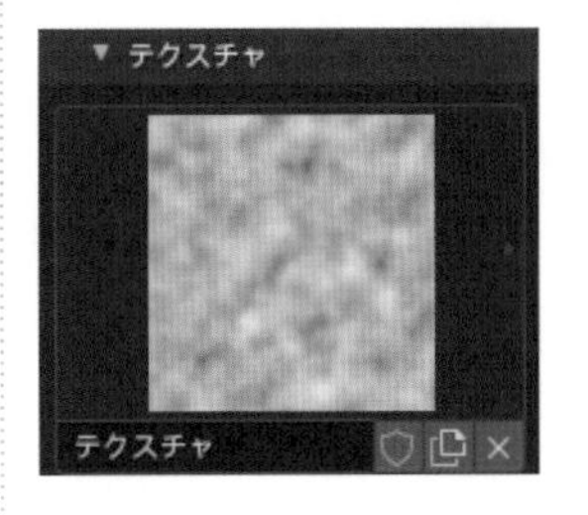

オブジェクトをドラッグすると、表面に細かな起伏を描画できます。

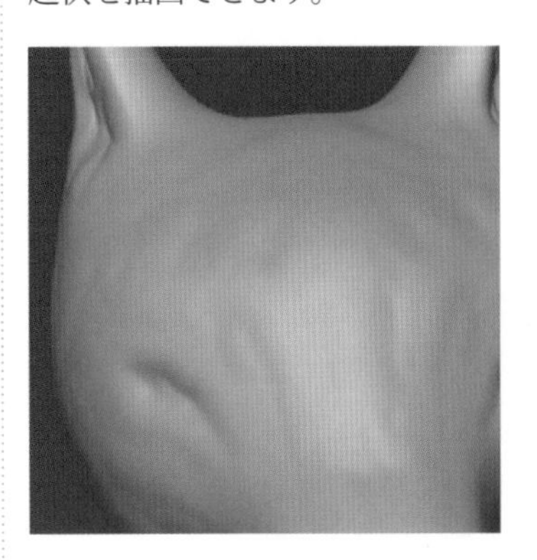

2.6.6 完成

マルチレゾリューションによって非常に多くの面が生成されているため、細かな凹凸は「ベイク」で画像として出力し、擬似的な立体感を与えるノーマルマップとして低解像度モデルに適用するのが望ましいです。

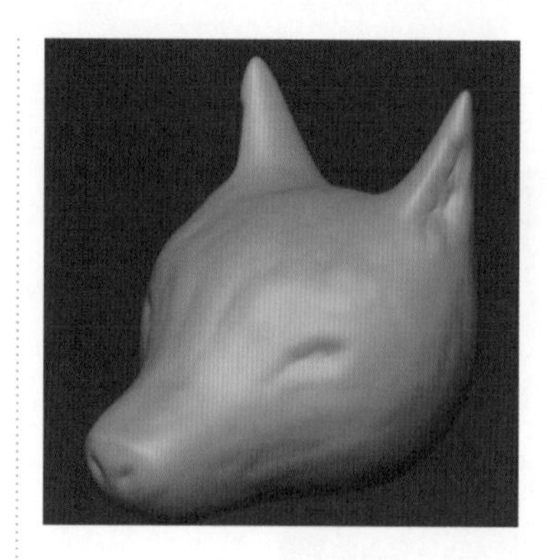

ベイクについては「レンダリング」で解説しています。

章末課題

1

ワイングラスをモデリングしてみましょう。

[ヒント] 回転体として作成します。

2

単純化された人型をモデリングしてみましょう。

[ヒント] ある程度作成したらミラーリングすると編集が容易になります。

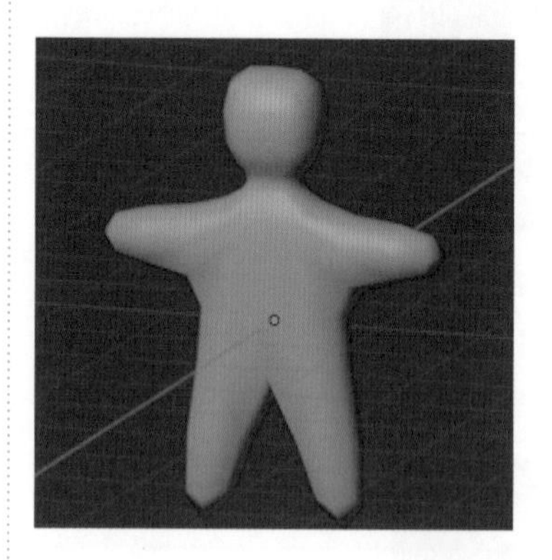

章末課題・制作例

1

適当なメッシュオブジェクトを生成し、編集モードで元のメッシュを削除後、テンキーの1でフロントビューに切り替え、Ctrl + 右クリックで図のように頂点を作成します。

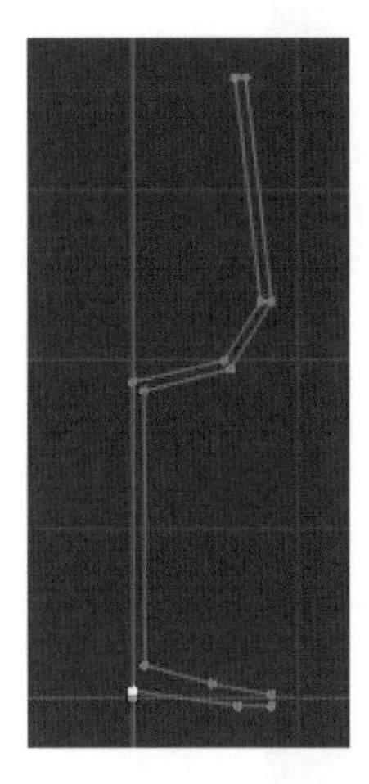

Z軸と同位置にある2つの頂点は、それぞれをサイドバー→「アイテム」タブ→「トランスフォーム」パネルで頂点のXの値に0を入力し、位置を完全に原点上に合わせます。

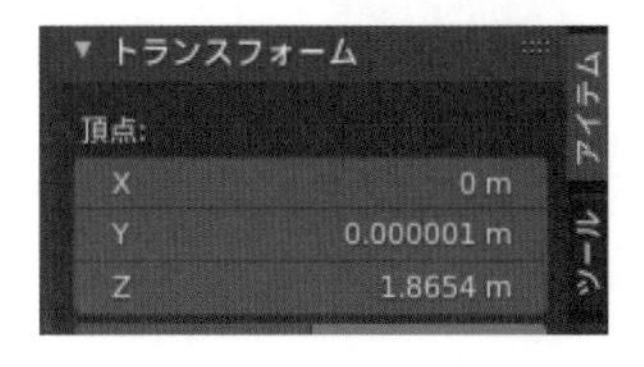

ツールバーから「スピン」を実行するか、スクリューモディファイアーを付加して全体を生成して完成です。

2

立方体オブジェクトを生成し、編集モードで上の面を選択してEキーで少し押し出し、Sキーで縮小します。

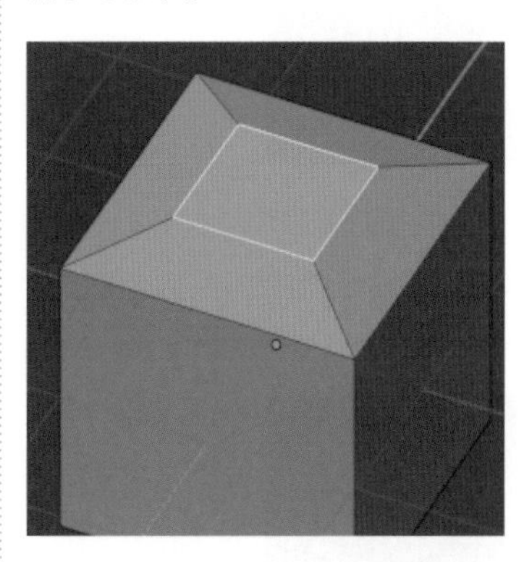

Eキーで押し出して首の部分にします。

Eキーで少し押し出し、Sキーで拡大して頭部の下を作成します。

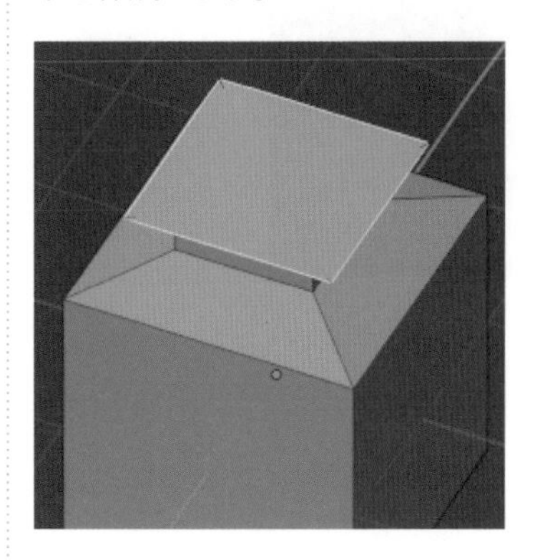

Eキーで頭部の高さ分押し出します。

ループカット（Ctrl + R）で形状の中央に垂直なループ辺を作り、左右のどちらかの形状を削除します。

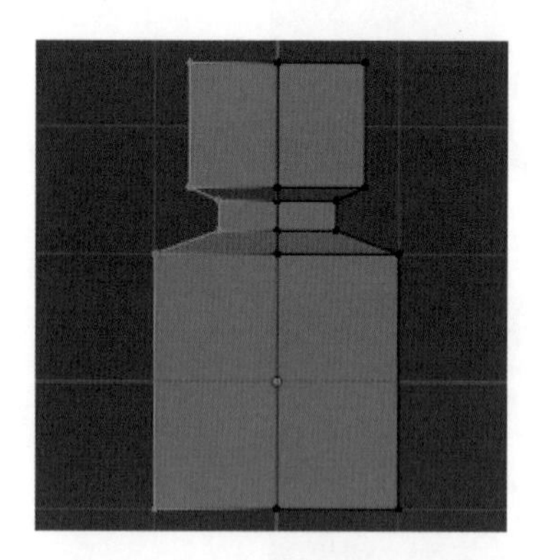

胴体部分を水平にループカットし、横の面に腕を出すための面を作ります。

横の面、底部の面をそれぞれ押し出して手足を作成します。足は押し出し後、底部の面をG→Xキーで横に少し移動させて開かせます。

「ミラー」、「サブディビジョンサーフェス」モディファイアーを付加して全体を生成し、オブジェクトモードで右クリック→「スムーズシェード」を選択します。奥行きがあるのでS→Yキーで少し薄い形状に修正し、それぞれの頂点位置を調整して完成です。

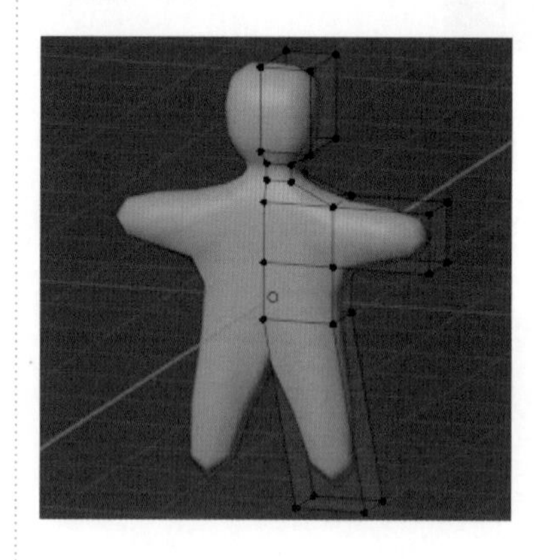

第3章

マテリアルとテクスチャ

3.1 材質の設定〈マテリアル〉

マテリアルは物体の質感、テクスチャ、光の影響の相互作用を定義します。透明なガラス、ツヤのある塗装など全体的な材質は「シェーダー」によって決定されます。

マテリアルには基本的な外観であるサーフェス、煙などで定義する内部ボリューム、表面に凹凸効果を与えるディスプレイスメントが含まれます。

3.1.1 マテリアルを作成する

「プロパティ」(Shift + F7) →「マテリアルプロパティ」→「新規」で選択中オブジェクトにマテリアルを設定します。

プロパティの一番上には付加中のマテリアルが並ぶマテリアルスロットがあり、右のボタンからは追加 / 削除や並べ替えができます。

プレビューパネルに現在のマテリアルの外観が表示されます。右のボタンはプレビューレンダーの形状タイプです。

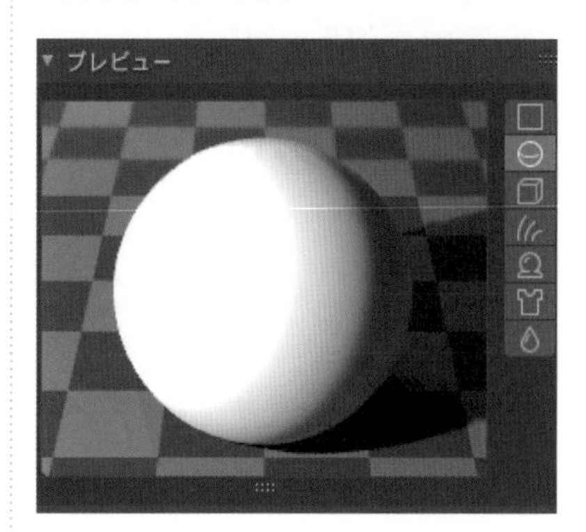

サーフェスパネルには現在のシェーダーで設定可能な項目が表示されています。

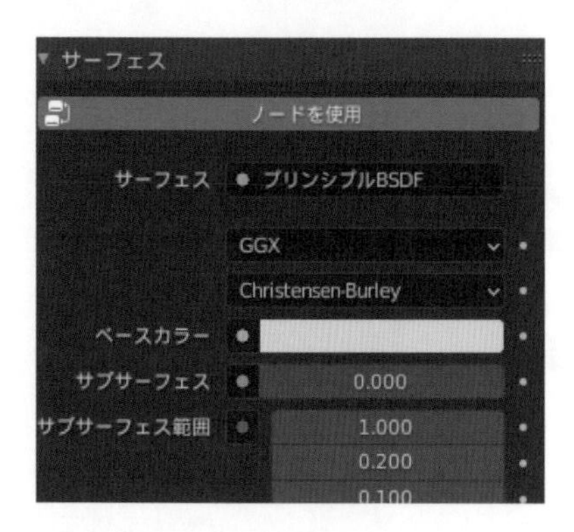

3.1.2 複数のマテリアルを使用する

最初に設定したマテリアルがメッシュ全体に付加されるので、その後に任意の面に他のマテリアルを割り当てる手順は以下のようになります。

- マテリアルスロットを追加する
- 追加したスロットを選択し、「新規」ボタンでマテリアルを作成
- 編集モードで面を選択
- 付加したいマテリアルをスロットから選択し、編集モード時にマテリアル名の下に表示される「Assign」ボタンをクリック

3.1.3 マテリアルをビュー上で表示する

マテリアルはプレビューパネルで確認できますが、「3D ビューポート」ヘッダー→ 3D ビューのシェーディングで実際にオブジェクトに反映させて表示することも可能です。

マテリアルプレビュー

メモリ消費量が多くなるので若干の注意が必要です。

レンダー

リアルタイムでレンダリングが行われます。Eevee レンダー選択時はマテリアルプレビューとほぼ変わりませんが、Cycles レンダー選択時は低速なので注意が必要です。

3.2 材質の種類〈シェーダー〉

サーフェスパネルの「サーフェス」などからシェーダーを選択できます。後に解説するレンダリングエンジンの種類によって使用できるシェーダーは少し異なりますが、多くは共通して使用できます。

以下はシェーダーの一部とプレビューです。

3.2.1　プリンシプル BSDF

新規マテリアルのデフォルトです。ベースカラーの他、メタリック、光沢など一通りの設定項目が集約されているので多くの場合はこのシェーダーのみで十分設定が可能です。

デフォルトでは少し光沢のある材質として設定されています。

3.2.2　シェーダーミックス

2つのシェーダーをミックス合成します。数値で割合を設定できます。

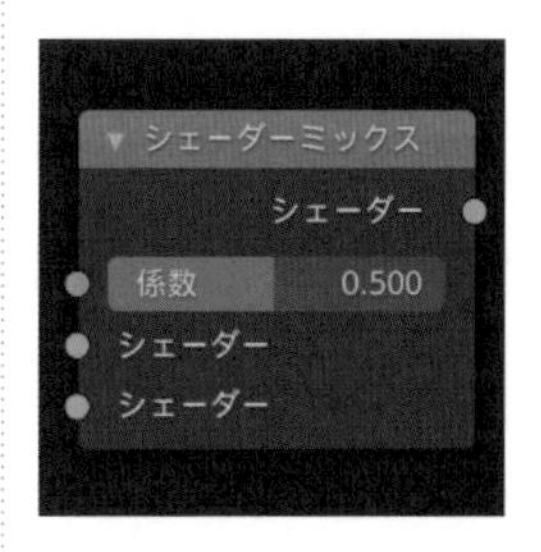

光沢 BSDF とディフューズ BSDF をミックスした例です。

3.2.3　ディフューズ BSDF

カラーと粗さを持つシンプルなシェーダーです。

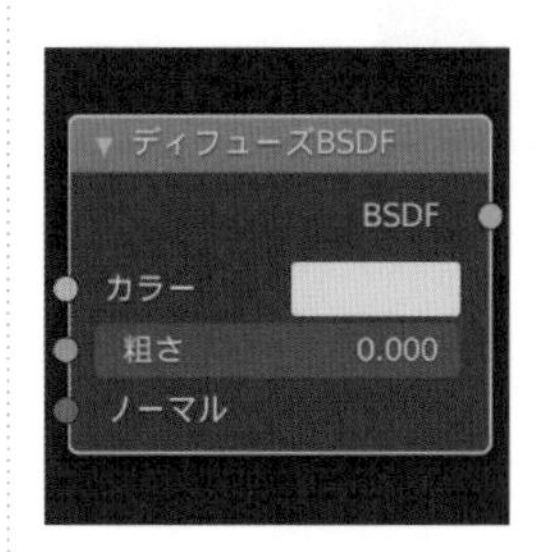

光沢などは持たないため、他の特徴を持つシェーダーと混合してカスタマイズできます。

3.2.4 放射

光を発する物体になります。Eevee レンダー使用時は間接光を描画するための追加のレンダリング設定が必要です。

強さ 1.0 の時、描画されるオブジェクトはカラーに設定された色と完全に同じになります。

3.2.5 グラス BSDF

いわゆるガラスの材質を再現します。カラーの他には粗さ、屈折率の設定項目があります。

コースティクス（透過した光が集まる部分）でノイズが出やすいです。

3.2.6 光沢 BSDF

周囲が映り込む鏡面を再現します。

デフォルトでは粗さが 0.5 で曇っていますが、0 にすると完全な鏡面になります。

3.2.7 SSS

サブサーフェススキャッタリングの略です。表面下の光の散乱を再現し、肌や大理石など少し透ける材質に向いています。

デフォルトでは赤の半径値が高く設定されているため、肌に適しています。

3.2.8 ベルベットBSDF

Cyclesレンダーのみ使用できるシェーダーで、光沢のある布の表面を模倣します。単体では期待する効果が出ないため、他のシェーダーと混合して使用します。

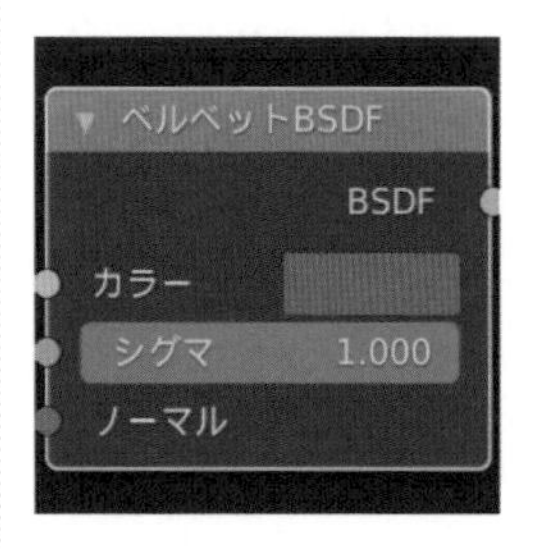

濃い紫のディフューズBSDFと紫のベルベットBSDFをシェーダーミックスで混合したものです。

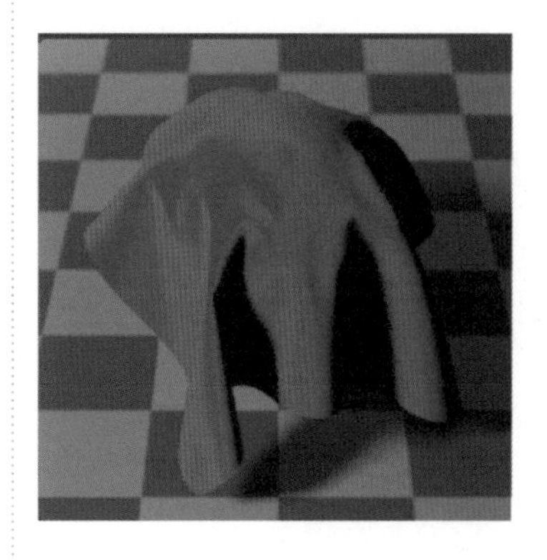

3.3 模様を付ける〈テクスチャ〉

テクスチャは物体表面の模様です。Blender 内部で生成されたテクスチャや、外部から読み込んだ画像を割り当てて細かな質感を与えます。

シェーダーの色として設定する他、変位などのための入力情報としても利用できます。

テクスチャの貼り付け方には何の座標系を使用するかが大きく影響し、面に対する任意の位置に指定するには、後に解説する UV 情報を利用します。

3.3.1 テクスチャを設定する

シェーダーの色をテクスチャに置き換えます。

ベースカラー左の黄色の丸ボタンをクリックすると、設定可能な要素が表示されます。

3.3.2 内蔵テクスチャを使用する

テクスチャ「レンガテクスチャ」を選択すると、デフォルト設定のレンガ模様が適用されます。

テクスチャを各面に対して適切に適用するには、「サーフェス」パネル→「ベクトル」→テクスチャ座標「UV」を選択します。

ベクトル　テクスチャ座標 | UV

各面にレンガテクスチャが均一に適用されます。

3.3.3 画像テクスチャを使用する

外部の画像を使用する場合は「画像テクスチャ」を選択し、「開く」をクリックしてファイルブラウザーから画像を選択します。

3.3.4 画像の透明部分を反映させる

アルファ付き PNG 画像など透過情報を反映させるには、「サーフェス」パネル→「アルファ」にもベースカラーとして読み込んでいるものと同じ画像を指定します。

Eevee レンダーの場合

「設定」パネル→「ブレンドモード」に「不透明」以外を指定します。

不透明部分が影を落とす設定にするには、「影のモード」に「アルファクリップ」または「アルファハッシュ」を指定します。

Cycles レンダーの場合

同じ項目が「ビューポート表示」パネル→「設定」にあり、3D ビューポートでのプレビューのみに影響します。

プレビュー

プレビューパネルで確認できます。

3.4 ノードで編集する〈シェーダーエディター〉

パネルよりも視覚的に複雑な設定を行うのに適しています。

3.4.1 シェーダーエディターを使用する

トップバーからレイアウト「Shading」を選択するか、エディタータイプを「シェーダーエディター」（Shift + F3）に切り替えます。

現在のシェーダーとマテリアル出力が連結されたノードツリーを確認できます。

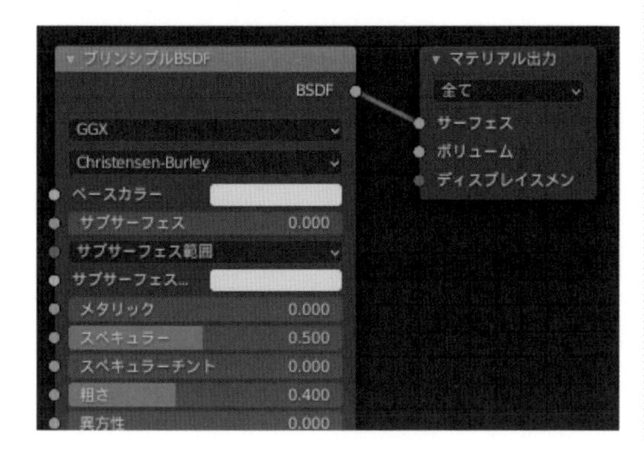

- 「プロパティ」→「サーフェス」パネルと「シェーダーエディター」のヘッダーにある「ノードを使用」はリンクしています。古い機能で、現在の Blender のバージョンでは常に有効にしておく必要があります。

3.4.2 ノード編集の基本

シェーダーなどの「ノード」と、ノードの縁にある入力と出力ソケット同士を接続し、最終的にマテリアル出力ノードに繋げます。

ソケットをドラッグすると白い線が伸びてくるので、そのまま他のソケットにドラッグすると接続できます。

ソケットの色は緑がシェーダー、黄がカラー、紫が変位などのベクトル、灰色は値を表しており、基本的には同じタイプのソケット同士を接続します。

3.4.3 ノードを追加する

ヘッダー→「追加」(Shift + A) 内のカテゴリーから各ノードを選択すると画面上に新規ノードが追加されます。

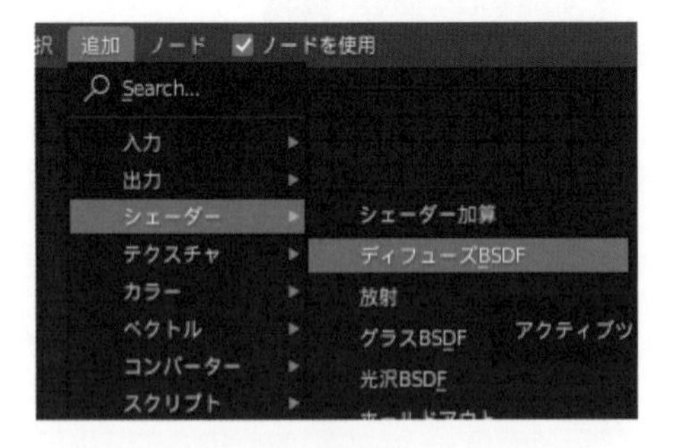

3.4.4 ノードの操作

ノードは選択後、ドラッグやGキーで移動できます。

選択中のノードはオレンジ色、アクティブなノードは白い縁で表示されます。

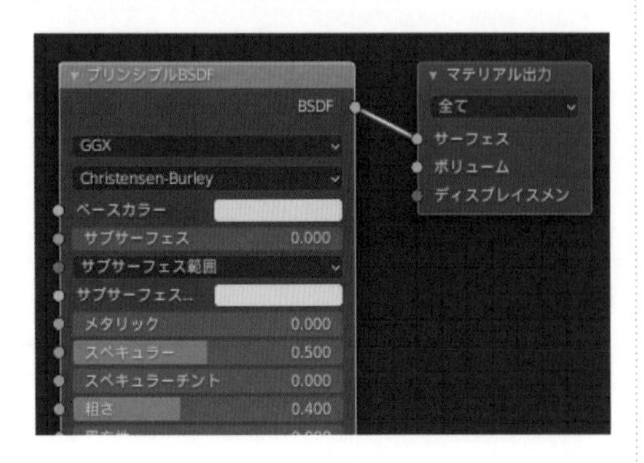

ノードを連結部分にドラッグ&ドロップすると、自動的に間に接続させることができます。

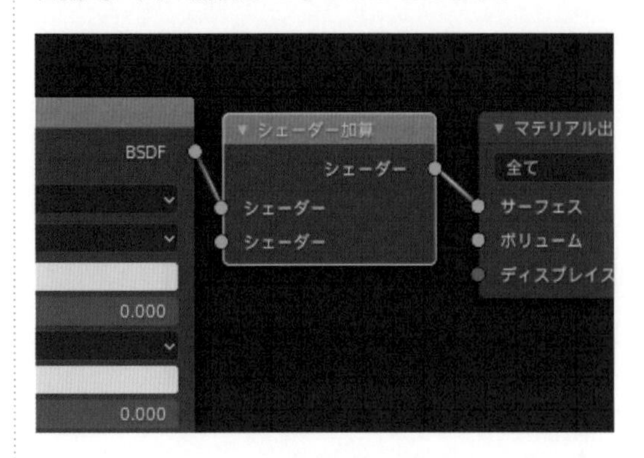

ノード名の左にある三角をクリックすると、ノードを折りたたみます。

縦に長いノードの場合はコンパクトになるので並べやすくなります。

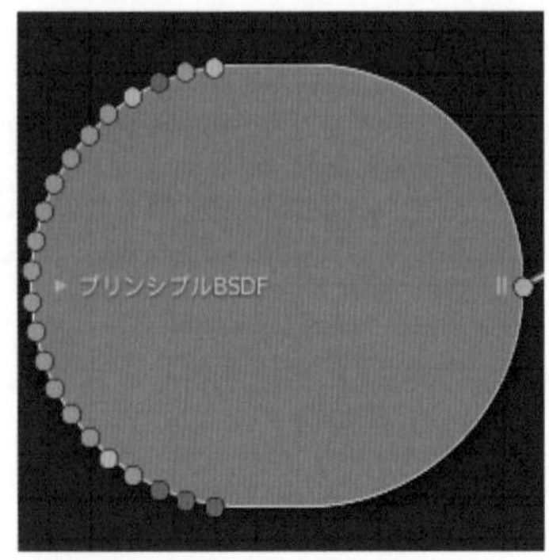

3.4.5 設定の注意

ノードは数が多いほど処理が重くなります。例として光沢BSDFとディフューズBSDFの2つをシェーダー加算で混合して任意の光沢を持つマテリアルを作ることもできますが、プリンシプルBSDFのスペキュラー設定で代替した方が手軽です。

3.5 テクスチャ設定マップを用意する〈UV 編集〉

UV はメッシュから生成されるテクスチャ指定用のマップです。画像を使用したテクスチャなど、メッシュに対する適用位置を指定したい場合は、メッシュの UV 展開を適切に行う必要があります。

3.5.1 UV エディターを使用する

トップバーからレイアウト「UV Editing」を選択するか、エディタータイプを「UV エディター」（Shift + F10）に切り替えると選択中メッシュと UV を確認できます。

3.5.2 UV を生成

新規メッシュオブジェクトを生成する際、デフォルトでこのオプションが有効になっているので、調整パネルで無効にしない限りは UV マップが生成されています。

「プロパティ」（Shift + F7）→「オブジェクトデータプロパティ」→「UV マップ」に現在選択されている UV マップが表示されます。右のボタンから新規に作成し、切り替えて使用することもできます。

3.5.3 シーム辺

UV 展開時に切り離される辺です。メッシュの辺を選択し、ヘッダー→「辺」→「シームをマーク」を選択します。「シームをクリア」で設定を解除します。

シーム辺は色が変化します。

3.5.4 UV 展開

「3D ビューポート」（Shift + F5）ヘッダー→「UV」→「展開」を選択します。

メニュー内には他にも UV 展開のタイプが用意されており、メッシュ形状や目的に合ったものを選択できます。

3.5.5 UV 調整

UV エディターで表示すると立方体のデフォルト UV 形状は 6 面が重ならずに展開された状態になっています。

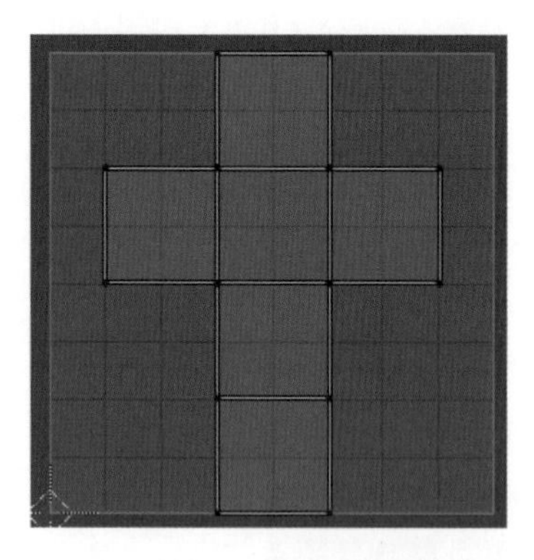

UV 頂点もメッシュと同じく G キーなどで移動して位置を調整できます。

複雑な形状のメッシュの場合は形状を伸ばした図を予想してシーム辺を設定し、調整しながら何度か展開を実行していきます。

ピン止め (P)

UV 展開時、UV 頂点が移動しないように固定します。編集後の頂点を固定し、再度展開して全体の形を整えるのに使用します。

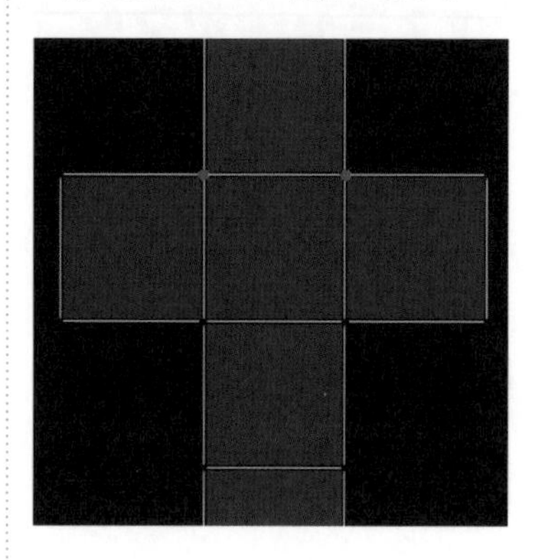

UV マップの保存

ヘッダー→「UV」→「UV 配置をエクスポート」から UV マップを画像として保存すると、他の画像編集ソフトで開いてテクスチャ画像作成時の着色の目安として使用できます。

3.6 オブジェクトに直接描画する〈テクスチャペイント〉

ビュー上でペイントしてテクスチャ画像を手軽に編集できます。

3.6.1 テクスチャペイントの準備

トップバーからレイアウト「Texture Paint」を選択すると、「画像エディター」(Shift + F10) と「3D ビューポート」(Shift + F5) のテクスチャペイントモードが同時に表示され、選択中オブジェクトと UV に対するテクスチャ画像を確認しやすくなります。

UV Editing　Texture Paint　Shading

ペイントには面同士が重ならないように編集された UV マップと、ペイント対象となるテクスチャ画像の指定が必要です。

ベクトル指定

UV マップを使用するので画像テクスチャのベクトルは「テクスチャ座標 | UV」を選択します。

ベクトル　テクスチャ座標 | UV

ペイント先の画像設定

シェーダーのベースカラーに「画像テクスチャ」を指定し、「新規」から新規画像を作成します。生成タイプは「ブランク」にして、透過部分を作らない場合は「カラー」でAの値を1にして、「アルファ」を無効にします。

テクスチャスロットで画像設定

またはテクスチャペイント時、「プロパティ」(Shift + F7) →「アクティブツールとワークスペースの設定」→「テクスチャスロット」パネルで「+」ボタンから「ベースカラー」を選択します。

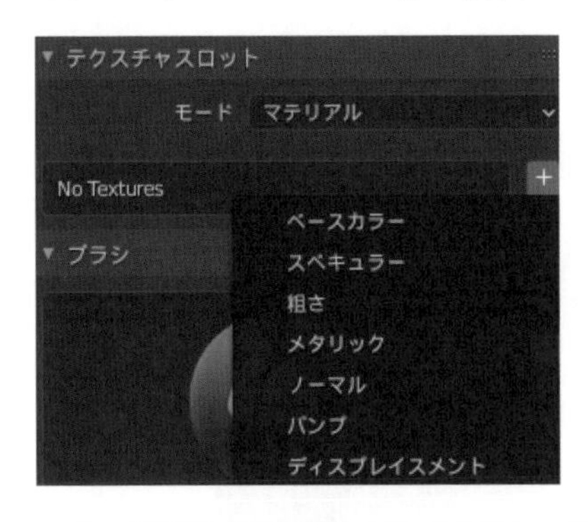

他の種類も新規画像を作成すると、関連設定が自動で付加されるので手軽です。

3.6.2 ペイントする

トップバーからレイアウト「Texture Paint」を選択します。

UV Editing　Texture Paint　Shading

3D ビューポートまたは画像エディターのサイドバー (N) →「ツール」タブ、または「プロパティ」(Shift + F7) →「アクティブツールとワークスペースの設定」にブラシと設定が表示されます。

ブラシサイズはブラシパネルの他、[、] キーでサイズ変更できます。

カラーピッカーパネルでドラッグしてブラシの色を設定し、オブジェクト上をドラッグするとペイントされます。

ペイントは画像エディター、3D ビューポートの両方で可能で、片方での編集はもう片方に即時反映されます。

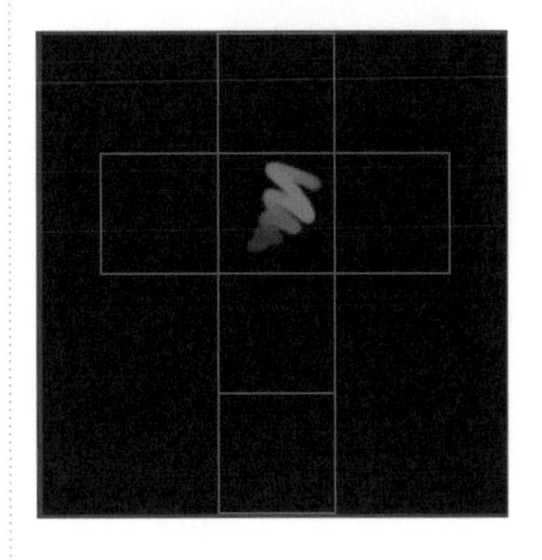

3.6.3 テクスチャ画像を保存する

ペイントした画像の保存は自動では行われないため、明示的に保存する必要があります。

画像エディターまたはUVエディターのヘッダー→「Image」に「*」が付いている時は画像に変更が加えられ、未保存の状態です。「Image」→「保存」（Alt + S）でテクスチャ画像を保存します。

「Pack」を選択すると現在の.blendファイル内のデータとして格納され、画像の外部保存は不要です。

章末課題

1

レンガテクスチャを設定し、色を変えてみましょう。

［ヒント］3つの色項目を使用します。

2

惑星を作成しましょう。

［ヒント］テクスチャペイントを使うと直感的に色を付けられます。

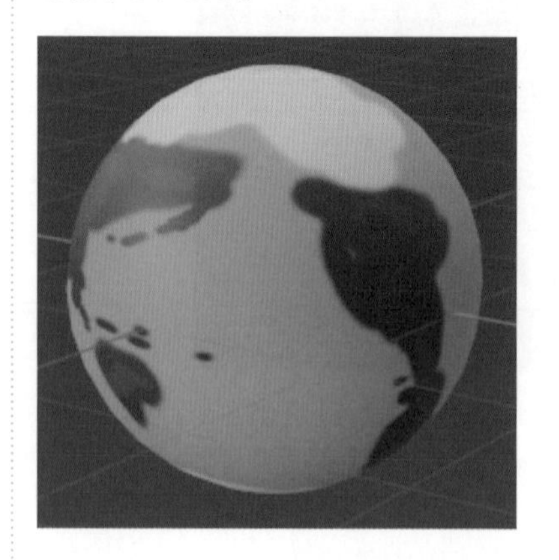

章末課題・制作例

1

「プリンシプル BSDF」→「ベースカラー」の黄色の丸ボタン→テクスチャ「レンガテクスチャ」を選択します。

「サーフェス」パネル→「色 1」、「色 2」、「モルタル」の項目をクリックし、カラーピッカー内でドラッグして任意の色を指定します。

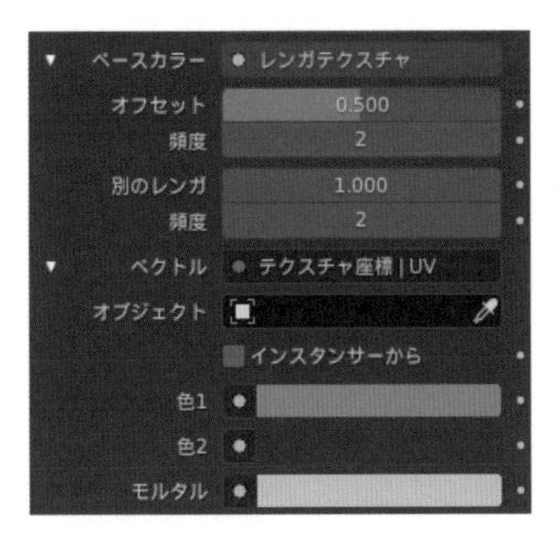

2

「UV Sphere（球）」を生成し、右クリック→「スムーズシェード」を選択します。

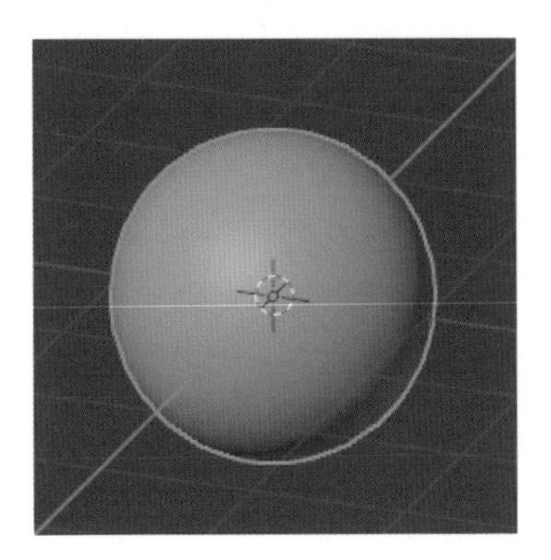

マテリアルを付加し、「サーフェス」パネル→「ベースカラー」の黄色の丸ボタン→テクスチャ「画像テクスチャ」を選択→サーフェスパネル「新規」から生成タイプ「ブランク」、アルファ無効の画像を作成します。

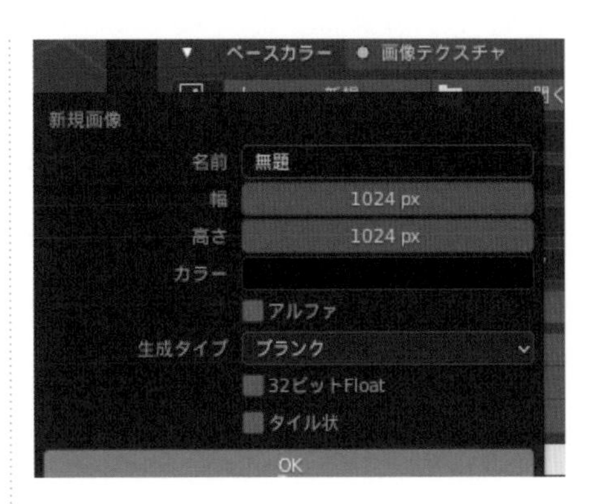

トップバーからレイアウト「Texture Paint」に切り替え、「3D ビューポート」でオブジェクト上または「画像エディター」でテクスチャ上にペイントします。

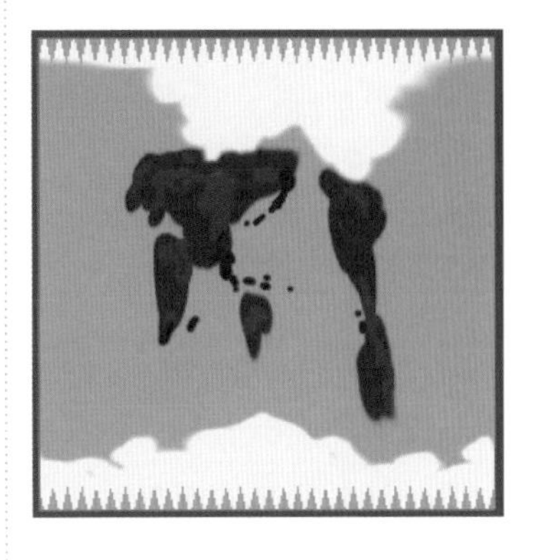

第4章

アニメーション

4.1 アニメーション前の知識〈機能の基本〉

アニメーションは、Blender内の時間の単位である「フレーム」にその時点での状態を定義し、連続で再生させる機能です。

4.1.1 アニメーション編集の準備

トップバーからレイアウト「Animation」を選択すると編集しやすいエリア構成になります。

4.1.2 タイムライン

「タイムライン」(Shift + F12) には「フレーム」が表示されており、青いカーソル位置が現在のフレーム位置を表しています。ヘッダーのボタンで再生や停止、使用するフレームの範囲を設定します。

4.1.3 キーフレーム

Blenderでは、あらゆる項目上で右クリックメニューまたはIキーでその時点での状態を「キーフレーム」として挿入できます。キーフレーム挿入の繰り返しでアニメーションを作成していきます。

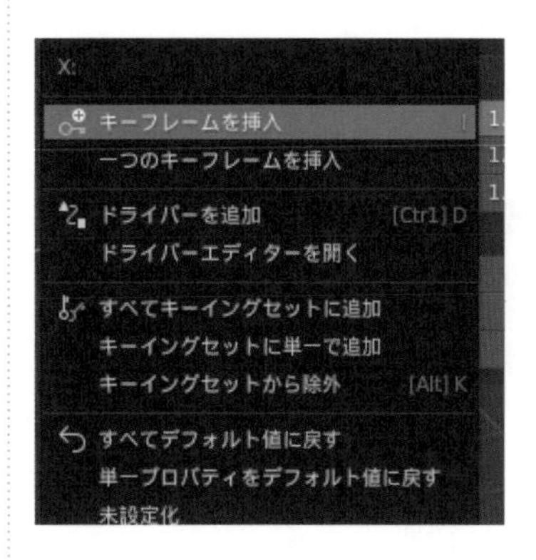

4.2 オブジェクトのアニメーション〈フレーム操作の基本〉

時間の経過と共にオブジェクトのサイズが変わるアニメーションを作成します。

4.2.1 アニメーションの準備

3D ビューポート上で Shift + A キーなどから任意のメッシュオブジェクトを生成します。ここでは立方体を使用します。

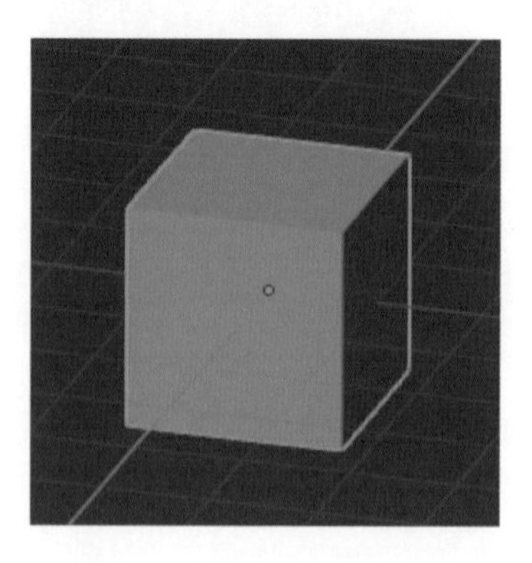

4.2.2 キーフレームを挿入

「タイムライン」(Shift + F12) で現在のフレームを 1 に設定します。

「3D ビューポート」のサイドバー (N) →「アイテム」タブ→「トランスフォーム」パネル→「スケール」の上で I キーを押してキーフレームを挿入します。

キーフレームを挿入した項目は現在フレーム時に黄色になります。

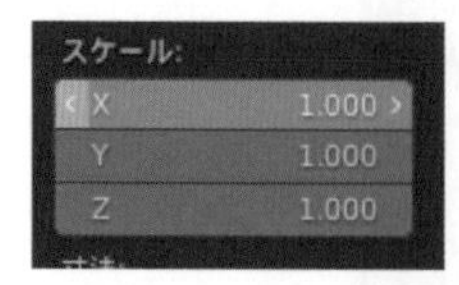

タイムラインで現在のフレーム位置を 11 にします。

オブジェクトを選択後、S → X →テンキーで 0.5 を入力し、X 軸方向に縮小させます。

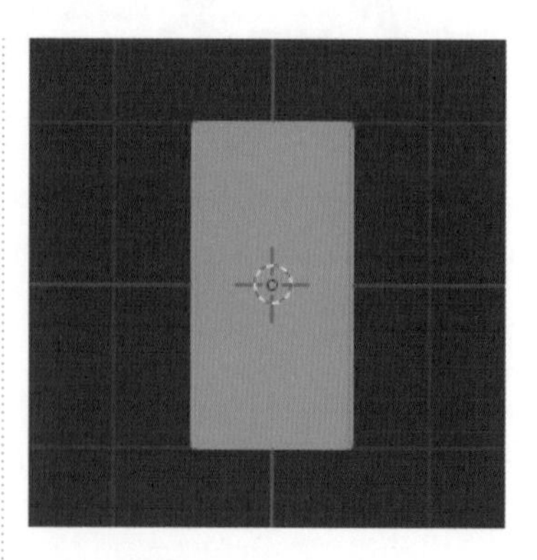

その後フレーム 1 と同じように項目上でキーフレームを挿入します。

スケール:

X	0.500
Y	1.000
Z	1.000

4.2.3 再生

タイムラインで現在のフレーム位置を 1、「開始」を 1、「終了」を 11 に設定します。

タイムラインのヘッダーのボタン、または Space キーでアニメーションを再生 / 停止します。

オブジェクトが横に縮むアニメーションが繰り返されます。

以下はフレーム 1、5、11 です。

4.3 キャラクターの骨格とポーズ〈アーマチュア〉

アーマチュアは骨格、ボーンは個々の骨部分です。メッシュオブジェクトと組み合わせてキャラクターにポーズを取らせることができます。

第2章「基本的なモデリング」の章末課題2で作成した人型オブジェクトを使用します。

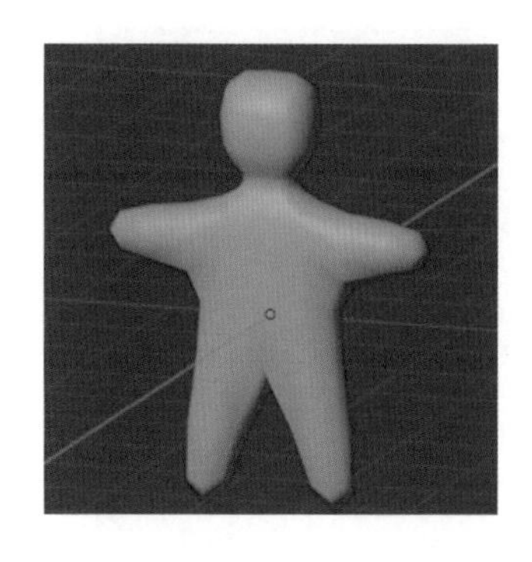

4.3.1 アーマチュアを生成

「3D ビューポート」(Shift + F5) →「追加」(Shift + A) →「Armature」を生成します。

内部オブジェクトの視認

アーマチュアはオブジェクト形状の内部に配置するので、視認できるようにするには以下の方法があります。

透過表示

ヘッダー→「透過表示」(Alt + Z) を有効にします。

最前面

アーマチュアを選択し、「プロパティ」(Shift + F7) →「オブジェクトデータプロパティ」(またはオブジェクトプロパティ) →「ビューポート表示」パネル→「最前面」を有効にします。

4.3.2 ボーンの編集

アーマチュアを選択し、編集モード (Tab) に切り替えます。

ボーンの先端を選択し、G → Z キーで肩の位置辺りに高さを合わせます。

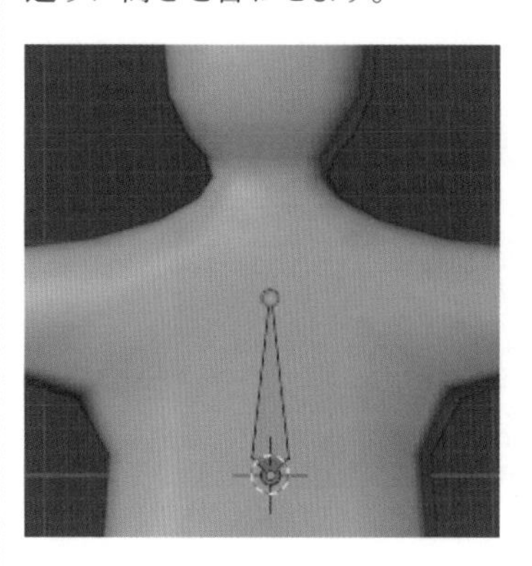

■腕

サイドバー（N）→「ツール」タブ→「オプション」→「X 軸ミラー」を有効にします。

Shift + E → X キーで左右どちらかにドラッグして生成された両腕のボーンを腕の先端まで伸ばします。生成されたボーンは元の親ボーンの子になります。

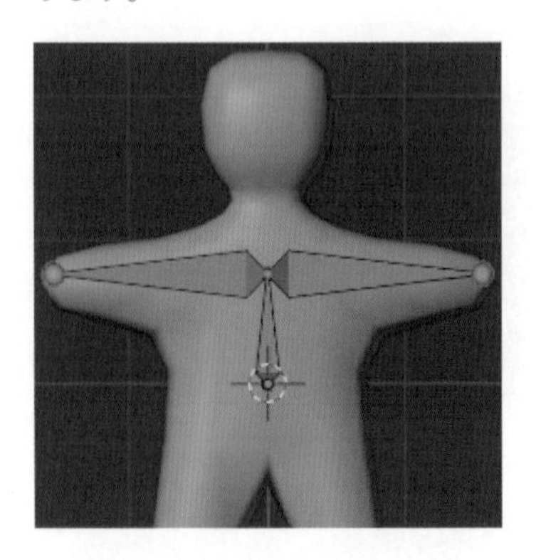

位置を少し調整します。

腕の片方のボーンを選択し、「プロパティ」（Shift + F7）→「ボーンプロパティ」→「関係」→「接続」を無効にして親ボーンから切り離して位置移動できるようにします。もう片方のボーンも同様に設定します。

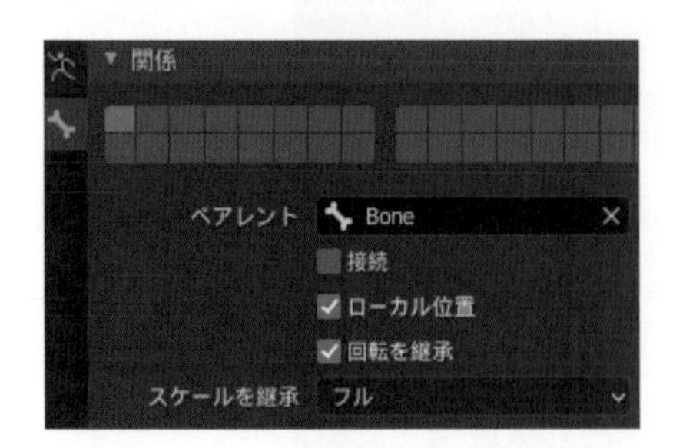

腕のボーンの根元部分を選択し、G → X キーで腕の根元部分に位置するように移動させます。

片方のボーンを編集するとミラー機能によって反対側にも反映されます。

●選択しづらい場合は親ボーンと反対側の腕ボーンを選択し、H キーで一時的に非表示にしてから編集し、Alt + H キーで再表示させます。

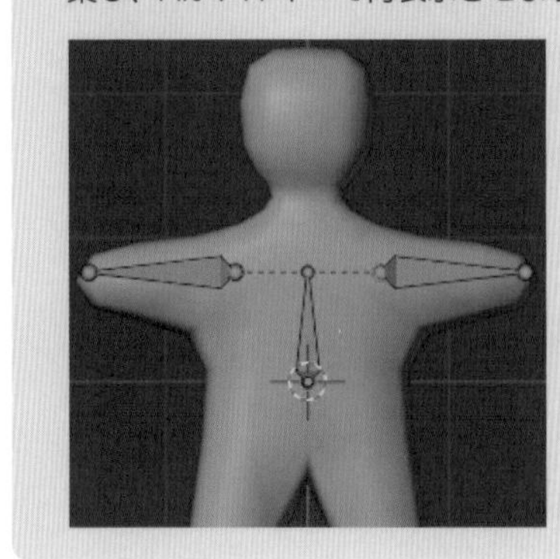

足

親ボーンの根元を選択し、腕ボーンと同じように足ボーンを作成します。

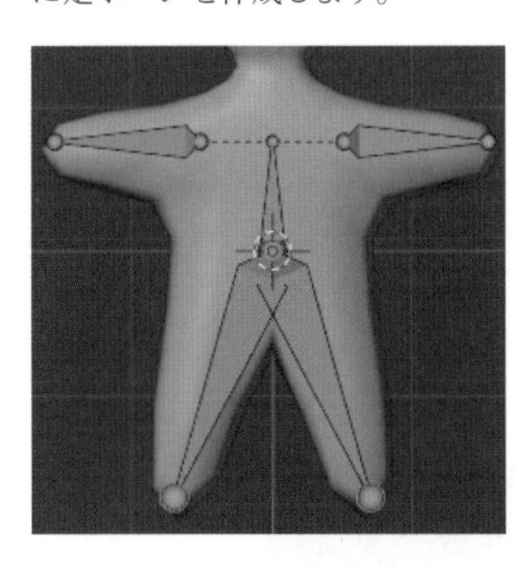

親ボーンの根元から生成した場合、関係パネル→「ペアレント」の項目が空になっているのでクリックで親ボーンの名前（Bone）をリストから選択して入力します。

腕ボーンと同じように位置を調整します。

ボーンの根元を選択し、足の根元部分に位置するように移動させます。

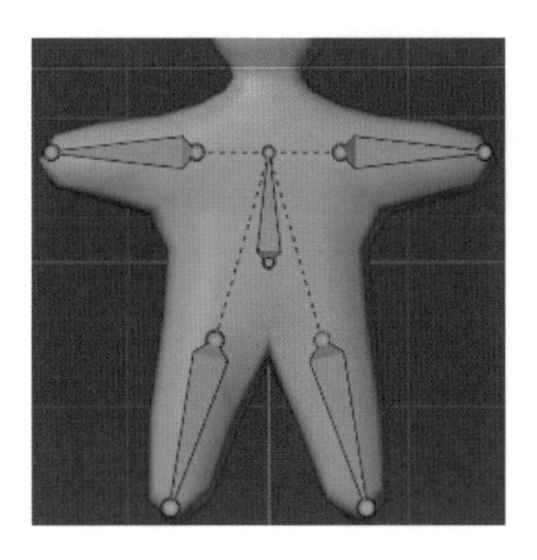

4.3.3 オブジェクトと骨格の関連付け

人型オブジェクトを選択後、Shift キーを押しながらアーマチュアを追加選択し、Ctrl + P キー→ペアレント対象「自動のウェイトで」を選択します。

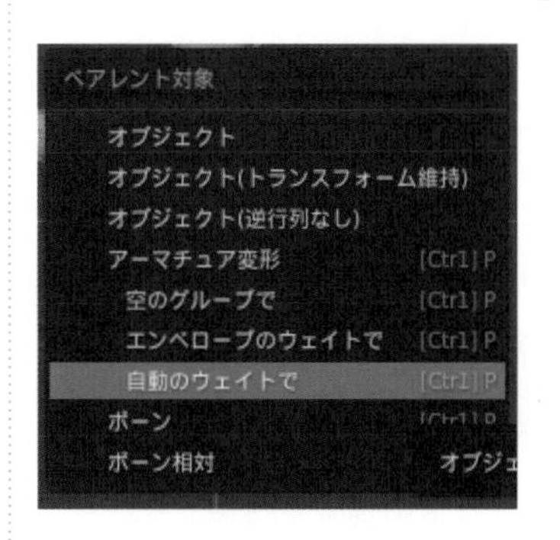

オブジェクトがアーマチュアの子になり、ボーンの可動域として使用される頂点グループが自動で生成されます。

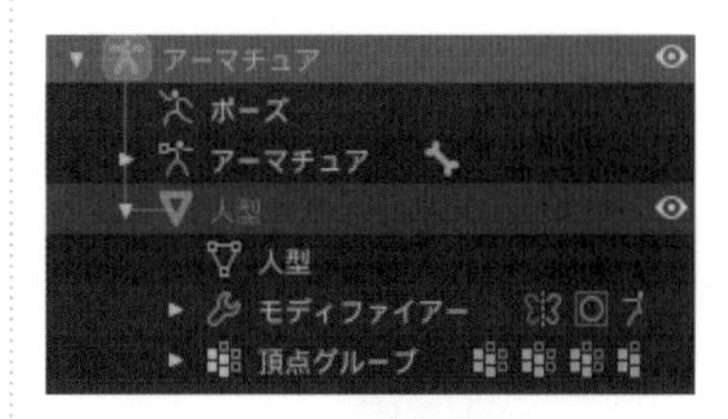

オブジェクトにはアーマチュアモディファイアーが付加され、設定の調整ができます。

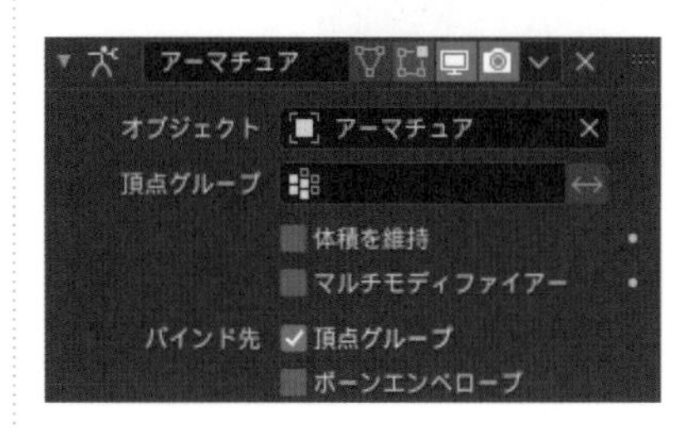

4.4 ポーズを付ける〈ポーズモード〉

ポーズモードではアーマチュアのボーンを操作してオブジェクトを変形できます。

4.4.1 ボーンを動かす

アーマチュアを選択し、モードを「ポーズモード」（Ctrl + Tab）に切り替えます。

ボーンはオブジェクト編集時と同じようにトランスフォームが可能です。

腕ボーンを選択し、R → Y キーで回転させると、腕ボーンに関連付けられた頂点グループを持つオブジェクトの腕部分も連動して変形します。

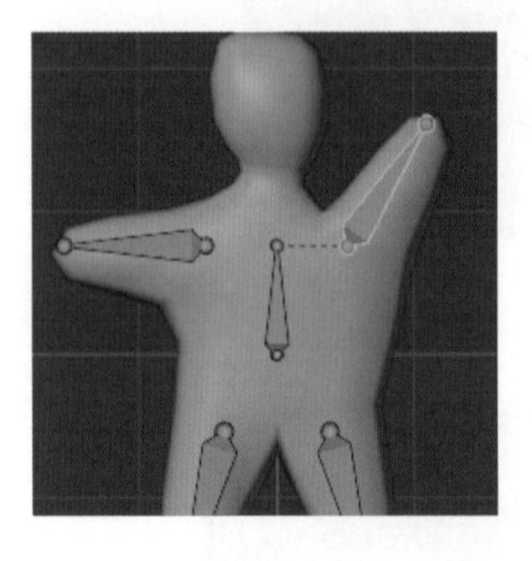

4.4.2 ポーズをクリア

Alt + R キー（回転の場合）の他、右クリック→「ユーザーのトランスフォームをクリア」を選択します。

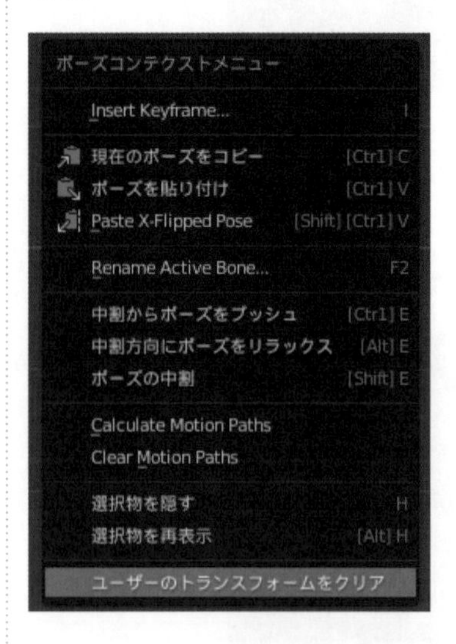

4.4.3 ポーズを一時無効

ポーズを付けたまま一時的にデフォルト状態にするには、「プロパティ」（Shift + F7）→「オブジェクトデータプロパティ」→「スケルトン」パネル→「レスト位置」を有効にします。

4.5 ボーンの影響度を編集〈ウェイトペイント〉

ウェイトペイントモードではボーンの影響度「ウェイト」を調整できます。

4.5.1　ウェイトペイントモード

モードを「オブジェクトモード」に戻して人型オブジェクトを選択し、モードを「ウェイトペイントモード」(Ctrl + Tab) に切り替えます。

青い部分は影響なし、赤い部分ほどボーンの影響を受けます。

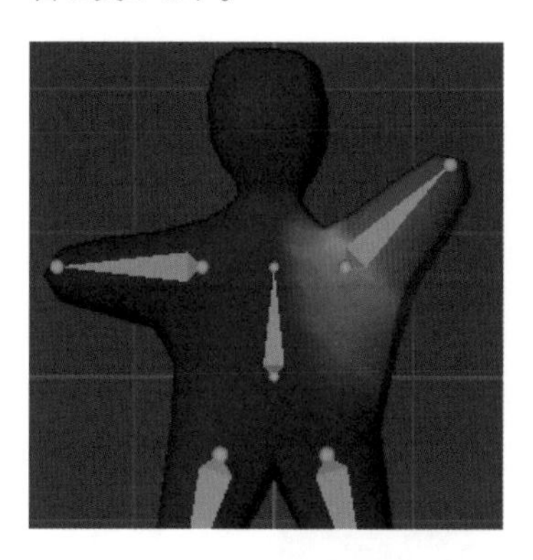

4.5.2　ウェイトを編集する

目的の部位を編集するには、「プロパティ」(Shift + F7) →「オブジェクトデータプロパティ」→「頂点グループ」パネルでボーン名と同じ頂点グループを選択します。

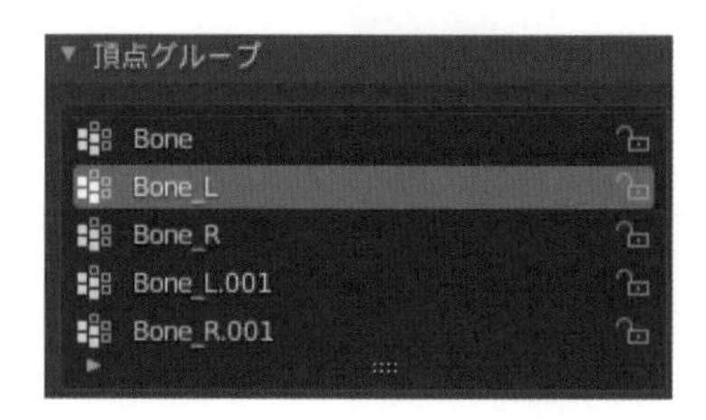

腕の変形時、頭部分にも影響しているので修正します。

サイドバー (N) →「ツール」タブ→「ブラシ」パネルのブラシアイコンをクリックし、「Subtract」を選択します。

「対象」パネル→ミラー「X」有効時は反対側のウェイトも同時に修正されます。

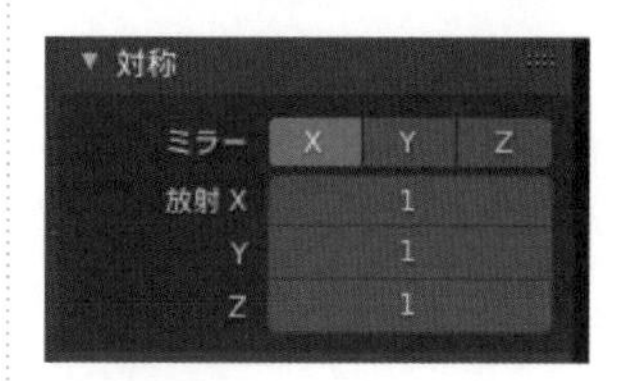

影響させたくない部分をドラッグし、完全に青になるようにします。

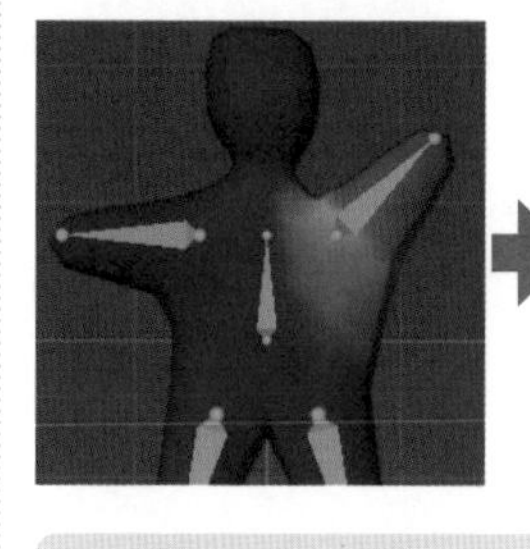
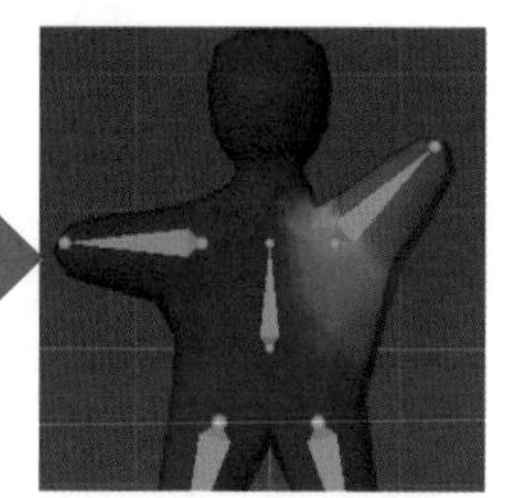

● ペイントできるのは頂点部分なので、3D ビューのシェーディングをワイヤーフレーム表示にすると見当を付けやすくなります。

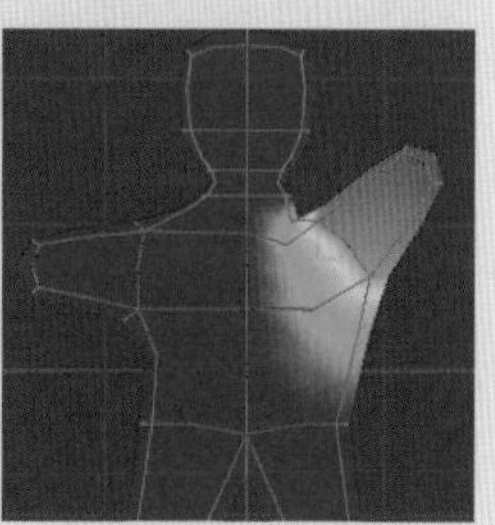

足もポーズモードで回転させてみて、同じようにウェイトを修正します。

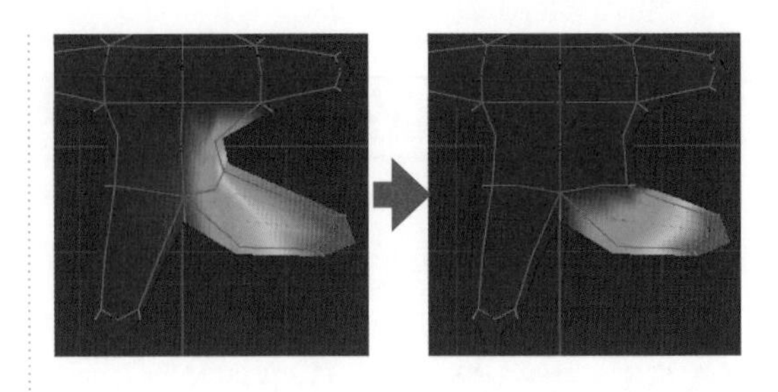

4.6 変形アニメーション〈ポーズとキーフレーム〉

ポーズもオブジェクト同様にキーフレーム挿入で状態を定義し、アニメーションさせることができます。

キャラクターがその場で歩行する動きをするアニメーションを作成します。

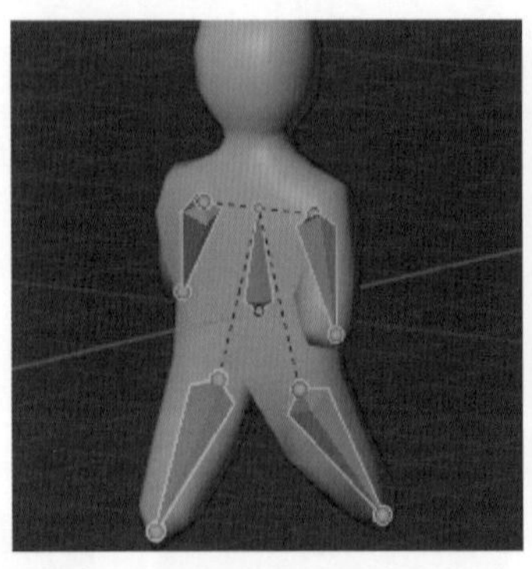
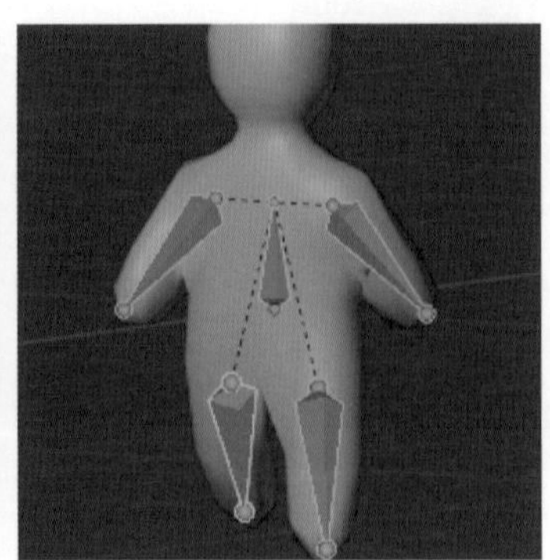

4.6.1 歩行の動作

歩く動作はコピーを駆使して設定できます。

■最初のポーズ

「タイムライン」(Shift + F12)で現在のフレームを 1 にします。

腕を下ろして直立した状態をデフォルトのポーズとして、フレーム 1 に定義します。

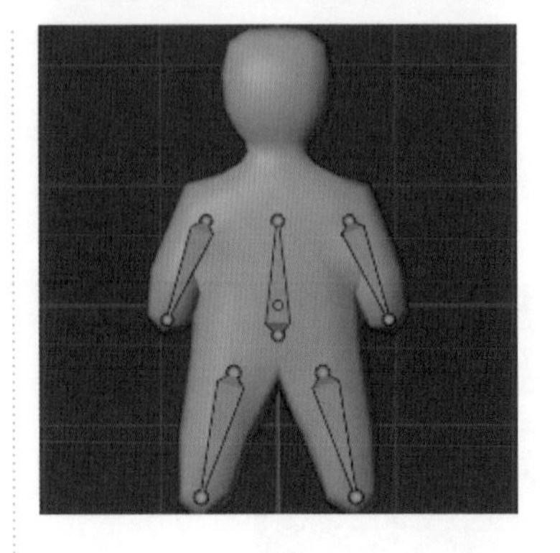

ポーズのコピー

腕を下ろすには R → Y キーで回転させます。腕を下ろした側のボーンを選択し、Ctrl + C キーで現在のポーズをコピーして反対側の腕ボーンを選択し、Shift + Ctrl + V キーで X 軸反転ペーストします。

またはサイドバー（N）→「ツール」タブ→「ポーズオプション」パネル→「X 軸ミラー」を有効にしてから回転させ、片方の編集を反対側にも適用させます。

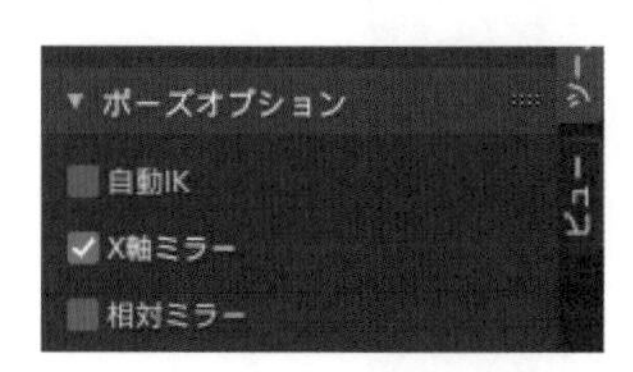

まとめてキーフレーム挿入

この後、手足は前後（X 軸中心）に回転させる操作のみになるので、回転情報のみをまとめてキーフレーム挿入します。

A キーでボーンを全選択し、I キー→キーフレーム挿入メニュー「回転」で現在の回転情報がキーフレーム挿入されます。

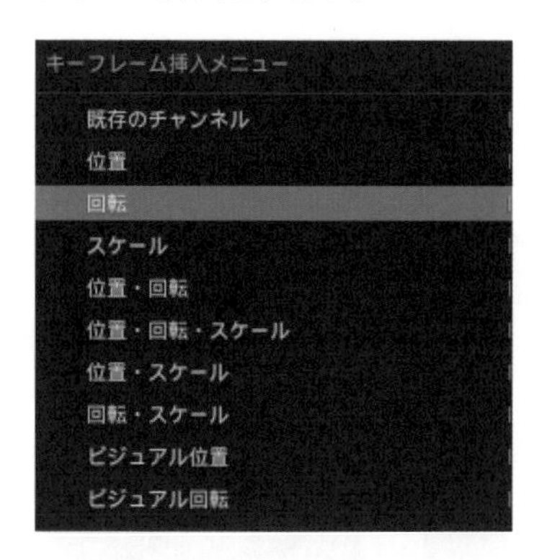

フレーム 1 のポーズです。

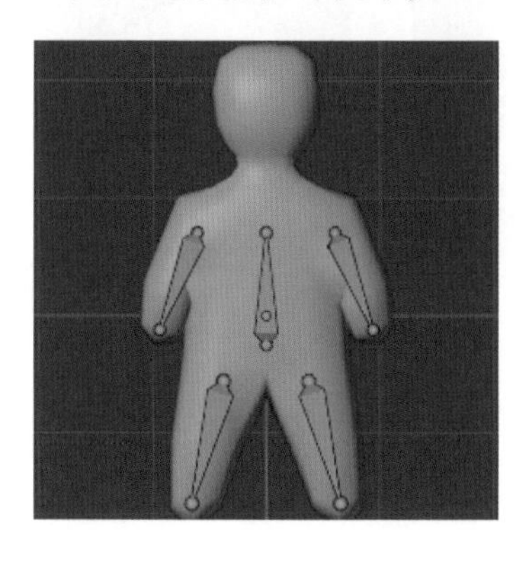

歩行中のポーズ

現在のフレームを 11 にします。

X 軸ミラー編集を有効にしている場合は無効にして、各手足のボーンをそれぞれ R → X キーで以下の設定に合わせて前後に回転させて手足が互い違いに動いているポーズにします。

左腕	前
右腕	後ろ
左足	後ろ
右足	前

フレーム 11 のポーズです。

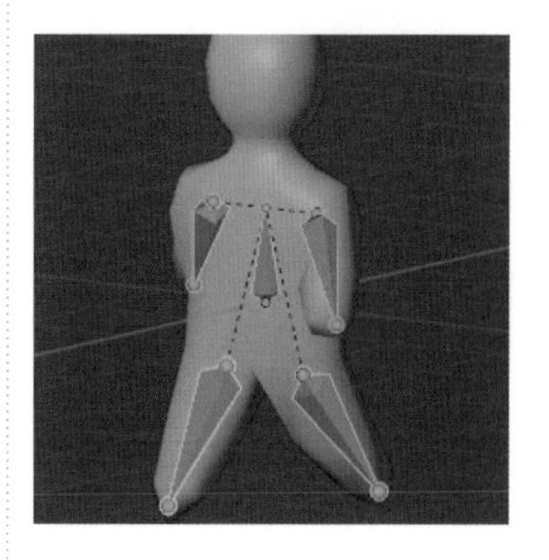

ボーンを全選択し、フレーム 1 と同じようにキーフレームを挿入します。

歩行中間のポーズ

現在のフレームを 1 にしてボーンを全選択し、Ctrl + C キーでポーズをコピーします。次にフレームを 21 にして、Ctrl + V キーでペーストしてフレーム 1 と同じポーズにします。

フレーム 21 のポーズです。

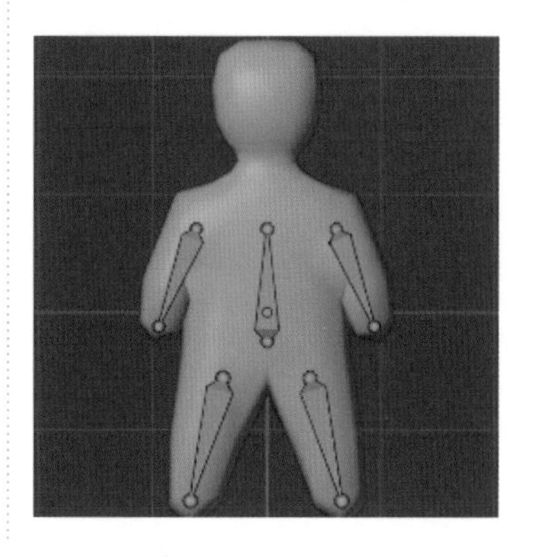

ボーンを全選択し、フレーム1と同じようにキーフレームを挿入します。

歩行中のポーズ2

現在のフレームを11にしてボーンを全選択し、Ctrl＋Cキーでポーズをコピーします。フレームを31にして、Shift＋Ctrl＋VキーでX軸反転ペーストします。

フレーム31のポーズです。

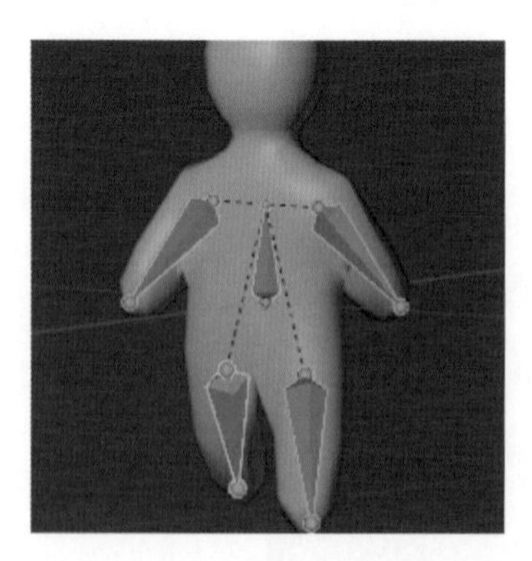

ボーンを全選択し、フレーム1と同じようにキーフレームを挿入します。

最後のポーズ

歩行中間のポーズと同じ作業を行います。フレーム1のポーズをコピーし、次にフレームを41にしてCtrl＋Vキーでペーストします。

フレーム41のポーズです。

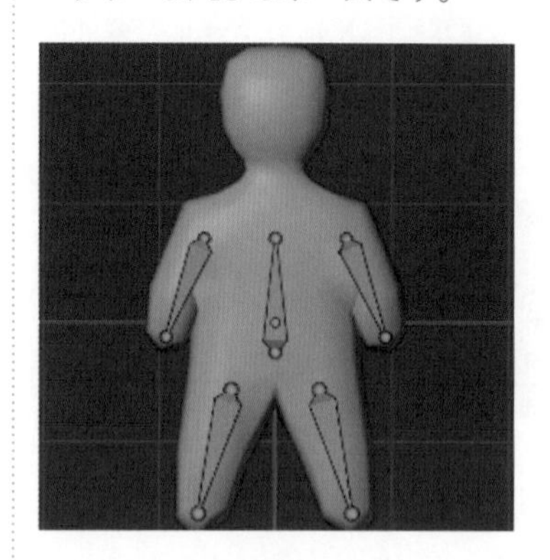

ボーンを全選択し、フレーム1と同じようにキーフレームを挿入します。

4.6.2 再生

タイムラインのヘッダーで再生範囲を設定します。フレーム1とフレーム41のポーズが同じなので、同じ状態が連続せず滑らかに再生されるように「終了」を38くらいにします。

1　開始 1　終了 38

アニメーションを再生させると、キャラクターがその場で手足を振って歩行の動作を繰り返します。

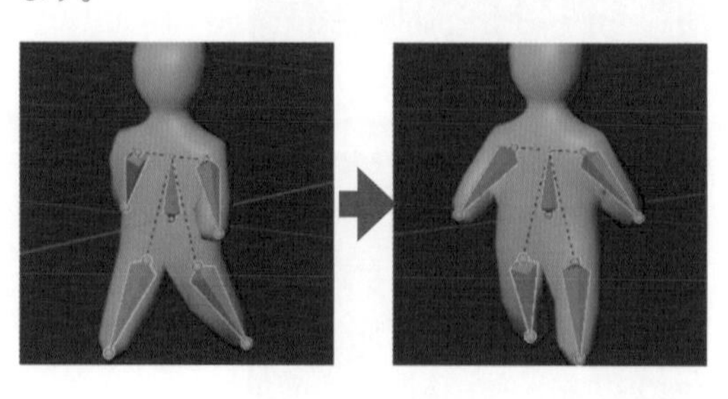

4.7 オブジェクトの制御〈コンストレイント〉

コンストレイントは、あるオブジェクトの操作をターゲットオブジェクトに伝搬させて操作する方法です。例として、拡大縮小を移動に変換したり、移動に対して追従させたりといったことが可能で、オブジェクトやボーンに設定できます。

4.7.1 コンストレイントの基本

「プロパティ」(Shift + F7) →「オブジェクトコンストレイントプロパティ」または「ボーンコンストレイントプロパティ」から付加します。

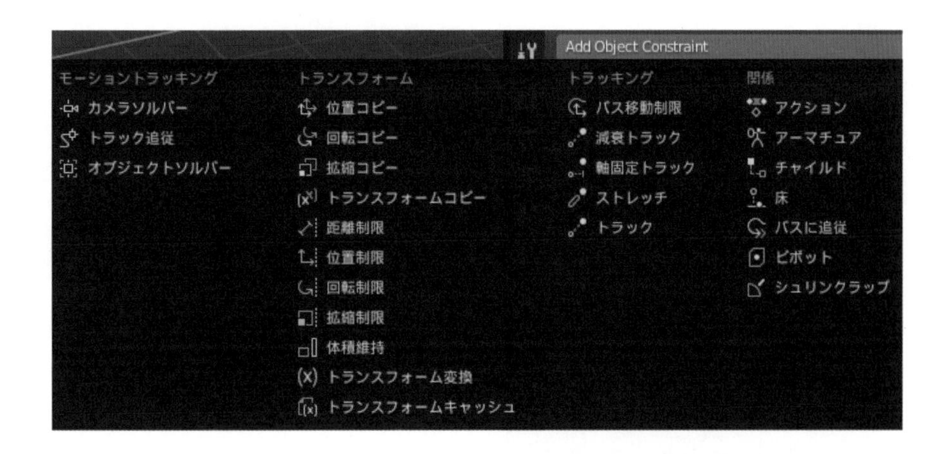

付加するとパネルが表示され、左端をクリックすると折りたたみ、右端をドラッグすると並べ替えができます。

コンストレイント名の右にある目ボタンで効果を画面上で表示するかを切り替えます。

各コンストレイントには「影響」を設定できます。デフォルトは最大値の 1 です。それぞれに重み付けをして干渉の度合いを調整できます。

多くのコンストレイントはターゲットオブジェクトを必要とします。設定されていない場合、アイコンが赤になり動作しない状態になります。2 つ以上の軸を設定するタイプで無効な組み合わせの場合も同様です。

コンストレイントを複数使用する場合、重なり(スタック)の上から下に順次効果が適用されます。順番によっては意図した効果を得られない場合があります。

4.7.2 モーショントラッキング

これらのコンストレイントは実写映像への 3D 合成などに使用します。

カメラソルバー

映像中の追跡されているものに対して、実世界のカメラの位置を再構築します。

●動画クリップエディターで最低 8 つのマーカーを設定し、ツールバー→「解析」タブ→「解析」パネル→「Solve Camera Motion」ボタンを押した後に機能します。

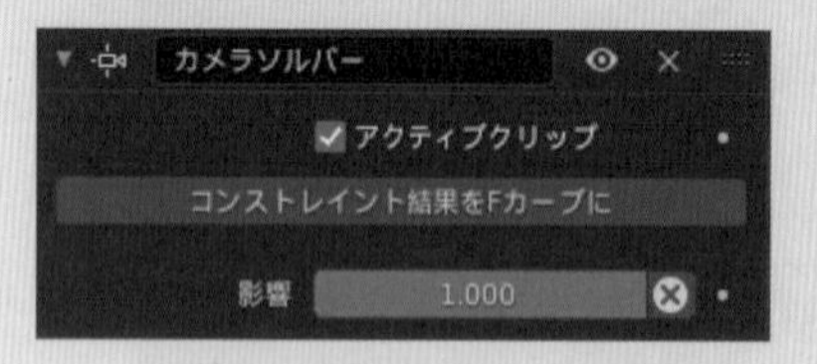

トラック追従

映像のフレーム内でトラックとオブジェクトを同位置にします。「深度オブジェクト」を指定すると、コンストレイントを付加したオブジェクトがそのオブジェクト表面に投影され、顔にメイクするなどの効果に使用できます。

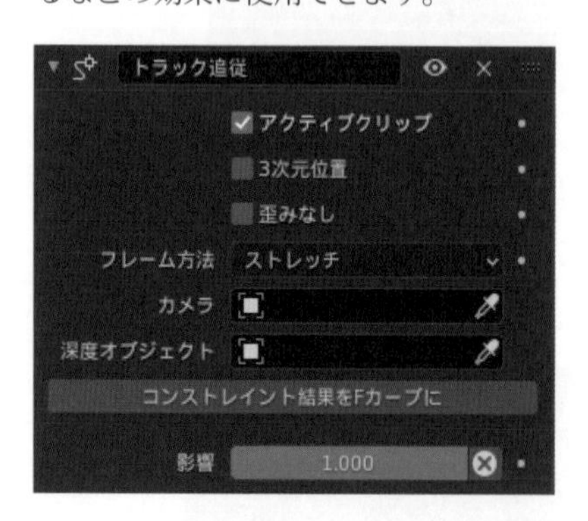

オブジェクトソルバー

映像中のカメラから物理的にオブジェクトが存在していると考えられる場所を解析して、映像にメッシュを追加するといったことに用います。

●動画クリップエディターで最低 8 つのマーカーを設定し、ツールバー→「解析」タブ→「解析」パネル→「Solve Object Motion」ボタンを押した後に機能します。
「Solve Camera Motion」と表示されている場合は、サイドバー→「トラック」タブ→「オブジェクト」パネルでカメラ以外のオブジェクトを追加して選択を切り替えます。

4.7.3 トランスフォーム

対象のトランスフォームを適用〈位置、回転、拡縮コピー〉

ターゲットのトランスフォームで上書きします。既存のトランスフォームと組み合わせる方法を設定できます。

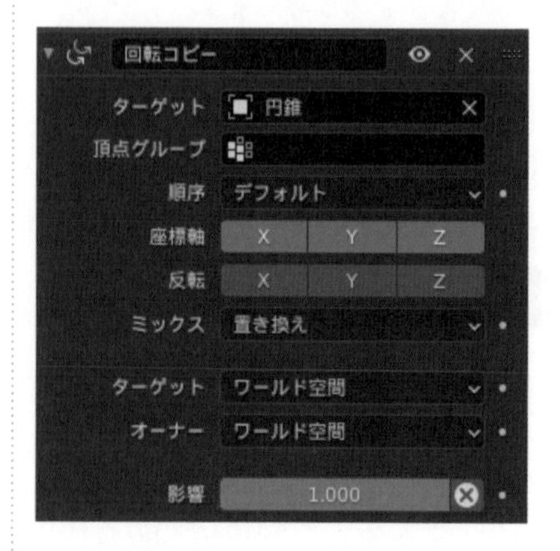

ターゲットオブジェクトとして円錐を用意し、モンキーにコンストレイントを付加します。

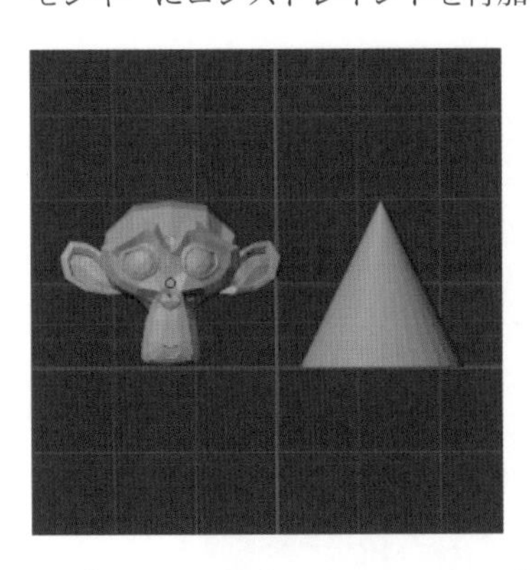

デフォルト設定であるミックス「置き換え」時、モンキーはターゲットの円錐と同じようにその場で回転します。

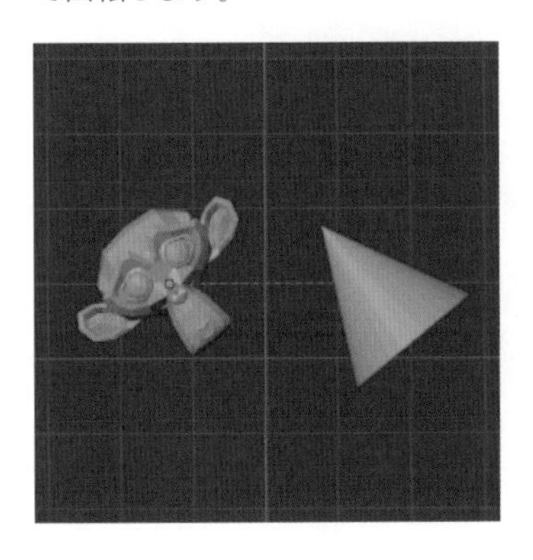

■ 対象の全トランスフォームを適用〈トランスフォームコピー〉

ターゲットの全てのトランスフォームで上書きします。既存のトランスフォームと組み合わせる方法を設定できます。

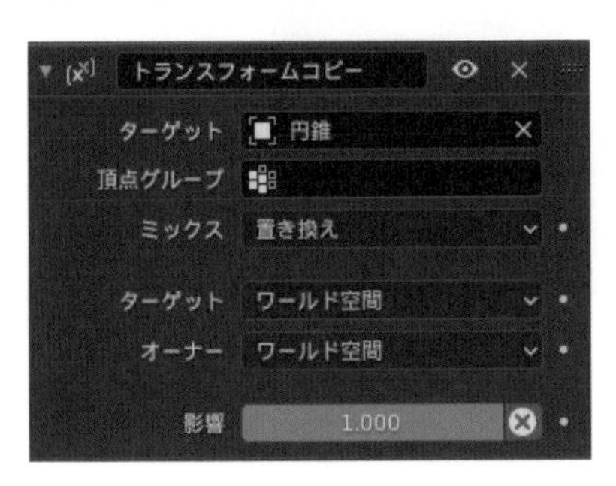

ターゲットオブジェクトとして円錐を用意し、モンキーにコンストレイントを付加します。

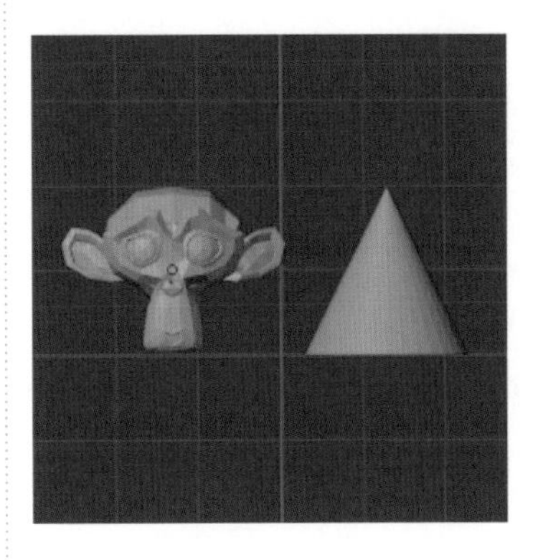

デフォルト設定である「ミックス」→「置き換え」時、モンキーはターゲットの円錐と同位置になり、同じように回転します。

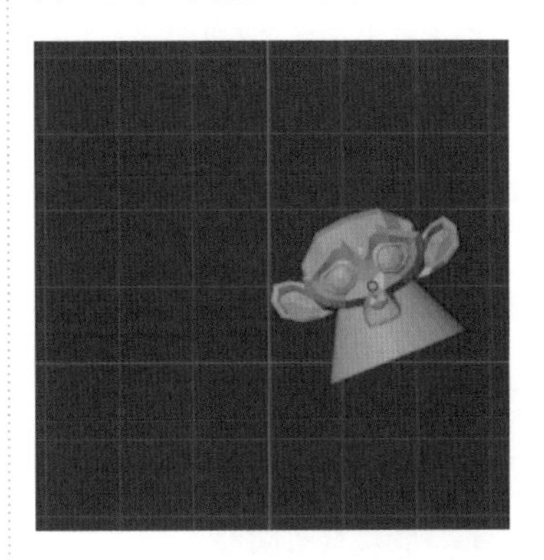

■ トランスフォームを制限〈位置、回転、拡縮制限〉

各軸に対するトランスフォームの量を制限します。付加されたオブジェクトに直接作用し、ターゲットオブジェクトは不要です。

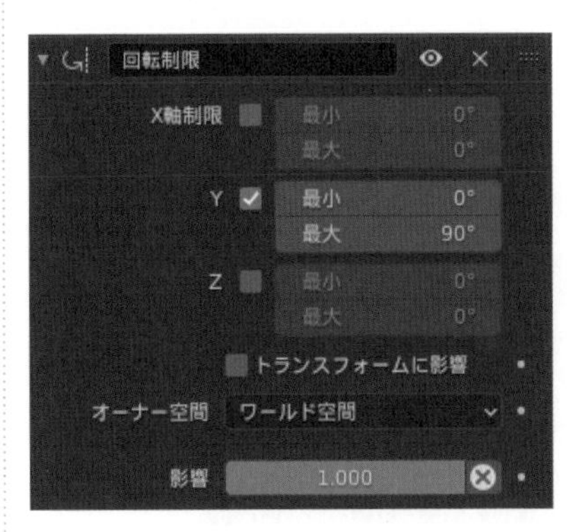

「Y」を有効にして「最大」の値を 90 にすると、設定値以上の角度に回転しなくなります。

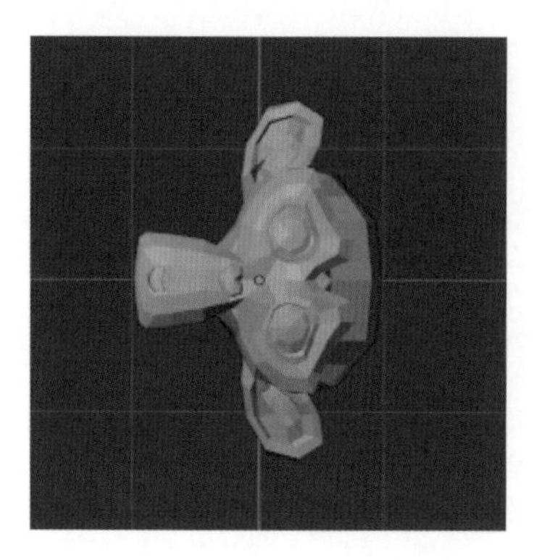

「トランスフォームに影響」無効時、内部的には設定値以上の値を保持するので本来の値は「サイドバー」(N)→「アイテム」タブ→「トランスフォーム」パネルで確認できます。コンストレイントを無効にすると本来の値に戻ります。

移動を拡大縮小に変換〈トランスフォーム変換〉

ターゲットオブジェクトに加えられたトランスフォーム編集の種類を変換して適用します。

「マッピング元」→「位置」を選択し、「Z」の「最大」に 1 m を指定すると、Z 軸方向に 1 m 移動させるとマップ先で設定された最大値に達するようになります。

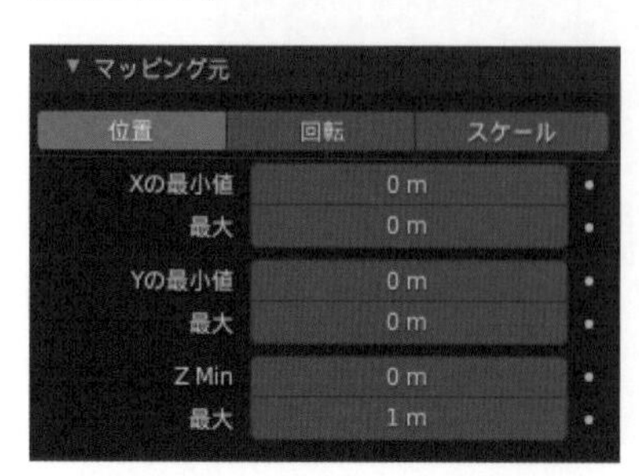

「マップ先」→「スケール」を選択し、「Z」の「最大」に 2 を指定すると、マッピング元で指定された最大値の時に Z 軸方向に 2 倍のサイズになります。

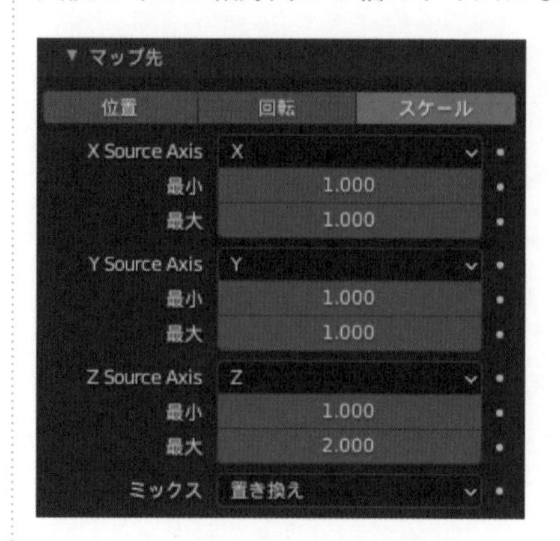

ターゲットオブジェクトとして円錐を用意し、モンキーにコンストレイントを付加します。

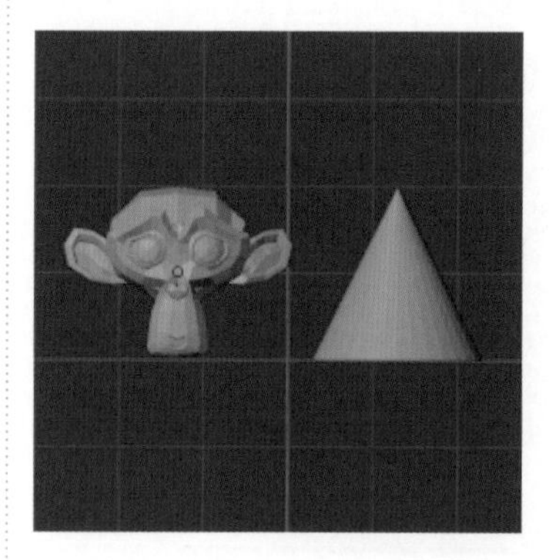

上記の設定を行い、円錐を Z 軸方向に 1 m 移動させるとモンキーが Z 軸方向に拡大されます。

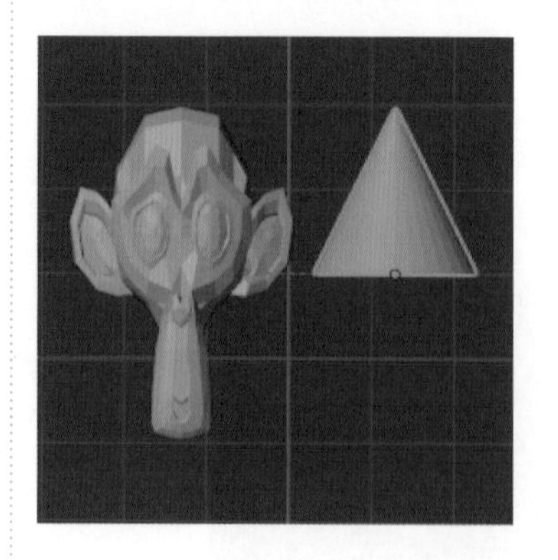

4.7.4 トラッキング

■ パスに沿って移動〈パス移動制限〉

移動がカーブオブジェクトの形状にマッピングされます。

「繰り返し」を有効にするとカーブ終端に到達時先端に移動します。

ターゲットオブジェクトとしてベジエカーブを用意し、モンキーにコンストレイントを付加します。

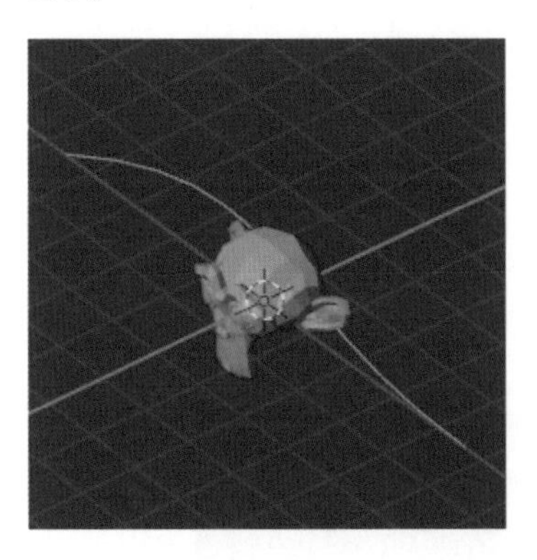

移動させると、カーブの形状に沿って移動します。

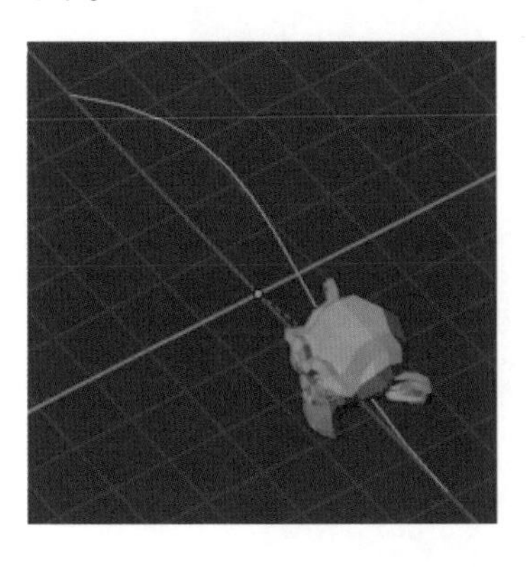

■ 対象に軸を向ける〈減衰トラック〉

最短の回転経路で選択軸をターゲットに向けます。

Z軸方向を使用する場合は「トラック軸」→「Z」を選択します。

ターゲットオブジェクトとしてモンキーを用意し、円錐にコンストレイントを付加します。

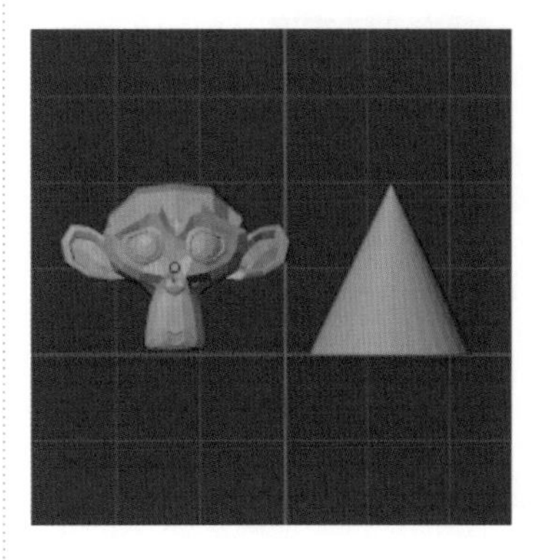

モンキーを移動させると円錐の先端が常に追従します。

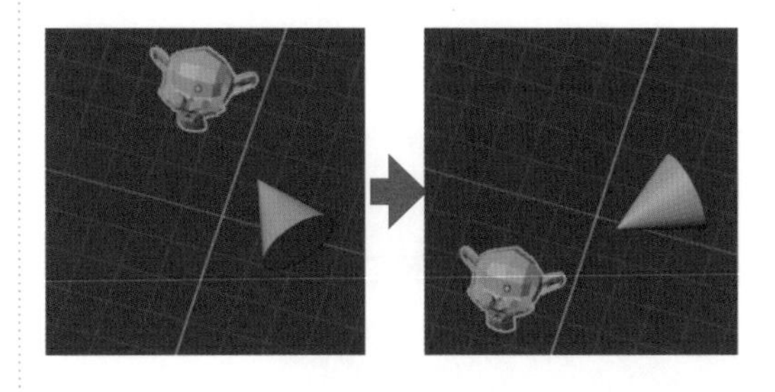

■ 逆運動を実装〈インバースキネマティクス（IK）〉

ターゲットオブジェクトにボーンを追従させ、手を動かすと腕も動くような連携した動作を可能にします。ポーズモードでボーンに付加します。

影響範囲は「チェーンの長さ」で制限できます。0で全てのボーンに作用します。

3つのボーンの連なりを持つアーマチュアを用意します。

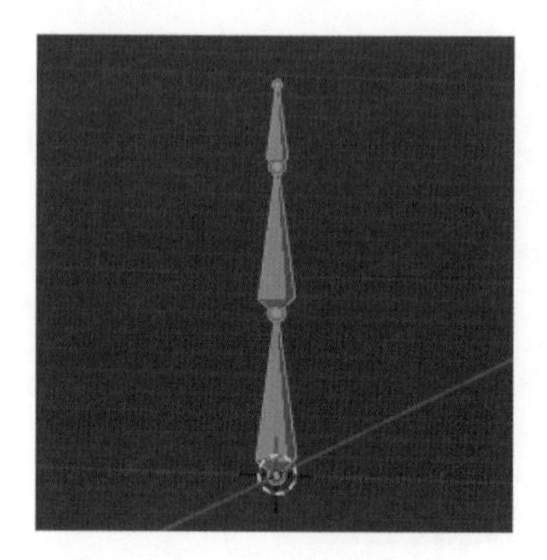

ポーズモードで連なりの最後のボーンを選択し、Shift + I キー→ IK のターゲット選択「新規エンプティオブジェクト」でコンストレイントが付加されます。

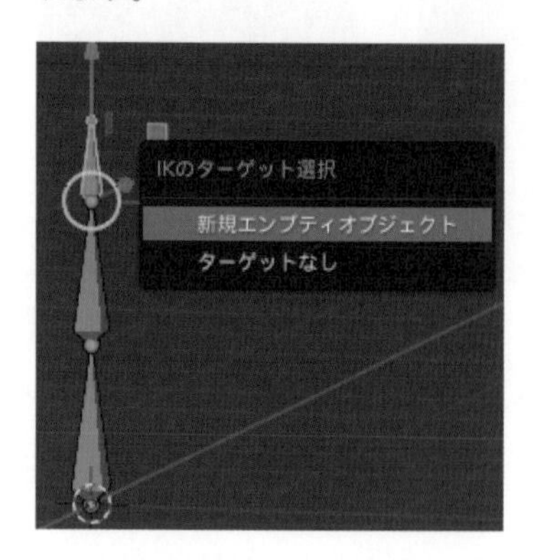

生成されたエンプティを動かすと、繋がっているボーンも連携して動きます。

このコンストレイントはスタック内の順番を無視し、常に最後に実行されるため、後に他のコンストレイントを適用するには最初に「トランスフォームコピー」コンストレイントを用いて最終的なトランスフォームを新しいボーンの連なりにコピーする必要があります。

軸を固定して対象に向ける〈軸固定トラック〉

オブジェクトの指定軸がターゲットオブジェクトを向きます。減衰トラックに似ていますが、特定の軸をロックする違いがあります。

Z軸方向を使用する場合は「トラック軸」→「Z」を選択し、「固定された軸」→「Y」を選択します。

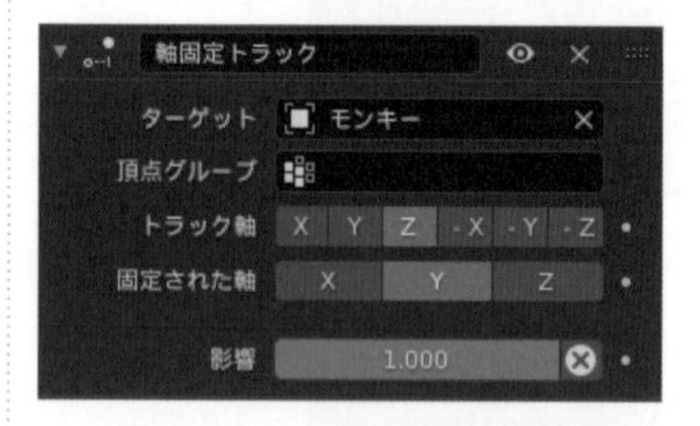

ターゲットオブジェクトとしてモンキーを用意し、円錐にコンストレイントを付加します。

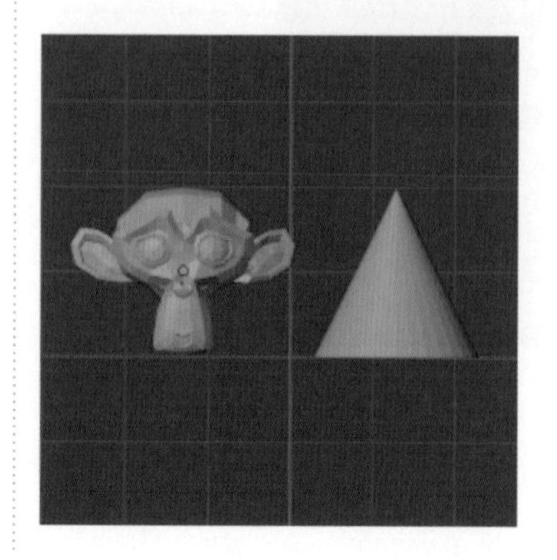

円錐を移動させると常に先端がモンキーに向けられます。

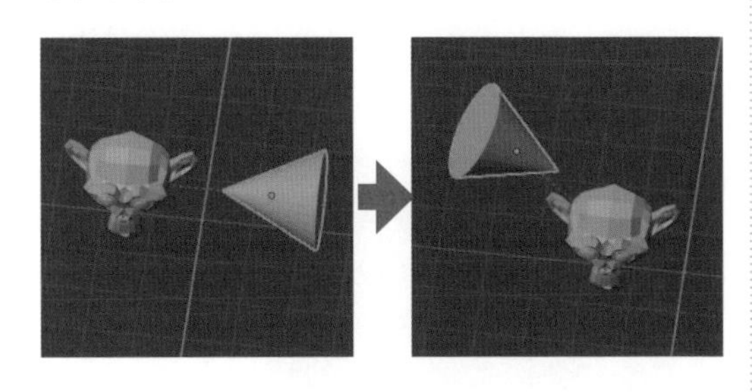

■ ボーンをカーブに沿わせる〈スプライン IK〉

ボーンの連なりをカーブの形状に沿わせます。尾などの有機物に適しています。

「フィット」→「チェーンの長さ」でボーンの数を指定します。

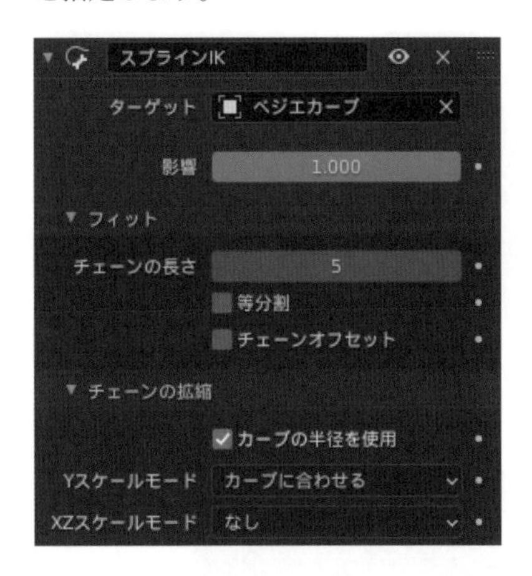

カーブオブジェクトと 5 つのボーンの連なりを持つアーマチュアを用意します。ポーズモードで連なりの最後のボーンを選択し、コンストレイントを付加します。

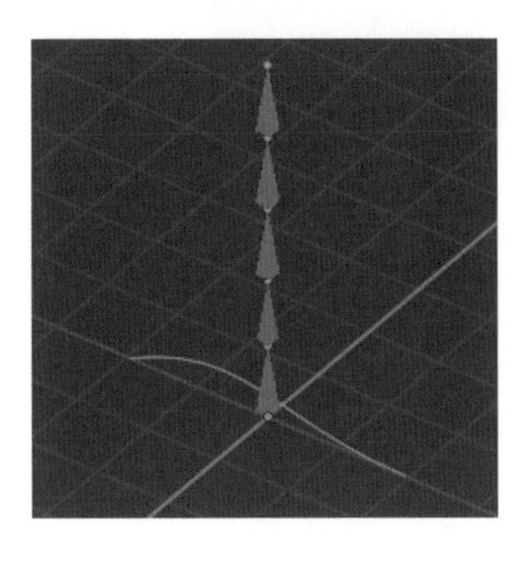

ボーンの連なりがカーブに沿い、カーブ形状の編集に追従します。

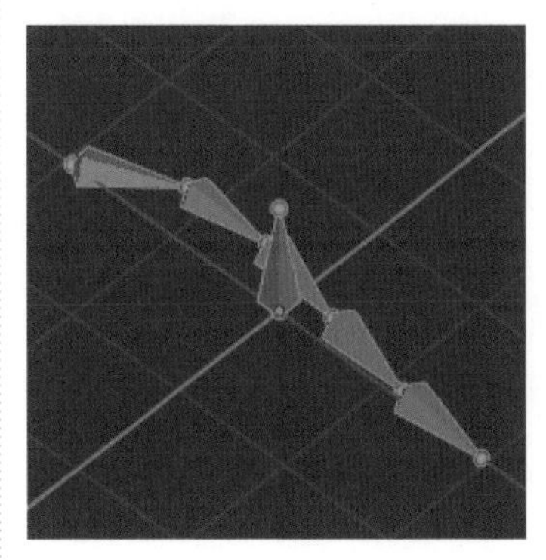

このコンストレイントはスタック内の順番を無視し、常に最後に実行されるため、後に他のコンストレイントを適用するには最初に「トランスフォームコピー」コンストレイントを用いて最終的なトランスフォームを新しいボーンの連なりにコピーする必要があります。

■ Y 軸方向に引き延ばす〈ストレッチ〉

ターゲットの移動によってオブジェクトが Y 軸方向に引き延ばされたり縮んだりします。他の軸は設定できません。

ターゲットとして円錐を用意し、モンキーにコンストレイントを付加し、同位置に配置します。

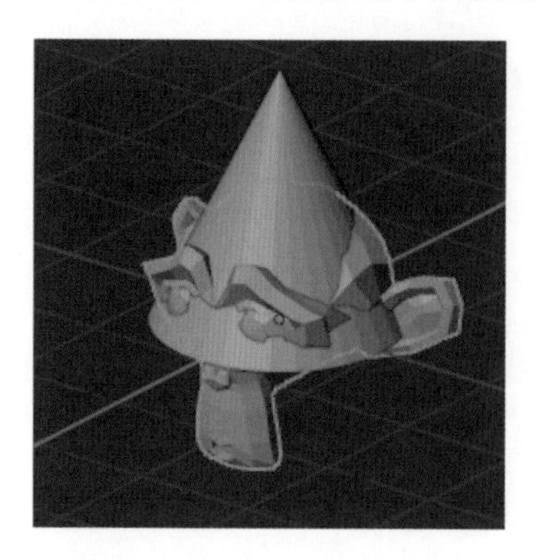

円錐をY軸方向に移動させると、モンキーが伸び縮みします。

他の軸に移動させると傾きます。

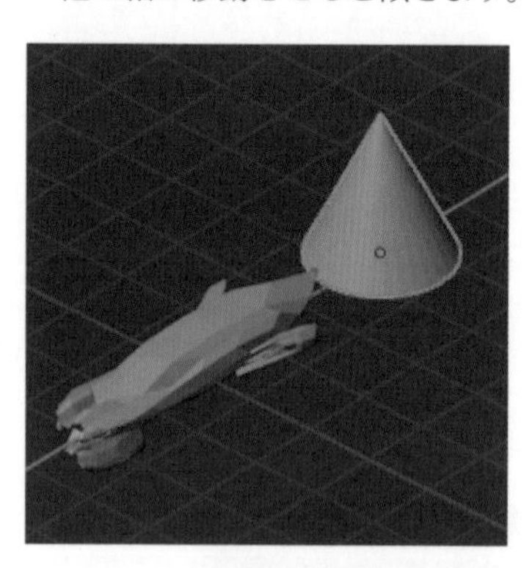

■対象を追跡〈トラック〉

向きをターゲットオブジェクトに追従させます。カメラオブジェクトに付加してターゲットを映し続けるなどの用途に使用できます。

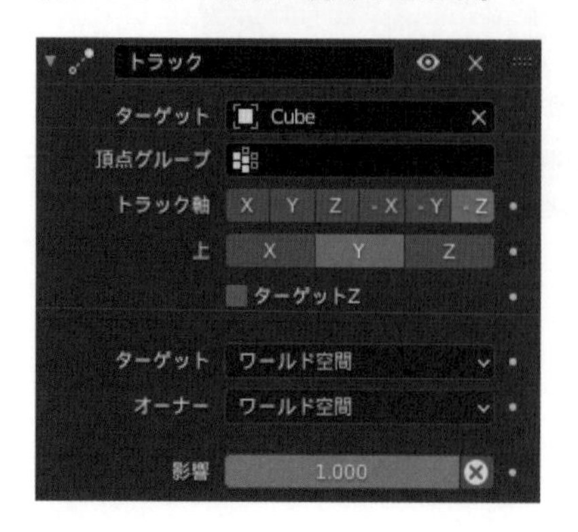

X軸方向に90度回転して真正面を向くようにして、ターゲットオブジェクトから数m離れた位置に配置したカメラにコンストレイントを付加します。

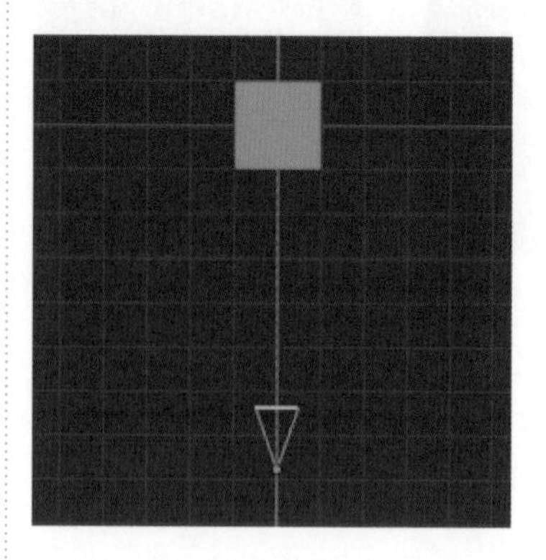

ターゲットオブジェクトを移動させると、カメラの向きも追うように変化します。

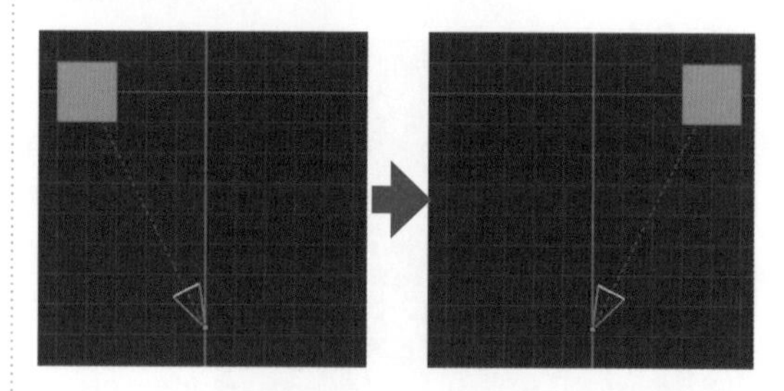

カメラビュー時は中央にターゲットが映り続けます。

4.7.5 関係

アクションをコピー〈アクション〉

他オブジェクトが持つアクションを使用し、同じ動きや逆の動きをします。

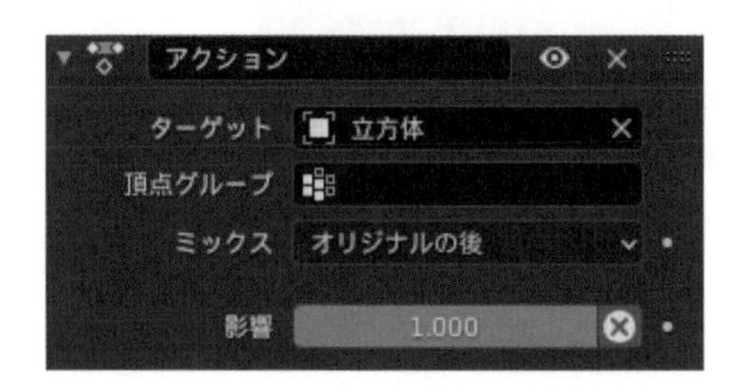

「ターゲット」→「チャンネル」でターゲットオブジェクトのアクションから取得するトランスフォームの種類を選択し、「最小 / 最大範囲」にはアクションの開始から終了のフレームを入力します。

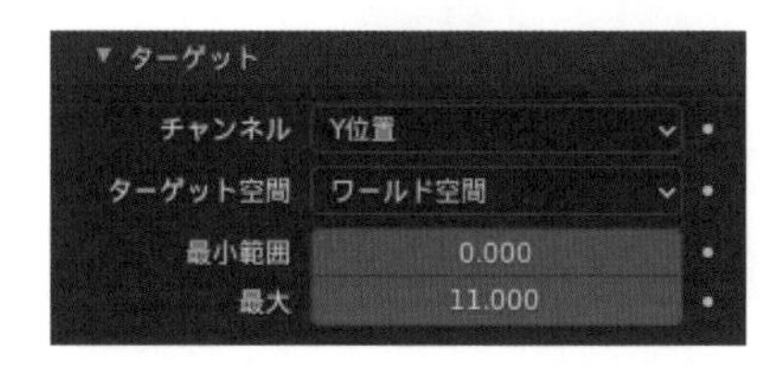

「アクション」→「アクション」にターゲットオブジェクトのアクションを指定し、「開始 / 終了フレーム」を設定します。逆の動きをする場合は指定フレームも逆になります。

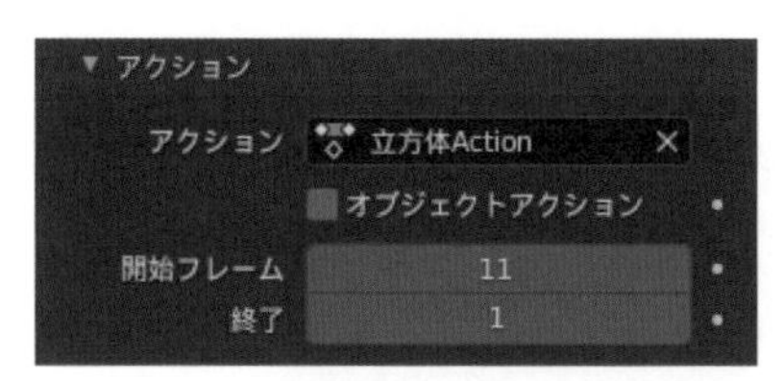

フレーム 11 時点で Y 軸方向に 9 m 移動する立方体が持つアクションを使用して、球にコンストレイントを付加します。

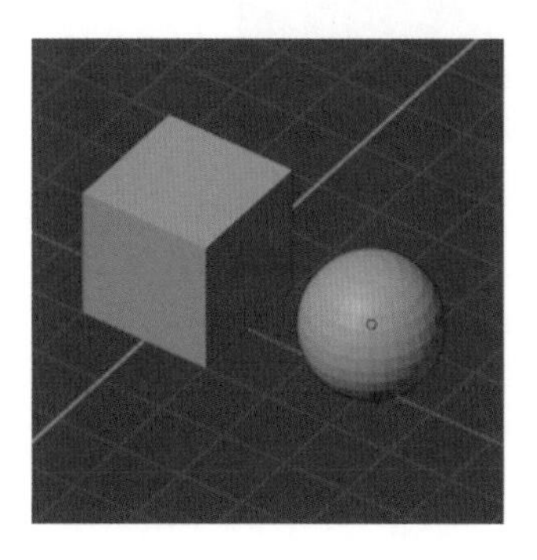

上記の設定後、アニメーションを再生すると球が立方体とは逆の動きをします。

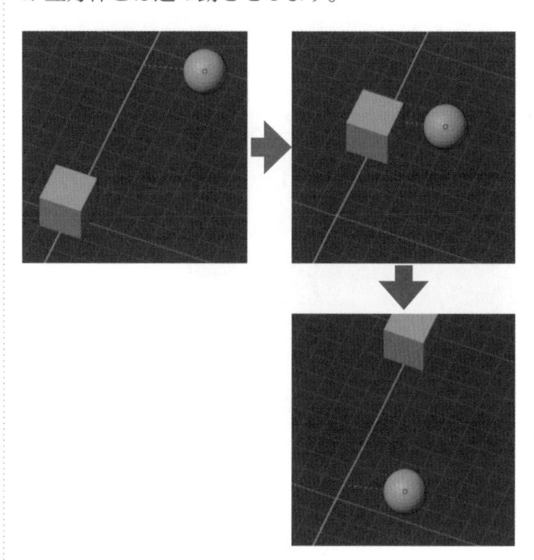

ボーンを関連付け〈アーマチュア〉

アーマチュアモディファイアーのコンストレイント版で、親となるボーンを任意の数だけ指定できます。複数のオブジェクトとアーマチュアを組み合わせ、パーツの形が変化しない機械的なモデルを作成するのに便利です。

「Add Target Bone」ボタンで「ボーン」パネルを追加し、アーマチュア名、同位置にあるボーン名を入力します。

3つのボーンを持つアーマチュアを用意し、円錐、球、立方体を縦に並べて各々にコンストレイントを付加して同位置にあるボーンと関連付けます。

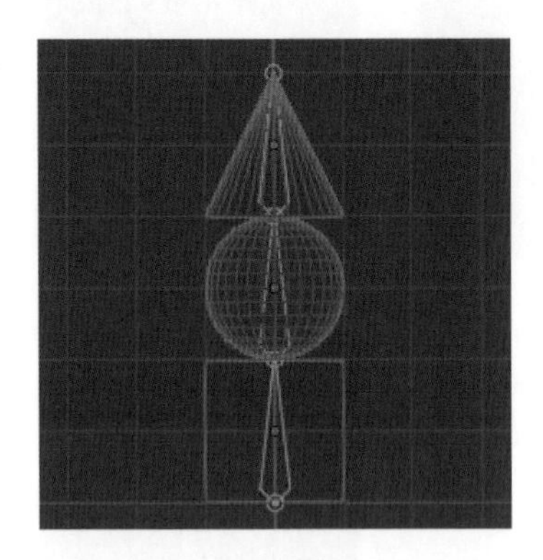

ポーズモードでボーンを動かすと同位置にあるオブジェクトも動きます。

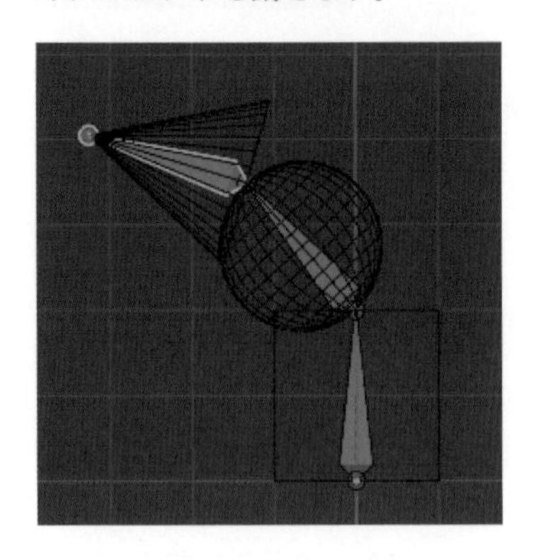

■親を設定〈チャイルド〉

3Dビュー上で可能な「親子化」(Ctrl + P)のコンストレイント版で、複数の親を持ったり影響を受けるトランスフォームの種類を選択できるといった利点があります。

ターゲット指定後は子オブジェクトが親オブジェクトの不要な変換の影響を受けるため、「逆補正を設定」ボタンでリセットして指定前の状態に戻します。

各トランスフォームの影響を受けるかのトグルボタンは通常全てを有効にするか、各種の3つ全てを無効にすると最善の結果が得られます。

以下の例ではターゲットの円錐を回転させると、コンストレイントを付加しているモンキーも回転します。

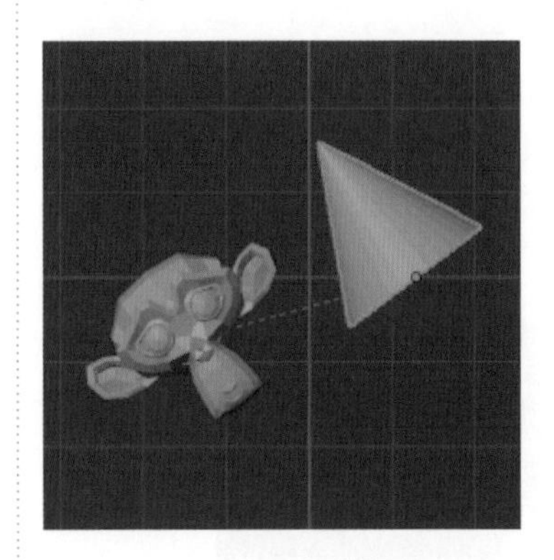

■通り抜け不可の面〈床〉

移動できない軸を設定し、ターゲットオブジェクトを通り抜けられないようにします。完全な平面をシミュレートするための機能なので凹凸のある床や壁を再現することはできません。

オブジェクトの原点位置が基準になります。以下の例ではモンキーの形状の中心に原点があるためターゲットの平面の原点と同じ位置までZ軸方向の移動が制限されます。

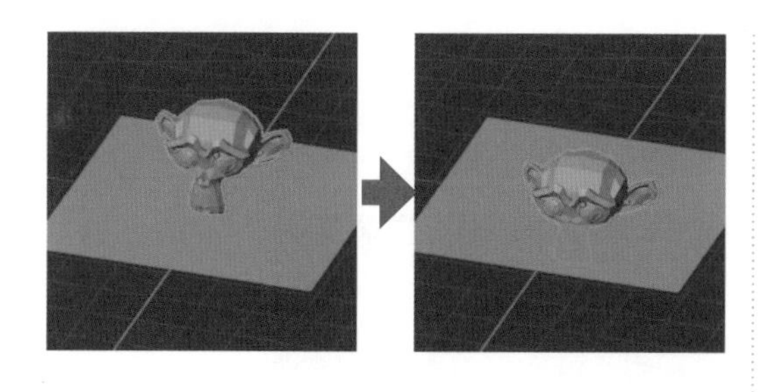

パスに沿ってアニメーション〈パスに追従〉

カーブオブジェクトの形状に合わせてオブジェクトが移動するアニメーションを作成できます。

「ターゲット」にオブジェクト名を入力し、「Animate Path」ボタンでアニメーションを生成します。

オブジェクトの形状に前後がある場合などは「前方の軸」を「–Y」などにして進行方向に向け、「カーブに従う」を有効にします。

ターゲットオブジェクトとしてベジエカーブを用意し、追従させるモンキーにコンストレイントを付加します。

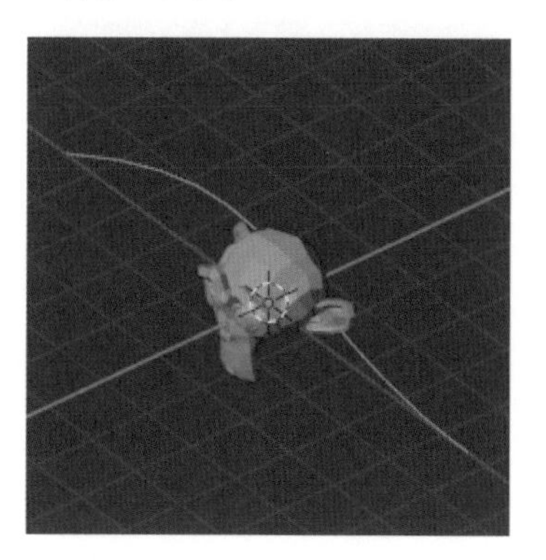

アニメーションを再生すると、モンキーがカーブの形状に沿って移動します。

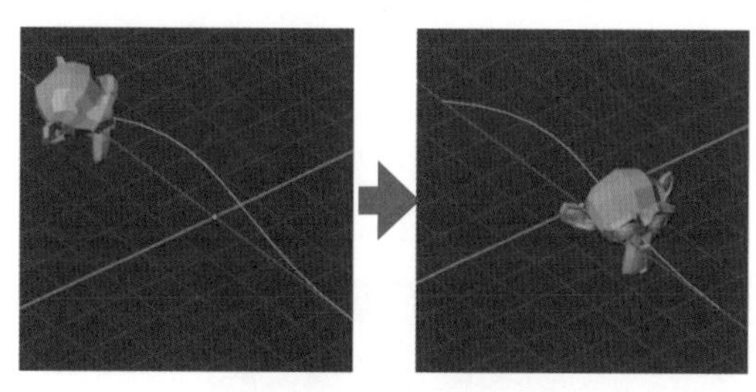

対象の周りを回転〈ピボット〉

ターゲットオブジェクトを中心に回転するようになります。元々は人間の関節などに見られる動きを再現するための機能です。

以下の例ではコンストレイントを付加したモンキーをZ軸やY軸方向に回転させるとターゲットである円錐の周囲を回ります。

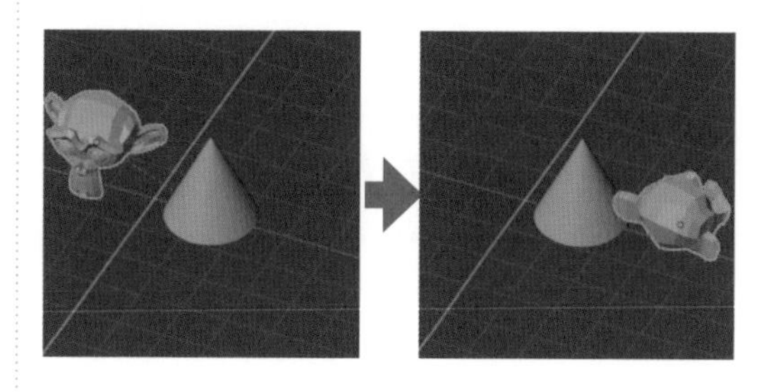

対象の表面を移動〈シュリンクラップ〉

移動をターゲットオブジェクトの表面に制限します。

オブジェクトのＺ軸を常に外側に向けるには「Align to Normal」を有効にして「Z」を選択します。

ターゲットオブジェクトとして球を用意し、円錐にコンストレイントを付加します。

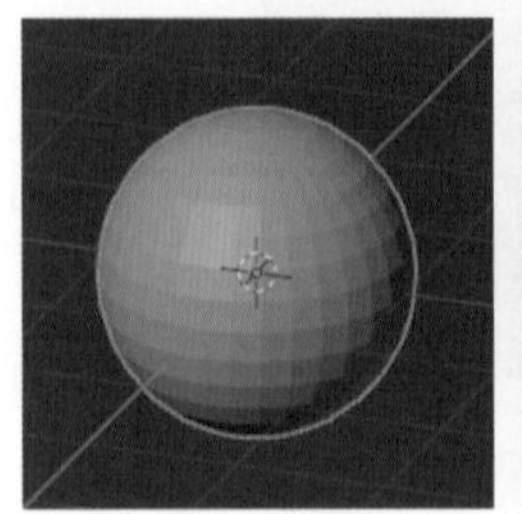

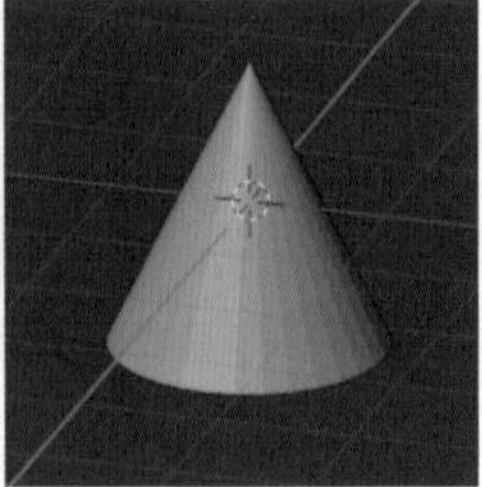

スナップにはオブジェクトの原点が使用されるため、円錐はメッシュ形状の下部が原点位置と同じになるようにします。

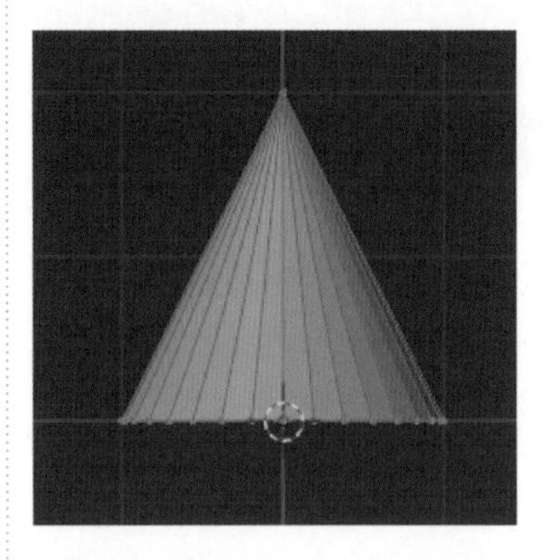

円錐を移動させると球の表面に吸着し、以降は球の表面上に張り付いた状態になります。

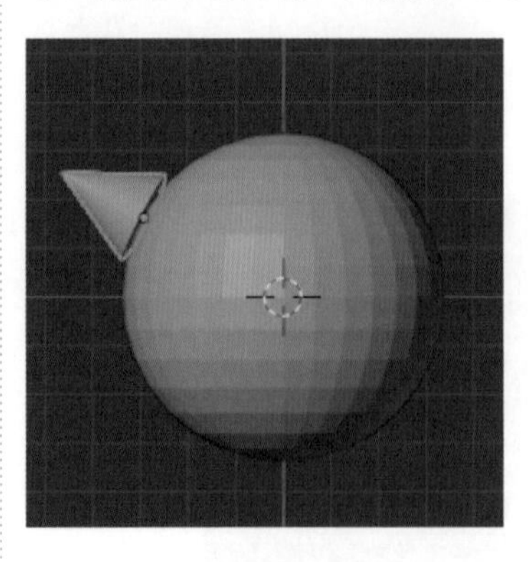

4.8 形状のカスタマイズ〈シェイプキー〉

シェイプキーはベースとなる形状に編集を加えて数値による変形度を調節でき、主にキャラクターの表情、アーマチュアでの変形後に微調整するなどの用途に役立ちます。

メッシュの他カーブ、サーフェス、ラティスなどの頂点を持つオブジェクトで使用できます。

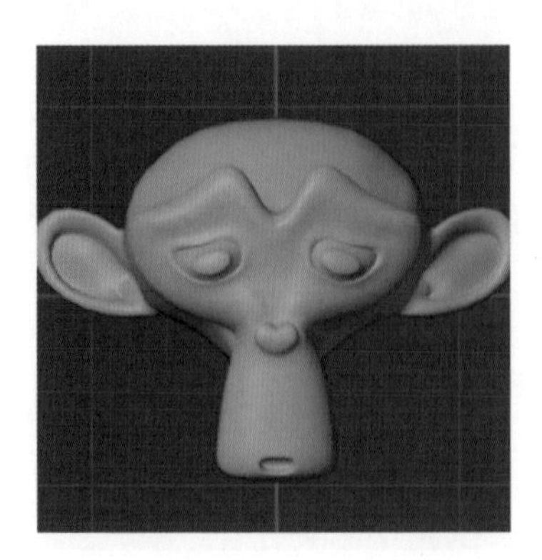

4.8.1 シェイプキーの基本

■ ミックス表示

シェイプキーはいくつも作成可能で、複数を同時に組み合わせて表示することも可能です。

■ 頂点数の変更による影響

シェイプキーには常に全ての頂点が含まれ、ベースに対する各頂点の位置を記録するので、新たに頂点を加えたり削除することはできません。

ベースに頂点を加えたり削除することは可能ですが、全てのシェイプキーはその位置の頂点を記録するため形状に不都合が生じる場合があります。

■ モディファイアーの注意

シェイプキーがあるオブジェクトでは頂点を生成するようなサブディビジョンサーフェスやミラーモディファイアーなどを付加している場合、適用できなくなります。

モディファイアーはシェイプキーのあるメッシュには適用できません

■ オプション

「シェイプキー」パネルのボタンから様々な機能を実行できます。

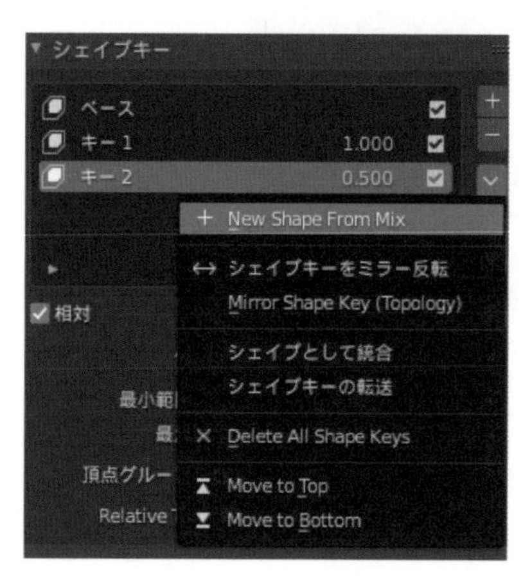

編集モード時の「3D ビューポート」ヘッダー→「頂点」にもシェイプキー関連の機能があります。

Smooth Vertices (Laplacian)
任意のシェイプキーを選択部に合成
Propagate to Shapes

4.8.2 シェイプキーの作成

オブジェクトを選択し、オブジェクトモードで「プロパティ」(Shift + F7) →「オブジェクトデータプロパティ」→「シェイプキー」パネルの「+」ボタンからベースキーを作成します。

もう一度同じ操作をすると「キー 1」が作成されるので、選択してアクティブな状態にして編集モードで頂点を移動させます。

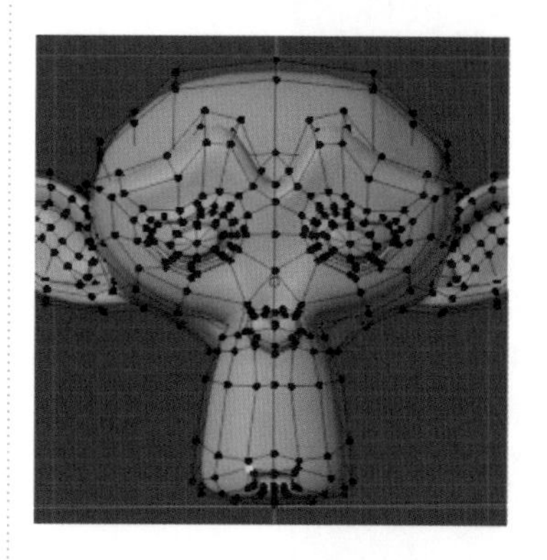

オブジェクトモードで「値」の数値を 1 にすると編集後と同じ形状になり、「最大範囲」の値を上げると「値」で変形をさらに強調できます。

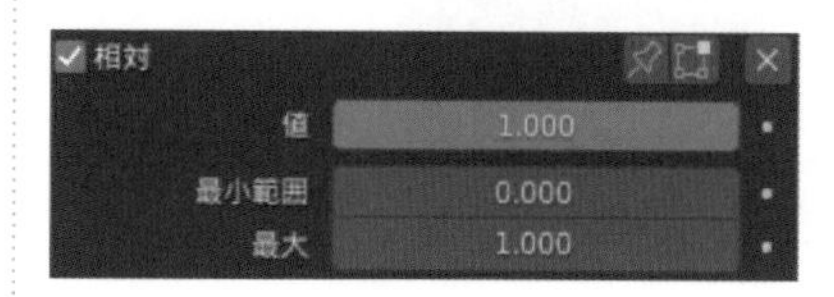

オブジェクトが編集後の形状に変形します。

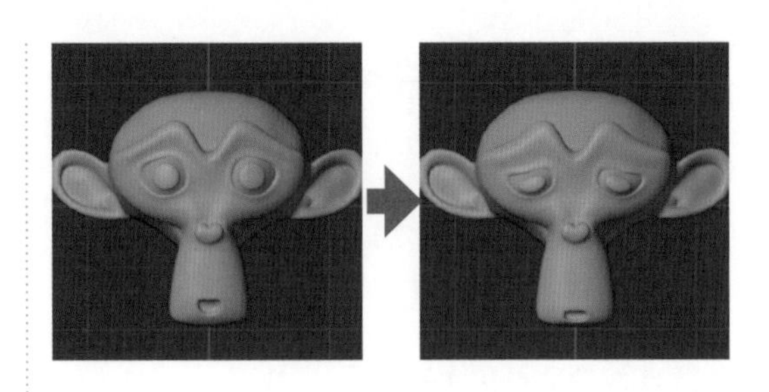

章末課題

1

オブジェクトが回転するアニメーションを作成しましょう。

［ヒント］回転のトランスフォームをフレームに定義します。

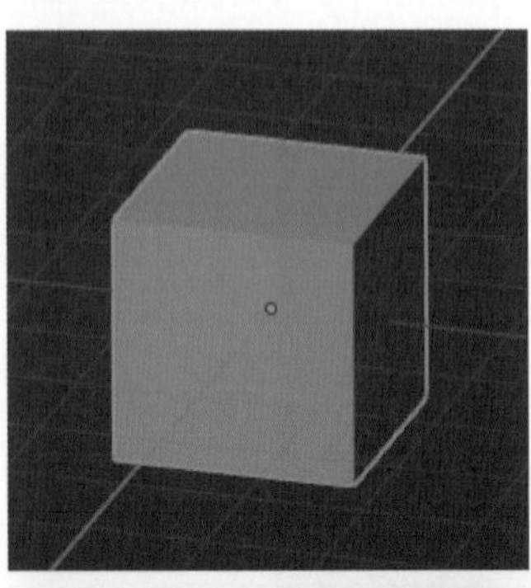

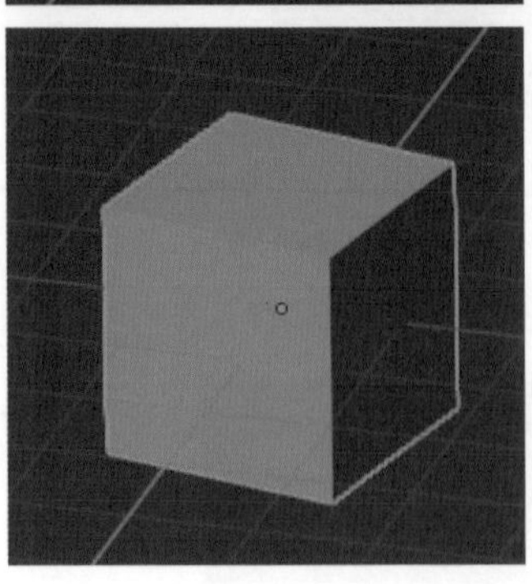

2

歩行アニメーションを設定した人型キャラクターを3m前方に歩かせてみましょう。

［ヒント］移動はY軸方向の位置変更です。

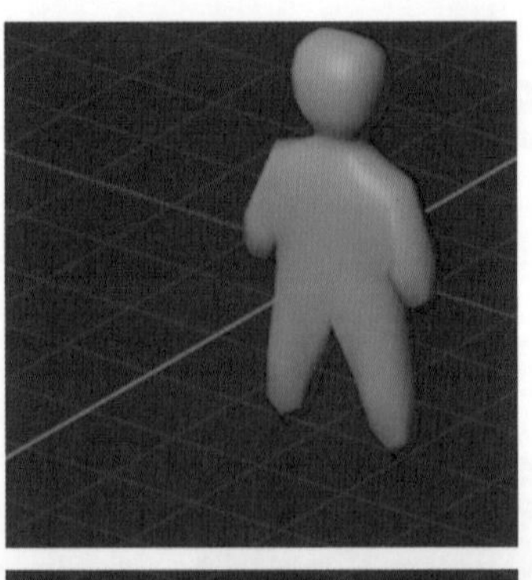

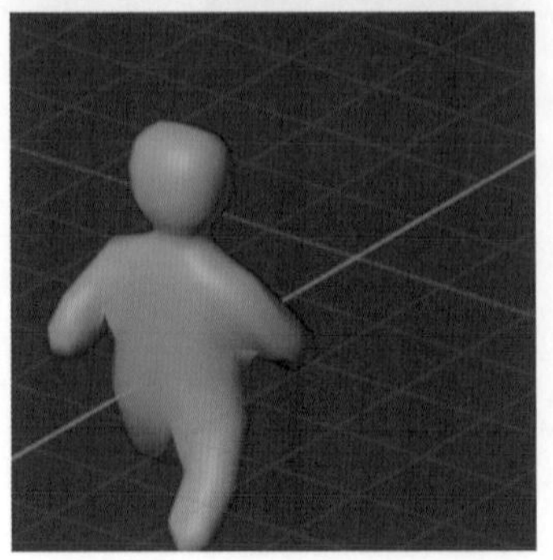

章末課題・制作例

1

任意のオブジェクトを生成後、タイムラインで現在のフレームを1にしてIキー→キーフレーム挿入メニュー「回転」でキーフレームを挿入します。

「3Dビューポート」→サイドバー（N）→「アイテム」タブ→「トランスフォーム」パネル→「回転」の項目が黄色になっているか確認します。

現在のフレームを11にして、オブジェクトをR→Z→テンキーで360を入力し、Z軸方向に1回転させます。

その後フレーム1と同じようにキーフレームを挿入します。

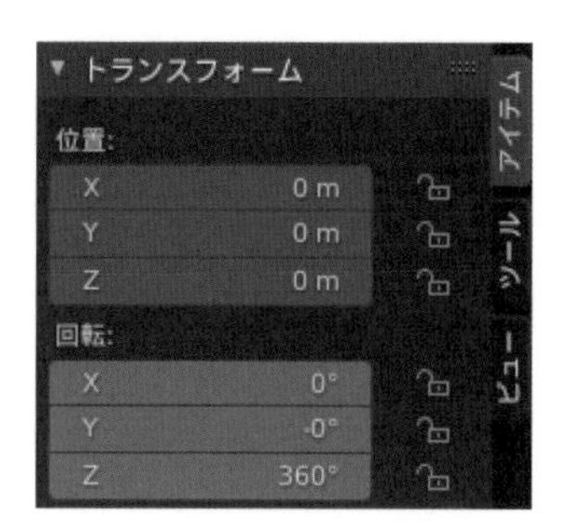

タイムラインで「開始」を1、「終了」を10に設定します。

2

胴体部分のボーンを選択します。

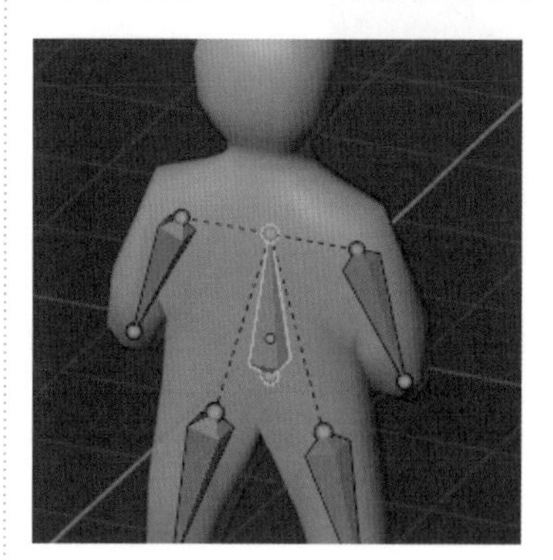

フレーム1で3Dビューポートのサイドバー(N)→「アイテム」タブ→「トランスフォーム」パネル→「位置」のY値の上でIキーを押してキーフレームを挿入します。

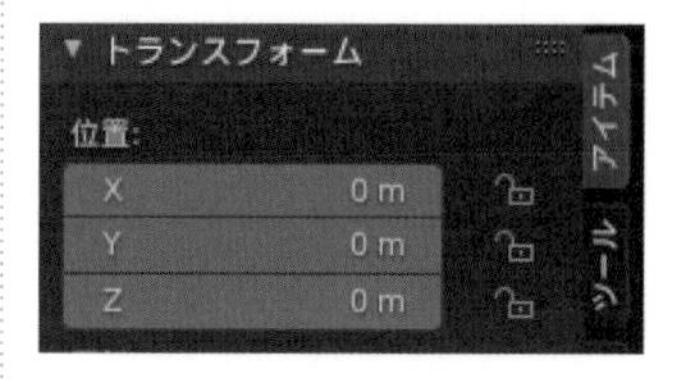

フレーム41で同ボーンを選択し、G→Y→テンキーで-3を入力して人型オブジェクトをY軸方向に移動させます。

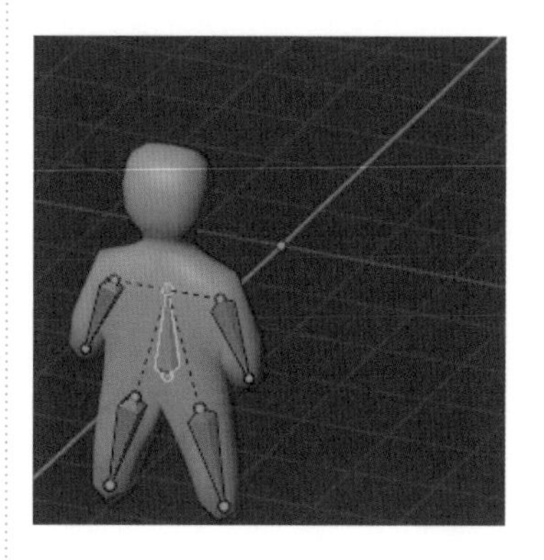

同じようにトランスフォームパネルの位置のY値にキーフレームを挿入します。

第5章

レンダリング

5.1 画像出力〈レンダー、出力設定〉

レンダリングは完成したシーンを静止画や動画として出力する機能で、設定次第で画質や所要時間が大きく変化します。

主な設定は「プロパティ」（Shift + F7）→「レンダープロパティ」、「出力プロパティ」で行います。

5.1.1 レンダリングエンジンの種類

Blenderには3種類のレンダリングエンジンが搭載されており、「レンダープロパティ」で選択できます。

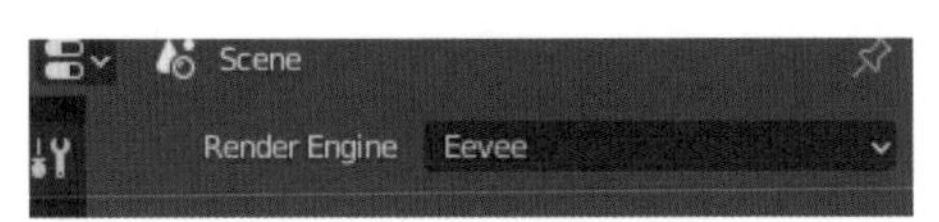

目的に応じて選択することで品質の向上や高速化に繋がります。エンジンの特性により設定可能な項目はそれぞれ異なります。

Eevee

リアルタイムでの動作に特化したラスタライズレンダラーです。デフォルトで選択されており、高速プレビューに向いていますが最終レンダリングにも使えます。

特徴

- マテリアルシェーダーの多くはCyclesレンダーと共通していますが、近似であり不完全です。
- レイトレースレンダリングエンジンではないため、物理的に正しい描画はできません。

■ Cycles

物理的に正確な結果を得ることができる物理ベースのパストレーサーです。高品質ですが低速なので最終レンダリング向けです。

特徴

- レンダリングで発生したノイズを減らすには高いサンプル数またはデノイズが必要です。
- デフォルトのCPUレンダリングの他、対応グラフィックボードを搭載していればGPUレンダリングも可能です。

■ Workbench

モデリングやアニメーションの高速プレビューのために最適化されており、主な用途は3Dビューポート上でのテスト表示です。

特徴

- 単一色やランダムカラーなど、選択した要素でオブジェクトをレンダリングできます。
- シーンのライトを使用しませんが、パネルでライティングとなる要素を設定できます。

5.1.2 ビュー上でレンダリング

「3Dビューポート」ヘッダー→3Dビューのシェーディング「レンダー」を選択すると、3Dビュー上でレンダープレビュー表示します。

現在の視点でレンダリングが行われ、最終レンダリングとほぼ同じ結果が得られます。

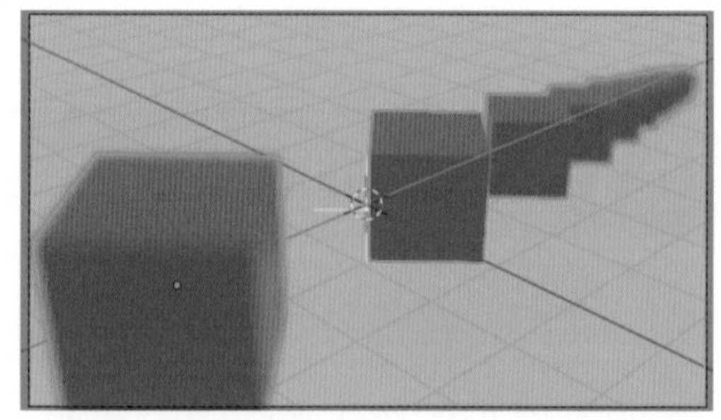

- このシェーディングを選択したエリアで視点を変更するとその度に再レンダリングが行われます。Cycles レンダー選択時は出力を手早く行えるようにサンプル数を極力抑えるか、操作用のエリアと分けて視点を頻繁に変えない方が利用しやすくなります。
- メモリ使用量が増加するため、重いシーンの場合はメモリ不足で最終レンダリングができなくなる可能性もあるので注意が必要です。

5.1.3 背景を透過した画像を出力する

オブジェクトのみレンダリングして、背景画像に合成するなどの用途に使用できます。

「プロパティ」(Shift + F7) →「レンダープロパティ」→「フィルム」パネル→「透過」を有効にします。

チェッカー模様の部分は透明です。画像を保存する際はPNGなど透過情報を保持できる形式を選択します。

5.1.4　アニメーションを出力する

アニメーションは連続した画像です。全てのフレームをレンダリングするまで長時間掛かると予想されるのでマシンの使用状況などに注意する必要があります。

■基本設定

「プロパティ」（Shift + F7）→「出力プロパティ」→「寸法」パネルで開始、終了フレームを設定します。

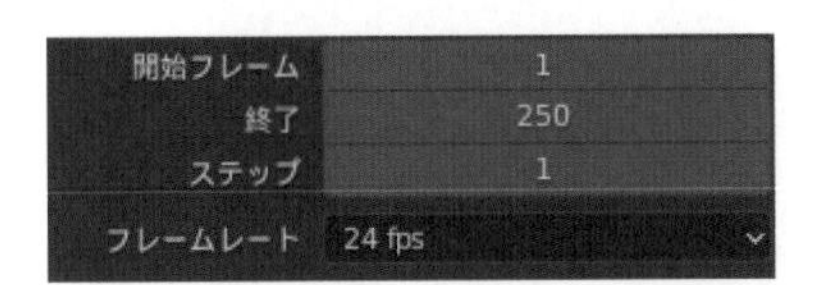

「出力」パネルで出力先のパスを設定します。

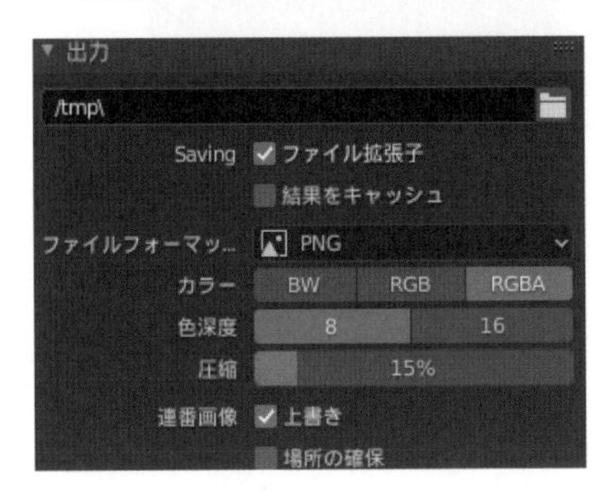

「ファイルフォーマット」から画像、動画形式を選択します。

画像

1フレームごとに1つの画像ファイルとして出力し、ファイル名は連番になります。安定した処理方法であり、レンダリングの中断や再開も容易で長時間の作品に向いています。

動画

1つの動画ファイルとして出力されます。標準的な方法ではなく非推奨なので短時間の作品向けです。選択時、さらに「動画コーデック」で形式を選択しますが、指定した形式で実際に出力できるかは環境によって異なります。

■出力

トップバー→「レンダー」→「Render Animation」（Ctrl + F12）でアニメーションとして出力します。

5.2 背景〈ワールド〉

ワールドは屋外の空として機能します。色やテクスチャ画像などを設定し、環境光としてオブジェクトを照らします。

主な設定は「プロパティ」(Shift + F7) →「ワールドプロパティ」で行います。マテリアルのシェーダーと設定方法は似ており、ノードを使用してカスタマイズできます。

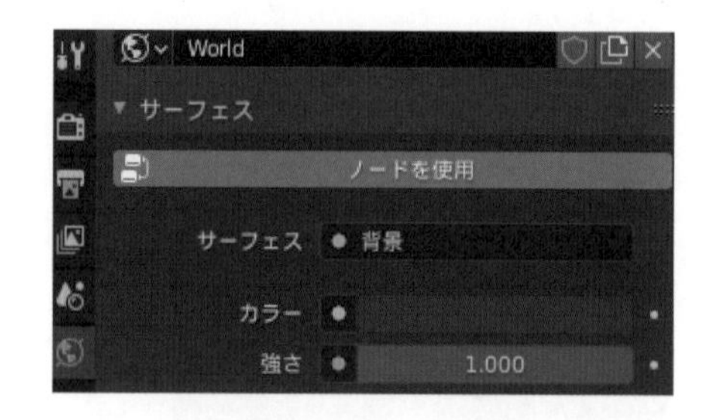

5.2.1 画像を使用する〈環境テクスチャ〉

「サーフェス」パネルで「背景」シェーダーが設定されているので、「カラー」で「環境テクスチャ」を選択し、「開く」から画像を読み込みます。

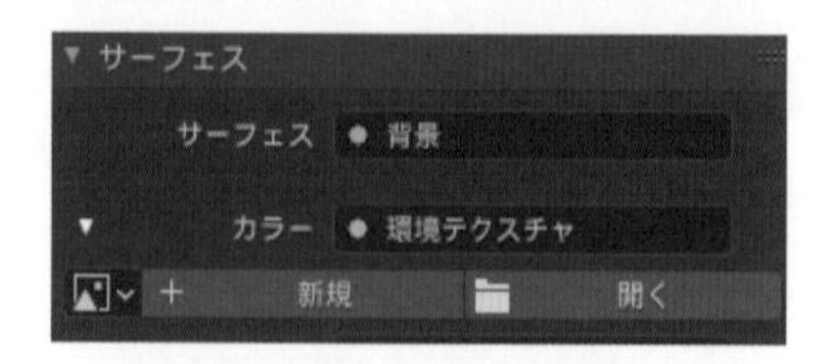

「Blender フォルダー \2.90\datafiles\studiolights\world」内にはライセンス CC0 の画像が同梱されており、これらは自由に使用することが可能です。

画像のマッピングを変える

シェーダーノードで「追加」(Shift + A) →「ベクトル」→「マッピング」ノードを付加し、「画像テクスチャ」ノードと「ベクトル」ソケット同士を接続します。

さらに「入力」→「テクスチャ座標」ノードを付加し、「生成」ソケットを「マッピング」ノードの「ベクトル」に接続します。

「マッピング」ノードの各数値を変えると、テクスチャ画像の出方を調整できます。

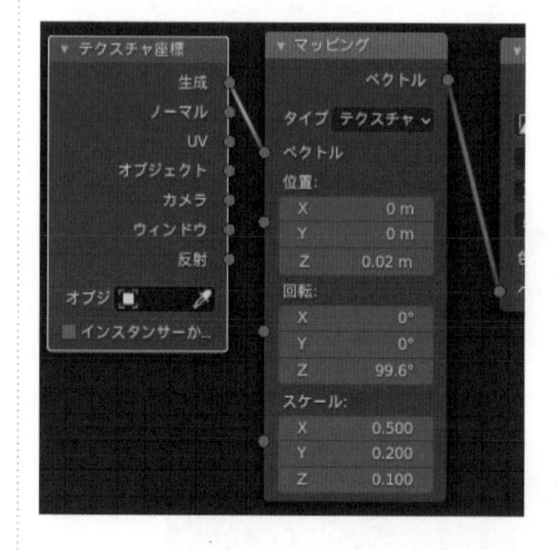

5.3 照明〈ライト〉

ライトはオブジェクトを照らす主な光源です。デフォルトシーンには1つのライトが配置されており、いくつも追加できます。

主な設定はライトオブジェクトを選択し、「プロパティ」（Shift + F7）→「オブジェクトデータプロパティ」で行います。

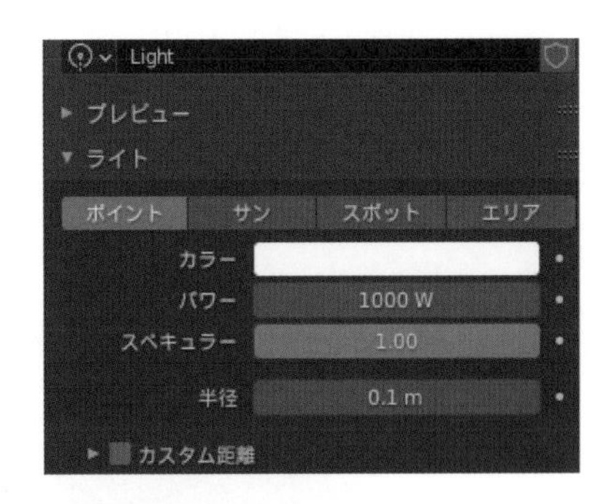

5.3.1 ライトの種類

ポイント

全ての方向に同じ量の光を放射する点光源です。主に屋内の電球に適しています。

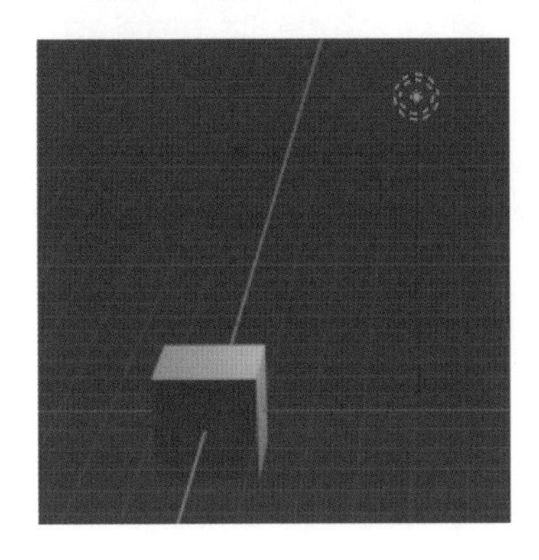

サン

無限遠の太陽光です。昼の屋外シーンに適しています。

シーン内における位置はレンダリングに影響せず、方向と角度が影響します。

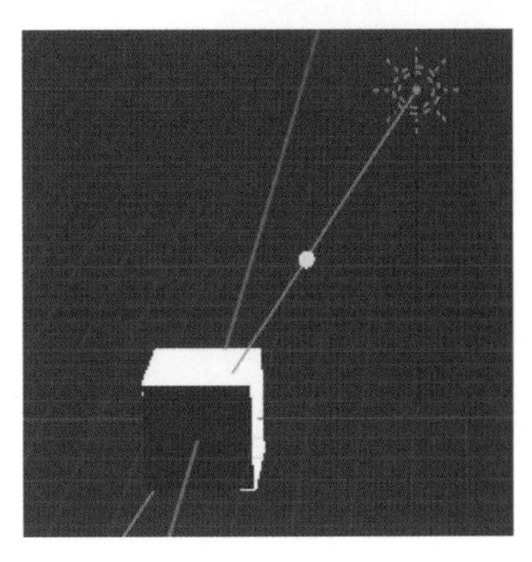

スポット

円錐光源です。照らされる範囲が制限されるため、角度や広がりを設定する必要があります。

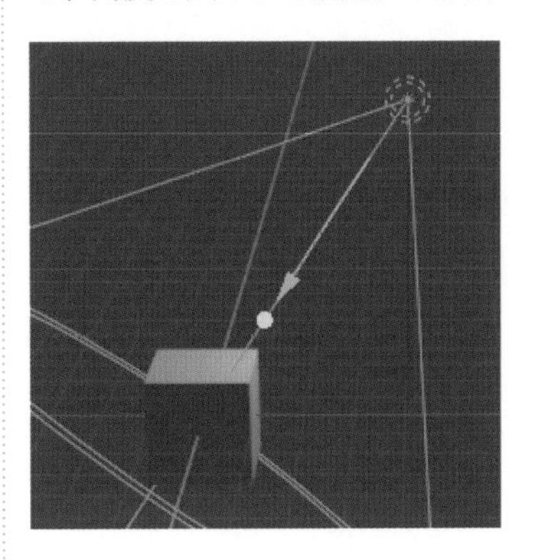

■ エリア

面光源です。テレビなど光を発する物体、窓からの光に適しています。

Cycles レンダー使用時、窓やドアなどの開口部に設置して屋内に入り込むであろう光を誘導し、ノイズを低減させる「ポータル」としても使用できます。

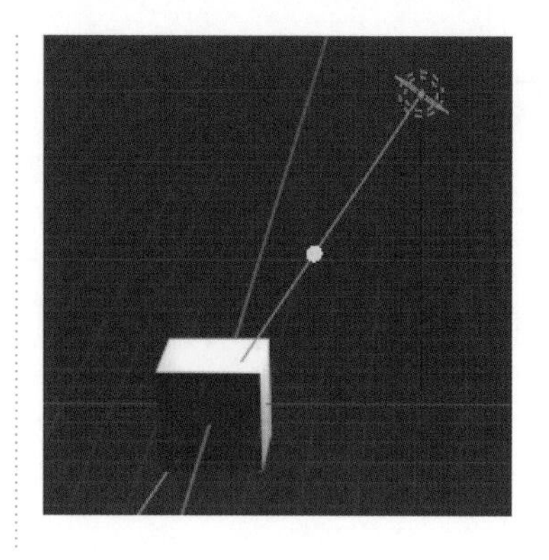

5.4 レンダリングの視点〈カメラ〉

カメラからの視点はレンダリング時の視点として使用されます。3D ビュー上ではテンキーの 0 でユーザー視点とカメラ視点を切り替えられます。

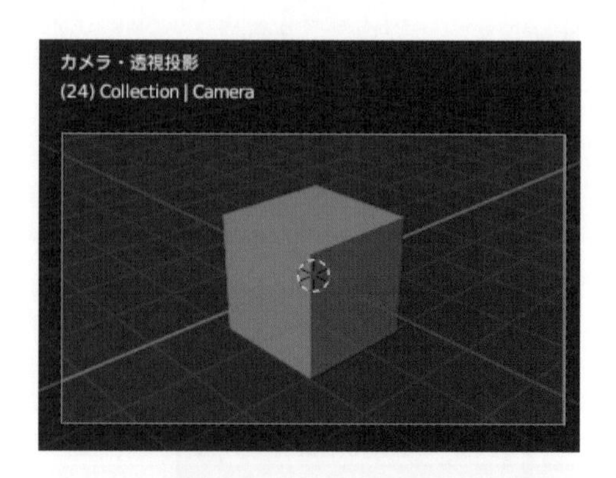

5.4.1 視点オブジェクトの切り替え

Ctrl + テンキーの 0 で選択中オブジェクトからの視点をカメラ視点にします。複数のカメラがある場合など、視点の切り替え時に使用します。

- カメラ以外のタイプのオブジェクトを使用することもでき、実際の視点はオブジェクトの原点位置となります。

テンキーの 0 でカメラ視点にした時に、カメラオブジェクトの場合は「カメラ・投影タイプ」、他のオブジェクトの場合は「オブジェクトがカメラ」とエリア左上に表示されます。

5.4.2 現在の視点をカメラ視点にする

Alt + Ctrl + テンキーの 0 で現在の視点をカメラ視点にします。

3D ビューポートでの視点をそのまま反映できるので、カメラ位置の指定が簡単に行えます。

5.5 焦点から離れた所をぼかす〈被写界深度〉

対象とする位置に焦点を設定し、焦点から遠ざかるほどぼかしが掛かる「被写界深度」の効果を模倣できます。

カメラオブジェクトを選択し、「プロパティ」(Shift + F7) →「オブジェクトデータプロパティ」→「被写界深度」パネルを有効にします。

「ピントの位置」の値がカメラから焦点までの位置で、「絞り」→「F 値」の値が小さいほど強いぼかしが掛かります。

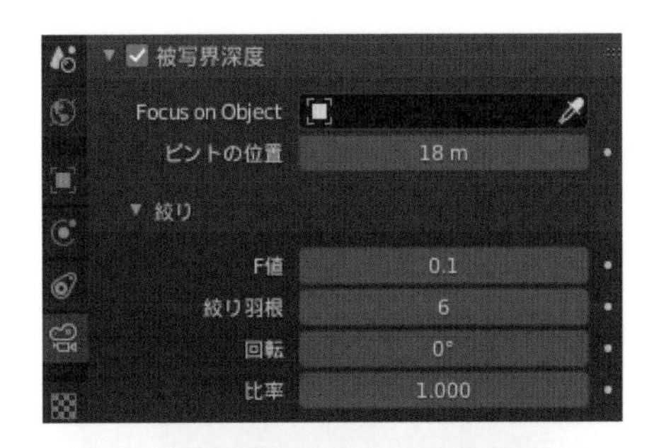

「ビューポート表示」パネル→表示「リミット」を有効にして、焦点が表示されるようにします。

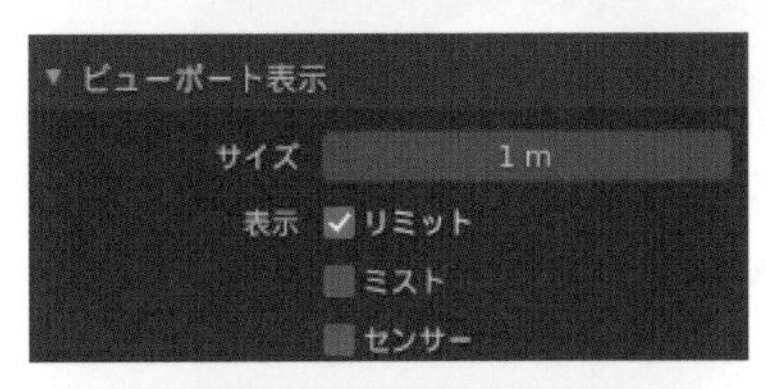

ビュー上でカメラのリミットを示す線上に表示された黄色の十字が焦点位置です。

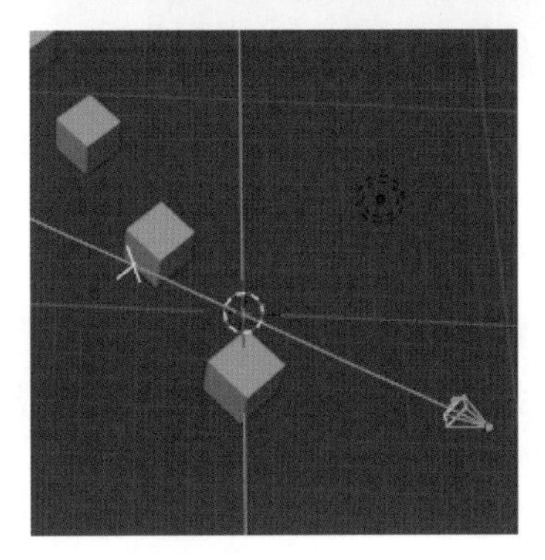

焦点位置付近のオブジェクトほど鮮明で、離れるほどぼかしが掛かります。

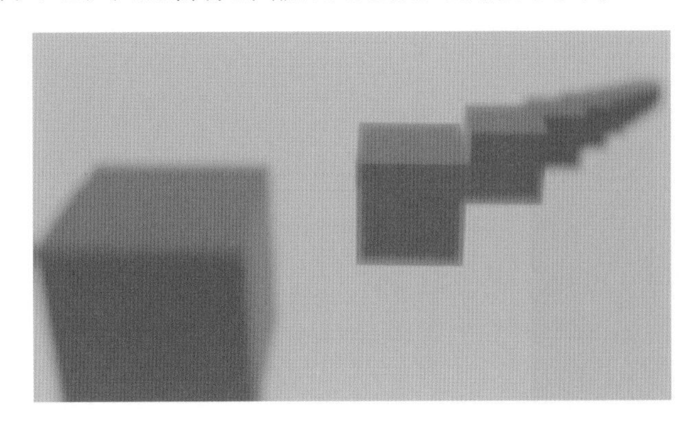

5.6 間接光、鏡面反射を描画する〈ライトプローブ〉

Eevee レンダーで間接光や鏡面反射をレンダリング結果に反映させるには事前に計算用の特殊なライトプローブ系オブジェクトを配置します。

5.6.1 間接光をレンダリング

マテリアルに放射シェーダーを設定すると発光する物体になりますが、マテリアル設定のみでは発光による間接光は描画されません。

「3D ビューポート」(Shift + F5) →「追加」(Shift + A) →「ライトプローブ」→「イラディアンスボリューム」を選択します。

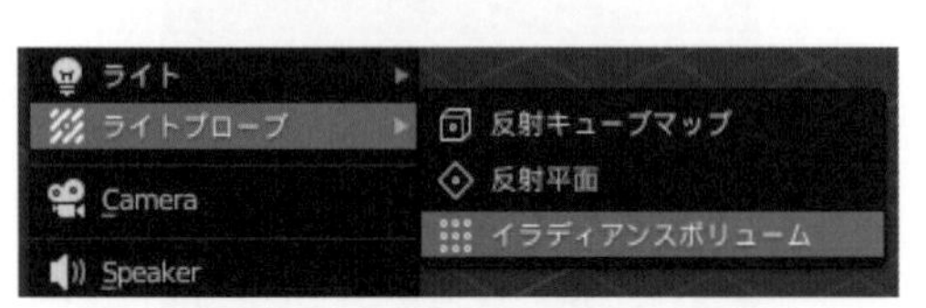

イラディアンスボリュームオブジェクトの内側の範囲が間接光の計算範囲となるので、屋内シーンなら部屋全体と同じくらいのサイズにします。

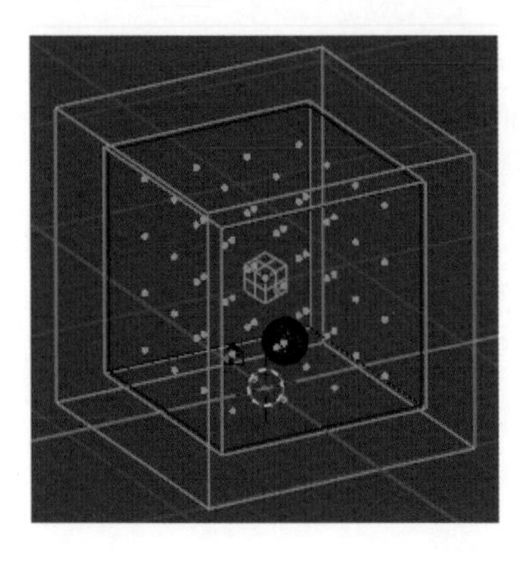

「プロパティ」(Shift + F7) →「レンダープロパティ」→「間接照明」パネル→「Bake Indirect Lighting」で間接光の計算を行います。

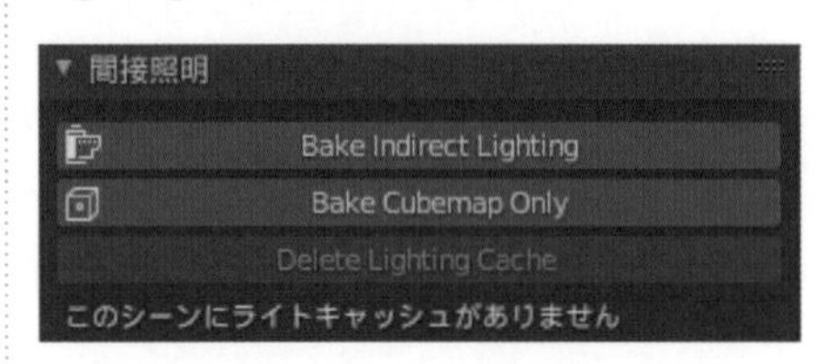

計算終了後、レンダリングを行うと間接光が描画されます。

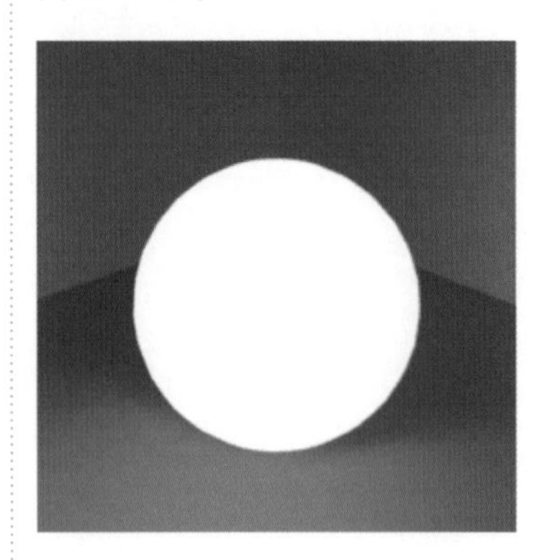

5.6.2 鏡面反射をレンダリング

粗さの少ない光沢シェーダーは鏡面反射を持ちますが、レンダリングしても周囲の景色が映り込みません。

スクリーンスペース反射

「プロパティ」(Shift + F7)→「レンダープロパティ」→「スクリーンスペース反射」パネルを有効にします。

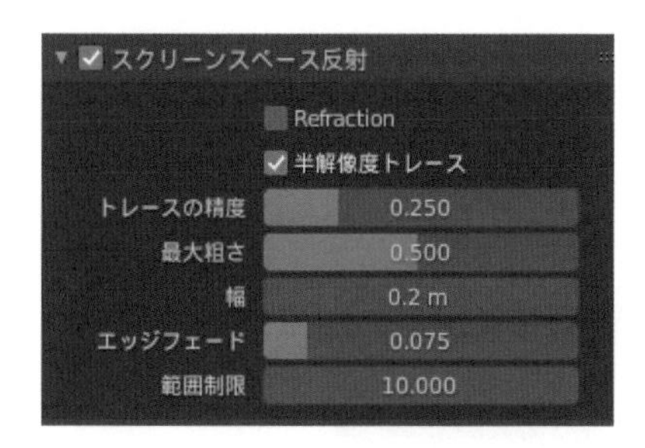

部屋や近くのオブジェクトが映り込むようになりますが、部屋の奥の映り込みは反映されません。

反射キューブマップ

「3D ビューポート」(Shift + F5)→「追加」(Shift + A)→「ライトプローブ」→「反射キューブマップ」を選択します。

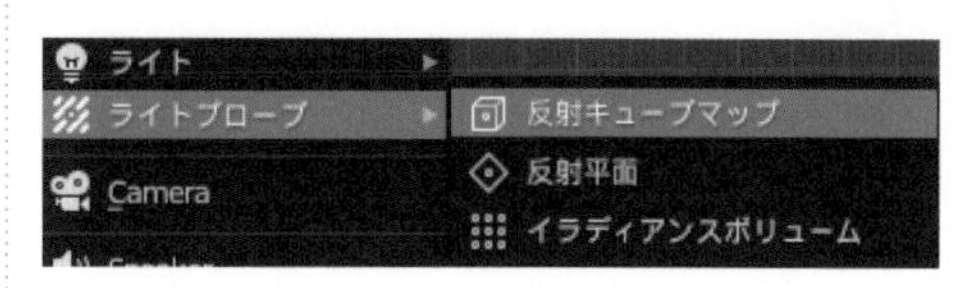

反射キューブマップの範囲が計算範囲となるので、部屋と同じくらいのサイズにします。

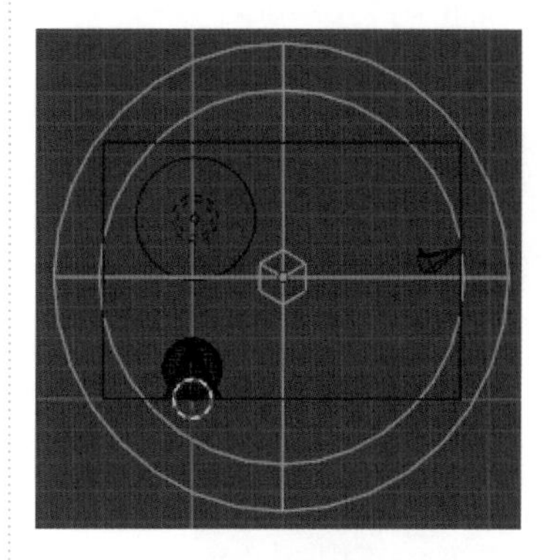

「プロパティ」(Shift + F7)→「レンダープロパティ」→「間接照明」パネル→「Bake Indirect Lighting」で反射キューブマップの計算を行います。

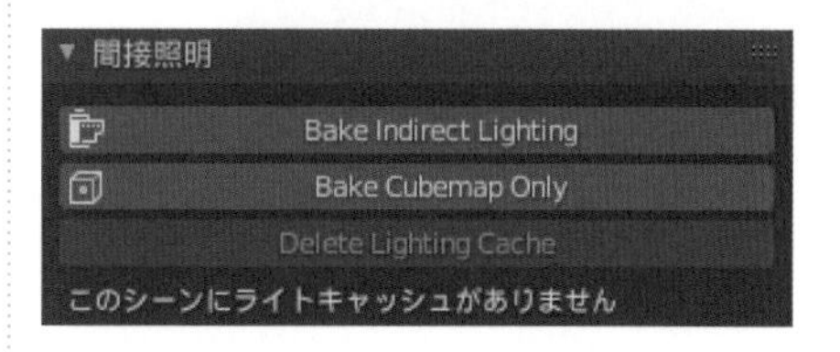

反射キューブマップがスクリーンスペース反射で捕らえきれなかった光のフォールバックとして機能し、部屋の奥も鏡面反射として映り込むようになります。

5.7 オブジェクトに主線を付ける〈Freestyle〉

オブジェクトの縁などに線を描画して、コミック的な表現ができる機能です。

5.7.1 Freestyleを使用する

「プロパティ」（Shift + F7）→「レンダープロパティ」→「Freestyle」パネルを有効にします。

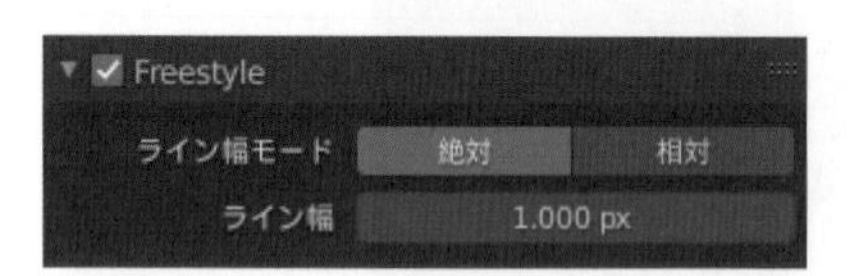

「プロパティ」（Shift + F7）→「ビューレイヤープロパティ」→「Freestyle」パネルも有効である必要があります（上記有効時、デフォルトで有効）。

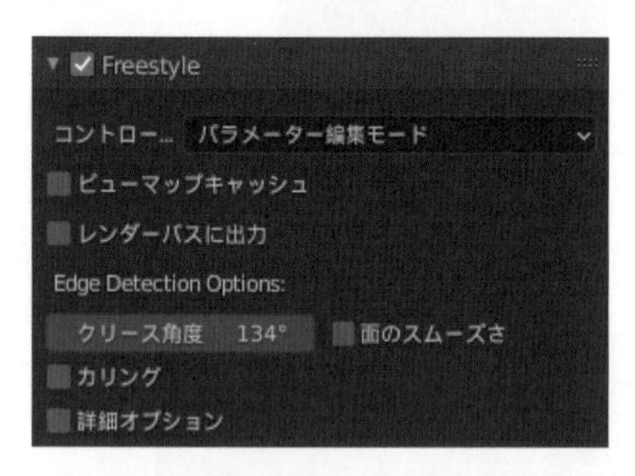

詳細設定は「Freestyleラインセット」パネル内で行います。

レンダリングすると、オブジェクトの縁に線が描画されます。

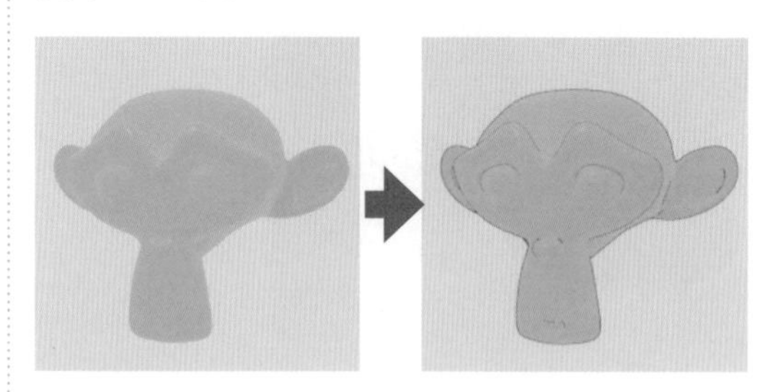

5.7.2 任意の辺に線を描画する

オブジェクトの縁以外は検出されにくいので、辺をマークすることで線の描画対象にします。

「3Dビューポート」（Shift + F5）ヘッダー→「辺」→「Freestyle辺をマーク」で選択中の辺をマークします。

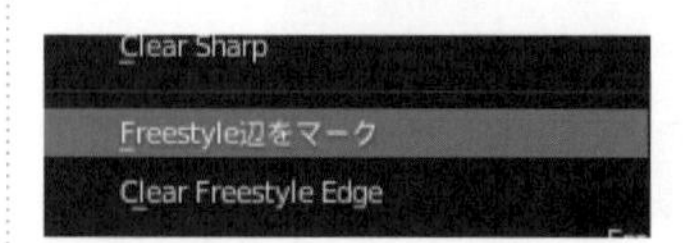

マークされた辺は色が変化します。

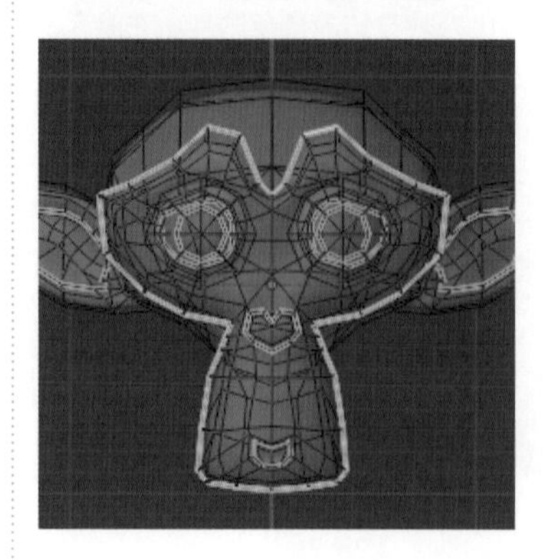

「Freestyle ラインセット」パネル→ Edge Types「辺マーク」を有効にしてマーク辺に線が描画されるようにします。

マーク辺にも線が描画されます。

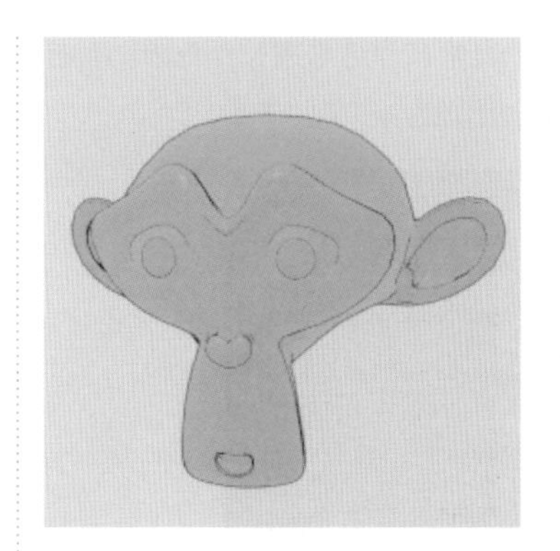

5.8 選択要素を画像に出力〈ベイク〉

ベイクは頂点カラーやスカルプトで描画した微細な凹凸などの情報をテクスチャ画像として出力できる機能です。

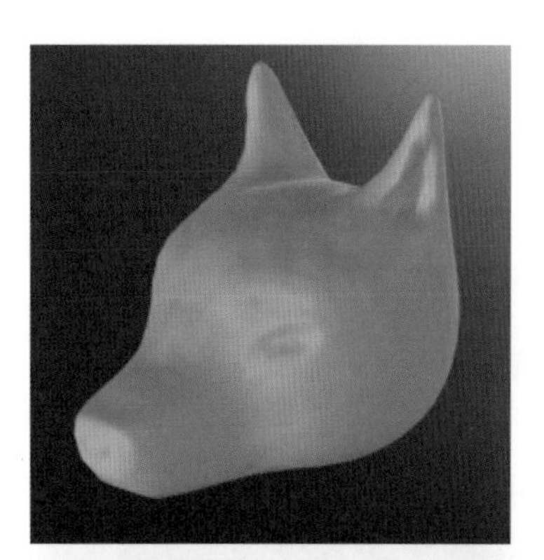

スカルプト編集を行った以下のモデルの凹凸を出力します。

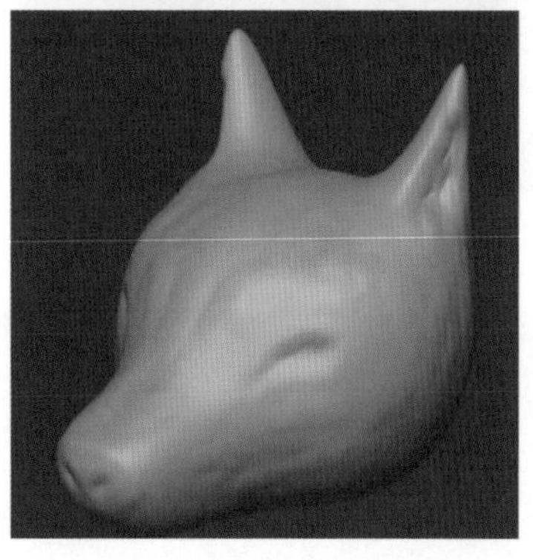

5.8.1 UV 編集

画像として出力するには事前に UV メッシュが重ならないように編集しておく必要があります。

トップバーからレイアウト「UV Editing」を選択します。

Sculpting　UV Editing　Texture Pa

立方体を分割した形状から作成したため、面を押し出した部分などが重なっています。

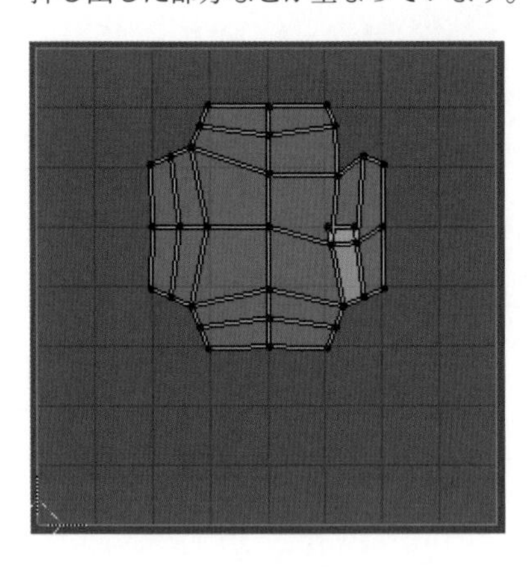

■スマート UV 投影

シーム辺を設定して展開するのが困難な場合、自動で UV メッシュを分解して配置する投影方法を使用すると手軽です。

A キーでメッシュを全選択し、ヘッダー→「UV」→「スマート UV 投影」を選択します。

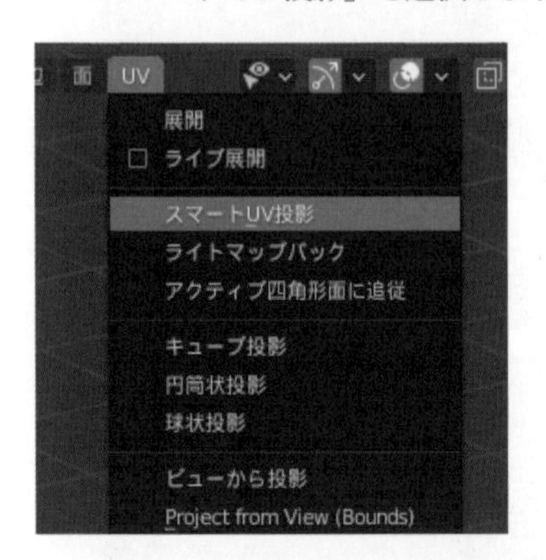

デフォルト設定のまま「OK」で決定します。

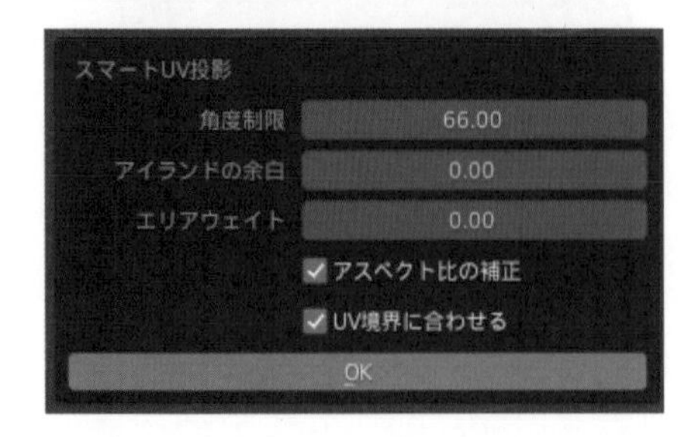

範囲内に UV メッシュが重ならずに再展開されます。

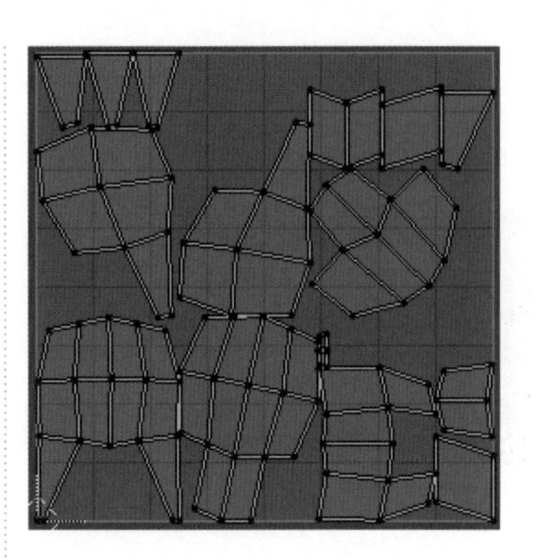

5.8.2 材質の設定〈マテリアル〉

ベイク出力先となるテクスチャ画像を設定します。

■画像設定

3D ビューポートのモードを「テクスチャペイント」に切り替え、「プロパティ」（Shift + F7）→「アクティブツールとワークスペースの設定」→「テクスチャスロット」パネルで「+」ボタンから「ノーマル」を選択します。

生成タイプは「ブランク」にして、透過部分を作らないので「アルファ」を無効にします。

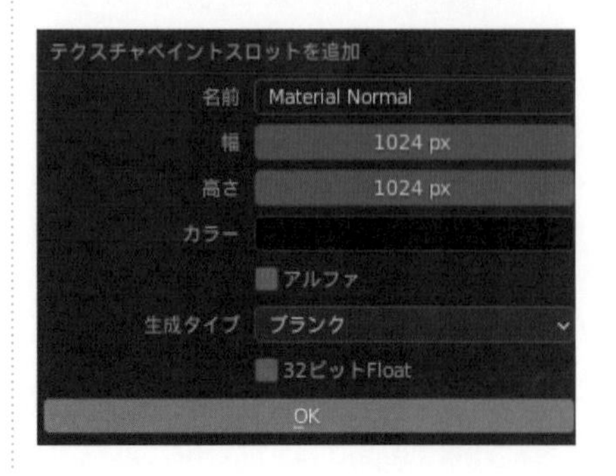

「シェーダーエディター」(Shift + F3)で生成されたシェーダーと、ノーマル画像関連のノードを確認できます。

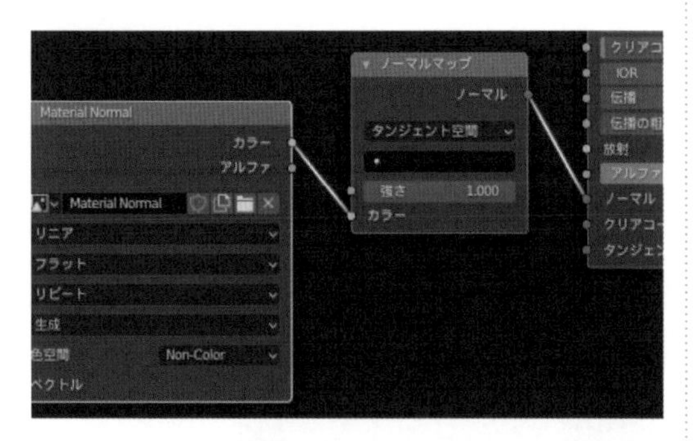

ベイクは現在アクティブな画像テクスチャノードに設定された画像に対して行われるので、他の画像テクスチャノードが選択されていないか確認します。

5.8.3 情報の出力〈ベイク〉

現在の凹凸情報を画像として出力し、立体感を付けるためのノーマルマップとして使用できるようにします。

ベイク

「プロパティ」(Shift + F7)→「レンダープロパティ」→ Render Engine で「Cycles」を選択します。

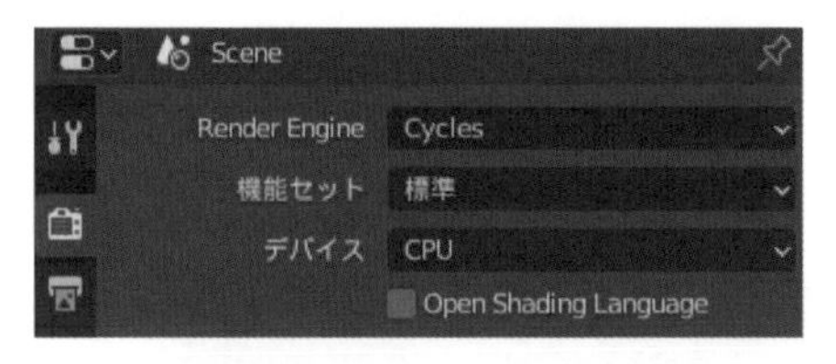

「ベイク」パネル→「ベイクタイプ」で「ノーマル」を選択し、「マルチレゾからベイク」を有効にします。

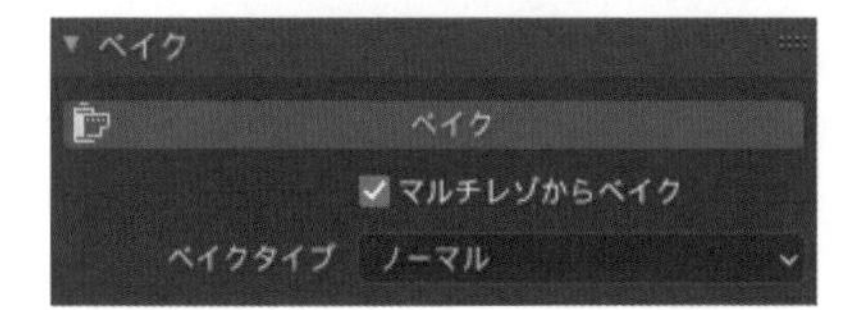

オブジェクトを選択し、「ベイク」を押すと現在アクティブな画像テクスチャノードに設定された画像に対してノーマル情報が出力されます。

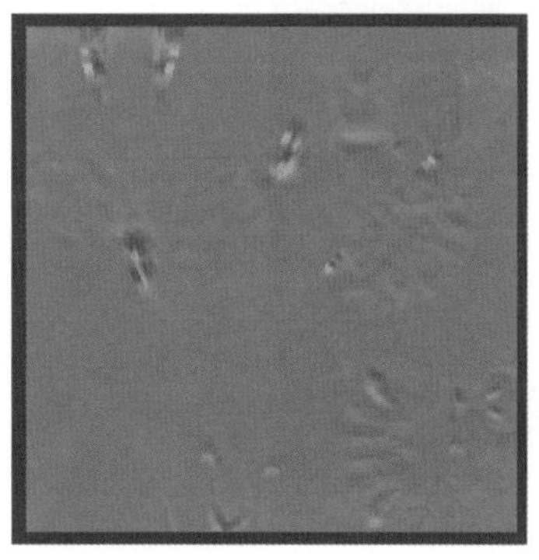

画像を保存する

画像エディターまたはUVエディターのヘッダー→「Image」→「保存」(Alt + S)でテクスチャ画像を保存します。

5.8.4 立体感を出す〈ノーマル〉

分割数の削減

凹凸は画像によって再現されるため、ベイク元となっているオブジェクトのマルチレゾリューションモディファイアーの分割数は低く設定できます。

分割数2にしてシンプルな形状に戻した状態です。

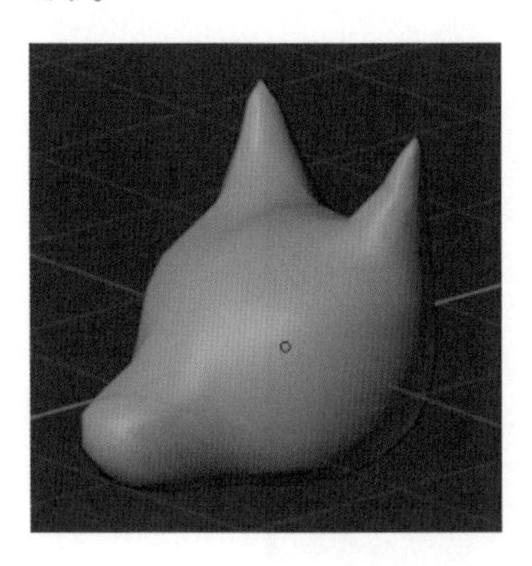

ノーマルマップ画像の設定

起伏の度合いは「ノーマル」ノードの「強さ」で調整できます。

スカルプトで描画した凹凸が反映され、少ない頂点数のモデルでも複雑な表面を持っているように見えます。

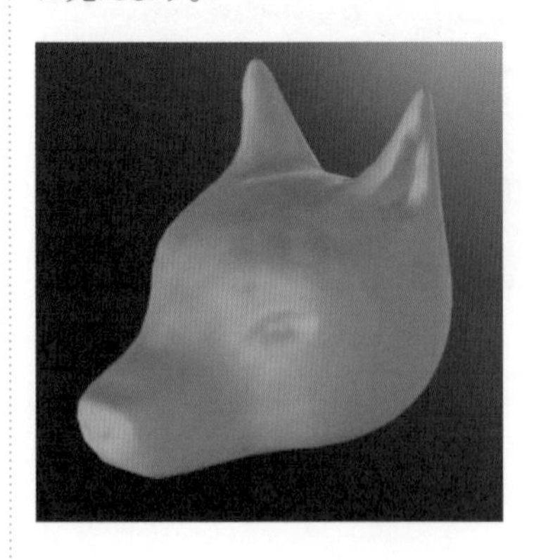

章末課題

1

背景の色を変えてみましょう。

［ヒント］ワールド設定で背景色を変えられます。

2

第4章「アニメーション」の章末課題2で作成したアニメーションを動画で出力しましょう。

［ヒント］フレーム数の分だけ画像を出力するため、出力画像サイズは小さめにします。

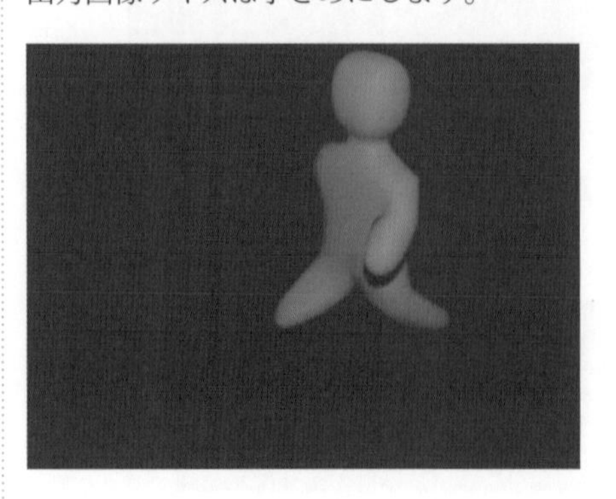

章末課題・制作例

1

「プロパティ」(Shift + F7) →「ワールドプロパティ」→「サーフェス」パネル→「カラー」で項目をクリックしてカラーピッカーから任意の色をドラッグで選択します。

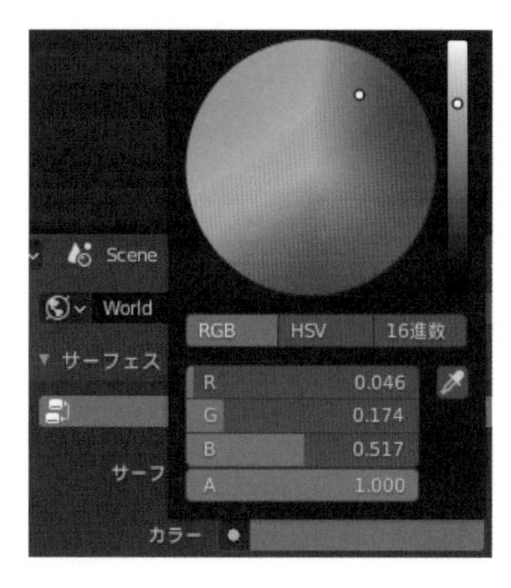

2

アニメーション出力の前に、カメラ視点でのアニメーションプレビュー、動くオブジェクトがレンダリング範囲に入っているかの確認、通常レンダリングでライトの位置と出力サイズを確認します。

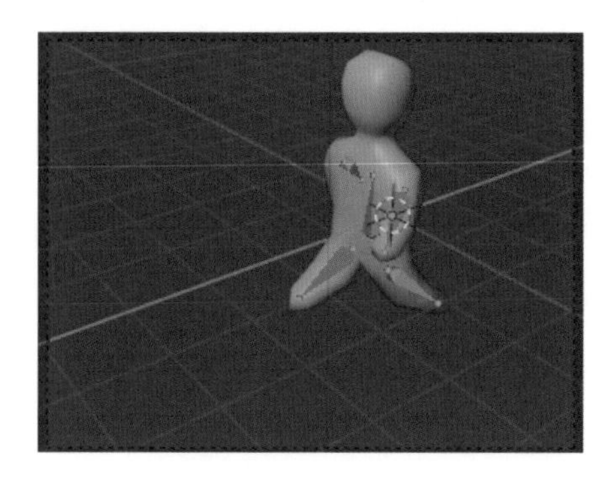

「プロパティ」(Shift + F7) →「出力プロパティ」で以下のように設定します。

「寸法」パネルで解像度を設定します。サイズは任意ですが、大きいほどレンダリングに時間が掛かります。開始、終了フレームは「タイムライン」(Shift + F12) での設定と同期しています。

「出力」パネルで出力先フォルダーを指定し、「ファイルフォーマット」で動画形式を選択します。

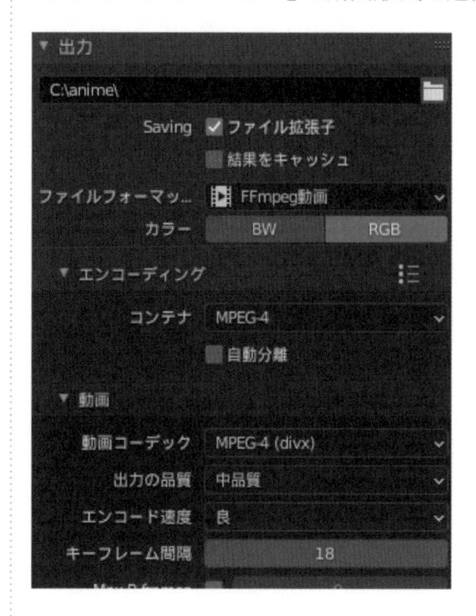

設定後、トップバー→「レンダー」→「Render Animation」(Ctrl + F12) でアニメーションとして出力します。

第６章

コンポジット

6.1 画像加工〈コンポジットの基本〉

単一の画像や動画などをベースとして、ノードを繋げて様々な加工を行うことができる機能です。

6.1.1 コンポジットを使用する

トップバーからレイアウト「Compositing」を選択するか、エディタータイプを「コンポジター」（Shift + F3）に切り替えて作業を行います。

ヘッダー→「ノードを使用」を有効にします。

「レンダーレイヤー」ノードと最終的な出力結果となる「コンポジット」ノードが表示されます。

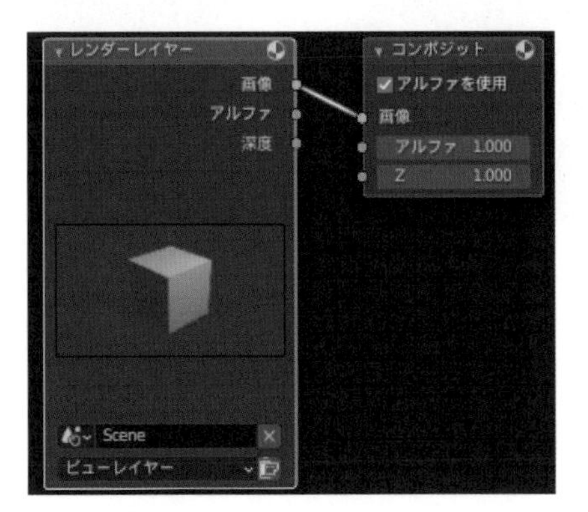

基本的なノードの使用方法はシェーダーエディターと同じで、ノードの追加はヘッダー→「追加」（Shift + A）から行います。

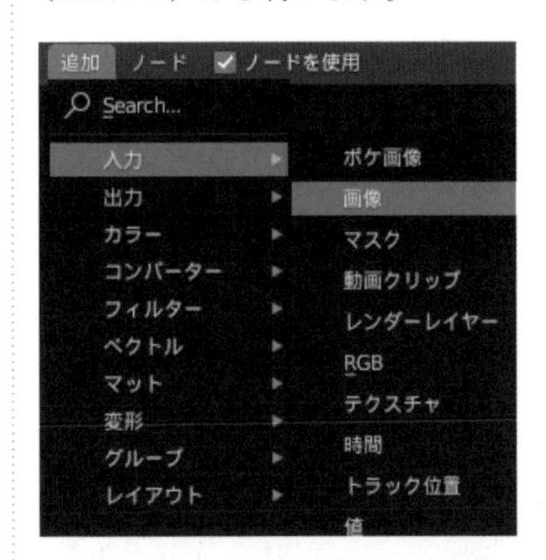

6.1.2 コンポジットを無効にする

「ノードを使用」有効時はレンダリング画像にコンポジット結果が適用されますが、「プロパティ」（Shift + F7）→「出力プロパティ」→「ポストプロセッシング」パネル→ Pipeline「コンポジティング」を無効にすることもできます。

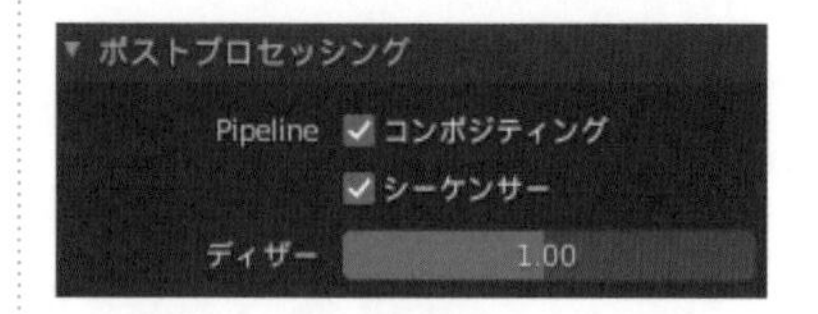

6.2 加工結果を表示〈出力系ノード〉

コンポジットノード有効時はレンダリング後の画像に対して加工が行われますが、レンダリングせずに加工結果を確認できる機能もあります。

サイドバー（N）→「ビュー」タブ→「背景」パネルを有効にするとアクティブなビューアーノードの出力結果を背景に表示します。

以下は「追加」（Shift + A）→「出力」内にあるノードの一部です。

6.2.1 ビューアー

ソケットに接続された出力結果を背景に表示します。いくつも追加できるので、複雑なノードツリーの場合に地点ごとの加工結果を確認できます。

このノードがアクティブな時、背景のプレビューは四隅をドラッグしてサイズ変更、中央をドラッグして位置移動ができます。

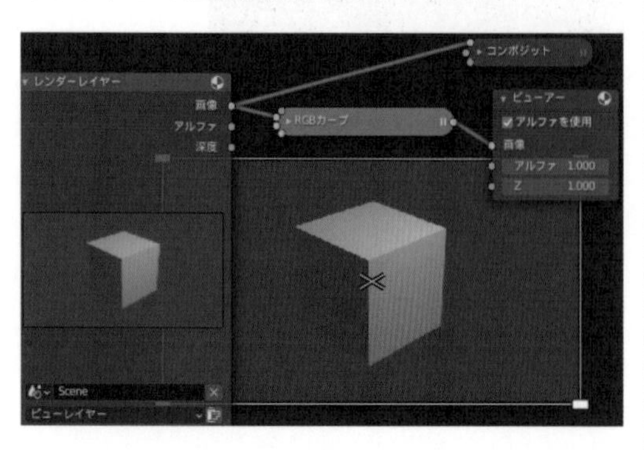

6.2.2 分割ビューアー

基本はビューアーと同じで、ソケットに接続された２つの出力結果を背景に半分ずつ表示します。

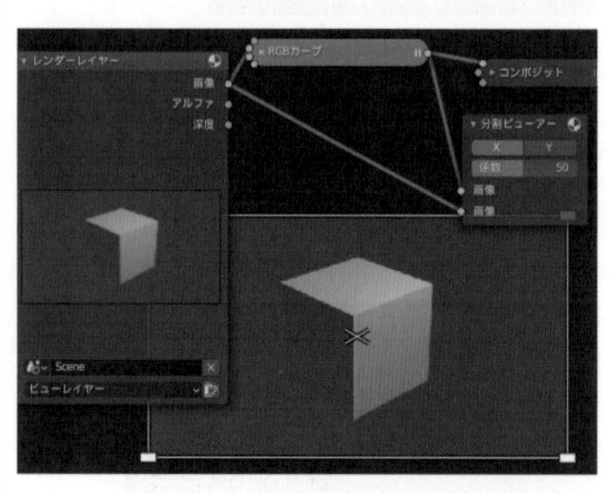

6.2.3 ファイル出力

保存したいノードのソケットを接続すると、レンダリング後に画像を設定パスに自動的に出力します。

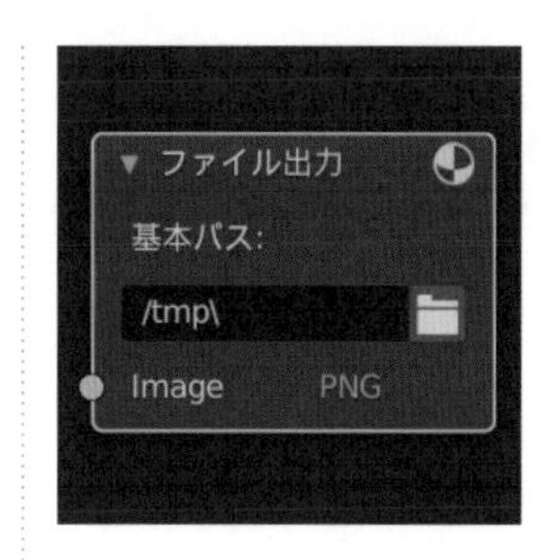

6.3 色調補正〈カラー系ノード〉

一般的な写真補正ソフトにあるような色調調整機能もあり、外部から画像を読み込んで加工する用途にも使用できます。

以下は「追加」（Shift + A）→「カラー」内にあるノードの一部です。

6.3.1 カラーバランス

カラーピッカー上をドラッグしてリフト（暗い色）、ガンマ（中間色）、ゲイン（ハイライト）を調整します。

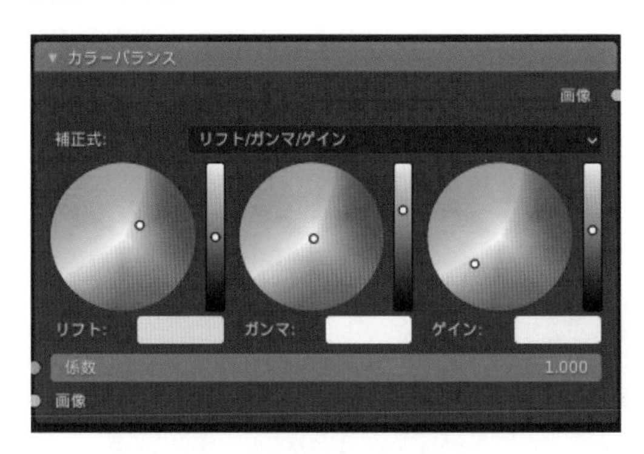

6.3.2 HSV（色相 / 彩度 / 輝度）

値を入力して色相、彩度、明度を調整します。

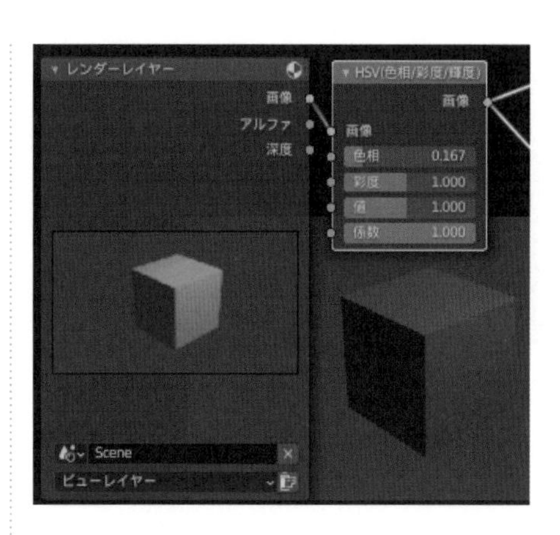

6.3.3 RGB カーブ

各カラーチャンネルをカーブで編集して色味を調整します。

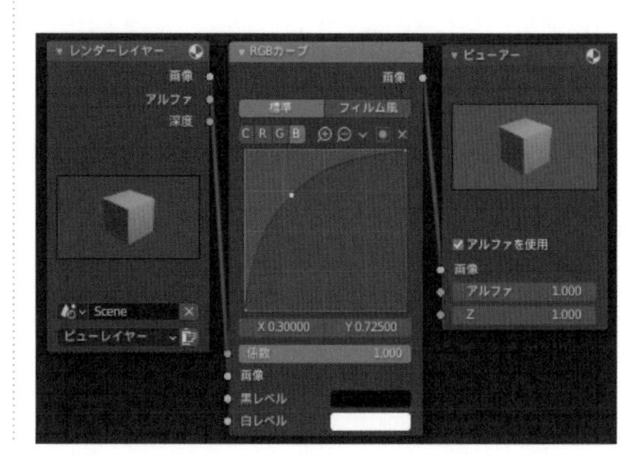

6.4 画像加工の例

以下はノードを組み合わせてできる画像の加工例です。

6.4.1 奥行き情報を使用して合成〈Z 値合成〉

シーンの奥行き情報（Z 値）を反映して合成すると、オブジェクトの位置を反映した合成が可能です。

■ シーンを用意

異なる形状のオブジェクトが同位置にある 2 つのシーンを用意し、それぞれでレンダリングして出力画像を参照できる状態にします。

Scene、Scene.001

どちらかのシーンを選択し、コンポジターで「レンダーレイヤー」ノードを 2 つ用意し、ノードにそれぞれのシーンを指定します。

■ 合成

「追加」(Shift + A) →「カラー」→「Z 値合成」ノードを追加し、下の「画像」、「Z」ソケットに前景となる「レンダーレイヤー」ノードの「画像」、「深度」を接続し、上の「画像」、「Z」ソケットにも同じように背景となる「レンダーレイヤー」ノードを接続します。

Z 値によって 2 つのオブジェクトの形状が一体化したような画像になります。

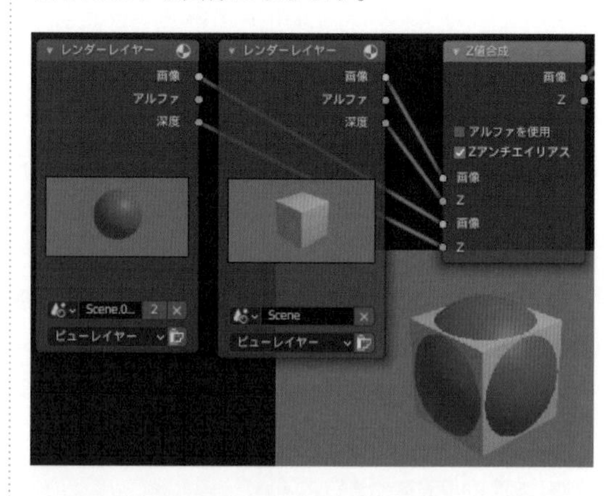

6.4.2 複数の画像を合成〈アルファオーバー〉

レンダリング画像や、外部から読み込んだ画像を 1 つに合成します。

■ 画像を用意

背景となる画像を「画像」ノードで読み込み、背景を透過したレンダー画像を用意します。

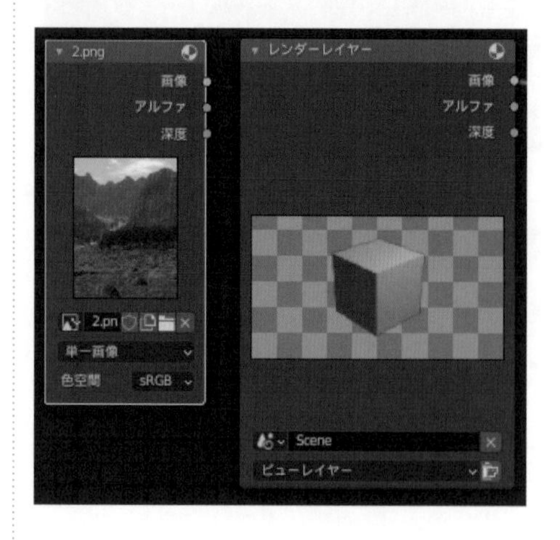

■ アルファオーバーノードで合成

「追加」→「カラー」→「アルファオーバー」ノードを追加します。

「アルファオーバー」ノードの上のソケットに背景用画像ノード、下のソケットに「レンダーレイヤー」ノードを接続します。

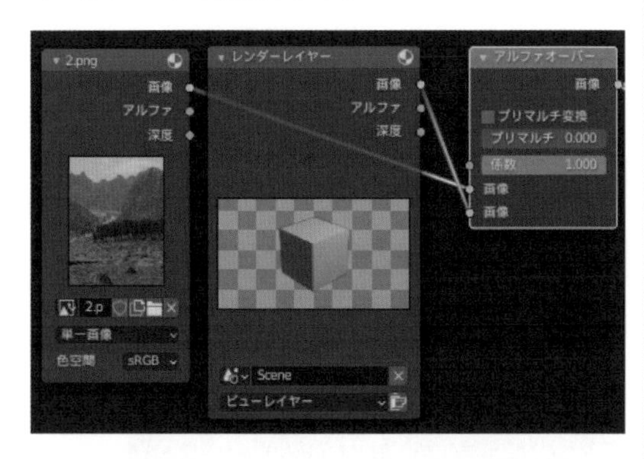

前景画像がアルファ付き PNG の場合、「プリマルチ変換」を有効にするとより正しい合成結果を得られます。

■ ミックスノードで合成

または同じ「カラー」カテゴリー内から「ミックス」ノードを追加します。

「ミックス」ノードの上のソケットに背景用画像ノード、下のソケットに「レンダーレイヤー」ノードを接続し、「係数」に「レンダーレイヤー」ノードの「アルファ」を接続します。

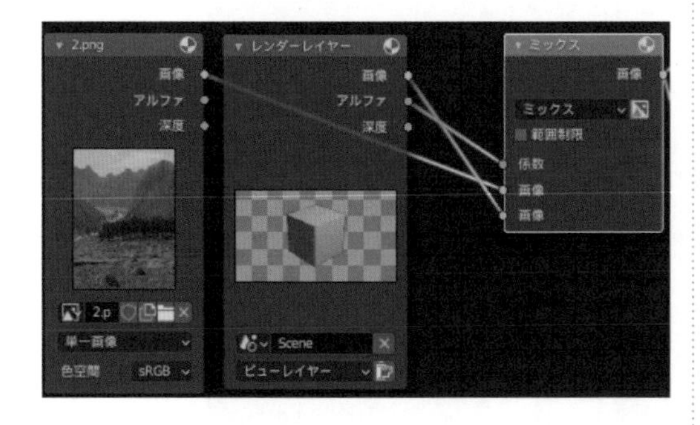

■ 結果

背景用画像に透過画像が重なり、２つの画像が合成されます。

● 画像サイズが同一でないと実際のレンダーサイズを超える部分は切り取られます。

6.4.3 明るい部分をぼかす〈グレア〉

窓の外の明るく白飛びした屋外の光などが周囲に拡散する効果を掛けます。

■ フィルターを使用する

「追加」（Shift + A）→「フィルター」→「グレア」ノードを追加し、元画像を読み込んだノードを「グレア」ノードに接続します。タイプを「フォググロー」にします。

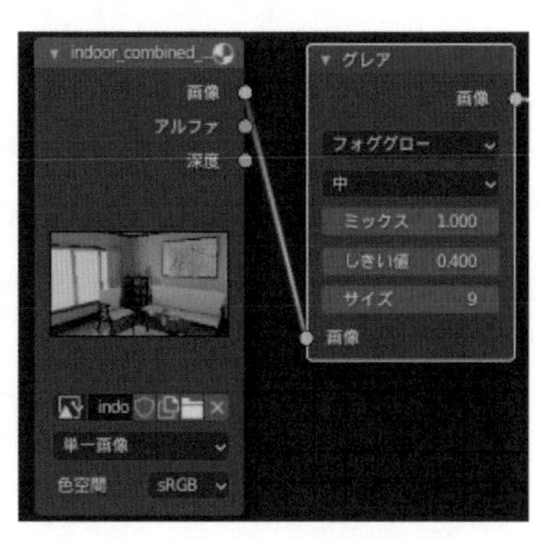

「しきい値」で効果を掛ける明度の範囲を指定します。「ミックス」の値を1にして「ビューアー」ノードに接続し背景画像を表示すると効果を確認できます。

「ミックス」の値を0.5に戻すと効果前と効果後の中間画像になり、明るい部分にぼかしが掛かった画像を得られます。

6.4.4 モザイクを掛ける〈ピクセル化〉

画像のピクセルのスケールを変えてモザイク加工を実現します。

スケールを設定する

「追加」(Shift + A) →「変形」→「スケール」ノードを2つ追加し、ベース画像のノードと「コンポジット」ノードの間に接続します。

1つ目のノードの「X」、「Y」値を0.2、2つ目は5にします。

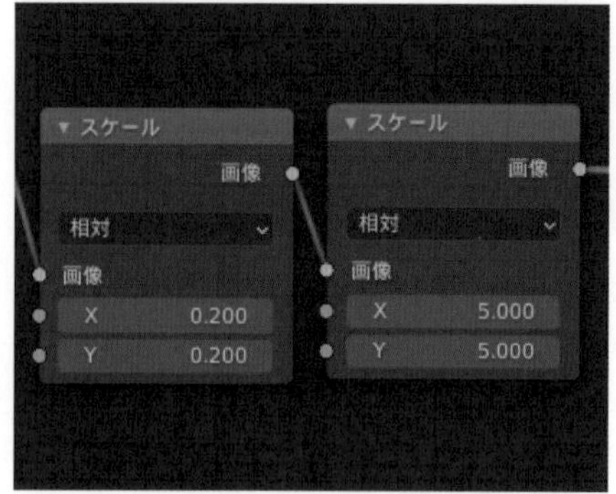

フィルターを使用する

「追加」(Shift + A) →「フィルター」→「ピクセル化」ノードを追加し、2つの「スケール」ノードの間に接続します。

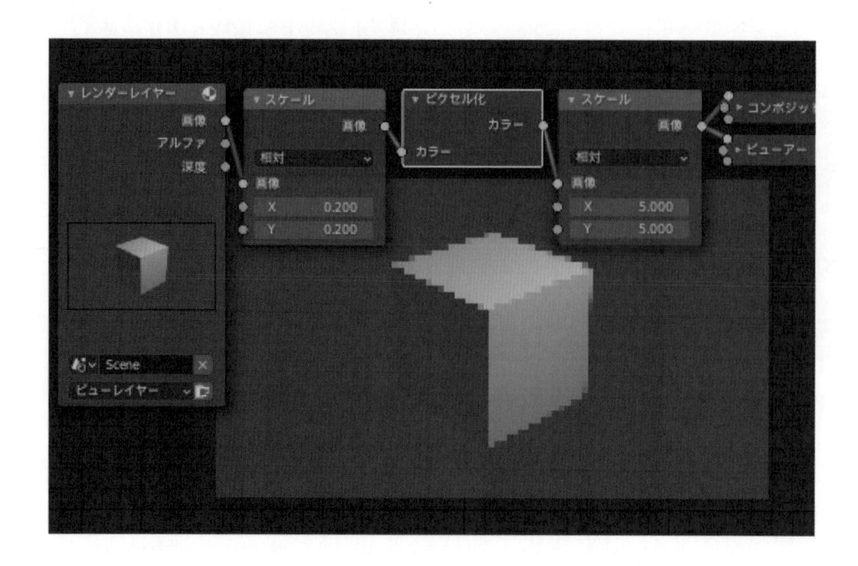

章末課題

1

読み込んだ画像、またはレンダリングしたカラー画像をコンポジット編集でモノクロに変えてみましょう。

[ヒント]「HSV（色相 / 彩度 / 輝度）」ノードなど、彩度を調整できるノードを使用します。

章末課題・制作例

1

「レンダーレイヤー」ノードなど元画像を「HSV（色相 / 彩度 / 輝度）」ノードに接続し、「彩度」の値に 0 を指定します。

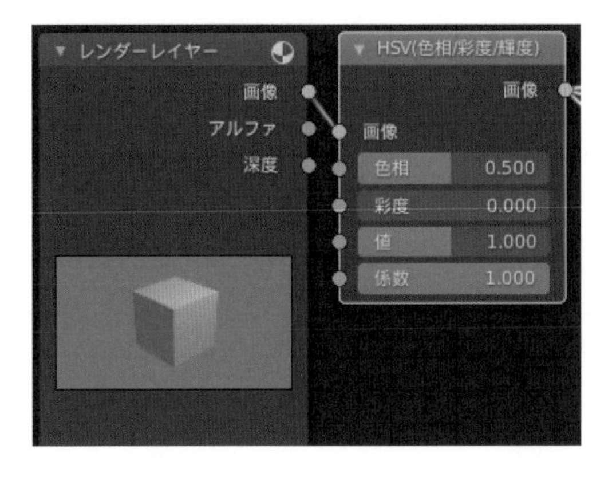

第7章

動画編集

7.1 動画編集機能の基本〈ビデオシーケンサー〉

Blenderには出力したアニメーションや、実写動画を合成するなどの基本的な編集ツールも揃っています。

7.1.1 ビデオシーケンサーを使用する

動画を編集するにはエディタータイプを「ビデオシーケンサー」(Shift + F8)に切り替えます。

トップバーのレイアウト追加ボタン→「Video Editing」→「Video Editing」を選択すると編集しやすいエリア構成になります。

7.1.2 画面構成

読み込んだ動画は「ストリップ」として配置、トリミング、連結が可能です。ストリップを配置するチャネルはY軸方向に並んでおり32番まで使用可能で、X軸は時間を表しています。

エフェクトなどはサイドバー(N)→「ストリップ」タブ→「エフェクトストリップ」パネルから詳細設定を行います。

チャネルの影響は下から上に積み重なっていきます。フェードなどストリップを他のストリップに影響させるには重なる部分が必要です。

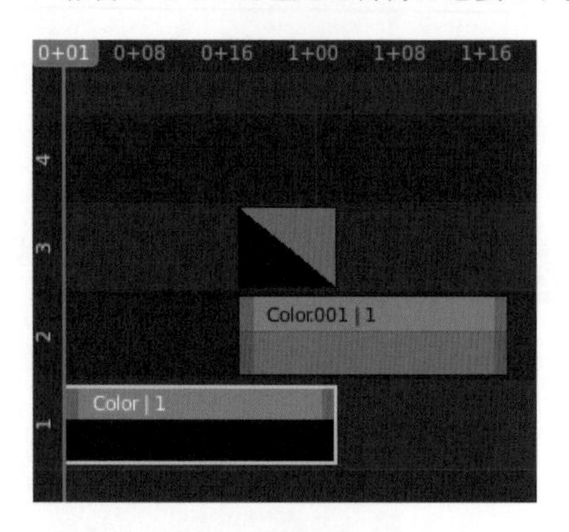

7.1.3 動画を読み込む

ヘッダー→「追加」（Shift + A）→「Movie」を選択し、ファイルブラウザーから動画ファイルを選択します。画像の場合は「Image/Sequence」を選択します。

チャネル上に動画ストリップが追加されます。

7.1.4 ストリップの操作

オブジェクトと似た操作が可能で、クリックでアクティブにしたストリップを上下左右にドラッグして位置移動しながら編集します。

■ ストリップの延長

ストリップは先端をドラッグして引き延ばすと、そのフレームが静止画のように引き延ばされた分だけ動画上で表示されます。

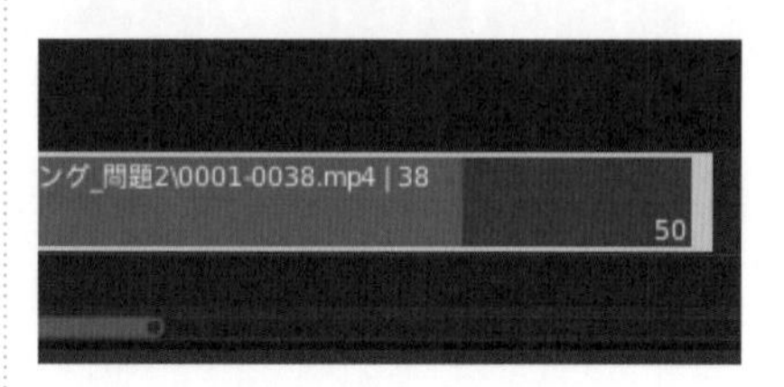

■ ショートカットキー

Ctrl + C	コピー
Ctrl + V	ペースト
G	移動
S	ストリップのトリム
Shift を押しながらクリック	追加選択

7.2 複数の動画を繋ぎ合わせる〈複製と連結〉

読み込んだ動画を複数並べると簡単に連続で再生させることができます。
ここでは 1 つの動画を複製して並べます。

ストリップを選択し、Ctrl + C でコピー→ Ctrl + V でペーストすると上のチャネルに複製されたストリップが追加されます。

複製されたストリップを選択し、ドラッグして元のストリップの右側に並べます。

他のチャネル上に置いても効果は同じです。

「プレビュー」モードのエリアを表示し、フレーム数を動画の長さに合わせて設定すると、Space キーで同じ動画が 2 回繰り返されるプレビューを再生して確認することができます。

7.3 動画に色や文字を載せる〈Color、Text〉

色やテキストストリップは特定のストリップに依存せず、移動は自由です。

ヘッダー→「追加」（Shift + A）内から選択できます。

7.3.1 Color

全体に色を載せます。手軽に画像の色味を変更したり、フェードイン、アウトの効果などに使用できます。

カラーホイールで色を選択し、「調整」パネルでブレンドのタイプを選択します。

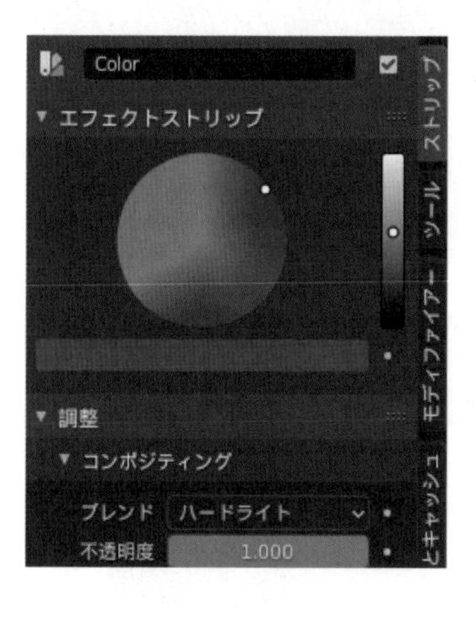

青をハードライトブレンドで重ねています。

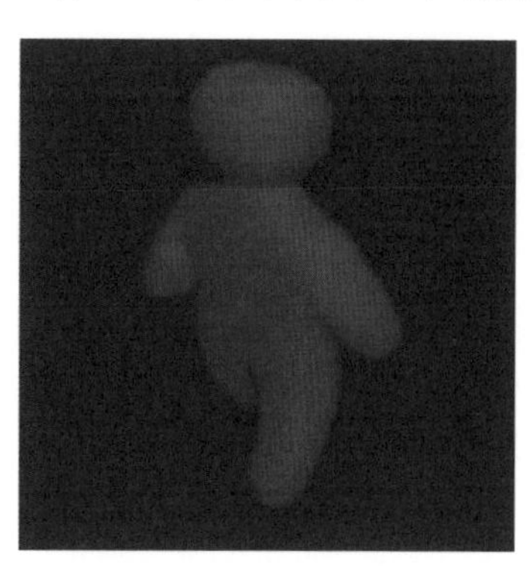

7.3.2 Text

文字を動画の任意の位置に表示できます。

タイトルを表示する他、シーン内の全てのテキストストリップをエクスポートして字幕用データとして使用することもできます。

表示したい文字列を入力し、フォントの選択と文字サイズを指定します。

画面にテキストが表示されるのはストリップの長さのフレーム分です。

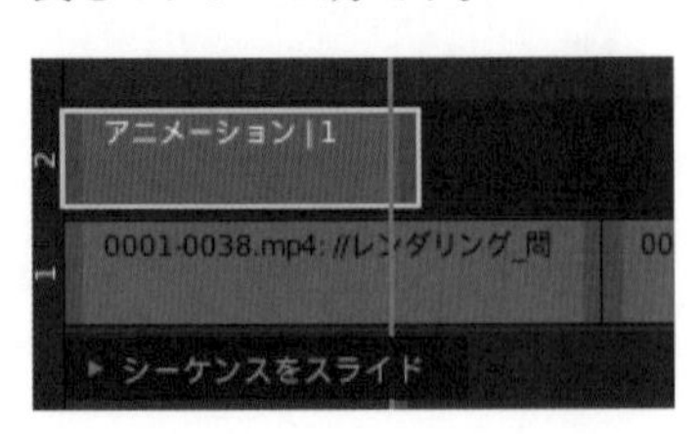

プレビューすると指定したテキストが動画上に表示されます。

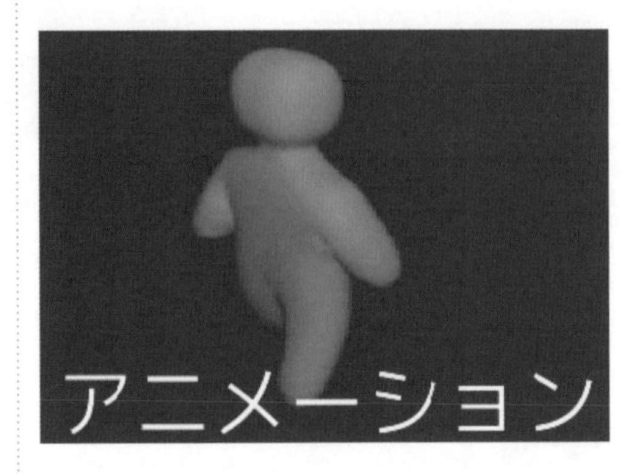

7.4 動画に効果を掛ける〈エフェクトストリップ〉

選択されたストリップに対して効果を掛けます。

ヘッダー→「追加」(Shift + A) →「エフェクトストリップ」から選択できます。

２つのストリップを重ねた部分に対して効果を掛けるタイプのエフェクトストリップは事前にストリップを連続で選択しておく必要があり、選択順が重要になります。

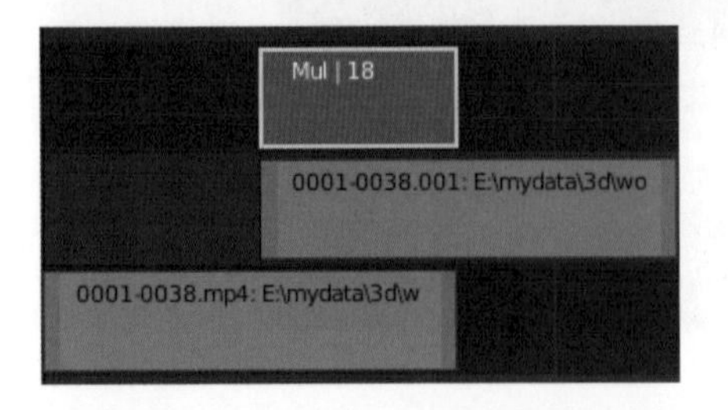

● エフェクトストリップの効果時間は対象となるソースエフェクトに依存するため、単体での移動はできない場合があります。

7.4.1　Multiply

２つの動画の重なった部分を乗算します。

7.4.2　Glow

明るい領域の輝度を強め、ぼかします。

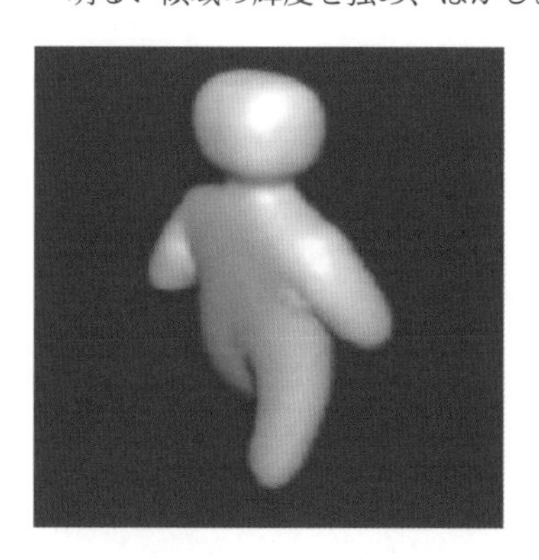

7.4.3　GaussianBlur

画像をぼかします。

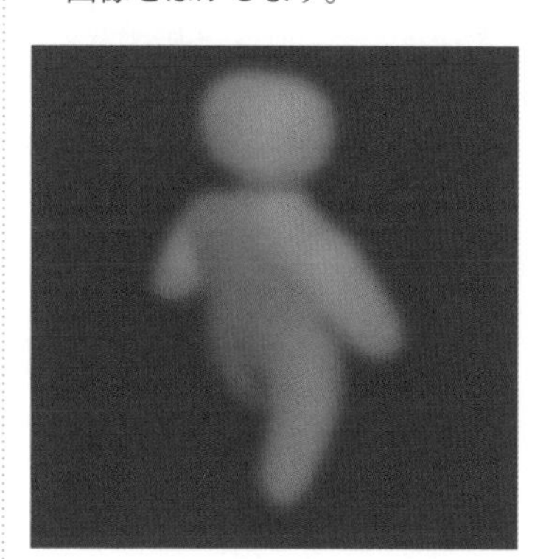

7.5　動画に遷移効果を掛ける〈トランジション〉

エフェクトストリップ同様、２つの動画の重なった範囲を移り変わりの範囲として処理します。
ヘッダー→「追加」（Shift + A）→「トランジション」から選択できます。

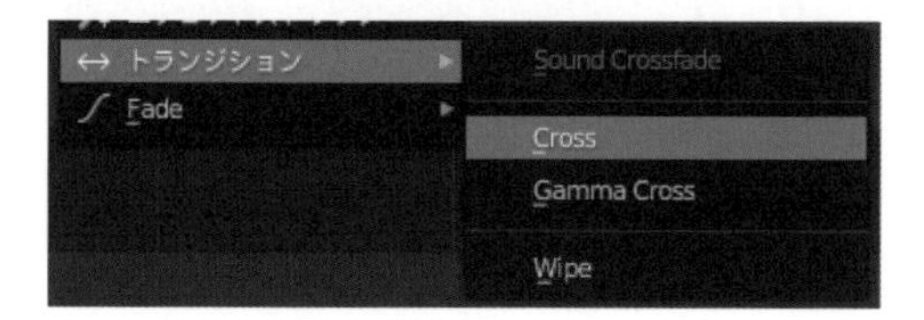

7.5.1 Cross

重ねた範囲をクロスフェードで切り替えます。後述のフェードイン・アウトに似ています。似た効果の「Gamma Cross」はトランジション時にカラー補正を行うためよりスムーズで見やすくなります。

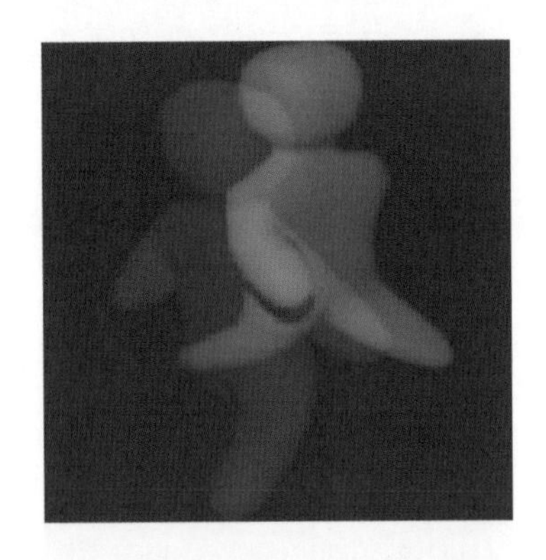

7.5.2 Wipe

上または下から、中央からなど様々なトランジションタイプで映像が切り替わります。

トランジションタイプ:シングル、最初のストリップ:フレーム 23、X 軸反転させて重ねた次のストリップ：フレーム 7、15 の例です。

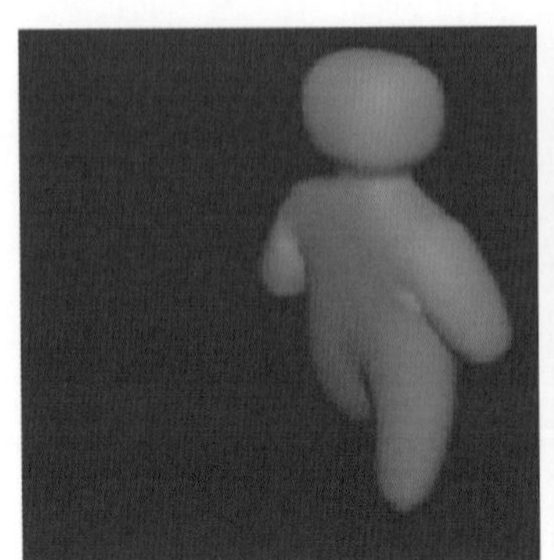

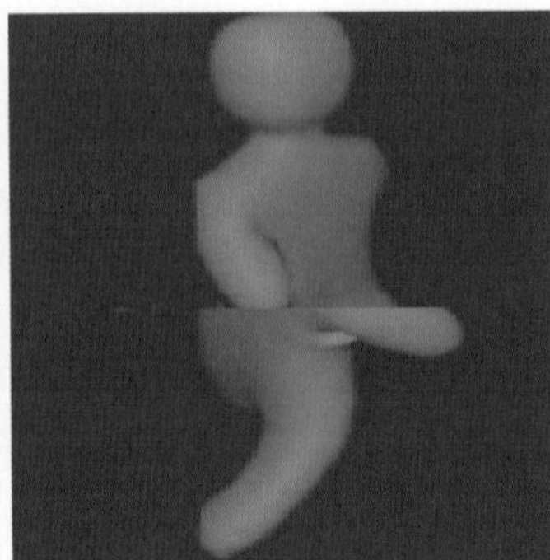

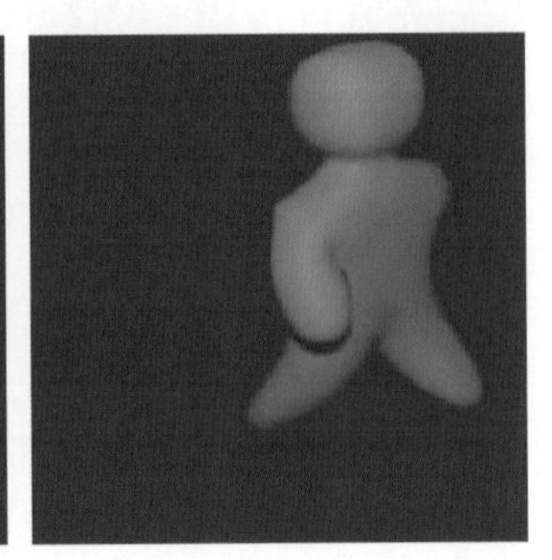

7.6 動画をフェードイン・アウトさせる〈フェード〉

独自のストリップを持たず、選択ストリップ自体に効果が適用されます。

個別タイプの他、両方を同時に適用できるタイプもあります。

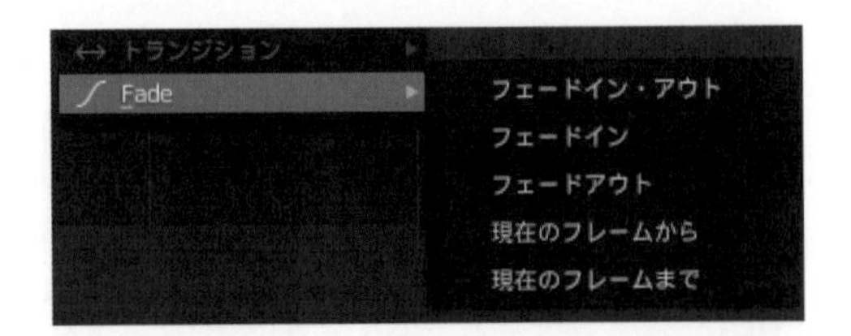

これらの効果が適用されたフレームは透過されるので、Color ストリップなど他のストリップの上に重ねます。

7.6.1　フェードイン、アウト

それぞれをストリップに適用します。1つのストリップに対して両方を適用することも可能です。

フェードインを適用したストリップのフレーム 10、15

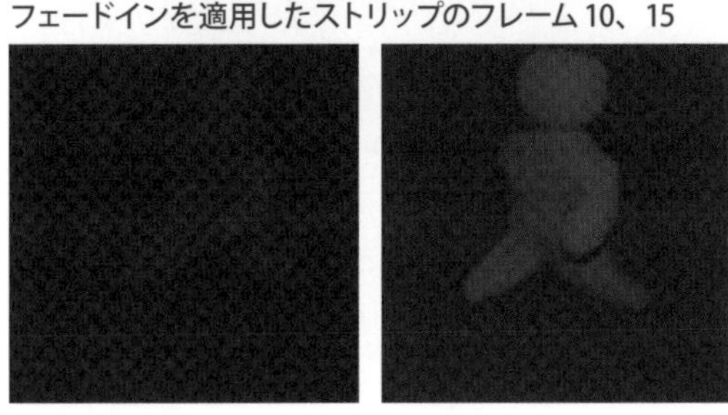

7.6.2　フェードイン・アウト

ストリップの先端、終端に対して効果を同時に適用します。1つのストリップで完結している動画に向いています。

章末課題

1

タイトル画面表示後、2つの動画がクロスフェードした後フェードアウトで終了し、終了の画面を表示する動画を作成しましょう。

[ヒント] タイトル画面、終了画面は Color ストリップと Text ストリップのみで作成できます。

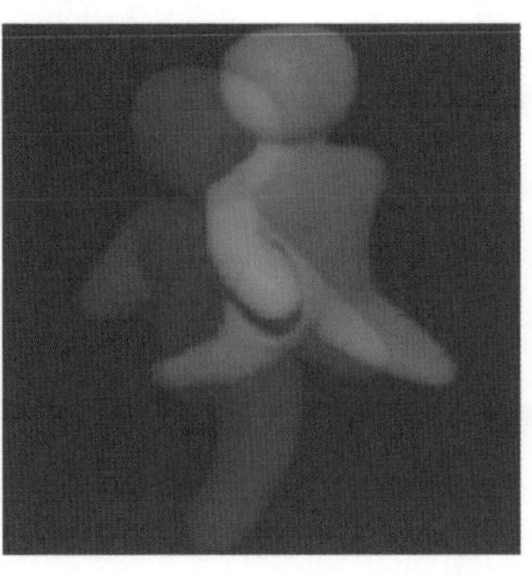

章末課題・制作例

1

「追加」（Shift + A）→「Color」、「Text」を追加し、最初に Color ストリップの上に Text ストリップを載せてタイトル画面を作成します。

「追加」（Shift + A）→「Movie」で 1 つ目の動画を読み込み、タイトル画面の後に置きます。

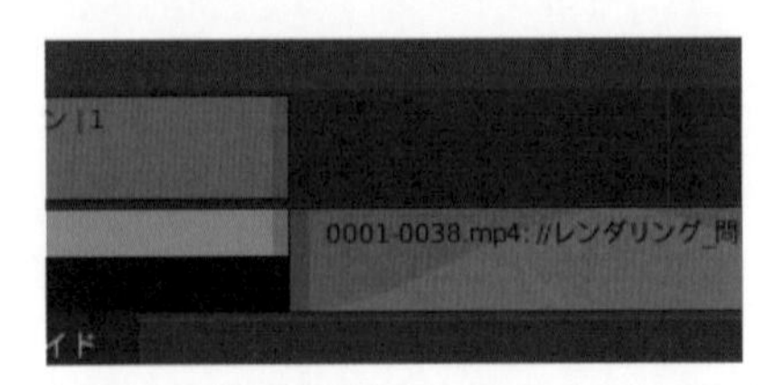

2 番目の動画は 1 番目の動画をコピー、ペーストで複製したものを使用するか、他の動画を読み込んで用意します。

2 番目の動画を 1 番目の動画の上のチャネルに置き、ある程度重なった範囲ができる位置に移動させます。

1 番目、2 番目の動画を Shift キーを押しながら追加選択し、「追加」（Shift + A）→「トランジション」→「Cross」を選択すると 2 つの動画の重なり範囲がクロスフェードするようになります。

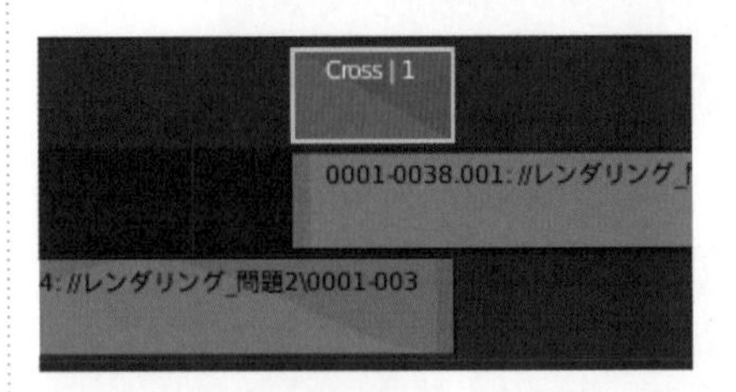

2 番目の動画を選択し、「追加」（Shift + A）→「フェード」→「フェードアウト」を選択すると動画が徐々に透明になります。

黒にフェードしていくように、Color ストリップを下のチャネルに置きます。

タイトル画面と同じ方法で終わりの画面を作成します。Color ストリップは 2 番目の動画の下に置いているものの右端をドラッグして引き延ばして背景として使用します。

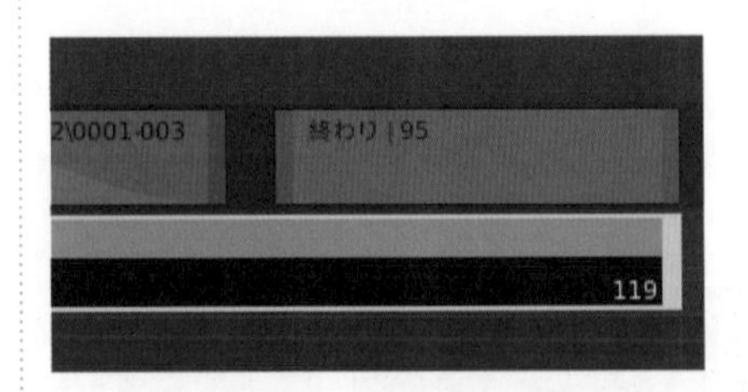

ストリップ全体です。

第8章

物理演算とエフェクト

8.1 シミュレーションの基本〈基本設定〉

物理シミュレーションは様々な性質をもったオブジェクトや生成物の挙動を模倣します。

8.1.1 物理演算を使用する

「プロパティ」(Shift + F7) →「物理演算プロパティ」から各シミュレーションを選択オブジェクトに付加します。適用中に同じボタンを押すと削除されます。

Enable physics for:
Force Field
コリジョン
クロス
ダイナミックペイント
ソフトボディ
流体
リジッドボディ
リジッドボディコンストレイント

アニメーションプレビューによってシミュレーションが行われ、ビュー上で結果を確認できます。

8.1.2 キャッシュの注意

実際にレンダリングに反映させるにはキャッシュが必要なため .blend ファイルを保存する必要があります。

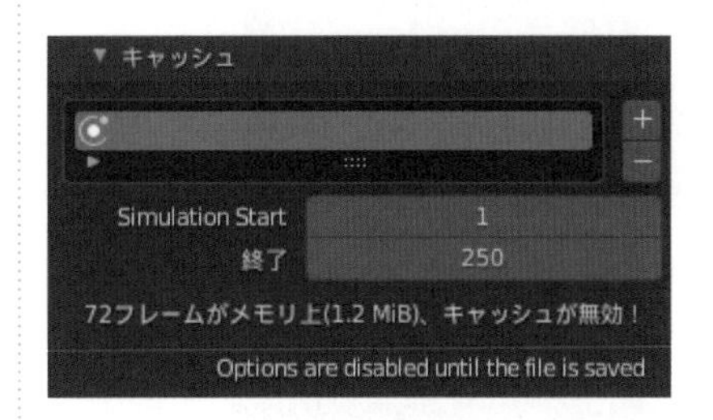

一度シミュレーションを行うとキャッシュが有効になるため、設定を変更した場合は何かのパネルの有効無効を切り替えたり、フレームを 1 に戻すなどしてキャッシュを更新する必要があります。

8.2 布を作る〈クロス〉

布など薄い物体の挙動をシミュレートします。

クロスシミュレーションで布の形状を作成した後、適用して実体化するだけで複雑な布のモデリングの時間を大幅に削減できます。

- 開いた形状に適しているので、閉じた形状に対してはソフトボディの方がより適しています。

8.2.1 基本設定

「プロパティ」(Shift + F7) →「物理演算プロパティ」→「クロス」を選択します。

「クロス」パネルで重さや衝突の設定などを行います。

パネルタイトル右にあるリストボタンから布の性質のプリセットを選択できます。

「プロパティ」(Shift + F7) →「モディファイアープロパティ」→「クロス」モディファイアーがスタックに追加されます。

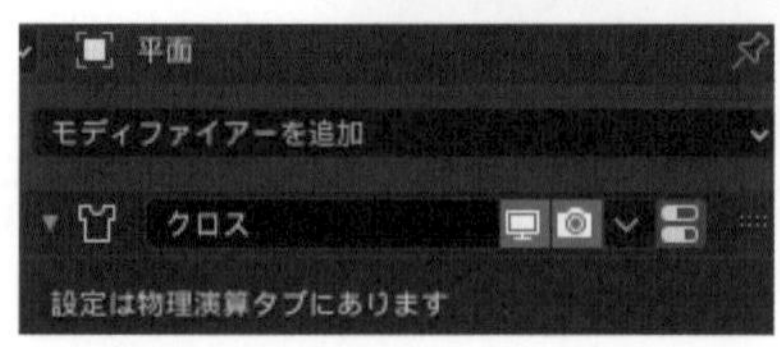

他のモディファイアーと相互作用するので、重ね順としてはクロスの後に細分化などを付加するのが適切です。

8.2.2 ピン留めされた布を作成する

基本的にシミュレーション時は布オブジェクトが下に落下しますが、一部分を固定しておくとその部分の位置は変化せず、吊り下げられた形状になります。

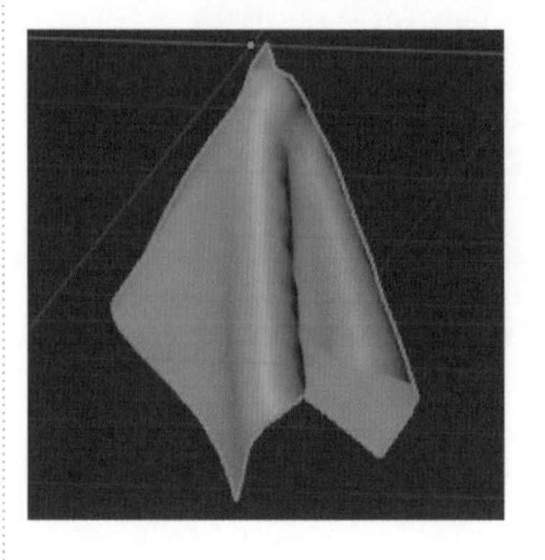

オブジェクトの設定

平面オブジェクトを用意し、スムーズシェード表示にします。

編集モードで右クリック→「細分化」を選択し、調整パネルで分割数を20くらいにして頂点を増やします。頂点の数が多いほど詳細な形状に変形させることができますが、計算速度は遅くなります。

固定する部分として、中央付近の頂点を1つ選択します。

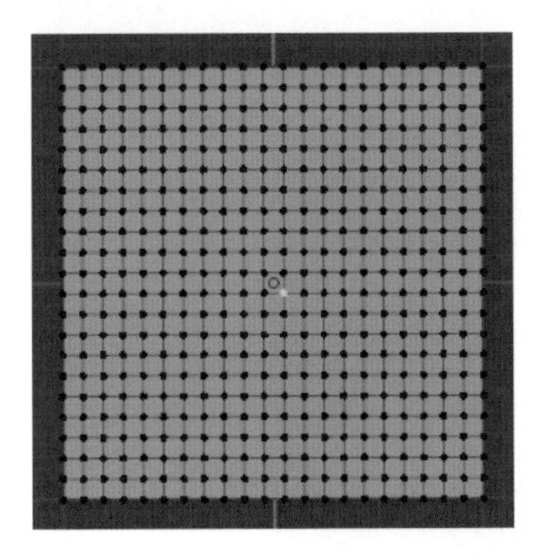

Ctrl + G キー→頂点グループ「新規グループに割り当て」を選択します。「グループ」という名前の頂点グループが作成されます。

クロスの設定

クロスを付加し、「クロス」パネル→「シェイプ」→「Pin Group」をクリックし、リストから作成したグループ名を選択して入力します。

「コリジョン」→「セルフコリジョン」を有効にすると、シミュレーション時に自身の面同士が重なり合わないようになりますが、計算速度は遅くなります。

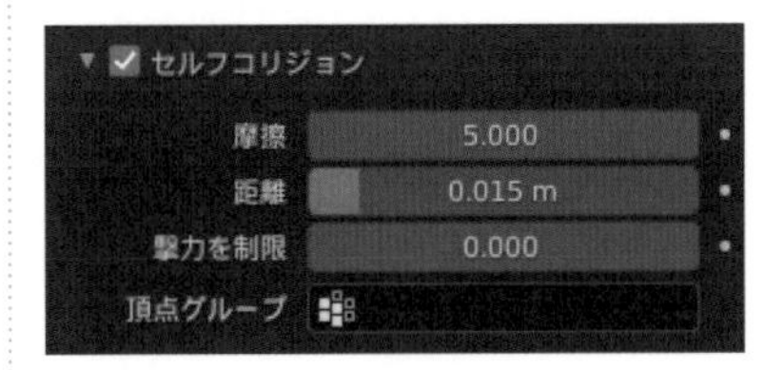

完成

アニメーションすると、固定した部分を残して形状が垂れ下がります。

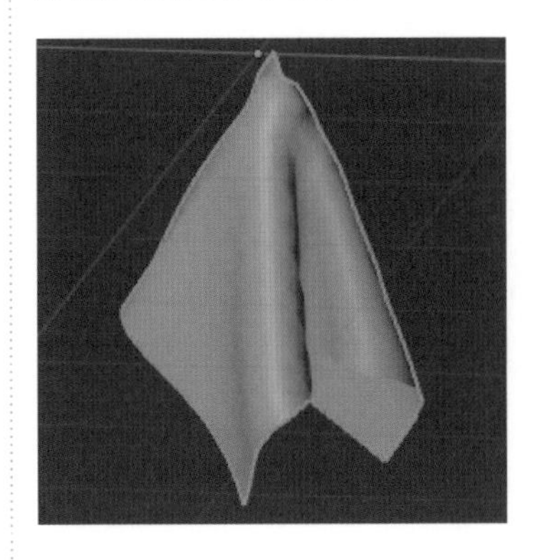

8.3 力場を作る〈フォースフィールド〉

フォースフィールドは、他のシミュレーションに影響を与えるエフェクターとして使用します。

パーティクルの飛び散る方向を変えたり、クロスが風に煽られる様子などを再現できます。

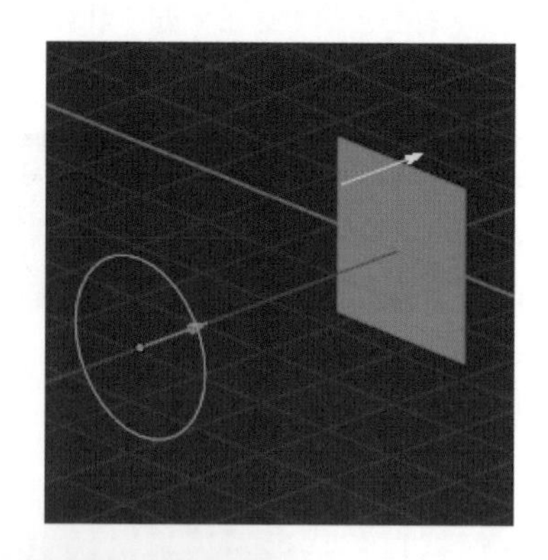

8.3.1 基本設定

「プロパティ」(Shift + F7) →「物理演算プロパティ」→「Force Field」を選択します。

「フォースフィールド」パネルで力場のタイプなどの設定を行います。

タイプによって動作は異なりますが、設定は大部分が共通です。

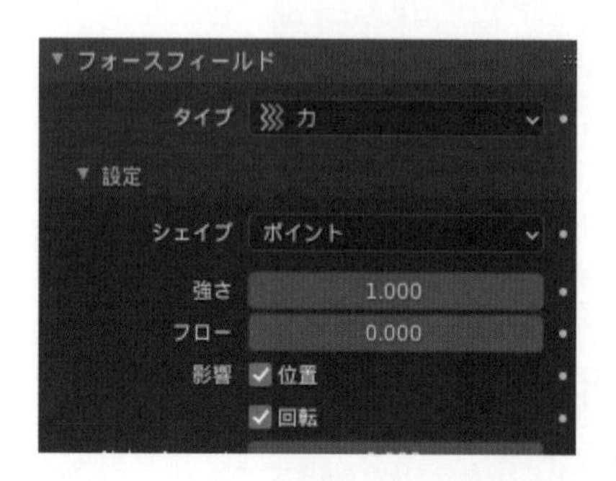

8.3.2 風になびく布を作成する

フォースフィールドを風の力にして、クロスシミュレーション設定したオブジェクトと相互作用させます。

布

回転させて縦向きにした平面を細分化し、両端の頂点を頂点グループに加えクロス設定で Pin Group として設定して固定しています。

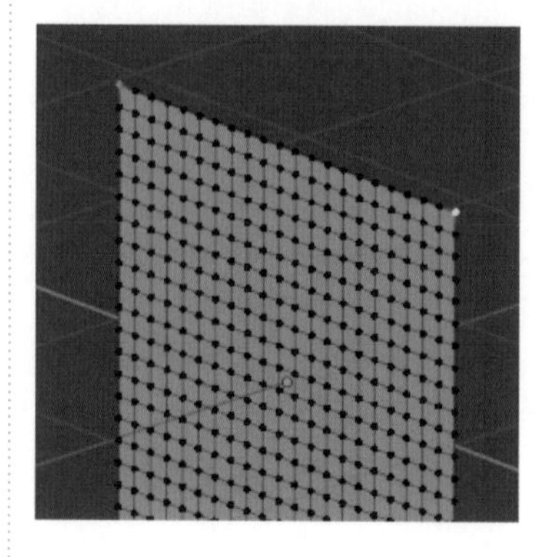

風

任意の形状のエンプティオブジェクトを用意し、フォースフィールドを付加します。

タイプ「風」を選択し、「強さ」を200にします。

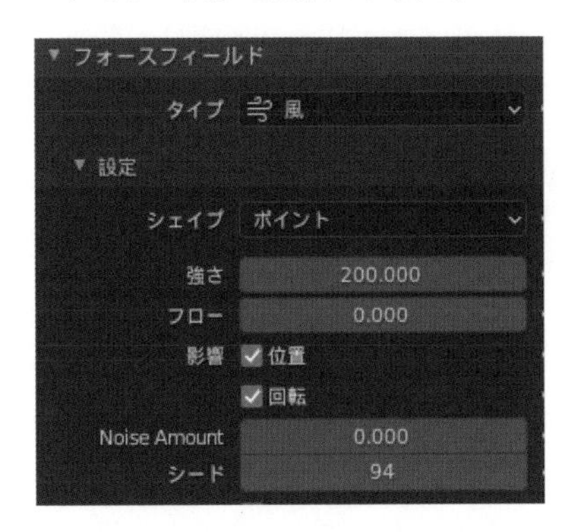

矢印方向が風の方向です。デフォルトでは上を向いているので、エンプティを回転させ、布オブジェクトに向けます。

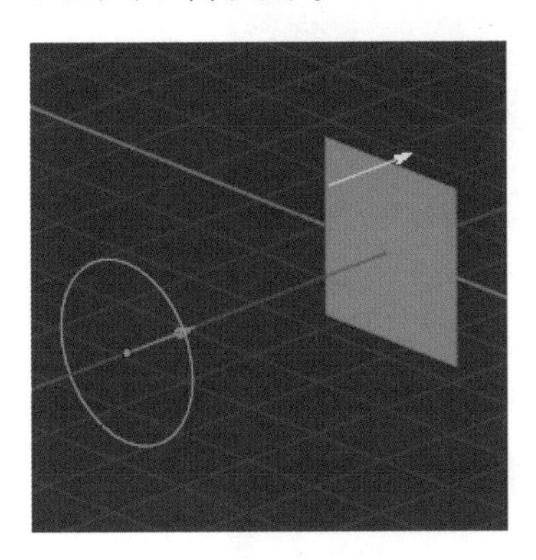

完成

アニメーションすると、吊り下げられた布が風を受けた形状になります。

8.4 軟体を作る〈ソフトボディ〉

柔らかく揺れるような性質を持たせることができ、オブジェクトをアニメーションさせた際の二次的な動きをシミュレートします。

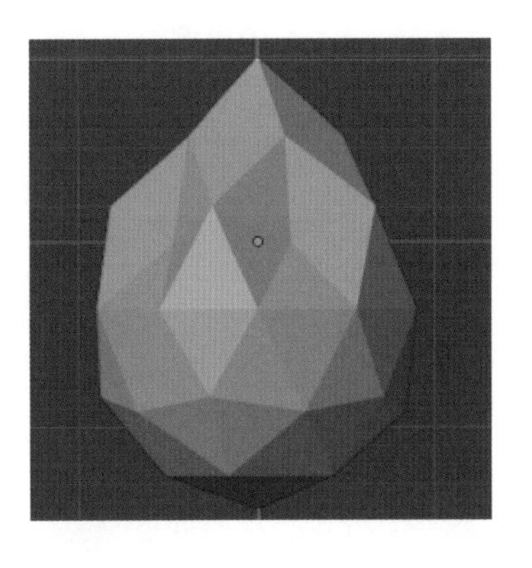

- 閉じた形状に適しているので、開いた形状に対してはクロスの方がより適しています。

8.4.1 基本設定

「プロパティ」(Shift + F7) →「物理演算プロパティ」→「ソフトボディ」を選択します。

「ソフトボディ」パネルで重さや衝突の設定などを行います。

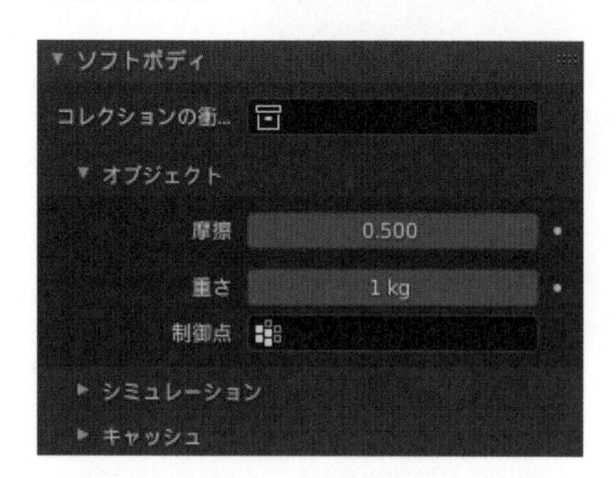

8.4.2 つり下がり揺れる物体を作る

指定した部位を固定し、重さで垂れ下がって揺れるような物体を作成します。

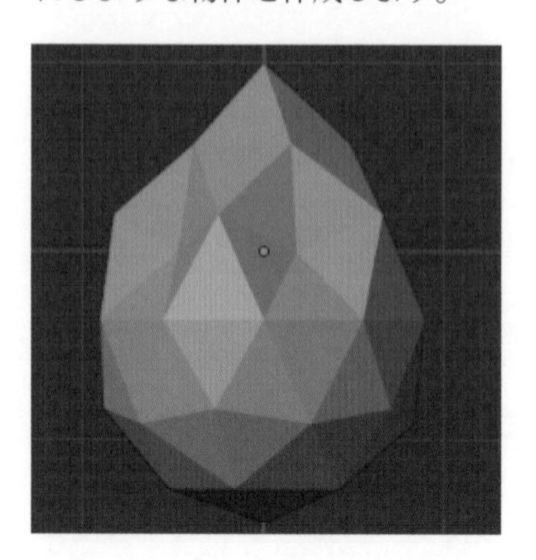

オブジェクトの設定

ICO 球オブジェクトを用意し、一番上の頂点を 1 つ選択します。

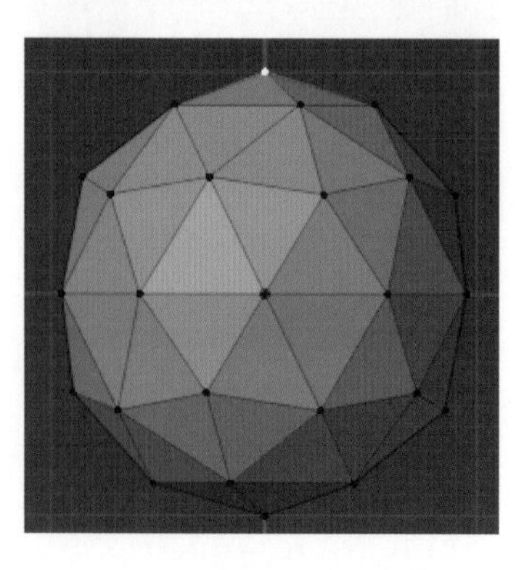

Ctrl + G キー→頂点グループ「新規グループに割り当て」を選択します。「グループ」という名前の頂点グループが作成されます。

ソフトボディの設定

ソフトボディを付加し、「ソフトボディ」パネル→「ゴール」→「頂点グループ」をクリックし、リストから作成したグループ名を選択して入力します。

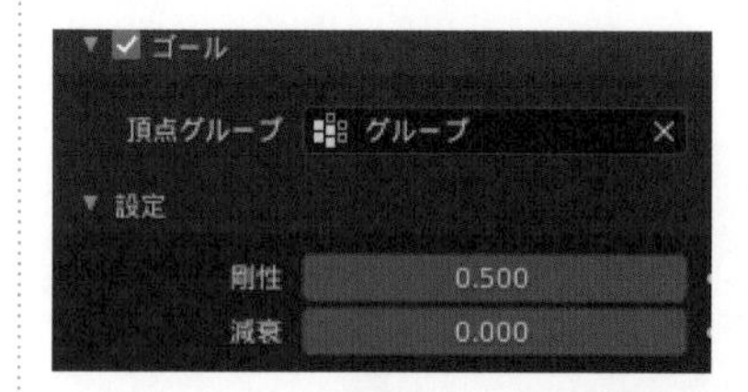

「強さ」→「デフォルト」の値を 1 にすると、ゴールに指定した頂点グループ部分が同じ位置に留まるようになります。

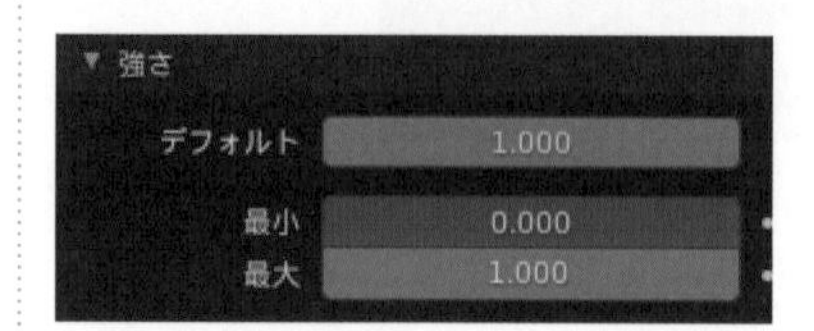

「セルフコリジョン」を有効にすると、シミュレーション時に自身の面同士が重なり合わないようになりますが、計算速度は遅くなります。

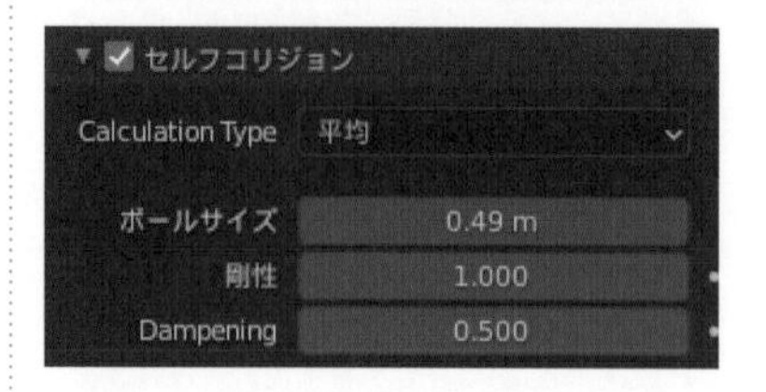

完成

アニメーションすると、形状が垂れ下がり柔らかく揺れます。

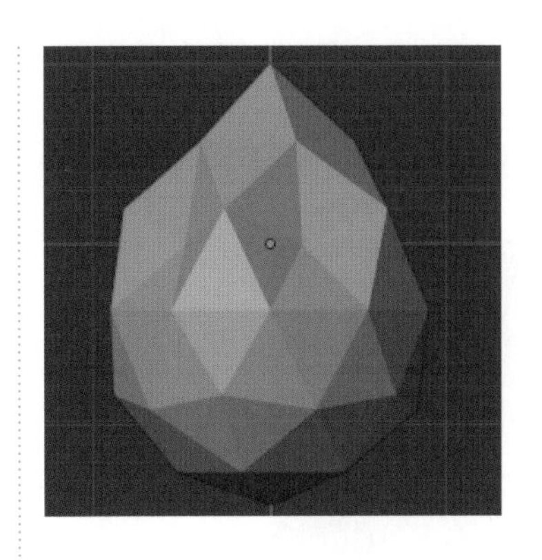

8.5 障害物を作る〈コリジョン〉

他のシミュレーションに影響を与える障害物になります。設定後は衝突判定が有効になり、物理シミュレーションを有効にした他オブジェクトが通り抜けていかないようになります。

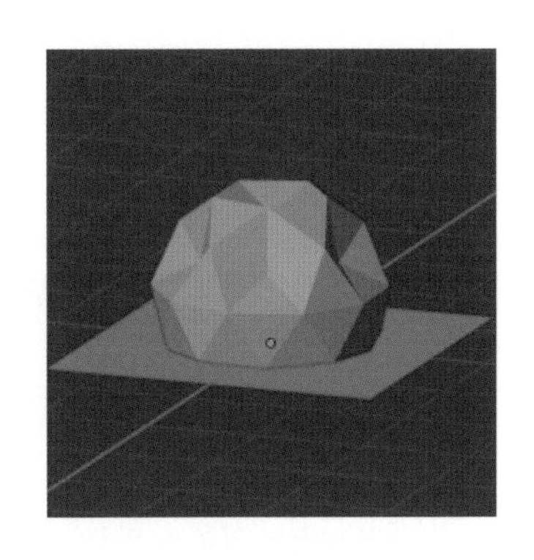

8.5.1 基本設定

「プロパティ」（Shift + F7）→「物理演算プロパティ」→「コリジョン」を選択します。

「コリジョン」パネルで対象への影響の設定などを行います。

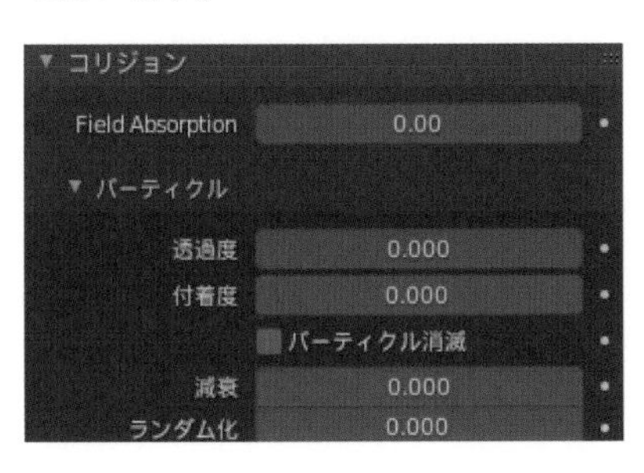

8.5.2 ソフトボディを受け止める

落下してくるソフトボディが衝突する地面を作成します。

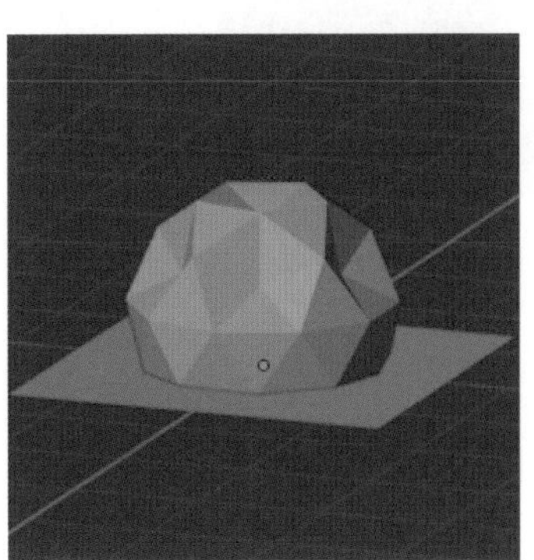

地面

平面オブジェクトを用意し、コリジョンを付加します。

ソフトボディ

ICO 球オブジェクトを用意し、ソフトボディを付加します。

「ソフトボディ」パネル→「強さ」→「デフォルト」の値を 0 にするとオブジェクトが落下するようになります。

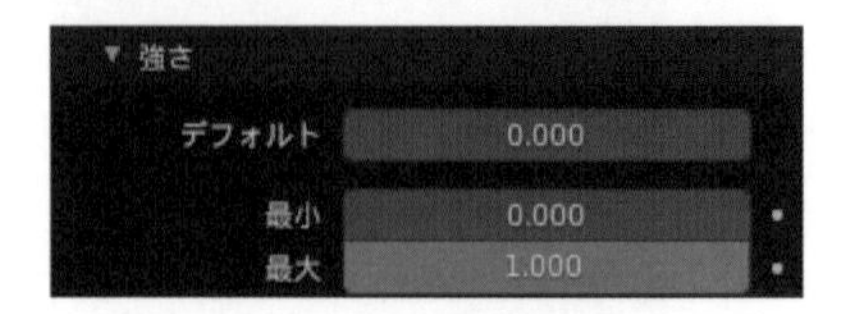

「セルフコリジョン」を有効にすると、シミュレーション時に自身の面同士が重なり合わないようになりますが、計算速度は遅くなります。

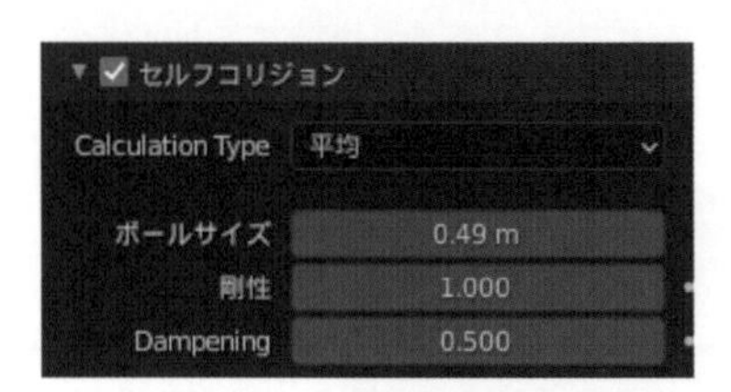

地面の少し上に配置します。

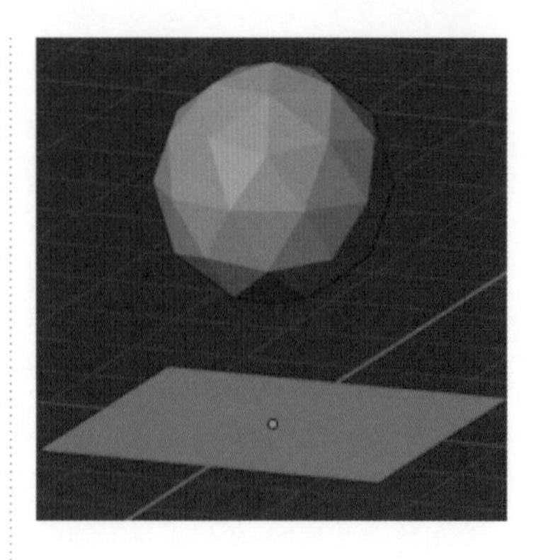

完成

アニメーションすると、ソフトボディオブジェクトが地面に落下して衝突し、柔らかく潰れて揺れます。

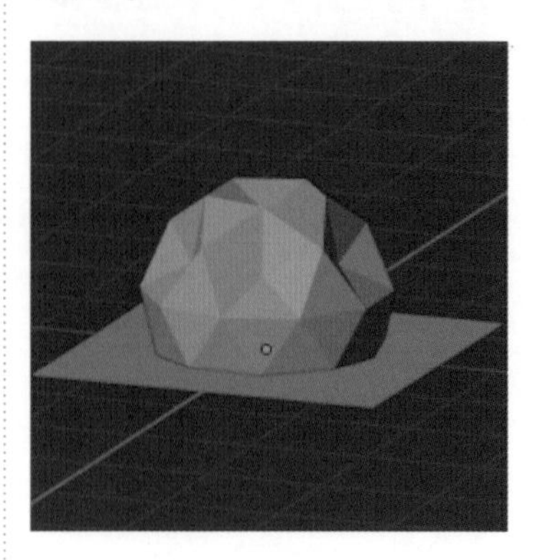

8.6 液体を作る〈流体 - 液体〉

水などの液体をシミュレートします。最低限必要なのは流体の演算範囲となるドメインオブジェクトと、流体を放出するフローオブジェクトです。

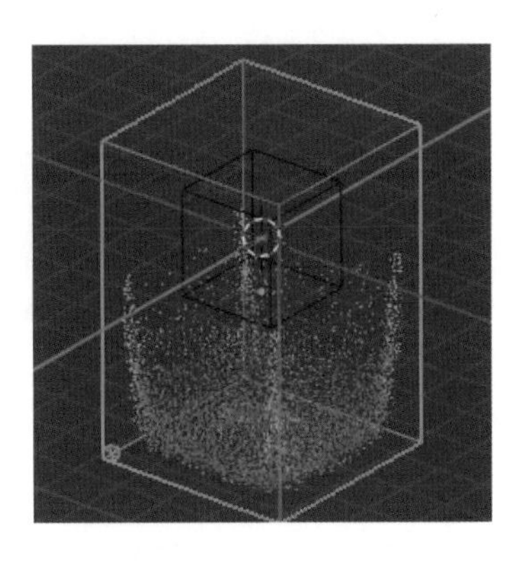

8.6.1 基本設定

「プロパティ」(Shift + F7) →「物理演算プロパティ」→「流体」を選択します。

「流体」パネルでタイプを選択後、詳細設定を行います。「エフェクター」を選択すると障害物になります。

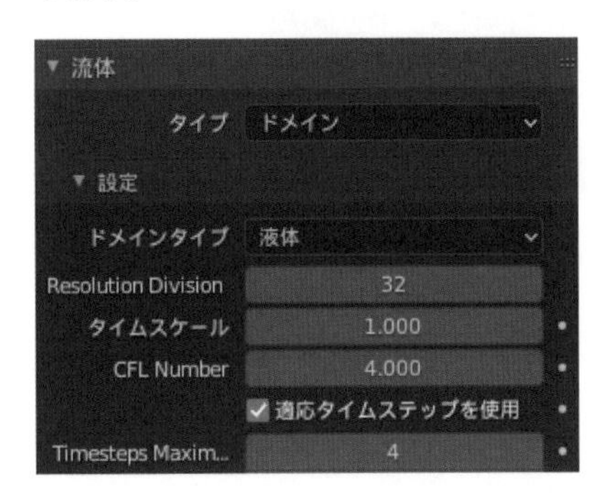

タイプ「ドメイン」選択時の「流体」パネル→「拡散」の右にあるリストボタンから液体の性質のプリセットを選択できます。

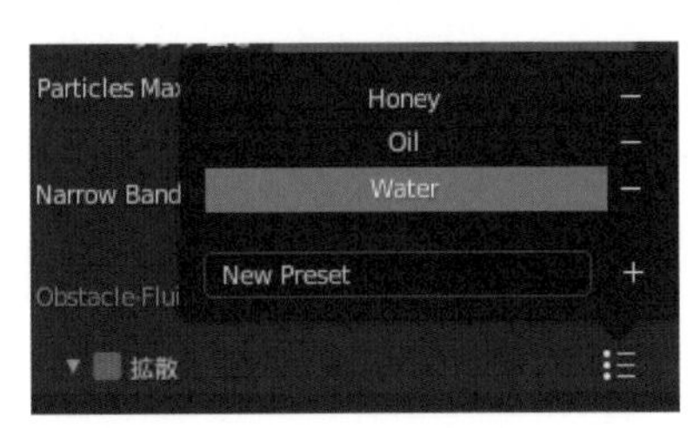

「プロパティ」(Shift + F7) →「モディファイアープロパティ」→「流体」モディファイアーがスタックに追加されます。ドメインオブジェクトにはさらに「Liquid Particle System」モディファイアーも追加されます。

8.6.2 水を作成する

ドメインとフローオブジェクトをそれぞれ手動で用意する以外の簡単な方法を使用します。

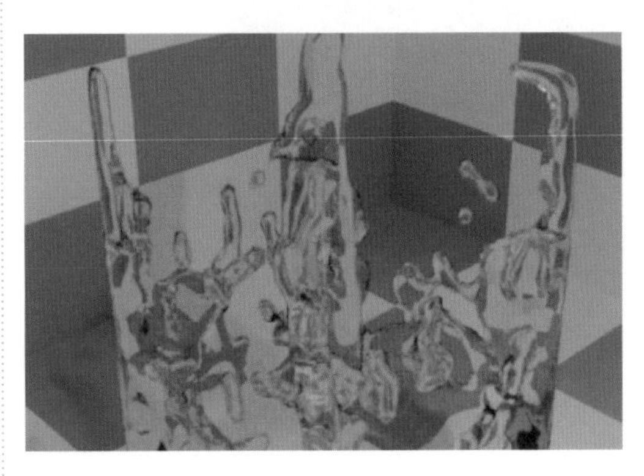

クイック液体

オブジェクトを選択し、「3D ビューポート」ヘッダー→「オブジェクト」→「クイックエフェクト」→「クイック液体」でドメインオブジェクトと流体設定を付加します。

選択オブジェクトがフローオブジェクトになり、新規に追加されたドメインオブジェクトには水を模したマテリアルが自動で設定されます。

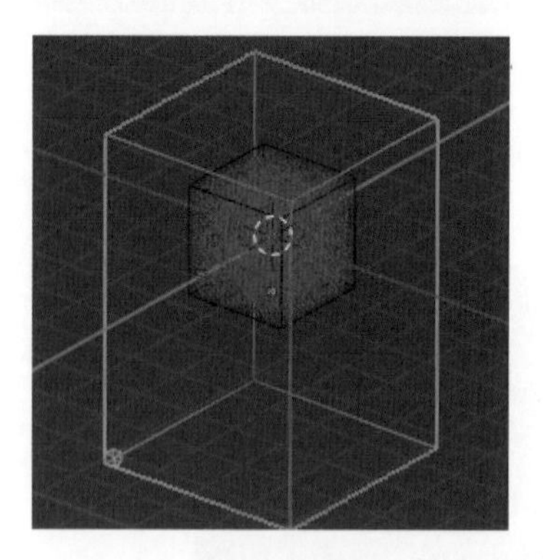

3D ビューのシェーディングは自動でワイヤーフレーム表示になります。アニメーションするとパーティクルによる高速プレビューで液体の動きを確認できます。

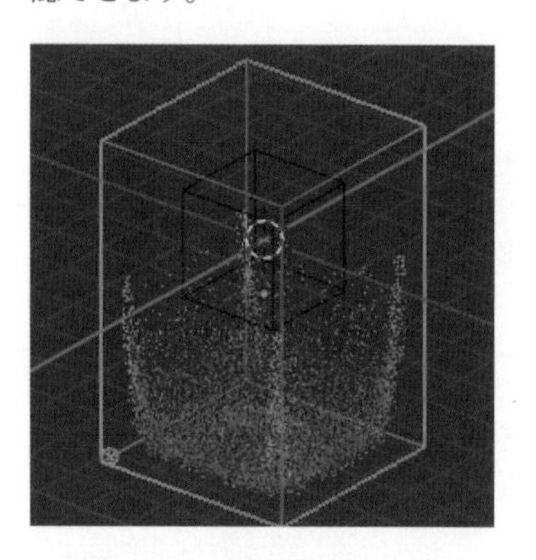

メッシュを表示する

パーティクル表示のみではレンダリングしても液体は見えないので、実際の液体をプレビューするにはドメインオブジェクトを選択し「流体」パネル→「液体」→「メッシュ」を有効にします。

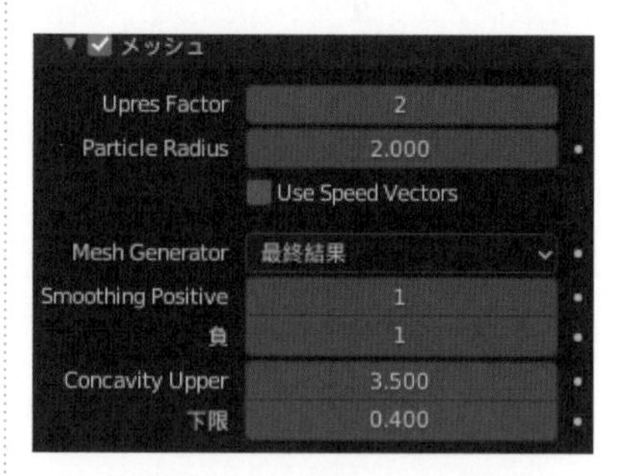

アニメーションすると、液体の動きを模倣するメッシュが表示されます。

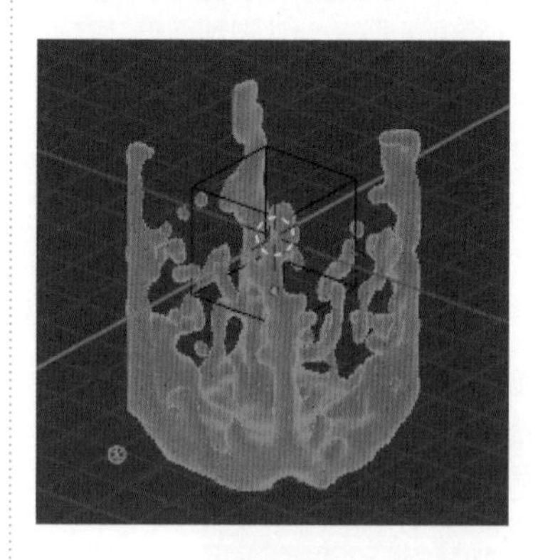

部屋を作成する

ドメインに付加されている水マテリアルは透明なので、周囲に何もない状態ではレンダリングしても液体は見にくいため、部屋となるボックスを用意します。

立方体オブジェクトを用意し、流体関連オブジェクトの他、カメラ、ライトを内包できるサイズに拡大します。

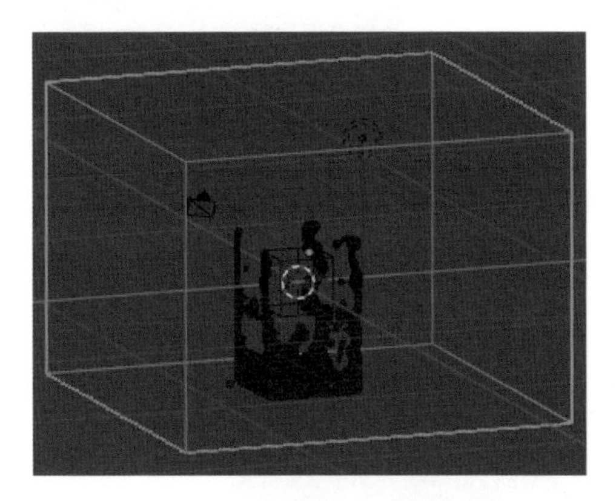

新規マテリアルを作成し、液体が見えやすいように市松模様テクスチャを設定します。

レンダリング設定

水など透明なマテリアルをレンダリングする場合、Cycles レンダーを選択します。

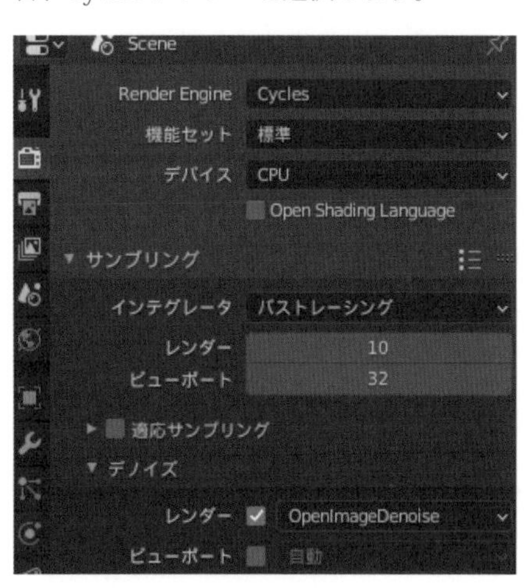

レンダリングしたいフレーム位置、ライトの位置やカメラの視点を設定します。

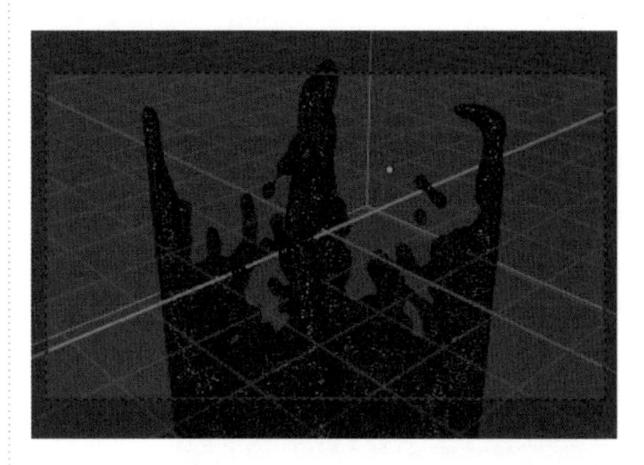

実際の液体はドメインオブジェクトのみなので、フローオブジェクトはレンダリング不要です。

完成

動きのある透明な水がレンダリングされます。

8.7 煙や炎を作る〈流体 - 煙〉

煙や炎をシミュレートします。最低限必要なのは煙の演算範囲となるドメインオブジェクトと、煙を放出するフローオブジェクトです。

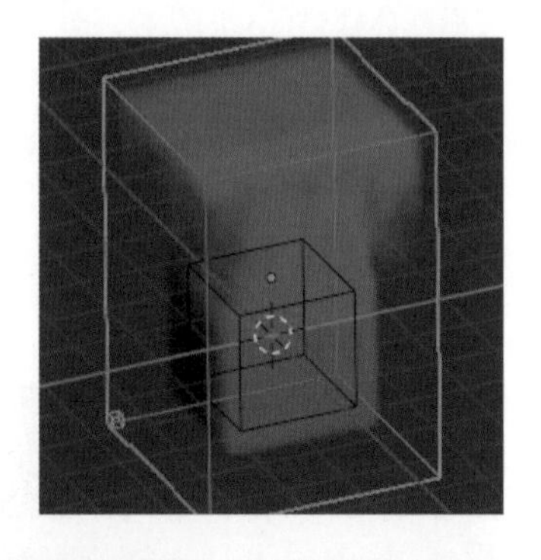

8.7.1 基本設定

「プロパティ」(Shift + F7) →「物理演算プロパティ」→「流体」を選択します。

「流体」パネルでタイプを選択後、詳細設定を行います。

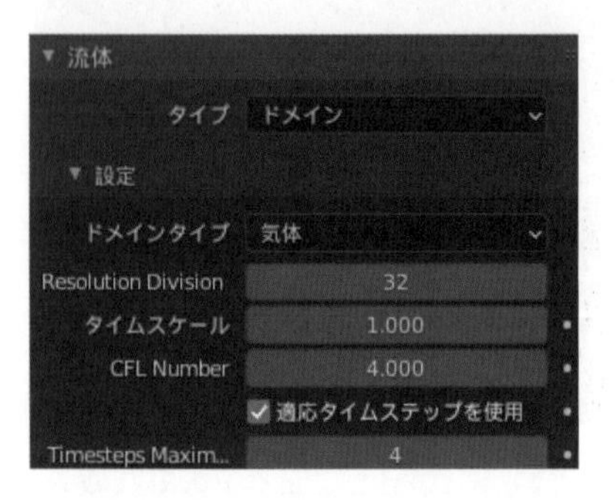

「プロパティ」(Shift + F7) →「モディファイアープロパティ」→「流体」モディファイアーがスタックに追加されます。

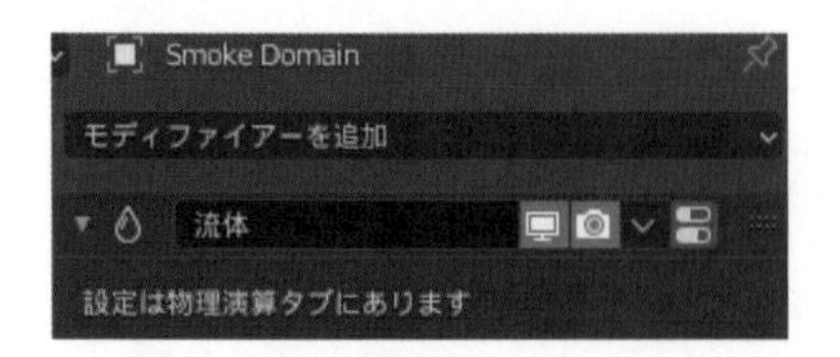

8.7.2 煙を作成する

ドメインとフローオブジェクトをそれぞれ手動で用意する以外の簡単な方法を使用します。

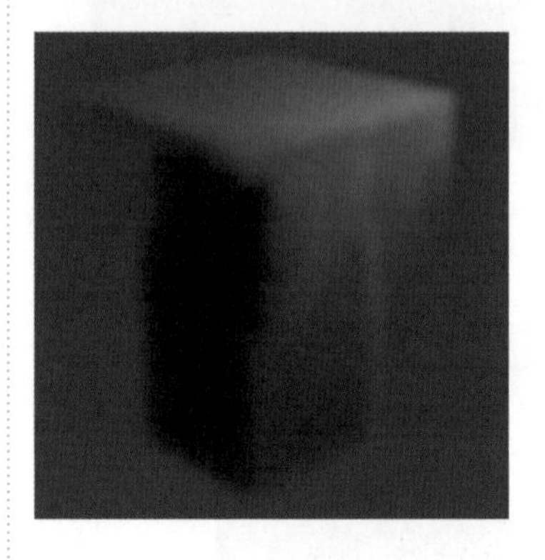

■ クイック煙

オブジェクトを選択し、「3D ビューポート」ヘッダー→「オブジェクト」→「クイックエフェクト」→「クイック煙」でドメインオブジェクトと煙設定を付加できます。

選択オブジェクトがフローオブジェクトになり、新規に追加されたドメインオブジェクトには煙を模したマテリアルが自動で設定されます。

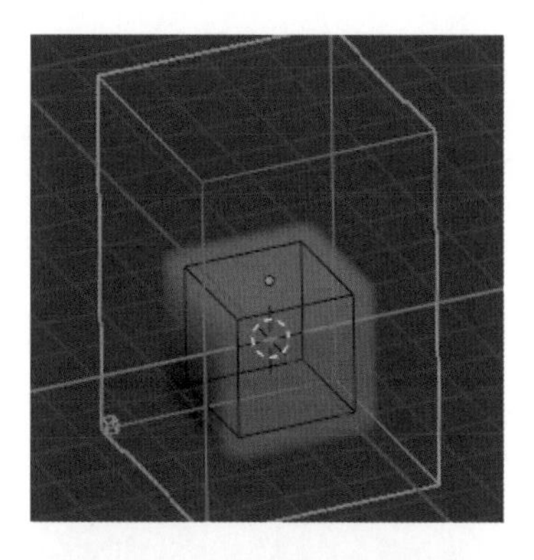

アニメーションすると煙の動きを確認できます。

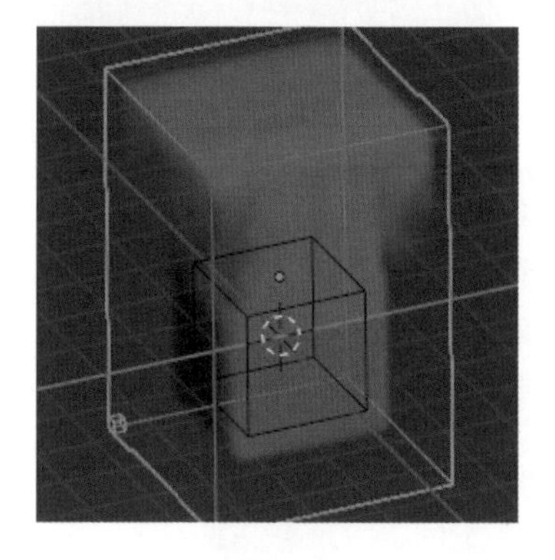

レンダリング設定

レンダリングしたいフレーム位置、ライトの位置やカメラの視点を設定します。

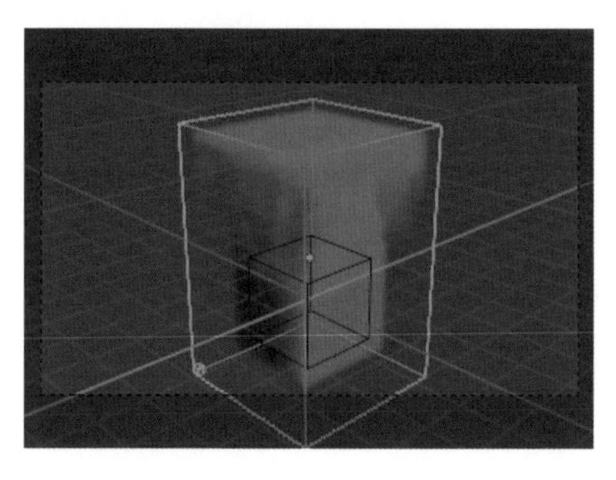

実際の煙はドメインオブジェクトのみなので、フローオブジェクトはレンダリング不要です。

完成

立ち上る煙がレンダリングされます。

Eevee レンダーでも煙はレンダリングできますが、Cycles レンダーはより量感のある煙をレンダリングできます。

Eevee、Cycles

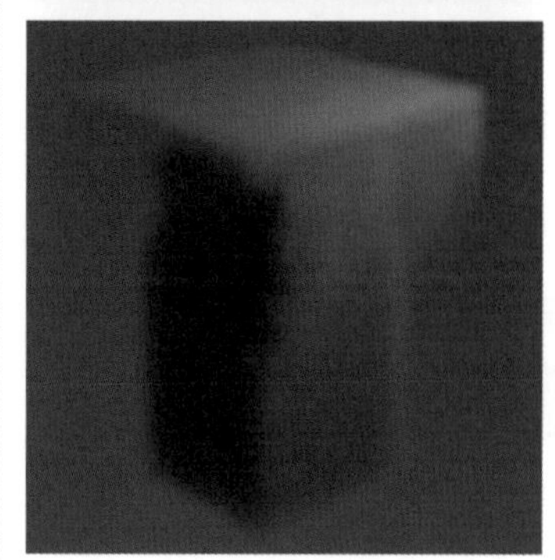

8.8 剛体を作る〈リジッドボディ〉

変形しない硬いオブジェクトの挙動をシミュレートします。

他の物理シミュレーションと異なり、通常のオブジェクト同様に使用でき、アニメーションと密接に連携します。

8.8.1 基本設定

「プロパティ」(Shift + F7) →「物理演算プロパティ」→「リジッドボディ」を選択、または「3Dビューポート」(Shift + F5)→「オブジェクト」→「リジッドボディ」→「Add Active/Passive」を選択します。

「リジッドボディ」パネルで重さや衝突の設定などを行います。

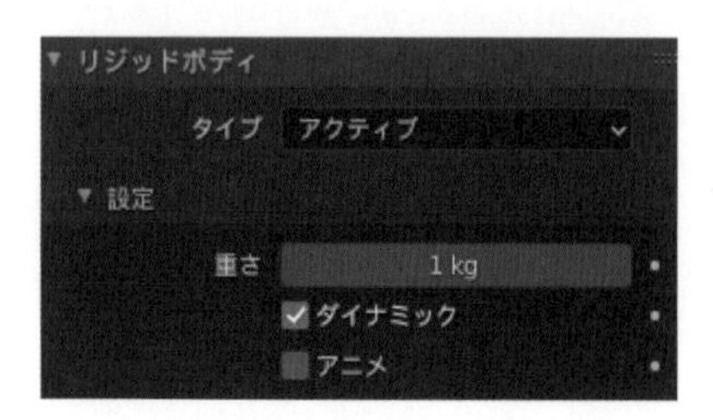

「プロパティ」(Shift + F7) →「シーンプロパティ」→「リジッドボディワールド」パネルでこのシミュレーションの全てのリジッドボディ設定を保持するグループ(コレクション)を確認できます。

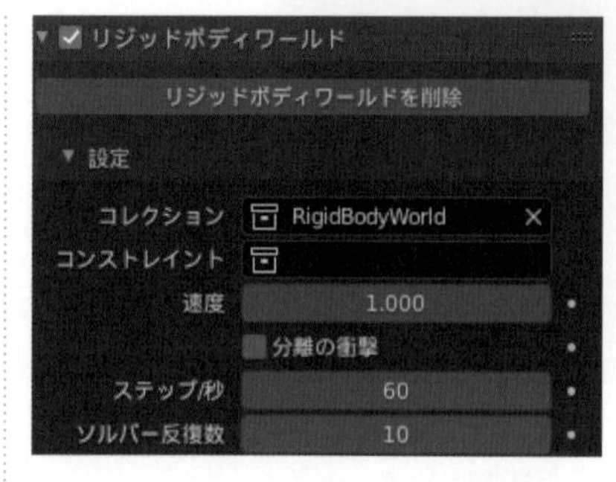

リジッドボディには以下の２つのタイプがあります。

アクティブ：動的で、シミュレーション結果によって直接制御されます。

パッシブ：静的で、アニメーションによる制御のみが可能です。

シミュレーションによって位置や回転などがオーバーライドされますが、オブジェクトのトランスフォーム情報を直接変更しません。

8.8.2　地面に落下する物体を作成する

地面に衝突する落下物をシミュレーションします。

地面

平面オブジェクトを用意し、ある程度のサイズに拡大します。

リジッドボディを付加し、タイプを「パッシブ」に設定します。

落下物

任意のオブジェクト（ここでは赤い立方体）を用意し、リジッドボディのタイプを「アクティブ」に設定します。

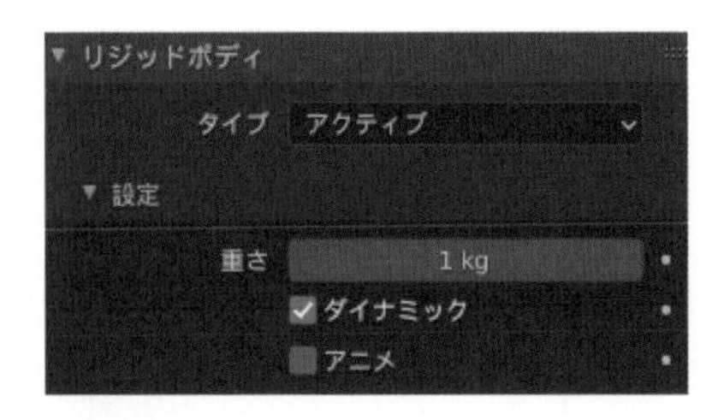

「リジッドボディ」パネル→「コリジョン」の設定はデフォルトの状態ですが、形状によっては「シェイプ」を変更すると衝突判定が向上する場合があります。

Shift + Dキーで複製し、地面オブジェクトの少し上に配置します。変化を持たせるために少し前後の位置をずらし、後で互いに衝突するようにします。

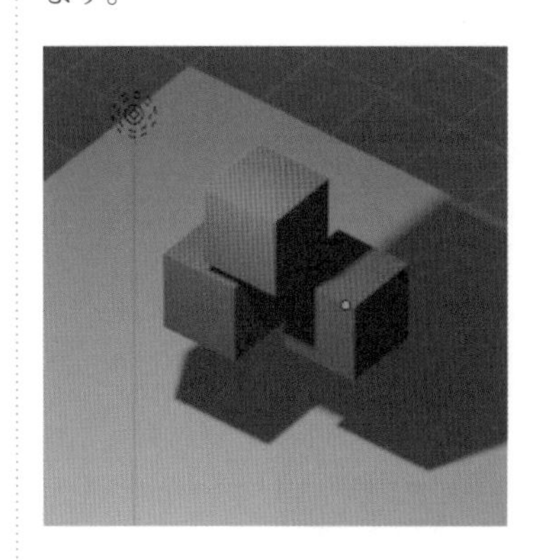

完成

アニメーションすると、落下物が地面に衝突し、その後は互いに衝突しながら転がります。

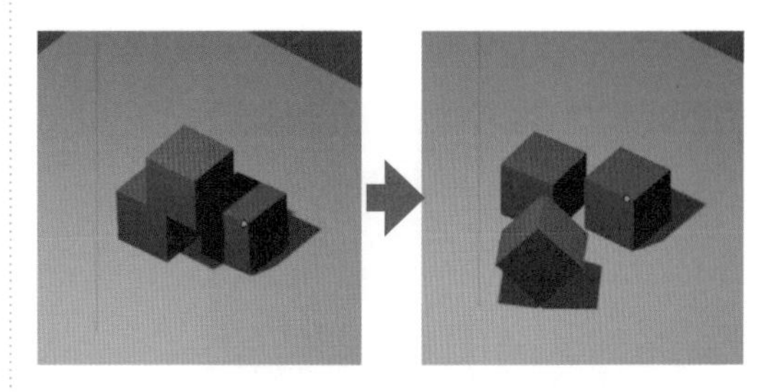

8.8.3　アニメーションで制御する

1つの落下物をシミュレーション制御からアニメーション制御に切り替えて、他のリジッドボディオブジェクトに向かって衝突させます。「地面に落下する物体を作成する」と同じ設定を使用します。

オブジェクトの準備

アニメーションを設定するオブジェクトのみマテリアルの色を青に変え、地面に接する位置に配置し、他の落下物は地面に真っ直ぐ衝突するように位置を揃えてあります。

アニメーション制御オブジェクトの設定

「リジッドボディ」パネル→「アニメ」を有効にします。

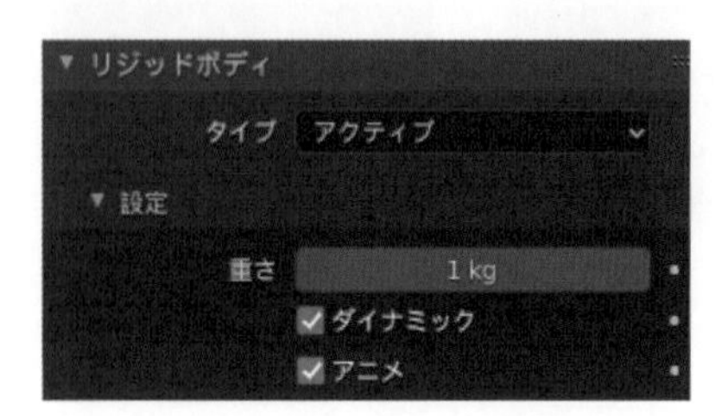

さらにシミュレーション開始フレームで3Dビューポート上でIキー→キーフレーム挿入メニュー「位置」を選択し、現在位置に対してキーフレームを挿入します。

アニメーションを再生し、落下物が地面に衝突して動きが収まったフレームで、同じようにIキーで現在位置にキーフレームを挿入します。

前述のフレームから10フレーム程度先のフレームで落下物を通り過ぎる位置にオブジェクトを移動させ、同じように位置に対するキーフレームを挿入します。

完成

アニメーションすると、落下物が地面に衝突し、動きが収まった後に青オブジェクトが移動して衝突したオブジェクトを弾き飛ばします。

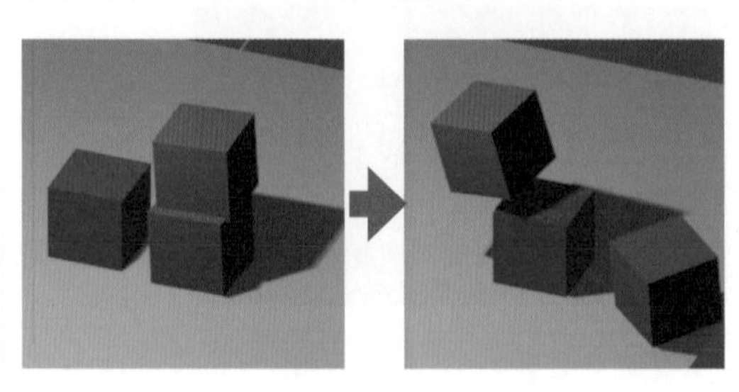

8.8.4　オブジェクト同士を結合する

複数のリジッドボディ同士を関連付けて一体化した状態にします。

「アニメーションで制御する」と同じ設定を使用します。

オブジェクトの関連付け

関連付けたいオブジェクト（落下する設定の2つの立方体）をShiftキーを押しながら追加選択し、「3Dビューポート」（Shift + F5）ヘッダー→「オブジェクト」→「リジッドボディ」→「Connect」を選択します。

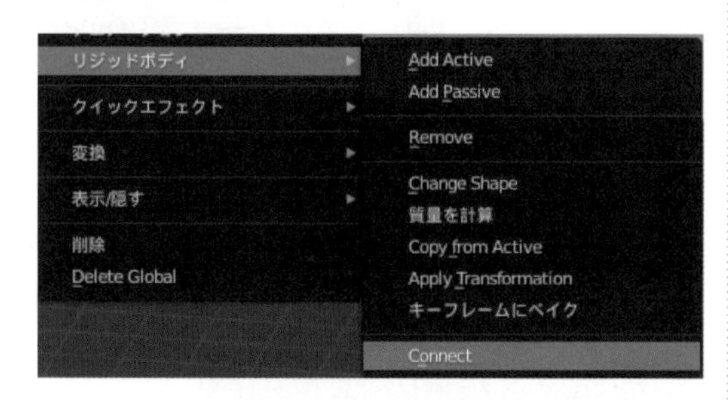

これらのオブジェクトを指す「Constraint」というエンプティオブジェクトが生成され、「プロパティ」（Shift + F7）→「物理演算プロパティ」→「リジッドボディコンストレイント」が適用されます。

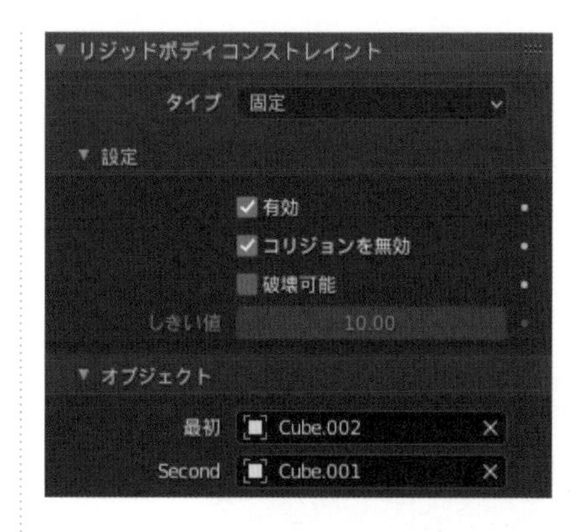

完成

アニメーションすると、2つの赤オブジェクトが1つの塊として共に落下し、その後青オブジェクトが塊を弾き飛ばします。

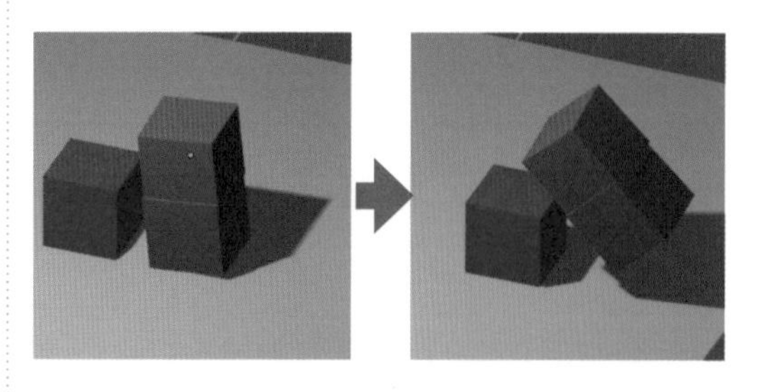

8.8.5　オブジェクトの結合を壊す

ある程度の衝撃が加わると拘束が壊れるようにします。

落下して飛び散ったり、何かに衝突されてオブジェクトが崩壊するようなアニメーションを作成できます。

「オブジェクト同士を結合する」と同じ設定を使用します。

■リジッドボディの設定

リジッドボディコンストレイントが適用されているエンプティオブジェクトを選択し、「リジッドボディコンストレイント」パネル→「設定」→「破壊可能」を有効にします。

「しきい値」の値が低いほど壊れやすくなります。

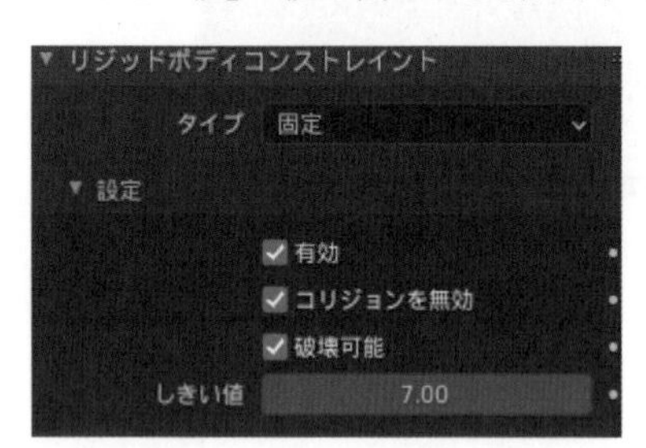

■完成

落下して地面に衝突しても結合は壊れず、青オブジェクトが衝突すると結合が壊れてそれぞれが弾き飛ばされます。

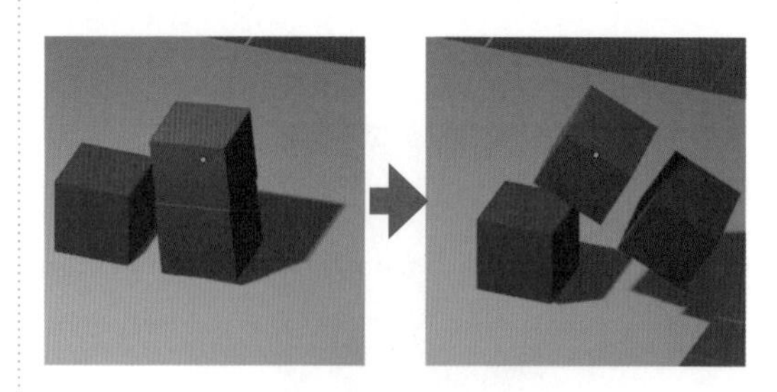

8.9 オブジェクトでペイント〈ダイナミックペイント〉

ブラシオブジェクトからキャンバスオブジェクトに影響を与えます。壁にペイントしたり、足跡を付けるなどの多彩な効果が可能です。

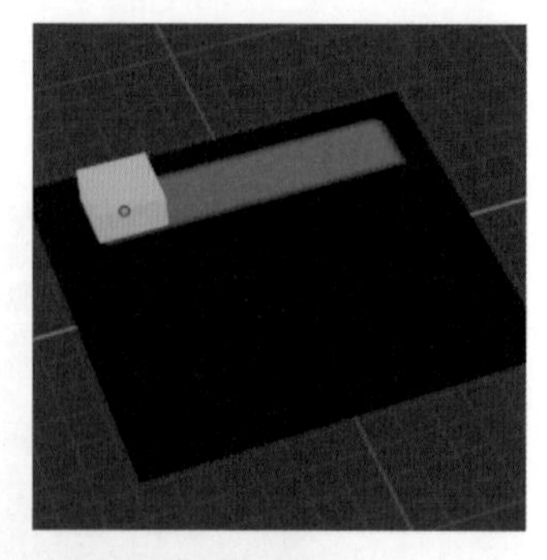

8.9.1 基本設定

「プロパティ」(Shift + F7) →「物理演算プロパティ」→「ダイナミックペイント」を選択します。

「ダイナミックペイント」パネルでタイプを選択後、詳細設定を行います。

「Add Canvas/Brush」で選択タイプが有効になり、1つのオブジェクトにブラシとキャンバスの両方を設定することも可能です。

「プロパティ」(Shift + F7) →「モディファイアープロパティ」→「ダイナミックペイント」モディファイアーがスタックに追加されます。

8.9.2 オブジェクトで着色する

キャンバスオブジェクトをブラシオブジェクトが移動した軌跡で着色します。

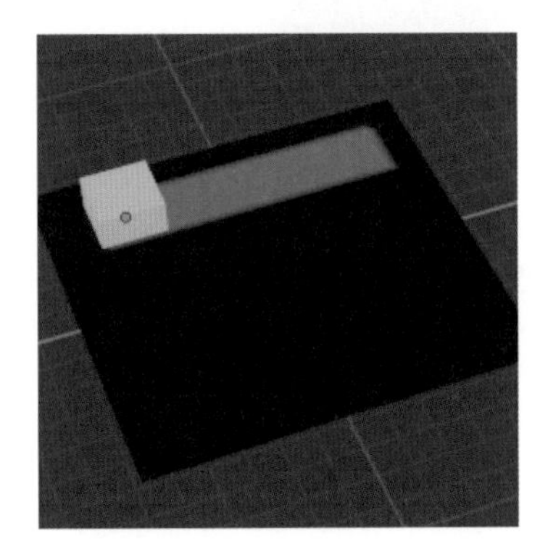

ブラシ

立方体オブジェクトを用意し、ダイナミックペイントを付加後、タイプを「ブラシ」にします。設定はデフォルト状態です。

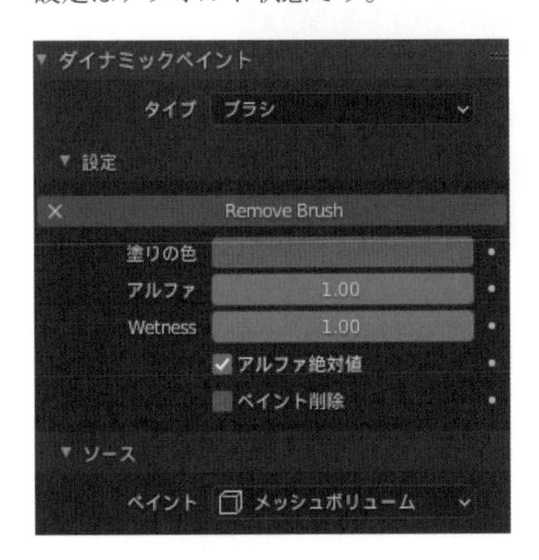

キャンバス

平面オブジェクトを用意します。頂点部分にペイントされるため、編集モードで右クリック→「細分化」でメッシュをある程度細分化し、分割数40、頂点数1764のメッシュにします。

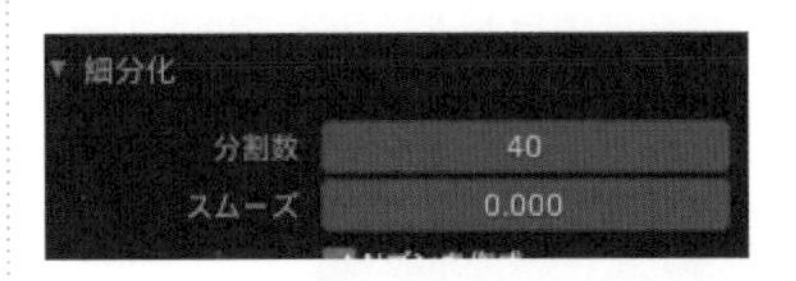

ブラシオブジェクトによって描画される対象なので、ある程度拡大します。

キャンバス設定

ダイナミックペイントを付加後、タイプを「キャンバス」にします。

フォーマットが「頂点」の場合、色の情報は頂点カラーとして与えられます。

「開始フレーム」と「終了」はシミュレーションするフレーム数で、アニメーションとしてのフレーム設定とは異なります。ここでは後のアニメーションで使用したいフレーム数を設定します。

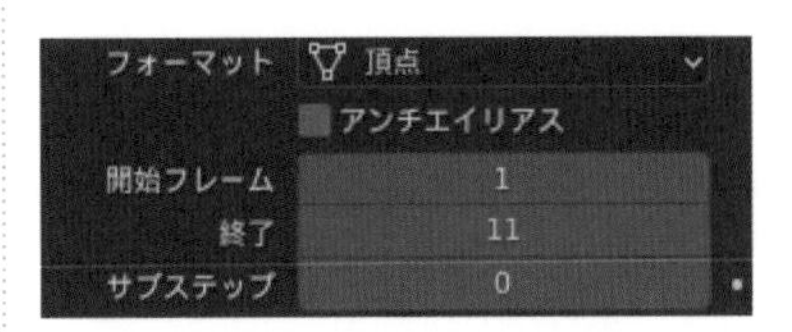

「サーフェス」→「サーフェスタイプ」が「ペイント」の場合は頂点カラーによる着色が行われます。

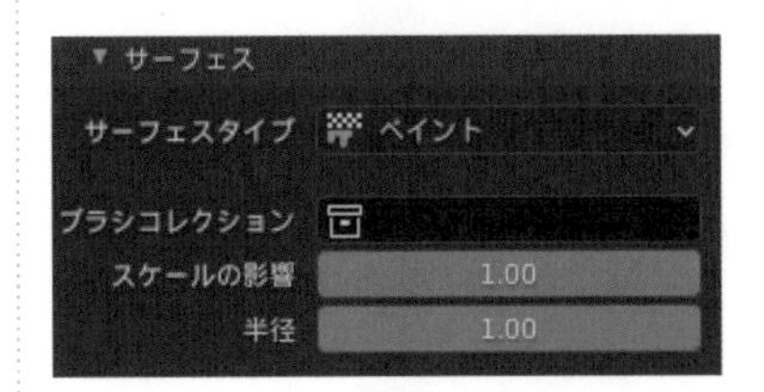

「出力」→「Paintmap Layer」に頂点カラー用のマップ名「dp_paintmap」が表示されています。存在していない場合は項目が赤になっているので、右にあるボタンで生成します。

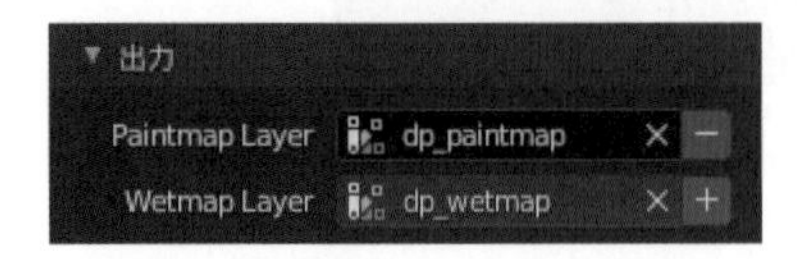

マテリアル設定

ビュー上に頂点カラーが反映されるようにします。

「サーフェス」パネル→「ベースカラー」項目左の黄色い丸をクリックし、入力「頂点カラー」を選択します。下の項目をクリックし、リストから頂点カラーマップ名を選択して入力します。

アニメーション設定

ブラシオブジェクトが触れた部分が影響するので、Z 軸上の位置は 2 つのオブジェクトが触れるようにします。

フレームを 1 にして、キャンバスオブジェクトの隅にブラシオブジェクトを配置し、I キー→キーフレーム挿入メニュー「位置」でキーフレームを挿入します。

フレームを 11 にして、開始地点から少し水平移動させた位置で同じようにキーフレームを挿入します。

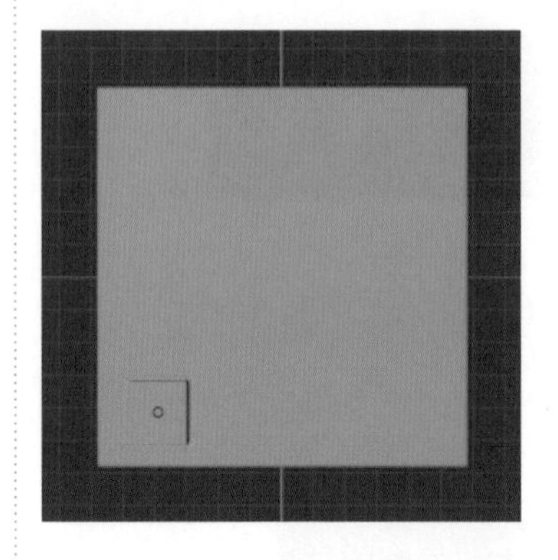

頂点カラーをビュー上で表示するには、ヘッダー→ 3D ビューのシェーディングを「マテリアルプレビュー」または「レンダー」にします。

完成

アニメーションすると、ブラシオブジェクトが通った場所が指定した色でペイントされます。

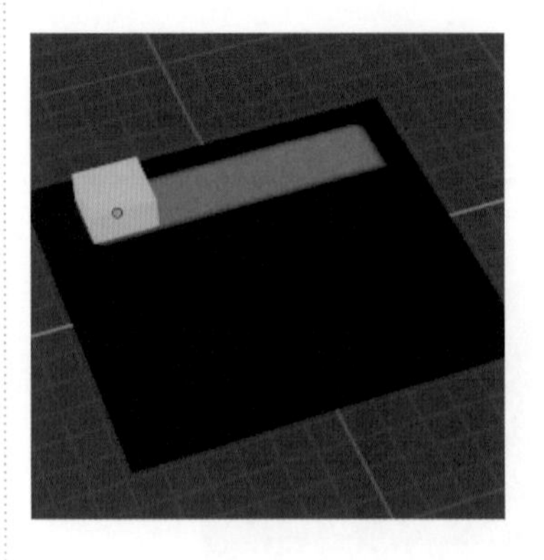

8.10 粒子や髪を生成する〈パーティクルシステム〉

メッシュの面、または頂点から粒子を発生させます。飛び散る粒子、髪なども表現できます。

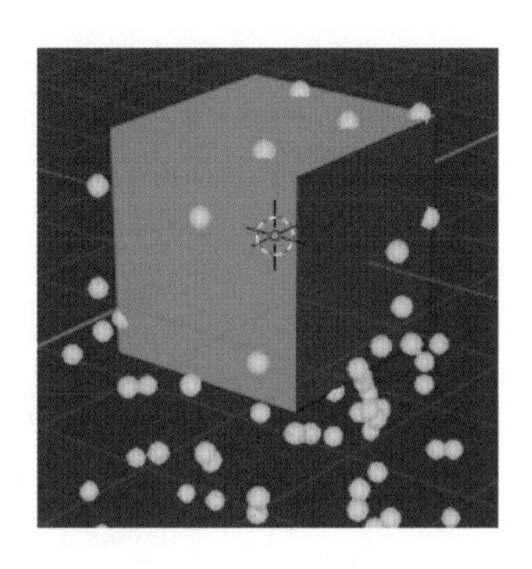

8.10.1　基本設定

「プロパティ」(Shift + F7) →「パーティクルプロパティ」で新規パーティクルを作成します。オブジェクトは複数のパーティクルを持つことができます。

タイプを選択後、詳細設定を行います。
「エミッター」は粒子、「ヘアー」は繊維状のパーティクルを生成します。

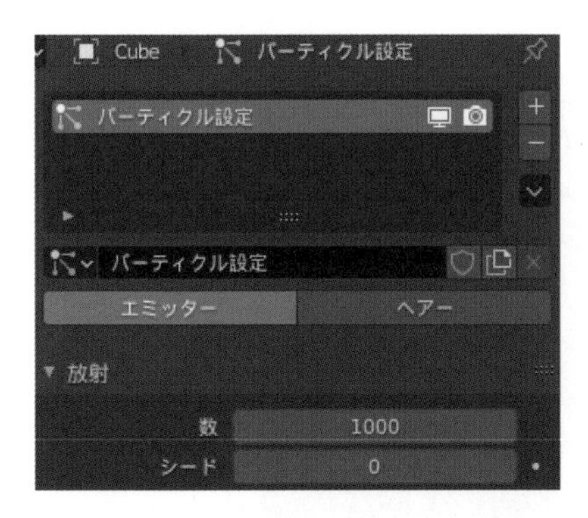

「プロパティ」(Shift + F7) →「モディファイアープロパティ」→「パーティクル設定」モディファイアーがスタックに追加されます。

デフォルト設定でアニメーションすると、発生したパーティクルが下に落ちていきます。

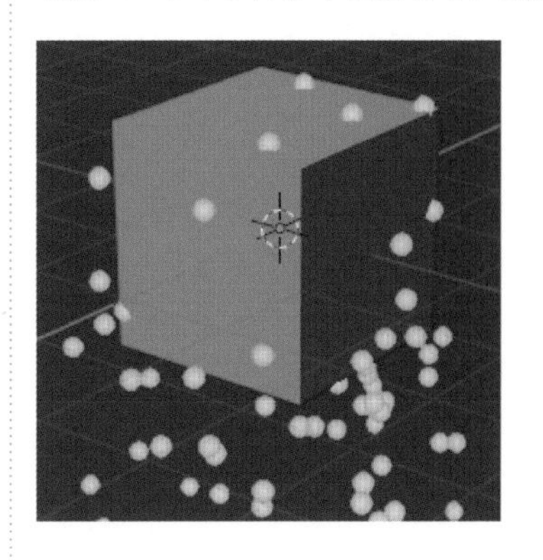

8.10.2　ランダムに複製する

任意のオブジェクトをパーティクル位置に複製します。

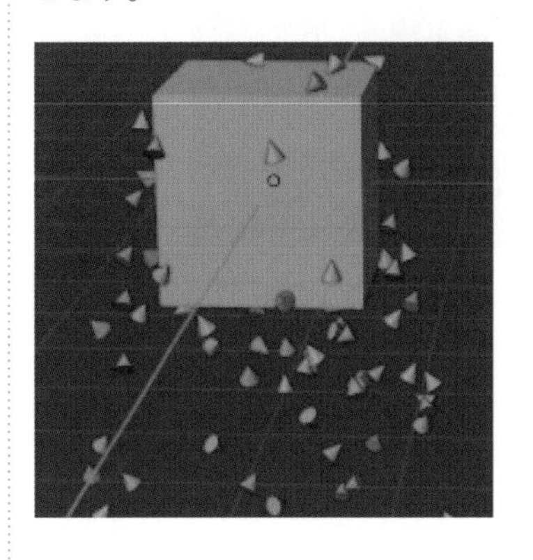

■ 基本設定

複製されるオブジェクトとして円錐を用意します。

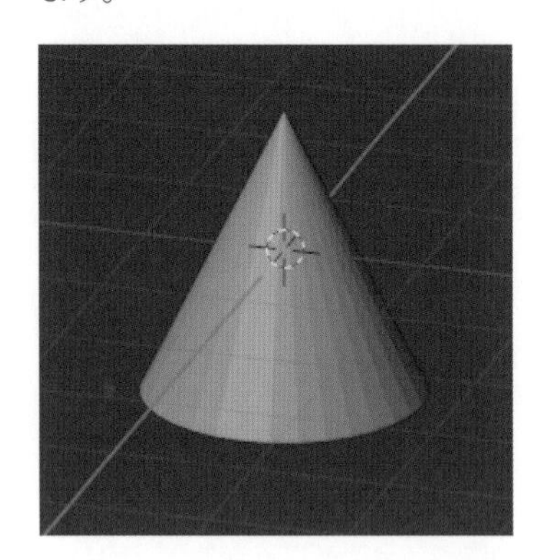

エミッター用オブジェクトとして立方体を用意し、パーティクルを付加して以下の設定を行います。

■ レンダーパネル

「Render As」→「オブジェクト」を選択します。

「スケール」で複製されるオブジェクトのサイズを設定します。

「オブジェクト」→「インスタンスオブジェクト」に円錐を指定します。

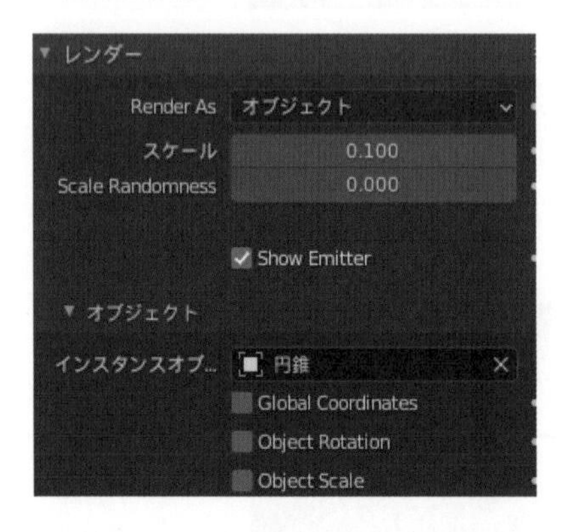

■ 回転パネル

有効にすると複製オブジェクトの向きがランダムになり、「ランダム化」に数値を指定するとさらに効果が増します。

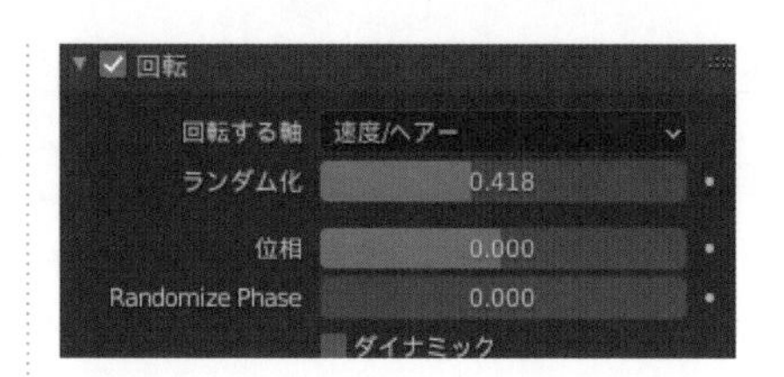

■ 完成

アニメーションすると、立方体から円錐が複製されて落下します。

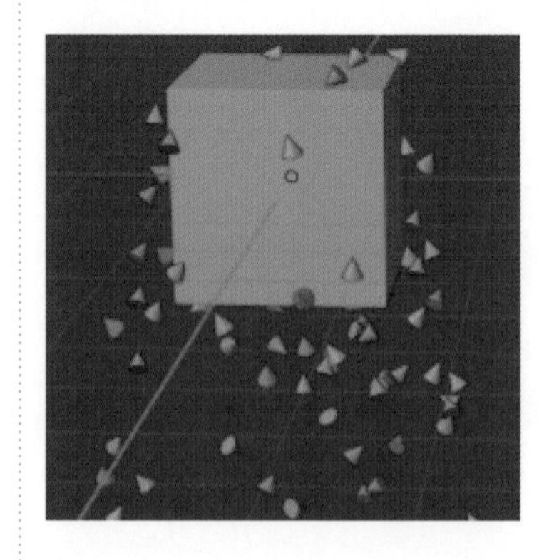

8.10.3 毛を生やす

オブジェクトにヘアーパーティクルを付加し、毛並みを整えてマテリアル設定を行います。

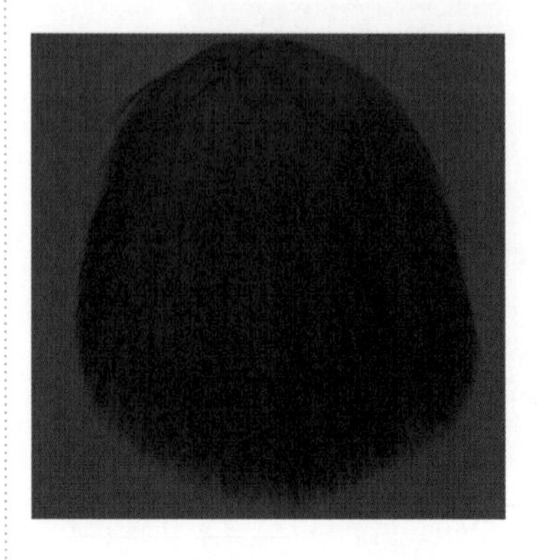

■ クイック毛皮

オブジェクトを選択し、「3D ビューポート」ヘッダー→「オブジェクト」→「クイックエフェクト」→「クイック毛皮」でパーティクル設定を付加できます。

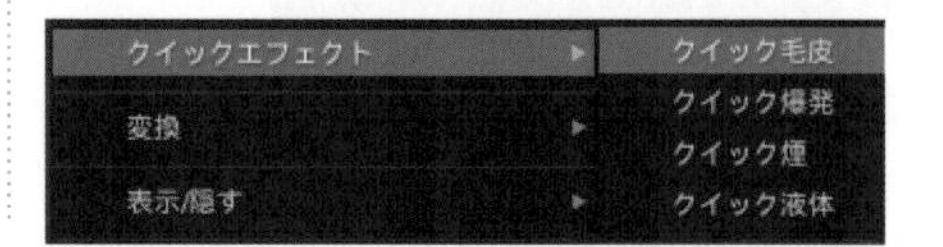

選択オブジェクトにヘアーが発生し、毛を模したマテリアルが自動で付加されます。

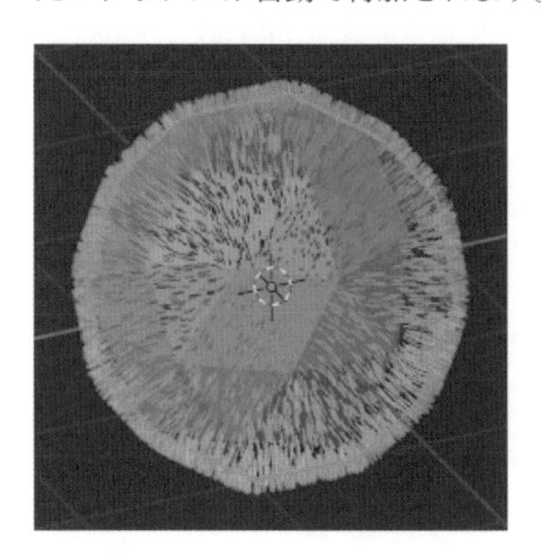

調整パネルで毛皮の密度や表示量、長さを調節できます。これらの設定はパーティクルプロパティ内でも可能です。

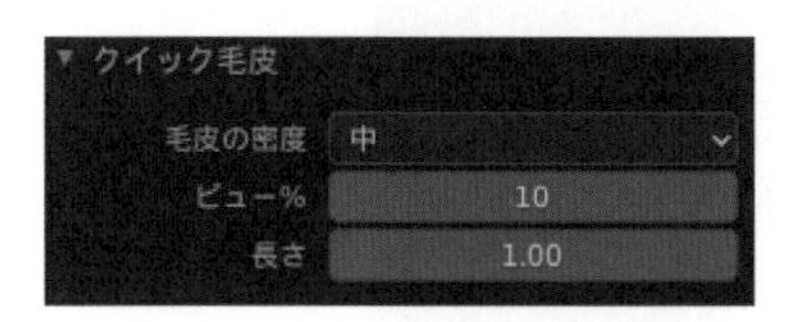

「長さ」を1にして、他はデフォルト設定でレンダリングしています。

Eevee、Cycles

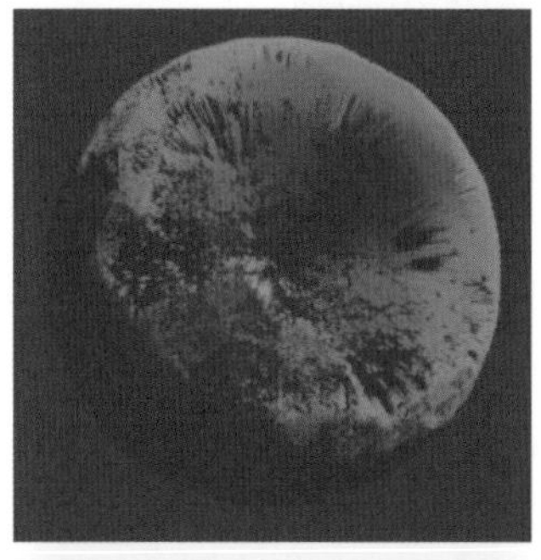

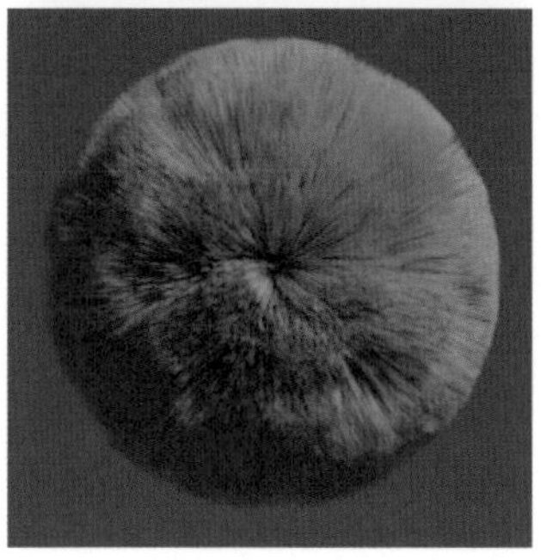

毛をとかす

ヘアータイプのパーティクルは流れを手動で編集できます。

Ctrl + Tab キーまたは「3D ビューポート」ヘッダーからモードを「パーティクル編集」に切り替えます。

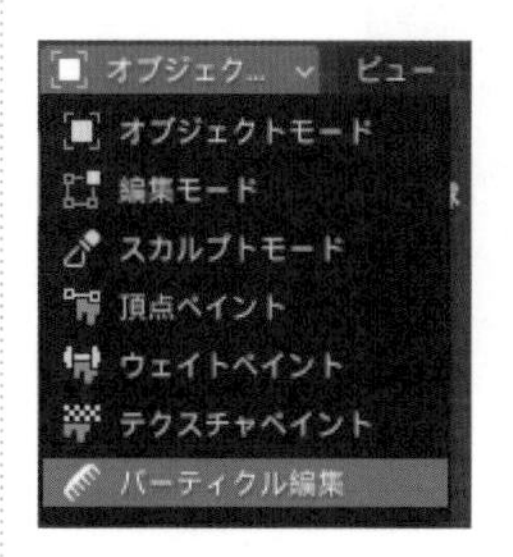

ツールバーには毛並みの方向や毛の量、長さなどを整えるブラシ類があります。

「サイドバー」(N) →「ツール」タブ→「オプション」パネル→「ビューポート表示」→「子」を有効にすると実際のパーティクル量を表示できます。

ヘアー部分をドラッグし、毛の流れを下方向に整えます。

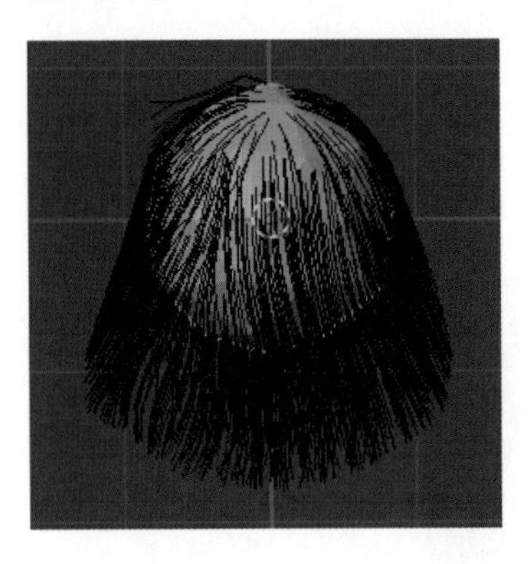

毛のカスタマイズ

「Fur Material」が付加されていますが、さらに設定を変えると毛らしい質感になります。

「プロパティ」（Shift + F7）→「レンダープロパティ」→ Render Engine で「Cycles」レンダーを選択します。

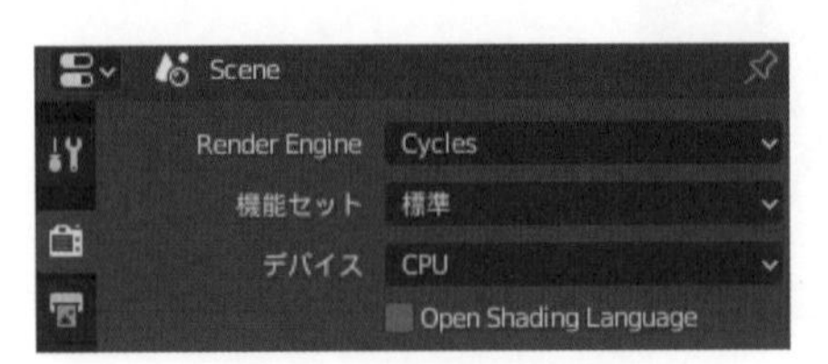

「プロパティ」（Shift + F7）→「マテリアルプロパティ」→「ノードを使用」を有効にします。

「サーフェス」パネル→サーフェス「プリンシプルヘアー BSDF」を選択します。

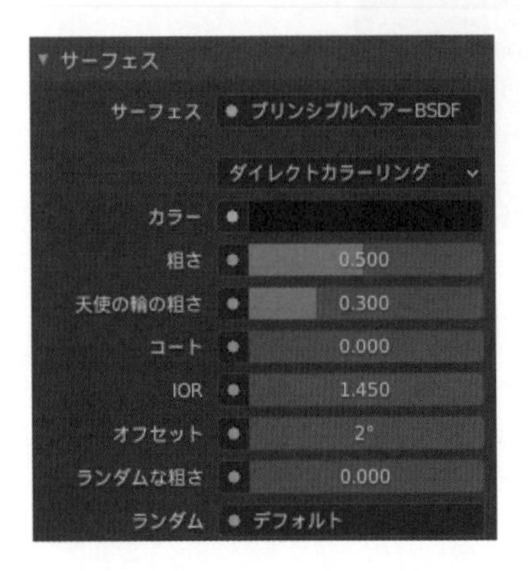

デフォルトでは親パーティクルと共に子パーティクルが生成され、量が多いのでパーティクル設定→「子パーティクル」パネル→「Render Amount」の値を 10 にします。

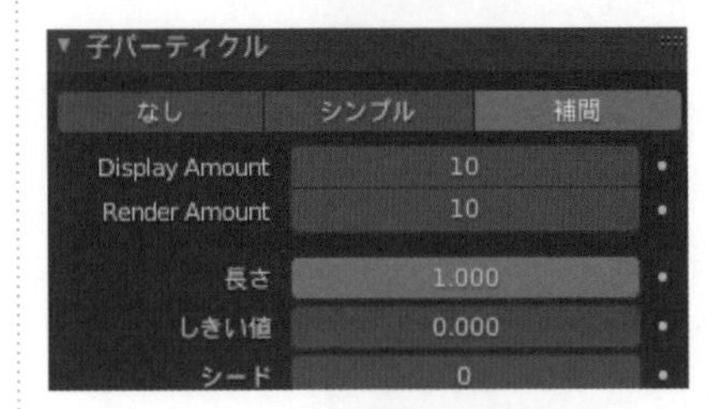

オブジェクトモードに切り替えてレンダリングすると、髪の毛のようなパーティクルが描画されます。

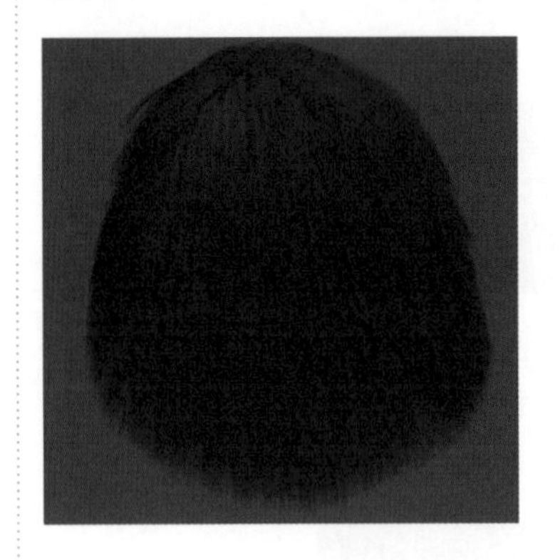

8.11 形状を砕く〈爆発〉

形状が砕けていく挙動をシミュレートします。メッシュの分解はパーティクルシステムによって制御されます。

8.11.1 基本設定

「パーティクルプロパティ」でパーティクル設定を作成します。

「プロパティ」(Shift + F7)→「モディファイアープロパティ」→物理演算「爆発」を選択し、「パーティクルのUV」にオブジェクトに設定しているUVマップを指定します。

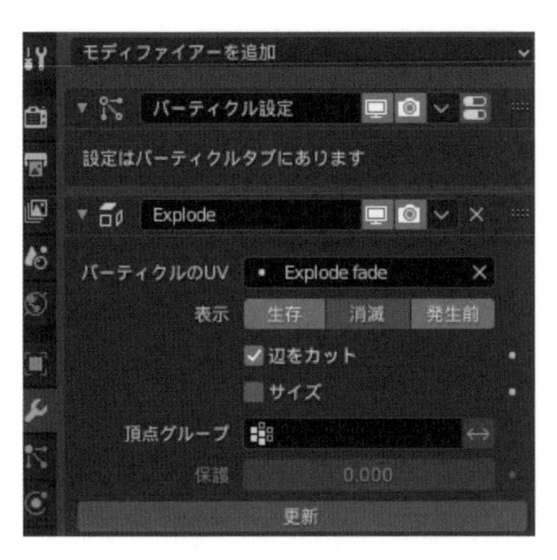

パーティクルシステムと併用するので、スタックの並び順は爆発モディファイアーをパーティクル設定モディファイアーより下に置きます。

8.11.2 砕けていくオブジェクトを作成する

基本設定後、パーティクル設定を行います。

パーティクルをビューポート上に表示しないようにするには、「ビューポート表示」パネル→表示方法「なし」を選択します。

「回転」パネルを有効にすると破片がランダムになるので見栄えがよくなります。

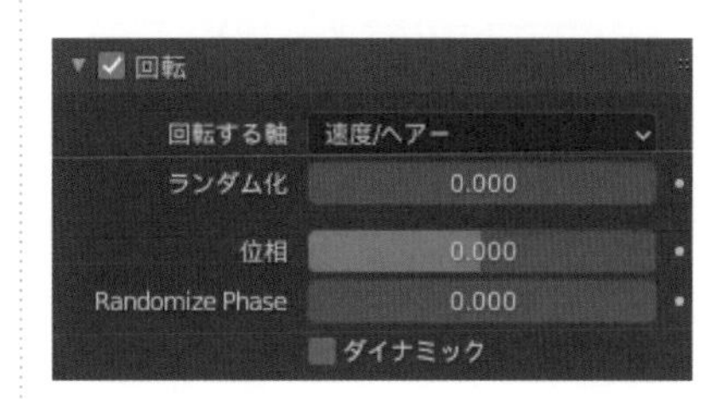

アニメーションさせると、少しずつオブジェクトが欠けていき破片が落下します。

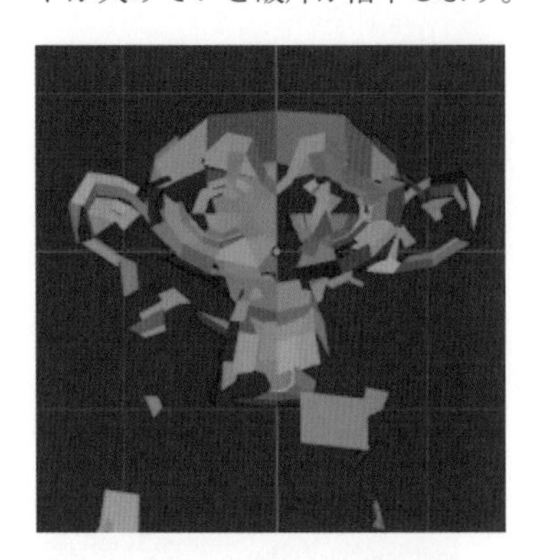

8.11.3 クイック爆発

オブジェクトを選択し､「3D ビューポート」ヘッダー→「オブジェクト」→「クイックエフェクト」→「クイック爆発」を選択すると､爆発モディファイアーとパーティクル設定モディファイアーを付加できます。

クイックエフェクト ▶	クイック毛皮
変換 ▶	クイック爆発
	クイック煙
表示/隠す ▶	クイック液体

アニメーションさせると、一瞬でオブジェクトが砕けて落下します。

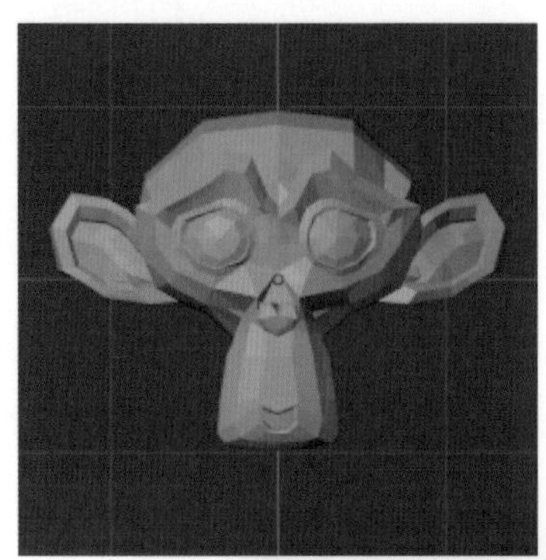

8.12 海を作る〈海洋〉

波や泡を持つ海面をシミュレートします。

8.12.1　基本設定

「プロパティ」(Shift + F7) →「モディファイアープロパティ」→物理演算「海洋」を選択します。

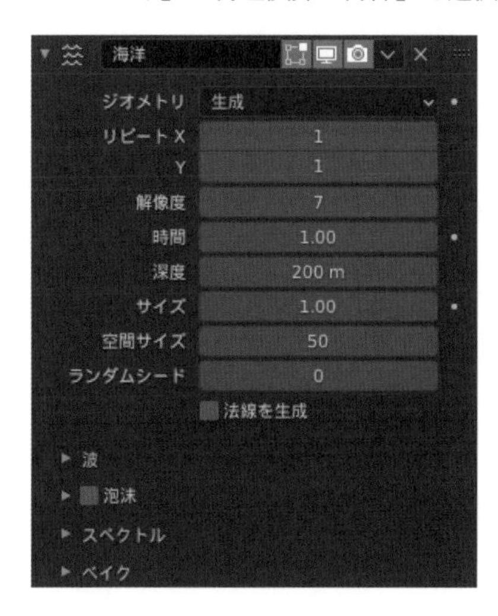

8.12.2　海を作成する

任意のメッシュオブジェクトにモディファイアーを付加すると巨大な海洋グリッドで置き換えられ､「時間」の値を変化させると波が動きます。「解像度」の値が高いほど波は細密になりますが、データは重くなります。

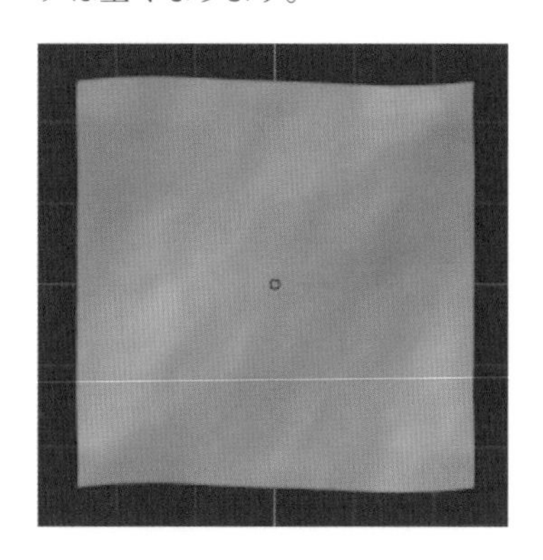

8.12.3　波を動かす

「タイムライン」(Shift + F12) のヘッダーで全体の再生時間となるフレーム数を指定します。

海洋モディファイアーの「時間」上で右クリック→「キーフレームを挿入」します。フレーム 1 に 1、フレーム 11 に 2 などの間隔でキーフレームを挿入していくとアニメーションとして再生できます。

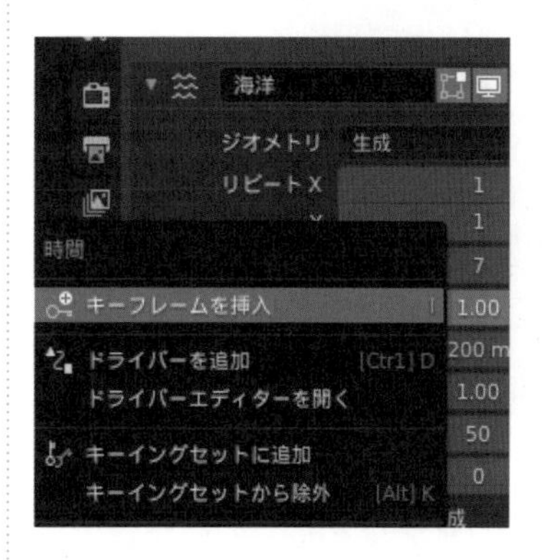

8.12.4　泡を生成する

泡データは頂点カラーとして生成されます。

「プロパティ」(Shift + F7) →「オブジェクトデータプロパティ」→「頂点カラー」パネルで泡の生成先データを作成します。

モディファイアーの「泡沫」パネルを有効にして、「データレイヤー」に頂点カラーデータ名を入力します。「カバー量」で度合いを調整できます。

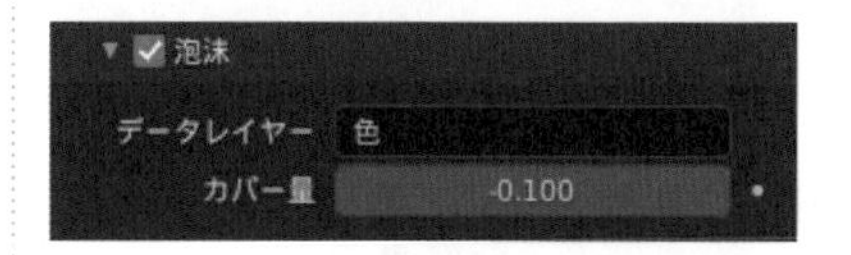

カラーを確認するには､「シェーダーエディター」(Shift + F3) で以下のように「属性」ノード､「放射」ノード→「マテリアル出力」ノードを接続します。

属性ノードには頂点カラーデータ名を入力します。

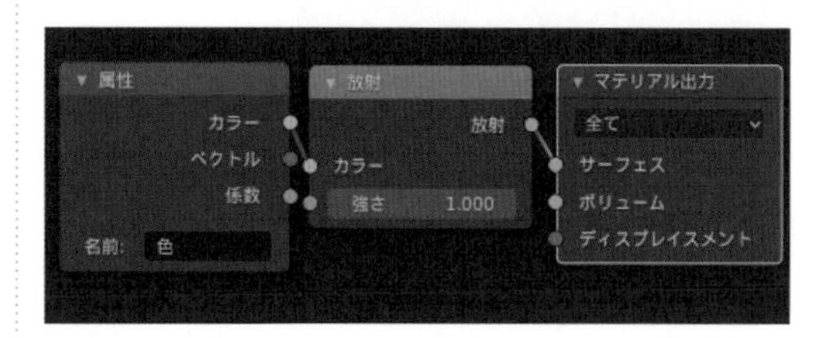

泡は「スペクトル」で「荒れた海洋」選択時以外は非常に弱くなります。

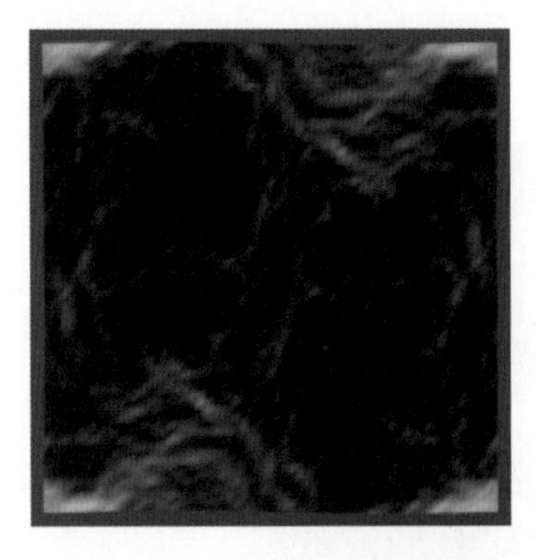

8.12.5 海のマテリアル

前述の泡確認後は以下のようにベースのシェーダーと加算します。

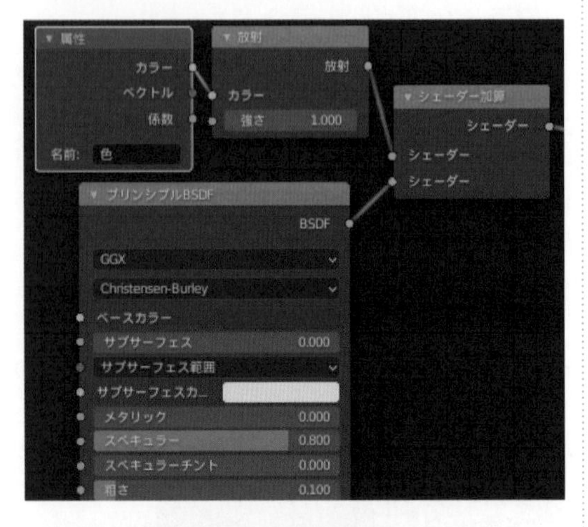

色や反射を設定すると海らしくなります。

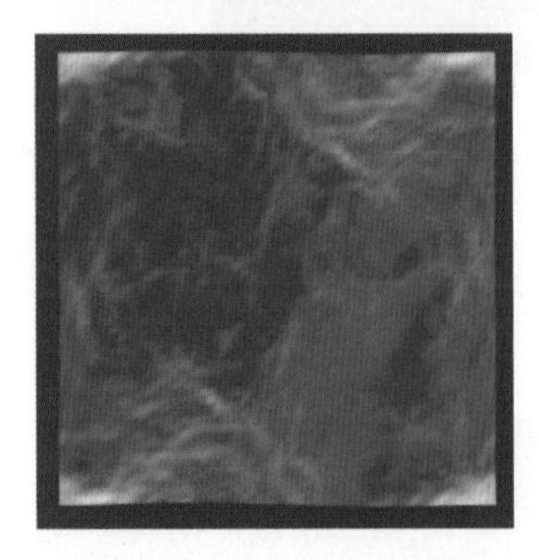

章末課題

1

立方体に布を掛けてみましょう。

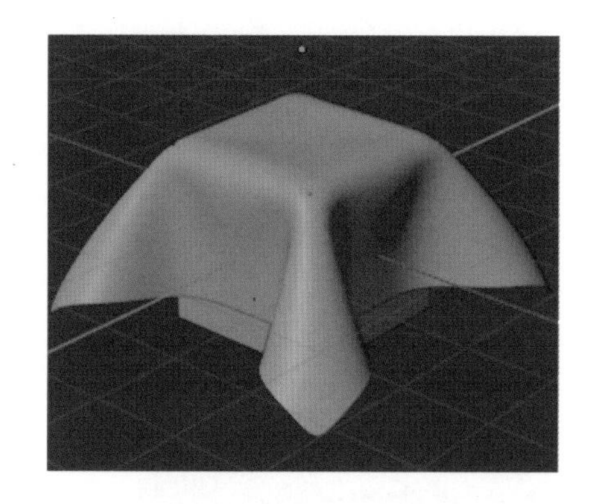

［ヒント］布オブジェクトにはクロス、立方体にはコリジョンを付加します。

2

障害物に当たりながら落下する水を作成してみましょう。

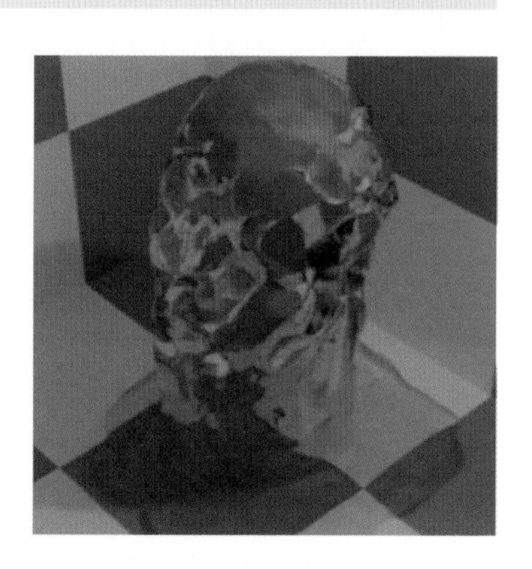

［ヒント］流体の障害物にはエフェクターを設定します。

章末課題・制作例

1

布となる平面オブジェクトを用意し、立方体オブジェクトよりサイズを少し拡大して上方に配置します。

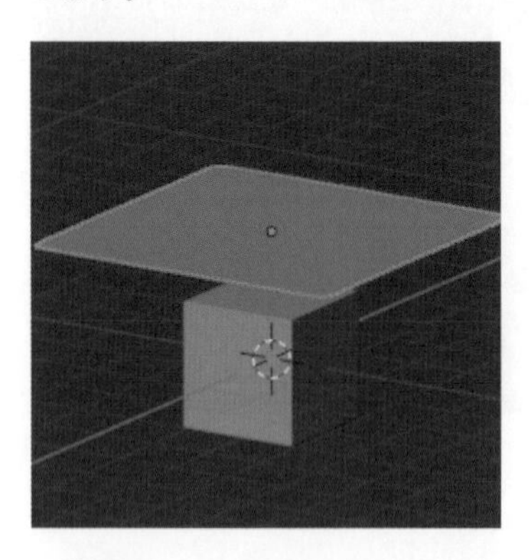

編集モードで右クリック→「細分化」で形状が変形しやすいようにメッシュをある程度細分化します。

表示が滑らかになるようにスムーズシェードを選択し、「プロパティ」(Shift + F7) →「物理演算プロパティ」→「クロス」を付加します。

立方体オブジェクトには、「コリジョン」を付加します。

平面オブジェクトにサブディビジョンサーフェスモディファイアーを付加すると、シミュレーションによる変形後の形状がより精細になります。

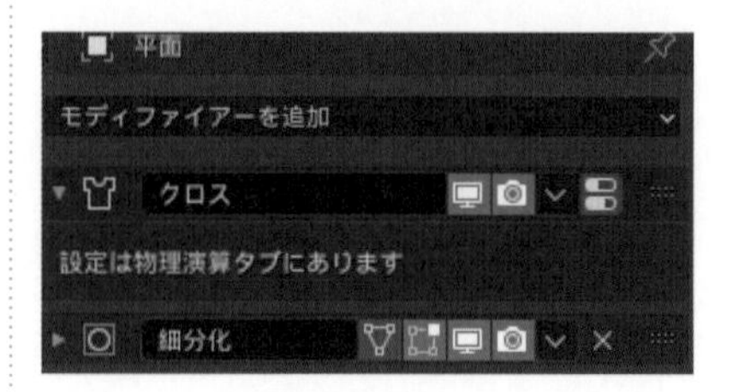

2

水の発生源として使用するオブジェクトを用意し、「3D ビューポート」(Shift + F5) ヘッダー→「オブジェクト」→「クイックエフェクト」→「クイック液体」を選択してフローオブジェクトとドメインオブジェクトを生成します。

ドメインオブジェクトの設定

「プロパティ」(Shift + F7) →「流体」パネル→「液体」→「メッシュ」を有効にしてレンダリングに反映されるようにします。

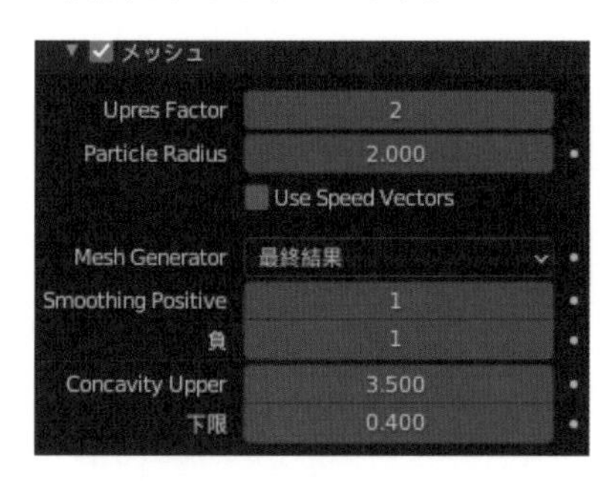

「分割障害物」を有効にすると流体と障害物の衝突時の形状が良好になります。

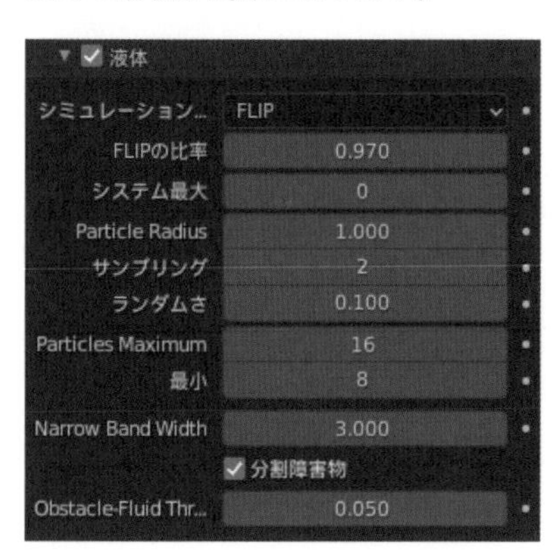

障害物

赤いマテリアルを設定したICO球を用意し、流体パネル→タイプ「エフェクター」を選択し障害物として設定します。

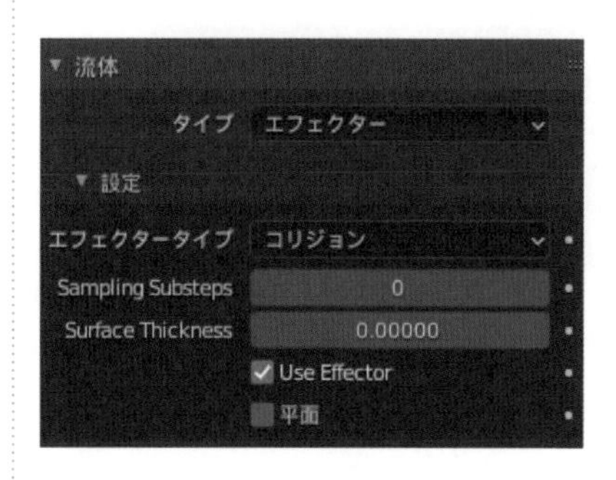

オブジェクトの配置

部屋となる立方体オブジェクトを用意し、全てのオブジェクトが内部に入るサイズに拡大します。

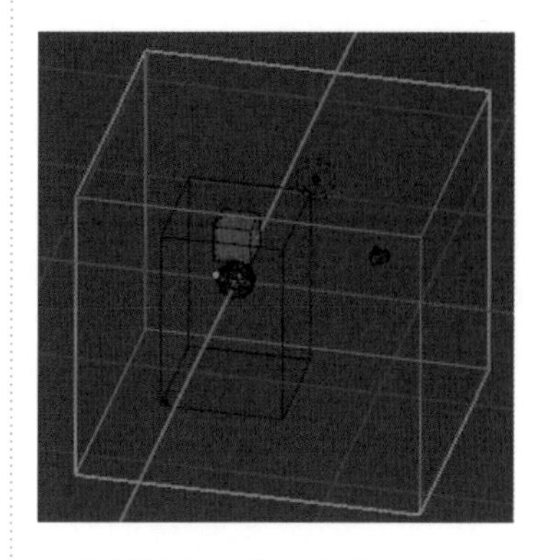

水が見えやすいようにマテリアルのベースカラーに市松模様テクスチャを設定します。

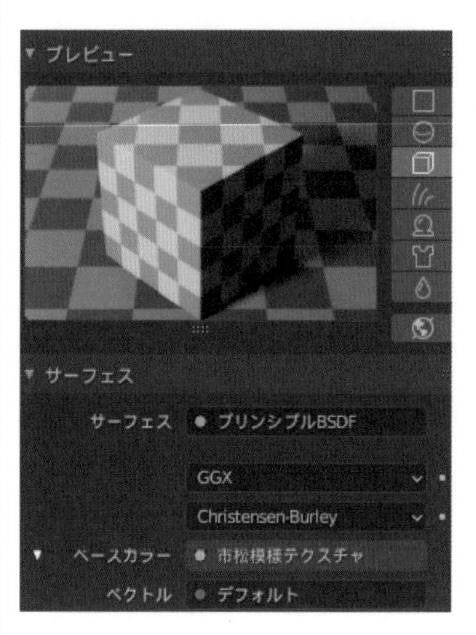

透過と屈折のあるマテリアルを描画するため、「プロパティ」(Shift + F7)→「レンダープロパティ」→ Render Engine で「Cycles」レンダーを選択します。

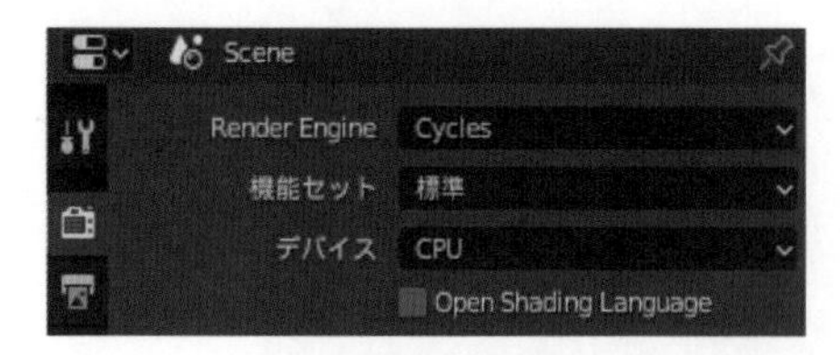

第9章

アドオン

Blenderには、作品制作に役立つ便利で高機能なアドオンが多数同梱されています。

9.1 アドオンを有効にする

アドオンは「プリファレンス」→「アドオン」内に表示されている一覧のチェックボックスで有効無効を切り替えます。

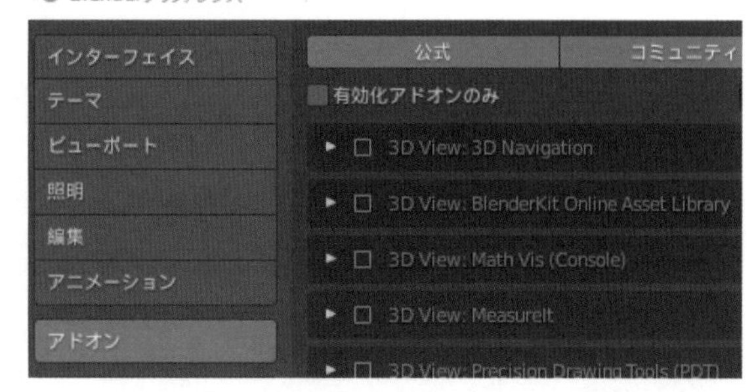

9.2 同梱アドオン

次に紹介するのは同梱されているアドオンの一部です。

- アドオンの中には動作が不安定で、操作によってBlenderが強制終了しやすいものもあります。使用前にデータの保存を行っておきましょう。

9.2.1 BlenderKit Online Asset Library

高品質なマテリアル、モデル、ブラシデータのプリセットを追加します。

■場所

3D ビューポート→サイドバー→ BlenderKit タブ

■概要

オンライン上から有志がアップロードしたデータを取り込んで使用できます。目的に合わせてカテゴリー別に探せるように整頓されています。

- 使用にはネット接続環境が必要です。
- ダウンロードしたデータはユーザーフォルダー内に保存されます。
- データの一部は有料です。

9.2.2 Extra Objects

様々な種類のメッシュオブジェクトを追加します。

■場所

3D ビューポート→追加→メッシュ

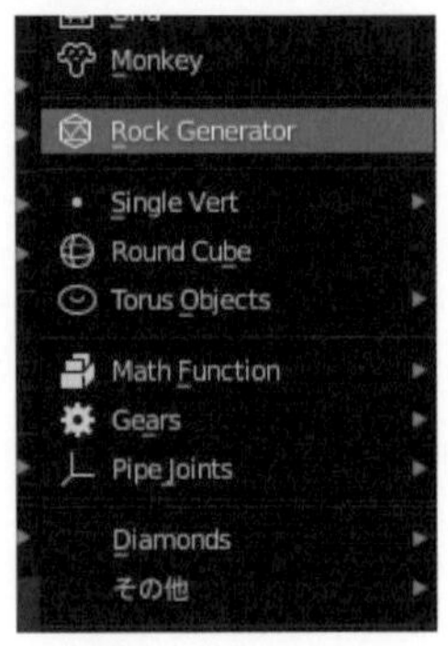

■概要

「Rock Generator」は岩を生成するツールで、調整パネルから好みの数値を入力してカスタマイズしたり、プリセットから砂岩、小惑星などを読み込みます。

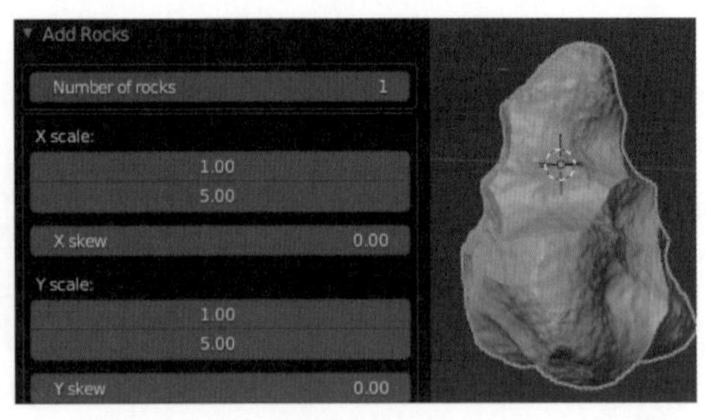

その他、角丸の立方体ツール、トーラス、数式による形状生成、歯車ツール、パイプ、城壁など多くのメッシュを利用できます。

9.2.3 Rigify

人体などの骨格を追加し、ポーズ用リグを生成します。

場所

3D ビューポート→追加→アーマチュア

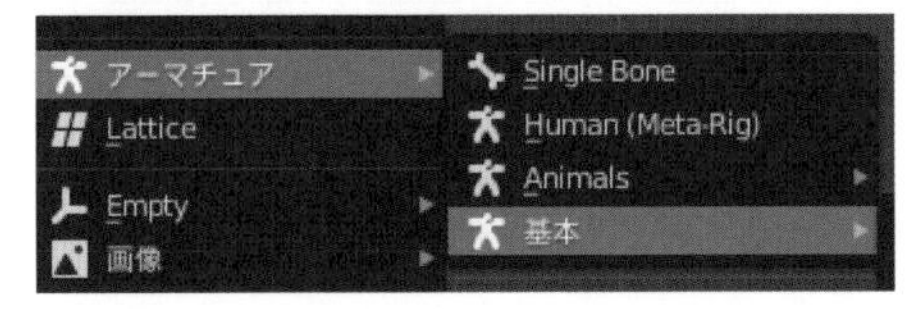

概要

人体の他、鳥、猫、オオカミなどの骨格も用意されています。

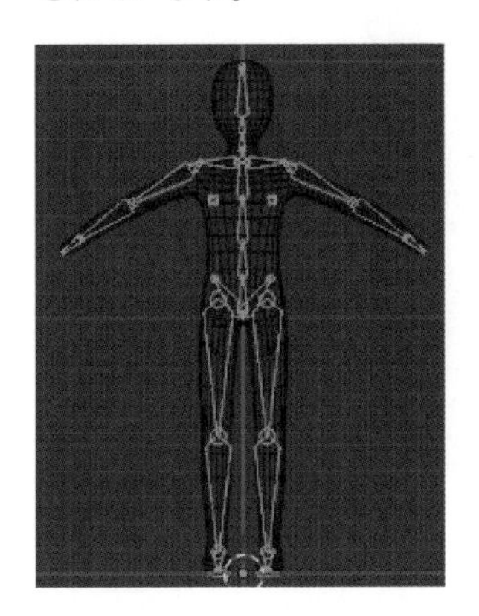

形状とボーン位置を一致させた後、オブジェクトデータプロパティに追加されている「Generate Rig」で実際のポージング用骨格（リグ）として生成します。

生成後、モデルオブジェクトをリグオブジェクトの子にして、自動ウェイトなどで可動範囲を生成すると実際にモデルを動かせるようになります。

通常は設定が難しい逆運動（IK）による連携した体の動きを制御するパーツが生成され、それらを選択してトランスフォーム操作をするだけでポージングが簡単に行えるようになります。

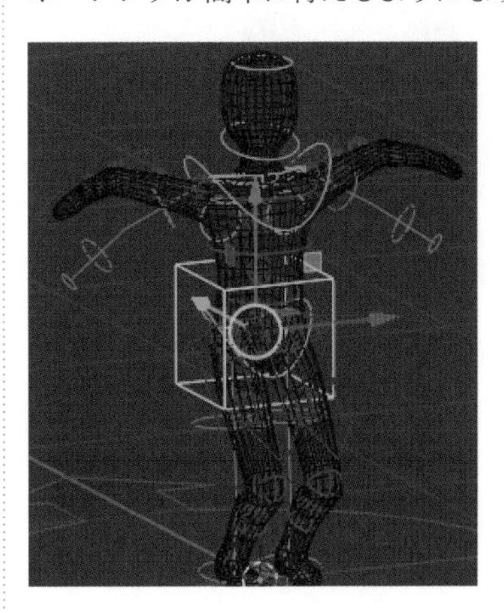

9.2.4 Material Library VX

マテリアルプロパティにライブラリを追加します。

場所

プロパティ→マテリアルプロパティ

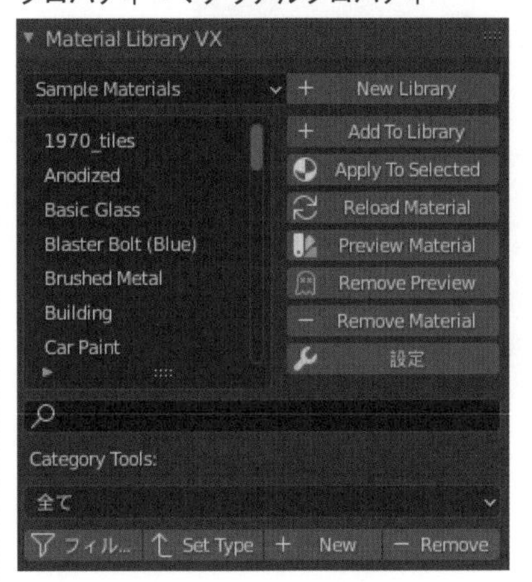

概要

サンプルマテリアルから木目、金属、カーペイントなど特徴をリアルに再現した多くのマテリアルを選択して使用できます。ノードを駆使して編集されているためデータが重く、付加するのに時間が掛かる場合があります。

テンプレートは画像テクスチャや両面へのシェーダー設定のベースとして使用できます。

9.2.5 Archimesh

壁や棚など、部屋を構成するオブジェクトを生成します。

■場所

3D ビューポート→サイドバー→ Create タブ

■概要

ドアや窓はデザインがいくつか用意されており、生成後も特定のオブジェクトは再編集が可能です。サイズや個数などをカスタマイズして好みの部屋を構築できます。

マテリアルが自動で付加され、窓やドアを置くと自動で壁をくり抜くオプションもあります。

9.2.6 A. N. T. Landscape

地形オブジェクトを生成します。

■場所

3D ビューポート→サイドバー→ Create タブ

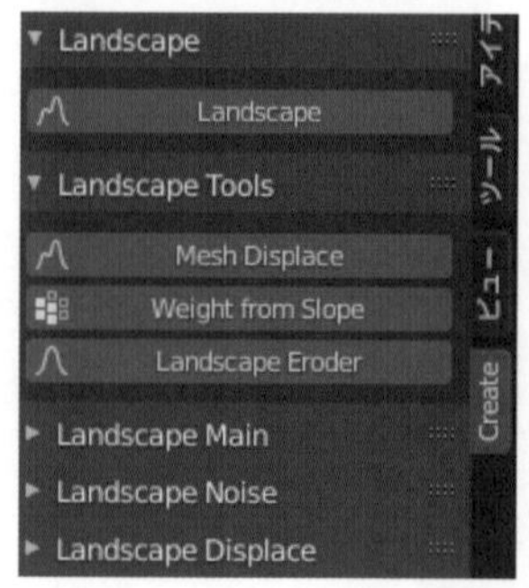

■概要

地形オブジェクト追加後、さらに設定パネルが表示され詳細な地形のカスタマイズが可能です。豊富なノイズ、エフェクトプリセットからどれかを選択し、更新ボタンで適用するだけで様々な地形を作成できます。

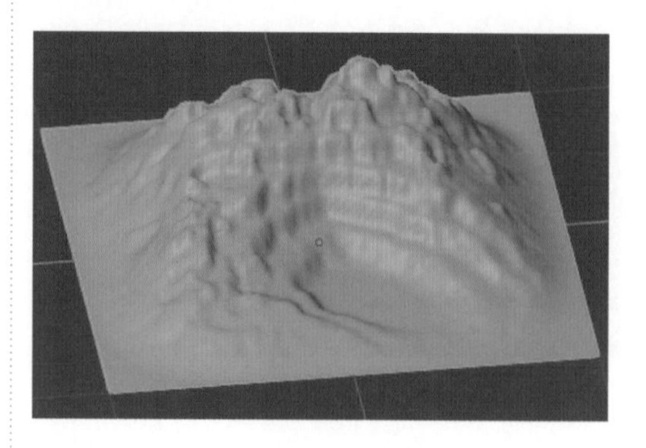

9.2.7 IvyGen

対象オブジェクトにツタを絡ませます。

■場所

3D ビューポート→サイドバー→ Create タブ

■概要

3D カーソル位置がツタの基点となり、近くにあるオブジェクトを覆うように生成されます。生成直後は調整パネル→「Update Ivy」で変更した数値による更新が可能です。マテリアルは手動で付加する必要があります。

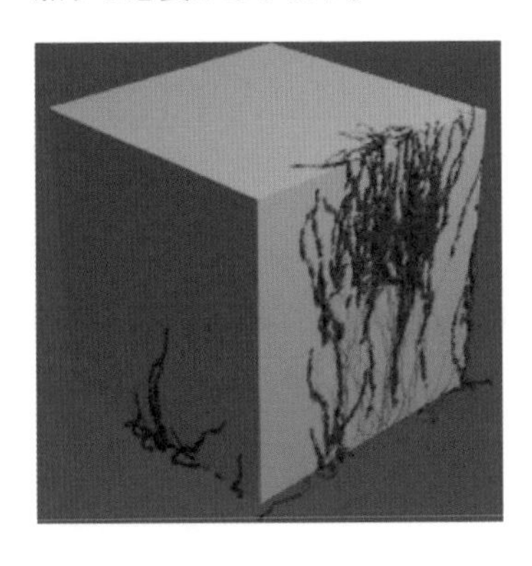

9.2.8 Sapling Tree Gen

リアルな木を生成します。

■場所

3D ビューポート→追加→カーブ

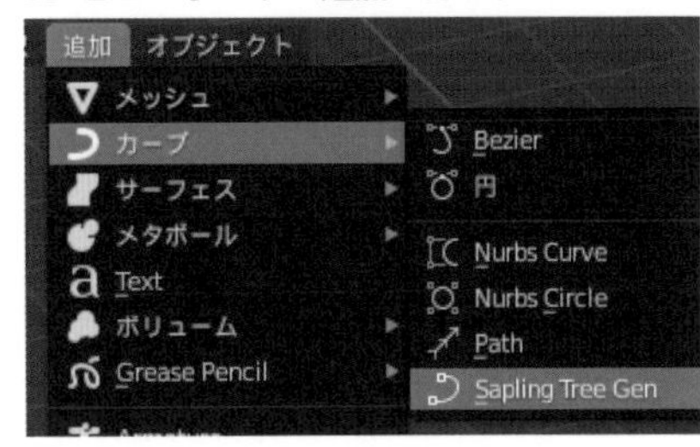

■概要

生成後に表示される調整パネルで樹形や葉などの設定を行います。木のベースとなるジオメトリにはいくつかのプリセットが用意されており、自作の設定をエクスポートすることもできます。

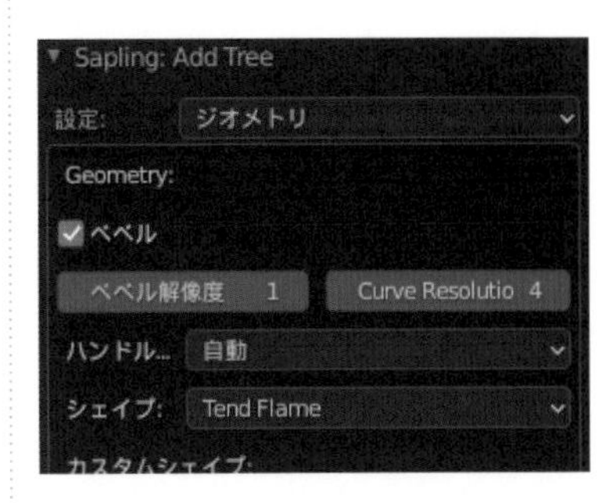

デフォルトの設定を使用し、マテリアルを設定するだけで見栄えのよい木を作成できます。

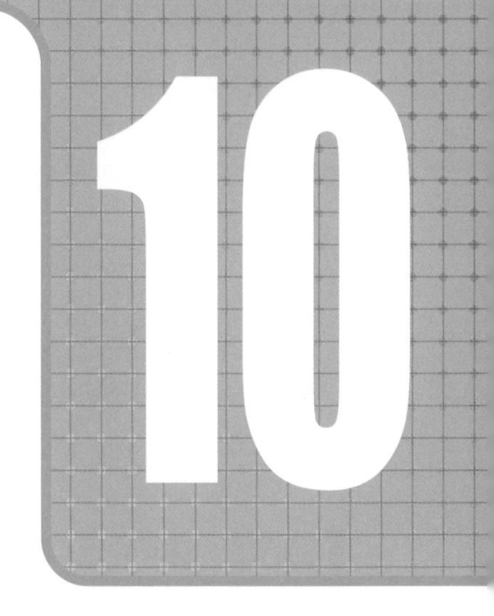

第10章

トラブルシューティング

10.1 ビュー

10.1.1 オブジェクトが見えなくなった

選択オブジェクトが非表示になるとビュー上で見えなくなります。

Hキーなどで選択物を隠した場合、Alt + Hキーまたはアウトライナーで表示が無効になっているオブジェクトを探して再表示します。

10.1.2 旧バージョンのファイルのオブジェクトが表示されない

旧バージョンで作成したファイルを開くと、非表示にしているオブジェクトがある場合、ビューポートで無効の状態になっています。

アウトライナーのヘッダー→フィルターからモニターアイコンをクリックして可否を切り替えられるようにします。

10.1.3 視点がどこにあるか分からない

オブジェクトから離れすぎた場合は以下のキーが便利です。

Home：表示中のオブジェクトが全て画面に収まります。

テンキーの .：アウトライナーでオブジェクトを選択後、このキーで選択中のオブジェクトに視点を合わせます。

10.1.4 ズームが困難になる

Blenderは中心点を使用して周回するため、オブジェクトにズームインしようとすると、ある地点で操作に対して視点がオブジェクトに近付けないように見えることがあります。

オブジェクトの内側（部屋の中など）のシーンで視点設定が難しい場合、以下の操作が便利です。

- Shift + Ctrl + マウス中ボタンでドリーズームを使用する
- Alt + マウス中ボタンを中心に視点を配置する
- Shift + ` キーでウォーク / フライナビゲーションを使用する

10.1.5 遠くや近くのオブジェクトが消える

オブジェクトが表示されるのはクリッピング範囲内なので、範囲外のオブジェクトは見えなくなります。

3D ビューポート

「サイドバー」→「ビュー」タブ→「ビュー」パネル→「範囲の開始 / 終了」で設定します。

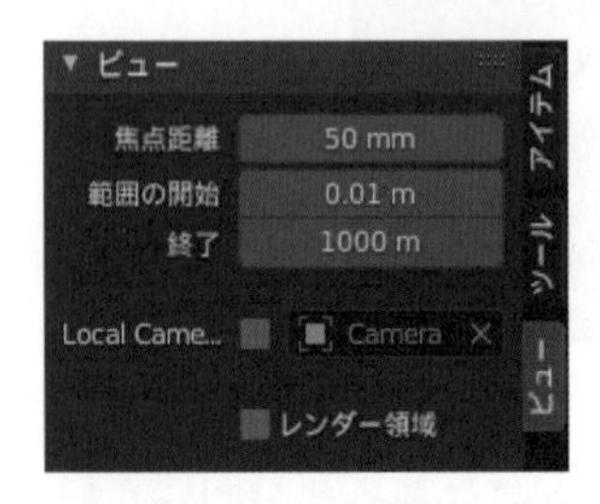

カメラ

カメラオブジェクトを選択し、「プロパティ」（Shift + F7）→「オブジェクトデータプロパティ」→「レンズ」パネル→「範囲の開始 / 終了」で設定します。

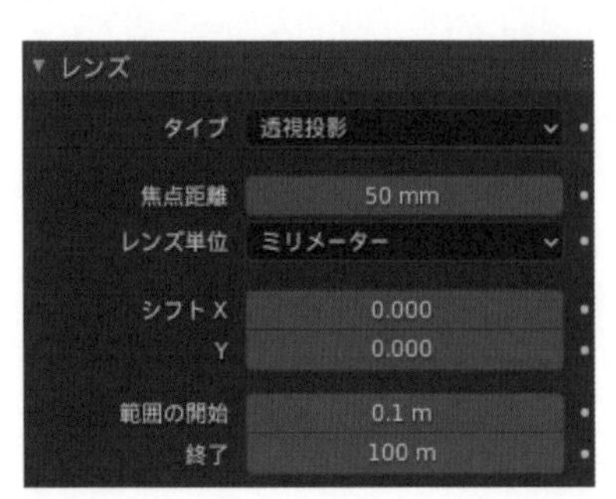

10.1.6 形状の立体感が分かりにくい

シェーディングのオプションで球体をクリックすると、光の当たる方向が異なるタイプを選択できます。

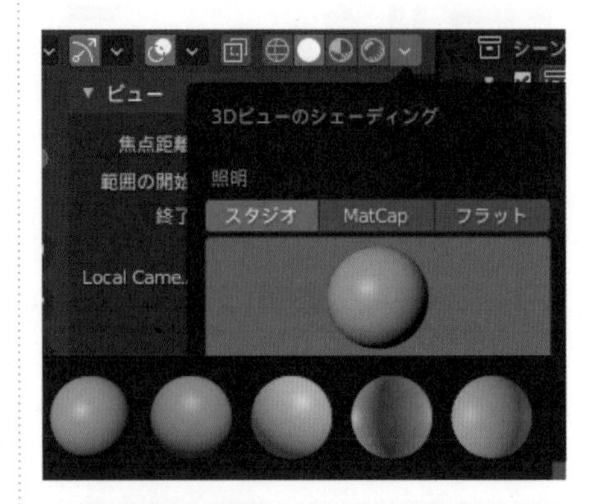

「MatCap」を選択すると、さらに多くのプリセットから材質のライティングを選択できます。

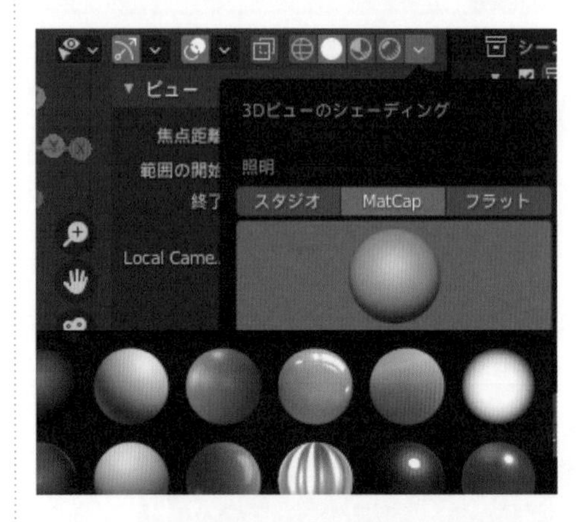

MatCap 表示はレンダリングには影響しません（Workbench レンダー選択時は「プロパティ」（Shift + F7）→「レンダープロパティ」→「照明」パネルで設定するとレンダリングに影響）。

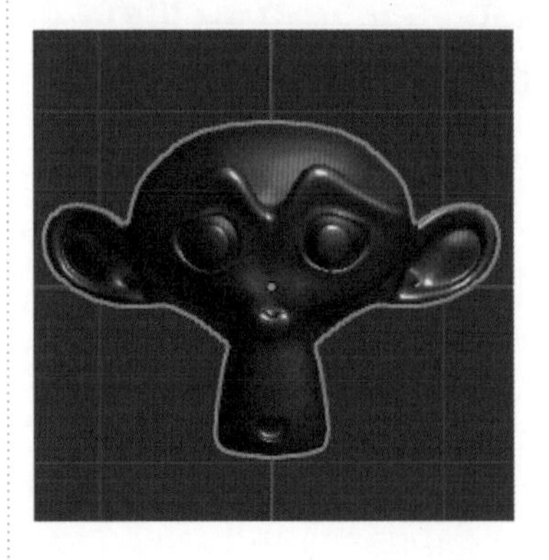

10.2 レンダリング

10.2.1　色味がくすんだ感じになる

「プロパティ」(Shift + F7) →「レンダープロパティ」→「カラーマネジメント」パネル→「ビュー変換」→「標準」を選択します。

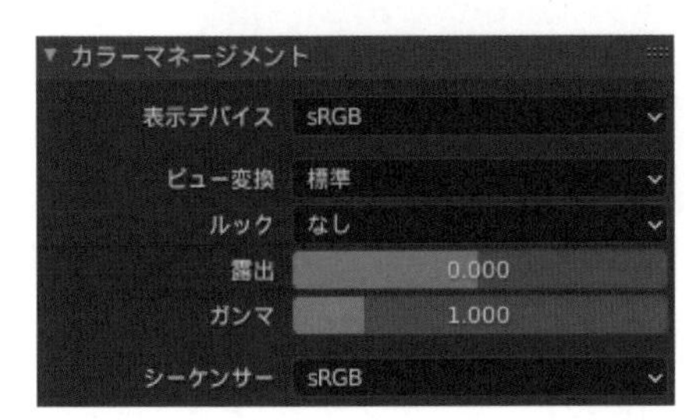

デフォルトの「Filmic」はリアル志向ですが、コンポジターやビデオシーケンサーで画像を読み込んで表示すると完全な白でも灰色に表示されます。

画像の色をそのまま出したい場合や出力後の画像を読み込んで再編集して出力する場合は事前に設定を変更する必要があります。

10.2.2　レンダリング速度が遅い

以下は主に最終レンダリング用の高速化方法です。

簡略化パネルを有効にする

「プロパティ」(Shift + F7) →「レンダープロパティ」→「簡略化」パネルでプレビューやレンダリング時の再分割、パーティクル量などを制限してパフォーマンスを一時的に向上させます。

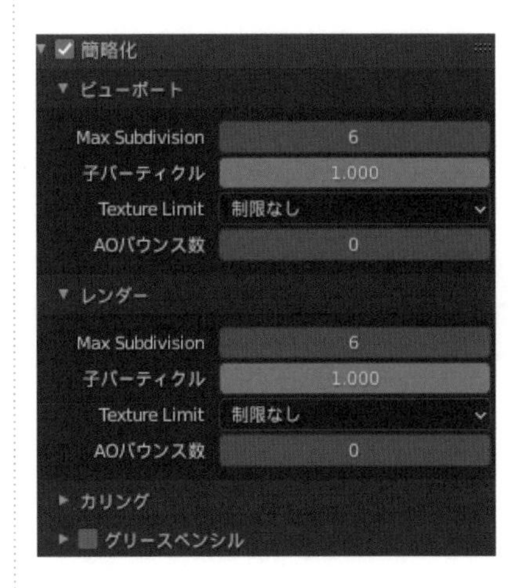

一部分だけレンダリング

指定範囲のみレンダリングすると確認を素早く行えます。カメラ視点時、Ctrl + B キーで矩形範囲を描画してレンダリング範囲を設定します。

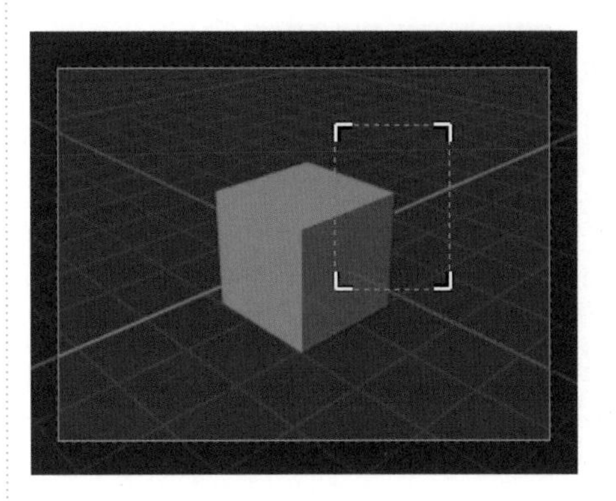

実際にレンダリング範囲として使用するかは「プロパティ」(Shift + F7) →「出力プロパティ」→「寸法」パネル→「レンダー領域」で指定します。

「レンダー領域をクロップ」を有効にすると切り抜かれた指定範囲が最終画像サイズになります。

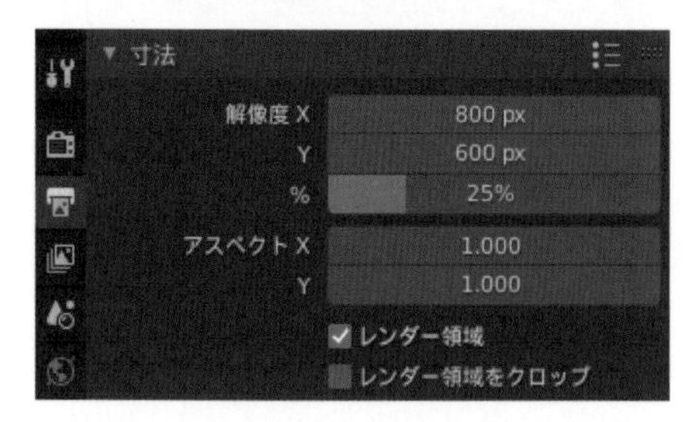

レンダリング中に画像を表示しない

「プリファレンス」→「インターフェイス」→「エディター」→「一時ウィンドウ」→ Render in「UIを維持」を選択すると、プレビュー画像を生成するコストを削減し若干の高速化が期待できます。

一度に全てをレンダリングしない

遠景、近景が互いに干渉しないシーンであれば、別々にレンダリングし、後で合成します。

パスごとの出力を合成する

「プロパティ」(Shift + F7) →「ビューレイヤープロパティ」→「パス」パネルで出力パスを設定し、別々に出力して合成します。

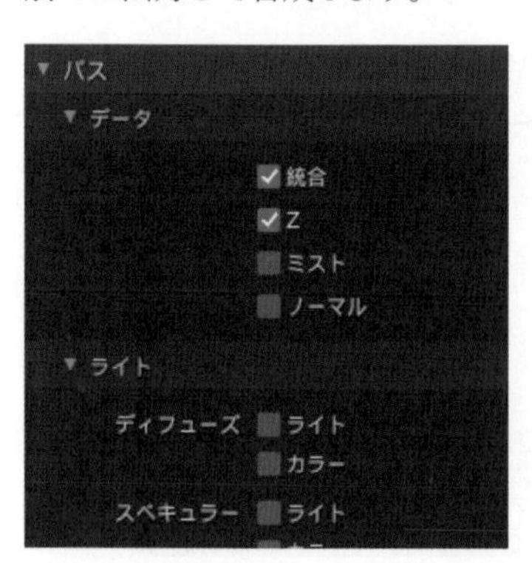

サンプル数を下げる

Cycles レンダーにおいて計算が速くなりますが、ノイズが多くなり画質が下がります。サンプル数が低くてもデノイズを行うとある程度高速かつ高品質な結果を得られます。

他のアプリケーションを終了させる

同時に複数のアプリケーションを起動していると使用できるマシンパワーが限られるのでレンダリングは遅くなります。

最適化ビルドを使用する

ウェブ上で配布されている非公式ビルドの中にはレンダリングの最適化が行われているものがあります。使用は自己責任です。

10.2.3 ノイズを減らしたい

Cycles レンダー使用時はノイズが出やすいですが、いくつかのノイズ削減機能が用意されています。

パストレーシングでサンプル数 10 の元画像です。

レンダリング時のデノイズを使用する

「プロパティ」(Shift + F7) →「レンダープロパティ」→「サンプリング」パネル→「デノイズ」→「レンダー」を有効にします。

詳細設定は「ビューレイヤープロパティ」→「デノイズ」パネルで行います。

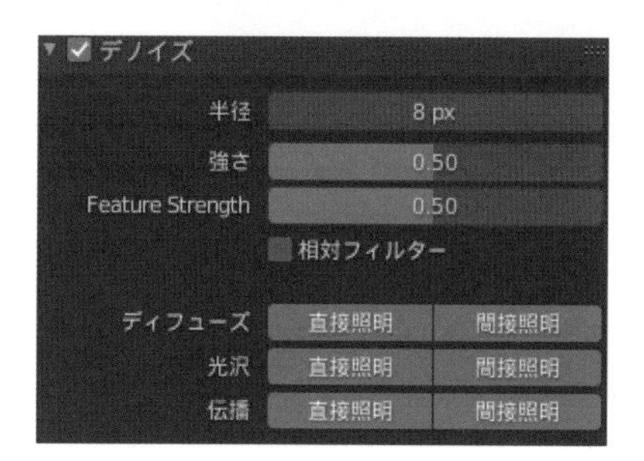

これらは画像に直接処理を行うので出力までの時間は少し遅くなります。

NLM

細かなノイズはなくなりますが、画面全体にまだら模様が見えます。

OpenImageDenoise

ノイズが消え、非常に良好な結果を得られます。

コンポジットを使用する

「プロパティ」(Shift + F7) →「ビューレイヤープロパティ」→「パス」パネル→「データ」→「Denoising Data」を有効にしてデノイズ情報のパスを「レンダーレイヤー」ノードの出力ソケットに追加します。

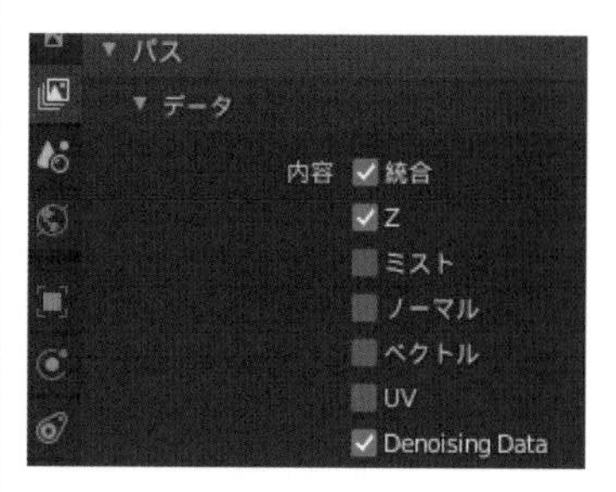

「コンポジター」(Shift + F3) ヘッダー→「追加」(Shift + A) →「フィルター」→「デノイズ」ノードを追加し、「レンダーレイヤー」ノードの「画像」の他、「Denoising Normal」と「ノーマル」、「Denoising Albedo」と「アルベド」のソケット同士を接続します。

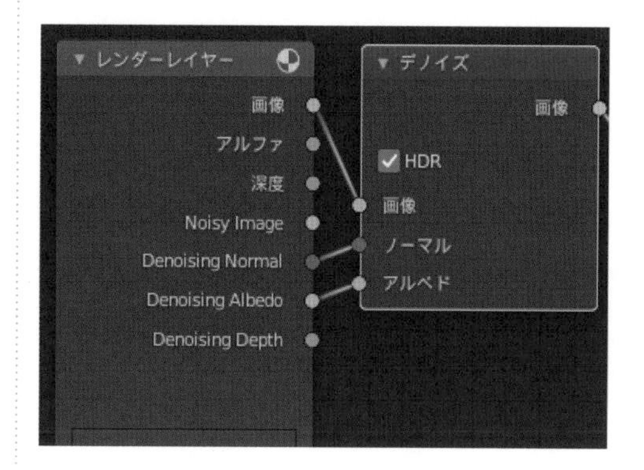

OpenImageDenoise とほぼ同じ結果が得られます。元画像への加工なのでレンダリング時間自体はデフォルトと同じです。

10.2.4 レンダリングできない

重いシーンを扱っているとレンダリング時に「Out of Memory」と表示され、画像の出力ができない場合があります。

メモリ不足に陥っているため、Blender を一旦終了させてメモリを解放したり、同時に複数の重いアプリケーションを起動しないようにします。

「プリファレンス」→「インターフェイス」→「エディター」パネル→「ステータスバー」→表示「システムメモリ」を有効にすると、画面右下に Blender が使用しているメモリを表示できます。

作業中はこまめに確認し、レンダリング前に十分なメモリを確保できるようにします。

10.3 パフォーマンス

10.3.1 オブジェクト選択が遅い

シーン内に多数の複雑なオブジェクトがある場合や、レンダープレビューで表示している場合は画面の描画が遅くなります。

OpenGL デプスピッキングを無効にする

「プリファレンス」→「ビューポート」→「選択」パネル→「OpenGL デプスピッキング」はデフォルトでは有効になっています。無効にすると選択の精度が失われますがパフォーマンスが改善する可能性があります。

中心を選択

Ctrl キーを押しながら選択するとオブジェクトの中心点が使用されます。選択の精度がやや下がりますが OpenGL での選択に依存しません。

ワイヤーフレーム表示にする

3D ビューのシェーディングを「ワイヤーフレーム」にすると描画の負荷が軽減され、オブジェクトを選択しやすくなります。

10.3.2 動作全般が重い

Blenderは表示にOpenGLを使用しており、グラフィックカードとドライバーは動作に大きく影響しています。ドライバーを更新したり、ハードウェアを高性能なものに変えると改善する可能性があります。

10.3.3 Blenderがクラッシュする

強制終了はメモリ不足、ハードウェアの問題、Blenderのバグが原因の可能性があります。

「プリファレンス」→「システム」→「メモリーと制限」パネル→「アンドゥ回数」を減らすと使用メモリを節約できます。

10.3.4 Blenderが起動しない

一時的な不具合の可能性もあるので、コンピューターを再起動すると解消する場合があります。

10.3.5 機能の一部が誤作動する

トップバー→「ファイル」→「デフォルト」→「初期設定を読み込む」で起動し、問題が解消しないか確認します。

何らかの理由で構成ファイルが破損したり上書きされている可能性がある場合は、Blenderを再ダウンロードします。

- ユーザー設定はユーザーフォルダー（隠しフォルダー）に保存されているので、以前のBlenderフォルダーを削除しても新規起動時に読み込まれます。
- 不具合がBlender自体のバグである可能性もあります。この場合は再ダウンロードでの解消は不可能です。

10.3.6 旧バージョンのデータが重い、開けない

Blenderでは過去のバージョンで作成したデータでもある程度は互換性があるので開けますが、レンダリングが異様に遅かったり、ファイル読み込み時にクラッシュする場合もあります。

オブジェクトデータなどをアペンドして、新規ファイルとして保存すると現在のバージョンに整合するデータになり、安全に開けるようになります。

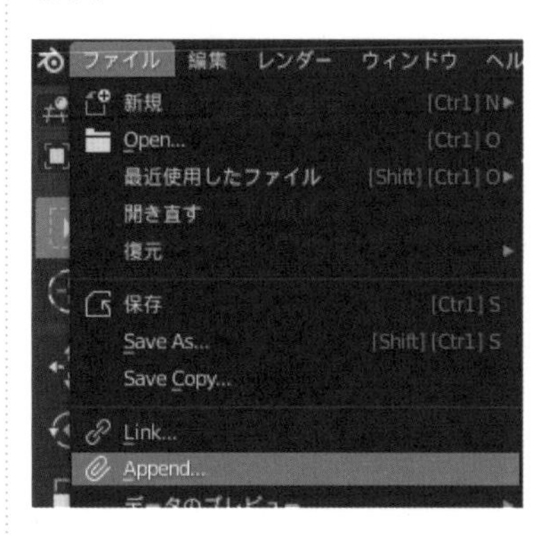

10.3.7 未保存のまま終了してしまった

トップバー→「ファイル」→「復元」→「Auto Save...」から自動的に保存されたファイルがある一時ディレクトリを開きます。

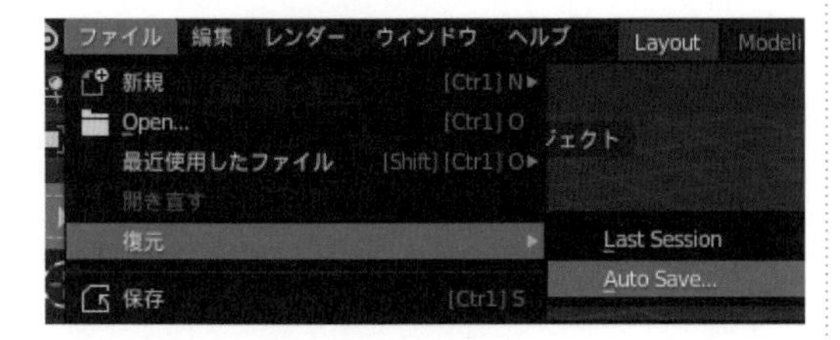

直近のファイルを探すには縦型または横型リストに切り替えて日付を表示する必要があります。

乱数で生成された数字が付いた「autosave.blend」が自動保存ファイルです（保存済みファイルの場合はファイル名が先頭に付いている）。

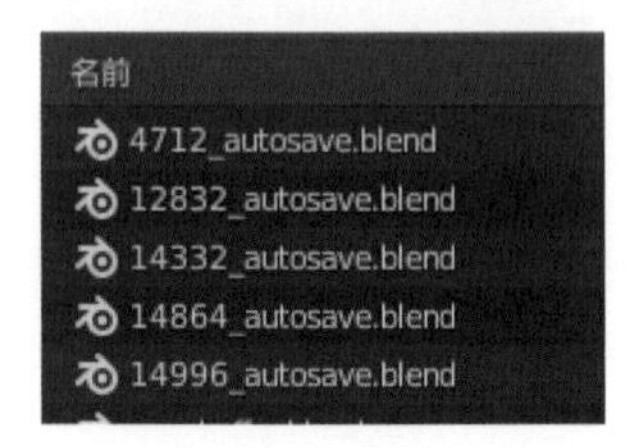

「Last Session」はファイルに保存するのを忘れてBlenderを終了させていても、一時ディレクトリに保存されている最後のセッション（quit.blend）を復元します。

- 一時ディレクトリ内のファイルはコンピューターを再起動すると削除される場合があります。
- 自動保存されたファイルを復元すると最後の自動保存が実行されてから行われた変更が失われます。

第２部

作品制作

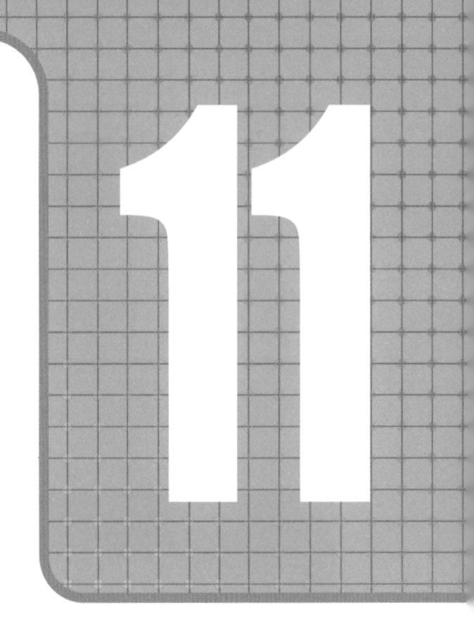

第11章

初級

街灯のモデリング

シンプルな街灯を作成します。面の押し出しやトランスフォームのみで形状を編集でき、慣れると様々な形状にカスタマイズできるようになります。

11.1 基本形〈メッシュ編集〉

11.1.1 セード

「3Dビューポート」(Shift + F5)ヘッダー→「追加」(Shift + A) →「メッシュ」→「UV Sphere」で球を生成します。

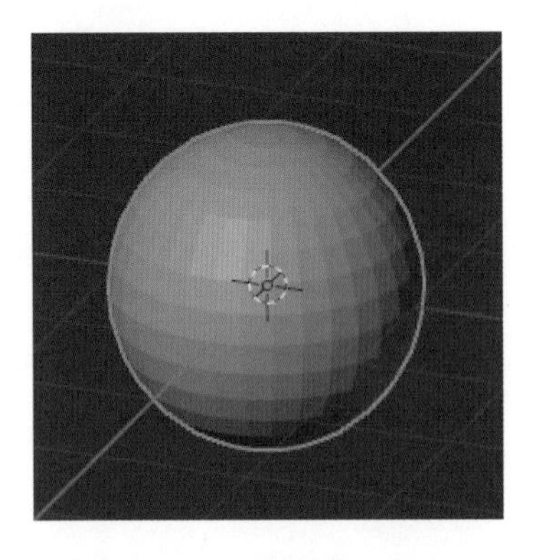

編集モードで極部分の頂点から6列より下の頂点を選択し、Xキー→「頂点」を選択して削除します。

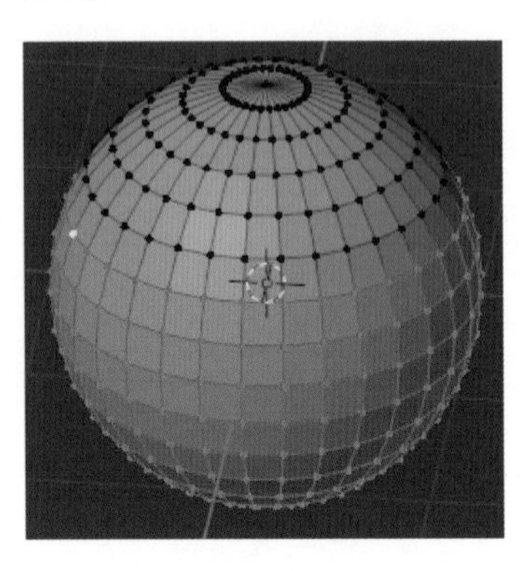

一番下の頂点群を選択します。

Altキーを押しながら一番下の頂点を1つクリックするとループ選択できます。

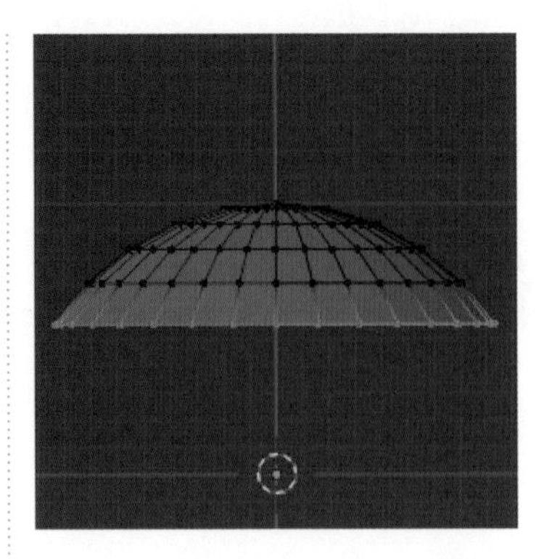

Eキーで面を押し出し、動かさずに右クリックで一度キャンセルします。

押し出された頂点を選択したまま、Sキーで少し拡大して枠部分を作成します。

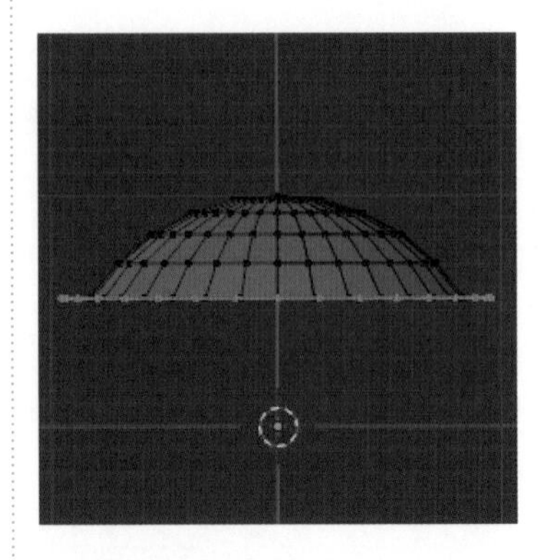

再度Eキーで押し出し、Zキーで移動軸を制限して下に移動させて枠の厚み部分を作成します。

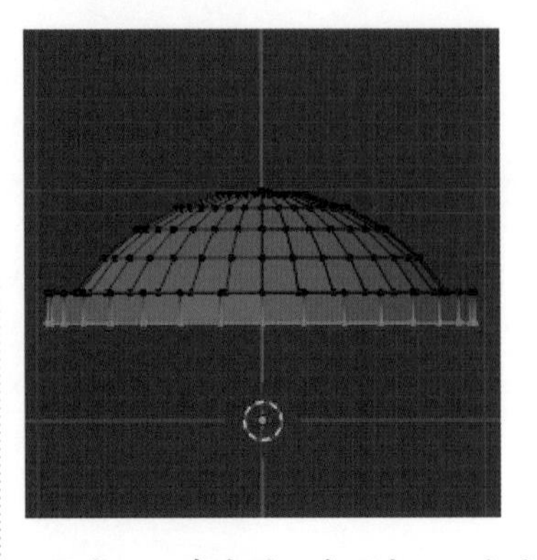

Eキー→右クリックでキャンセル→Sキーで少し縮小し枠の厚みとなる位置に面を作成します。

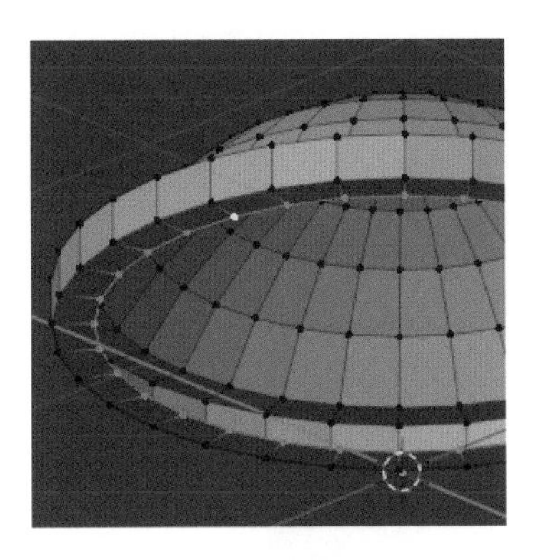

E→Zキーで移動軸を制限して下に少し移動させ2番目の枠を作成します。

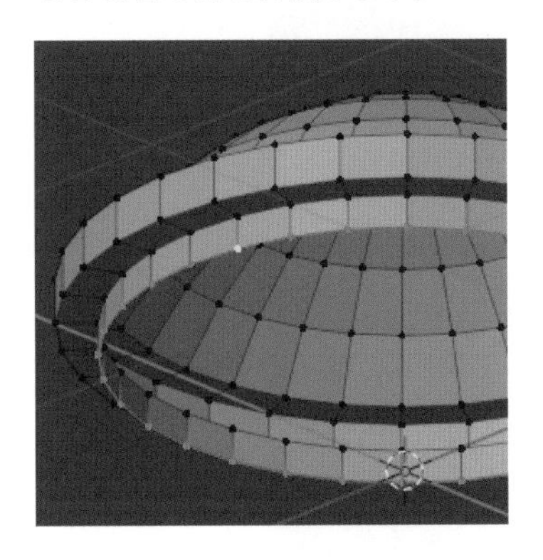

Eキー→右クリックでキャンセル→Sキーで縮小し枠の厚みを作成します。

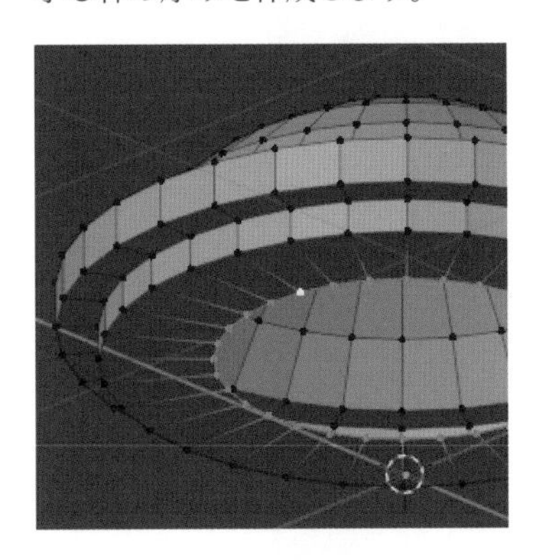

Mキー→マージ「中心に」を選択し頂点を1つにまとめます。

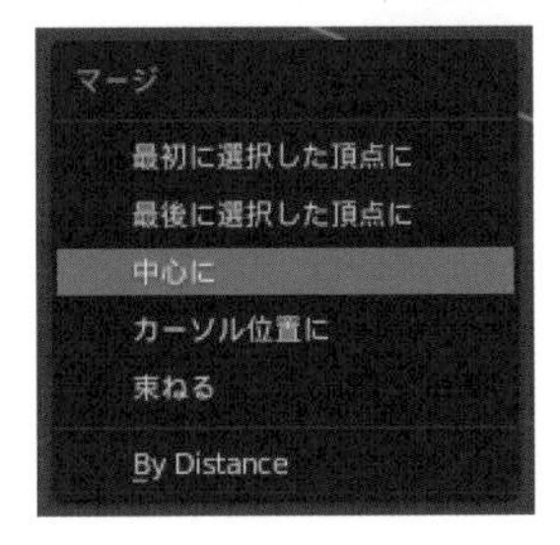

頂点が結合して底面が塞がれます。

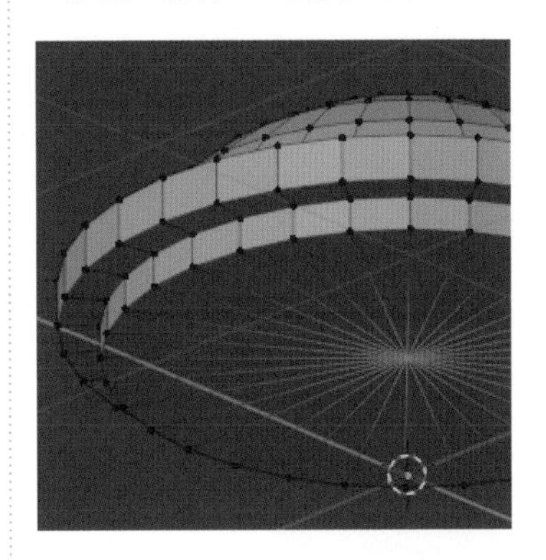

Aキーで全選択し、S→Zキーで少し縮小して扁平にした後、枠の下の頂点を選択して下に移動させ、太さを復元して厚みを整えます。

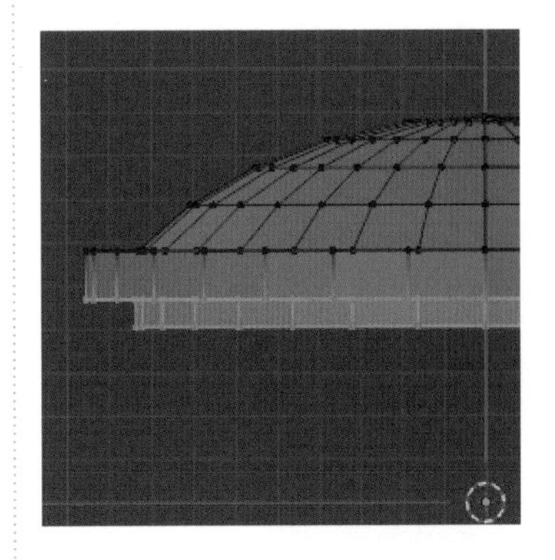

11.1.2　灯具

新規オブジェクトとして球を生成します。

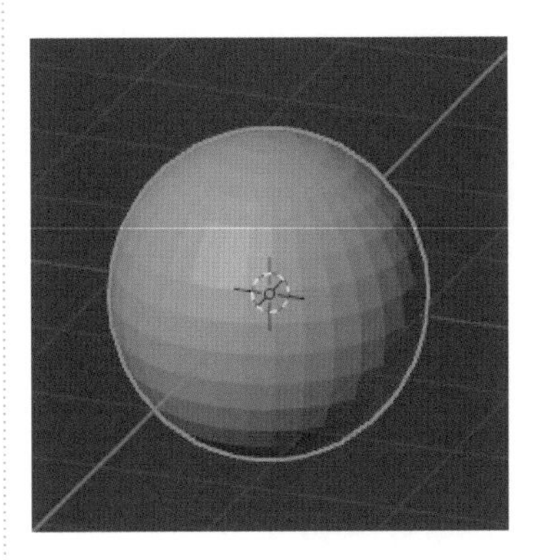

編集モードで極部分の頂点から６列より下の頂点を選択し、Ｘキー→「頂点」を選択して削除します。

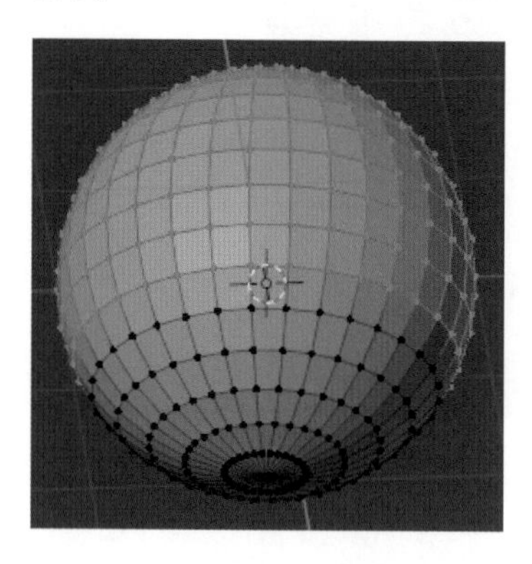

Ａキーで頂点を全選択し、Ｇ→Ｚキーでセードオブジェクトの底部に移動させ、Ｓ→Ｚキーで少し縦に縮小して形状を調整します。

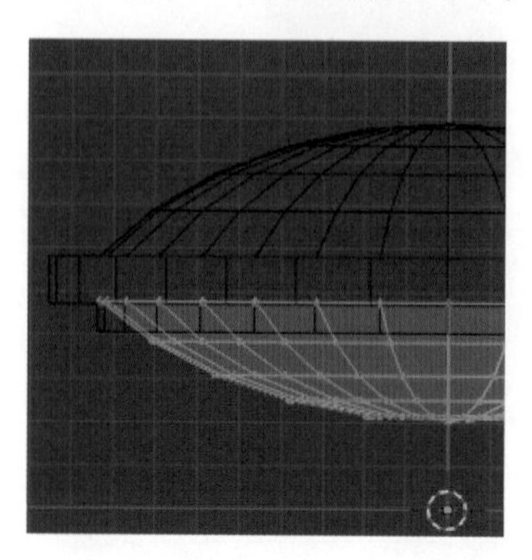

セードオブジェクトと灯具オブジェクトの両方を選択してＳ→Ｙキーで縮小し、幅を細くしてヘッド部分の完成です。

11.1.3 アーム

新規オブジェクトとして立方体を生成します。

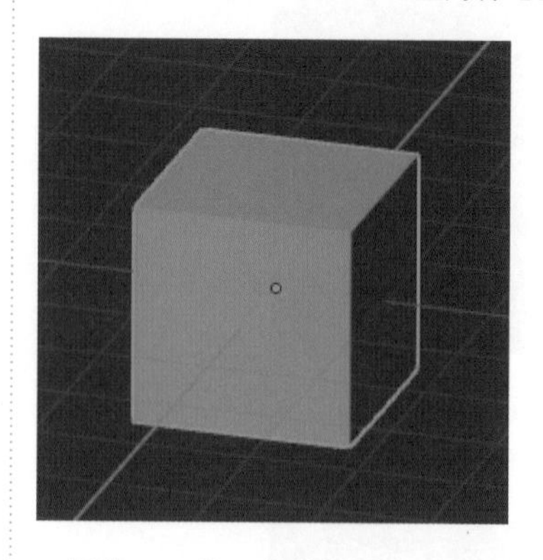

編集モードで全体をＳキーで縮小し、Ｇ→Ｘキーでヘッド部分の縁に移動させます。さらにＳ→Ｙキーで少し幅を広げます。

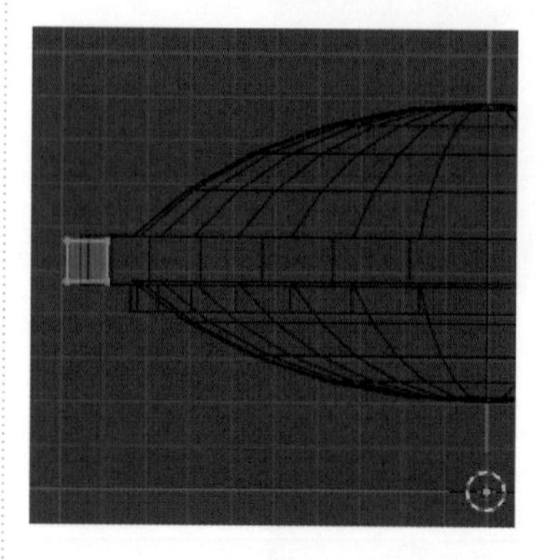

外側の頂点を選択し、Ｇ→Ｘキーで移動させてヘッド部分と大体同じ長さに引き延ばします。

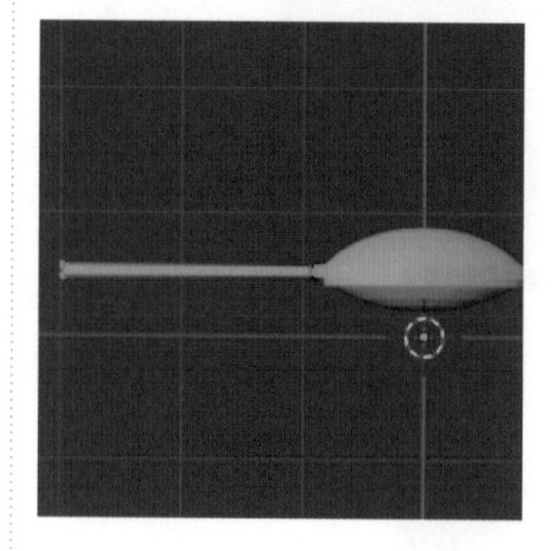

11.1.4　ポール

新規オブジェクトとして円柱を生成します。

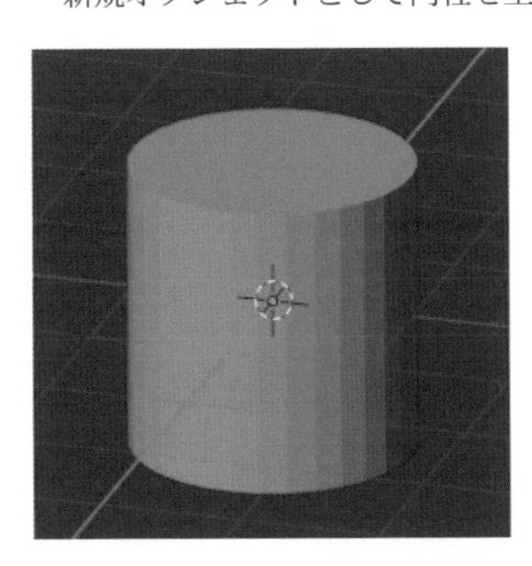

編集モードで全体をSキーで縮小し、G→Xキーでアームの端の下に移動させます。

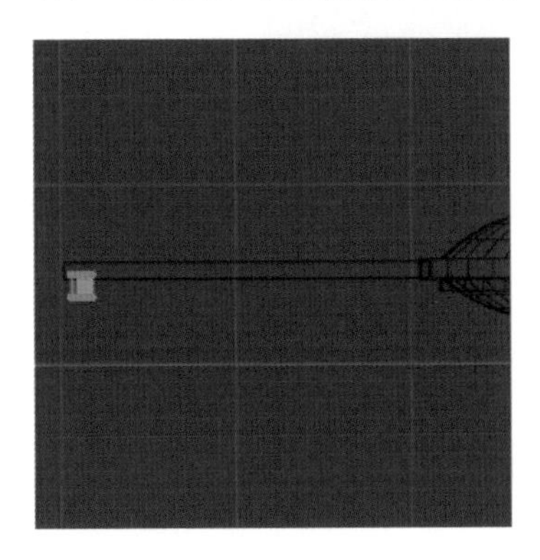

底部の頂点を選択し、G→Zキーで下に移動させ引き延ばします。

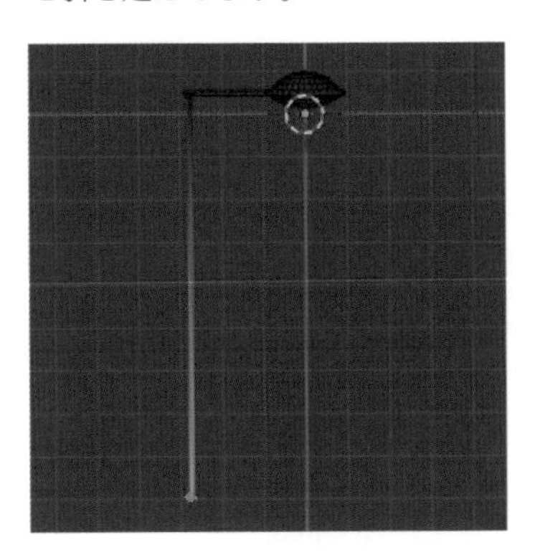

Eキー→右クリックでキャンセル→Sキーで少し拡大してポール基部の太い部分の面を作成します。

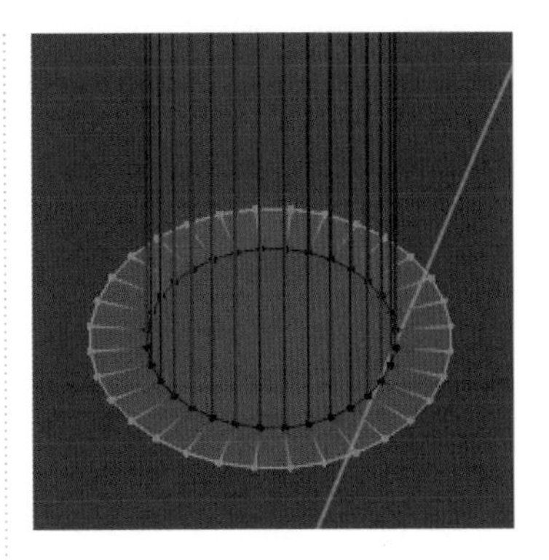

好みでG→Zキーで下に移動させて傾斜にします。

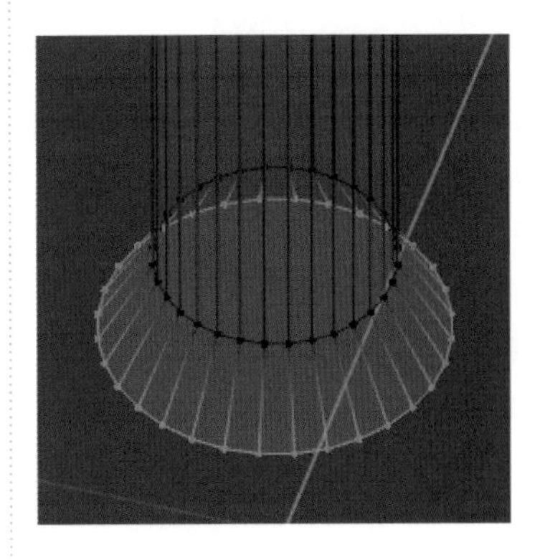

Eキーで押し出し→G→Zキーで下に移動させてポール基部を作成します。

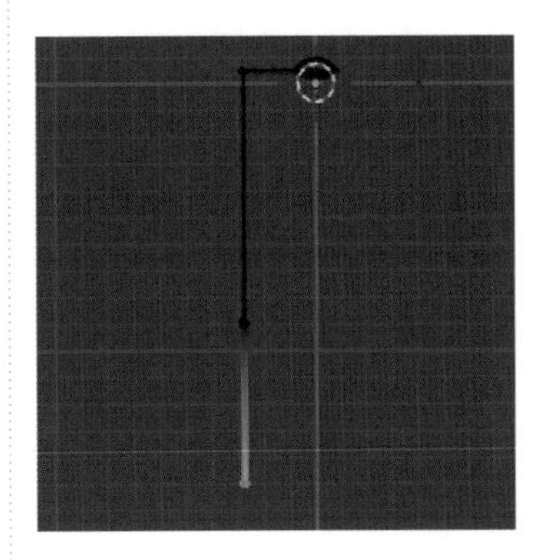

11.2 材質の設定〈マテリアル〉

「プロパティ」(Shift + F7)→「マテリアルプロパティ」で新規マテリアルを作成します。

11.2.1 灯具

デフォルトの白いプリンシプルBSDFを使用します。

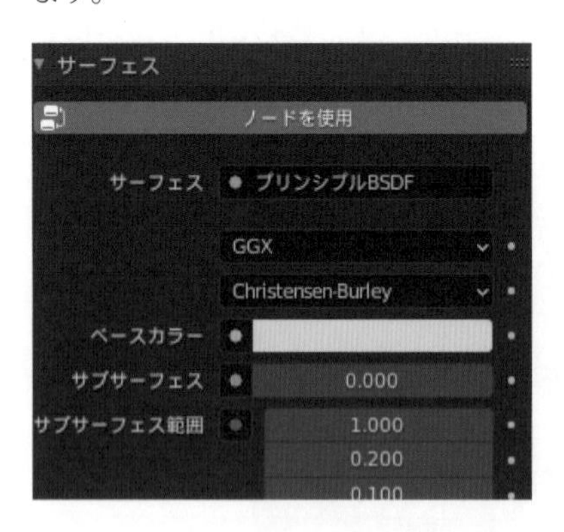

11.2.2 その他

オブジェクトのうち1つを選択し、同じように作成後カラーは暗い色にして、残りのオブジェクトにもリストから同じマテリアルを選択して付加します。

11.3 面の表示〈シェーディング〉

4つのオブジェクトを選択し、Ctrl + Jキーで統合します。

11.3.1 平滑化〈スムーズシェード〉

右クリック→「スムーズシェード」を選択します。

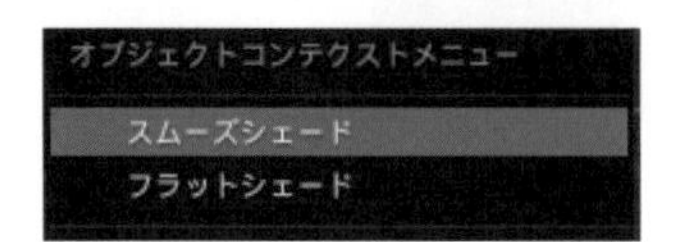

全ての面が滑らかに表示されます。

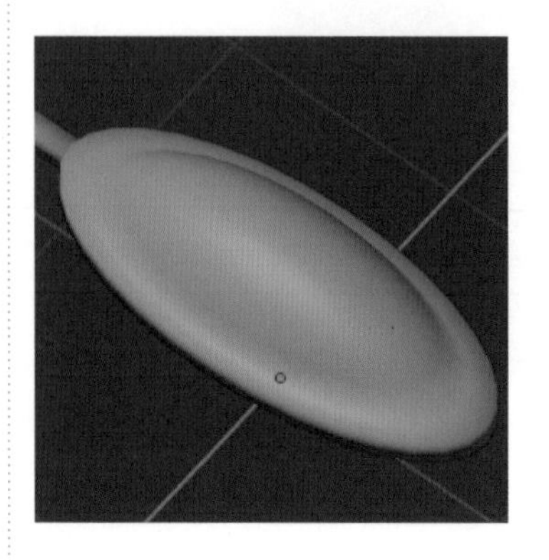

11.3.2　鋭角〈辺分離〉

「プロパティ」(Shift + F7) →「モディファイアープロパティ」→生成「辺分離」モディファイアーを付加します。

滑らかな面と鋭角部分を共存させます。

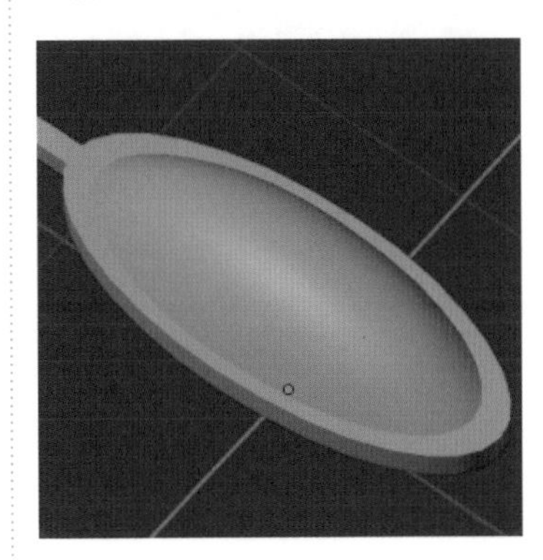

11.4　サイズの調整〈トランスフォーム〉

オブジェクトモードで街灯オブジェクトを選択し、G → Z キー、G → X キーで基部が軸原点に位置するように移動させます。

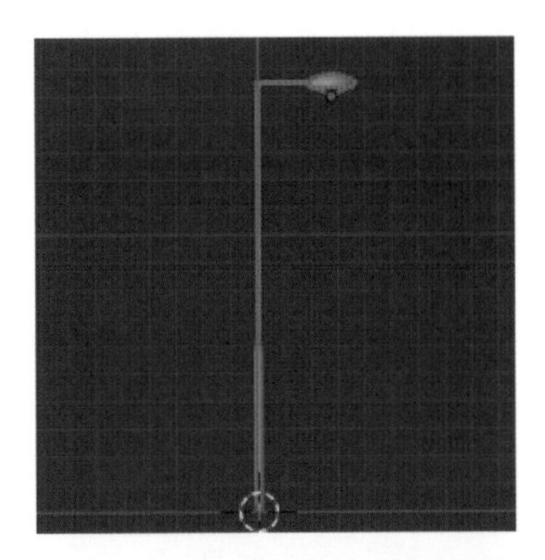

Shift + C キーで 3D カーソルを軸原点にリセットし、ヘッダー→「オブジェクト」または右クリック→「原点を設定」→「原点を 3D カーソルに移動」で原点をオブジェクトの下に移動させます。

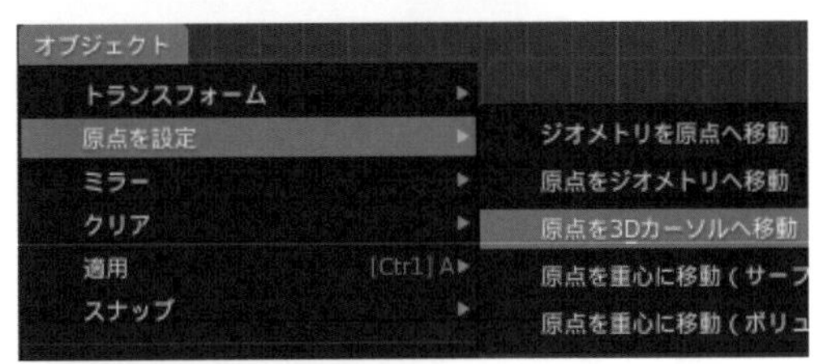

S キーで縮小し、サイドバー（N）→「アイテム」タブ→「トランスフォーム」パネル→「寸法」の Z 値が 7.5 m 程度になるようにします。

寸法:

X	1.83 m
Y	0.362 m
Z	7.5 m

最終的なサイズが決まったら、Ctrl + A キー→適用「全トランスフォームを適用」で現在のオブジェクトサイズをデフォルトにします。

11.5 データ管理〈コレクション〉

アウトライナーでオブジェクトをコレクション内に格納し、他のオブジェクトと区別しておくと他ファイルから呼び出す時に分かりやすくなります。

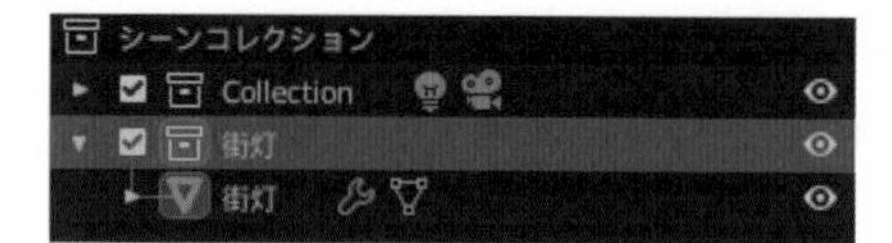

11.6 プレビュー背景〈スタジオライト〉

ヘッダー→3D ビューのシェーディング「マテリアルプレビュー」や「レンダー」で表示し、シェーディングのオプションで「シーンのワールド」を無効にして「ワールドの不透明度」を 1 にするとスタジオライトを背景に表示します。

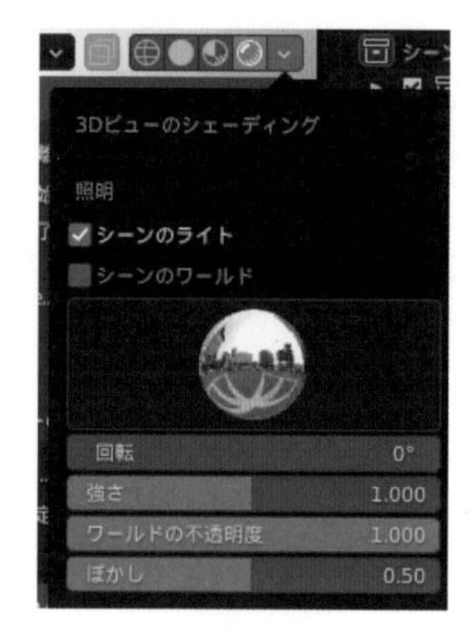

11.7 完成

ヘッド部分を 2 つにしたり、形状を変えるなどのアレンジも楽しめます。

第12章

初級

ビルのモデリング

形状は簡単なメッシュ編集のみで、複雑に見える多数の窓は全てマテリアルで生成しているので実際の頂点の数はわずかです。細部を作り込まないため、主に遠景として配置する用途に適しています。

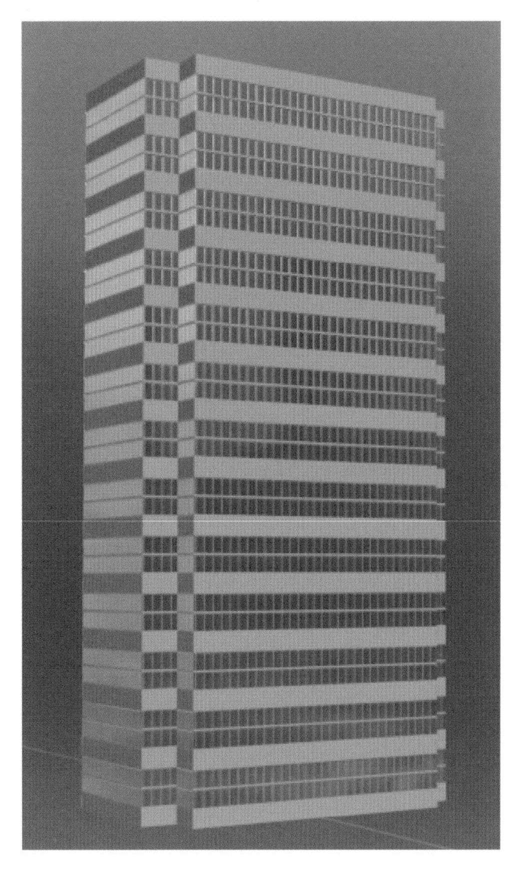

12.1 ビル1

モディファイアーを使用して単純な形状から複雑な形状に作り替えます。

12.1.1 基本形〈メッシュ編集〉

「3D ビューポート」(Shift + F5) ヘッダー→「追加」(Shift + A) →「メッシュ」→「Cone」で円錐を生成します。

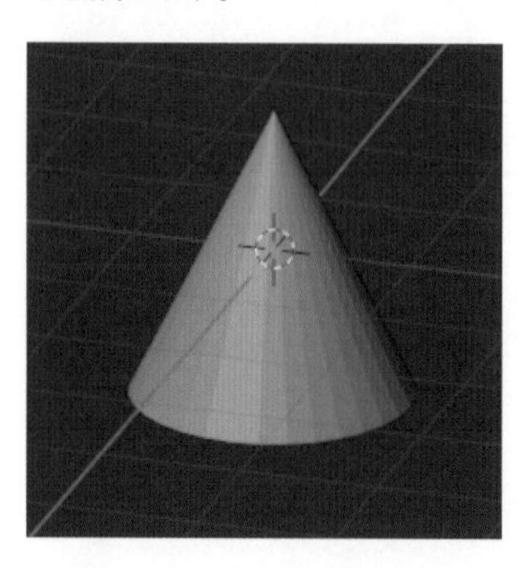

テンキーの 1 で正面の視点にして、編集モードで底部の頂点を全選択し、E キーで面を下に押し出します。

Ctrl キーを押してグリッドにスナップさせながら、底部から 4 m 移動させます。

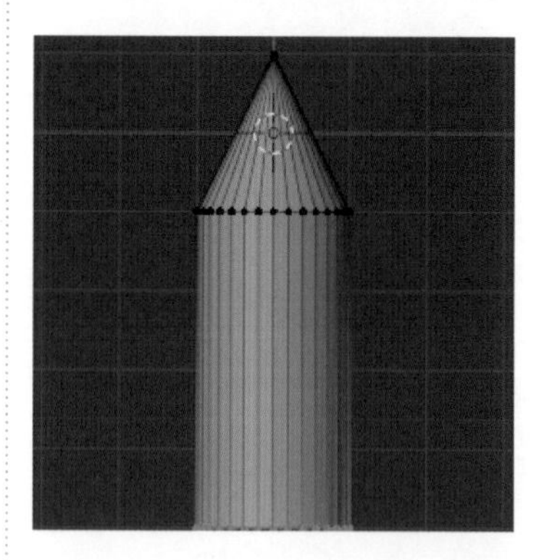

12.1.2 メッシュの再構築〈リメッシュ〉

「プロパティ」(Shift + F7) →「モディファイアープロパティ」→生成「リメッシュ」を付加し、「ブロック」を選択します。

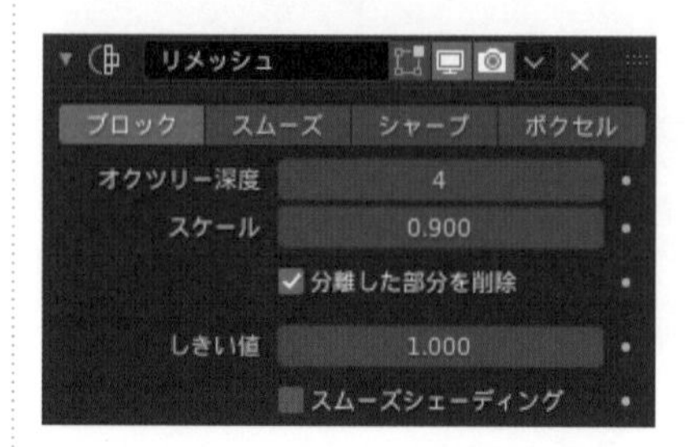

傾斜部分がブロック状に再構築されます。

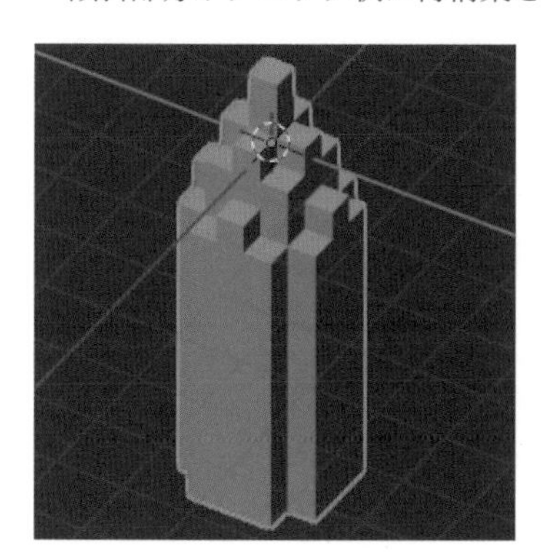

モディファイアーパネルの名前の右にあるボタン→「適用」で生成された形状を適用し、メッシュとして実体化します。

12.1.3　サイズの調整〈トランスフォーム〉

後でオブジェクトモードでトランスフォーム操作がしやすいように、編集モードでメッシュをAキーで全選択し、G→Zキーで底面が原点の位置になるように移動させます。

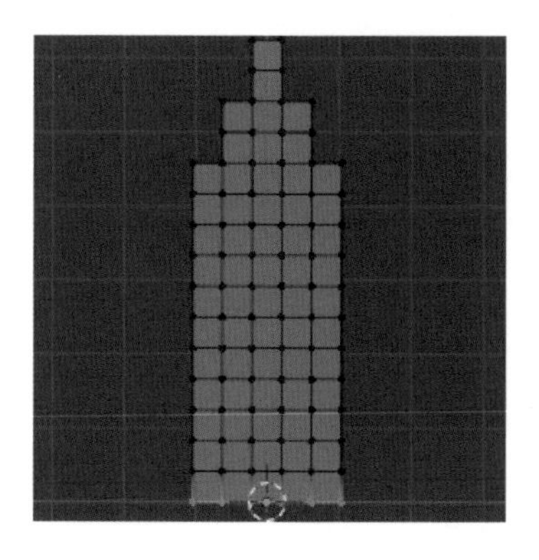

底面の頂点を全選択時、わずかに位置がずれている場合は、「サイドバー」(N)→「アイテム」タブ→「トランスフォーム」パネル→「中点」のZ値に0を入力します。

オブジェクトモードでSキーまたは「サイドバー」(N)→「アイテム」タブ→「トランスフォーム」パネル→「寸法」でX：20、Y：20、Z：60を入力してビルのサイズを拡大します。

12.1.4　材質の設定〈マテリアル〉

「プリファレンス」→「アドオン」→「Material Library」アドオンを有効化します。

ビルオブジェクトを選択し、「プロパティ」(Shift + F7) →「マテリアルプロパティ」→「新規」からマテリアルを付加します。

「Material Library」アドオン有効後は「Material Library VX」パネルが追加されているので、プルダウンメニューから「Sample Materials」を選択します。

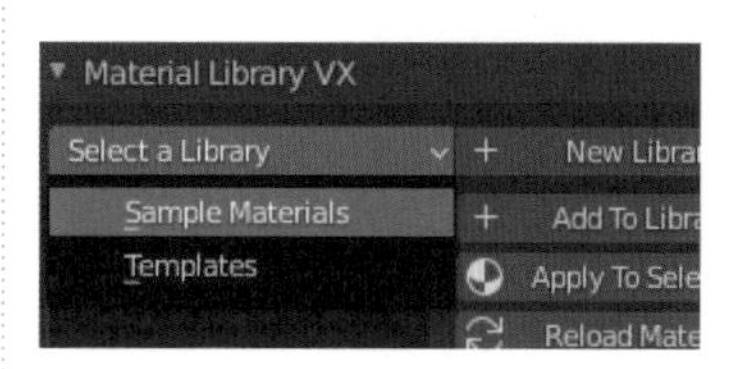

表示されたマテリアルリストから「Building」を選択し「Apply To Selected」で現在のマテリアルを置き換えます。

3Dビューのシェーディング→「マテリアルプレビュー」や「レンダー」で表示するとマテリアルを確認できます。

さらに「シーンのワールド」を無効にして「ワールドの不透明度」を1にするとスタジオライトを背景に表示でき、反射を確認できます。

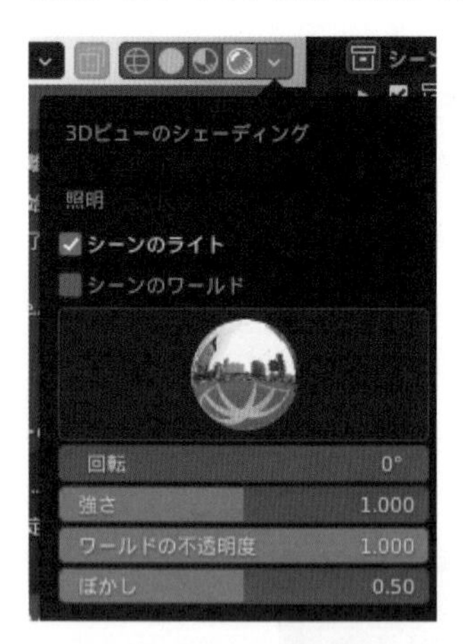

オブジェクトに窓のテクスチャが適用されてビルらしくなります。

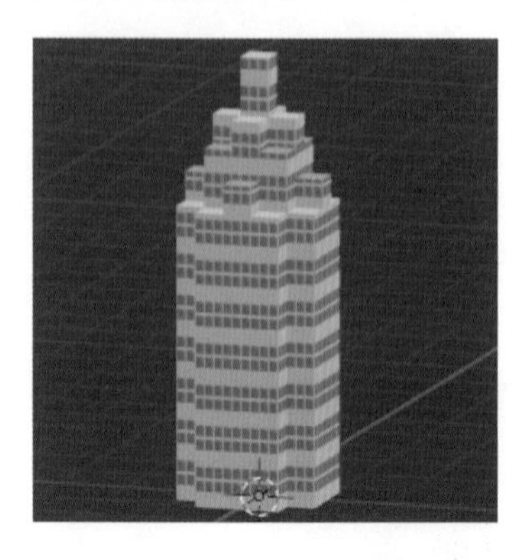

窓の調整

オブジェクトの高さによってデフォルト設定によるテクスチャのサイズは変わるため、必要であれば窓の列の上を1階の高さとして調整します。ここでは5.5 mとなっています。

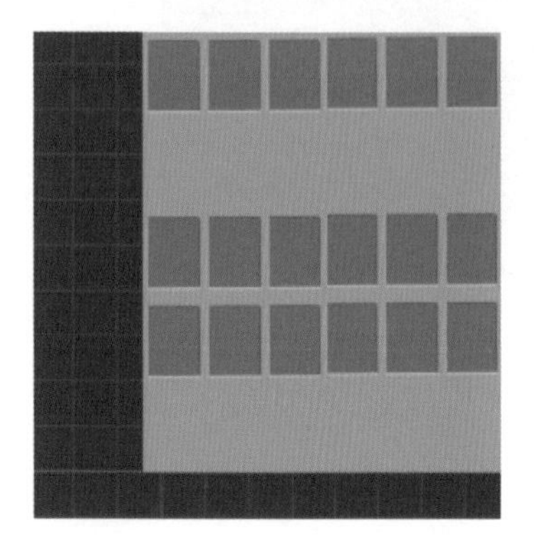

「マテリアルプロパティ」→「サーフェス」パネル→係数「レンガテクスチャ」を展開し、「スケール」の値をデフォルトの16から20に変えるとテクスチャが少し縮小されます。

概ね4.5 m程度の高さになるように調整します。

さらに「モルタルサイズ」の値をデフォルトの0.05から0.02にすると窓枠が細くなります。

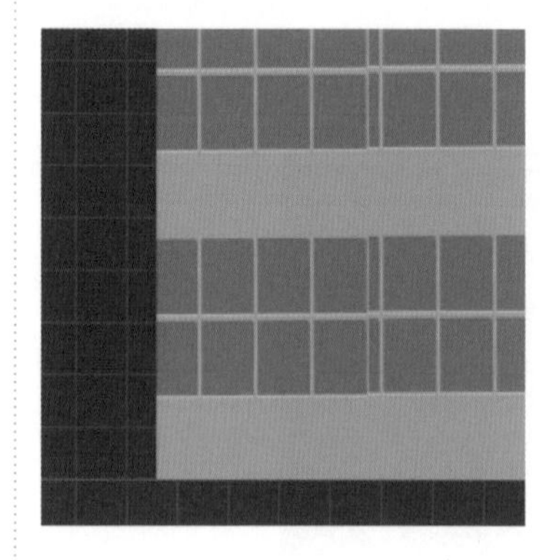

ベクトルの修正

オブジェクト形状によっては上から見た時に三角形にテクスチャが適用されている部分が発生する場合があります。テクスチャが曲がっているためなので修正すると他の部分の歪みも解消できます。

「レンガテクスチャ」→「ベクトル」を展開し、「テクスチャ座標 | 生成」が指定されている「ベクトル」を展開→「回転」の Z 値をクリックすると余分な数値が設定されているのが確認できるので、180 を入力します。

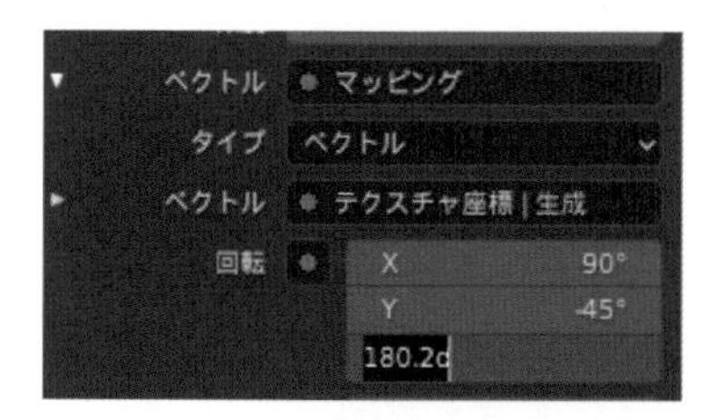

三角形のテクスチャ部分が修正されます。

12.1.5 完成

リメッシュを使用すると他にも様々な形状のビルを作成できます。

12.2 ビル2

上から見た図を作成し、押し出して立体形状にします。

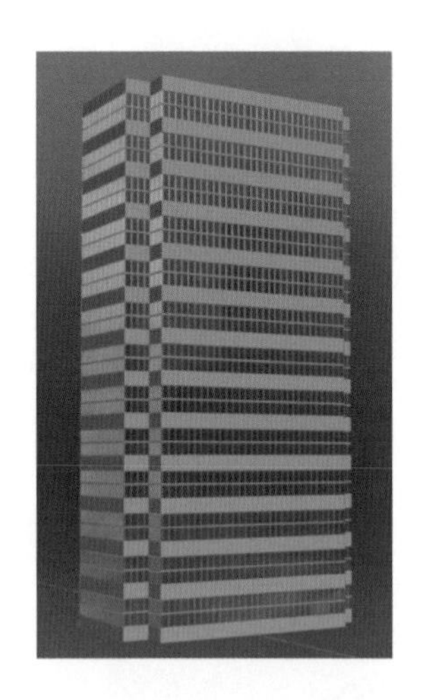

12.2.1 基本形〈メッシュ編集〉

「3D ビューポート」(Shift + F5) ヘッダー→「追加」(Shift + A) →「メッシュ」→「Plane」で平面を生成します。

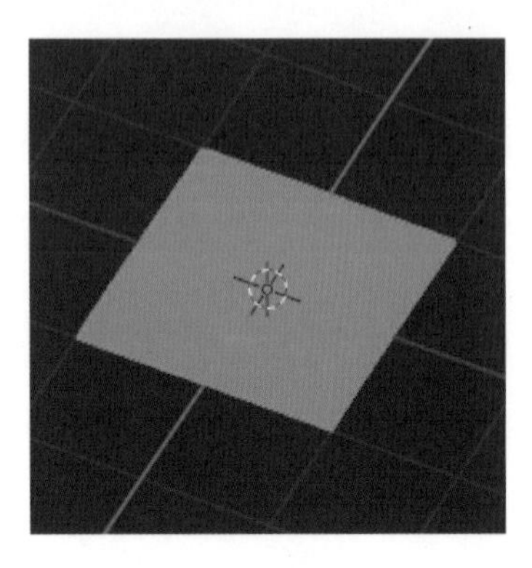

ビルの全体的な形状となる平面図を作成します。

編集モードで辺選択モードにすると作業が簡単になります。

以下の編集はテンキーの7で上からの視点にして、移動中に Ctrl キーを押しながらグリッドにスナップさせて行います。

左の辺を選択し、E キーで押し出して X 軸方向に2m 移動させます。

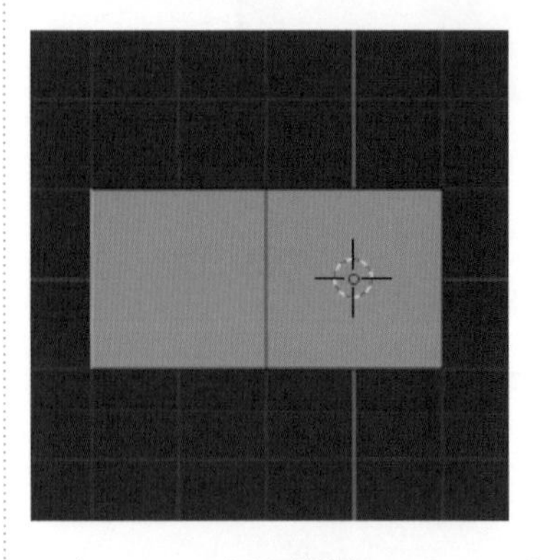

上の2つの辺を選択し、G → Y キーで移動させて面を2倍の大きさにします。

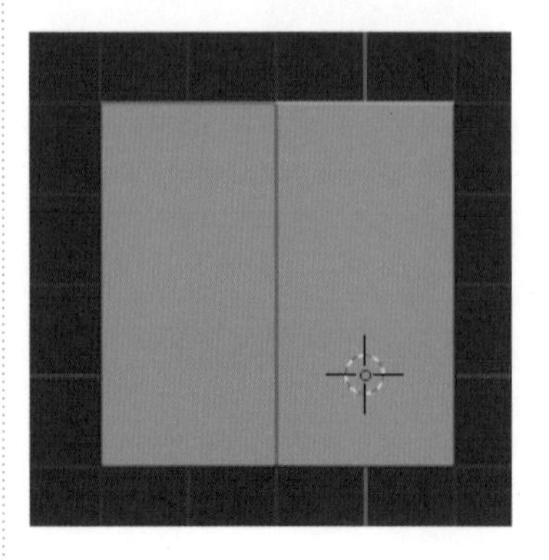

左の辺を選択し、E キーで押し出して X 軸方向に 1 m 移動させます。

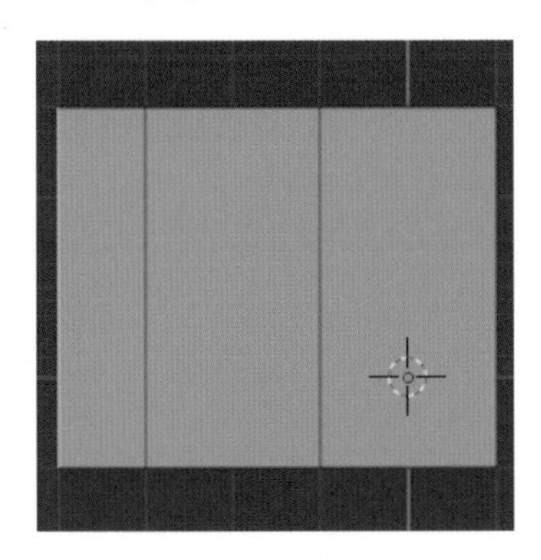

中間の面の上の辺を選択し、同じように E キーで押し出して Y 軸方向に 1 m 移動させます。

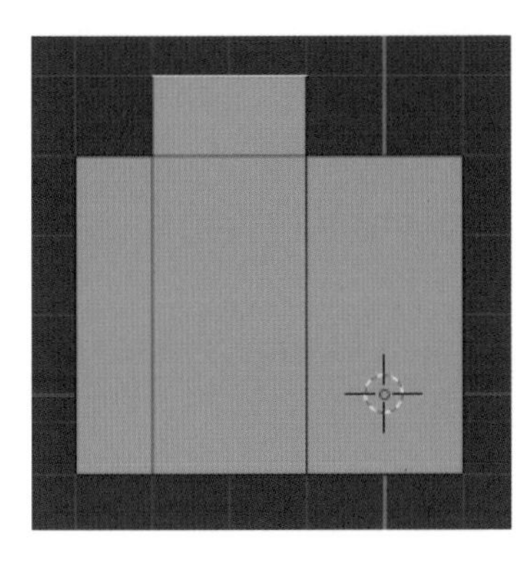

下の 2 つの辺を選択し、同じように E キーで押し出して Y 軸方向に 1 m 移動させます。

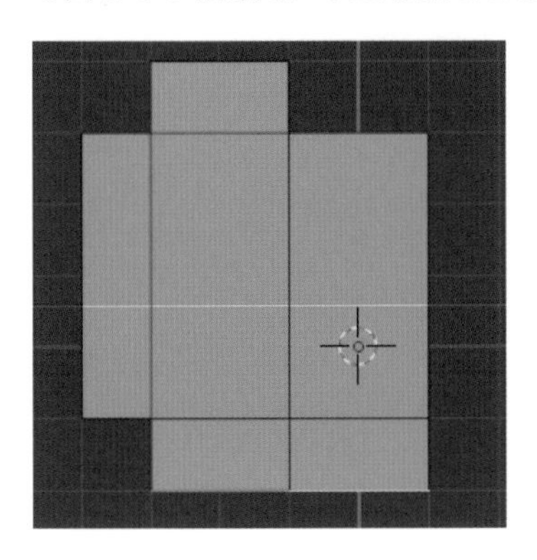

12.2.2　鏡面化〈ミラー〉

大体の形状が完成したので「プロパティ」(Shift + F7) →「モディファイアープロパティ」→生成「ミラー」を付加して鏡面化します。「クリッピング」を有効にしてメッシュを移動させても形状が分離しないようにします。

A キーでメッシュを全選択し、G → X キーで −1 m 移動させます。

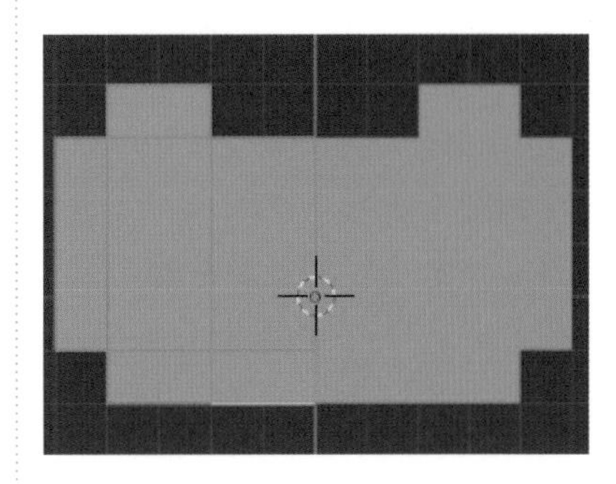

テンキーの 1 で正面からの視点にして、E キーで面を押し出して Z 軸方向に移動させ、「サイドバー」(N) →「アイテム」タブ→「トランスフォーム」パネル→「中点」の Z 値が 20 m 程度になるようにします。

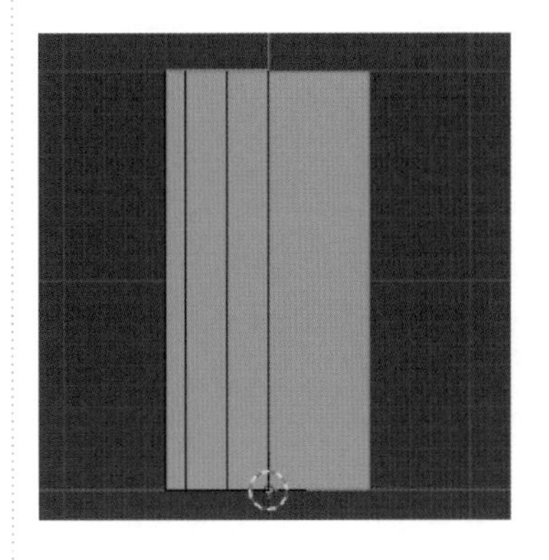

12.2.3 サイズの調整〈トランスフォーム〉

オブジェクトモードでSキーまたは「サイドバー」(N)→「アイテム」タブ→「トランスフォーム」パネル→「寸法」でX：30、Y：18、Z：60を入力してビルのサイズを拡大します。

12.2.4 材質の設定〈マテリアル〉

ビル1と同じ方法でマテリアルを付加し、数値の修正と微調整を行います。

12.2.5 完成

さらに1階、屋上部分に別の形状を追加するとよりビルらしくなります。

第13章

初級

白鳥のモデリング

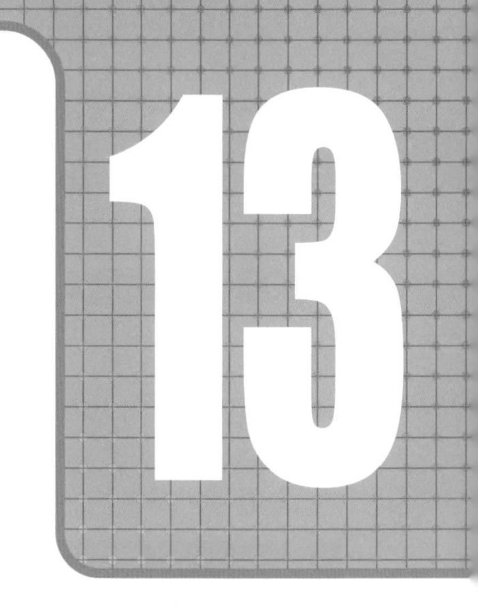

単純化した白鳥を作成します。モデリングの基本となる簡単な作業で全体の形状を作成し、着色も手軽な頂点カラーで実現しています。水面と背景画像も用意して最終レンダリングまで行います。

13.1 白鳥

13.1.1 基本形〈メッシュ編集〉

頭部

「3D ビューポート」(Shift + F5) ヘッダー→「追加」(Shift + A) →「メッシュ」→「Cube」で立方体を生成します。

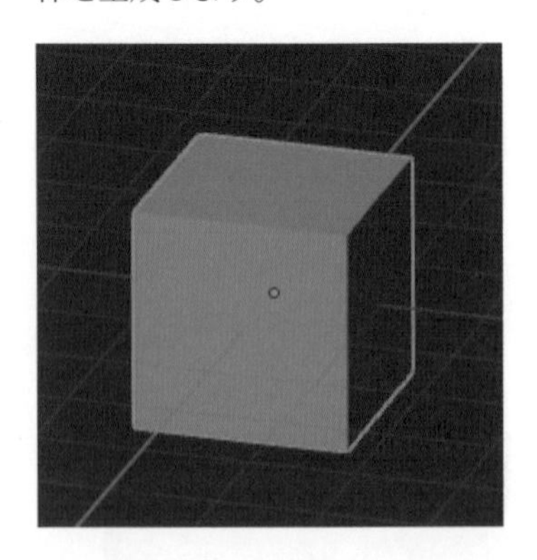

編集モードで Y 軸手前の面を選択し、E キーで面を押し出します。

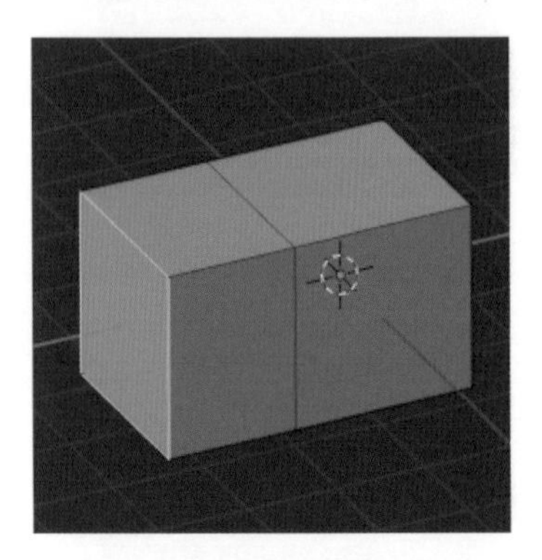

同じように 4 回押し出します。

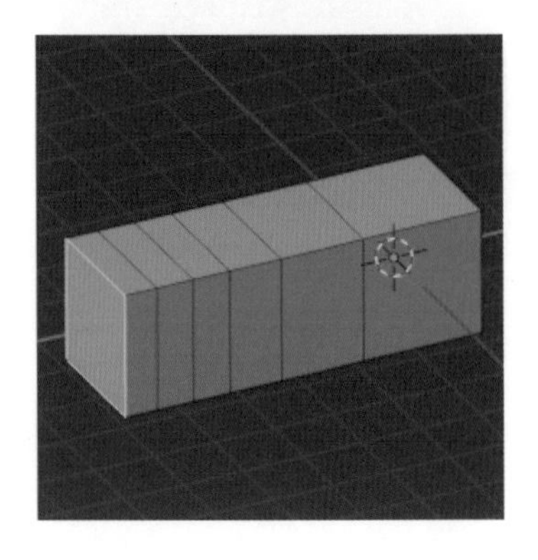

テンキー 3 で右視点にします。

押し出しでできた形状の先端がくちばしになります。頭部からなだらかな傾斜ができるように頂点の位置を移動させます。

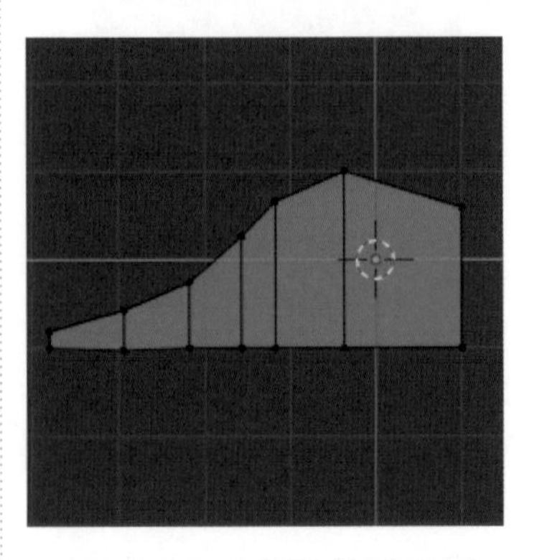

首

頭部の右端の下の面を選択し、E キーで少し下に押し出します。

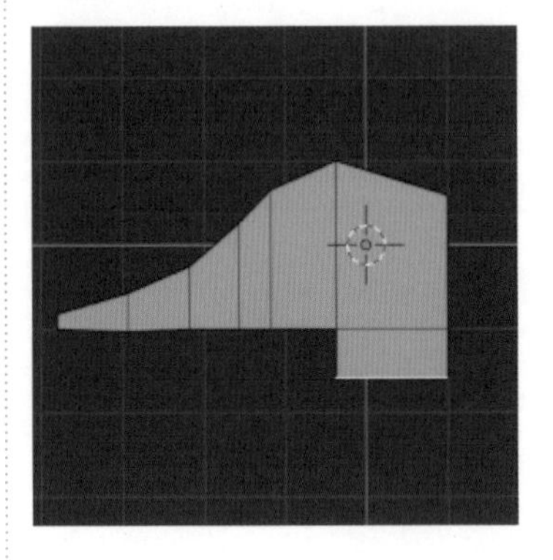

同じように3回押し出します。最後の部分は胴体になるので長くします。

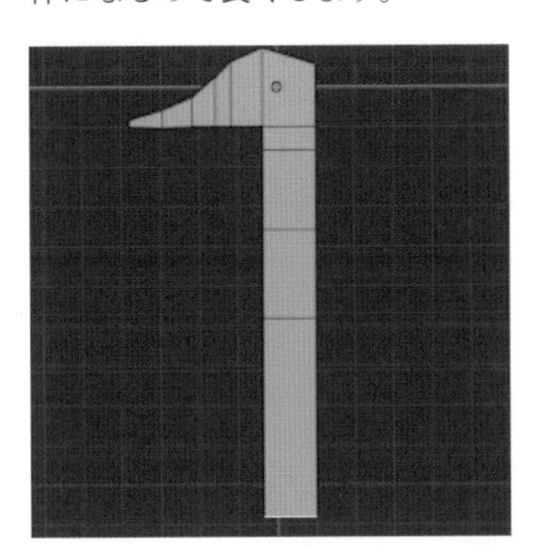

■ 胴体

首を押し出した最後の部分の右の面を選択し、Eキーで右に3回押し出します。

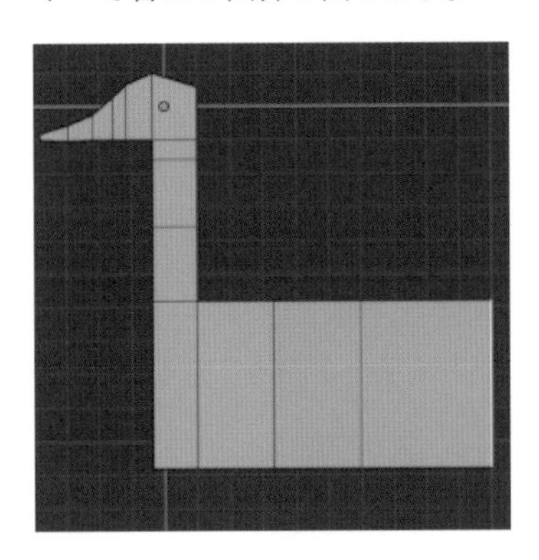

ループカット（Ctrl + R）で胴体部分の面にマウスオーバーし、横方向のラインを表示させたらクリックで方向を確定し、位置決めモードは右クリックでキャンセルして面の中央にループ辺を入れます。

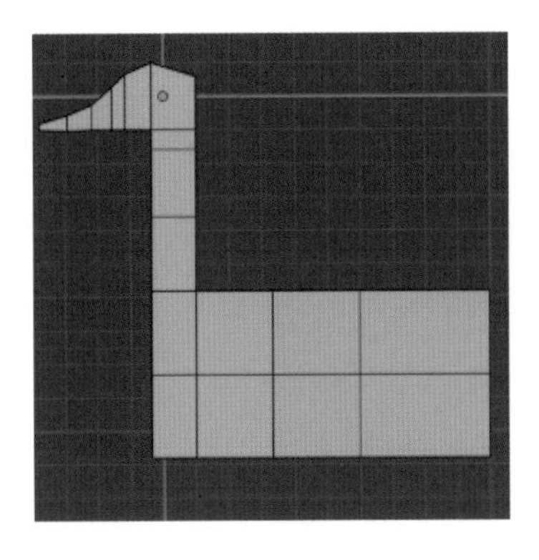

13.1.2 鏡面〈ミラー〉

テンキー1で正面視点にして、メッシュ中央を縦方向にループカットして辺を入れます。

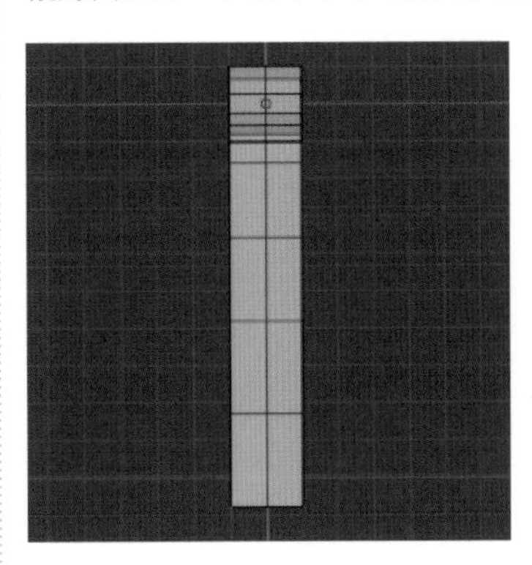

片方の形状を選択し、Xキーで削除して「プロパティ」（Shift + F7）→「モディファイアープロパティ」→「モディファイアーを追加」→生成「ミラー」を付加して鏡面を生成します。

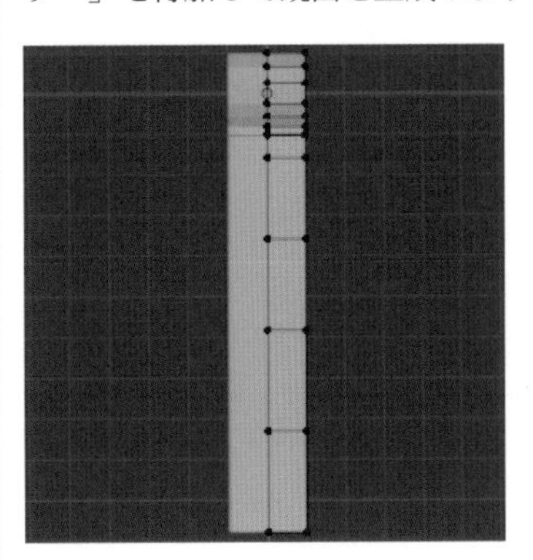

13.1.3　細分化〈サブディビジョンサーフェス〉

同じように「モディファイアーを追加」→生成「サブディビジョンサーフェス」を付加して面を細分化します。

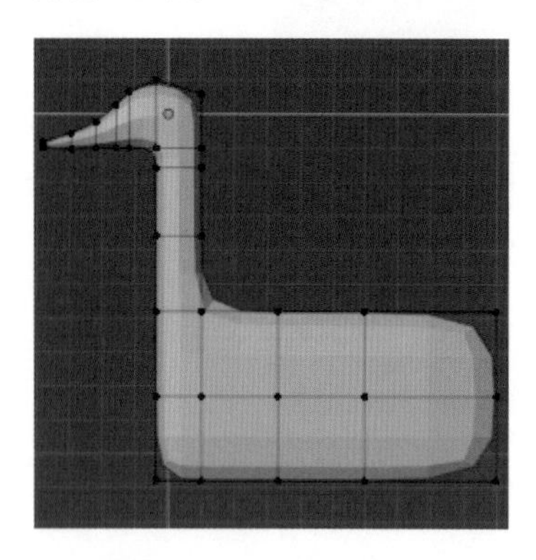

13.1.4　頂点位置の調整

視点を変えながら各頂点を移動させて白鳥らしくなるように形状を整えます。

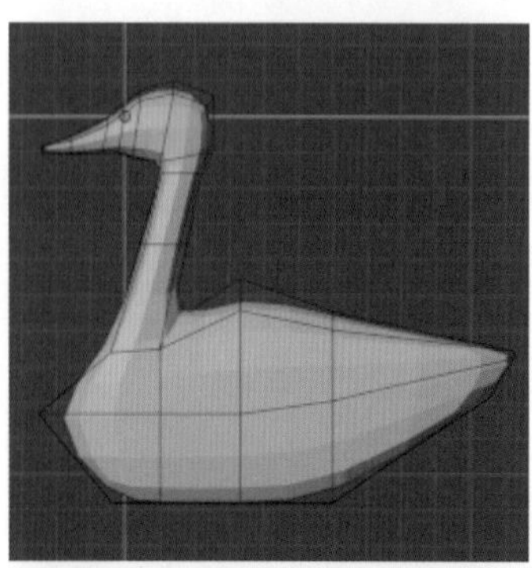

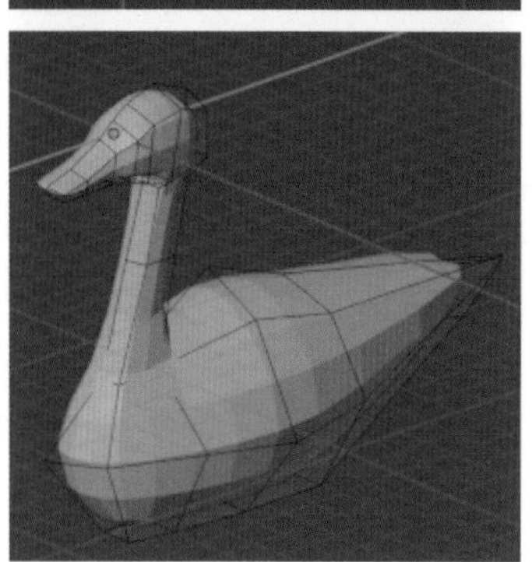

13.1.5　目を追加

オブジェクトモードで立方体を追加し、縮小して白鳥の目の位置に移動させます。

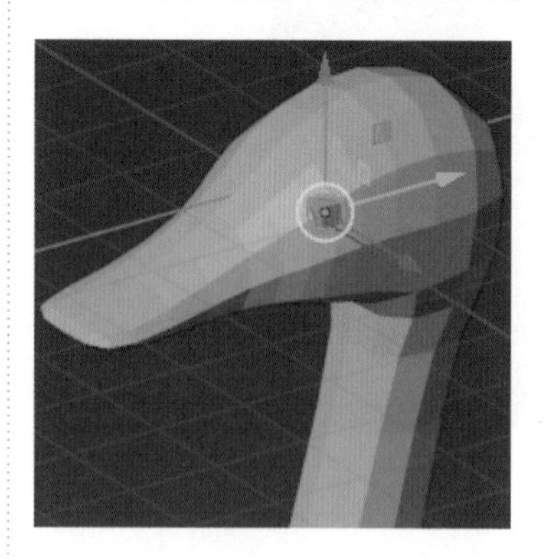

Shift キーを押しながら白鳥オブジェクトを追加選択し、Ctrl + J キーで 2 つのオブジェクトを統合します。

目が反対側にもミラーリングされます。

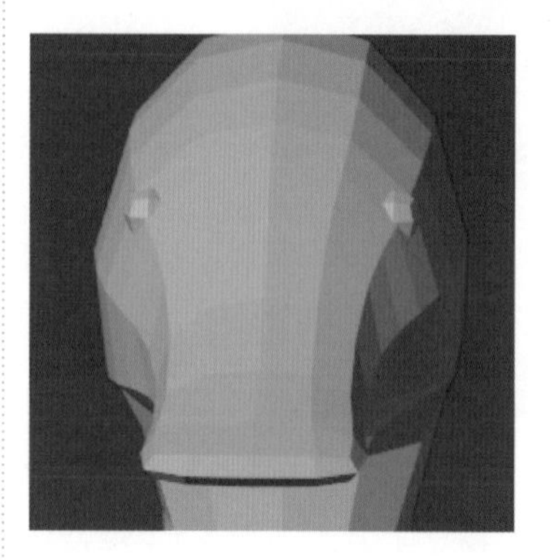

13.1.6　平滑化〈スムーズ〉

右クリック→「スムーズシェード」で滑らかな表示にします。

13.1.7 サイズの調整〈トランスフォーム〉

オブジェクトのサイズは大体実寸と同じになるようにすると、後のレンダリングで好ましい結果を得られます。

編集モードでAキーで全選択し、原点がメッシュの底面に位置するように形状をZ軸方向に移動させ、さらに形状の大体中央に原点が位置するようにY軸方向に移動させます。

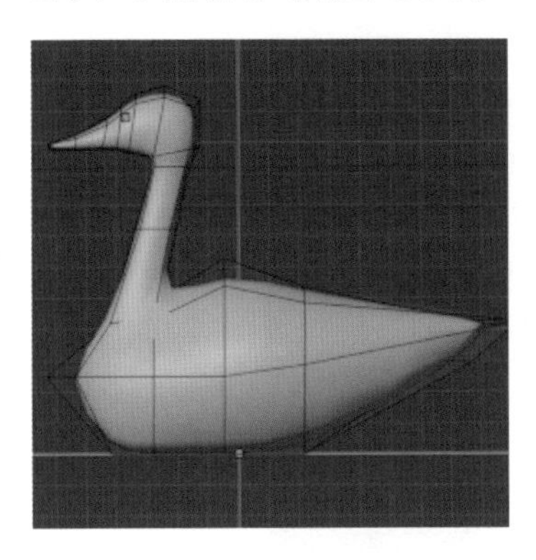

オブジェクトモードでサイドバー（N）→「アイテム」タブ→「トランスフォーム」パネル→「寸法」を確認しながらSキーで縮小し、寸法のYの値が1.4 m程度になるようにします。

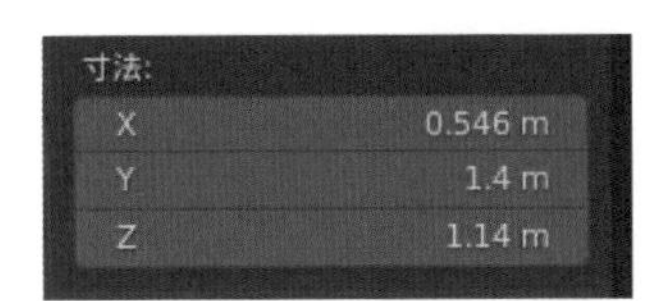

Ctrl + Aキー→適用「全トランスフォーム」で縮小後のサイズをオブジェクトのデフォルトサイズにします。

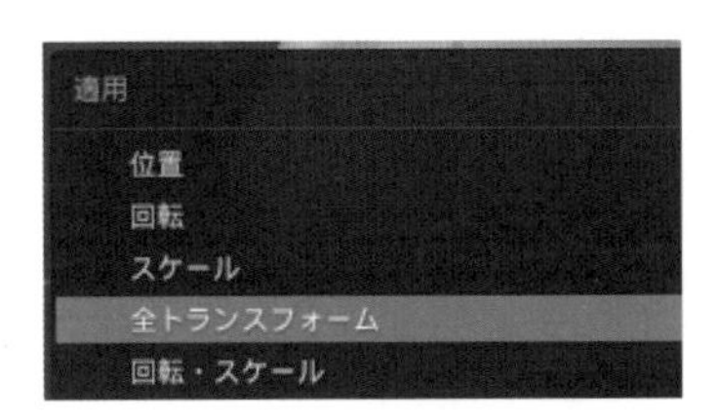

13.1.8 材質の設定〈マテリアル〉

「プロパティ」（Shift + F7）→「マテリアルプロパティ」→「新規」からマテリアルを付加します。

本体

デフォルトの白いプリンシプルBSDFシェーダーを使用します。

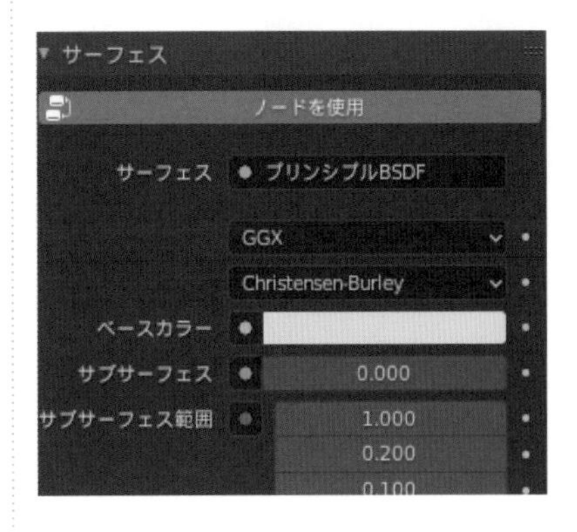

目

マテリアルスロット右の「+」ボタンから新規スロットを追加し、新規マテリアルを作成します。

ベースカラーを暗い色にして目のマテリアルとして使用します。

編集モードで目のメッシュを選択後、マテリアル画面の「Assign」をクリックします。

目のメッシュのみにアクティブなマテリアルが付加されます。

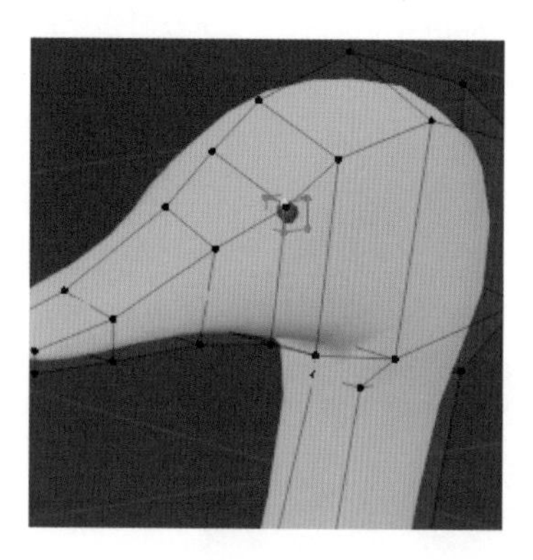

3D ビューのシェーディングを「マテリアルプレビュー」にすると確認できます。

13.1.9　色を付ける〈頂点ペイント〉

頂点ペイントモードに切り替えます。

頂点ペイントモードにすると自動で頂点カラーマップが生成されます。

マテリアル設定のマテリアルスロットで白鳥本体のマテリアルを選択し、ベースカラー左の黄色い丸をクリックし「頂点カラー」を指定します。

頂点ペイントモードのヘッダーでくちばしの色を設定し、「ペイントマスク」で面のマスクを有効にします。

Shift キーを押しながら着色する面を追加選択します。

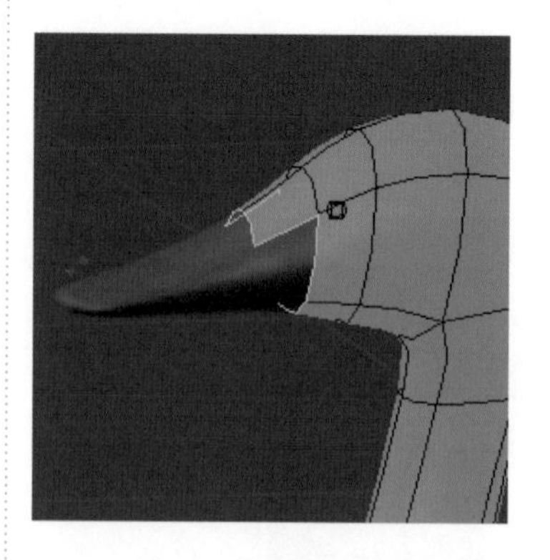

ヘッダー→「ペイント」→「頂点カラーを設定」(Shift + K) で選択した面を指定色で塗ります。

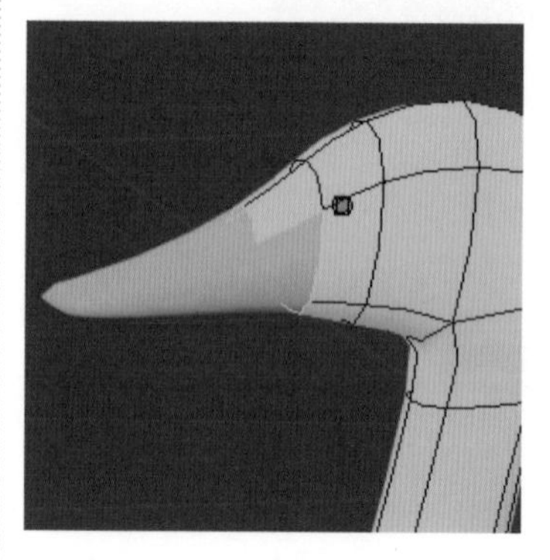

くちばしの一部に別の色を塗り、より白鳥らしくします。

Alt + A キーで選択を解除し、くちばしの先端と下部の面を選択します。

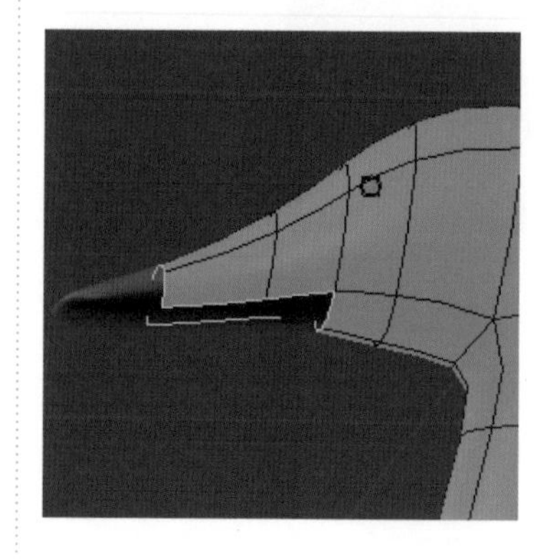

指定している黄色の明度を下げ、黒に近い色にします。

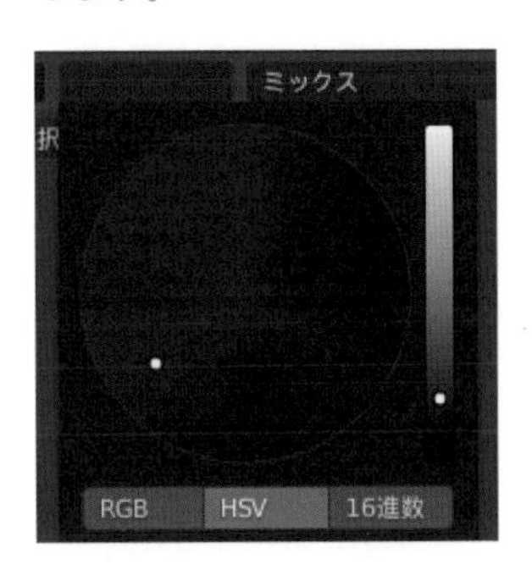

同じように着色します。

13.2 水面

13.2.1 基本形〈メッシュ編集〉

平面を追加し、サブディビジョンサーフェスモディファイアーを付加します。

寸法は約 20 m 程度になるように拡大します。

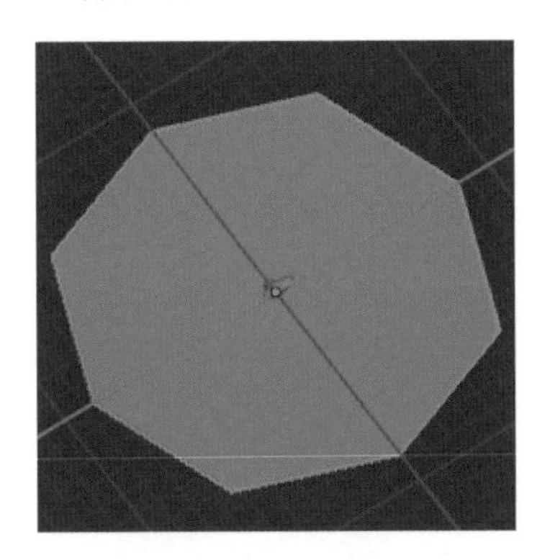

白鳥が水に浮いているようにするために、水面オブジェクトを Z 軸の上方向に少し移動させ、白鳥オブジェクトの底部が埋まる位置に配置します。

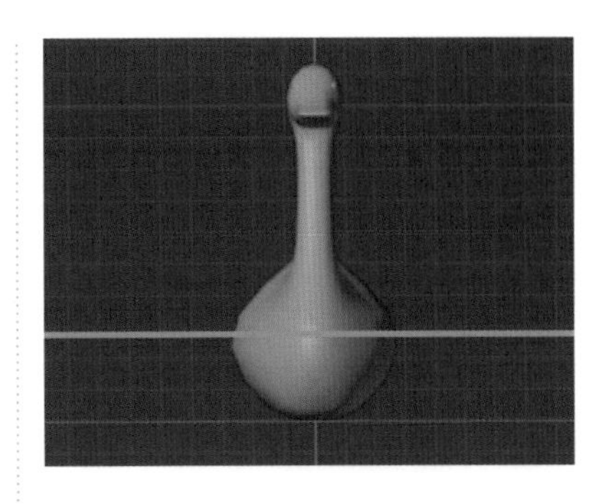

13.2.2 材質の設定〈マテリアル〉

マテリアル設定の前に、「プロパティ」（Shift + F7）→「レンダープロパティ」→ Render Engine で「Cycles」を選択します。

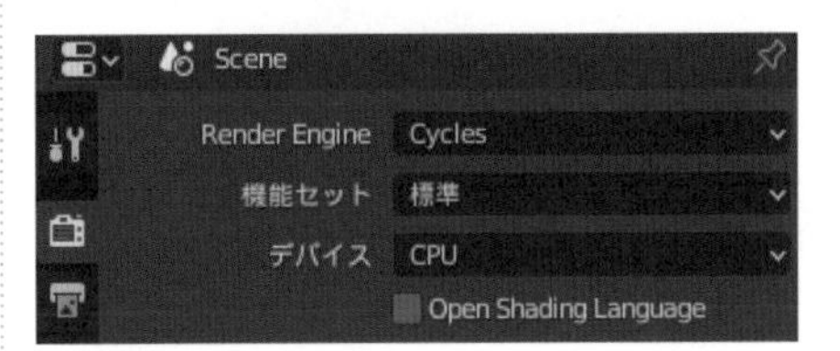

水面オブジェクトに新規マテリアルを付加し、以下の設定を行います。

■サーフェス

デフォルトのプリンシプルBSDFシェーダーを使用し、ベースカラーに水色を設定します。反射する水になるようにメタリックを0.8、スペキュラーを0.8、粗さを0.1程度にします。

■ディスプレイスメント

変位を設定すると少し波打つ水面になります。

編集しやすいようにトップバーからエリアのレイアウトを「Shading」にするか、「シェーダーエディター」（Shift + F3）をエリアに表示します。

「シェーダーエディター」ヘッダー→「追加」（Shift + A）→「テクスチャ」→「マスグレイブテクスチャ」を追加します。

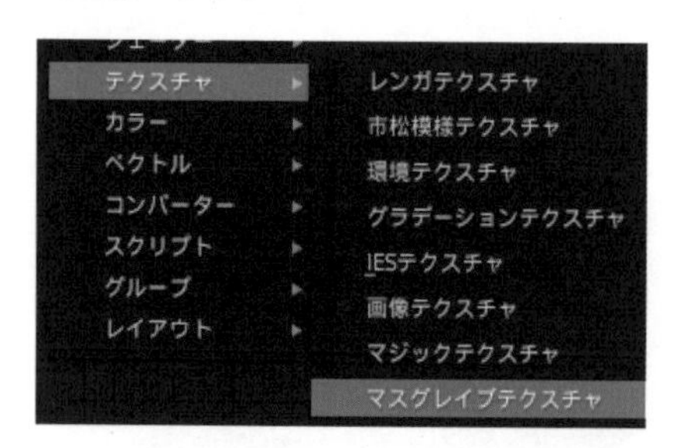

一時的に「高さ」ソケットから「マテリアル出力」ノードの「サーフェス」ソケットに接続して、テクスチャをプレビューしながら数値を設定します。

マスグレイブテクスチャノードの値としてスケール：50、細かさ：0.05、次元：2、空隙性：2を設定します。

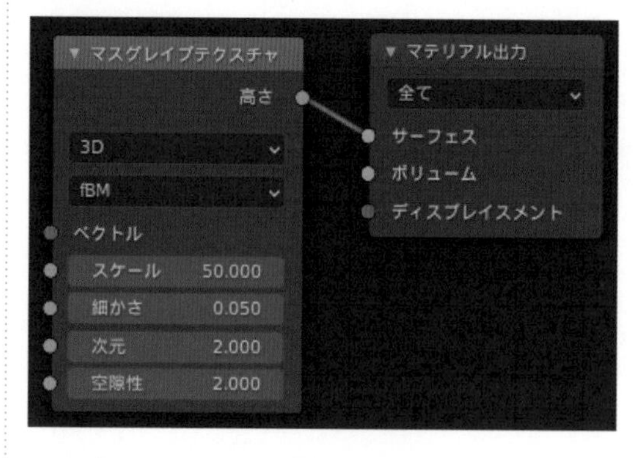

明暗によってレンダリング時にオブジェクト表面を擬似的に起伏させます。

設定後、ノード接続を元に戻し、「マスグレイブテクスチャ」ノードの「高さ」ソケットを「マテリアル出力」ノードの「ディスプレイスメント」ソケットに接続します。

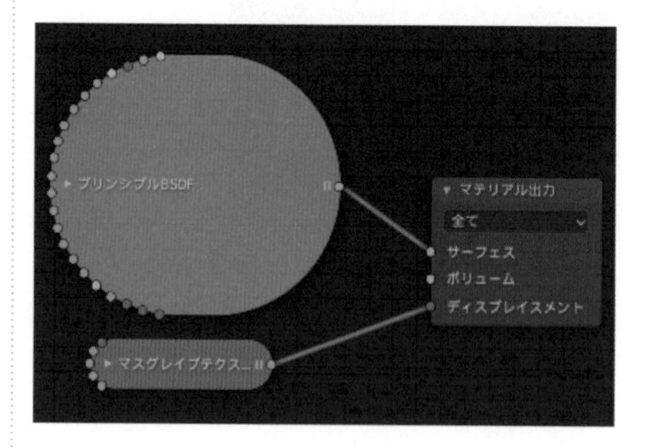

13.3 シーン設定

13.3.1　背景の設定〈ワールド〉

背景を設定すると水面に景色が映り込んで鏡面設定が効果を発揮します。

画像を使用する〈環境テクスチャ〉

「プロパティ」(Shift + F7) →「ワールドプロパティ」→「サーフェス」パネルで「背景」シェーダーが設定されているので、「カラー」で「環境テクスチャ」を選択し、「開く」から画像を読み込みます。

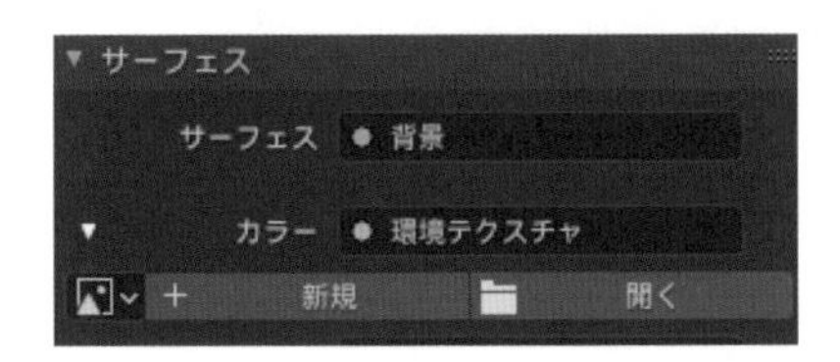

「Blender フォルダー \2.90\datafiles\studiolights\world」内にあるシリンダーマップ画像「forest.exr」をワールド背景として使用します。

その他の設定はデフォルト状態です。

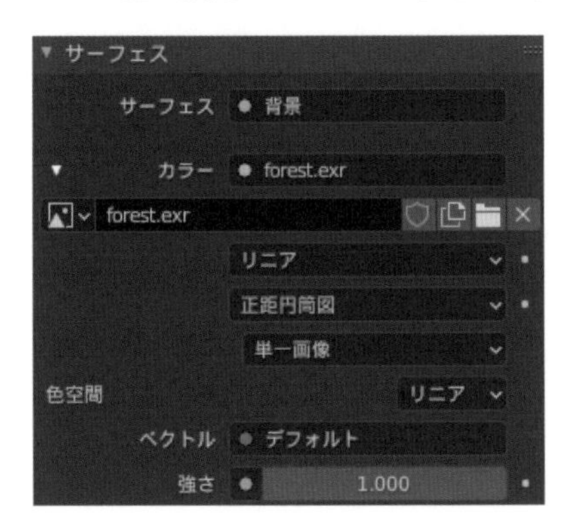

13.3.2　視点と光源の設定〈カメラ、ライト〉

「プロパティ」(Shift + F7) →「オブジェクトデータプロパティ」で各オブジェクトの詳細設定や、ビュー上でカメラやライトの位置設定を行います。

3D ビューポートのシェーディングを「マテリアルプレビュー」にすると実際のレンダリングに近く、なおかつ高速な画面描画が可能です。

ライト

デフォルトでシーンにあるライトを使用します。

屋外のシーンなので、タイプは「サン」を選択し、「強さ」を 1 程度にします。

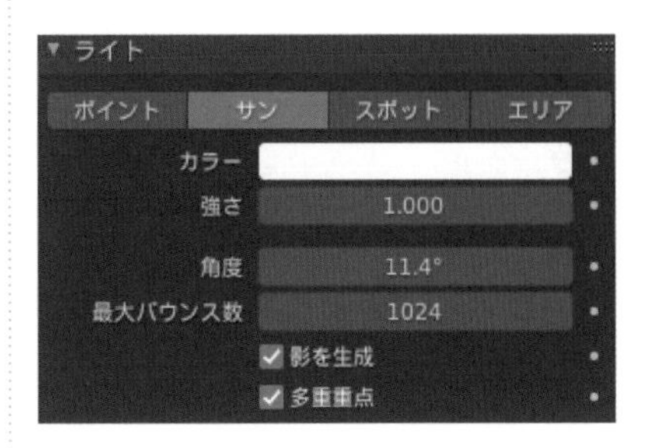

カメラ

デフォルトでシーンにあるカメラを使用します。ここでは各パネルの設定はデフォルトのまま使用しています。

3D ビュー上でテンキーの 0 でカメラ視点にして確認しながら、白鳥が範囲内に収まるように位置や角度を調整します。

13.3.3 レンダー設定

「プロパティ」（Shift + F7）→「レンダープロパティ」で設定を行います。

サンプリングパネル

デノイズが有効であればサンプル数はそれほど高くなくても良好な結果を得られますが、鏡面反射はノイズになりやすいので部分レンダリングなどで確認しながら設定します。

13.3.4 出力の設定

「プロパティ」（Shift + F7）→「出力プロパティ」で設定を行います。

寸法パネル

レンダリングサイズを指定します。ここではパネル名右のメニューから選択できるプリセットの「TV PAL 4:3」（720 × 576px）を指定しています。

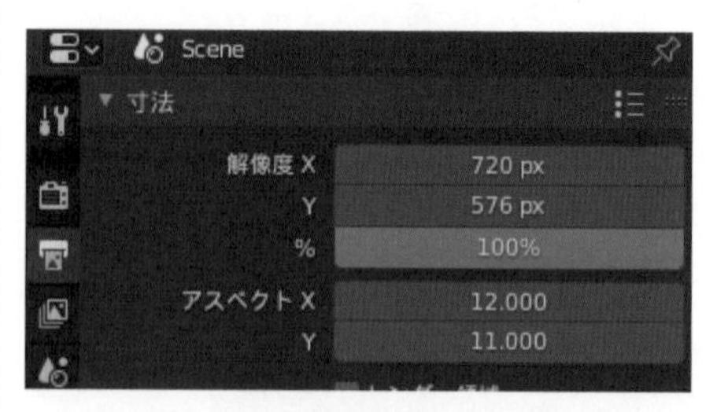

13.3.5 位置設定

テンキーの 7 で上から見た状態です。

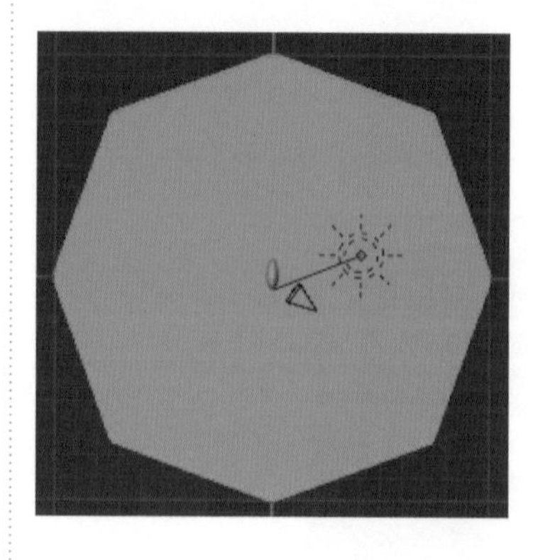

13.4 出力

トップバー→「レンダー」→「Render Image」（F12）でレンダリングします。

13.5 完成

白鳥が水面に浮かぶシーンの完成です。

第 14 章

中級 白鳥と水面のアニメーション

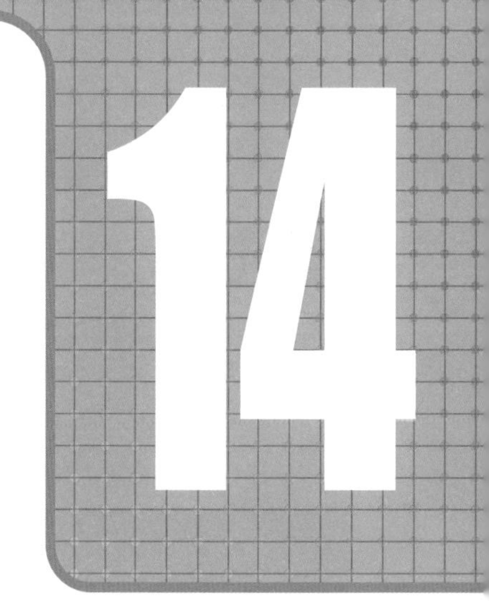

「白鳥のモデリング」のデータを再利用し、白鳥が水面を移動するアニメーションを作成します。ファイルを複製し、元データを上書きしないようにして編集します。

14.1 ルートに沿って動かす〈カーブとアニメ〉

カーブオブジェクトの形状を白鳥の移動ルートとして使用します。

14.1.1 移動ルートを作成する〈カーブ編集〉

「3D ビューポート」(Shift + F5) →「追加」(Shift + A) →「カーブ」→「Bezier」でベジエカーブを生成します。

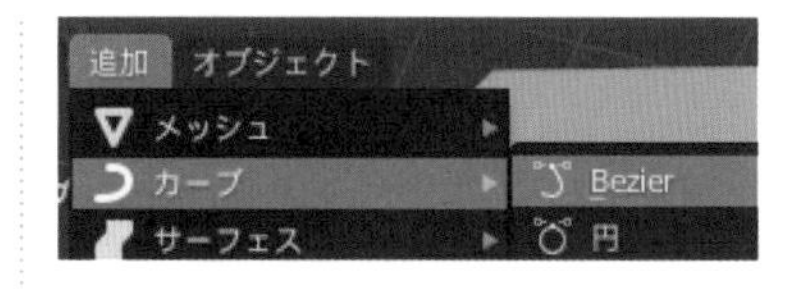

水面オブジェクトはZ軸原点より少し高い位置にあるので、編集しやすいように透過表示にします。

編集モードに切り替えると、カーブ両端にハンドルが表示されます。この中心のポイントやハンドル両端を選択して移動させると形状を変えることができます。

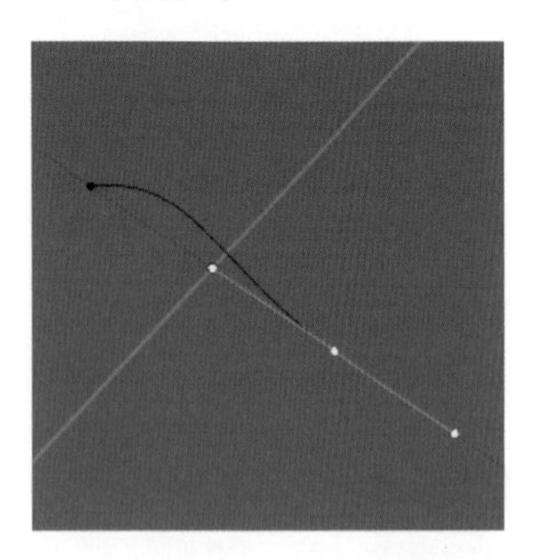

水面の端にカーブを移動させ、ハンドル端のポイントを選択してEキーで押し出すと、新しいポイントが生成されます。

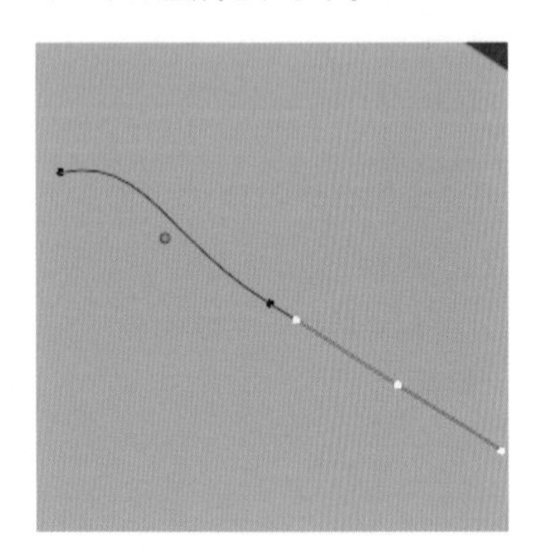

ジグザグにカーブのポイントを生成していきます。移動は水面に対して平行になるようにY軸方向かX軸方向にのみ行い、ポイントを選択しR→Zキーで回転させてカーブの形状を整えます。

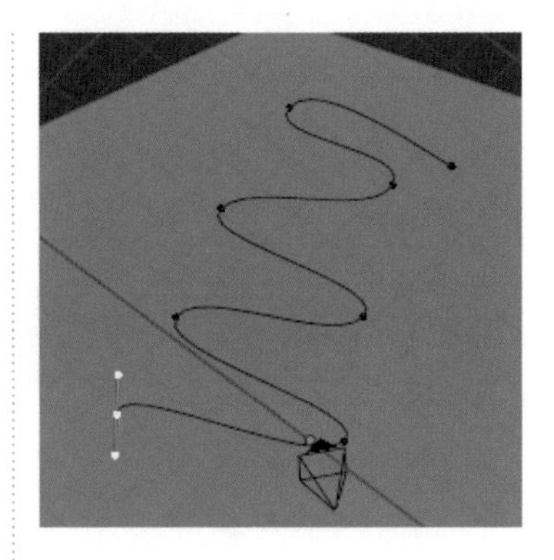

テンキーの0でカメラ視点にした時にルートがうまく入るようにします。

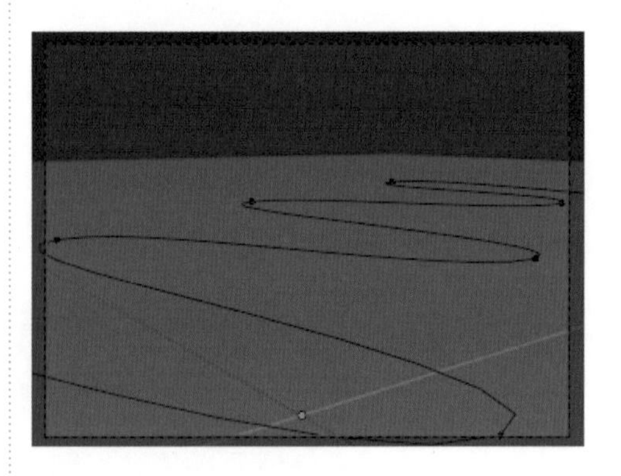

14.1.2 カーブとオブジェクトを関連付け〈パスに追従〉

白鳥オブジェクトを選択し、「プロパティ」（Shift + F7）→「オブジェクトコンストレイントプロパティ」→「Add Object Constraint」→関係「パスに追従」を選択します。

「ターゲット」の項目をクリックし、カーブオブジェクト名を入力します。

カーブに合わせてオブジェクトの向きが変わるように、「前方の軸」を –Y にして、「カーブに従う」を有効にします。

白鳥オブジェクトがカーブの先端に移動します。

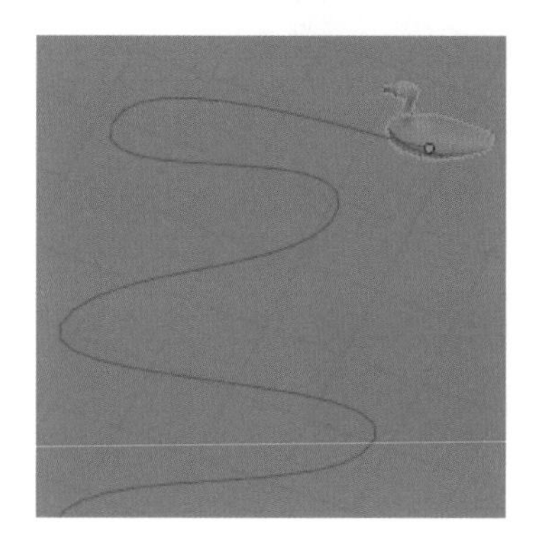

14.1.3 アニメーション

コンストレイントのパネルの「Animation Path」でパスのアニメーションを生成します。アニメーションさせると、白鳥オブジェクトがカーブに沿って端まで移動します。

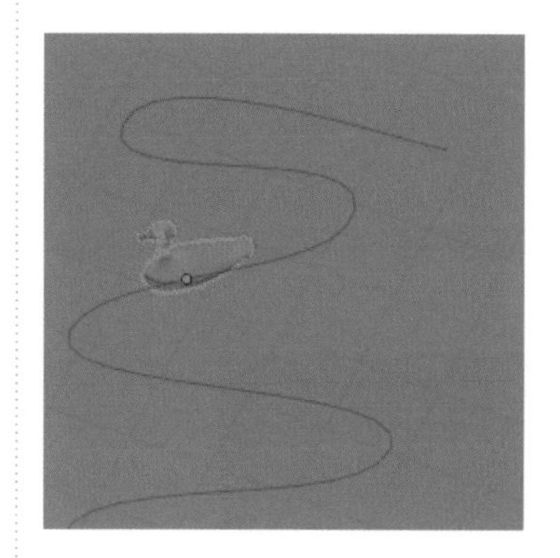

カメラ視点でアニメーションを確認し、白鳥が画面外から現れジグザグに移動しながら画面外に出て行くようにカーブの形を整えます。

14.2 相互作用を設定する〈ダイナミックペイント〉

白鳥オブジェクトが移動すると水面に波が発生するようにします。

各オブジェクトを選択し、「プロパティ」(Shift + F7)→「物理演算プロパティ」→「ダイナミックペイント」を付加します。

14.2.1 白鳥

タイプ「ブラシ」を選択し、「ブラシを追加」で有効化します。

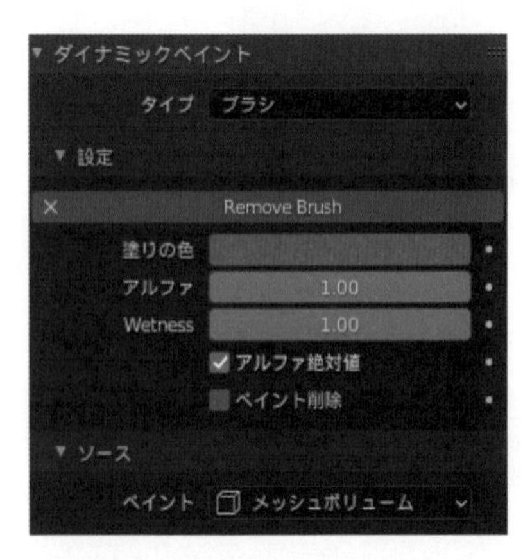

14.2.2 水面

タイプ「キャンバス」を選択し、「Add Canvas」で有効化します。

■ 設定パネル

開始フレームと終了はアニメーション全体のフレームと一致させるので、後のアニメーションプレビューでの確認後に設定します。

■ サーフェスパネル

サーフェスタイプ「波」を選択します。

■ 面を増やす〈細分化〉

波の動きを付けるには面の数を増やす必要があります。

付加しているサブディビジョンサーフェスモディファイアーを適用し、細分化を実体化します。

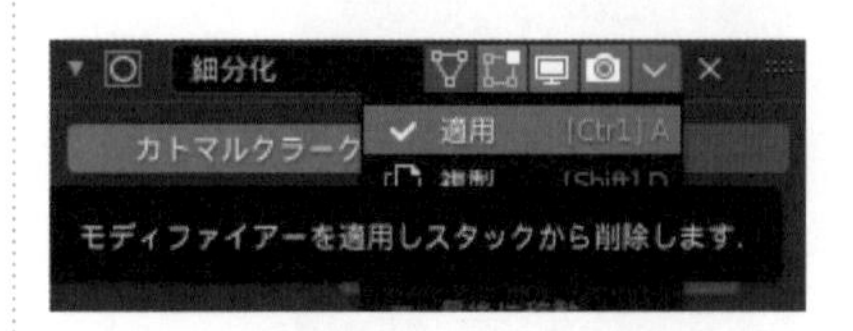

さらに編集モードでAキーでメッシュを全選択し、右クリック→「細分化」→表示される調整パネルで分割数を20程度にします。

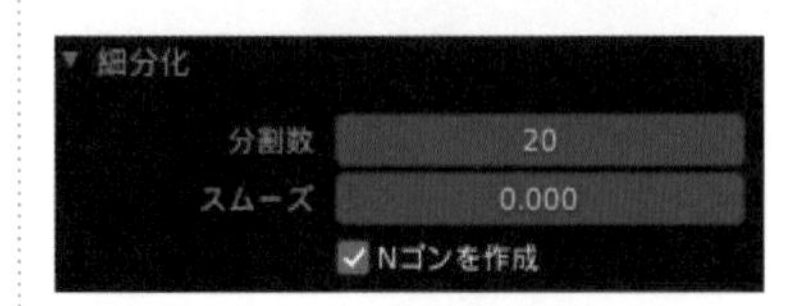

波立たせた時の形状が滑らかになるように、オブジェクトモードにして、右クリック→「スムーズシェード」を選択します。

14.3 さざ波を立てる〈テクスチャのアニメーション〉

水面オブジェクトに付加しているマテリアルのテクスチャもアニメーションで動くようにして自然な波が立つようにします。

「タイムライン」(Shift + F12)で現在のフレームを1にして、「シェーダーエディター」(Shift + F3)またはマテリアルプロパティ→「ディスプレイスメント」パネルで「マスグレイブテクスチャ」→「スケール」の値の上でIキーを押してキーフレームを挿入します。

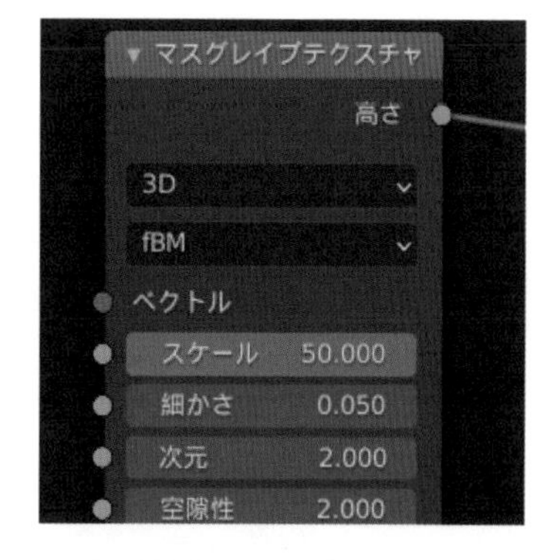

白鳥オブジェクトが画面外に出て行った後も波が立ち続けるように、実際に出力する長さよりも先のフレームに変化先のキーを挿入します。

この作例では白鳥オブジェクトが画面外に出るのは134フレーム辺りなので、現在のフレームを250にして、「スケール」の値を55にして同じようにIキーでキーフレームを挿入します。

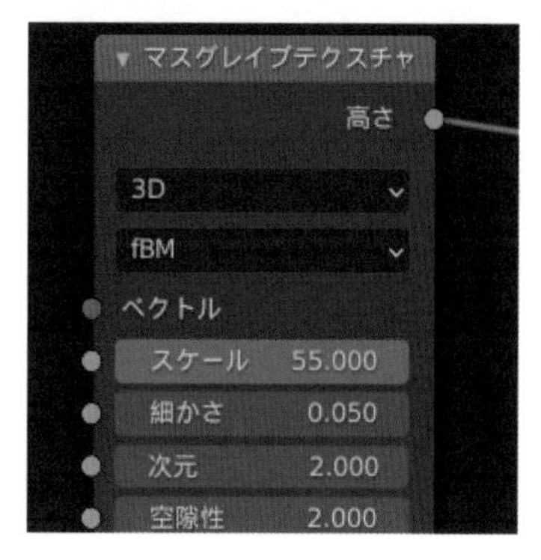

14.4 調整

14.4.1 アニメーションの確認

トップバーからレイアウト「Animation」を選択すると編集しやすいエリア構成になります。

3Dビューのシェーディングを「マテリアルプレビュー」にしてアニメーションを行います。

白鳥オブジェクトが水の上を移動すると水面に波が広がり、さざ波も常に発生している状態を確認できます。

14.4.2 アニメーション時間の調整〈フレーム設定〉

テクスチャの波が十分に動き始めるまでにはタイムラグがあるため、しばらく経ってから白鳥オブジェクトが動くようにします。

白鳥オブジェクトを選択し、コンストレイントプロパティで「パスに追従」→「オフセット」の値を40程度にして、指定フレームからカーブ上を動き始める設定にします。

波の状態などを確認し、「タイムライン」（Shift + F12）ヘッダーで開始、終了フレームを設定します。ここでは開始：40、終了：190を設定しています。

水面オブジェクトのダイナミックペイントの「設定」パネルの開始、終了フレームも同じ値を設定します。

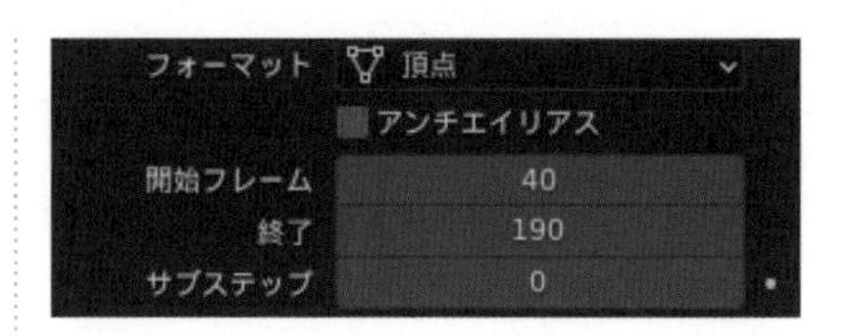

14.4.3 再生を高速化〈キャッシュ〉

物理シミュレーションのアニメーション結果を実際にレンダリングするにはファイルを保存する必要があります。

さらに水面オブジェクトを選択し、「プロパティ」(Shift + F7)→「物理演算プロパティ」→「ダイナミックペイント」パネル→「キャッシュ」→「ベイク」で外部にキャッシュファイルを保存すると常に同じ結果を得られるようになります。

Shift + ←キーで最初のフレームにして、「ベイク」を実行するとキャッシュが生成されます。「Delete Bake」で結果を削除するまで有効です。

14.5 シーン設定

14.5.1 レンダー設定

「プロパティ」（Shift + F7）→「レンダープロパティ」で設定を行います。

レンダリングエンジンの選択

高速なレンダリングが可能な「Eevee」を選択します。

鏡面反射を有効にする〈反射キューブマップ〉

Eevee レンダーでオブジェクトの鏡面反射をレンダリングするには、反射キューブマップとベイクが必要です。

● Cycles レンダーを使用する場合や鏡面反射が不要なら以下の設定は不要です。

「スクリーンスペース反射」パネルを有効にします。

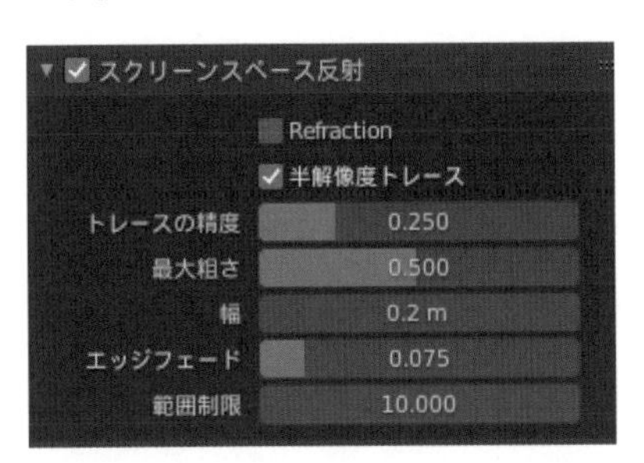

さらに反射の精度をあげるために、「3D ビューポート」(Shift + F5) →「追加」(Shift + A) →「ライトプローブ」→「反射キューブマップ」を選択して追加します。

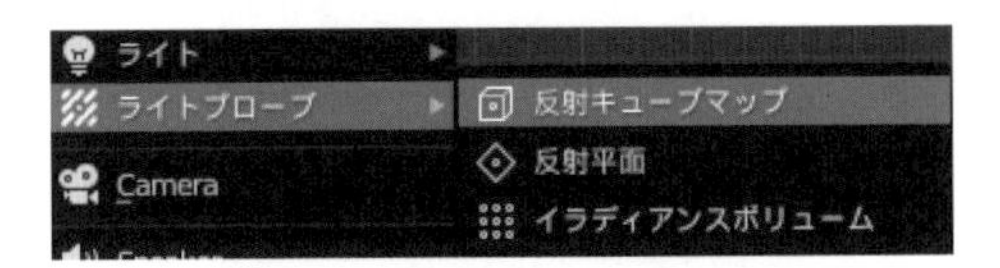

反射キューブマップオブジェクトを選択し、カメラの視野が全て球体内に入る程度に拡大して移動させせます。

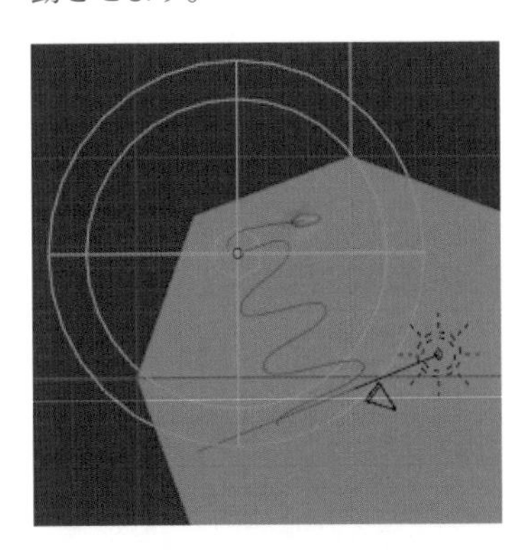

「プロパティ」(Shift + F7) →「レンダープロパティ」→「間接照明」パネル→「Bake Indirect Lighting」で鏡面反射のベイクを行います。

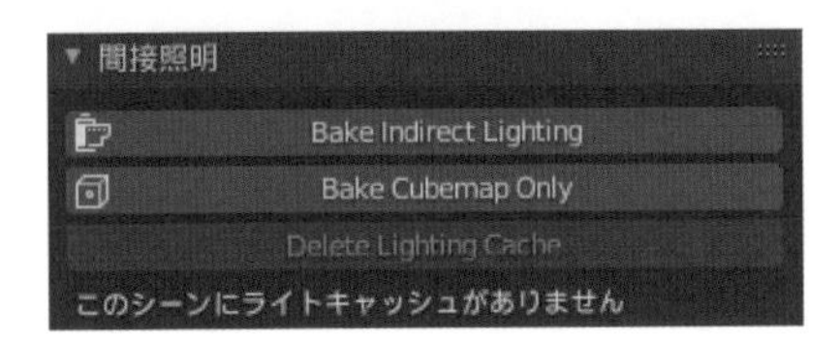

14.5.2 出力の設定

「プロパティ」(Shift + F7) →「出力プロパティ」で設定を行います。

寸法パネル

サイズが大きいほどレンダリングに時間が掛かるので、元の設定の 50%を指定しています。

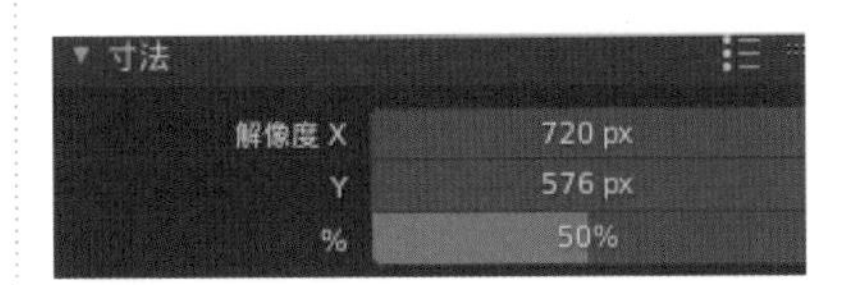

14.5.3 プレビュー

任意のフレームを静止画レンダリングして、白鳥オブジェクトの映り込みや波が発生しているか確認します。

14.6 動画を出力する〈アニメーションレンダリング〉

レンダリングするフレームが多い場合は、安定した出力方法である連番画像で出力します。

「出力」パネル→出力先フォルダーを指定し、「ファイルフォーマット」でPNG形式を選択します。

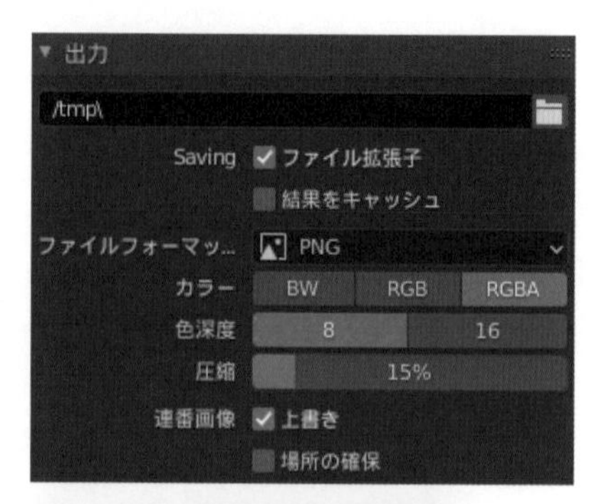

設定後、トップバー→「レンダー」→「Render Animation」(Ctrl + F12) でアニメーションとして出力します。

出力した連番画像はトップバー→「レンダー」→「View Animation」(Ctrl + F11) でプレビューできます。

14.7 動画の編集〈ビデオシーケンサー〉

エディタータイプを「ビデオシーケンサー」(Shift + F8) に切り替えます。

トップバーのレイアウト追加ボタン→「Video Editing」→「Video Editing」を選択すると編集しやすいエリア構成になります。

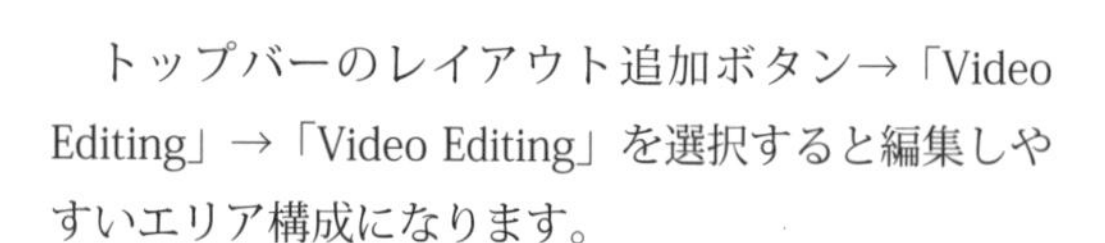

14.7.1　連番画像の読み込み〈画像ストリップを追加〉

ヘッダー→「追加」(Shift + A) →「Image/Sequence」を選択し、ファイルブラウザーでファイルのあるフォルダーを開きます。

連番画像は一番最初の画像を選択後、Shift キーを押しながら最後の画像を選択し、「画像ストリップを追加」で読み込みます。

チャネル上に連番画像ストリップが追加されます。

14.7.2　暗転の演出〈色、フェード〉

動画の終端が徐々に暗くなっていく演出を加えます。

フェードアウト

ストリップを選択し、ヘッダー→「追加」(Shift + A) →「Fade」→「フェードアウト」を選択します。

「ドープシート」(Shift + F12) 表示時はフェードアウトなどの効果の開始、終了フレームを視覚的に確認でき、位置もドラッグで変更できます。

背景

フェードアウトは画像を徐々に透明にしていくので、下に黒いベースを置きます。

ヘッダー→「追加」(Shift + A) →「Color」を選択し、カラーストリップを追加します。

ドラッグで連番画像ストリップの下に移動させ、端をクリックしてドラッグで長さを調整し、連番画像ストリップのフェードアウト部分をカバーできる長さにします。

14.7.3 題目の画面を作成〈色、テキスト〉

動画の最初と最後に題目画面を表示します。

背景

ヘッダー→「追加」（Shift + A）→「Color」を選択し、カラーストリップを追加後、サイドバー（N）→「ストリップ」タブ→「エフェクトストリップ」パネルで任意の色を設定します。

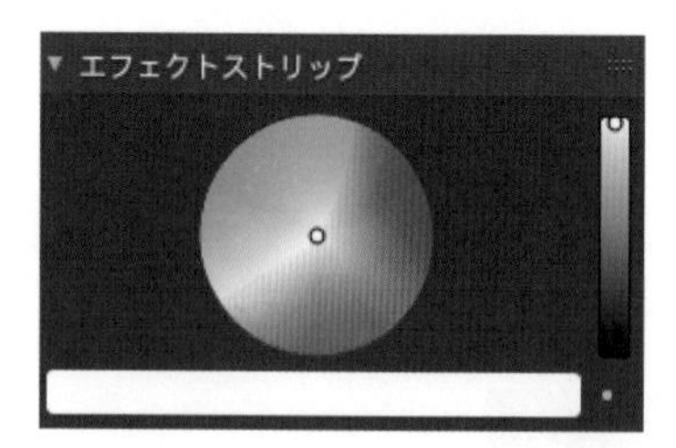

題目

ヘッダー→「追加」（Shift + A）→「Text」を選択します。

テキストストリップを選択し、サイドバー（N）→「ストリップ」タブ→「エフェクトストリップ」パネルでテキストを設定します。

プレビューモードで確認しながらテキストのサイズに合わせて「レイアウト」→「位置」でそれぞれの軸方向の位置を調整します。

終了テキスト

同じように動画の最後に表示するテキストを作成します。

題目のテキストストリップを選択後、Ctrl + C キーでコピーし、Ctrl + V キーでペーストすると同じ設定を再利用できるので、テキストとカラーのみ変更します。

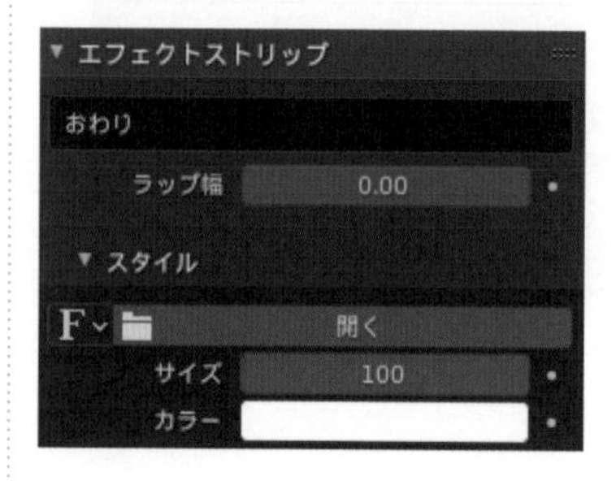

適当なストリップの上のセクションにテキストストリップを配置してプレビューで確認します。

14.7.4　配置〈ストリップ編集〉

題目表示はフレーム1から開始する位置に配置し、ストリップの端をドラッグして好みの長さに設定します。ここではフレーム25までの長さにしています。

その後に連番表示ストリップと背景のカラーストリップを配置します。

その上に終了画面用のテキストストリップを配置し、長さは題目表示と同じにして終端位置を揃えます。

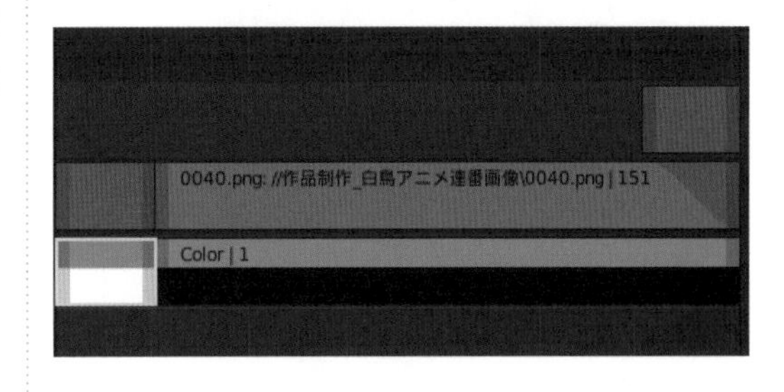

14.8　動画の出力

「プロパティ」（Shift + F7）で各設定を行います。

14.8.1　レンダープロパティ

編集画像の色味が変わらないように、「カラーマネジメント」パネル→「ビュー変換」→「標準」を選択します。

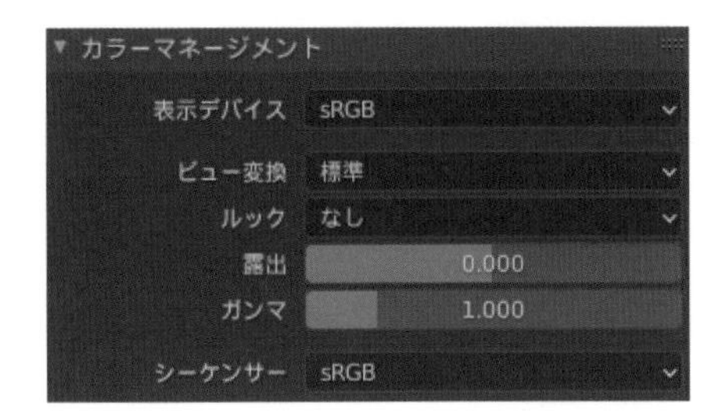

14.8.2　出力プロパティ

解像度と開始、終了フレームを確認します。動画の長さは連番画像の枚数に題目表示のフレーム数を足したものになります。

ビデオシーケンサーで編集した動画を出力するには、「ポストプロセッシング」パネル→「シーケンサー」が有効になっている必要があります（デフォルトで有効）。

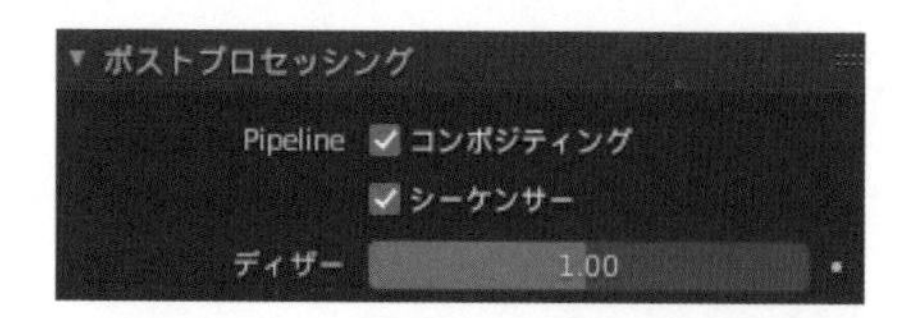

編集終了後は全てをひとまとめにした動画形式で出力します。

「出力」パネルで出力先フォルダーを指定し、「ファイルフォーマット」で動画形式を選択します。

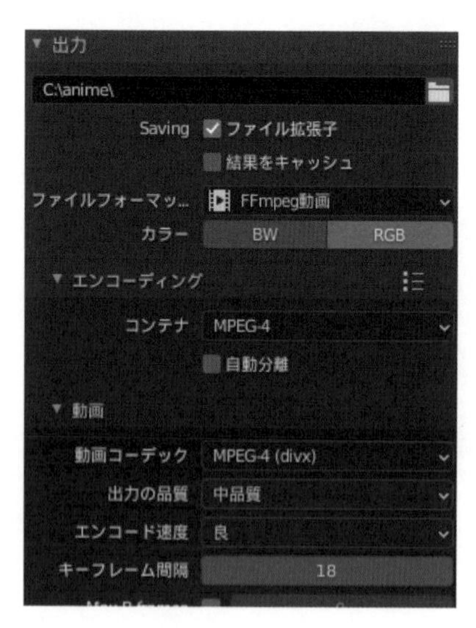

14.8.3 出力

設定後、トップバー→「レンダー」→「Render Animation」（Ctrl + F12）でアニメーションレンダリングを行うと編集後の動画を出力できます。

14.9 完成

最初に題目が表示され、アニメーションの最後は徐々に暗くなりながら終了のテキストが表示される動画の完成です。

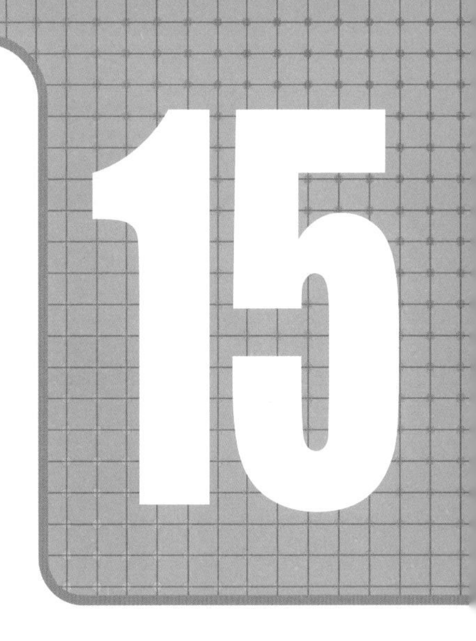

第15章

中級 植え込みのモデリング

生い茂る植物とレンガ模様の縁取りのある土台を合わせて1つのモデルとして完成させます。詳細に作成したモデルをテクスチャ化して軽量なオブジェクトに貼り付けたものをランダム複製することで効率よく作成できます。

15.1 植物

葉が 1 枚ずつ存在するリアルなモデルと、複製のためにテクスチャ化したビルボードを作成します。

15.1.1 葉

■ 基本形〈メッシュ編集〉

「3D ビューポート」（Shift + F5）ヘッダー→「追加」（Shift + A）→「メッシュ」→「Plane」で平面を生成します。

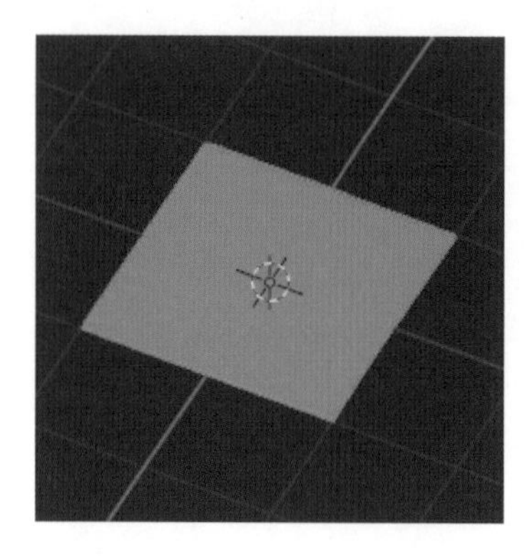

テンキーの 1 で正面の視点にして、編集モードで R → X →テンキーで 90 を入力してメッシュを回転後、G → Z →テンキーの 1 を入力して底辺の位置が原点と同じになるように移動させます。

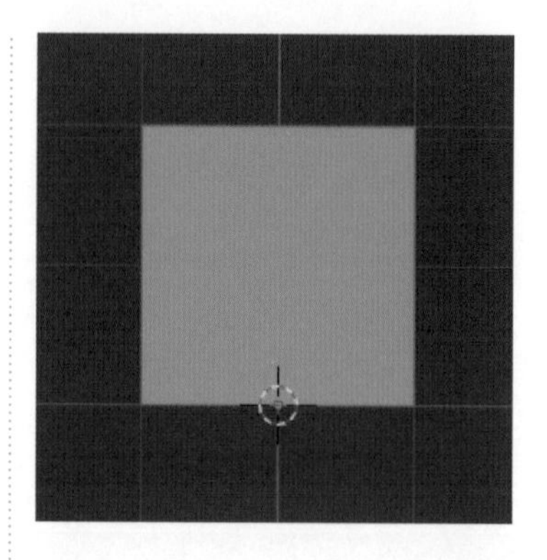

S キーで 0.1 m のサイズに縮小し、さらに S → X →テンキーで 0.5 を入力して長方形にします。

Ctrl + R キーでループカットし、縦に 1 つ辺を入れます。

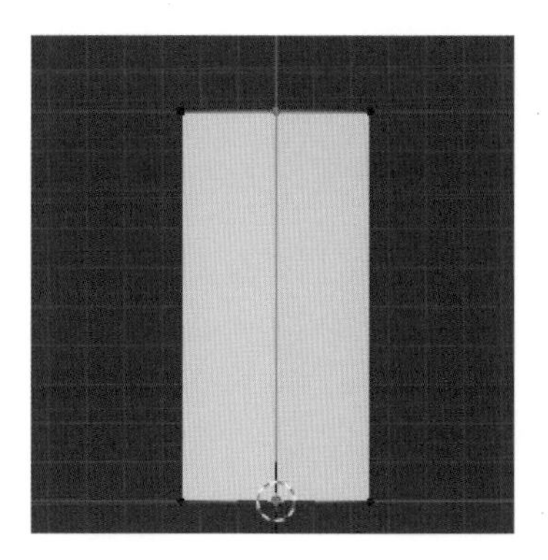

同じようにループカットし、横方向に5つ辺を入れます。

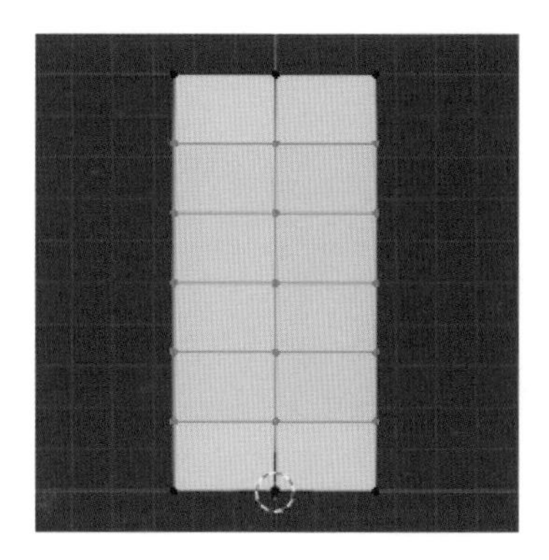

材質の設定〈マテリアル〉

シェーダー

デフォルトのプリンシプルBSDFを使用します。

「スペキュラー」→0.05くらいに下げて光沢を抑え、「サブサーフェス」→0.05くらいにしてサブサーフェスカラーに設定した表面下の色が少し透けるようにします。

ベースカラーで「画像テクスチャ」を選択して256×512pxの新規画像を作成します。

カラーを選択し、Aの値を0にして透過画像にします。

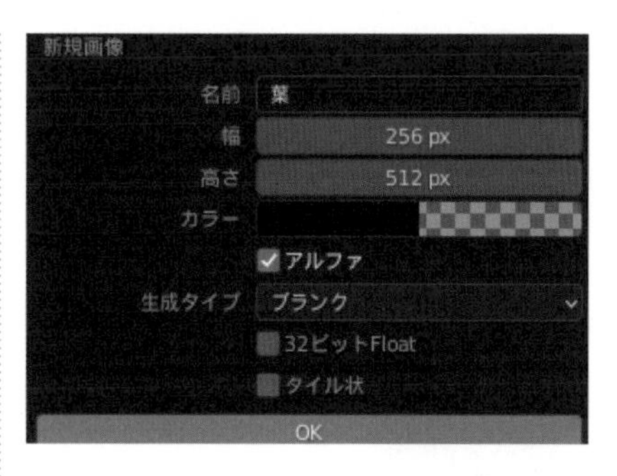

使用レンダーエンジンがEeveeの時の「設定」パネルでブレンドモードと影のモードを「不透明」以外にして、ビュー上で透過が反映されるようにします。

トップバーからレイアウト「Shading」を選択します。

シェーダーエディターで画像テクスチャノードの「アルファ」ソケットをプリンシプルBSDFの「アルファ」ソケットに接続します。

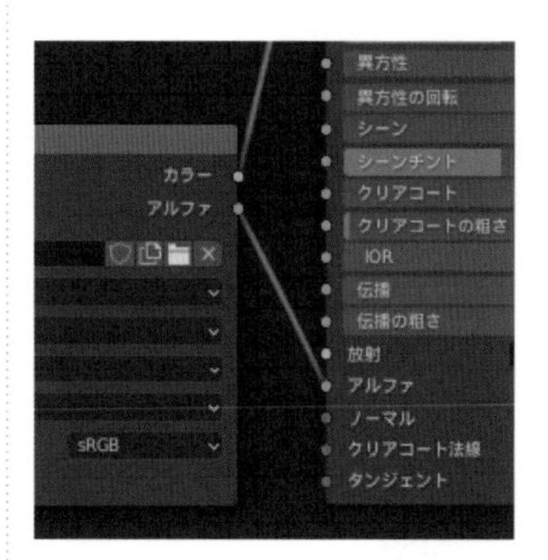

テクスチャ

トップバーからレイアウト「Texture Paint」を選択します。

サイドバー（N）→「ツール」タブ→「ブラシ設定」パネル「カラーピッカー」で緑を設定し、「減衰」

でブラシのストロークがハードになる形状を選択します。

画面をドラッグして葉の輪郭を描きます。修正は「ブラシ設定」パネル→ブレンド「アルファを消去」を選択すると描画部分を消去できます。

Shift + Space キー→「フィル」を選択し、カラーピッカーを開きスポイトボタンをクリックしてから描画部分をクリックし、同じ色を設定します。

縁取りの中をクリックすると、選択した色で塗りつぶされます。

少し塗り残された部分はブラシで修正します。

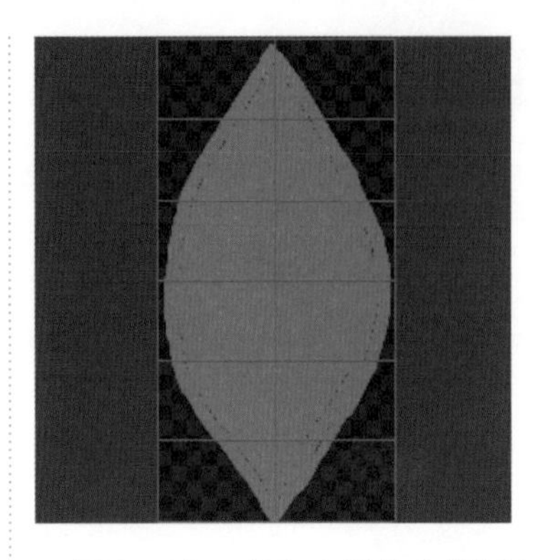

好みで光の当たる部分や葉脈などを描き込みます。

描き終えたら、ヘッダー→「画像」→「保存」(Alt + S) から PNG 形式で画像を外部保存します。

形状の変形〈シンプル変形〉

「プロパティ」(Shift + F7) →「モディファイアープロパティ」→変形「シンプル変形」モディファイアーを付加し、「ツイスト」、「曲げ」など好みで葉を少し曲げます。

オブジェクトモードで右クリック→「スムーズシェード」を選択します。

葉の形に変化が加わり、立体的になります。

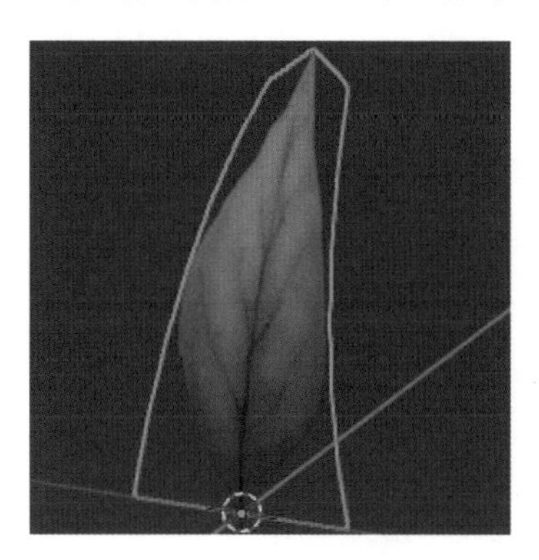

15.1.2 茎

基本形〈メッシュ編集〉

「3D ビューポート」(Shift + F5) ヘッダー→「追加」(Shift + A) →「メッシュ」→「Cube」で立方体を生成します。

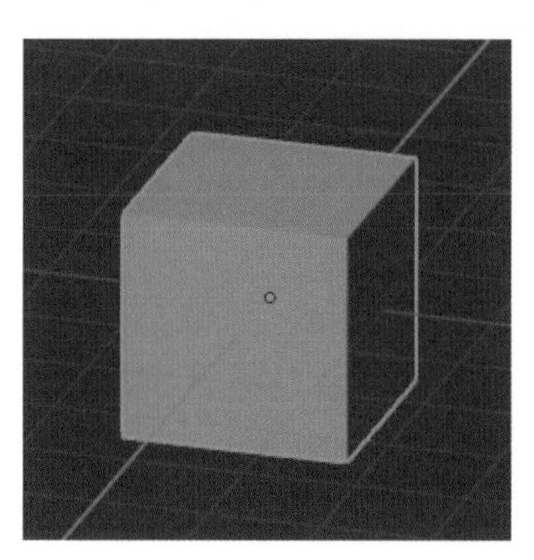

テンキーの 1 で正面の視点にして、編集モードで G → Z →テンキーの 1 を入力して底辺の位置が原点と同じになるように移動させます。

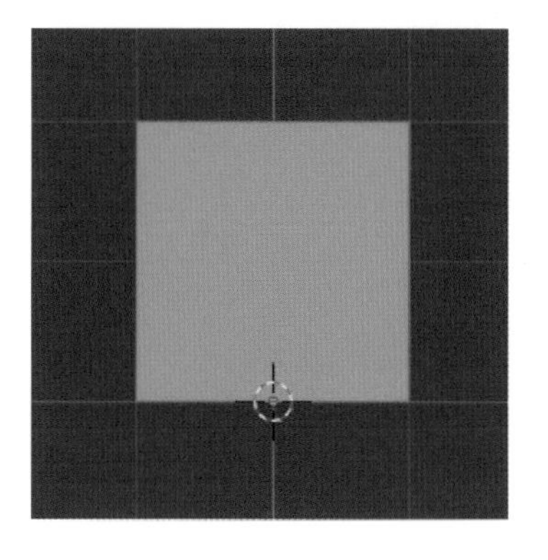

ヘッダー→トランスフォームピボットポイントを「3D カーソル」にします。

S キーで寸法を 0.01 m 程度に縮小して茎の太さを設定します。

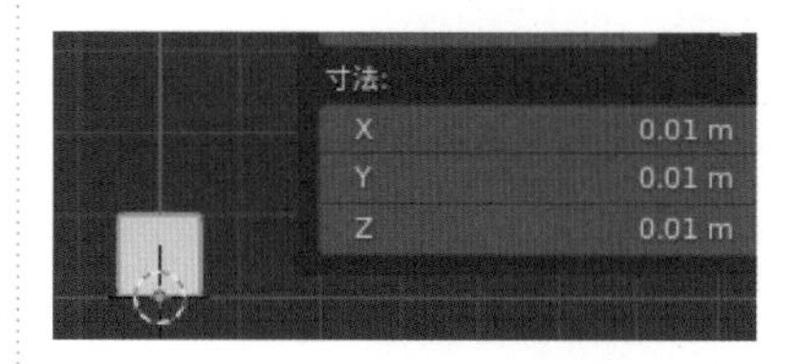

上の面を選択し、G → Z →テンキーで 0.39 を入力し、高さを 0.4 m 程度にします。

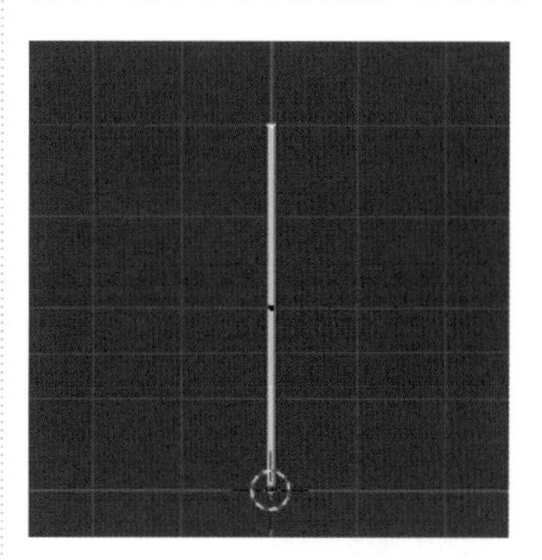

Ctrl + R キーでループカットし、横方向に 7 つ辺を入れます。

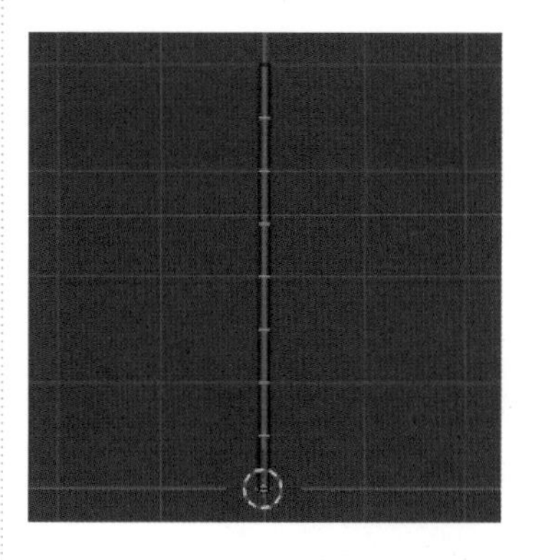

各頂点位置は後で葉を生やす位置になります。少し横に移動させて茎の形状を歪ませ、一番下のループ辺は上に移動させて葉が下方に生える位置を調整します。

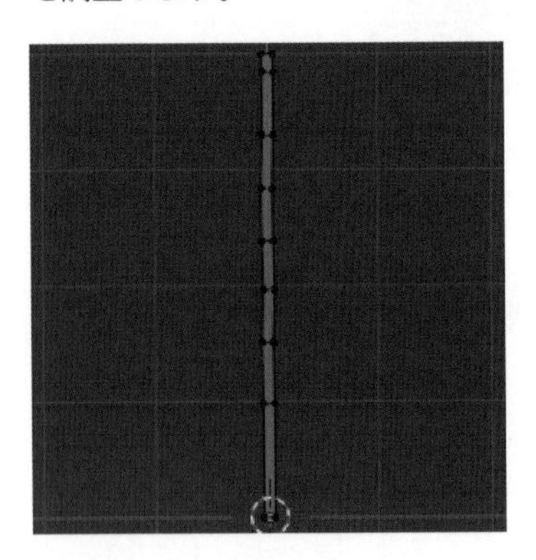

■ 範囲指定〈頂点グループ〉

葉を生やす範囲として一番下の頂点以外を選択し、Ctrl + G キーで頂点グループに加えます。

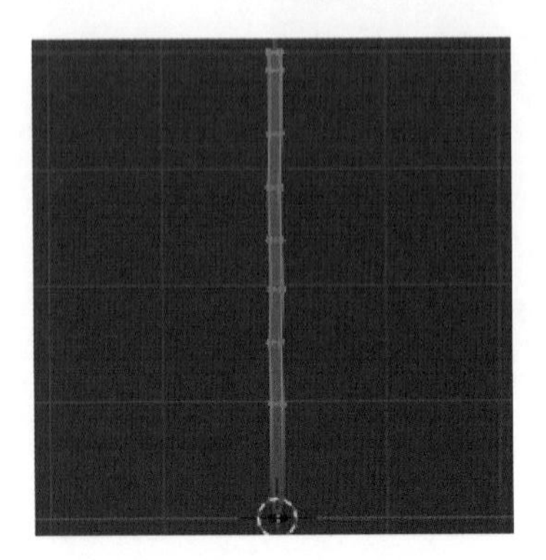

■ モディファイアー

サブディビジョンサーフェス

付加すると頂点が増えるので葉の生えるポイントも増えます。

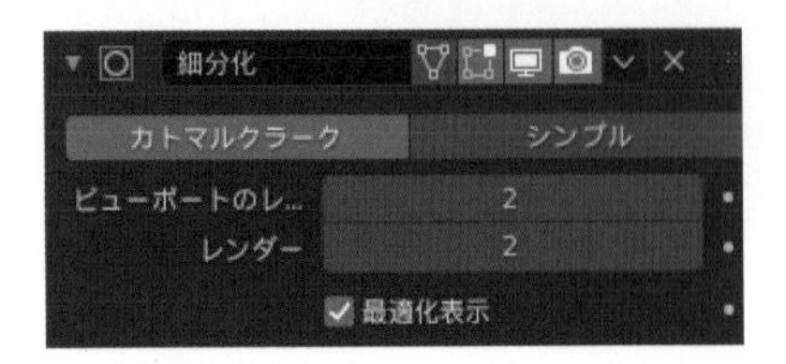

根元が細くなるので、一番下の頂点群を選択し、Shift + E →テンキーで 1 を入力し、辺のクリースを最大値にして形状を保ちます。

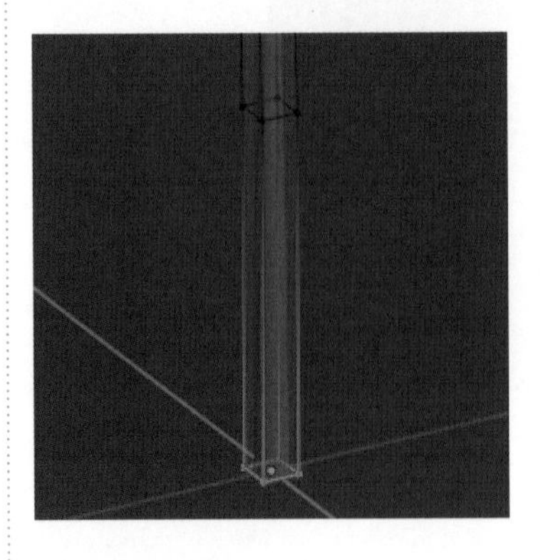

シンプル変形

「テーパー」で先端を先細りにします。

■ 材質の設定〈マテリアル〉

デフォルトのプリンシプル BSDF を使用し、ベースカラーは葉と同じような緑を設定します。

15.1.3　複製〈パーティクルインスタンス〉

以下はモディファイアーとしてスタックに並びますが、すでに付加されているモディファイアーより下に位置するようにします。

■ 茎

パーティクルを利用して茎に葉を複製します。

「プロパティ」（Shift + F7）→「パーティクルプロパティ」でスロットの右にある + ボタンから新規パーティクル設定を作成します。

パーティクルタイプは「ヘアー」を選択し、「詳細設定」を有効にします。

放射パネル

「数」→ 50、「ヘアー長」→ 0 m を設定します。

ソース

「放射源」→「頂点」を選択し、「モディファイアースタック」を有効にします。

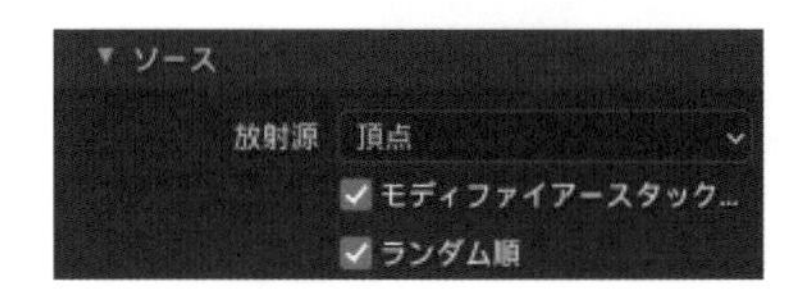

回転パネル

パネルを有効にします。

「回転する軸」→「法線 - タンジェント」を選択し、ランダム化などは後で好みの数値を設定します。

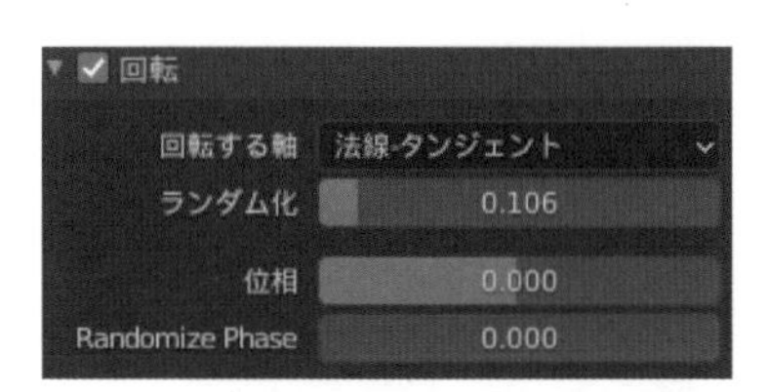

レンダーパネル

「Render As」→「オブジェクト」を選択し、「スケール」は 1 にしておくと後で複製するオブジェクトが元のサイズと同じになります。

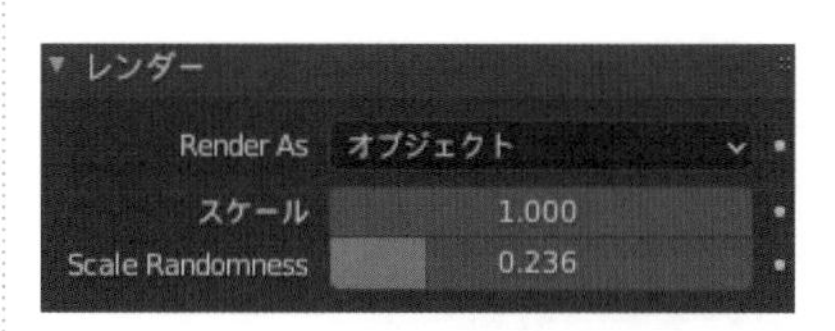

オブジェクト

「インスタンスオブジェクト」→「葉オブジェクト」を指定します。

頂点グループパネル

「密度」→作成済みの頂点グループ名を指定します。

葉

モディファイアーを付加します。

パーティクルインスタンス

「オブジェクト」→茎オブジェクトを指定し、「サイズ」を有効にすると茎のパーティクル設定側のスケールでサイズを調整できます。

■完成

パーティクル設定で葉の複製数やスケールのランダム性などの調整を行います。「放射」パネル→「シード」で葉の出方を変えられます。

15.1.4 モデルの軽量化〈ビルボード〉

完成した植物モデルはそのまま使用する方が精細な結果を得られますが、頂点数が多いため、多量の複製に耐えられるビルボード形式にします。

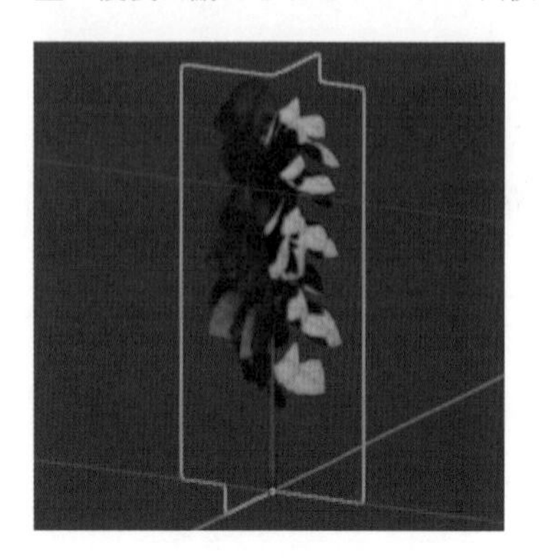

■視点と光源の設定〈カメラ、ライト〉

「プロパティ」(Shift + F7) →「オブジェクトデータプロパティ」で各オブジェクトの詳細設定や、ビュー上でカメラやライトの位置設定を行います。

カメラ

「ビューポート表示」パネル→「コンポジションガイド」→「中心」を有効にして、中央に表示されるライン上に植物の茎中心を合わせやすくします。

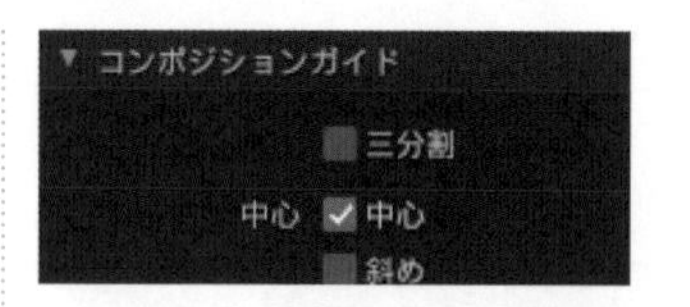

植物モデルが中央に位置するように視界を調整します。

ライト

デフォルトのポイントライトを使用します。位置は植物モデルの正面となる上方に配置します。

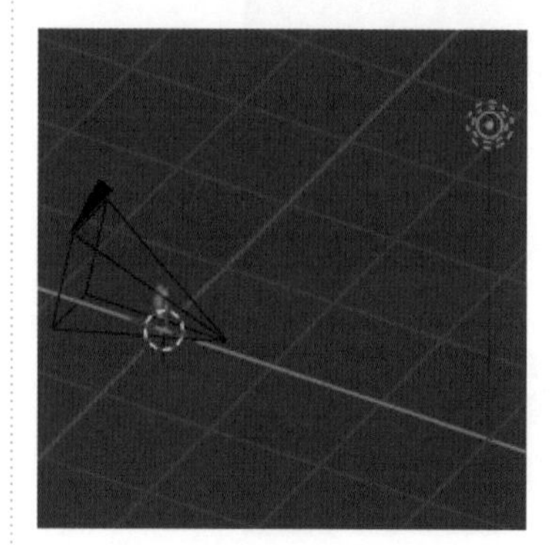

■レンダー設定

「プロパティ」(Shift + F7) →「レンダープロパティ」でレンダリングの設定を行います。

レンダリングエンジンの選択

重なった透過テクスチャをうまく描画するためにCyclesレンダーを選択します。

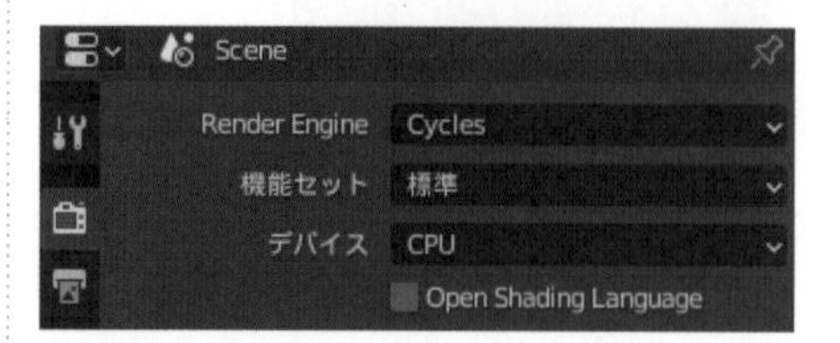

フィルムパネル

「透過」を有効にして、背景を透明部分としてレンダリングします。

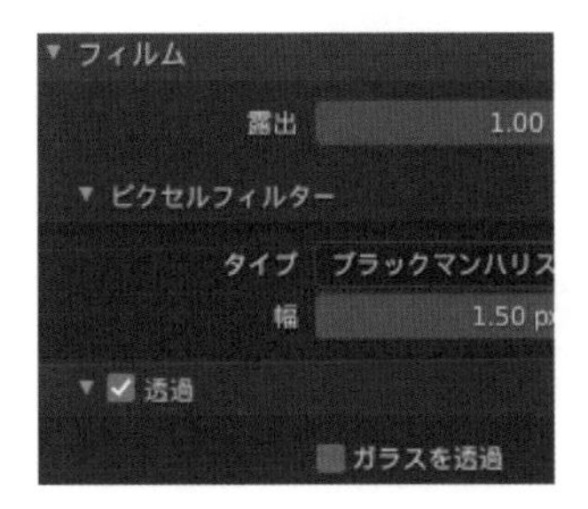

カラーマネジメントパネル

「ビュー変換」→「標準」を選択します。

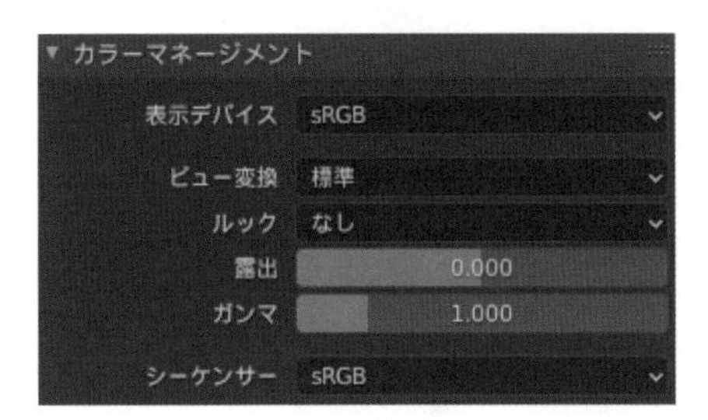

デフォルトの「Filmic」は写実表現向けですが色が淡くなります。

出力設定

「プロパティ」(Shift + F7) →「出力プロパティ」で解像度の設定を行います。

寸法パネル

葉のテクスチャと同じく、256 × 512px を設定します。

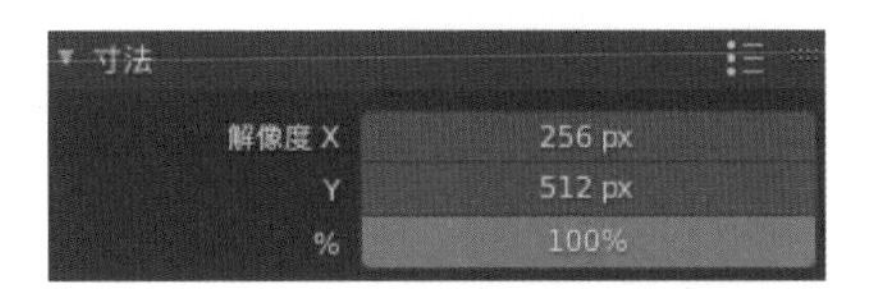

画像の保存

トップバー→「レンダー」→「Render Image」(F12) でレンダリングします。

画像が出力されます。

レンダーウィンドウのヘッダー→「画像」→「保存」(Alt + S) で画像を外部保存します。

パーティクルのシード値を変えたりして、葉の並びが違うパターンの画像をいくつか保存しておくと複製時に同じ画像になるのを防げるので効果的です。

■基本形〈メッシュ編集〉

「3D ビューポート」(Shift + F5) ヘッダー→「追加」(Shift + A) →「メッシュ」→「Plane」で平面を生成します。

テンキーの 1 で正面の視点にして、編集モードで R → X →テンキーで 90 を入力してメッシュを回転後、G → Z →テンキーの 1 を入力して底辺の位置が原点と同じになるように移動させます。

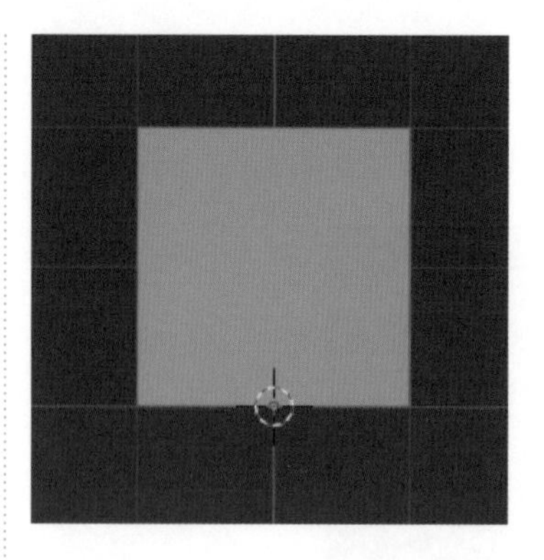

S → X →テンキーで 0.1 を入力して幅を 0.2 m、S → Z →テンキーで 0.2 を入力して高さを 0.4 m にします。

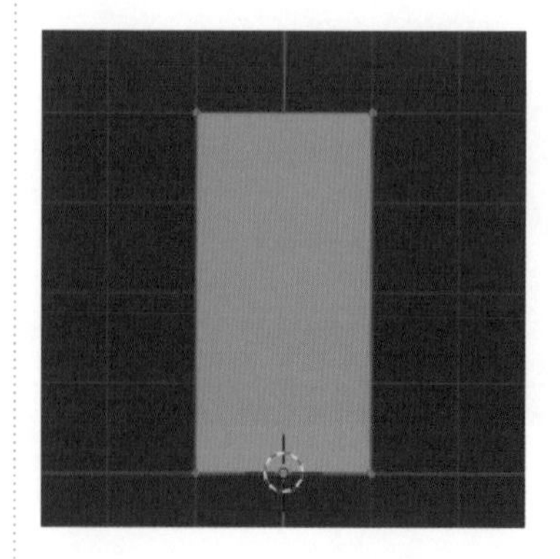

Shift + D キーで面を複製し、R → Z →テンキーで 90 を入力して回転させ、2 つの面が十字に重なるようにします。

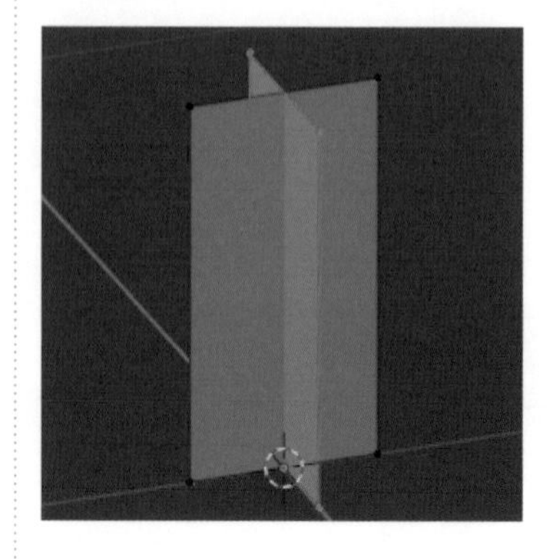

材質の設定〈マテリアル〉

複数の植物画像を出力した場合は、ビルボードオブジェクトをShift + Dキーで複製し、マテリアル名の右にあるユーザー数ボタンをクリックしてシングルユーザー化した後にテクスチャ画像を差し替えます。

シェーダー

デフォルトのプリンシプルBSDFを使用し、板状の光沢が出ないように「スペキュラー」を0にします。

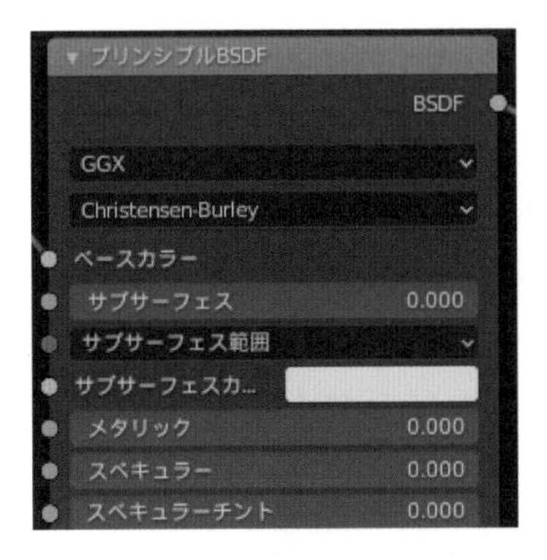

ベースカラーに画像テクスチャを指定し、出力した植物画像を読み込みます。

他の設定は葉オブジェクトと同じで、シェーダーエディターで画像テクスチャノードの「アルファ」ソケットをプリンシプルBSDFの「アルファ」ソケットに接続して透過を有効にします。

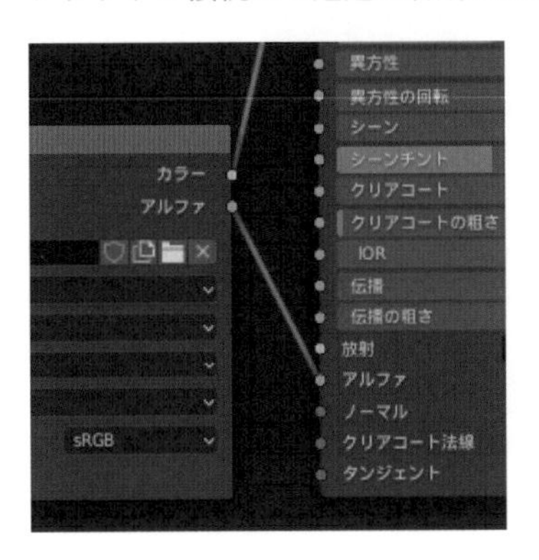

テクスチャ

画像サイズとオブジェクトサイズが似ているので手動でのUV展開は不要ですが、必要があればUVエディターでUVメッシュの調整を行います。

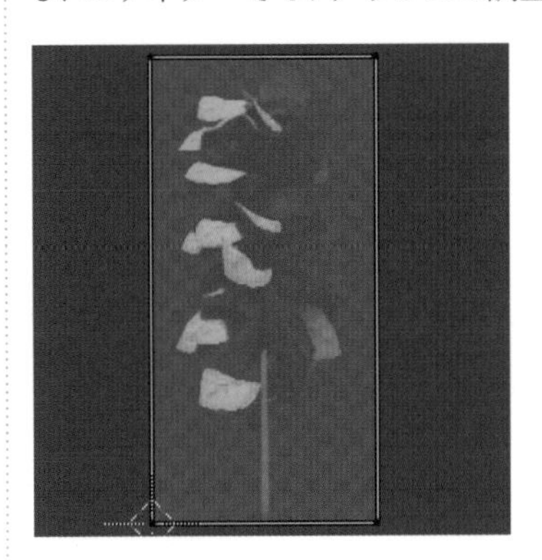

データ管理〈コレクション〉

アウトライナーでオブジェクトをコレクション内に格納し、他のオブジェクトと区別しておきます。

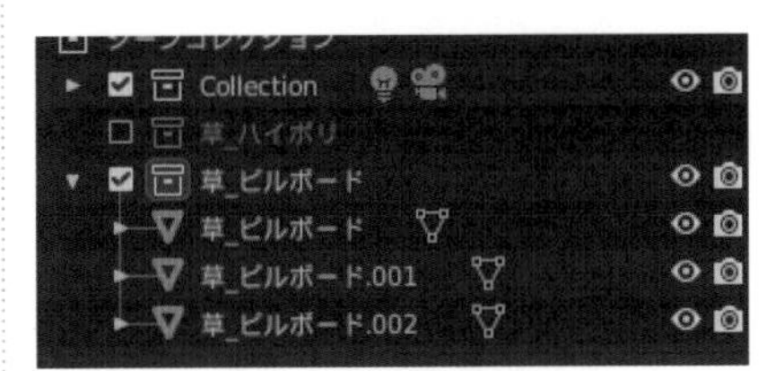

完成

非常に少ない頂点で植物モデルを描画できます。

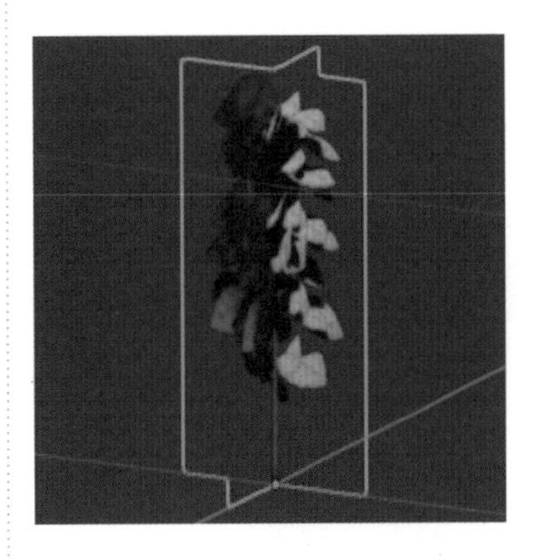

15.2 土台

植物を複製するベースとして使用します。

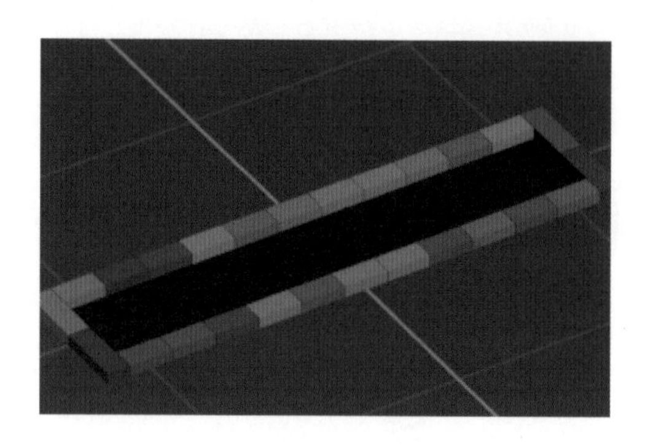

15.2.1 基本形〈メッシュ編集〉

「3D ビューポート」(Shift + F5) ヘッダー→「追加」(Shift + A) →「メッシュ」→「Plane」で平面を生成します。

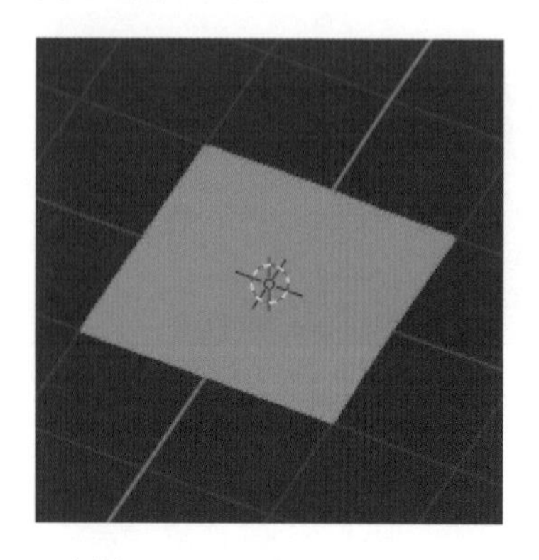

編集モードで S → Y →テンキーで 0.3 を入力して Y 軸方向に縮小し、S → X →テンキーで 1.2 を入力して X 軸方向に少し拡大して長方形にします。

Ctrl + R キーでループカットし、縦方向に 2 つの辺を入れて端から 0.1 m の位置に移動させます。

同じようにループカットで横方向に 2 つの辺を入れて移動させ、0.1 m 幅の縁ができるようにします。

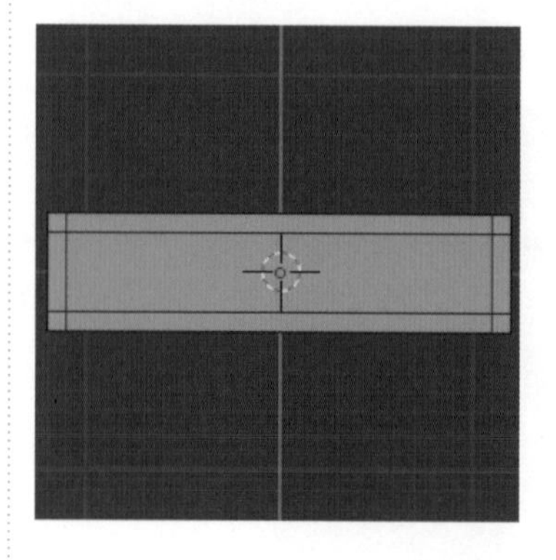

Shift キーを押しながら縁の面を追加選択し、E →テンキーで 0.05 を入力して Z 軸方向に少し押し出します。

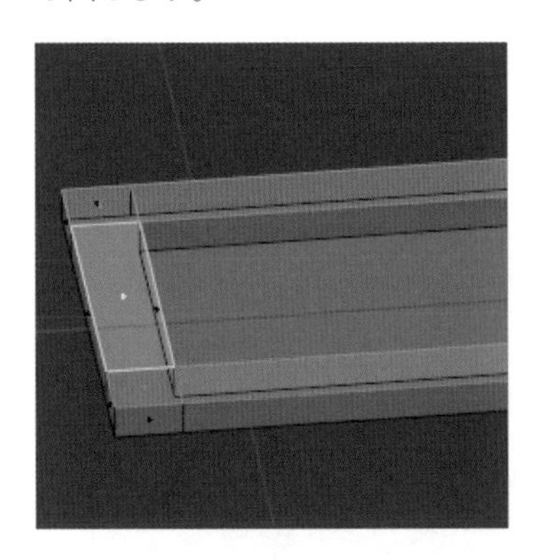

15.2.2 複製の範囲〈分離〉

後でビルボードを複製する範囲となる中央の面の頂点を選択し、Shift + D キーで複製後、P キー→分離「選択」でビルボード複製用の別オブジェクトとして分離します。

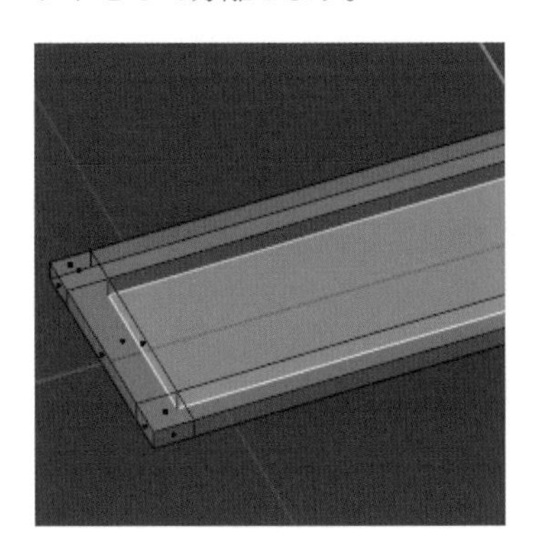

15.2.3 材質の設定〈マテリアル〉

縁

押し出しで作成した縁部分に対して設定します。

シェーダー

デフォルトのプリンシプル BSDF を使用し、スペキュラーは 0.1 程度にして光沢を抑えます。

テクスチャ

トップバーからレイアウト「Shading」を選択します。

exture Paint Shading Animation

ヘッダー→「追加」(Shift + A) →「テクスチャ」→「レンガテクスチャ」ノードを追加し、「カラー」ソケットをシェーダーノードの「ベースカラー」ソケットに接続します。

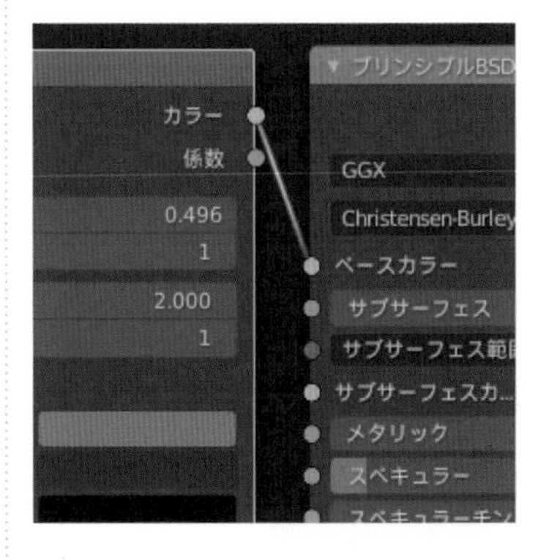

UV 展開せずにテクスチャの模様をうまく適用するために、「追加」(Shift + A) →「入力」→「テクスチャ座標」ノードを追加し、「オブジェクト」ソケットをレンガテクスチャノードの「ベクトル」

ソケットに接続します。

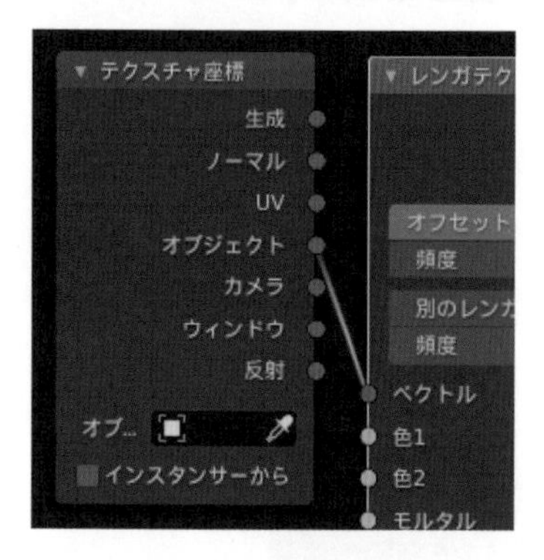

レンガテクスチャは縁のサイズに合うように数値を調整し、任意の色を設定します。

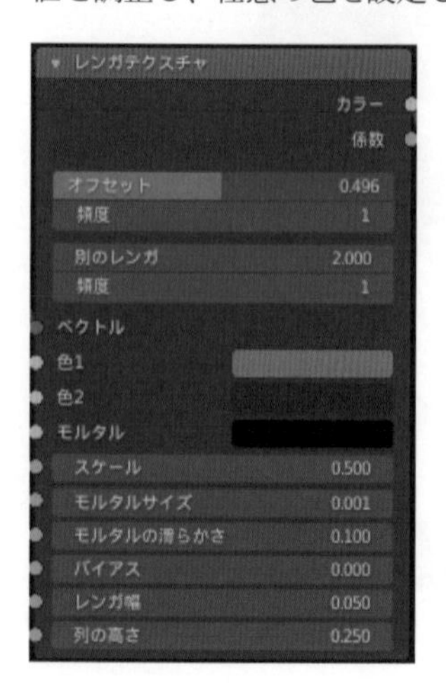

■土

頂点グループに指定した面に対して適用します。

シェーダー

デフォルトのプリンシプル BSDF を使用し、スペキュラーは 0.01 程度にして光沢を抑えます。

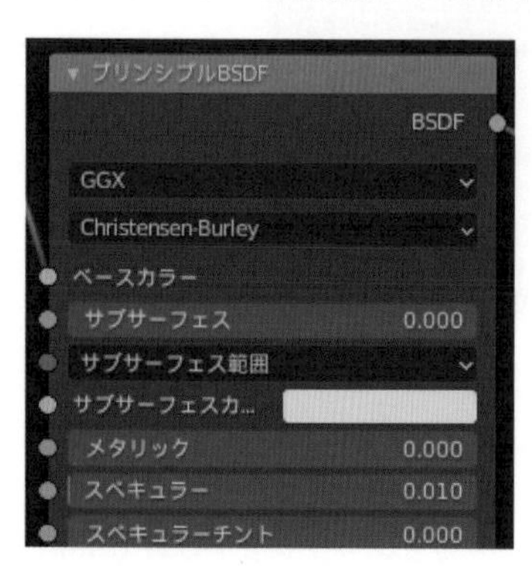

テクスチャ

シェーダーのベースカラーに土の色を直接設定するだけでもよいですが、好みでマスグレイブやボロノイテクスチャを追加し、RGB ミックスノードの係数として使用すると色に変化を持たせることができます。

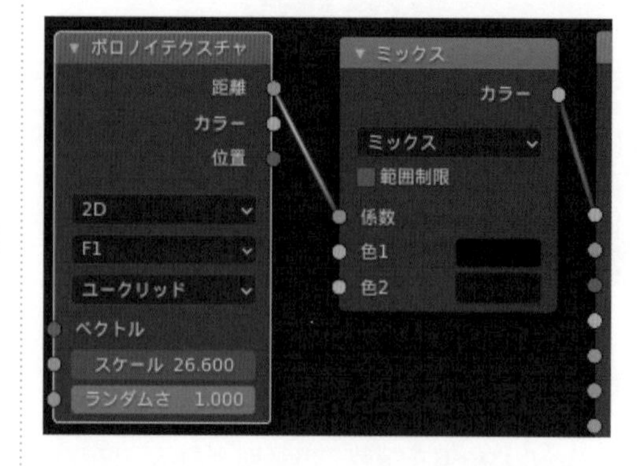

15.2.4 データ管理〈コレクション〉

植物ビルボードと同じく、専用のコレクションを作成して格納し、他のオブジェクトと区別しておくと他ファイルから呼び出す時に分かりやすくなります。

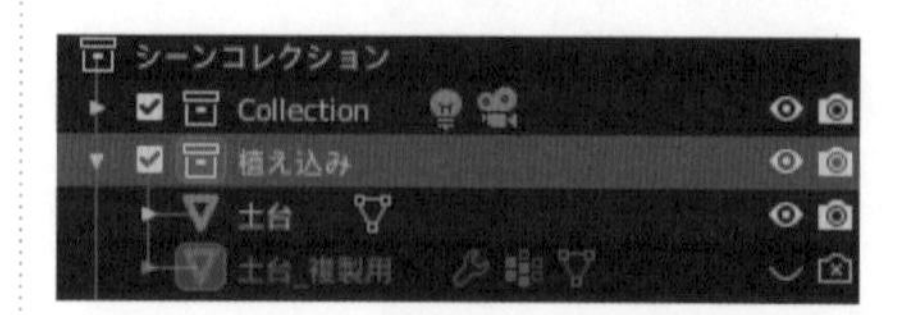

15.2.5 完成

レンガの縁を持つ土台の完成です。

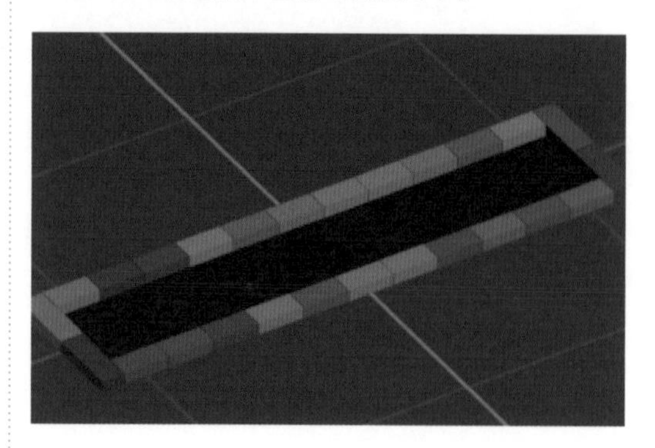

15.3 複製〈パーティクルインスタンス〉

コレクション内にある複製オブジェクトがいくつあるかで複製方法を変えます。

15.3.1 1種類の場合

茎に葉を複製した設定と大体同じです。

複製用オブジェクト

茎のパーティクル設定を付加し、設定名右のユーザ数表示ボタンをクリックしてシングルユーザー化し、必要な箇所の設定を変更します。

以下は変更部分です。

放射パネル

数は好みで設定します。

ソース

「放射源」→「面」を選択します。「分布」は好みで選択します。

回転パネル

「回転する軸」→「グローバル Z」を選択し、ランダムな回転を行う他の項目は好みで設定します。

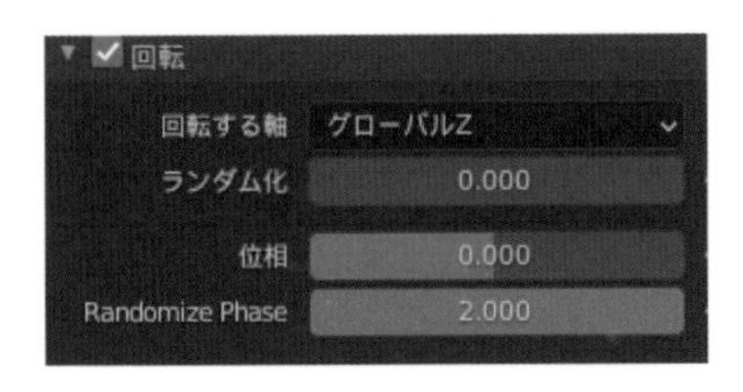

レンダーパネル

スケールなどの項目は好みで設定します。

オブジェクト

「インスタンスオブジェクト」→ビルボードオブジェクト名を入力します。

ビルボード

パーティクルインスタンスモディファイアーを付加し、複製用オブジェクトに設定されているパーティクル設定を指定します。

その他の設定は葉オブジェクトと同じです。

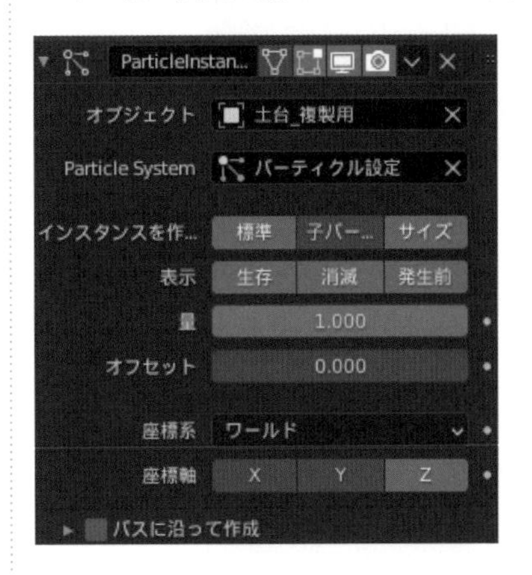

15.3.2 複数の場合

通常のパーティクル設定内でコレクションを複製し、格納しているオブジェクトがランダムに表示されるようにします。

複製用オブジェクト

放射パネル

数は好みで設定します。ヘアー長は0の場合は表示されなくなるため0.4 mくらいに設定します。

ソース

「放射源」→「面」を選択します。分布は好みで選択します。

回転パネル

「回転する軸」→「グローバルX」を選択します。他の項目の数値を変えるとオブジェクトが傾きます。

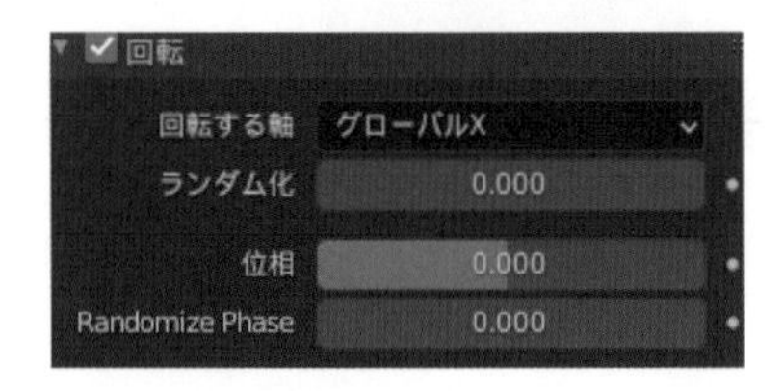

レンダーパネル

「Render As」→「コレクション」を選択し、スケールなどは好みで設定します。

複製用オブジェクトがレンダリングされないように「Show Emitter」を無効にします。

コレクション

「コレクションインスタンス」→複製するコレクション名を入力します。

「コレクション全体」が無効であればコレクション内のオブジェクトがランダムに選択されて描画されます。

子パーティクルパネル

放射パネルで全ての数を制御する場合は、「なし」を選択します。

ビルボード

パーティクルインスタンスモディファイアーの付加は不要です。

ランダム回転させる場合

ビルボードを同じ向きにする場合は以下の設定は不要です。

ビルボード

複製用オブジェクトのパーティクル設定によってZ軸中心に回転させやすいように、オブジェクトモードでR→Y→テンキーで90を入力してビルボードを横倒しにします。

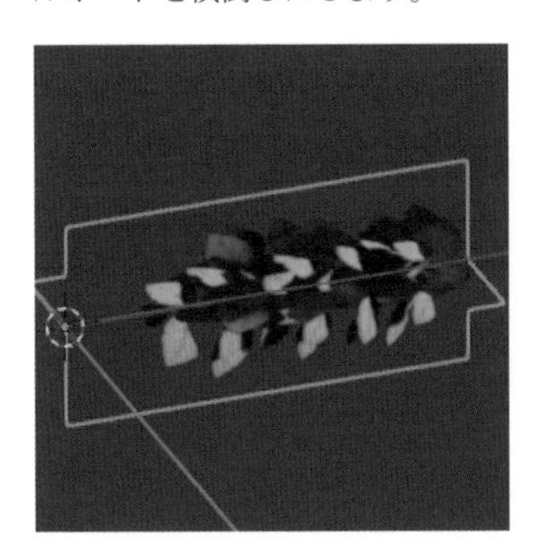

複製用オブジェクト

パーティクル設定の回転設定を行います。

回転パネル

「回転する軸」→「ノーマル」を選択し、「Randomize Phase」の値でランダムに回転させます。

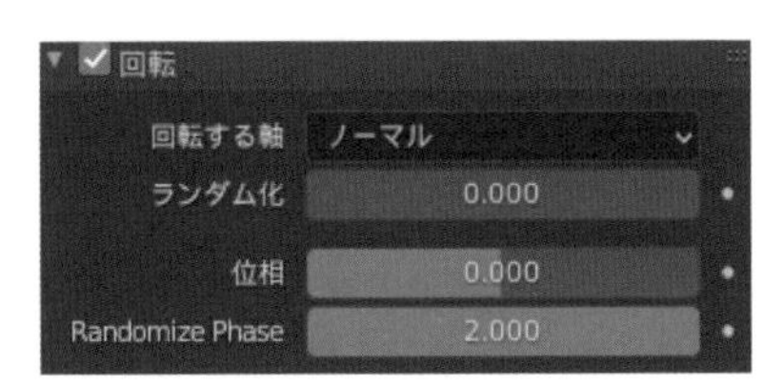

レンダーパネル

「コレクション」→「Object Rotation」を有効にします。

結果

ビルボードがそれぞれランダムに回転します。ただし、横倒しのオブジェクトもレンダリングされるため、見えない位置に移動させておく必要があります。

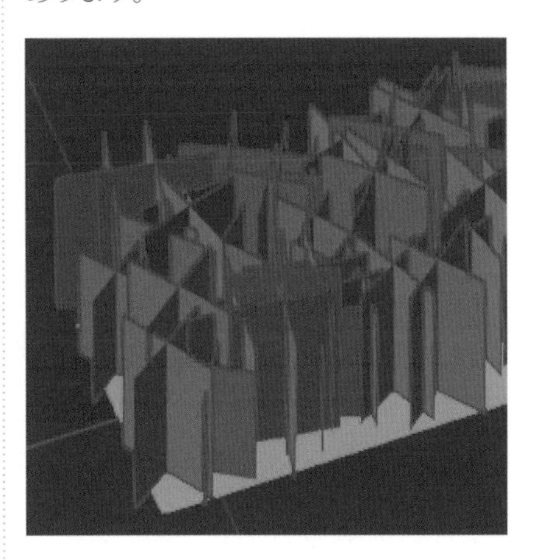

15.4 完成

複雑に見えるオブジェクトはテクスチャ化してビルボードに貼り付けると少ない頂点数で多量の複製ができ、植物の画像を差し替えるだけで様々な植え込みになります。

第16章

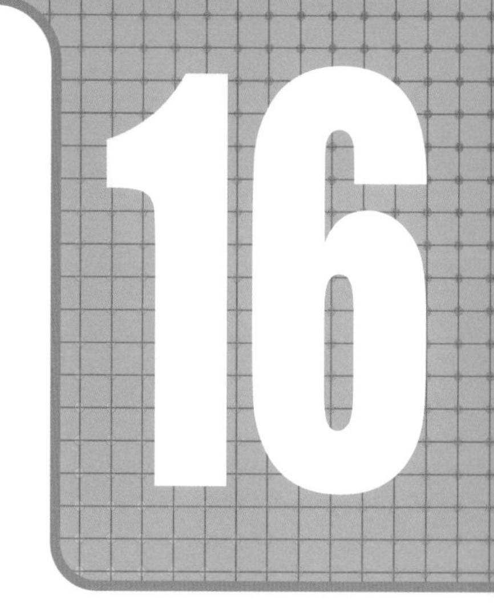

中級

木のモデリング

植え込みの応用でパーツをパーティクル複製して枝を増やして葉が生い茂る部分を作成します。

16.1 葉

植え込みの植物で作成した葉オブジェクトを使用します。

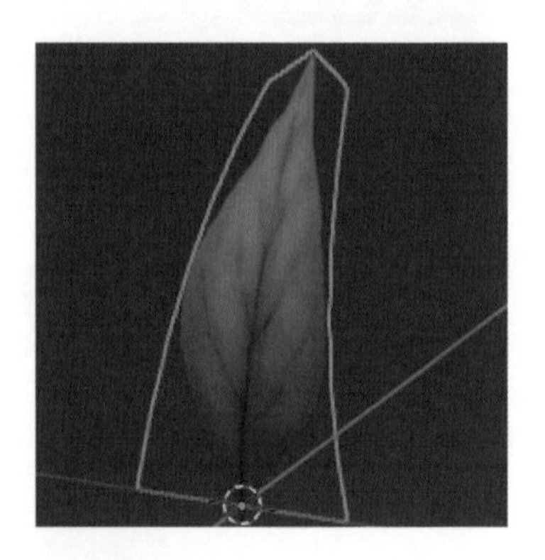

16.1.1 外部データを読み込む〈アペンド〉

トップバー→「ファイル」→「Append」でファイルブラウザーを開きます。

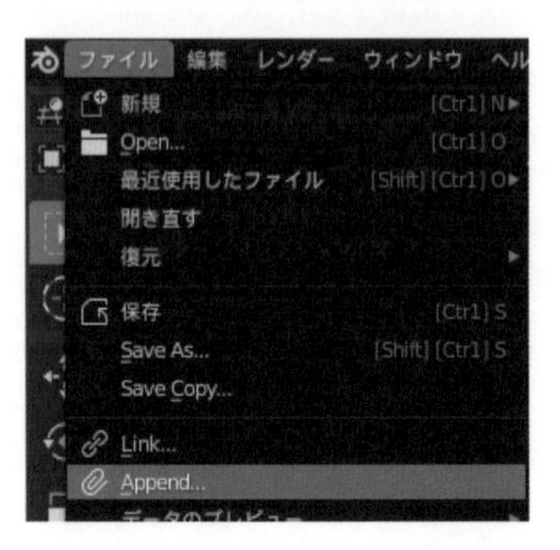

植え込みのデータファイルをクリックするとオブジェクトやコレクションなどのデータフォルダーが表示されます。

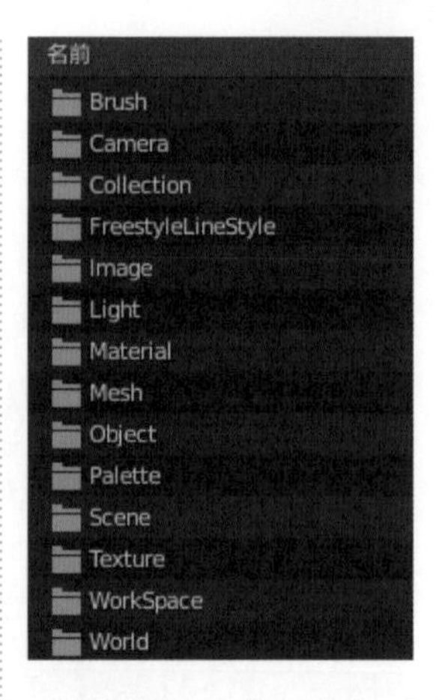

「Object」→葉オブジェクトを選択し「アペンド」ボタンで決定するとデータがインポートされます。

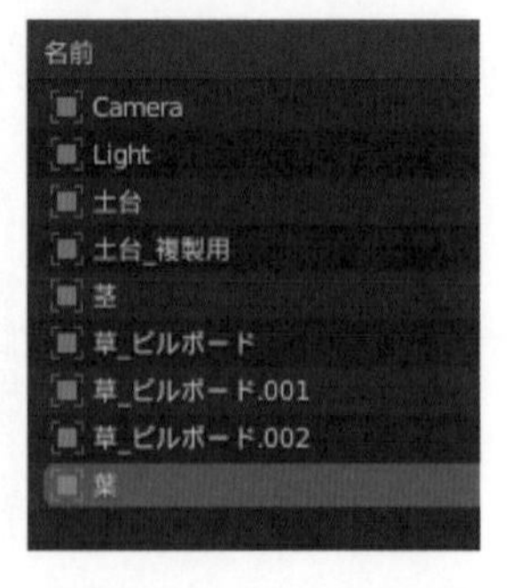

葉オブジェクトに付加されているパーティクルインスタンスモディファイアーは削除します。

16.2 小枝

後で複製して使用する小枝テクスチャ画像を手軽な方法で作成します。

16.2.1 枝〈グリースペンシル〉

グリースペンシルを使用すると画面上にストロークを描画できます。

「3Dビューポート」(Shift + F5)ヘッダー→「追加」(Shift + A) →「Grease Pencil」→「ブランク」で空のグリースペンシルオブジェクトを生成します。

描画時はモードを「ドロー」に切り替えます。

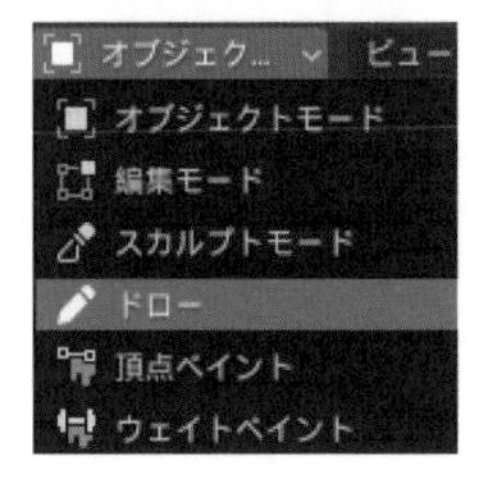

サイドバー（N）やヘッダーでブラシのサイズや種類を調整します。

「プロパティ」(Shift + F7) →「マテリアルプロパティ」→「サーフェス」パネル→「ストローク」→「ベースカラー」で色を設定します。

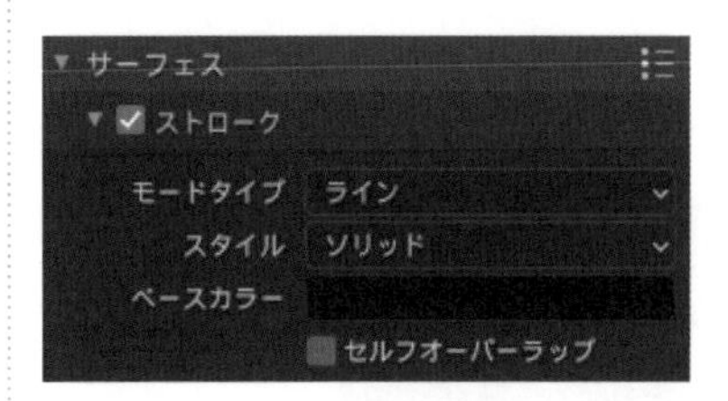

画面をドラッグするとラインを描画でき、ツールバー（T）からドローや消しゴムを選択しながら描画していきます。

Shift キーを押しながら描画すると補正された滑らかなストロークになり、Ctrl キーを押しながらドラッグするとストロークを削除します。

テンキーの 1 で正面からの視点にして、0.25 m の高さの小枝ベースになるように描画します。

16.2.2 葉の配置

葉オブジェクトを複製し、小枝らしくなるような位置に移動させて各々を回転させたり、シンプル変形モディファイアーで曲げて自然な葉にします。

葉を含むモデルの高さは 0.3 m、幅は 0.2 m 程度になるようにします。

16.2.3 モデルの軽量化〈ビルボード〉

植え込みの植物のビルボード化と同じく、レンダリング画像をテクスチャとして使用できるようにします。

視点と光源の設定〈カメラ、ライト〉

「プロパティ」(Shift + F7) →「オブジェクトデータプロパティ」で各オブジェクトの詳細設定や、ビュー上でカメラやライトの位置設定を行います。

カメラ

デフォルトのカメラ設定を使用します。

「ビューポート表示」パネル→「コンポジションガイド」→「中心」を有効にして、中央に表示されるライン上に小枝中心を合わせやすくします。

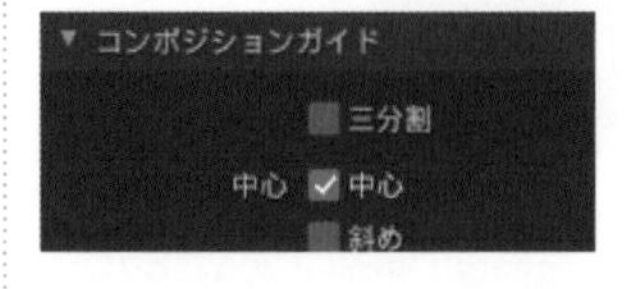

小枝が中央に位置するように視界を調整します。

ライト

デフォルトのポイントライトを使用します。位置は小枝の正面となる上方に配置します。

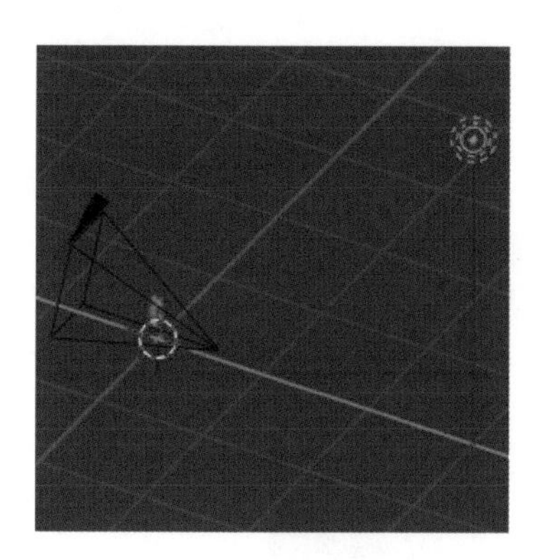

レンダー設定

「プロパティ」（Shift + F7）→「レンダープロパティ」でレンダリングの設定を行います。

レンダリングエンジンの選択

重なった透過テクスチャをうまく描画するためにCyclesレンダーを選択します。

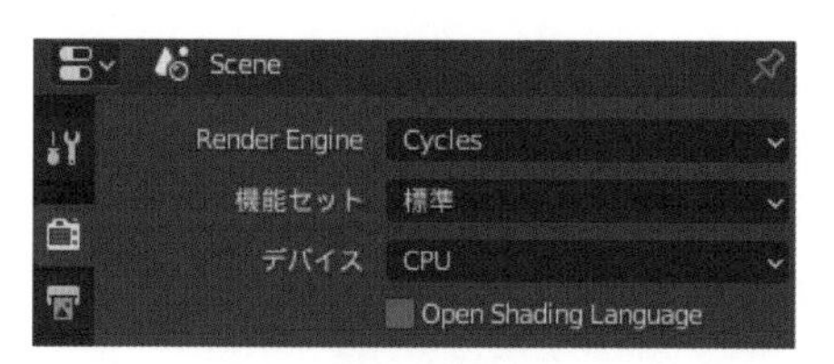

フィルムパネル

「透過」を有効にして、背景を透明部分としてレンダリングします。

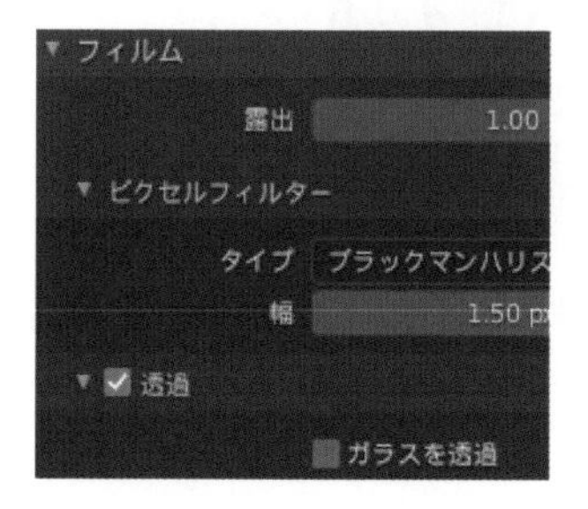

カラーマネジメントパネル

「ビュー変換」→「標準」を選択します。

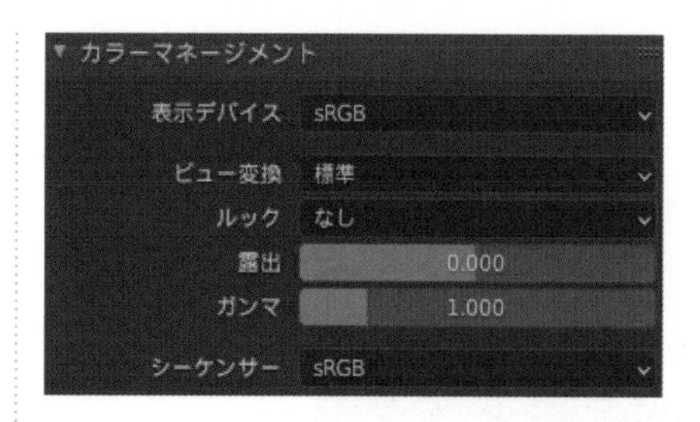

デフォルトの「Filmic」は写実表現向けですが色が淡くなります。

出力設定

「プロパティ」（Shift + F7）→「出力プロパティ」で解像度の設定を行います。

寸法パネル

葉のテクスチャと同じく、256 × 512pxを設定します。

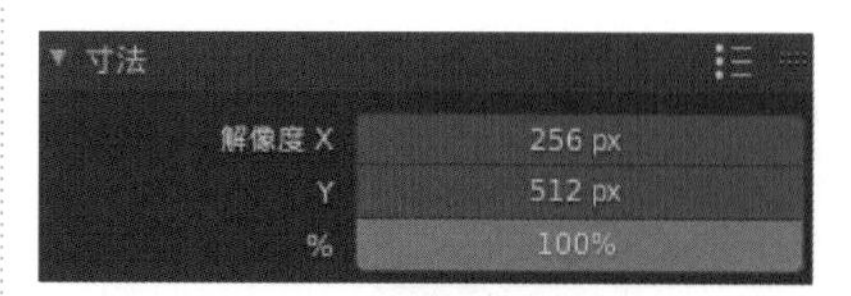

画像の保存

トップバー→「レンダー」→「Render Image」（F12）でレンダリングします。

画像が出力されます。

レンダーウィンドウのヘッダー→「画像」→「保存」（Alt + S）で画像を外部保存します。

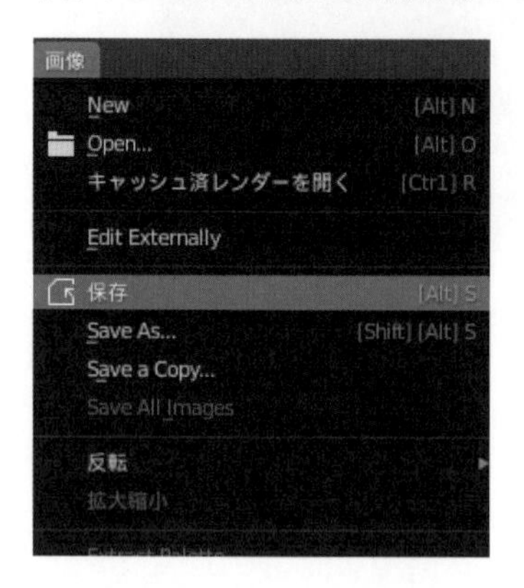

基本形〈メッシュ編集〉

「3D ビューポート」（Shift + F5）ヘッダー→「追加」（Shift + A）→「メッシュ」→「Plane」で平面を生成します。

テンキーの 1 で正面の視点にして、編集モードで R → X →テンキーで 90 を入力してメッシュを回転後、G → Z →テンキーの 1 を入力して底辺の位置が原点と同じになるように移動させます。

S → X →テンキーで 0.1 を入力して幅を 0.2 m、S → Z →テンキーで 0.15 を入力して高さを 0.3 m にします。

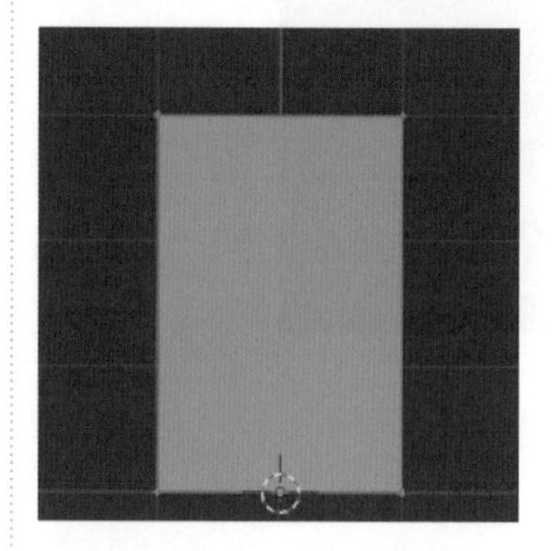

材質の設定〈マテリアル〉

植え込みのビルボードと同じように設定します。

シェーダー

デフォルトのプリンシプル BSDF を使用し、板状の光沢が出ないように「スペキュラー」を 0 にします。

ベースカラーに画像テクスチャを指定し、出力した小枝画像を読み込みます。

シェーダーエディターで画像テクスチャノードの「アルファ」ソケットをプリンシプル BSDF の「アルファ」ソケットに接続して透過を有効にします。

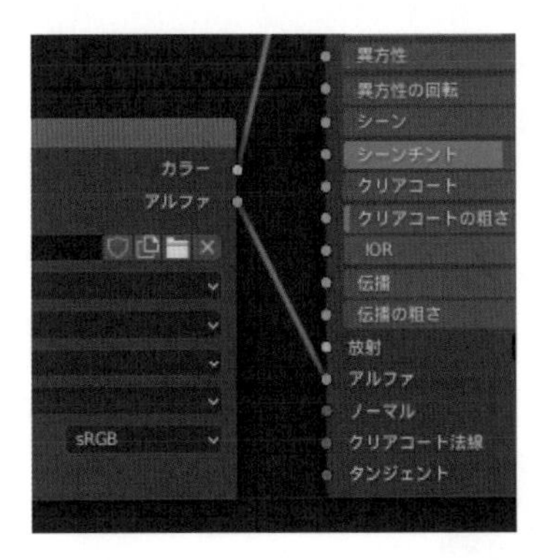

テクスチャ

画像テクスチャノードに小枝の画像を指定します。

画像サイズとオブジェクトサイズが似ているので手動での UV 展開は不要ですが、必要があれば UV エディターで UV メッシュの調整を行います。

16.3 中枝

小枝ビルボードを複製して全体を作成します。

16.3.1 枝〈グリースペンシル〉

小枝と同じようにグリースペンシルで 0.8 m 程度の高さの枝ベースを描画します。

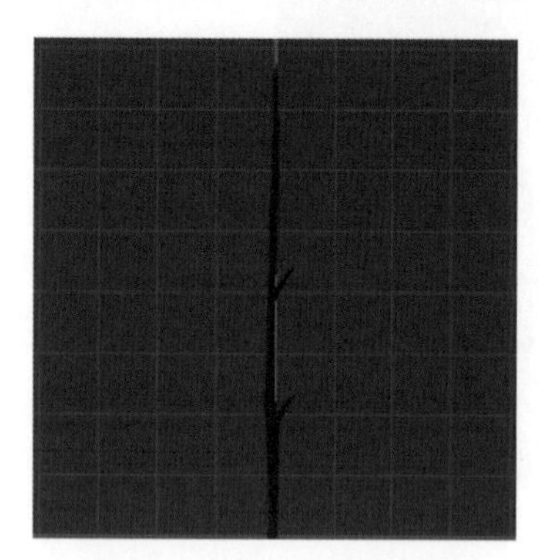

テクスチャを貼った小枝オブジェクトを複製し、枝らしくなるように配置します。

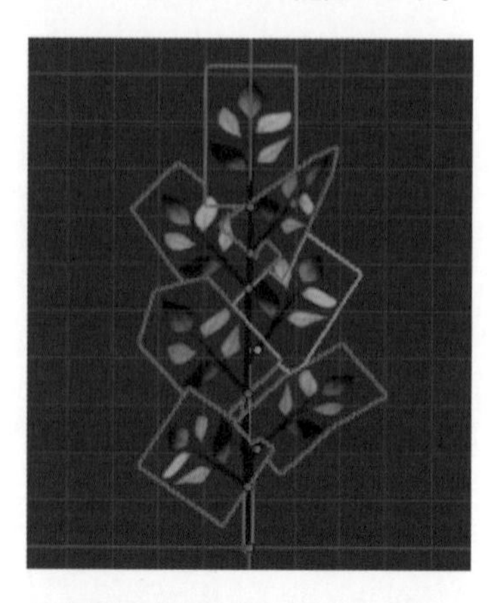

中枝の完成です。

16.3.2 画像の出力〈レンダリングと保存〉

小枝と同じく、レンダリング画像をテクスチャとして使用できるようにします。

基本的には同じ設定で、ライトとカメラ位置を調整してレンダリング後に画像を保存します。

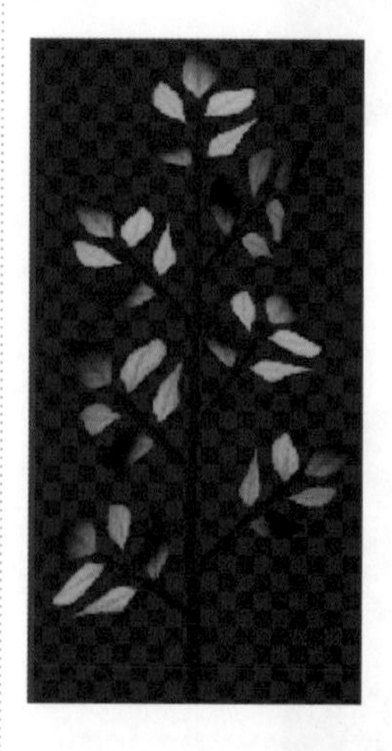

16.3.3 モデルの軽量化〈ビルボード〉

小枝と同じようにビルボード化します。

小枝オブジェクトと同じように平面にテクスチャを貼り付け、後で複製できるようにします。

■基本形〈メッシュ編集〉

「3D ビューポート」(Shift + F5)ヘッダー→「追加」(Shift + A)→「メッシュ」→「Plane」で平面を生成します。

テンキーの 1 で正面の視点にして、編集モードで R → X →テンキーで 90 を入力してメッシュを回転後、G → Z →テンキーの 1 を入力して底辺の位置が原点と同じになるように移動させます。

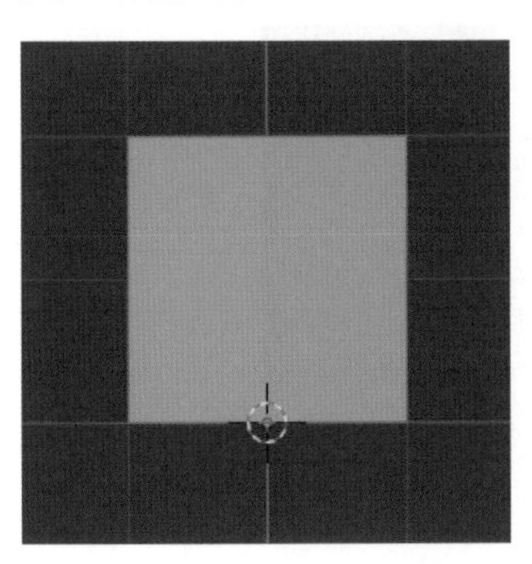

S → X →テンキーで 0.2 を入力して幅を 0.4 m、S → Z →テンキーで 0.5 を入力して高さを 1 m にします。

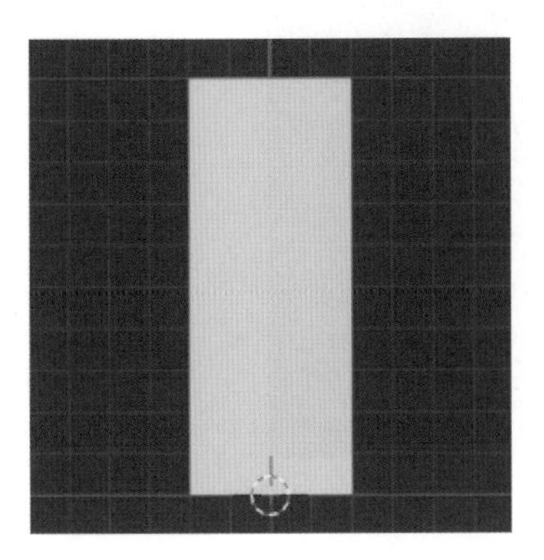

■材質の設定〈マテリアル〉

小枝オブジェクトと同じように設定し、画像テクスチャノードに中枝の画像を指定します。

■形状の変形〈シンプル変形〉

「プロパティ」(Shift + F7)→「モディファイアープロパティ」→変形「シンプル変形」モディファイアーで「ツイスト」、「曲げ」など好みで形状を少し曲げます。

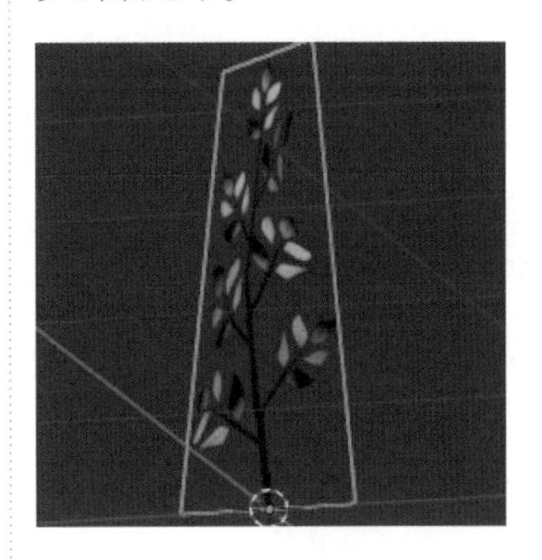

16.4 大枝

16.4.1 基本形〈メッシュ編集〉

「3D ビューポート」(Shift + F5) ヘッダー→「追加」(Shift + A) →「メッシュ」→「Cube」で立方体を生成します。

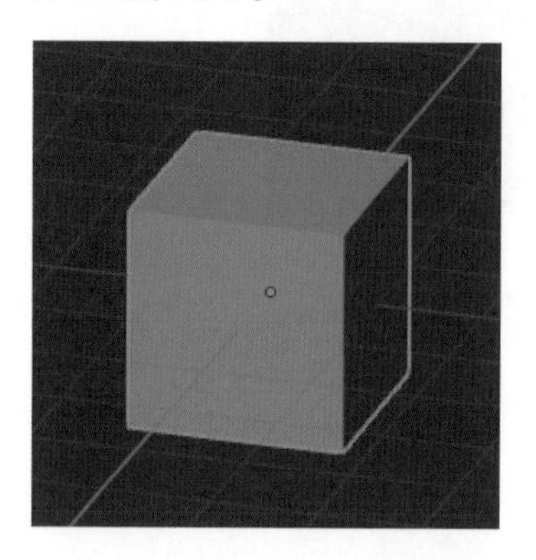

テンキーの 1 で正面の視点にして、編集モードで G → Z →テンキーの 1 を入力して底辺の位置が原点と同じになるように移動させます。

Shift + C キーで 3D カーソル位置をリセットし、ヘッダー→トランスフォームピボットポイントを「3D カーソル」にします。

S →テンキーで 0.05 を入力し、寸法を 0.1 m 程度に縮小して枝の太さを設定します。

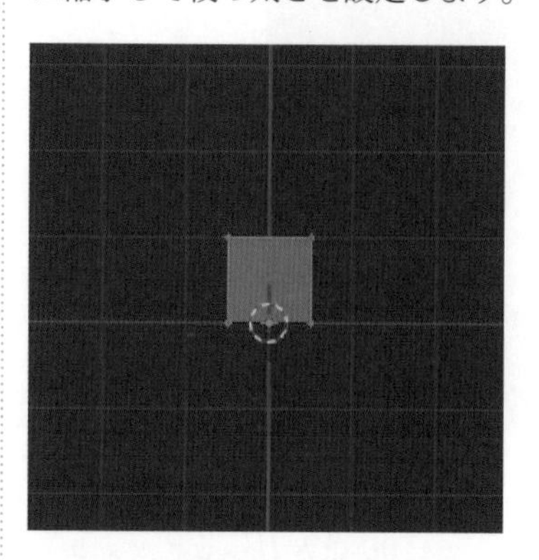

上の面を選択し、G → Z →テンキーで 1.3 を入力し、高さを 1.5 m 程度にします。

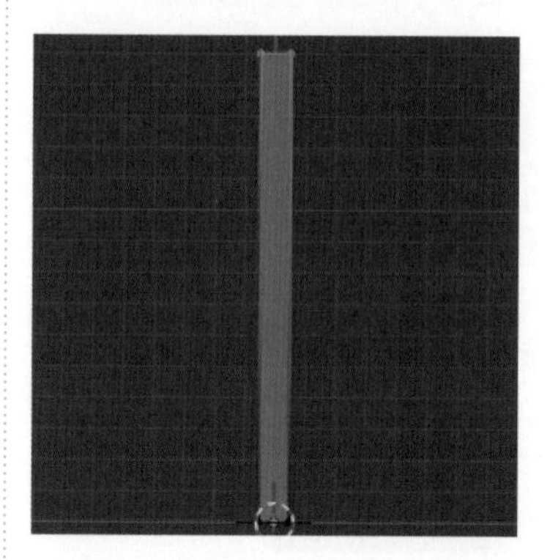

Ctrl + R キーでループカットし、横方向に 4 つ辺を入れます。

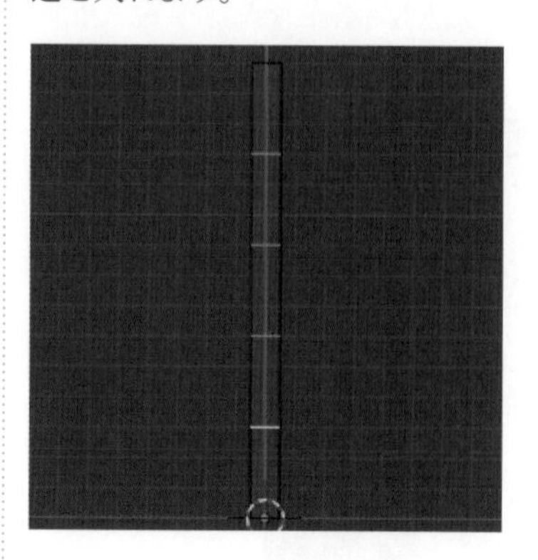

■ 範囲指定〈頂点グループ〉

中枝を生やす範囲として上から3面分の頂点を選択し、Ctrl + G キーで頂点グループに加えます。

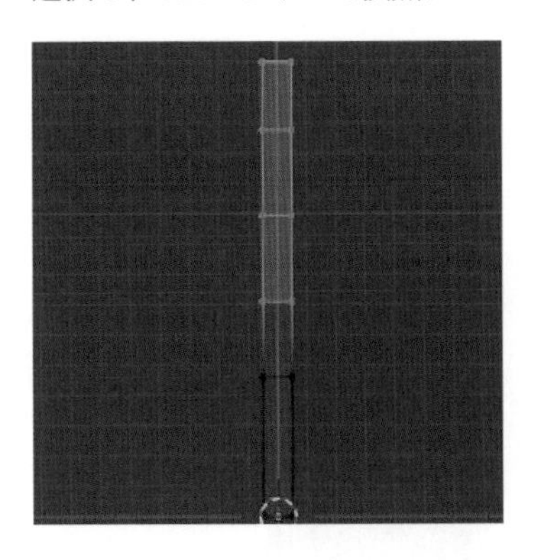

■ 形状の変形〈シンプル変形〉

シンプル変形モディファイアーを付加し、「テーパー」で先端を先細りにします。

■ 表面を滑らかにする〈スムーズ表示〉

オブジェクトモードで右クリック→「スムーズシェード」を選択し、面が滑らかに表示されるようにします。

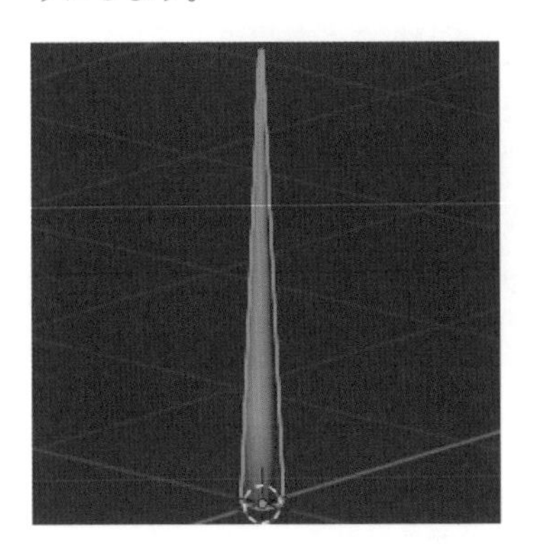

16.4.2 材質の設定〈マテリアル〉

■ シェーダー

デフォルトのプリンシプルBSDFを使用し、スペキュラーは0.01程度にして光沢を抑えます。

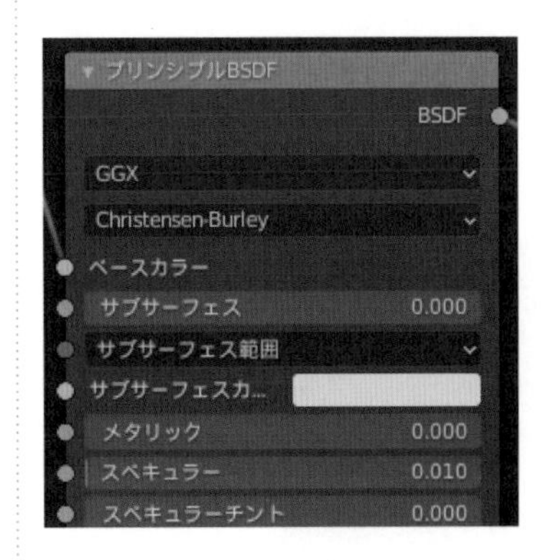

■ テクスチャ

シェーダーのベースカラーに色を直接設定するだけでもよいですが、好みでマスグレイブやボロノイテクスチャを追加し、RGBミックスノードの係数として使用すると色に変化を持たせることができます。

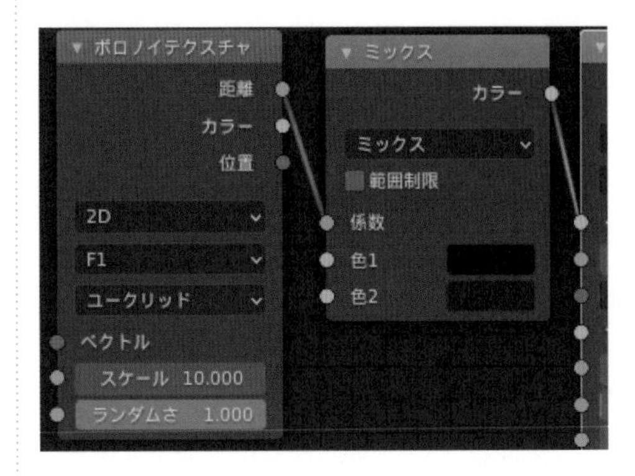

16.5 幹

16.5.1 基本形〈メッシュ編集〉

大枝オブジェクトを Shift + D キーで複製し、S →テンキーで 3 を入力して高さ 4.5 m に拡大します。

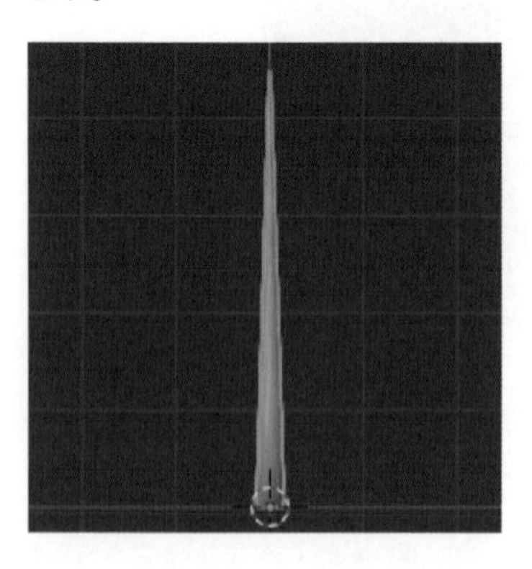

編集モードで一番下とその上のループ辺の位置を 2 m 程度の高さに移動させ、後で大枝を複製する範囲を調整します。

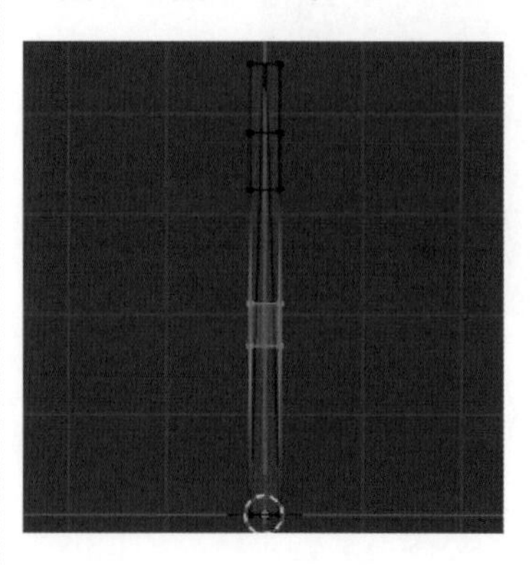

16.6 複製〈パーティクルインスタンス〉

パーティクル設定を付加してオブジェクトを複製します。

16.6.1 幹

放射パネル

「数」→ 20、「ヘアー長」→ 0 m を設定します。

ソース

「放射源」→「面」を選択し、「モディファイアースタック」を有効にします。

回転パネル

パネルを有効にします。

「回転する軸」→「法線 - タンジェント」、ランダム化などは後で好みの数値を設定します。

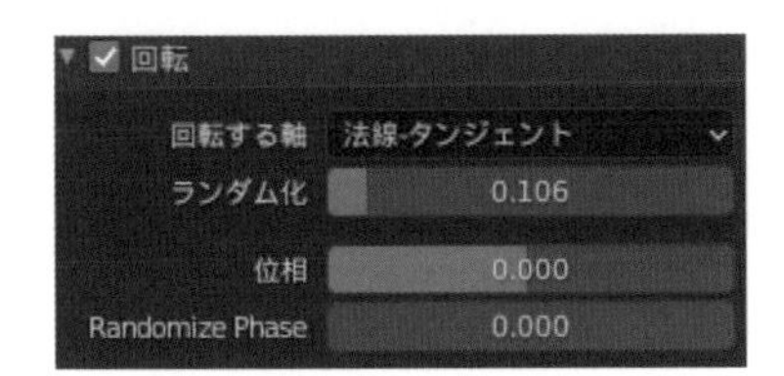

■ レンダーパネル

「Render As」→「オブジェクト」を選択し、「スケール」を1にすると後で複製するオブジェクトが元のサイズと同じになります。

オブジェクト

「インスタンスオブジェクト」→「大枝オブジェクト」を指定します。

■ 頂点グループパネル

「密度」→作成済みの頂点グループ名を指定します。

16.6.2 大枝

幹オブジェクトのパーティクル設定と大体同じなので、以下は異なる部分です。

■ 放射パネル

「数」→500、「ヘアー長」→0 mを設定します。

■ レンダーパネル

オブジェクト

「インスタンスオブジェクト」→ビルボード化した中枝オブジェクト名を指定します。

■ モディファイアー

シンプル変形

枝を上に向けるためにメッシュを回転させると変形が変わるので、モディファイアーを適用して実体化します。

パーティクルインスタンス

「オブジェクト」→幹オブジェクトを指定し、「サイズ」を有効にすると幹のパーティクル設定側のスケールでサイズを調整できます。

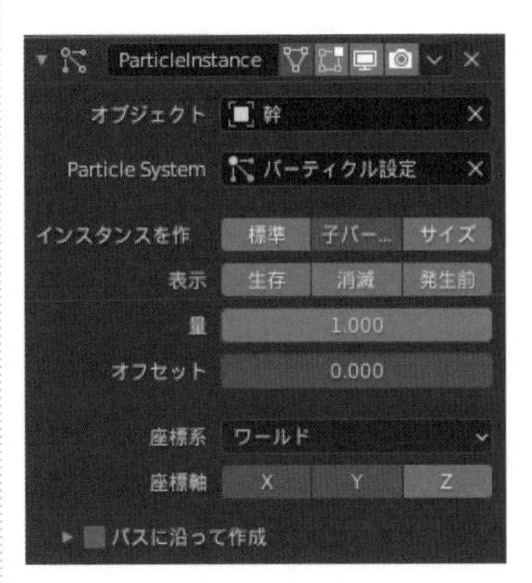

■枝を上向きにする

Shift + C キーで 3D カーソル位置をリセットし、ヘッダー→トランスフォームピボットポイントを「3D カーソル」にします。

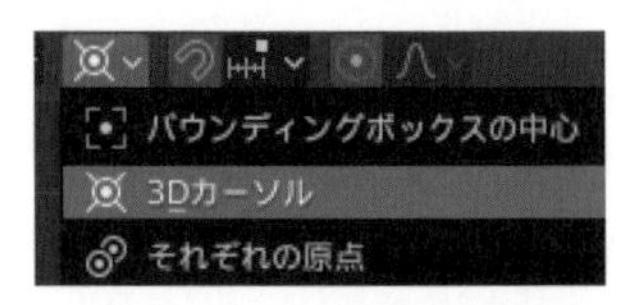

編集モードで頂点を全選択し、R → X →テンキーで 30 を入力すると枝が少し上を向きます。

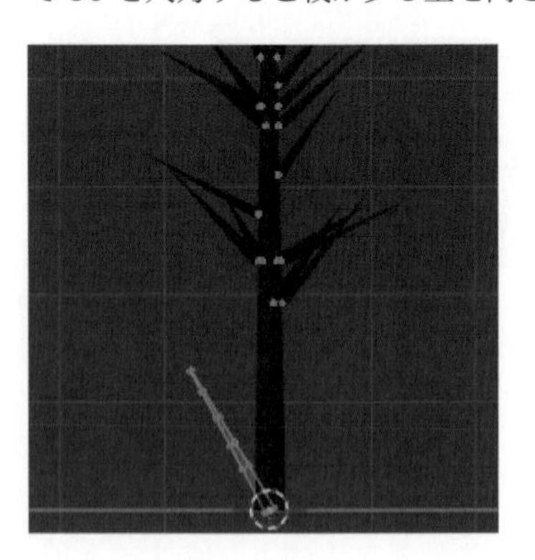

16.6.3 中枝

大枝オブジェクトと同様に、パーティクルインスタンスモディファイアーを付加し、「オブジェクト」に大枝オブジェクトを指定します。

16.6.4 完成

各パーティクル設定のシード値を変えて枝の出方を調整します。

16.7 モデルの軽量化〈ビルボード〉

小枝や中枝のビルボード化と同じ手順で軽量化します。

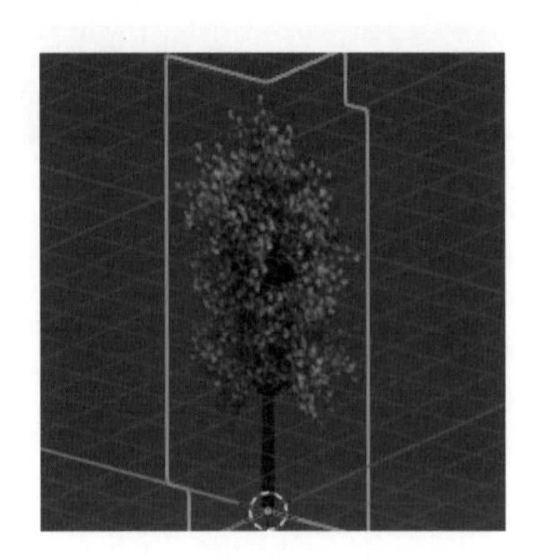

16.7.1　視点と光源の設定〈カメラ、ライト〉

カメラとライトの位置を木の高さに合わせて調整します。

環境光が暗すぎる場合はワールド設定で「カラー」を明るい色にします。

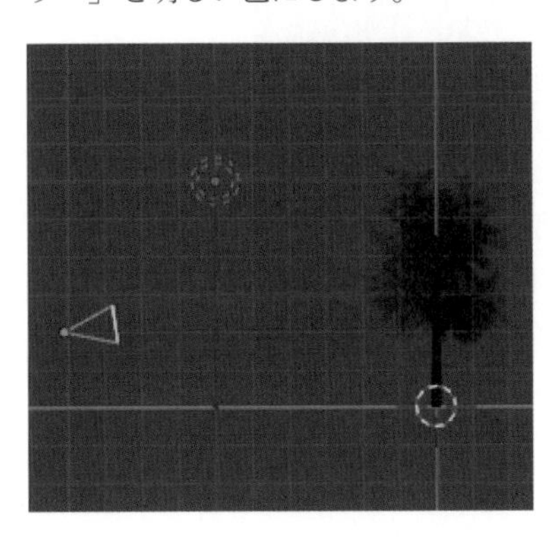

16.7.2　画像の出力〈レンダリングと保存〉

画像の解像度を 480 × 640px 程度に設定し、レンダリング後に画像を保存します。

16.7.3　基本形〈メッシュ編集〉

「3D ビューポート」（Shift + F5）ヘッダー→「追加」（Shift + A）→「メッシュ」→「Plane」で平面を生成します。

編集モードで R → X →テンキーで 90 を入力してメッシュを回転後、元々の木の高さに合わせて平面オブジェクトのサイズを調整します。以下の例では幅 4 m、高さ 7 m です。

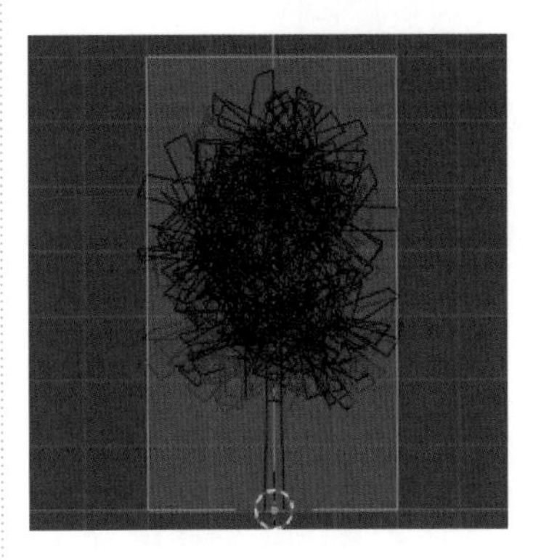

16.7.4　材質の設定〈マテリアル〉

中枝のビルボードと同じマテリアルを設定後、ユーザー数表示ボタンクリックでシングルユーザー化した後にテクスチャ画像を差し替えると手軽です。

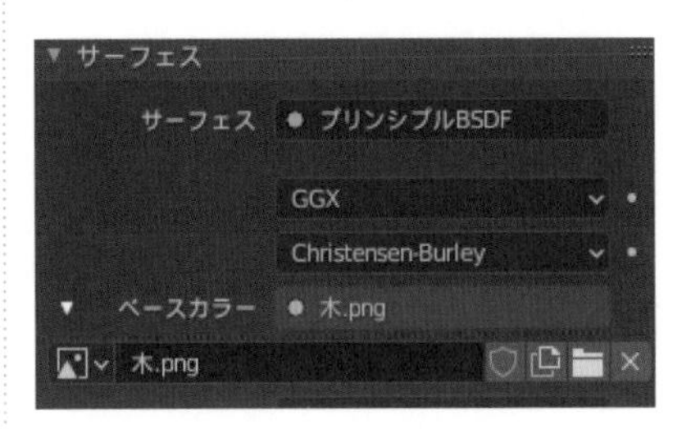

木のテクスチャを読み込んだ後、プレビューパネルで透過できているか確認します。

UVエディターでUVメッシュを調整し、平面全体にテクスチャが表示されるようにします。

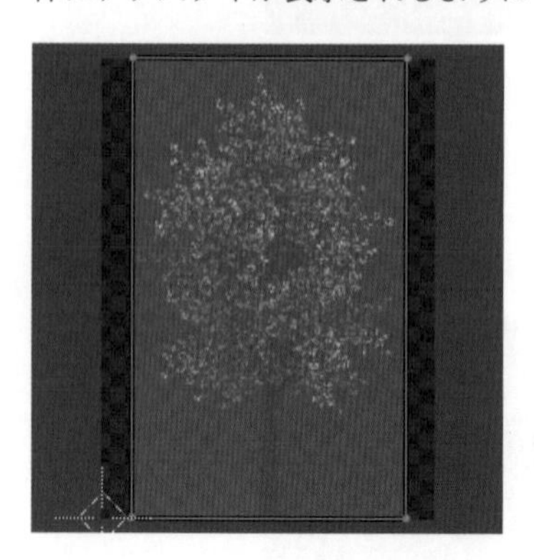

16.7.5 完成

設定後、編集モードで面を複製して十字になるように重ねます。

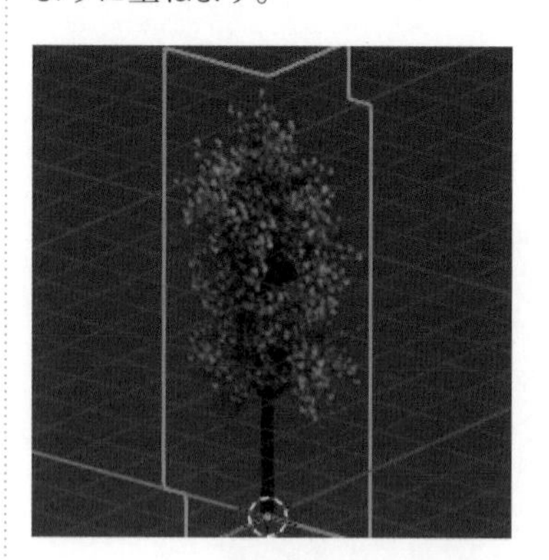

16.8 データ管理〈コレクション〉

アウトライナーでオブジェクトをコレクション内に格納し、他のオブジェクトと区別しておくと他ファイルから呼び出す時に分かりやすくなります。

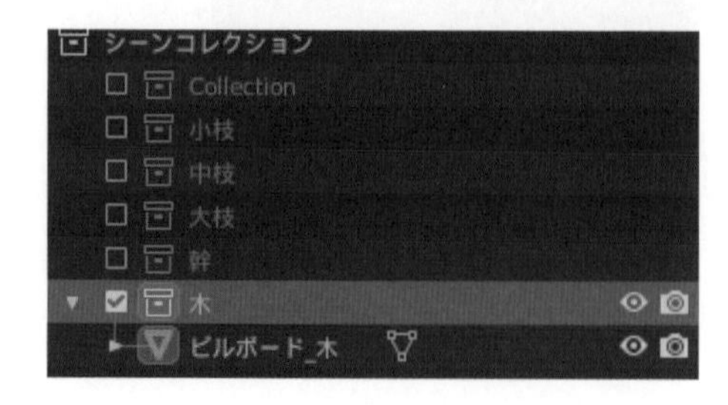

16.9 完成

ビルボードにすると軽量なので、後で画面上に複数配置して使用するのに役立ちます。

第17章

上級 建物のモデリング

17

配列複製を使用すると拡張性のある建物を手軽に作成できます。1階より上の同じ構造が続く部分も自由に階層を増減でき、少ない頂点数で全体を生成して制御できる便利な機能を多用しています。

17.1 建物 1

1 階とその上の中層部分で構成された基本的な構造の建物です。

17.1.1 基本形〈メッシュ編集〉

1 階

「3D ビューポート」(Shift + F5) ヘッダー→「追加」(Shift + A) →「メッシュ」→「Plane」で平面を生成します。

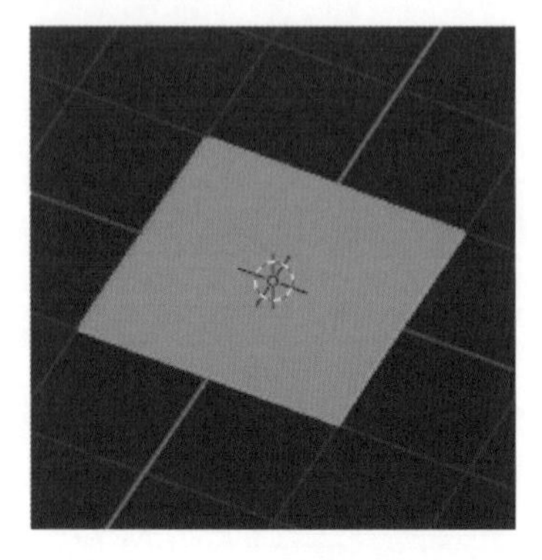

テンキーの 1 で正面の視点にします。

編集モードで R → X →テンキーで 90 を入力してメッシュを回転後、G → Z →テンキーの 1 を入力して底辺の位置を原点位置に移動させます。

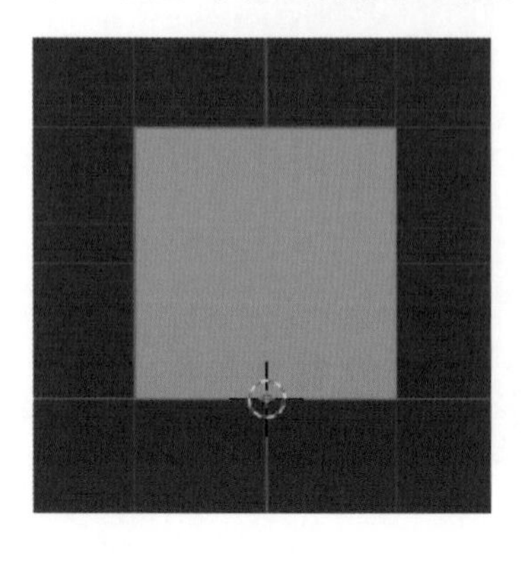

さらに G → X →テンキーの 1 を入力して横に移動させます。

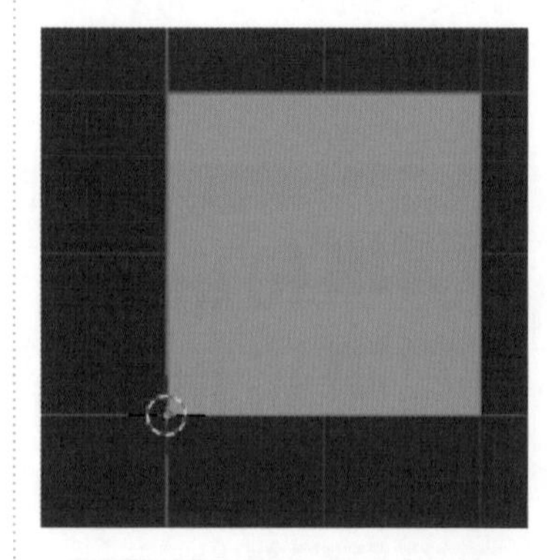

上の辺を選択し G → Z →テンキーの 2 を入力して高さ 4 m 程度にします。

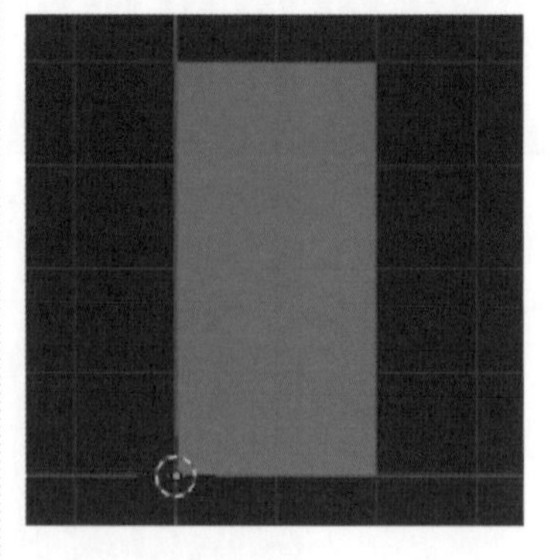

ループカットモード (Ctrl + R) で面にマウスオーバーして横方向のラインが出たらクリックで決定し、位置移動モードになったら右クリックでキャンセルして 1 つの辺を中央に入れます。

Gキー2度押しでスライドモードにして、Ctrlキーを押しながら動かしグリッドにスナップさせ、上から1mの位置に辺を移動させます。

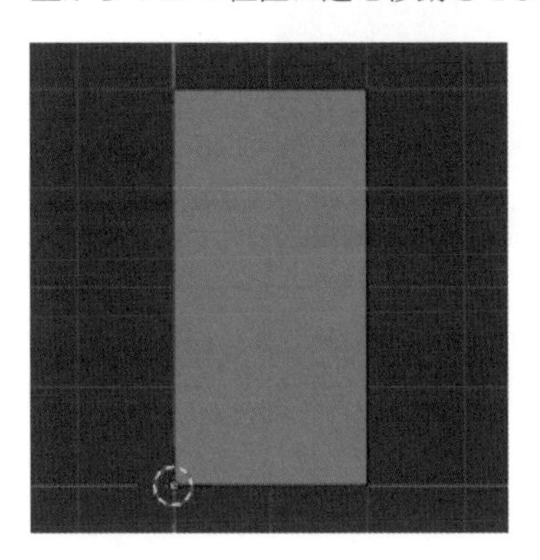

同じようにループカットで縦方向に1つ辺を入れた後、G→X→テンキーで0.5を入力して少し移動させます。

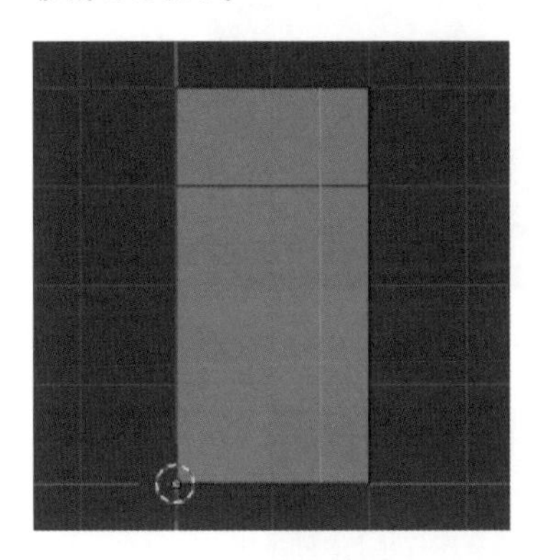

最も大きい面を選択し、E→テンキーで -0.5 を入力して奥に面を押し出します。

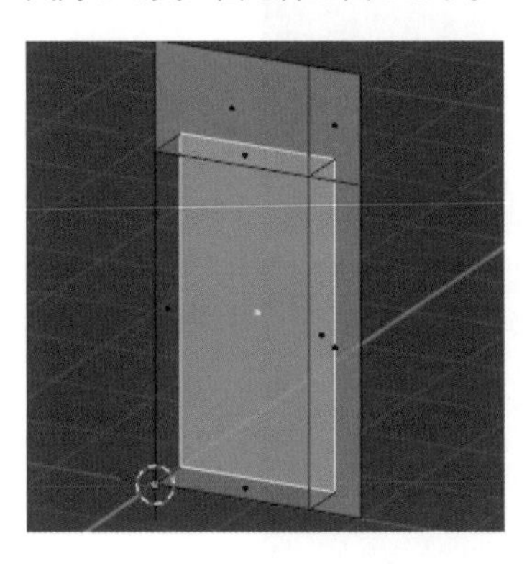

X軸方向にミラーリングするので、境目にできた余分な面と不要な下の面をXキー→削除「面」で削除します。

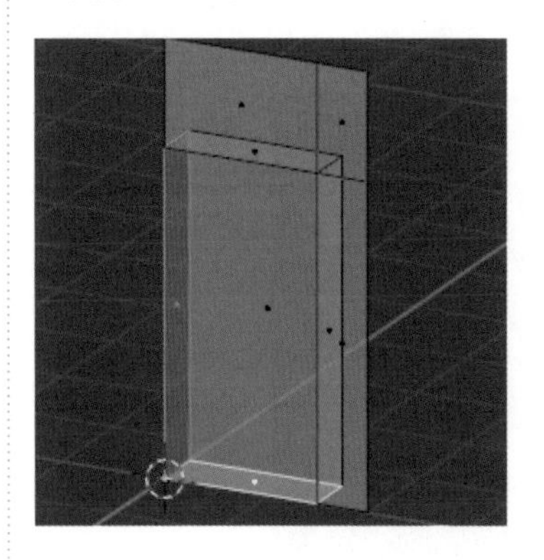

中層

1階部分と同じで、平面を生成し最初に形状の端が軸原点に位置するように移動させます。

ループカットで縦方向にラインを表示後、テンキーで3を入力して辺を入れます。

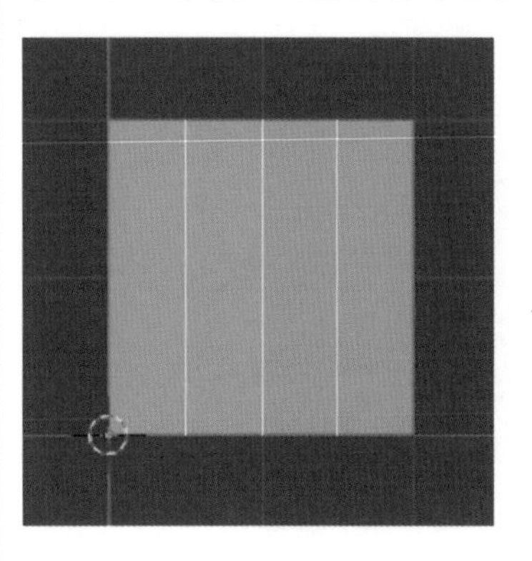

左の辺２つを図のように移動させます。最も大きな面は後の窓になり幅 0.8 m なので、軸境目の面も窓として同じ大きさになるように幅 0.4 m の位置に辺を移動させます。

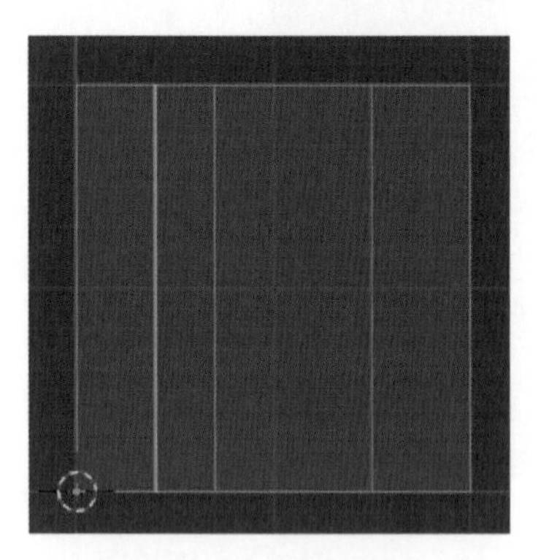

ループカットで横方向に１つ辺を入れ、高さ 1.2 m の位置に移動させます。

中層オブジェクトは１階分の高さになるので、オブジェクトモードで S→Z→テンキーで２を入力し、Z軸方向に拡大して高さを４m程度にします。

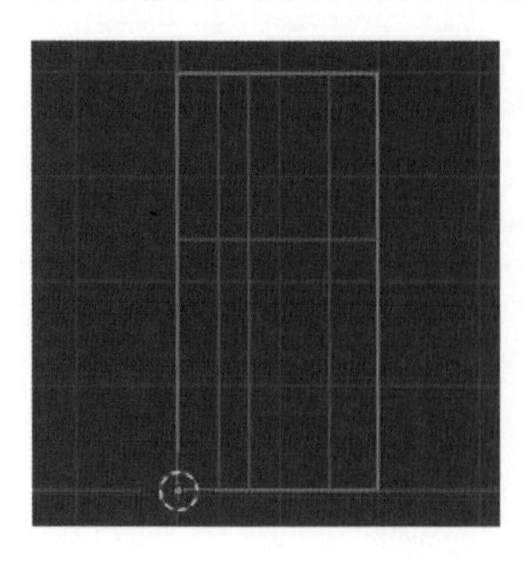

Ctrl + A キー→「全トランスフォーム」を適用し、デフォルトのサイズにします。

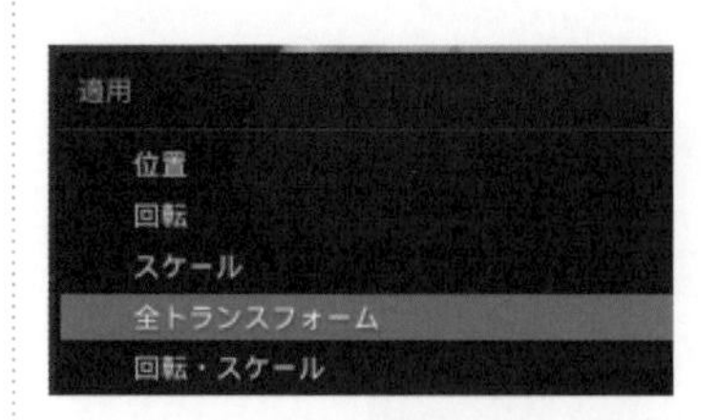

17.1.2　鏡面化〈ミラー〉

２つのオブジェクトに「プロパティ」（Shift + F7）→「モディファイアープロパティ」→生成「ミラー」を付加します。

メッシュ形状がミラーリングされます。

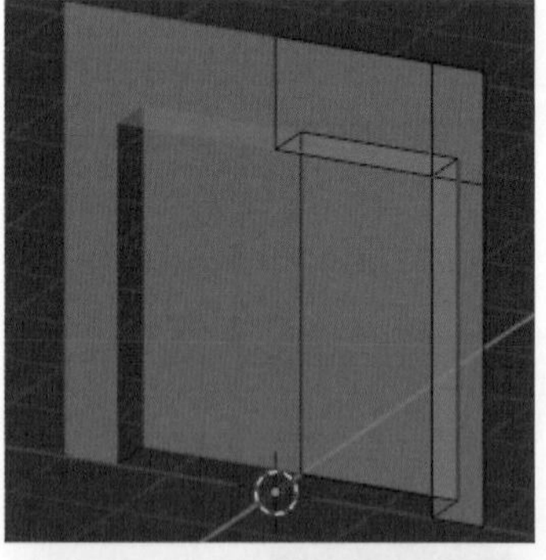

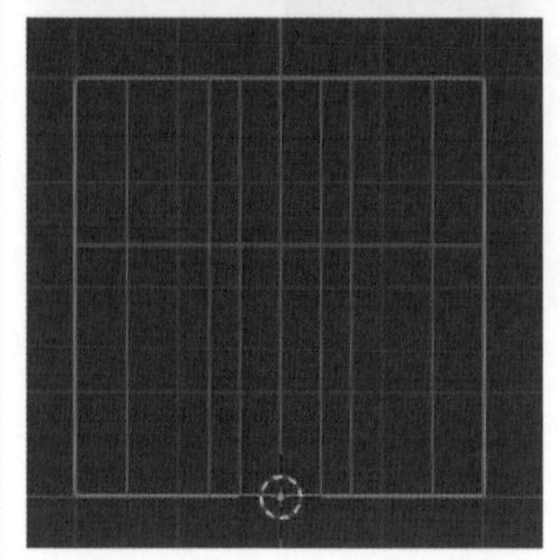

17.1.3 バンプマップ用設定〈マテリアル〉

「プロパティ」(Shift + F7) →「マテリアルプロパティ」→「新規」からマテリアルを付加します。

後のベイクで面に凹凸を付けるためのバンプマップとして画像出力する際のために明度のみを設定します。暗い部分ほどへこむので外壁と窓の明度差を大きくします。

外壁

デフォルトのプリンシプル BSDF を使用し、ベースカラーを明るい灰色にします。

窓

ベースカラーを黒に近い色にします。

設定と配色

2つのオブジェクトに同じ数のマテリアルスロットを設定し、順番も同じにします。

最初に設定したマテリアルがオブジェクト全体に付加されているので、外壁マテリアルを設定後なら編集モードで窓部分の面を選択し、窓マテリアルをマテリアルスロットで選択した状態で「Assign」を押して付加します。

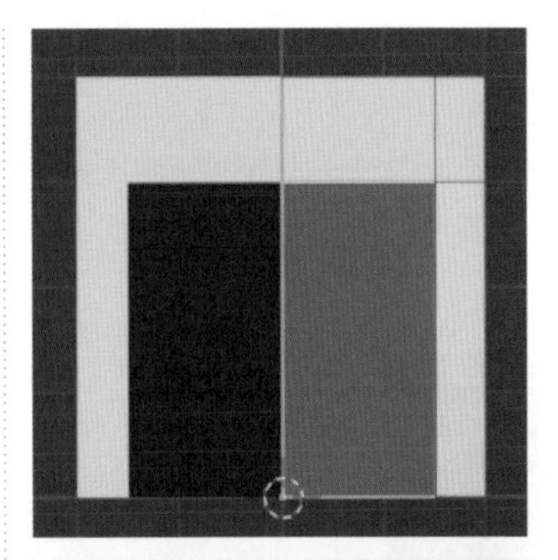

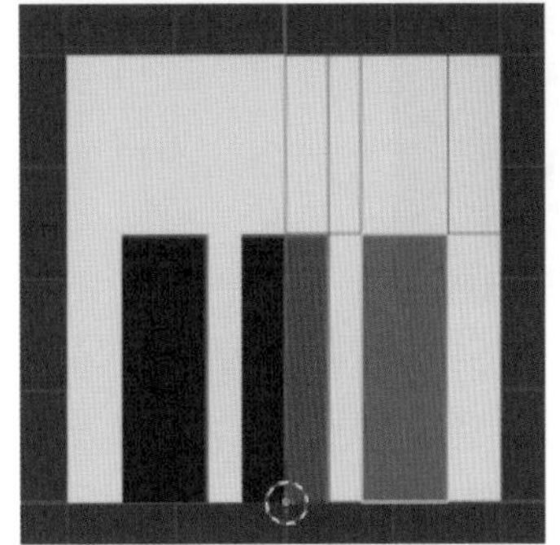

17.1.4 UV 編集

後で表面の色を画像として出力するために UV メッシュを編集します。

トップバーからレイアウト「UV Editing」を選択します。

中層

右側のエリアの「3D ビューポート」の編集モードで頂点を全選択すると、左側の UV エディターに現在の UV メッシュが表示されます。

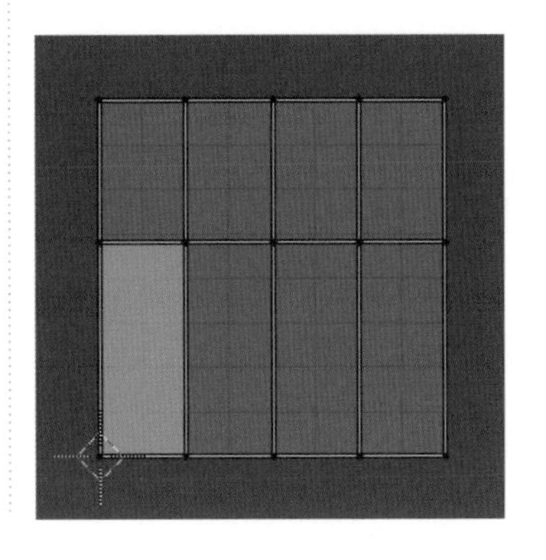

面の幅が一致しないので、テンキーの 1 で正面からの視点にして、A キーでメッシュを全選択し、「3D ビューポート」ヘッダー→「UV」→「ビューから投影」で UV を現在の視点から見た状態で再展開します。

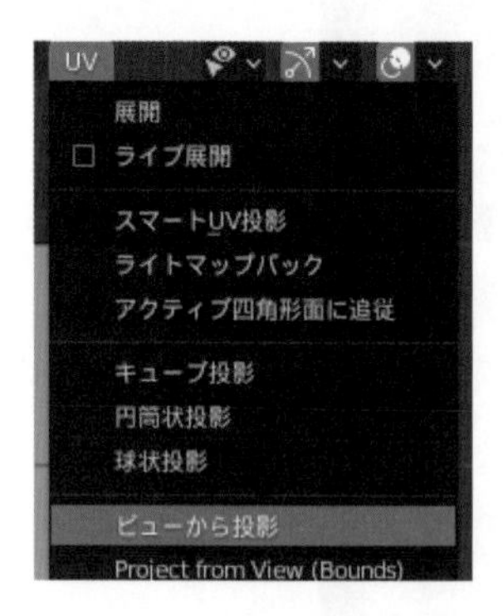

A キーで全選択して S キーで少し縮小し、後で同じように編集する 1 階オブジェクトの UV メッシュと重ならない位置を想定して G キーで移動させます。

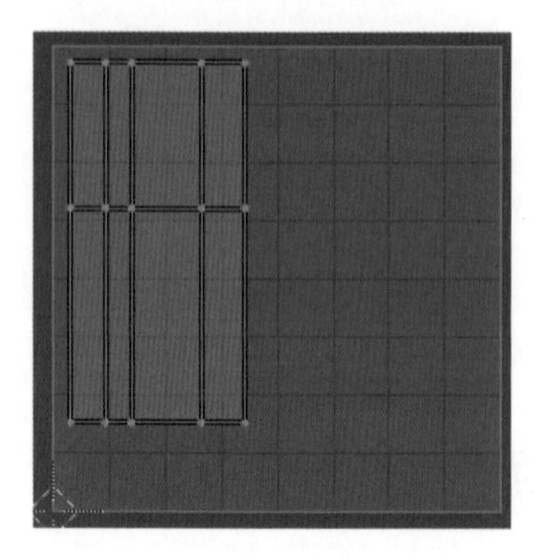

■ 1 階

このオブジェクトでは表面の色を出力しませんが、同じマテリアルを使用しているため中層オブジェクトの UV と重ならないようにします。

押し出しされた部分と元の面の UV は重なっているので、編集モードで図のように窓の辺、壁の厚み部分の辺を選択してヘッダー→「辺」または「UV」→「シームをマーク」を設定します。

A キーでメッシュを全選択し、ヘッダー→「UV」→「展開」で UV を再展開します。

繋がった面がシーム辺によって切り離された UV メッシュになります。

各 UV の塊（島）はどこかの頂点を選択後、L キーで繋がったメッシュを選択、R キーで回転できるので、中層の UV メッシュと重ならない位置に移動させます。

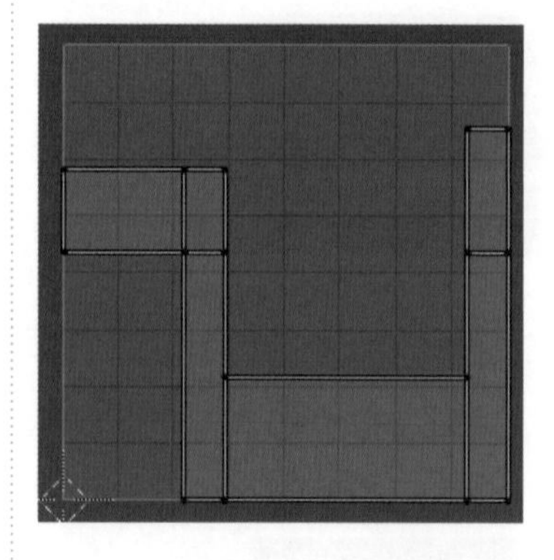

2 つのオブジェクトを編集モードでメッシュ全選択状態にして、オブジェクトモード時に両方を選択し、再度編集モードに切り替えます。すると、UV エディターに 2 つのオブジェクトの UV メッシュが同時に表示されるので、重なっていないか確認します。

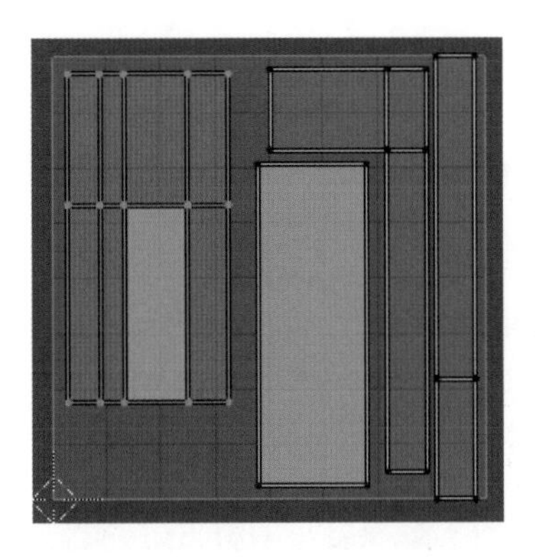

17.1.5　カラー情報の出力〈ベイク〉

現在のカラー情報を画像として出力し、窓に立体感を付けるためのバンプマップとして使用できるようにします。

ベイク先の画像設定

画面レイアウトを「Shading」に切り替えます。

シェーダーエディターのヘッダーで編集対象となるシェーダータイプが「オブジェクト」、表示マテリアルが外壁マテリアルになっているか確認します。

ヘッダー→「追加」（Shift + A）→「テクスチャ」→「画像テクスチャ」ノードを追加し、「新規」でブランク画像を作成します。

表示マテリアルを窓マテリアルに切り替え、同じように画像テクスチャノードを追加し、左のアイコンから作成済みの同じ画像を選択します。

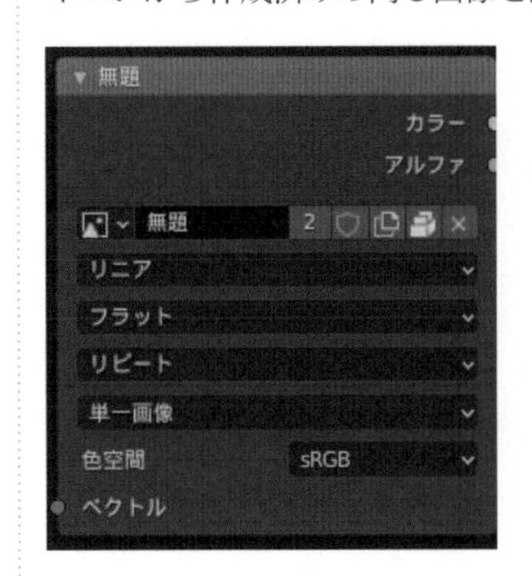

ベイク

「プロパティ」（Shift + F7）→「レンダープロパティ」→ Render Engine で「Cycles」を選択します。

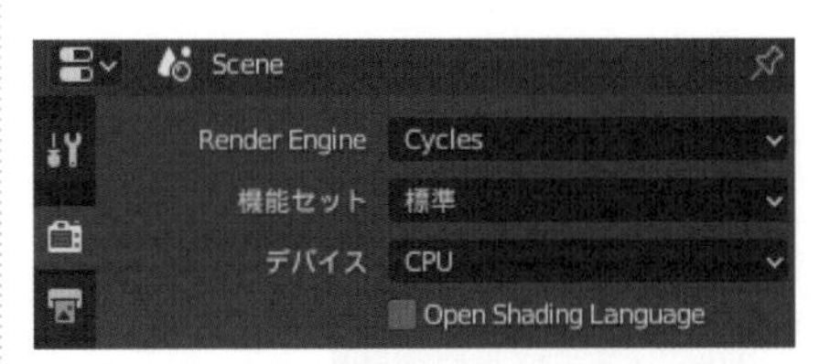

「ベイク」パネル→「ベイクタイプ」で「ディフューズ」を選択し、「影響」パネル→「カラー」のみ有効にします。

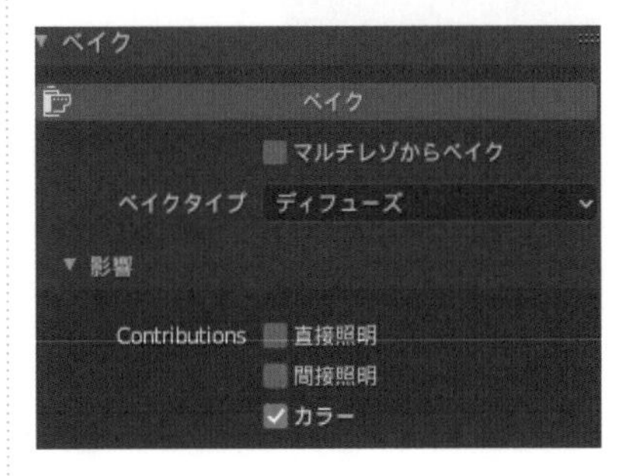

中層オブジェクトを選択し、「ベイク」を押すと現在アクティブな画像テクスチャノードに設定された画像に対して色情報が出力されます。

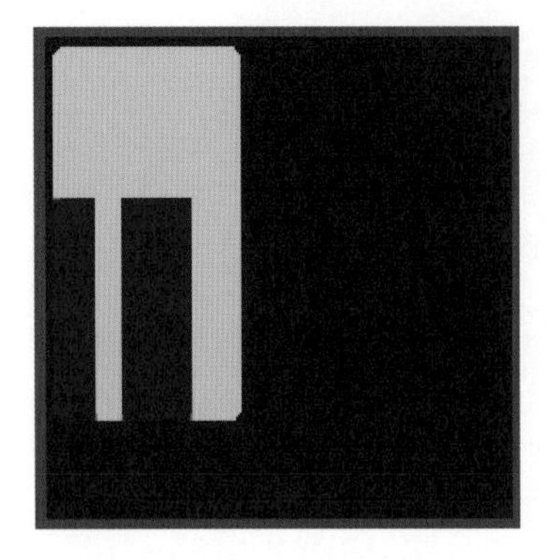

■ 画像を保存する

画像エディターまたはUVエディターのヘッダー→「Image」→「保存」（Alt + S）でテクスチャ画像を保存します。

17.1.6 立体感を出す〈バンプマップ〉

シェーダーエディターで窓マテリアルを選択し、ヘッダー→「追加」(Shift + A)→「ベクトル」からノードを追加します。

以下の２つの方法があり、得られる結果は同じです。

■ バンプ

「バンプ」ノードを追加し、「画像テクスチャ」ノードの「カラー」ソケットから「高さ」ソケットに接続します。

さらに「バンプ」ノードを「プリンシプルBSDF」ノードの「ノーマル」ソケットに接続します。

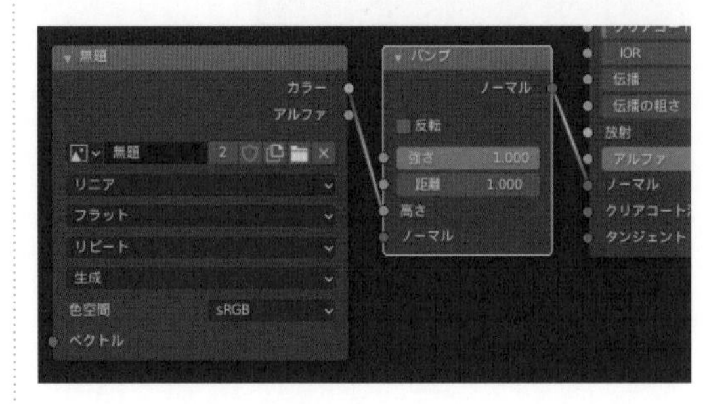

■ ディスプレイスメント

「ディスプレイスメント」ノードを追加し、「画像テクスチャ」ノードの「カラー」ソケットから「高さ」ソケットに接続します。

さらに「ディスプレイスメント」ノードを「マテリアル出力」ノードの「ディスプレイスメント」ソケットに接続します。

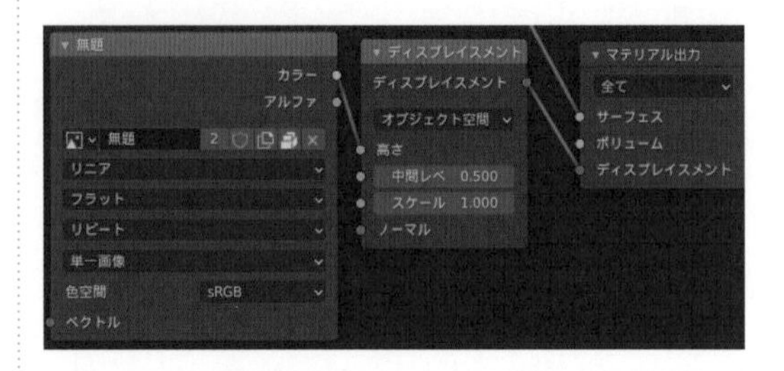

■ 結果

実際に面を押し出して頂点を増やすことなく、窓の部分がへこんで少し立体感が出ます。

17.1.7 マテリアルの再設定

バンプマップの色は使用しないため、出力後はシェーダーに任意のベースカラーなどを設定できます。

外壁

同じ設定のままにします。

窓

周囲が映り込むように「粗さ」を 0.05 程度にします。他は同じ設定です。

17.1.8 パーツの組み立て〈配列〉

オブジェクトを複製して全体の形状を生成します。

オブジェクトを選択し、「プロパティ」（Shift + F7）→「モディファイアープロパティ」→生成「配列」モディファイアーを付加します。

全てのモディファイアーで「マージ」を有効化して重複頂点を結合するようにします。

中層

「数」は任意で設定します。ここでは 5 を設定しています。

オフセットパネル

係数「X」の値を 0、「Z」の値を 1 にして上方向に複製されるようにします。

結果

上方向にオブジェクトが複製されます。

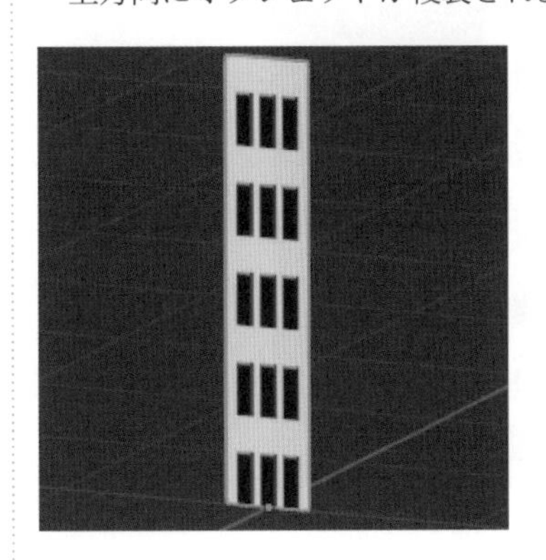

1 階

複数の配列モディファイアーを付加します。

1 番目の配列

中層オブジェクトを上に載せるための配列です。

数を 1 にして、オブジェクト自体を複製しないようにします。

オフセットパネル

係数「X」の値を 0、「Z」の値を 1 にして上方向に複製されるようにします。

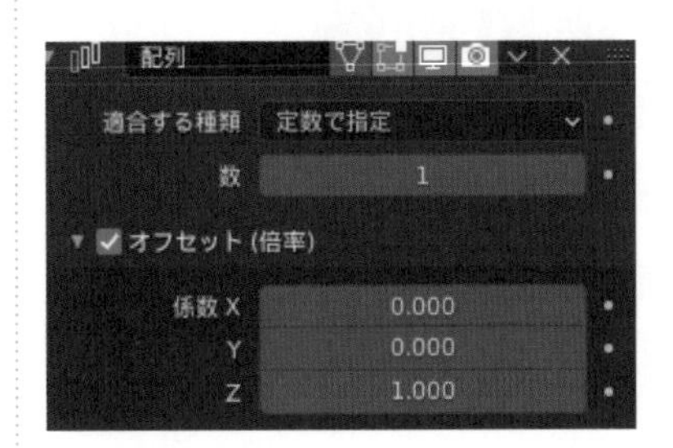

先端パネル

「終了」に中層オブジェクトを設定します。ここで設定されたオブジェクトのマテリアルはこのモディファイアーを付加したオブジェクトのマテリアル設定に置換されるため、互いに同じマテリアルスロット設定である必要があります。

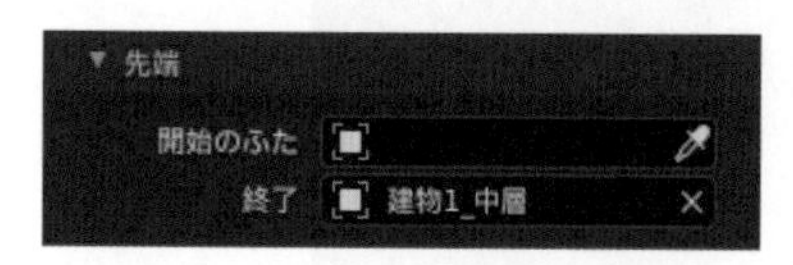

結果

1階オブジェクトの上に中層オブジェクトが生成されます。設定後、中層オブジェクト自体は非表示にします。

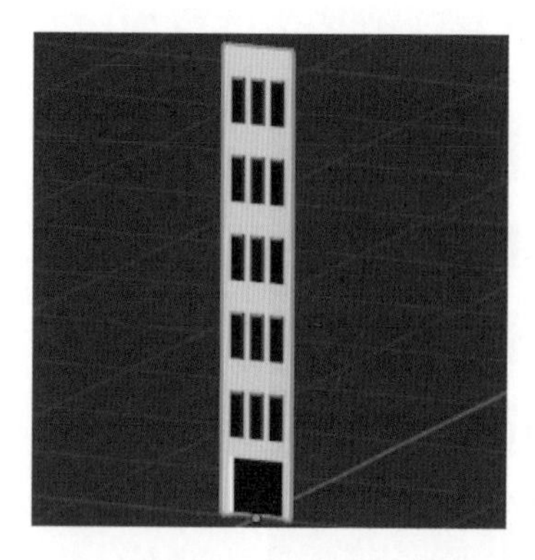

2番目の配列

横方向に複製するための配列です。

「数」は任意で設定します。ここでは5を設定しています。

横にオブジェクトが並びます。

3番目の配列

複製したオブジェクトを周回させるための配列です。

「数」は4を指定します。

Shift + Cキーで3Dカーソル位置をリセットし、「3Dビューポート」(Shift + F5)ヘッダー→「追加」(Shift + A)→「Empty」で任意の形状のエンプティオブジェクトを生成します。

オフセット(OBJ)パネル

「オブジェクト」にエンプティを指定します。

モディファイアースタック

ここまでに1階オブジェクトに付加したモディファイアーは図のようになります。順番が変わると形状も変化します。

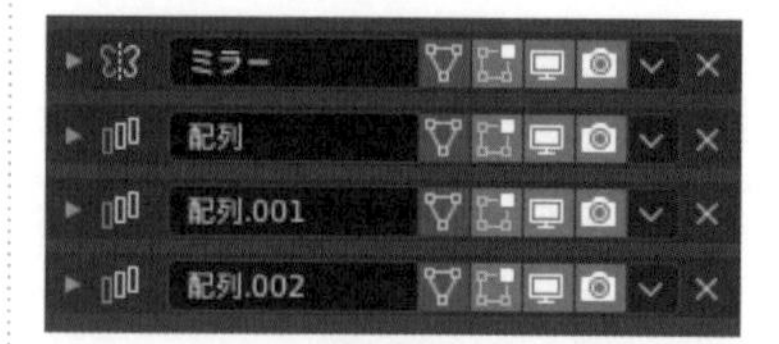

エンプティで編集

エンプティを選択し、R→Z→テンキーで90を入力すると横に複製された4つのオブジェクトが回転します。

位置がずれているので、G → X →テンキーで -2 を入力し、オブジェクトの隅にエンプティを移動させます。

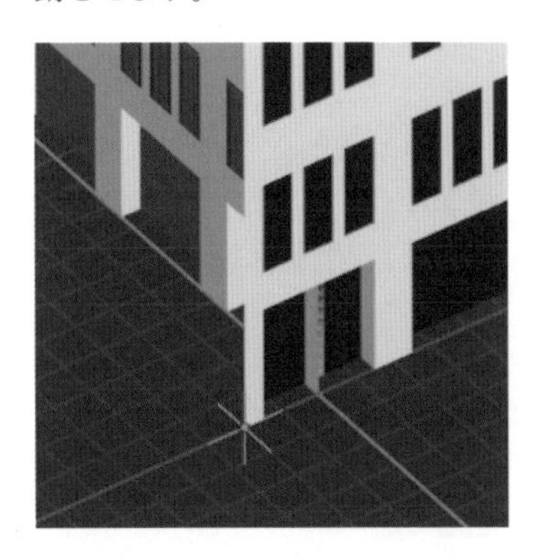

さらに G → Y →テンキーで 2 を入力して修正します。

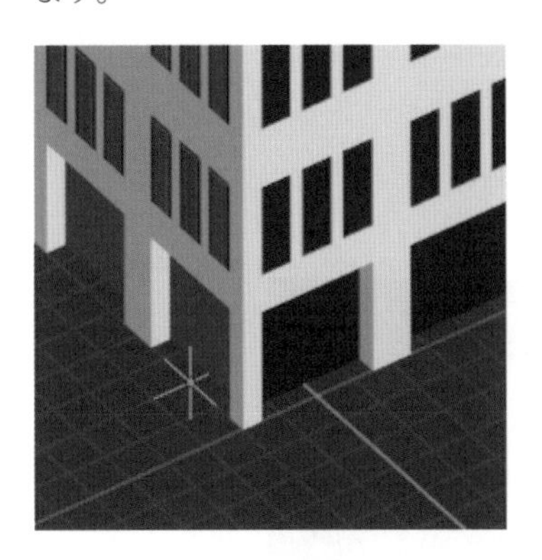

下から見上げる視点での使用を想定しているため、上の面は作成していませんが、必要であれば同じサイズのオブジェクトを用意して上に被せます。

17.1.9　データ管理〈コレクション〉

建物を構成するオブジェクトは全てを合わせて 1 つのモデルとなるため、後で複製しやすいようにアウトライナーでデータを確認し、分かりやすい名前を付けたコレクション内に入れて管理します。

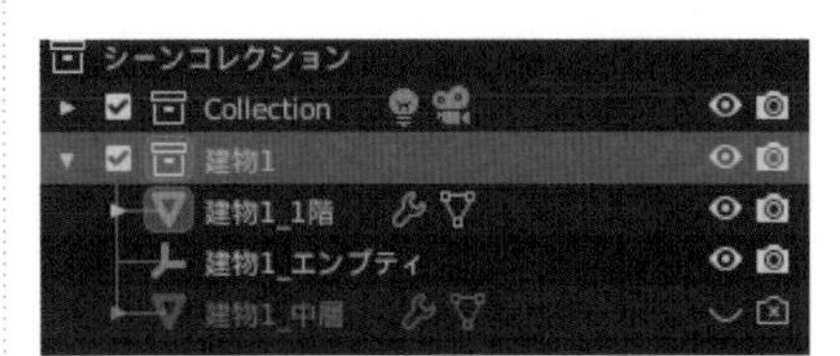

17.1.10　完成

基本的な構造の建物の完成です。

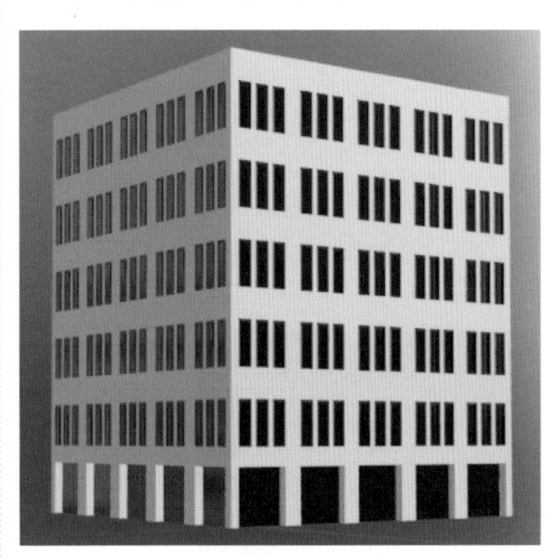

17.2 建物 2

建物 1 と大体同じ方法で、やや複雑な配列複製による別パターンの建物を作成します。

17.2.1 基本形〈メッシュ編集〉

1 階

建物の最も下の部位です。

「3D ビューポート」(Shift + F5) ヘッダー→「追加」(Shift + A) →「メッシュ」→「Plane」で平面を生成します。

テンキーの 1 で正面の視点にします。

編集モードで R → X →テンキーで 90 を入力してメッシュを回転後、G → Z →テンキーの 1 を入力して底辺の位置が原点と同じになるように移動させます。

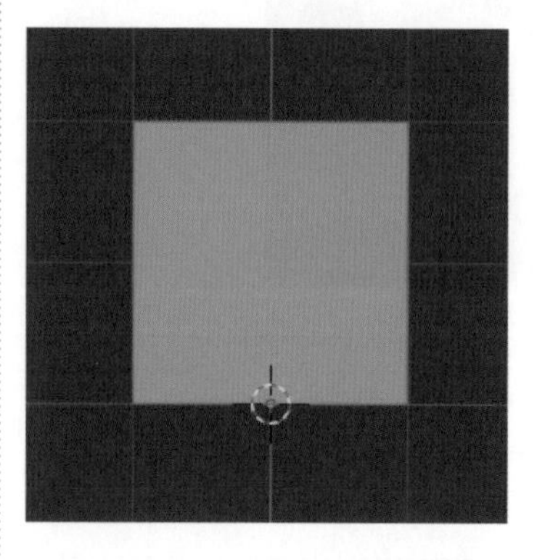

さらに G → X →テンキーの 1 を入力して横に移動させます。

上の辺を選択し G → Z →テンキーの 2 を入力して高さ 4 m 程度にします。

Ctrl + R キーで縦方向にループカットし、端から 0.5 m の位置に移動させます。

大きな面を選択し、E →テンキーで –0.4 を入力して奥に面を押し出します。

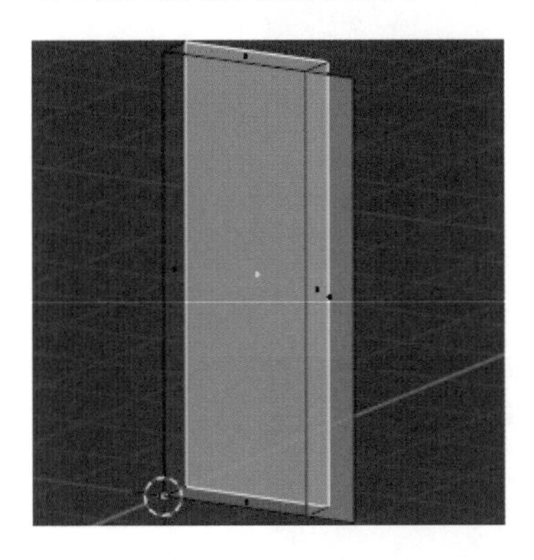

X 軸方向にミラーリングするので、境目にできた余分な面と不要な下の面を X キー→削除「面」で削除します。

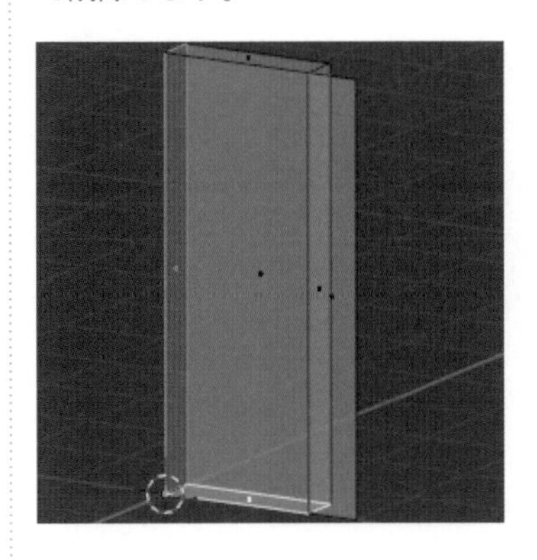

横方向にループカットし、上から 0.4 m の位置に移動させます。

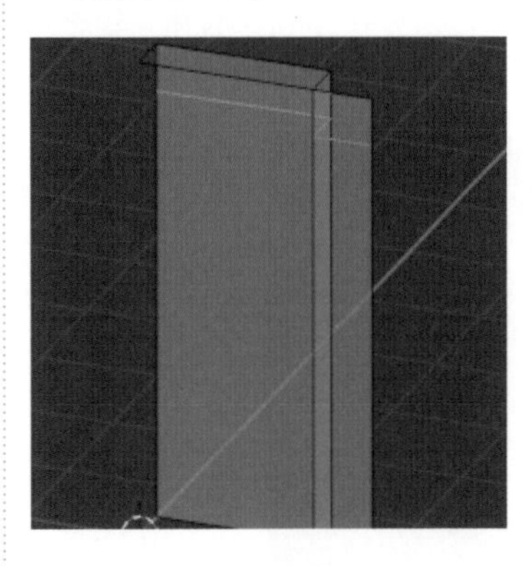

細部の編集のために面を一旦分離します。

押し出した面を選択し、P キー→分離「選択」で別オブジェクトとして切り離します。

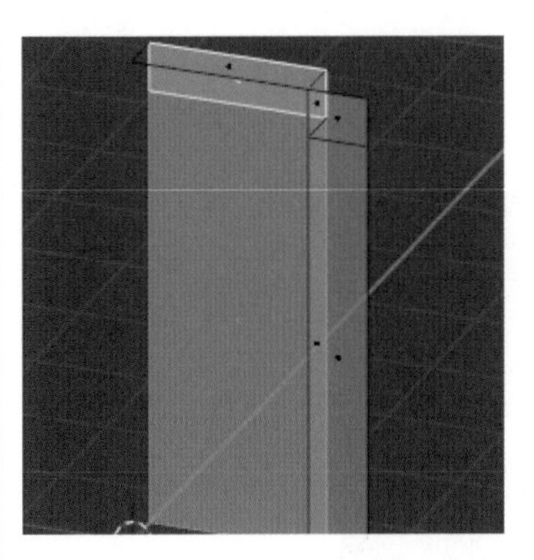

元オブジェクト

長い辺を横方向にループカットし、下から 0.4 m の位置に移動させます。

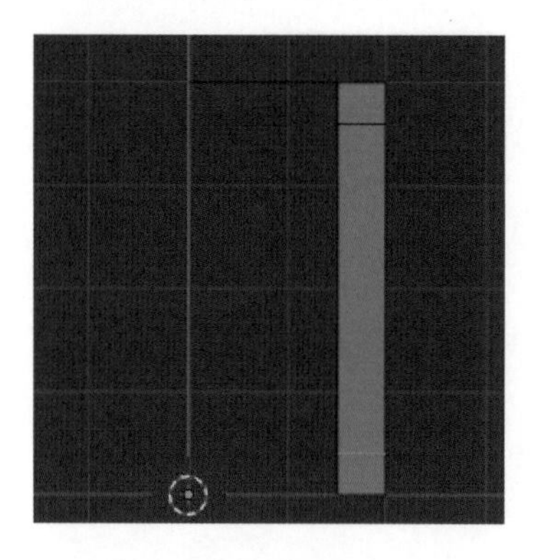

切り離したオブジェクト

ループカットで上から 0.35 m の位置に辺を入れて 0.05 m 幅の枠となる面を作成します。

スライドによる位置合わせが難しい場合はサイドバー（N）→「アイテム」タブ→「トランスフォーム」パネル→「中点」の Z 値が原点からの距離なので直接数値を入力します。

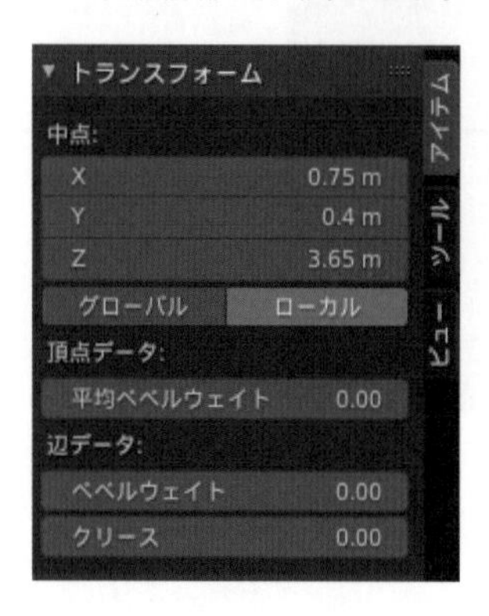

図のように面の上部に 3 つの枠ができるようにループカットして辺を移動させます。

縦方向に 1 つの枠ができるようにループカットして辺を移動させます。Ctrl + R →テンキー 2 →クリックで本数決定→右クリックで位置移動キャンセル→ S → X →テンキーで 0.1 を入力すると正確に辺を生成できます。

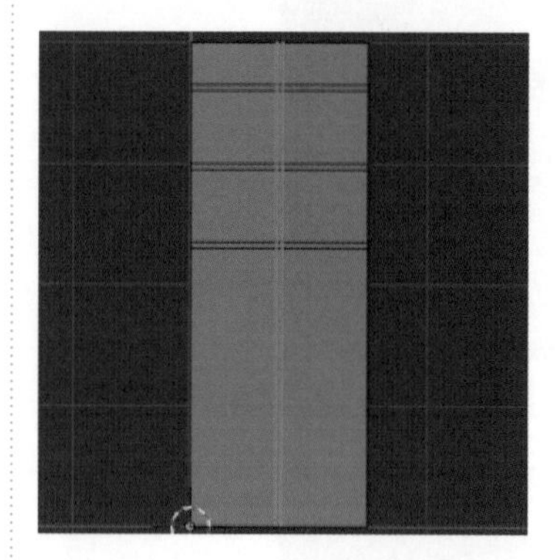

統合

オブジェクトモードにして、切り離したオブジェクト→元オブジェクトの順に Shift キーを押しながら追加選択し、Ctrl + J キーで統合します。

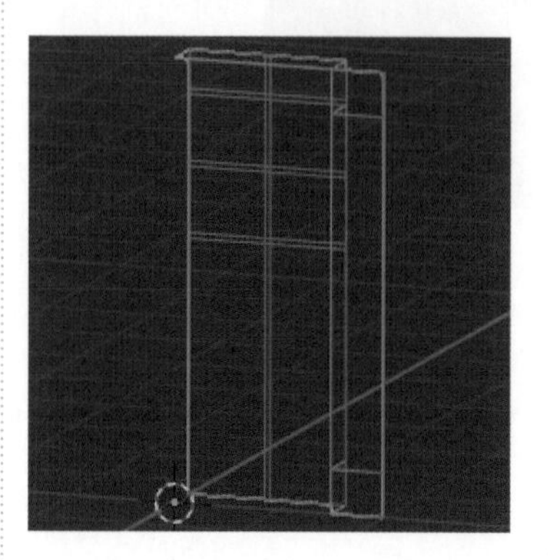

■中層 1

1 階の上に位置する部分です。

1 階オブジェクトと同様に後でミラーリングできるように作成します。

平面を生成して編集モードで回転させた後、下の辺が Z 軸原点位置に来るようにメッシュを移動させ、上の辺を Z 軸方向に移動させて高さを 3 m にします。

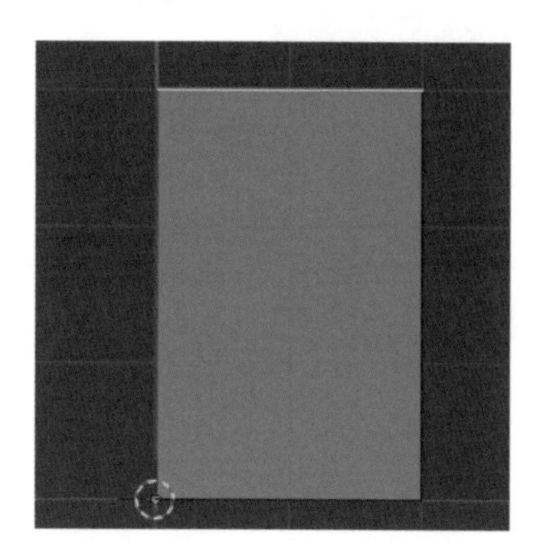

横方向にループカットで 6 つの辺を入れ、図のように移動させます。

4 つの枠となっている面の高さはそれぞれ 0.2 m です。

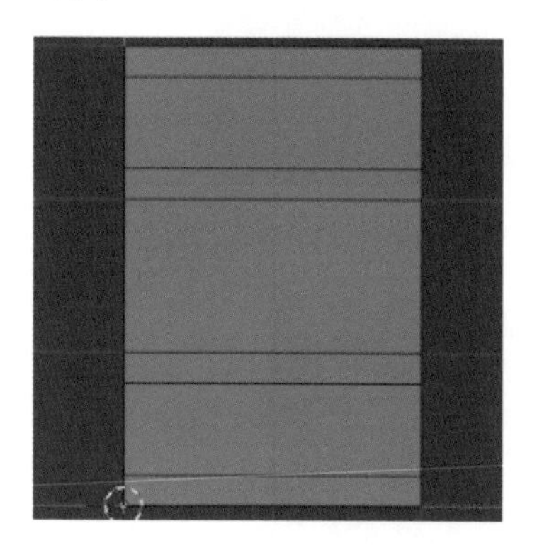

縦方向にループカットで 3 つの辺を入れ、図のように移動させます。

右端の縦列の面は 1 階の同位置の面と同じ幅にします。

■中層 2

中層 1 の上に位置し、後に上方向に複製して階数を増やす部分です。

中層 1 オブジェクトと同様に高さ 3 m のメッシュにします。

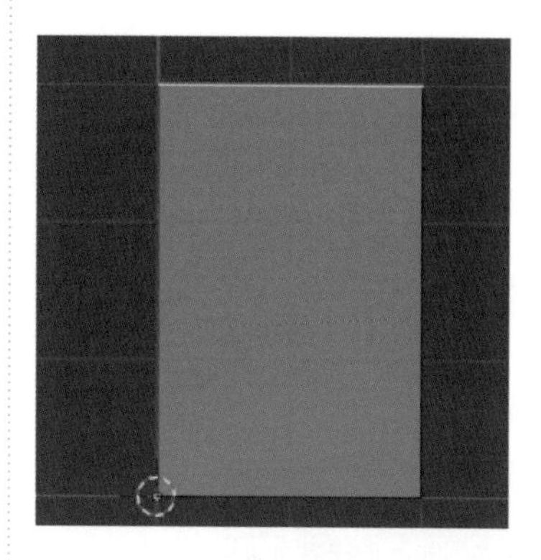

横方向にループカットで 5 つの辺を入れ、図のように移動させて枠を作成します。

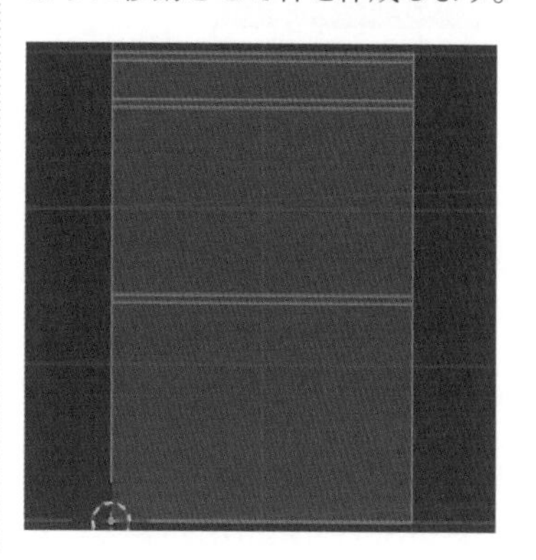

縦方向にループカットで６つの辺を入れ、図のように移動させます。

右端の縦列の面は１階の同位置の面と同じ幅にして、後の窓となる面の幅は中層１と同じになります。

ミラーリング境目の隣の縦辺は窓枠となるので幅 0.025 m の位置に移動させます。

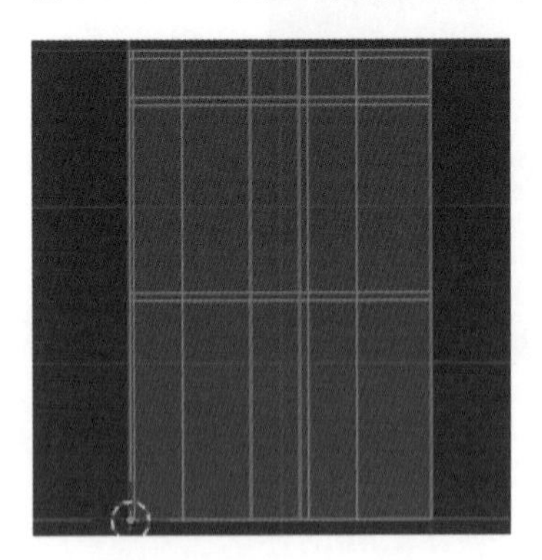

中層１のコピー

中層１と同じ形状ですが、異なるオブジェクトにしてモディファイアー設定を別々に付加できるようにします。

同じデータを共有〈メッシュデータブロック〉

任意のオブジェクトを生成し、「プロパティ」（Shift + F7）→「オブジェクトデータプロパティ」の上にあるメッシュデータブロック名左のボタンをクリックし、中層１オブジェクトと同じメッシュデータを選択します。

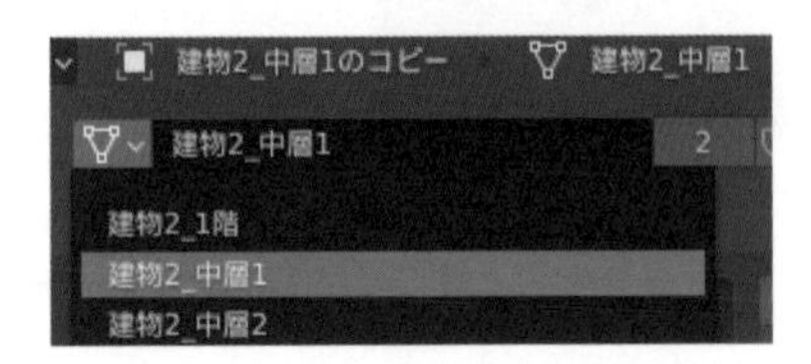

屋根

最上部に配置する薄い形状の部位です。建物は下から見上げる視点での使用を想定しているため外から見える部分のみ作成します。

立方体を生成し、これまでのオブジェクト同様に編集モードで図の位置に移動させ、上の面を選択して Z 軸方向に移動させ、厚さ 0.2 m 程度にします。

X 軸でミラーリングするので境目の面を削除します。

17.2.2 鏡面化〈ミラー〉

全てのオブジェクトに「プロパティ」（Shift + F7）→「モディファイアープロパティ」→生成「ミラー」を付加します。

メッシュ形状がミラーリングされます。

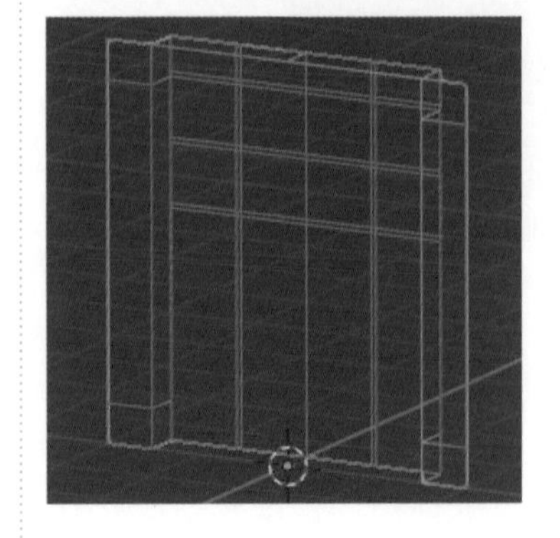

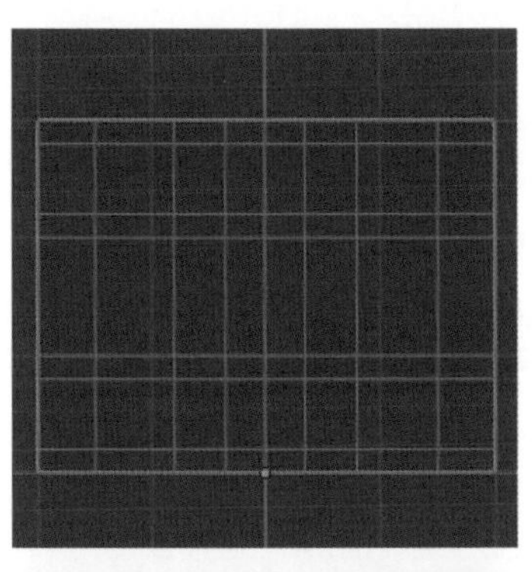

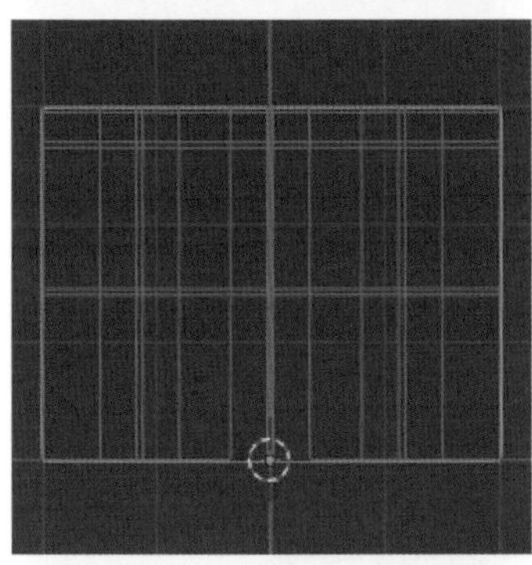

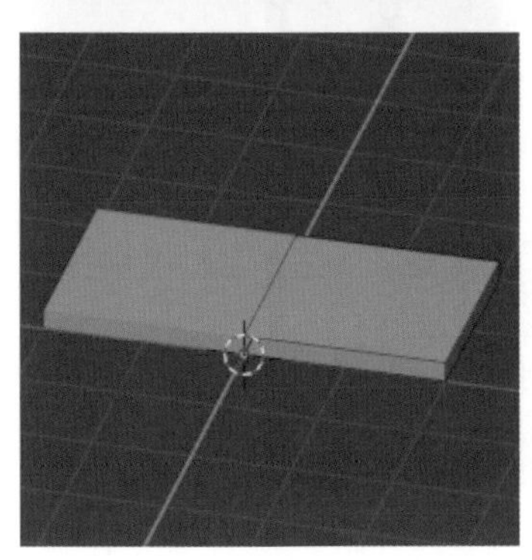

■ 1階

■ 中層 1

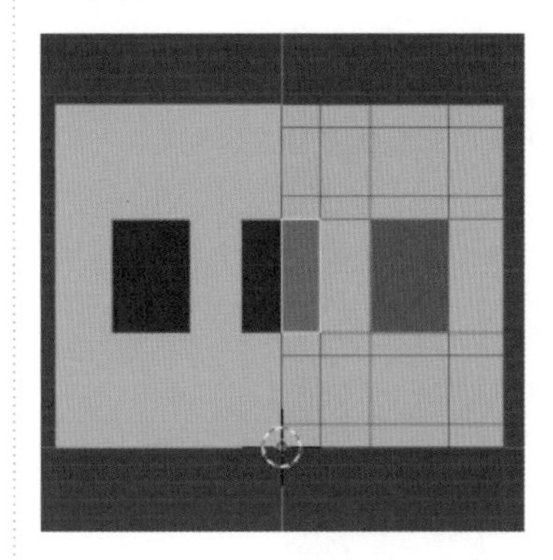

■ 中層 2

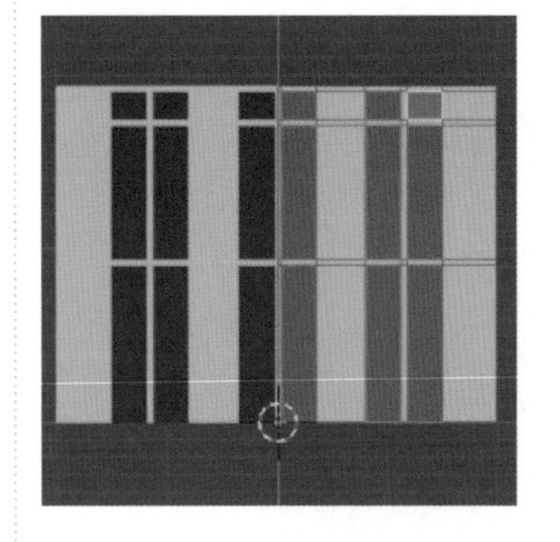

17.2.3　バンプマップ用設定〈マテリアル〉

　窓のある全てのオブジェクトで建物 1 と同じマテリアル設定を行い、後のベイクで面に凹凸を付けるためのバンプマップとして画像出力する際のために明度のみを設定します。

　図のように窓となる部分の面を選択して窓マテリアルを付加します。

17.2.4 UV設定

後で表面の色を画像として出力するためにUVメッシュを編集します。

トップバーからレイアウト「UV Editing」を選択します。

Sculpting UV Editing Texture Pa

各オブジェクトでUVを「ビューから投影」で再展開します。

1階の柱部分に接するメッシュのみ奥行きがあるため、通常の「展開」を行います。

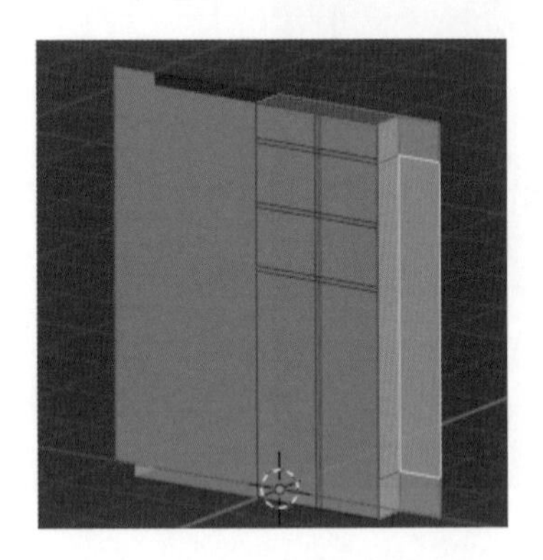

互いのUVメッシュが重ならないように配置します。

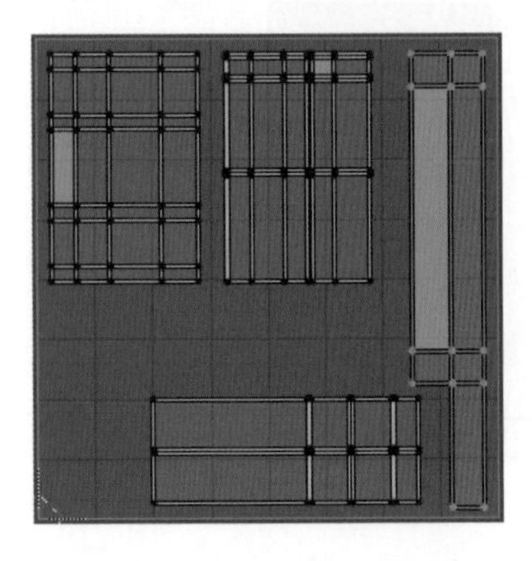

17.2.5 カラー情報の出力〈ベイク〉

現在のカラー情報を画像として出力し、窓に立体感を付けるためのバンプマップとして使用できるようにします。

■ベイク先の画像設定

画面レイアウトを「Shading」に切り替え、建物1と同様に「画像テクスチャ」ノードでブランク画像を作成して設定します。

exture Paint Shading Animation

■ベイク

3つのオブジェクトをShiftキーを押しながら追加選択します。

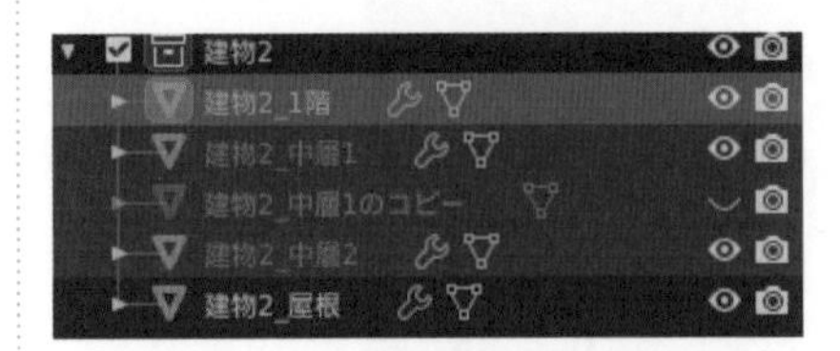

「ベイク」を実行すると選択オブジェクトのカラー情報が出力されます。

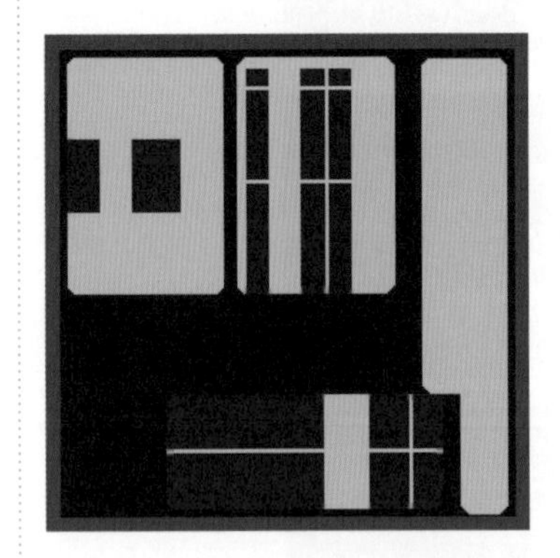

17.2.6 立体感を出す〈バンプマップ〉

建物1と同様に設定します。実際に面を押し出して頂点を増やすことなく、窓の部分がへこんで少し立体感が出ます。

17.2.7　マテリアルの再設定

バンプマップの色は使用しないため、出力後はシェーダーに任意のベースカラーなどを設定できます。

外壁

2つのマテリアルを作成し、茶系の明るい色と暗い色にします。

● 同じ質感でよければ頂点カラーを使用してペイントし、1つのマテリアルのみにしてもよいです。

ベースカラー

ベースカラー

中層2の外壁

クリーム色にします。

ベースカラー

窓枠

白に近い色にします。

ベースカラー

窓

周囲が映り込むように「粗さ」を 0.05 程度にします。他は同じ設定です。

スペキュラー	0.500
スペキュラーチント	0.000
粗さ	0.050

マテリアルスロット

全てのオブジェクトで同じ設定にします。

配色

面ごとにマテリアルを付加します。

1階

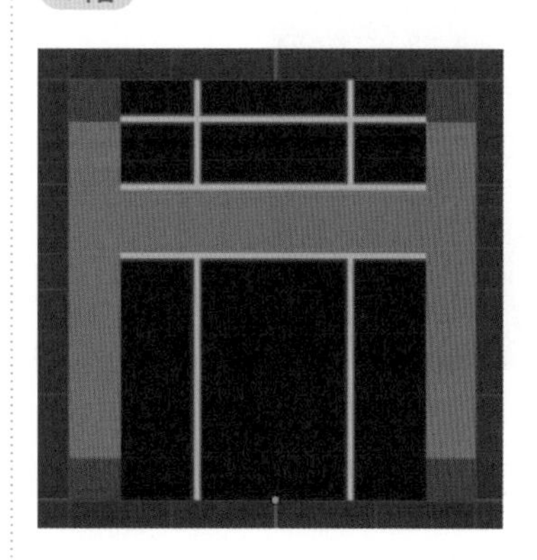

中層1

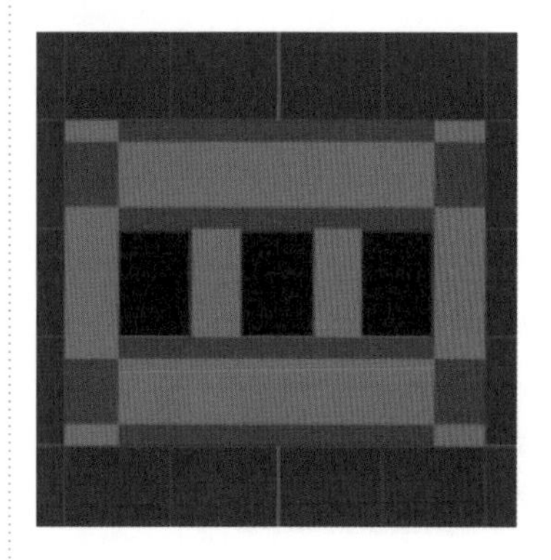

中層2

屋根

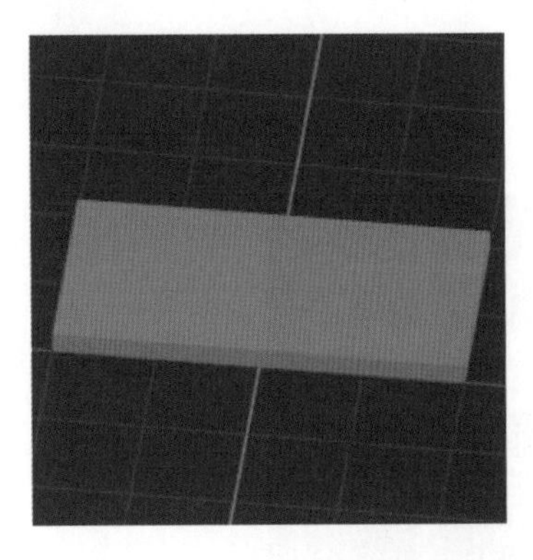

17.2.8　パーツの組み立て〈配列〉

オブジェクトを複製して全体の形状を生成します。

オブジェクトを選択し、「プロパティ」（Shift + F7）→「モディファイアープロパティ」→生成「配列」モディファイアーを付加します。

全てのモディファイアーで「マージ」を有効化して重複頂点を結合するようにします。

一定のオフセット
オフセット (OBJ)
マージ

中層 1 のコピー

屋根オブジェクトを上に載せるための配列です。「数」を 1 にして、オブジェクト自体を複製しないようにします。

オフセットパネル

係数「X」の値を 0、「Z」の値を 1 にして上方向に複製されるようにします。

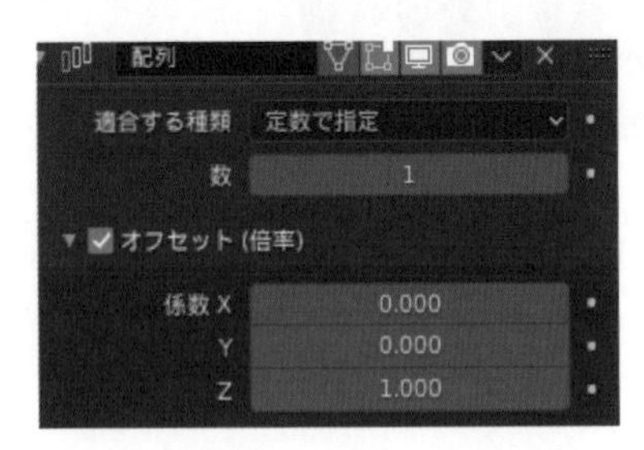

先端パネル

「終了」に屋根オブジェクトを設定します。

結果

オブジェクトの上に屋根オブジェクトが生成されます。

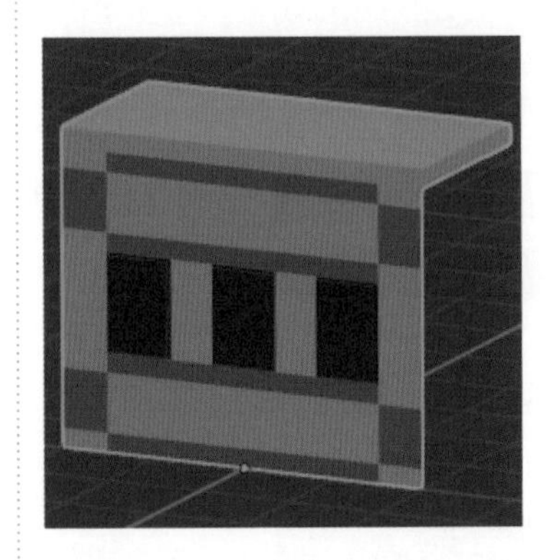

中層 2

中層 1 のコピーオブジェクトを上に載せるための配列です。数は任意で設定します。

オフセットパネル

係数「X」の値を 0、「Z」の値を 1 にして上方向に複製されるようにします。

先端パネル

「終了」に中層 1 のコピーオブジェクトを設定します。

結果

オブジェクトの上に中層1のコピーオブジェクトが生成されます。

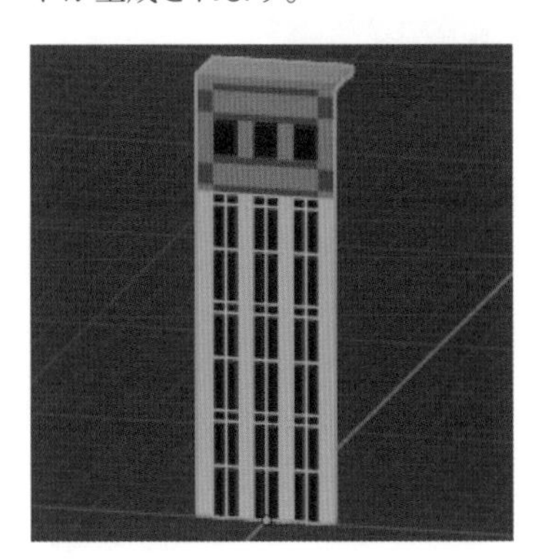

中層1

中層2オブジェクトを上に載せるための配列です。

「数」を1にして、オブジェクト自体を複製しないようにします。

オフセットパネル

係数「X」の値を0、「Z」の値を1にして上方向に複製されるようにします。

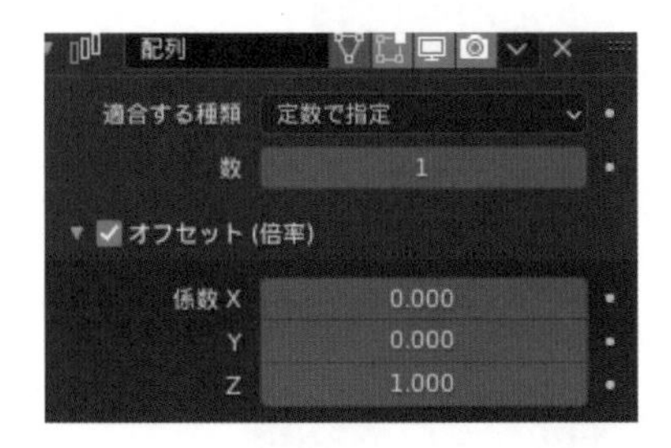

先端パネル

「終了」に中層2オブジェクトを設定します。

結果

オブジェクトの上に中層2のコピーオブジェクトが生成されます。

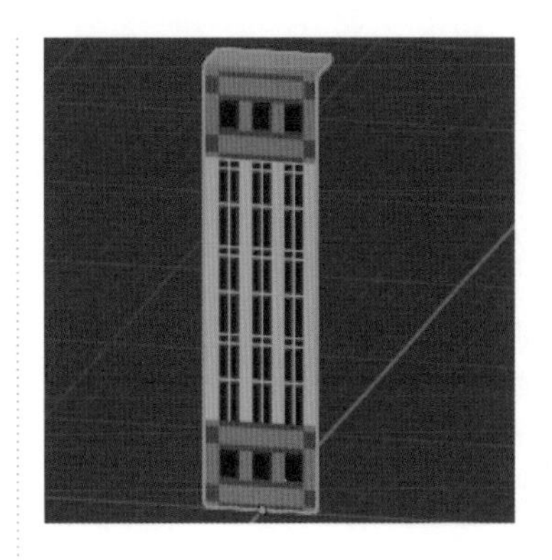

1階

複数の配列モディファイアーを付加します。

1番目の配列

中層1オブジェクトを上に載せるための配列です。

数を1にして、オブジェクト自体を複製しないようにします。

オフセットパネル

係数Xの値を0、Zの値を1にして上方向に複製されるようにします。

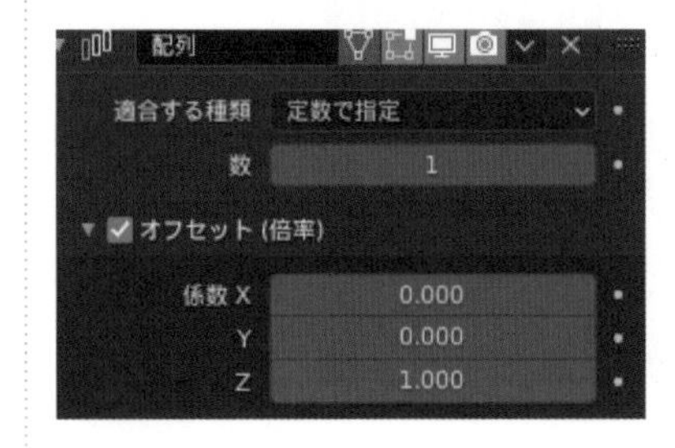

先端パネル

「終了」に中層1オブジェクトを設定します。

結果

1階オブジェクトの上に中層1オブジェクトが生成されます。

2番目の配列

横方向に複製するための配列です。

数は任意で設定します。ここでは5を設定しています。

横にオブジェクトが並びます。

3番目の配列

複製したオブジェクトを周回させるための配列です。

数は3を指定します。

Shift + C キーで 3D カーソル位置をリセットし、「3D ビューポート」(Shift + F5) ヘッダー→「追加」(Shift + A) →「Empty」で任意の形状のエンプティオブジェクトを生成します。

オフセット(OBJ)パネル

「オブジェクト」にエンプティを指定します。

エンプティで編集

エンプティを選択し、R → Z →テンキーで 90 を入力すると横に複製された3つのオブジェクトが回転します。

位置がずれているので、G → X →テンキーで -2 を入力してオブジェクトの隅にエンプティを移動させ、さらに G → Y →テンキーで 2 を入力して修正します。

ミラーリング

1階オブジェクトにミラーモディファイアーを付加し、反対側の形状を生成します。

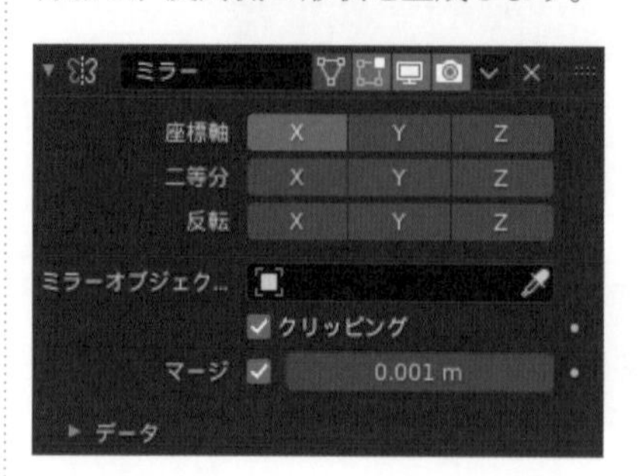

結果

横と奥行きの長さが異なるモデルになります。

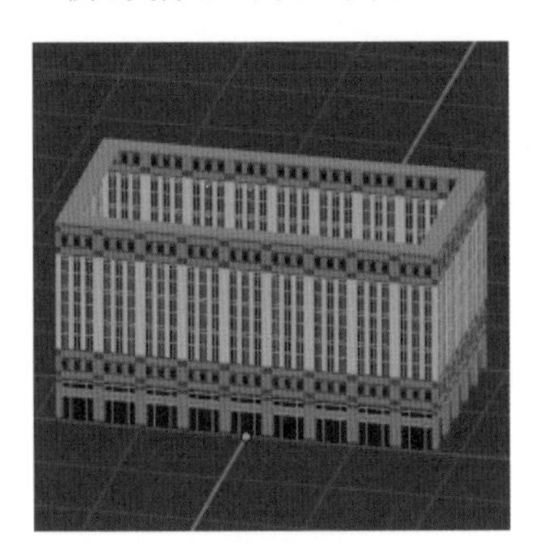

モディファイアースタック

ここまでに 1 階オブジェクトに付加したモディファイアーは図のようになります。

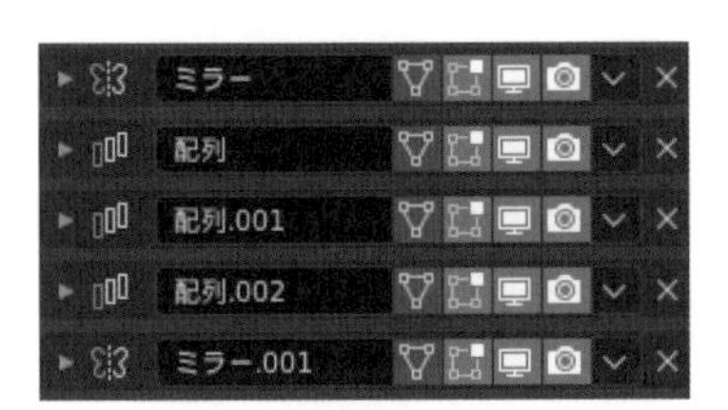

17.2.9　データ管理〈コレクション〉

1 階オブジェクト以外のメッシュオブジェクトは非表示にします。

建物 1 と同様に、オブジェクトの区別が付くように命名し、分かりやすい名前を付けたコレクション内に入れて管理します。

17.2.10　完成

配列モディファイアーで終了オブジェクトを積み重ねていくと複雑なモデルを構築できます。

第18章

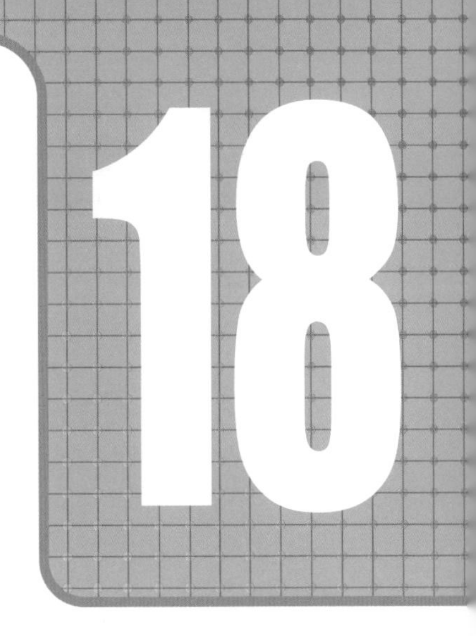

上級 ホットケーキのモデリング

3段重ねのホットケーキを作成します。焼き色はテクスチャペイントで自然な質感を演出し、垂れる蜂蜜は流体シミュレーションを使用して有機的な形状のモデリングを効率化しています。

18.1 作成サイズの確認〈クイック液体〉

後に作成する蜂蜜のために液体シミュレーションのサイズを確認しておきます。

デフォルトシーンの立方体を選択し、「3D ビューポート」ヘッダー→「オブジェクト」→「クイックエフェクト」→「クイック液体」でドメインオブジェクトと流体設定を付加できます。

選択オブジェクトがフローオブジェクトになり、新規に追加されたドメインオブジェクトには水を模したマテリアルが自動で設定されます。

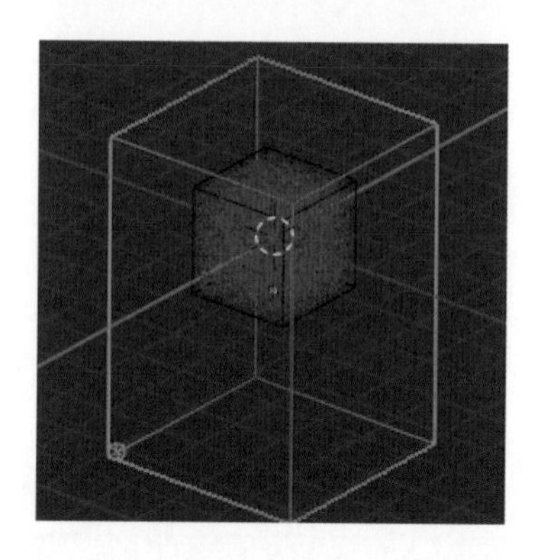

生成されたドメインオブジェクトは X：4 m、Y：4 m、Z：6 m で、この範囲内に液体が生成されるためホットケーキなどのサイズの目安にします。

18.2 ホットケーキ

18.2.1 基本形〈メッシュ編集〉

「3D ビューポート」(Shift + F5) ヘッダー→「追加」(Shift + A) →「メッシュ」→「Cylinder」で円柱を生成します。

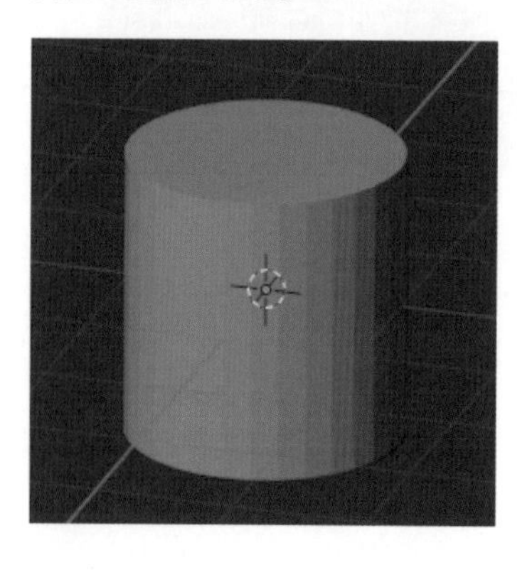

編集モードで S→Z→テンキーで 0.08 を入力し、Z 軸方向に縮小します。

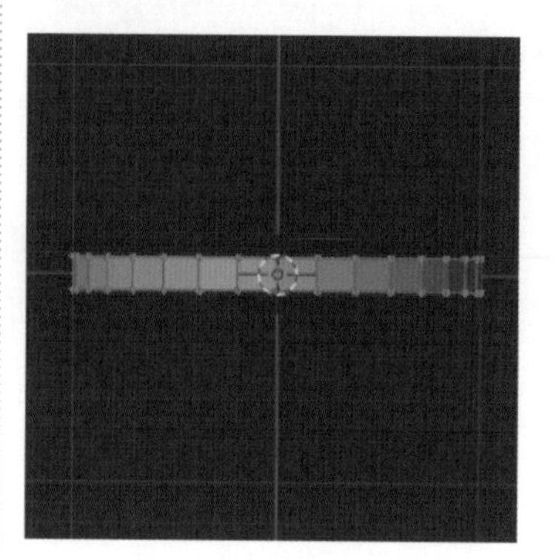

上面の頂点を選択し、E→右クリックでキャンセル後、S→テンキーで 0.5 を入力して面を縮小します。

G→Z→テンキーで 0.02 を入力し、わずかな膨らみを作ります。

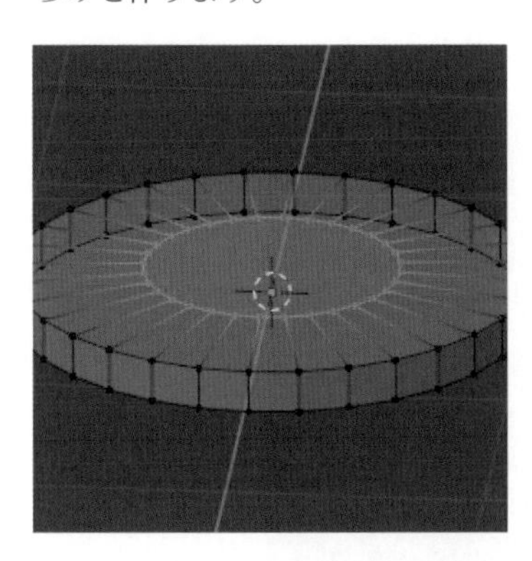

底面も同じように操作して膨らみを作ります。Z値を入力する時はマイナスの値にします。

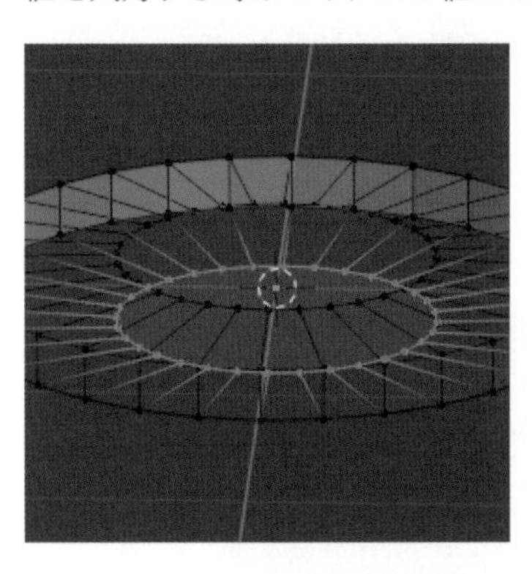

A キーでメッシュを全選択し、G→Z→テンキーで 0.1 を入力して移動させ、底面に原点が位置するようにします。

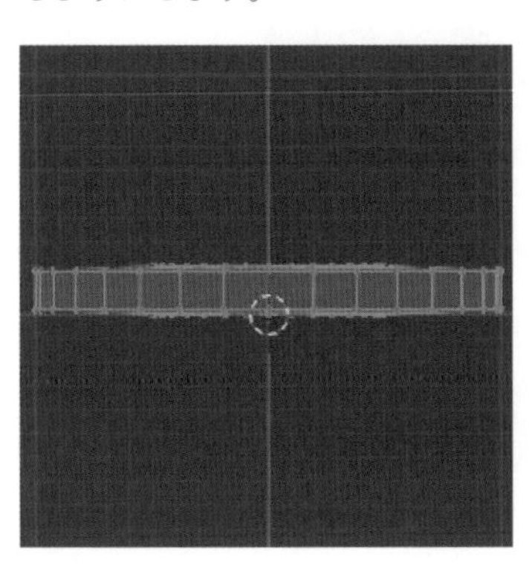

18.2.2　面取り〈ベベル〉

オブジェクトモードで「プロパティ」（Shift + F7）→「モディファイアープロパティ」→生成「ベベル」を付加します。

「量」→ 0.03 m、「制限方法」→「角度」を選択し、円柱の縁部分のみに影響するようにします。

角が取れて滑らかな形状になります。

さらにビュー上で右クリック→「スムーズシェード」を選択して表面を滑らかに表示します。

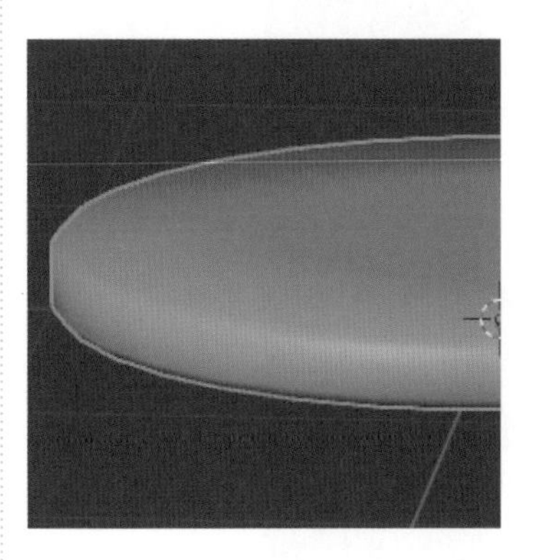

18.3 バター

18.3.1 基本形〈メッシュ編集〉

「3D ビューポート」(Shift + F5) ヘッダー→「追加」(Shift + A) →「メッシュ」→「Cube」で立方体を生成します。

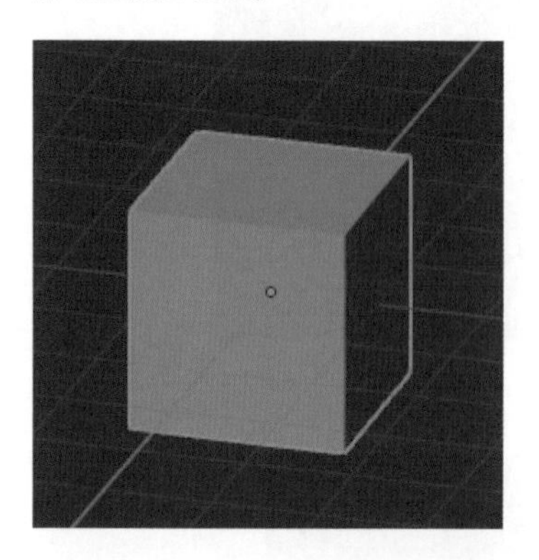

編集モードで S →テンキーで 0.2 を入力し、全体を縮小します。

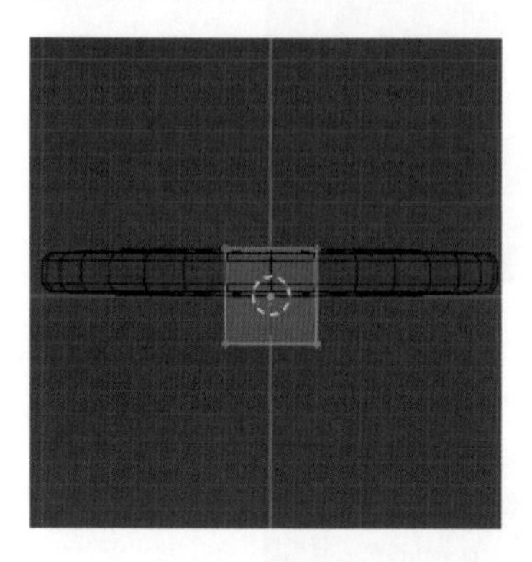

G → Z →テンキーで 0.2 を入力して移動させ、底面に原点が位置するようにします。

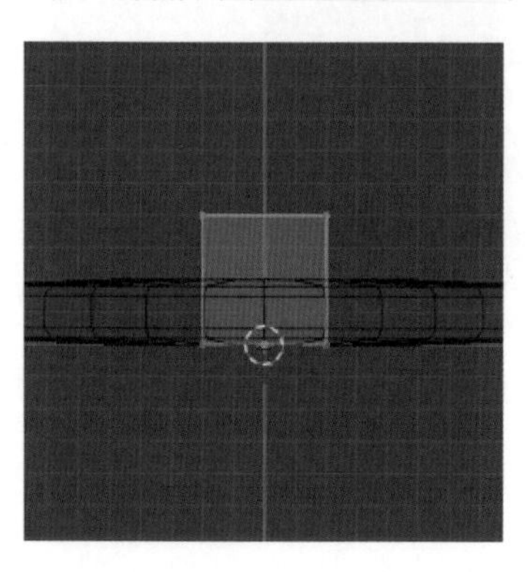

上面を選択し、G → Z →テンキーで -0.25 を入力して形状を少し薄くします。

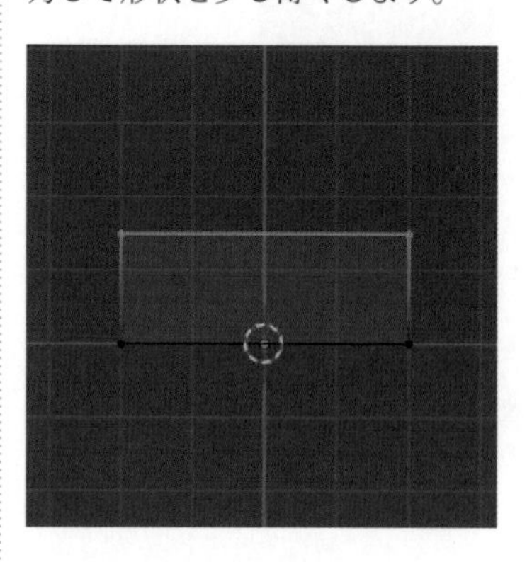

18.3.2 面取り〈ベベル〉

ホットケーキと同様に角を取る処理をします。

ベベルモディファイアーを付加し、「量」→ 0.02 m、他はデフォルトです。

全ての辺が面取りされます。

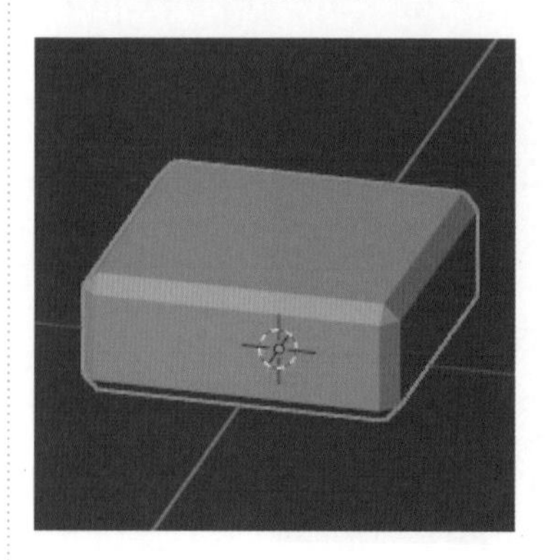

スムーズシェード表示にして表面を滑らかにします。

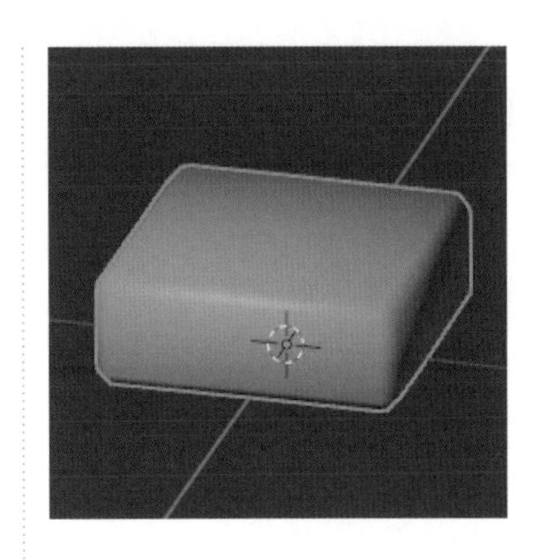

18.4 複製〈配列〉

ホットケーキオブジェクトを選択し、配列モディファイアーを付加します。

「数」→3、「オフセット（倍率）」→係数「X」→0、「Z」→1にしてZ軸方向に3つ複製します。

「先端」→「終了」→バターオブジェクト名を入力し、最後の複製の上にバターが載るようにします。

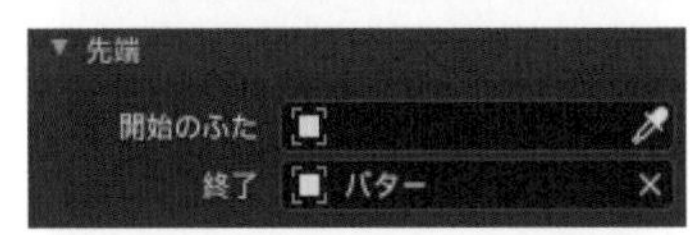

複製数をいくつにしてもバターの位置は最後の複製位置の上になるので便利です。

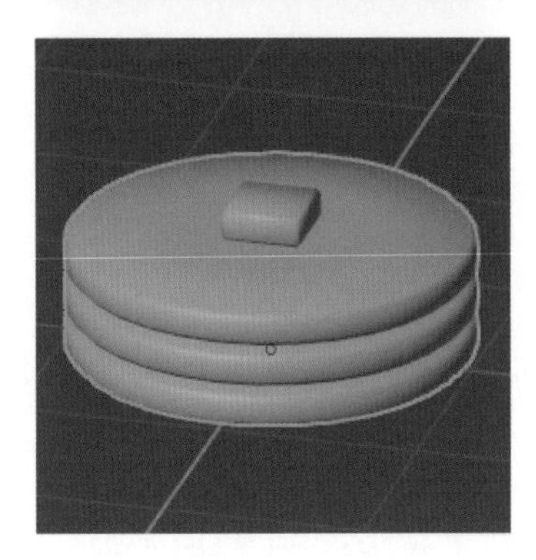

18.5 皿

18.5.1 断面図〈頂点生成〉

任意のメッシュオブジェクトを生成し、編集モードで頂点を全選択して削除します。

Ctrl + 右クリックで原点位置に頂点を生成し、そこから図のように必要箇所に頂点を生成します。

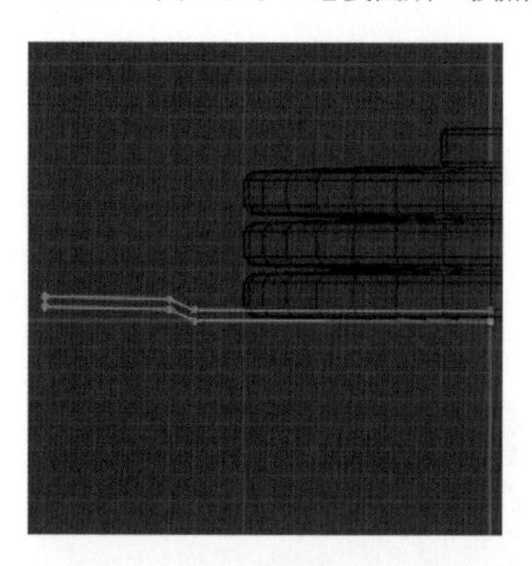

18.5.2 回転体〈スクリュー〉

オブジェクトモードでスクリューモディファイアーを付加します。

「マージ」を有効にして、重複頂点を結合させます。

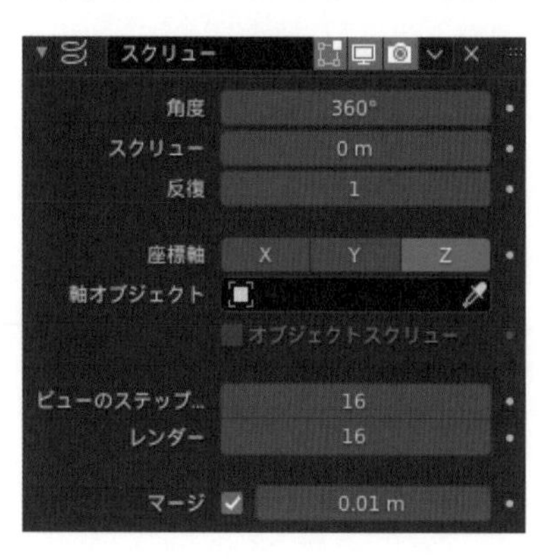

皿の形状が生成されます。「ノーマル」→「スムーズシェーディング」はデフォルトで有効なので生成面はスムーズシェード表示になります。

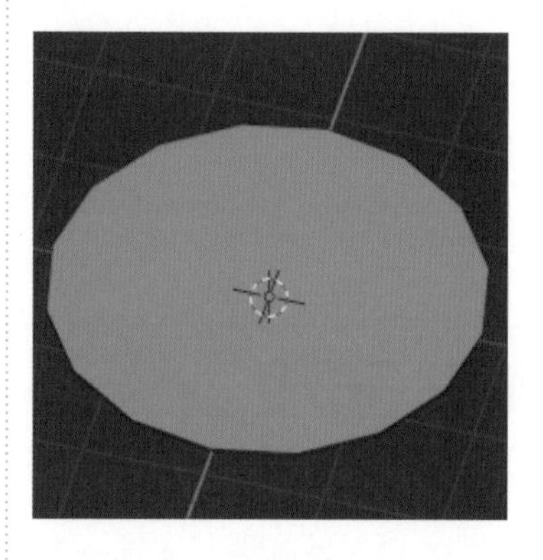

18.5.3 細分化〈サブディビジョンサーフェス〉

サブディビジョンサーフェスモディファイアーを付加し、面を細分化します。

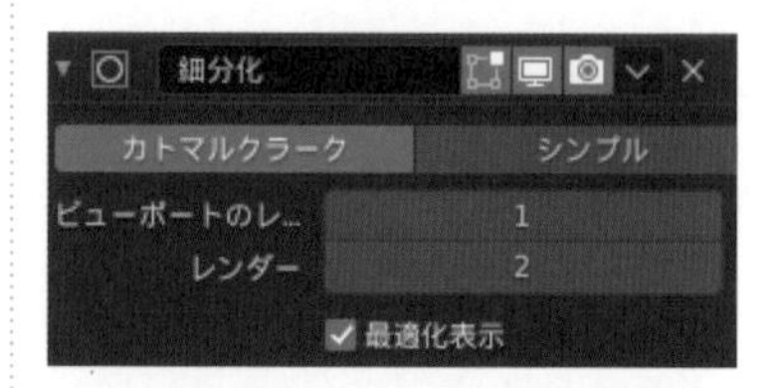

形状の面が増えて角が取れます。

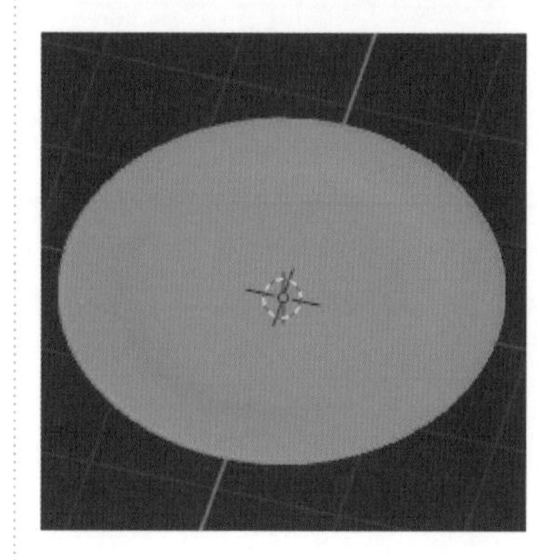

18.5.4 位置の調整

ホットケーキオブジェクトを皿の厚みの上に移動させます。

18.6 蜂蜜

18.6.1 障害物〈エフェクター〉

元オブジェクトを直接障害物設定するより、簡略化した形状の別オブジェクトを使用する方がシミュレーション速度が向上します。

各オブジェクトを複製し、サブディビジョンサーフェスモディファイアーは削除して以下の設定を行います。

ホットケーキ

全てのモディファイアーを削除し、上面の頂点を選択してZ軸方向に移動させ、元オブジェクトの最も上のベベル辺の下辺りに位置するようにします。

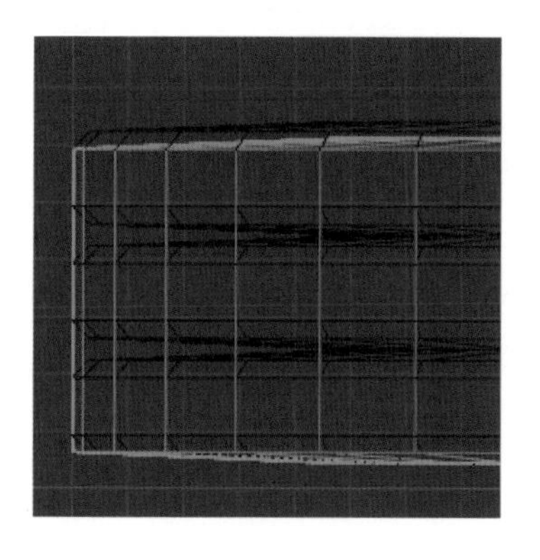

液体を誘導するために、上面のいくつかの面をEキーで押し出して突起部分を作成します。

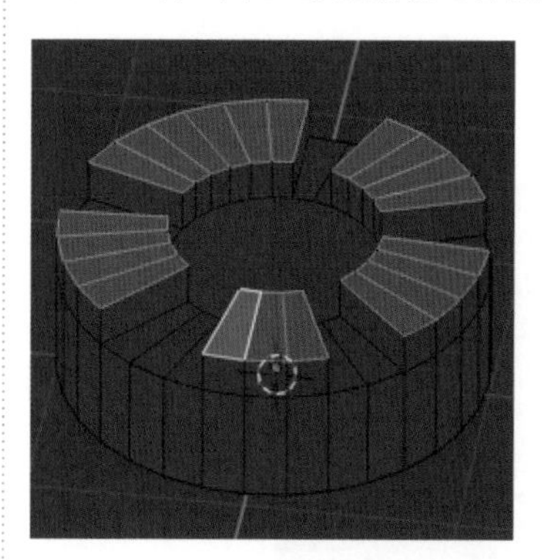

さらに流れる出口が狭くなるようにメッシュを編集します。辺を選択しGキーを2回押してスライドモードで移動させると簡単です。

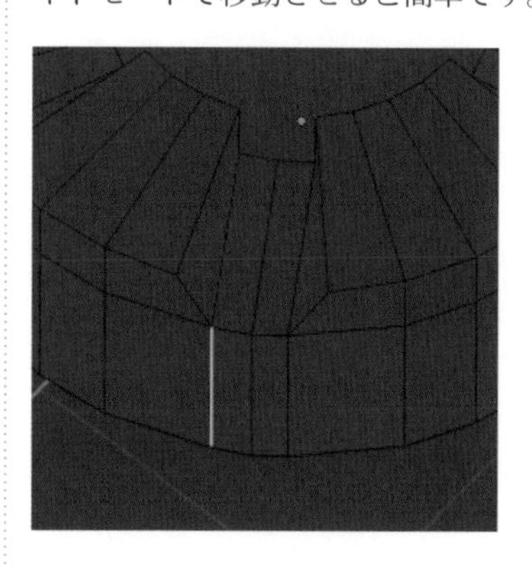

■ バター

全てのモディファイアーを削除し、元オブジェクトのベベル辺の下辺りに上面が来るように移動させます。

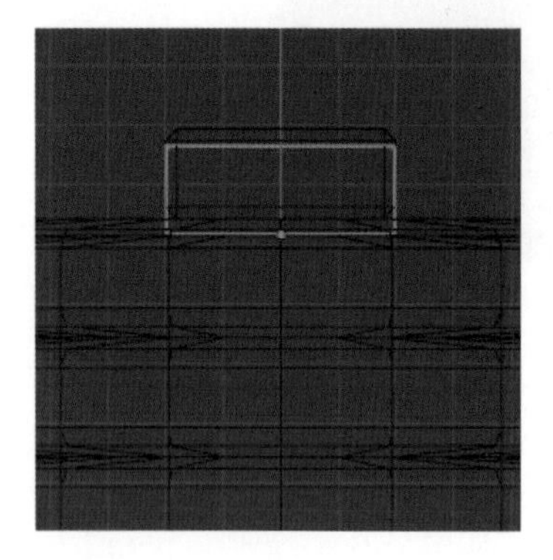

■ 皿

スクリューモディファイアーを適用し、複製された面を実体化します。

形状の底面の頂点を選択し、Z軸方向に移動させて厚みのあるメッシュにします。

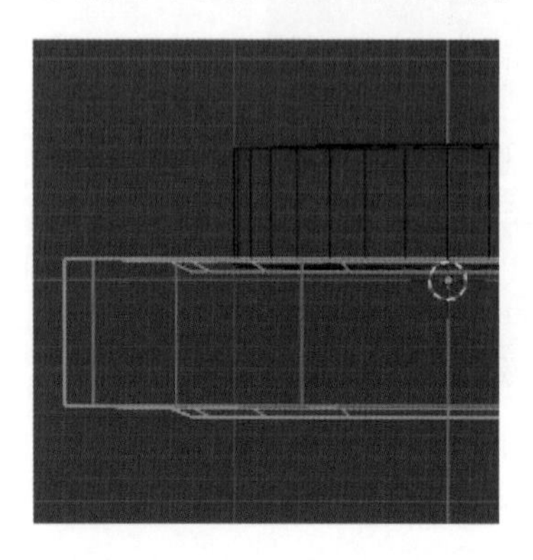

法線の修正

スクリューモディファイアーで生成された面は法線が内側に向いていることがあるので、編集モードでヘッダー→画面右のオーバーレイオプションで法線を表示させて向きを確認します。

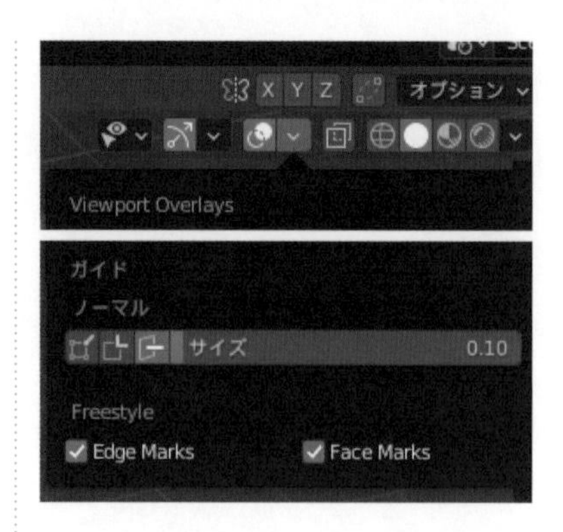

法線が内側を向いている場合は「メッシュ」→「ノーマル」（Alt + N）→「Flip」で法線を逆転させます。

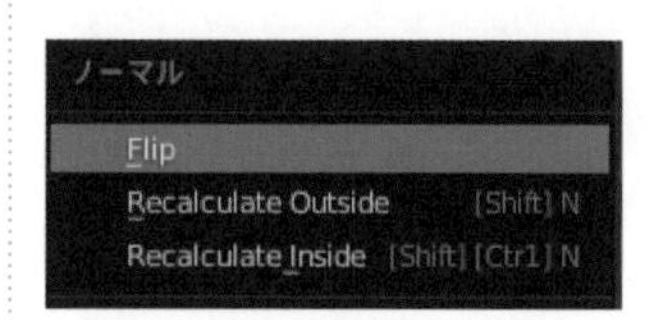

法線を外側に向けるとシミュレーションで正常に演算できます。

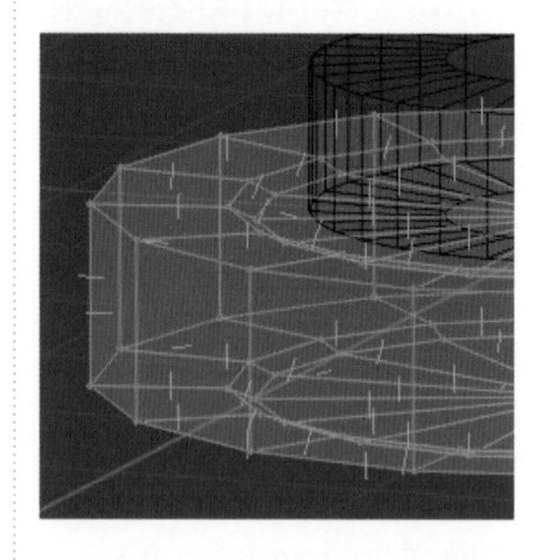

18.6.2 シミュレーション〈液体〉

流体パネル内で設定を行います。

■ エフェクターオブジェクト

障害物として作成したホットケーキ、バター、皿オブジェクトでタイプ「エフェクター」を選択し障害物として設定します。

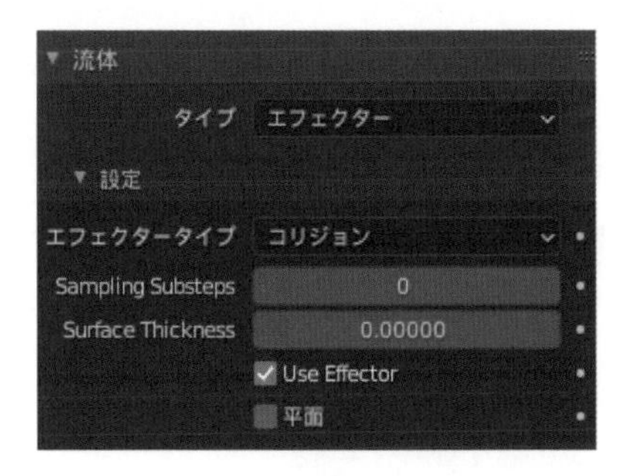

ドメインオブジェクト

液体の性質を設定します。蜂蜜を想定して、粘性の高い液体になるように数値を調整します。

設定パネル

解像度は 32 でプレビューし、調整しながら最終的には 64 にします。低解像度時はぶつ切れのメッシュでも高解像度時は滑らかに繋がる場合があるので数値の調整時には注意します。

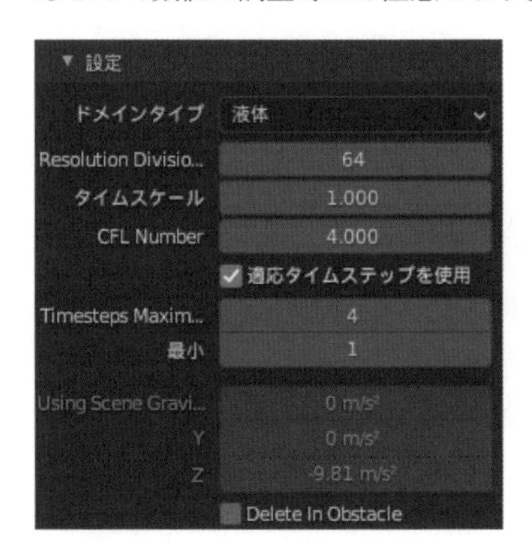

液体パネル

Particle Radius：メッシュがぶつ切れになる時は値を少しずつ増やします。

サンプリング：パーティクルが足りない時は値を増やすと増加します。

分割障害物：有効にすると障害物との接触時により高い解像度が適用され動きが改善されます。

Obstacle-Fluid Threshold：値を高くすると液体が障害物にまとわりつくようになります。

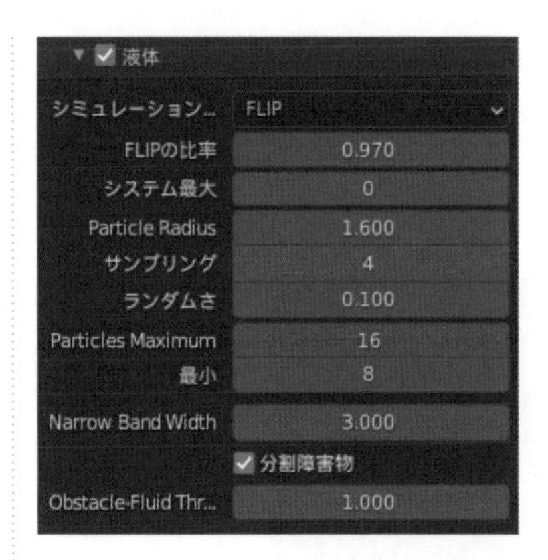

拡散パネル

パネルを有効にして、右のプリセットから「Honey」を選択すると「ベース」、「指数」の値が自動で入力されます。

「Surface Tension」の値を 2 ～ 4 程度にして、液体の表面張力の効果を付加します。

メッシュパネル

有効時はパーティクルを覆うようにメッシュが生成されます。

「Upres Factor」、「Particle Radius」の値を 1 にしてメッシュの厚みを薄くします。

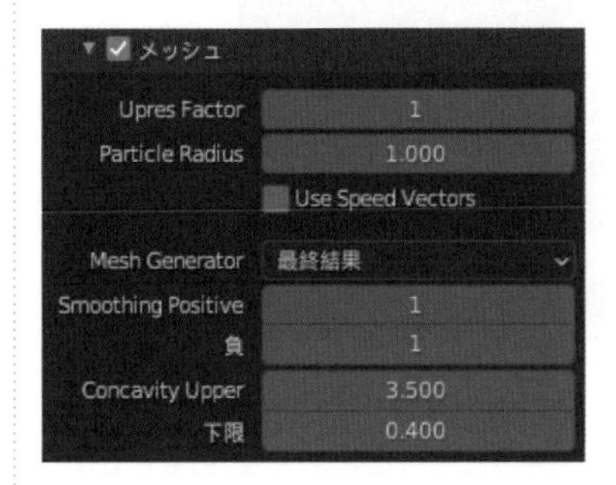

フローオブジェクト

0.4 ～ 0.5 m 程度の立方体にして液体の量を少なめにします。

パネルの設定はデフォルトです。

位置の調整

ドメインオブジェクトとフローオブジェクトを選択し、ホットケーキオブジェクトに対する位置を調整します。

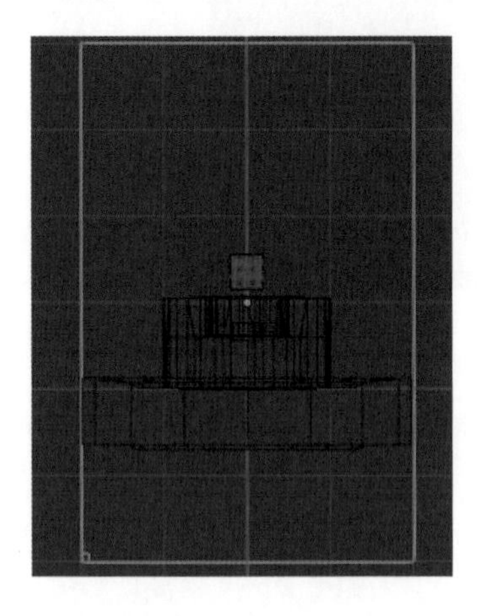

シミュレーションの実行

最初は32程度の低解像度、「メッシュ」パネルを無効、3Dビューのシェーディングを「ワイヤーフレーム」にしてパーティクルのみの表示で高速プレビューしながら液体の流れ方を調整していきます。

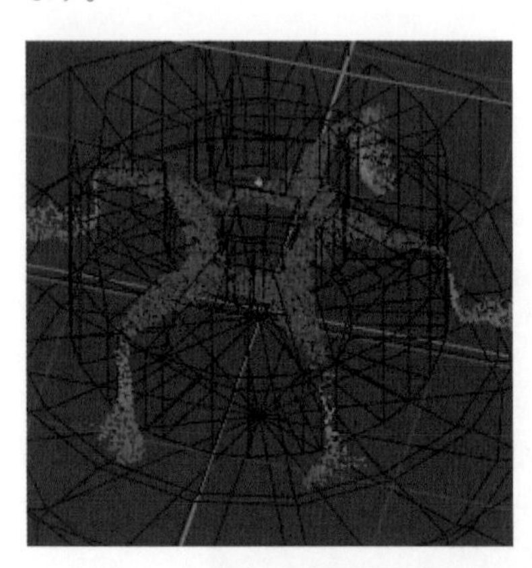

シミュレーションの長さはホットケーキから皿まで液体が流れ落ちる程度の位置までで十分です。

良好な結果を得られたら、そのフレーム位置でメッシュパネルを有効にして実際のホットケーキオブジェクトと共に表示して確認します。

結果の適用

.blendファイルとしてデータを保存していればシミュレーションで生成された形状をレンダリングに反映させることができますが、次の作業でリサイズするのでモディファイアースタックから「流体」モディファイアーを適用してメッシュとして実体化します。

シミュレーション結果を残しておきたい場合は、ドメインオブジェクトをShift + Dキーで複製して片方を実体化します。

実体化した蜂蜜オブジェクトはメッシュの編集が可能になるので、ホットケーキオブジェクトを表示して重なった部分などの形状を修正します。

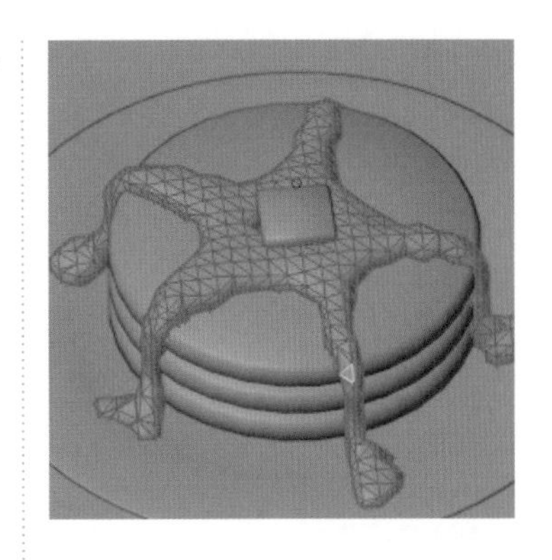

18.7 テーブル

平面を生成し、S→テンキーで5を入力して拡大します。

18.8 リサイズ

シミュレーションで液体を作成後は全体を現実的なサイズに縮小します。

最終レンダリングで描画するオブジェクトを全選択し、S→テンキーで0.1を入力して縮小します。

ホットケーキオブジェクトのXまたはY軸方向のサイズが概ね0.2 m程度になるようにします。

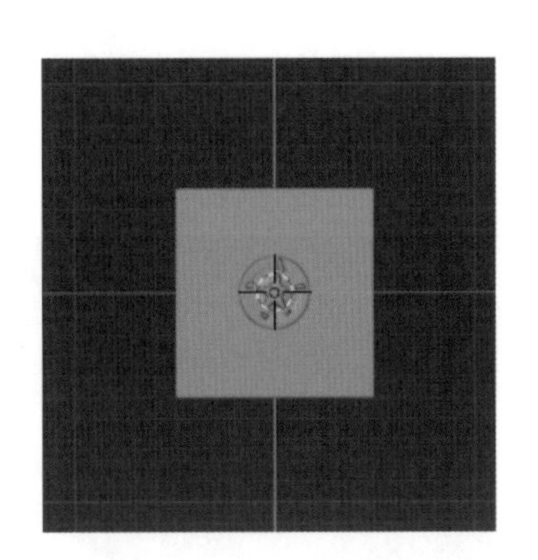

リサイズ後は Ctrl + A →適用「スケール」でサイズのみ適用します。

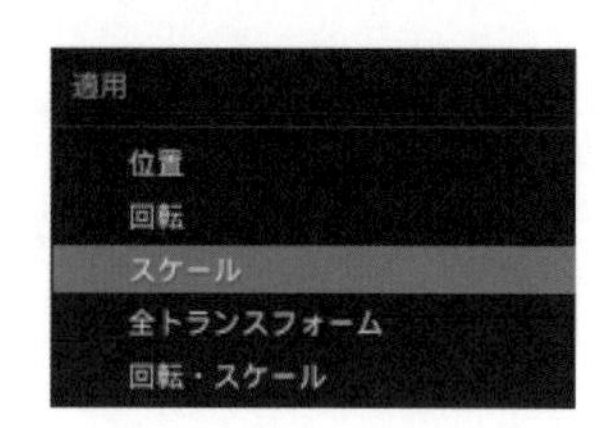

スケールが変化するとベベルモディファイアーの適用サイズも変わるため、「量」の数値を小さくします。

18.9 材質の設定〈マテリアル〉

「プロパティ」（Shift + F7）→「マテリアルプロパティ」→「新規」からマテリアルを付加します。

18.9.1 ホットケーキ

シェーダー

デフォルトのプリンシプル BSDF を使用し、「スペキュラー」を 0.4 くらいに下げて光沢を抑えます。

ベースカラーで「画像テクスチャ」を選択して 512px や 1024px などのサイズで新規画像を作成し、色はホットケーキのベースとなる淡い黄色にします。

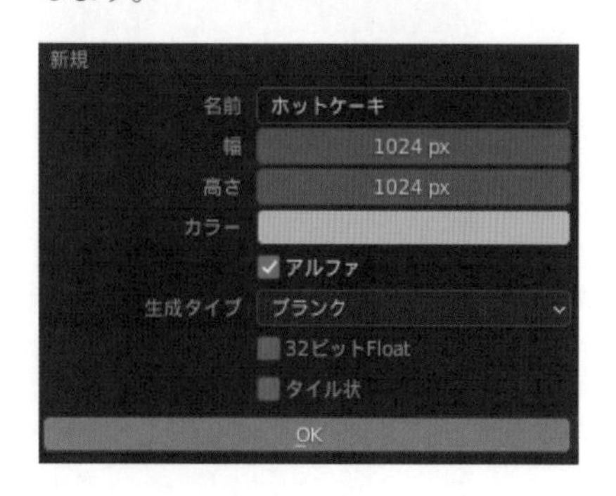

UV メッシュの修正

トップバーからレイアウト「UV Editing」を選択します。

UV エディターで現在の UV メッシュを確認すると、押し出した面のある上面と底面は正しい構造になっていないので修正します。

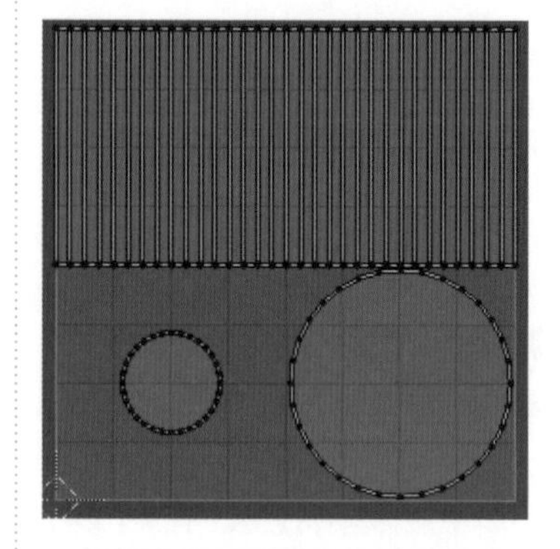

ホットケーキオブジェクトのモディファイアーを一旦非表示にして、辺選択モードにして上面の縁にある辺の 1 つを選択し、Alt キーを押しながら同じループ上にある辺を選択すると他のループ辺を全選択できます。

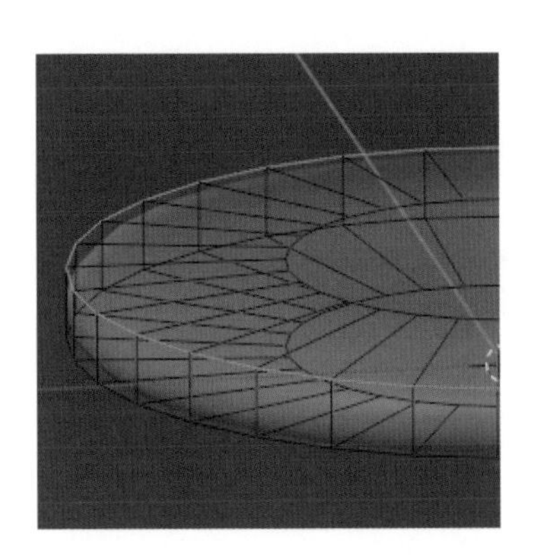

右クリック→「シームをマーク」で UV 展開時に切られる辺として設定します。

同じように底面のループ辺にもシームをマークします。

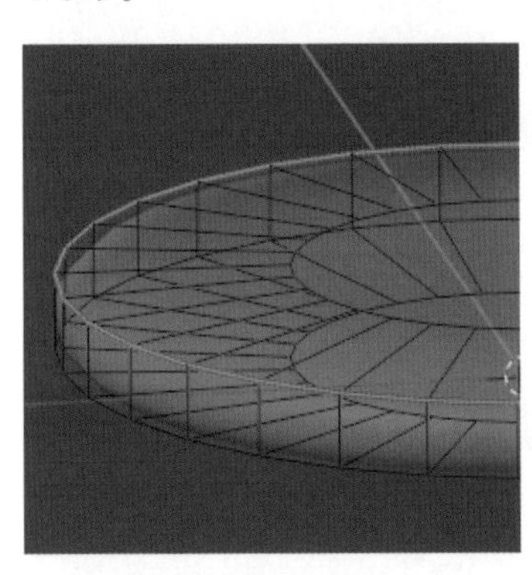

UV 展開の対象として、B キーの範囲選択などで上面を選択後、同じように底面を追加選択します。側面は再展開しないので選択しないようにします。

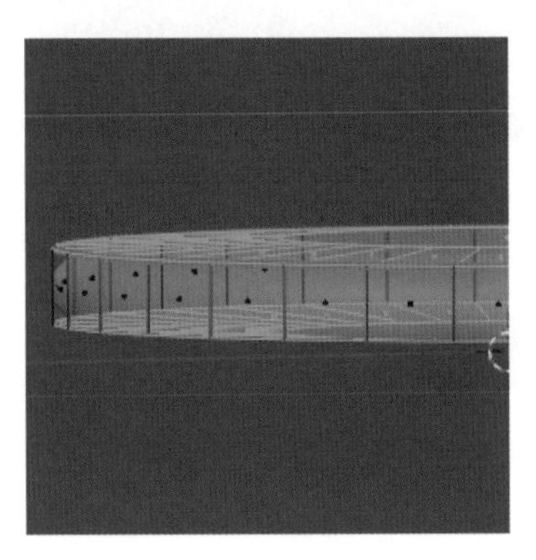

トップバー→「UV」→「展開」を実行します。

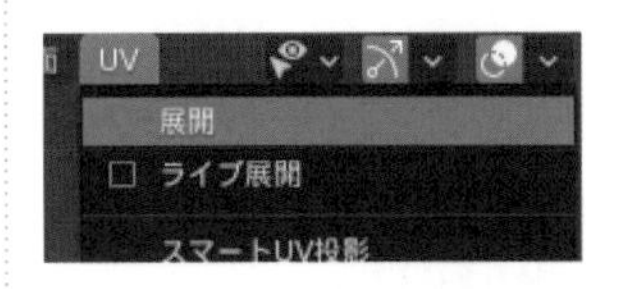

実行後にメッシュを全選択すると、修正された UV メッシュとその他のメッシュを UV エディターで確認できます。

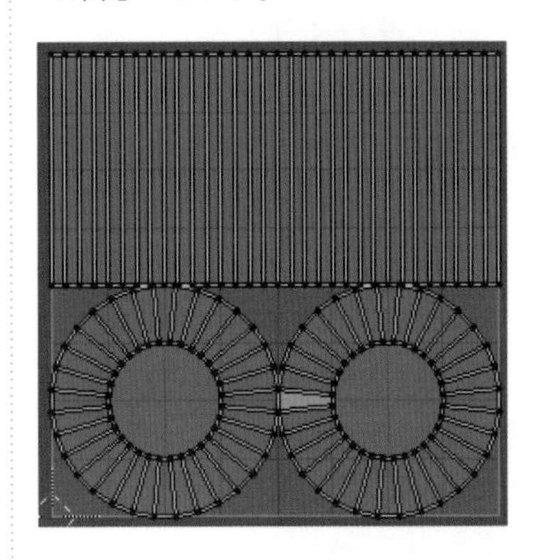

テクスチャ

トップバーからレイアウト「Texture Paint」を選択します。

焼き色に近い色を選択し、上面をドラッグしてペイントします。

画像エディターでペイント先の画像を表示しておくと画像上に色が塗られていくのが確認できます。

塗り終えたら、ヘッダー→「画像」→「保存」(Alt + S) で画像を外部保存します。

テクスチャ画像をそのまま使用して色味が足りない場合は、「追加」(Shift + A) →「カラー」→「RGBミックス」ノードを間に挟んで画像と任意の色を混合します。

ディスプレイスメント

トップバーからレイアウト「Shading」を選択します。

Texture Paint Shading Animation

ヘッダー→「追加」(Shift + A) から「テクスチャ」→「マスグレイブテクスチャ」ノード、「ベクトル」→「ディスプレイスメント」ノードを追加し、「高さ」ソケットで接続します。

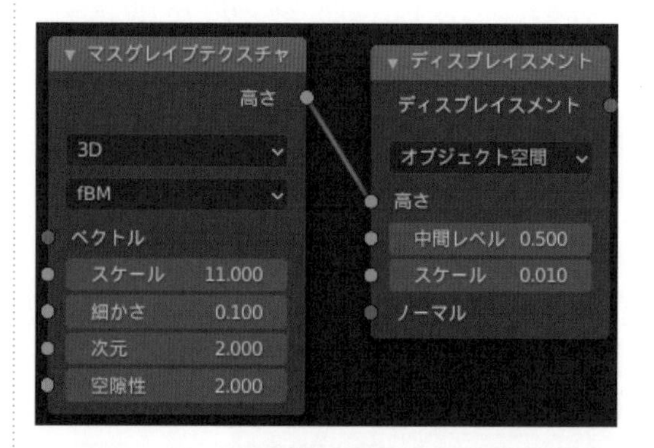

最後に「ディスプレイスメント」ノードから「マテリアル出力」ノードの「ディスプレイスメント」ソケットに接続します。

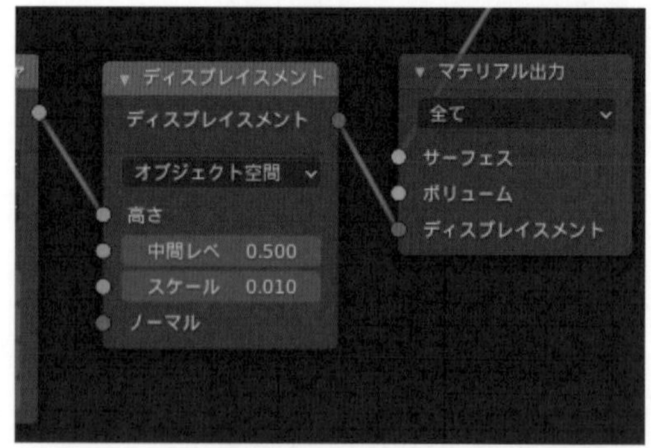

3Dビュー上のシェーディングを「マテリアルプレビュー」や「レンダー」にして確認します。

ホットケーキ側面に立体的な筋ができます。

マスグレイブテクスチャノードの「スケール」などの値で凹凸の形状を調整し、ディスプレイスメントノードの「スケール」の値で深さを調整します。

18.9.2 バター

薄い黄色を設定します。他の設定はデフォルトです。

配列モディファイアーで終端として設定しているオブジェクトであるバターとホットケーキには両方のマテリアルを付加し、マテリアルスロットも同じ並び順にします。

バターオブジェクトは編集モードにしてメッシュを全選択し、マテリアルスロットでバターマテリアルを選択し「Assign」ボタンで付加します。

18.9.3 皿

「スペキュラー」を0.7程度にして光沢を強めます。他の設定はデフォルトです。

18.9.4 テーブル

■ シェーダー

デフォルトの「プリンシプルBSDF」を使用します。

■ テクスチャ

ノード編集で木目テクスチャを作成します。

トップバーからレイアウト「Shading」を選択します。

デフォルトで付加されているノードの他、次のカテゴリー内にあるノードを使用します。

- 「入力」→「ジオメトリ」ノード
- 「ベクトル」→「マッピング」ノード
- 「テクスチャ」→「マスグレイブテクスチャ」ノード
- 「カラー」→「RGBミックス」ノード

次のように接続し、「RGBミックス」ノードと「プリンシプルBSDF」ノードの「カラー」ソケットを接続します。

「マッピング」ノードの「スケール」でマスグレイブテクスチャの模様を細く縮め、「RGB ミックス」ノードに木目として使用する茶色と焦げ茶色を設定します。

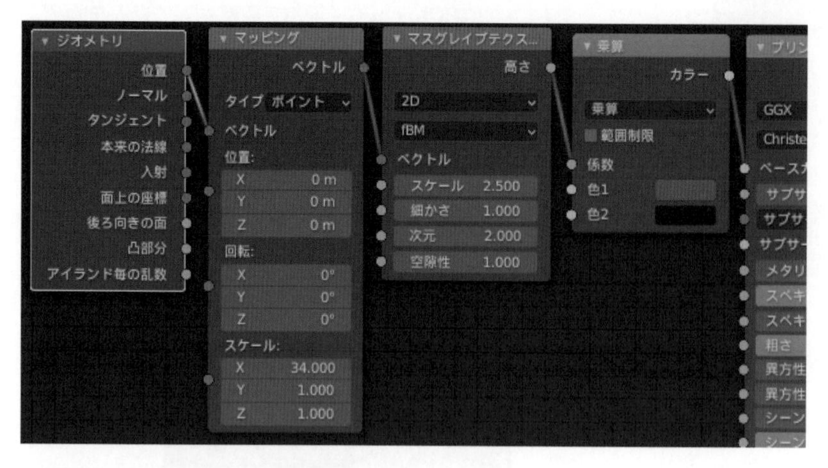

木目のテーブルらしくなります。

18.9.5 蜂蜜

シェーダー

クイック液体で生成されたドメインオブジェクトには水のマテリアルが自動で付加されますが、使用する Cycles レンダーの性質上、デフォルトのグラスシェーダーは別のオブジェクトに暗い影を落とすため、カスタマイズします。

トップバーからレイアウト「Shading」を選択します。

デフォルトで付加されているノードの他、次のカテゴリー内にあるノードを使用します。

- 「入力」→「ライトパス」ノード
- 「シェーダー」→「シェーダーミックス」ノード
- 「コンバーター」→「範囲制限」ノード
- 「シェーダー」→「半透明 BSDF」ノード

次のように接続します。
「シェーダーミックス」ノードで混合する「グラスBSDF」、「半透明BSDF」には同じ蜂蜜の色を設定します。

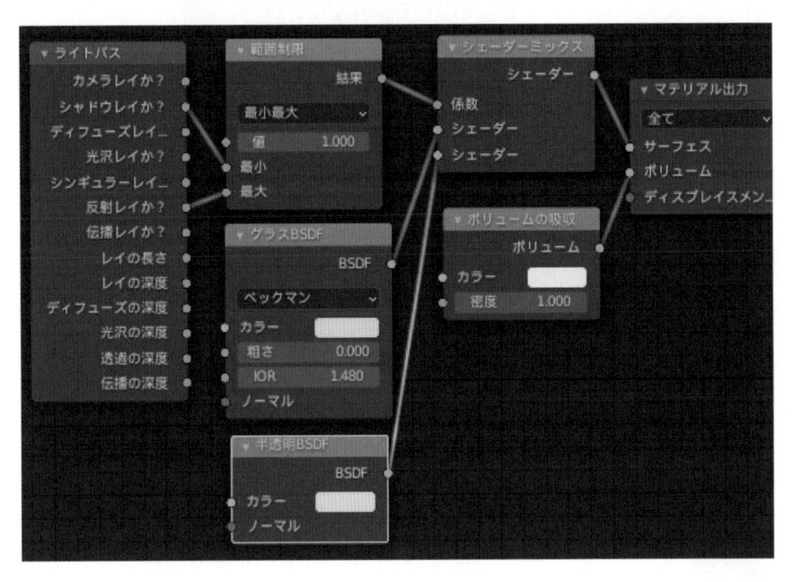

これによって、蜂蜜がホットケーキとの接触面に暗い影が出なくなります。

18.10 シーン設定

18.10.1　背景の設定〈ワールド〉

「プロパティ」（Shift + F7）→「ワールドプロパティ」→「サーフェス」パネルで設定を行います。

画像を使用する〈環境テクスチャ〉

「背景」シェーダーが設定されているので、「カラー」で「環境テクスチャ」を選択し、「開く」から画像を読み込みます。

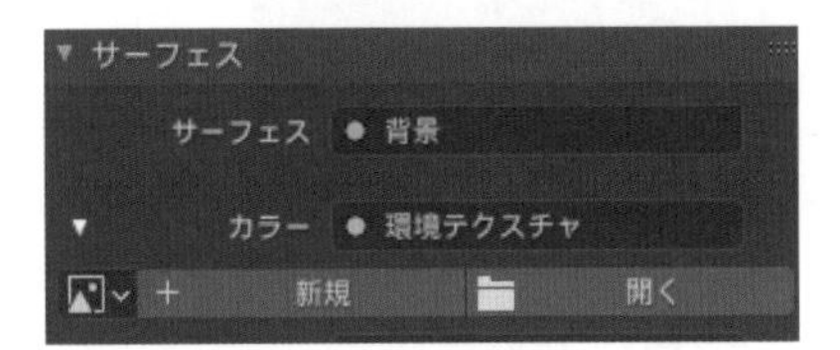

「Blender フォルダー \2.90\datafiles\studiolights\world」内にあるシリンダーマップ画像「interior.exr」をワールド背景として使用します。

その他の設定はデフォルト状態です。

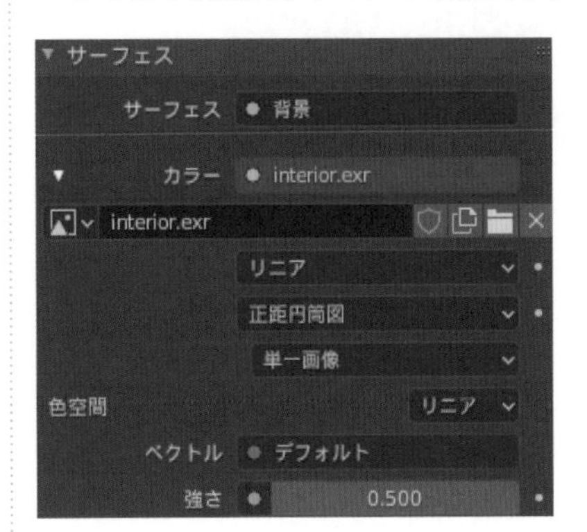

18.10.2 視点と光源の設定〈カメラ、ライト〉

「プロパティ」(Shift + F7) →「オブジェクトデータプロパティ」で各オブジェクトの詳細設定や、ビュー上でカメラやライトの位置設定を行います。

カメラ

デフォルトでシーンにあるカメラを使用します。

被写界深度パネル

遠くをぼかす効果を掛けます。

パネルを有効にして、「Focus on Object」でスポイトアイコンをクリックし、3D ビュー上に表示したホットケーキオブジェクトをクリックすると自動で焦点位置のオブジェクトとして設定されます。

ライト

デフォルトでシーンにあるライトを選択して設定を行います。

「パワー」を 50 程度にします。

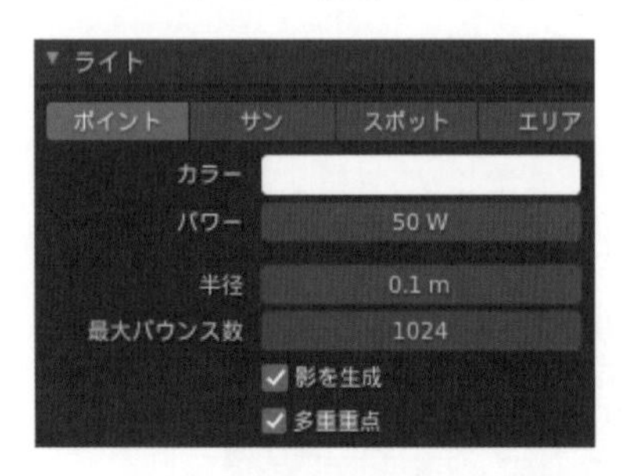

屋内にある照明を想定し、現実的な高さになるように配置します。

以下では Z 軸上の位置は約 2 m です。

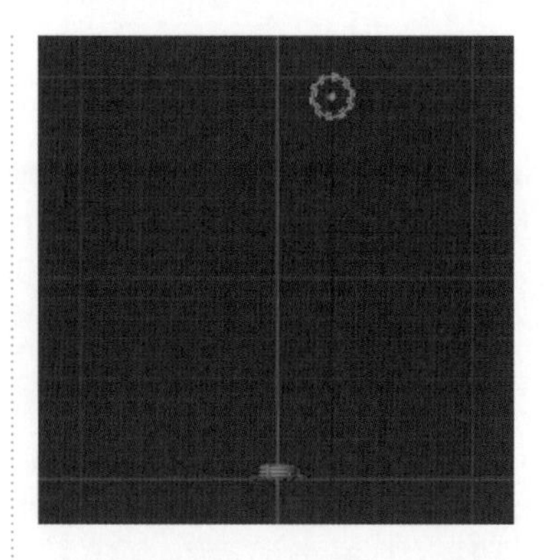

18.10.3 レンダー設定

「プロパティ」(Shift + F7) →「レンダープロパティ」で設定を行います。

レンダリングエンジンの選択

透明で屈折する物体をうまく描画するために Cycles レンダーを使用します。

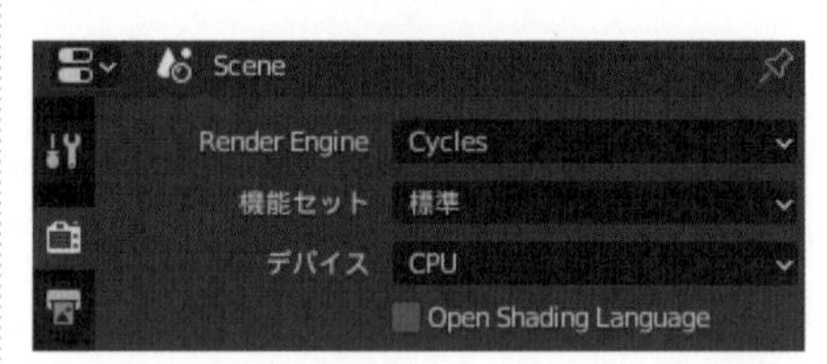

サンプリングパネル

デノイズが有効であればサンプル数が低くても良好な結果を得られます。その反面、細かな凹凸は消えやすいので気になる場合はデノイズを無効にしてサンプル数を上げます。

カラーマネジメントパネル

「ビュー変換」はテクスチャの出力などで設定を「標準」に変更していた場合、デフォルトの「Filmic」に戻します。

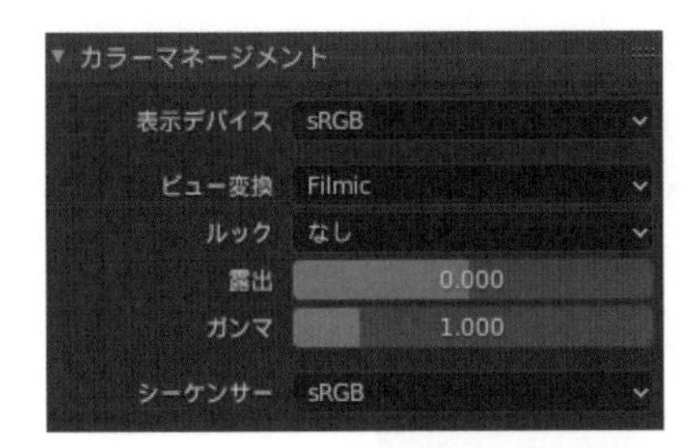

18.10.4　出力の設定

「プロパティ」（Shift + F7）→「出力プロパティ」で設定を行います。

■ 寸法パネル

レンダリングサイズを指定します。ここではパネル名右のメニューから選択できるプリセットの「TV NTSC 16:9」（720 × 480px）を指定しています。

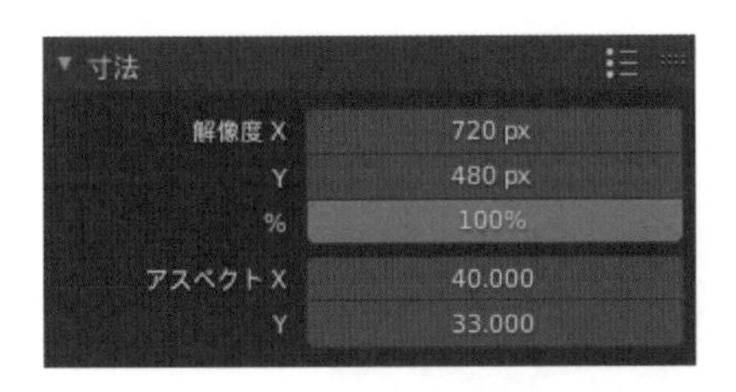

■ 位置設定

テンキーの 7 で上から見た状態です。

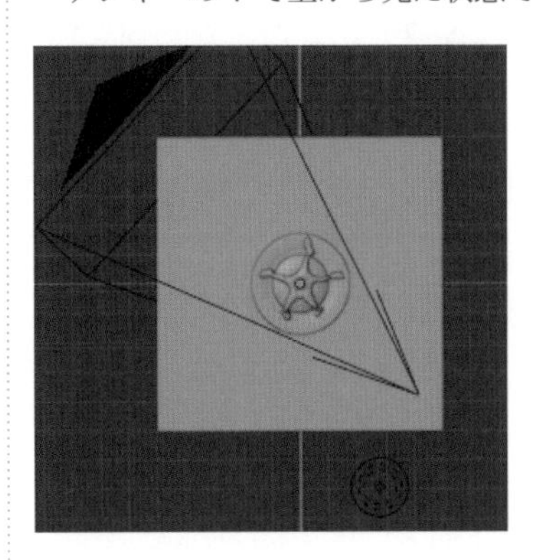

カメラからの視点です。

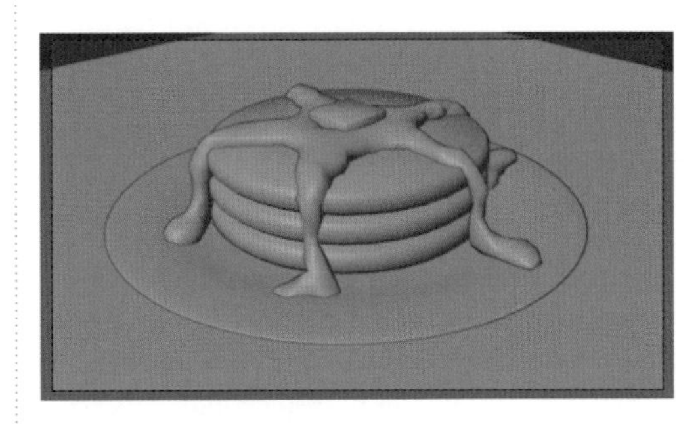

18.11 出力と加工

18.11.1　レンダリング

トップバー→「レンダー」→「Render Image」（F12）でレンダリングします。

18.11.2　画像の調整〈コンポジット〉

トップバーからレイアウト「Compositing」を選択します。

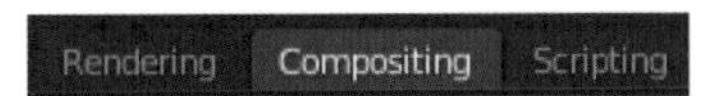

ヘッダー→「ノードを使用」を有効にします。

画像のコントラストを高くします。

「追加」(Shift + A) →「カラー」→「RGB カーブ」ノードを追加し、「レンダーレイヤー」ノードと「コンポジット」ノードの間にドラッグ&ドロップして接続します。

カーブをクリックしてポイントを作り、少し下にドラッグします。

18.12 完成

Cycles レンダーによって透過と屈折を持つ物体をレンダリングできます。

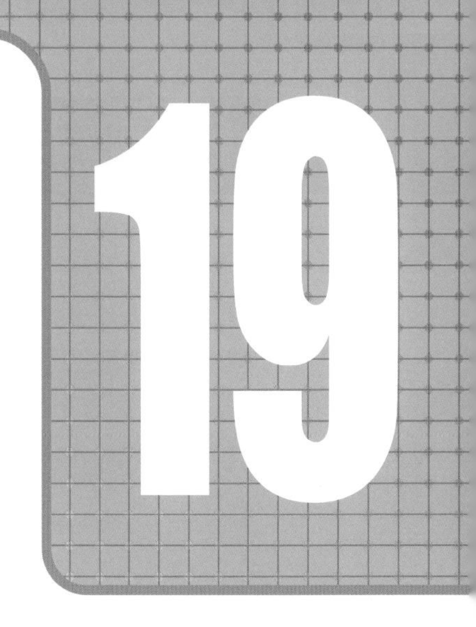

第19章

最終章 街並みのシーン

　これまでに作成したモデルを配置して１つのシーンを作成します。呼び出したモデルの頂点編集は不要ですが、表示するデータ量としては多いため、メモリ使用量に注意する必要があります。

19.1 外部データを読み込む〈リンク〉

使用するモデルによってデータの呼び出し方法を変え、効率よく操作できるようにします。
呼び出したモデルは 3D カーソルの位置に配置されるため、事前に Shift + C キーで位置を軸原点にリセットしておきます。

19.1.1 リンク

リンク呼び出しすると呼び出し元のデータのクローンのような状態になり、同じモデルを増やすことなく使用できます。

トップバー→「ファイル」→「Link」でファイルブラウザーを開きます。

作成済みの .blend ファイルをダブルクリックするとデータフォルダーが表示され、内部にはファイル内で作成したデータが格納されています。

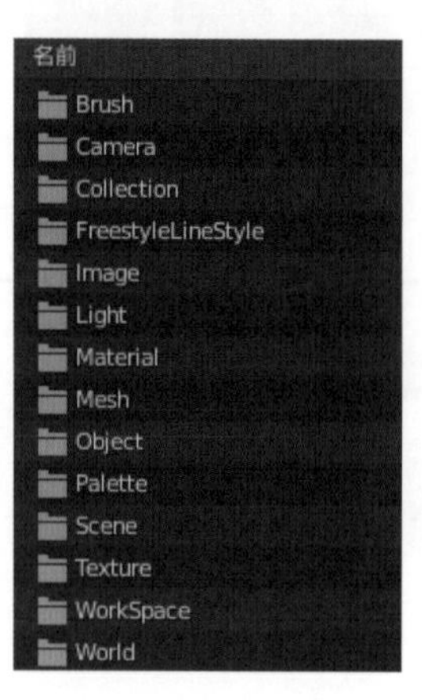

19.1.2 ビル 1、2、街灯

1 つのオブジェクトでできているモデルなので、オブジェクトを直接呼び出します。

「Object」フォルダーをダブルクリックし、呼び出したいオブジェクト名を選択します。

画面右のオプションによってリンクオブジェクトの挙動が変化します。
オブジェクトを入れるためのコレクションをアウトライナーで新たに作成するので「アクティブコレクション」を無効にします。
後でリンクオブジェクトにモディファイアーなどを付加できるように「コレクションのインスタンス」を無効にします。

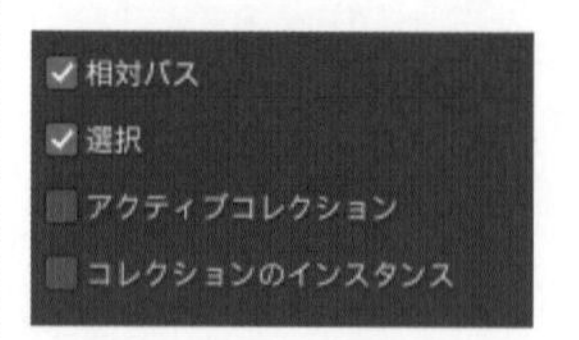

オブジェクト名やオプションを確認後、「リンク」ボタンで決定します。

19.1.3 建物 1、2、植え込み、木

複数のオブジェクトからできているモデルなので、それらを内包しているコレクションを呼び出します。

ファイルブラウザーで呼び出し元ファイルのデータを表示後、「Collection」フォルダー内からコレクション名を選択します。

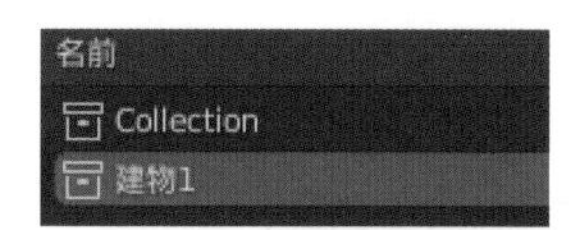

画面右のオプションで「コレクションのインスタンス」を有効にしておくとエンプティオブジェクトに適用されたインスタンス複製になります。

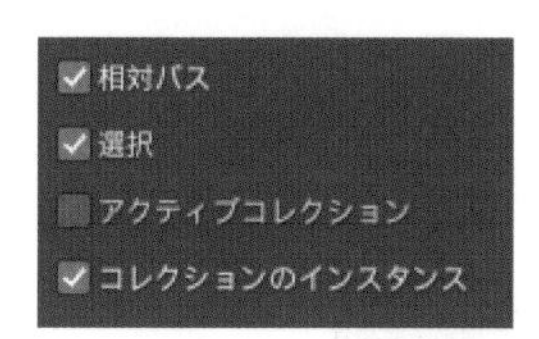

呼び出されたコレクションは、同名のシーンコレクション内のリンクコレクションになります。エンプティは自由なトランスフォーム操作が可能です。

19.1.4 リンクの上書き〈ライブラリオーバーライド〉

リンクオブジェクトはデフォルトの状態ではほとんどの操作が不可能なので、データを上書きできるように変換します。

ビル 1、2、街灯にライブラリオーバーライドの設定を行います。

アウトライナーのリンクオブジェクト上で右クリック→「ID Data」→「ライブラリオーバーライドを追加」を実行します。

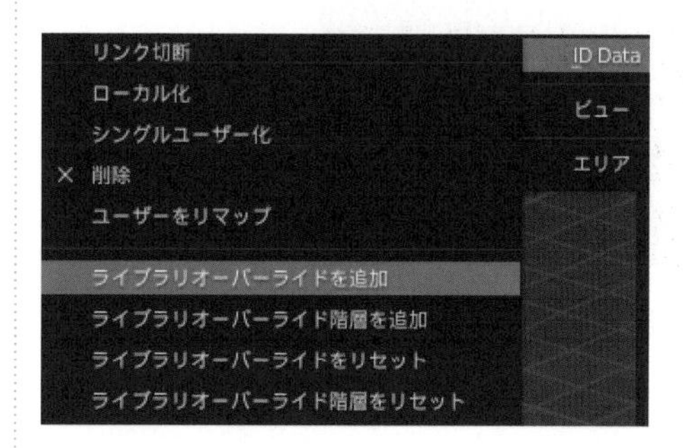

オブジェクト名横のリンクのアイコンが変化し、トランスフォーム操作やモディファイアー、コンストレイントの付加が可能になります。

19.2 景観作成

建物の周囲には歩道があり、その外側に道路がある状態を想定し都市の景観を作成します。

19.2.1 モデルの配置

各モデルを呼び出した後、グリッドを参考にしながら配置していきます。

街路樹

最初に植え込みの中央に木を配置し、街路樹として使用します。

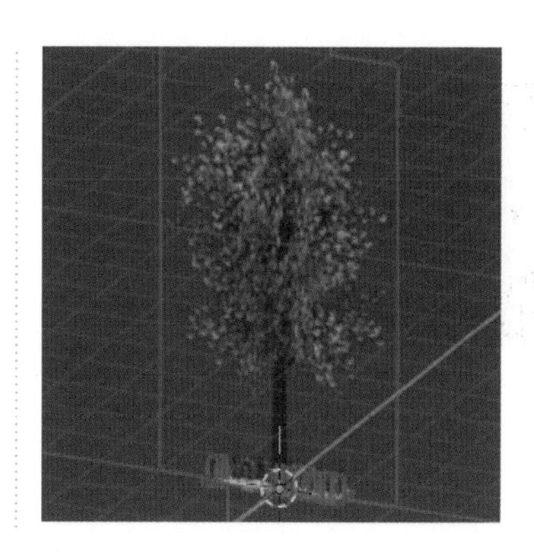

インスタンスをまとめる

2つで1つのモデルとして扱えるようにすると後の複製時に便利です。

新規コレクションを作成し、木と植え込みのリンクコレクションをドラッグでその中に移動させます。

エンプティオブジェクトを生成し、「プロパティ」(Shift + F7)→「オブジェクトプロパティ」→「インスタンス化」パネル→「コレクション」を選択し、「コレクション」に植え込みと木を格納したコレクション名を入力するとエンプティにインスタンスが付加されます。

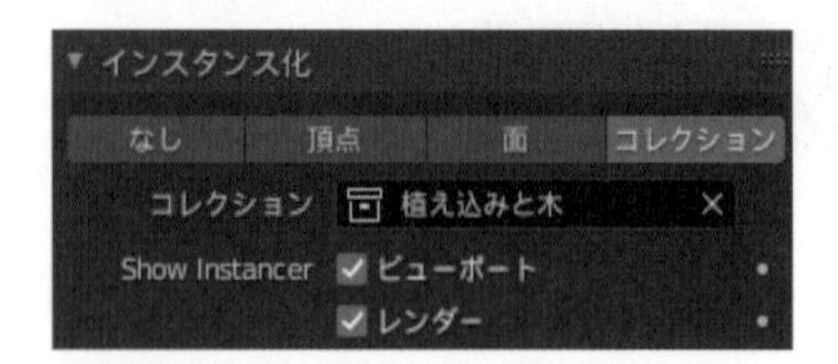

面複製

エンプティを複製するとコレクションのインスタンスも複製できますが、配列モディファイアーを付加して手軽に複製することはできないため、エンプティをメッシュオブジェクトの子にして面複製します。

任意のメッシュオブジェクトとして平面オブジェクトを生成し、エンプティ→平面の順に追加選択し、Ctrl + P キーで親子化します。

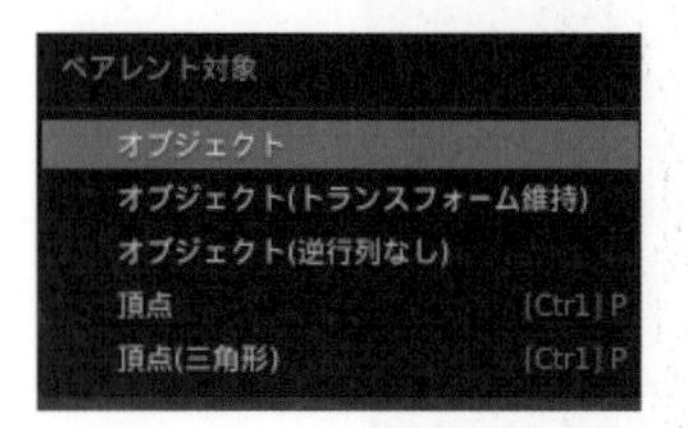

平面を選択し、「プロパティ」(Shift + F7)→「オブジェクトプロパティ」→「インスタンス化」パネル→「面」を選択します。「レンダー」を無効にして、レンダリング時に親オブジェクトが表示されないようにします。

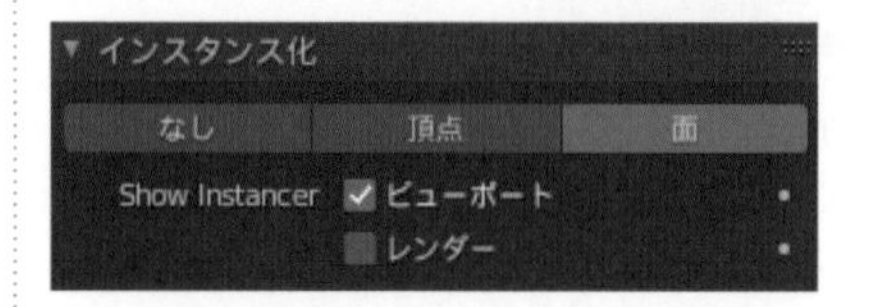

平面に配列モディファイアーを付加し、「数」に4、「オフセット」(倍率)→係数「X」に −5を入力します。

マイナスX軸方向に4つの街路樹が間隔を空けて並びます。

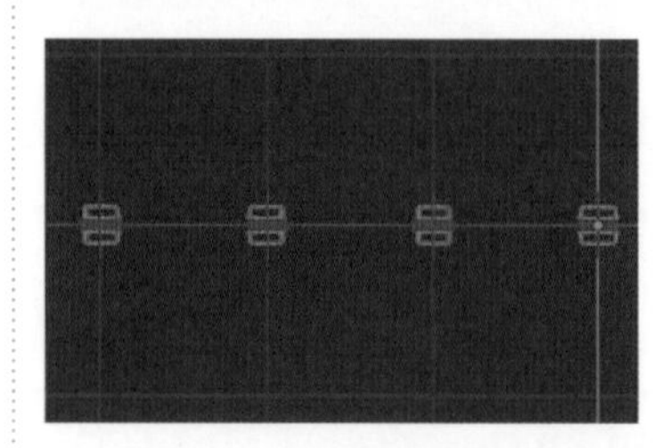

さらに配列モディファイアーを付加し、「数」に3、「オフセット」(倍率)→係数「X」に −1.6を入力します。

街路樹グループがマイナスX軸方向に3つ離れて並びます。

街灯

最初に街路樹の1番目と2番目の間に配置します。

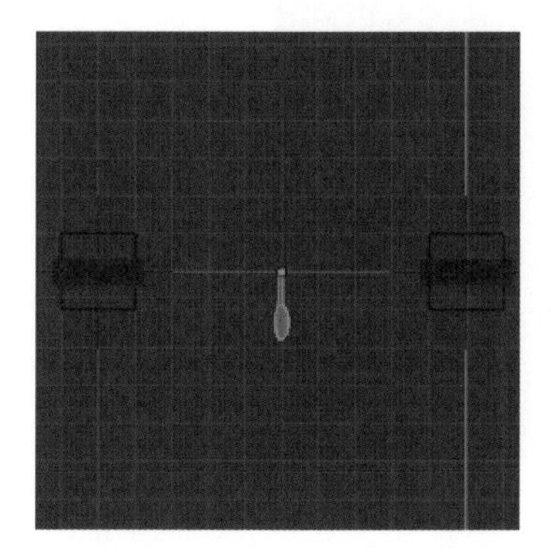

配列モディファイアーを付加し、「数」に3、「オフセット（倍率）」→係数「Y」に1、「一定のオフセット」→距離「Y」に–10.3を入力します。

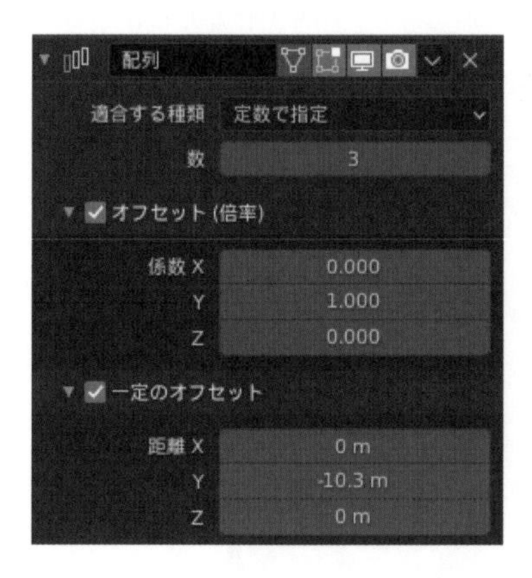

街路樹の間に街灯が複製されます。

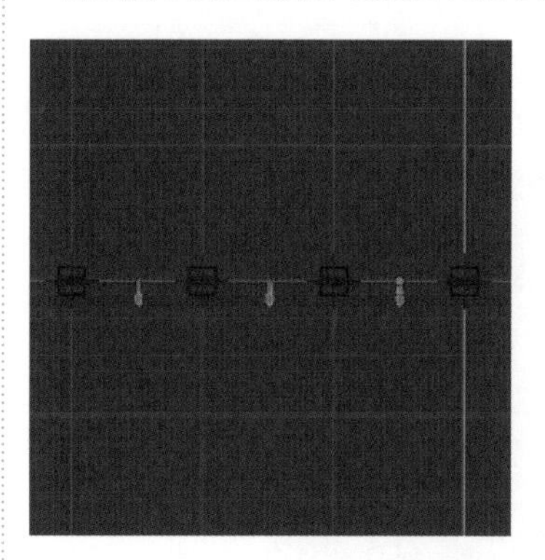

さらに配列モディファイアーを付加し、「数」に3、「オフセット（倍率）」→係数「Y」に–1、「一定のオフセット」→距離「Y」に–30.79を入力します。

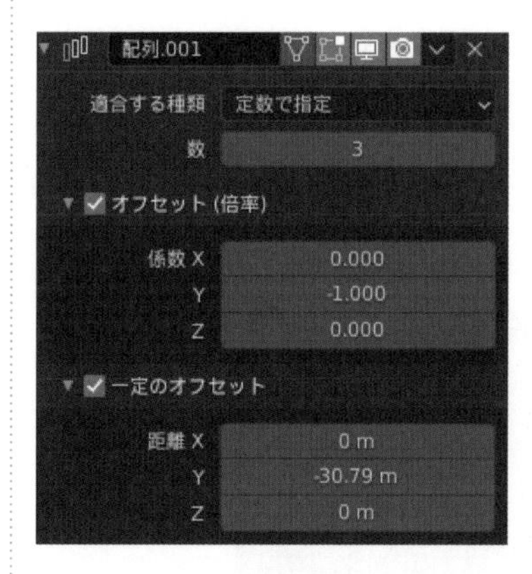

複製された街路樹グループの間に街灯グループが複製されます。

建物 1、2

それぞれを配置後 Shift + D キーで複製し、道路を挟んで向かい合うようにします。

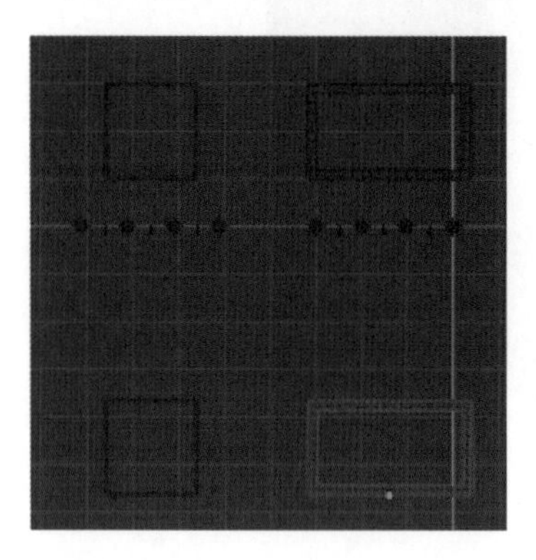

ビル 1

そのまま配置してもよいですが、幅を持たせるために配列モディファイアーで複製し横並びにして、係数「X」の値をマイナスにして重なるようにします。

「マージ」を有効にして、重複頂点を束ねます。

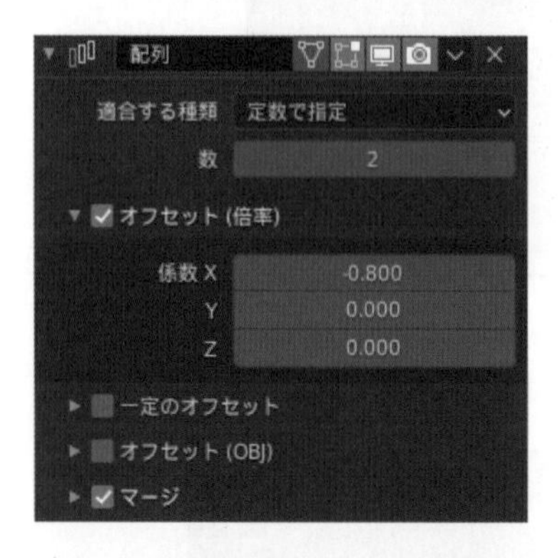

2 つの形状が一体化したようなビルになります。

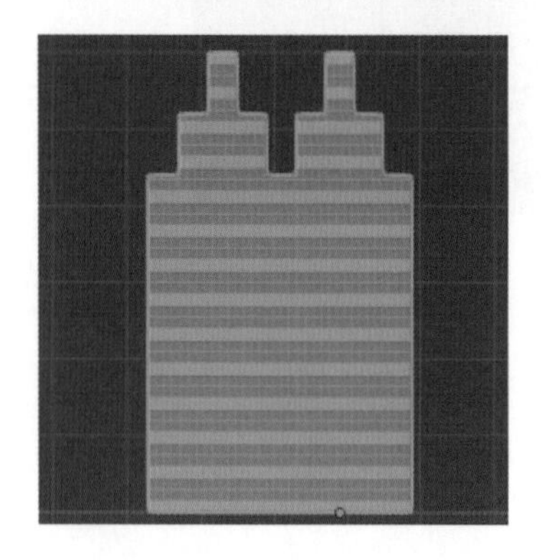

さらに配列モディファイアーを付加し、「数」に 2、「オフセット（倍率）」→

係数「Y」に –3.4 を入力します。

建物 1、2 と同様に、道路を挟んで向かい合うようにします。

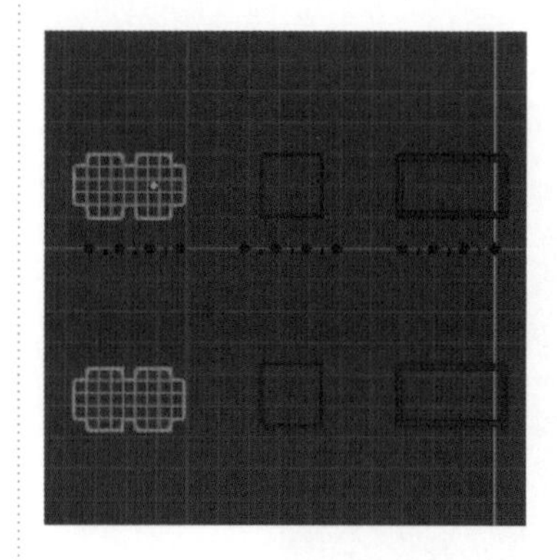

ビル 2

配列モディファイアーを付加し、「数」に 2、「オフセット（倍率）」→係数「X」に –1、「一定のオフセット」→距離「X」に –8.99 を入力します。

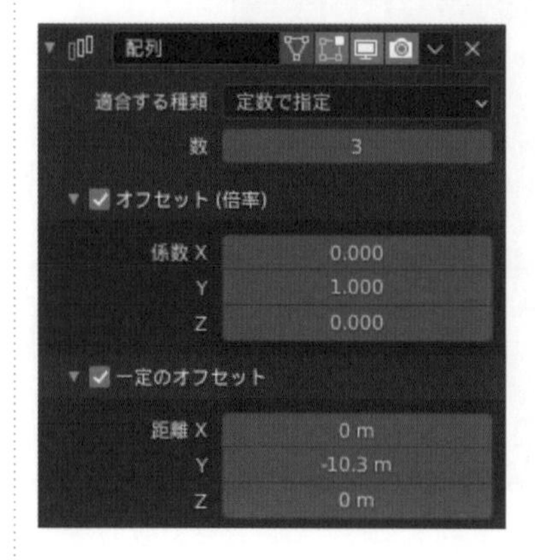

ビル1の背後に配置します。

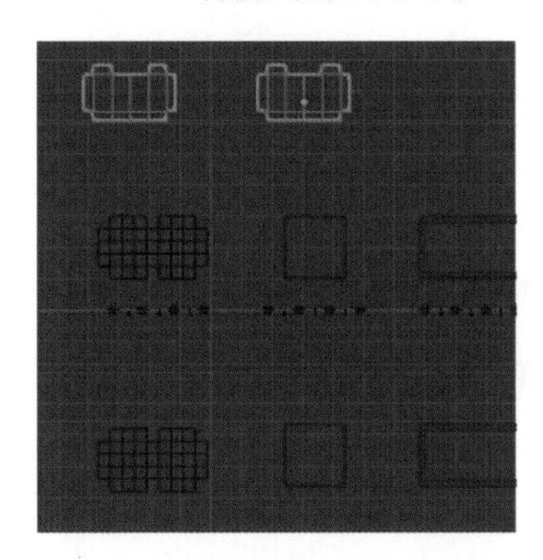

モデルをShift + Dキーで複製し、別の配列モディファイアーを付加し、「数」に2、「オフセット（倍率）」→係数「X」に–1を入力します。

道路の突き当たりになる場所に配置します。

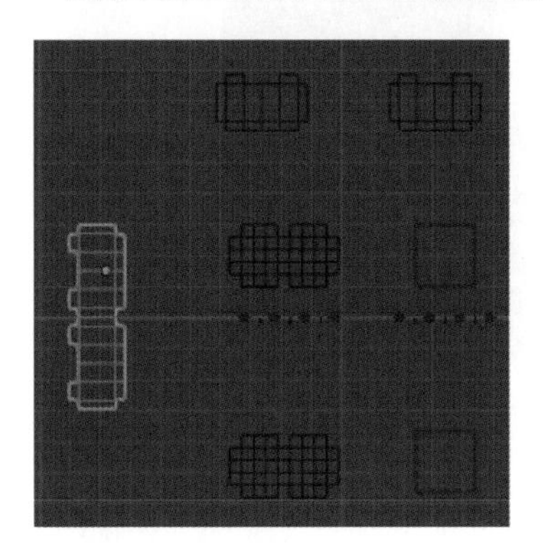

配置の完成

リンクしたモデルの配置は以下のようになります。この視点でのグリッドの1マスは10 mです。

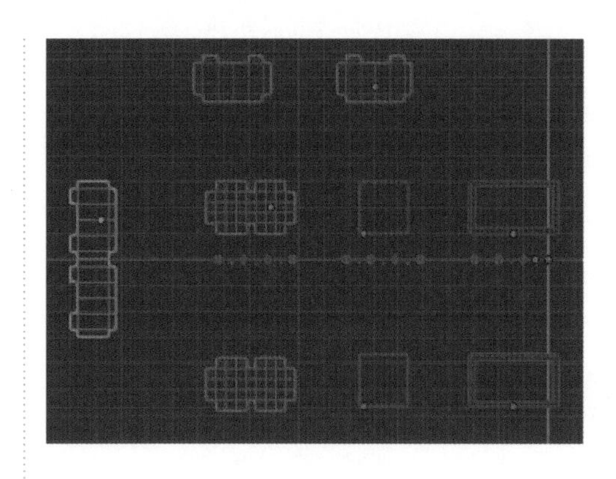

19.2.2 道路

建物を置く地面となる道路には通常段差やラインがありますが、ここでは単純な平面を色分けしたオブジェクトとして作成します。

基本形〈メッシュ編集〉

平面を生成し、寸法がX：200、Y：100 m程度になるように拡大して建物群の配置をカバーできる位置に移動させます。

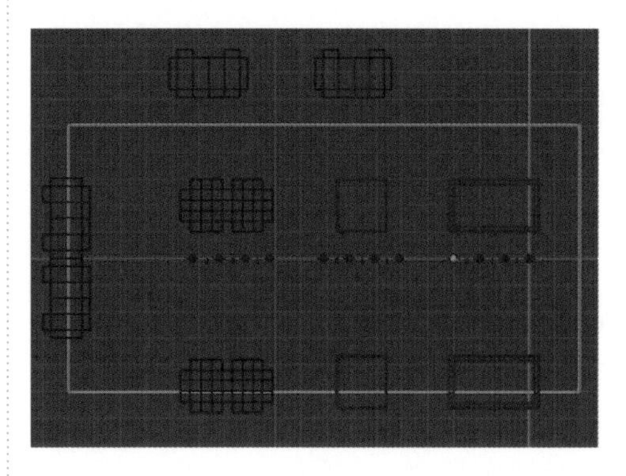

Ctrl + Rキーでループカットし、縦と横方向に辺を入れて道路と建物周辺を隔てる位置に辺を移動させます。

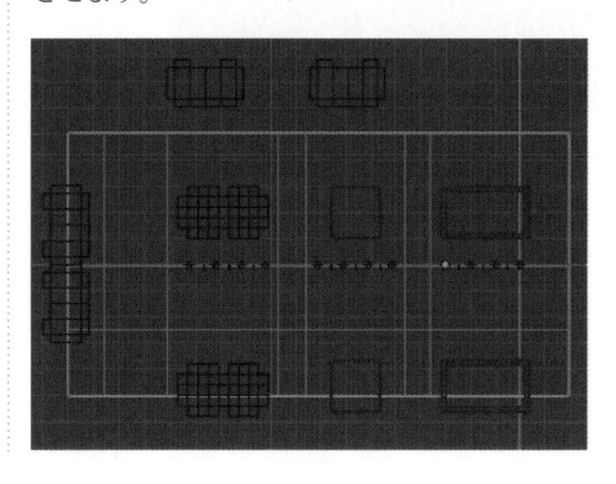

■ 材質の設定〈マテリアル〉

色の異なる２種類のマテリアルを作成し、部分ごとに付加します。

道路

デフォルトのプリンシプル BSDF を使用し、ベースカラーに少し濃い灰色を設定します。

歩道

道路よりも明るい灰色を設定します。

ベースカラー

面に適用する

最初に付加したマテリアルが全面に付加されているので、２番目のマテリアルを付加したい面を編集モードで選択し、マテリアル設定の「Assign」ボタンで付加します。

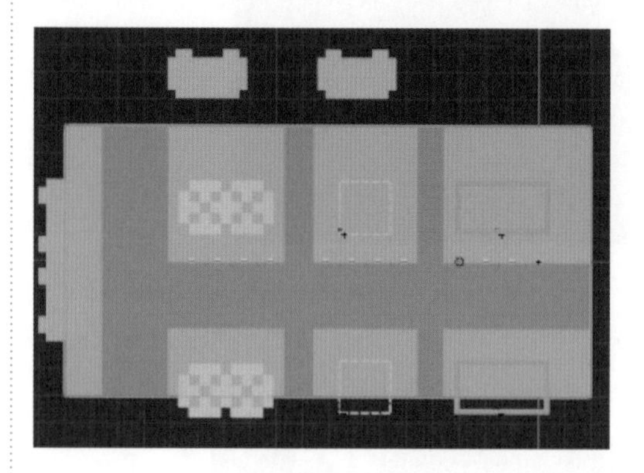

19.3 シーン設定

19.3.1 背景の設定〈ワールド〉

「プロパティ」（Shift + F7）→「ワールドプロパティ」→「サーフェス」パネルで設定を行います。

■ 画像を使用する〈環境テクスチャ〉

「背景」シェーダーが設定されているので、「カラー」で「環境テクスチャ」を選択し、「開く」から画像を読み込みます。

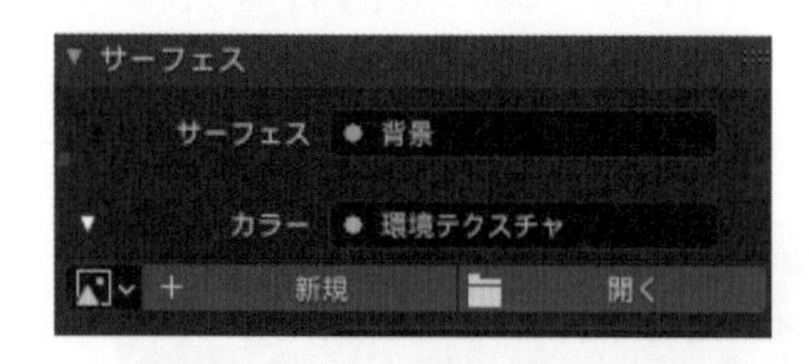

「Blender フォルダー \2.90\datafiles\studiolights\world」内にあるシリンダーマップ画像「sunrise.exr」をワールド背景として使用します。

■ テクスチャの設定

トップバーからレイアウト「Shading」を選択します。

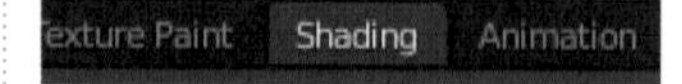

「追加」（Shift + A）→「ベクトル」→「マッピング」ノードを付加し、「画像テクスチャ」ノードと「ベクトル」ソケット同士を接続します。

さらに「入力」→「テクスチャ座標」ノードを付加し、「生成」ソケットを「マッピング」ノードの「ベクトル」に接続します。

「マッピング」ノードの各数値を変えると、テクスチャ画像の出方を調整できます。

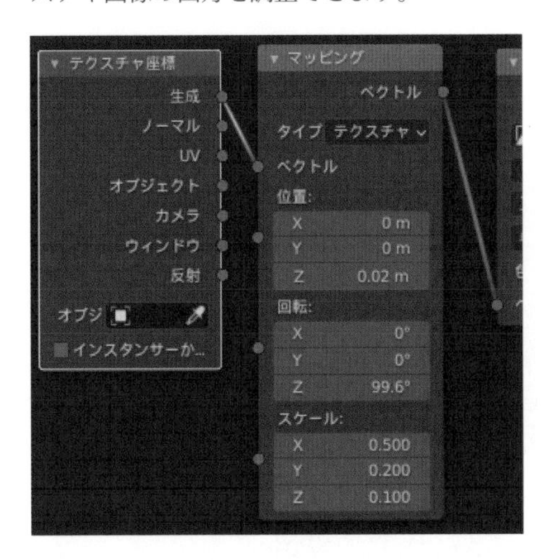

19.3.2　視点と光源の設定〈カメラ、ライト〉

「プロパティ」(Shift + F7) →「オブジェクトデータプロパティ」で各オブジェクトの詳細設定や、ビュー上でカメラやライトの位置設定を行います。

■ カメラ

デフォルトでシーンにあるカメラを使用します。

レンダリング範囲が広いので、「レンズ」パネル→「範囲の開始 / 終了」の範囲を 1000 m 程度まで広げて全てのオブジェクトが視界に入るようにします。

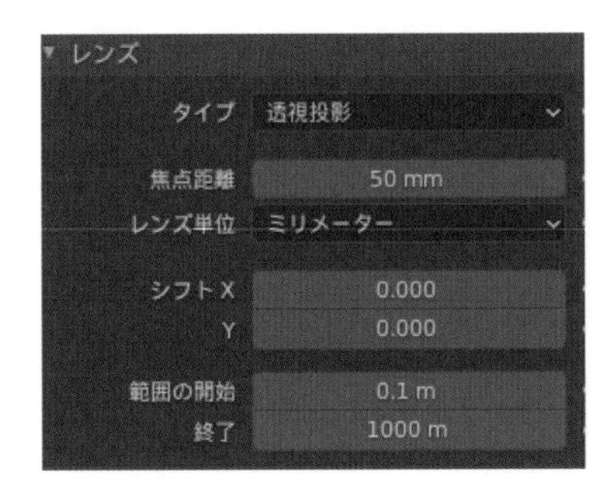

■ ライト

デフォルトでシーンにあるライトを選択して設定を行います。

屋外のシーンなので、タイプは「サン」を選択し、「強さ」を 20 程度にします。

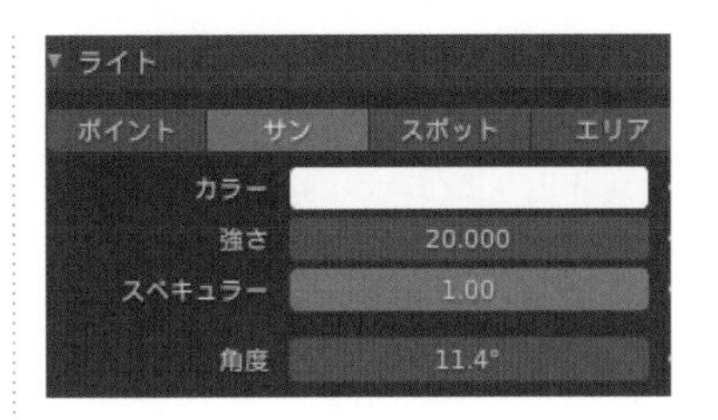

回転させて地面となる軸原点に対する角度を変えて光の当たる方向を調整します。3D ビューポートのシェーディングを「レンダー」にすると影の出方を確認しながら調整できます。

■ 位置設定

テンキーの 7 で上から見た状態です。

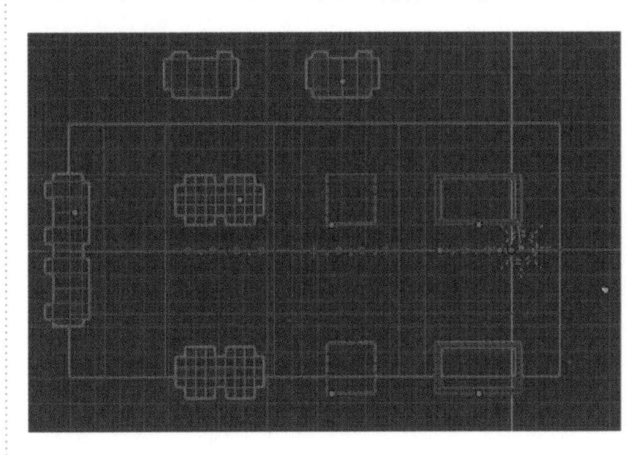

カメラからの視点で、マテリアルプレビューモードの状態です。

19.3.3 レンダー設定

「プロパティ」(Shift + F7) →「レンダープロパティ」で設定を行います。

レンダリングエンジンの選択

Cycles レンダー使用時にデノイズ機能を有効にすると低サンプル数でもノイズが消えますが、ビル窓の細い格子などが潰れて見えなくなりやすいので Eevee を最終レンダーに使用します。

スクリーンスペース反射パネル

パネルを有効にしてレンダリングに反射を反映させます。

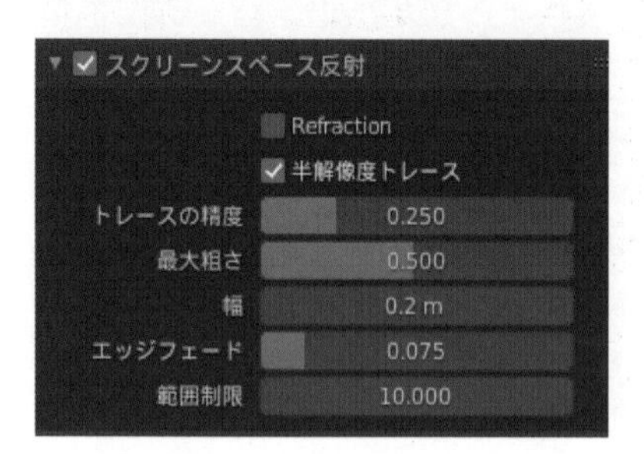

カラーマネジメントパネル

「ビュー変換」はテクスチャの出力などで設定を「標準」に変更していた場合、デフォルトの「Filmic」に戻します。

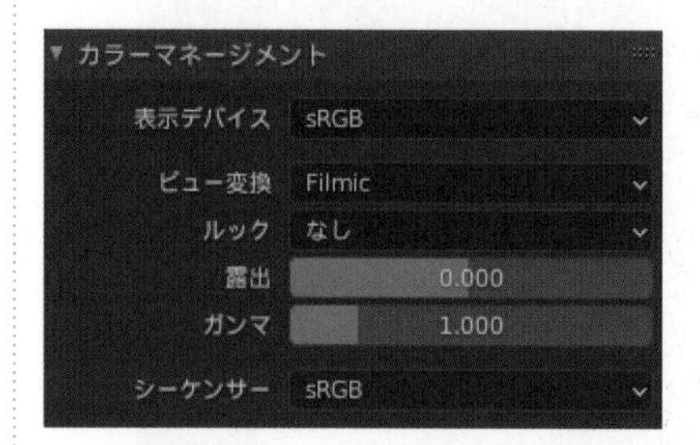

19.3.4 出力の設定

「プロパティ」(Shift + F7) →「出力プロパティ」で設定を行います。

寸法パネル

レンダリングサイズを指定します。ここでは 640 × 480px を指定しています。

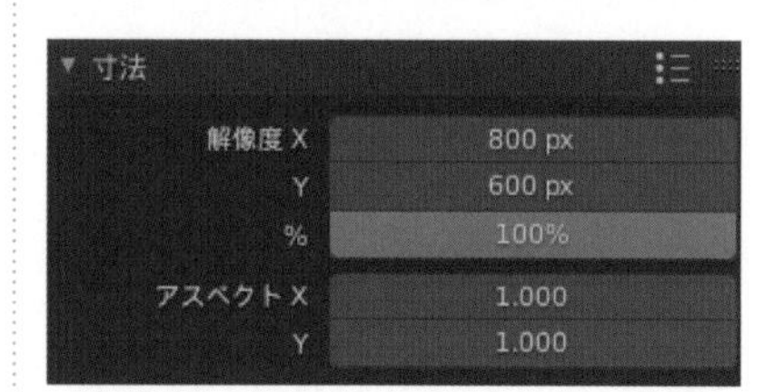

19.4 出力と加工

19.4.1 レンダリング

トップバー→「レンダー」→「Render Image」(F12) でレンダリングします。

19.4.2 画像の調整〈コンポジット〉

トップバーからレイアウト「Compositing」を選択します。

コンポジターのヘッダー→「ノードを使用」を有効にします。

明るい部分に少しグロー効果を掛けます。

「追加」（Shift + A）→「フィルター」→「グレア」ノードを追加し、「レンダーレイヤー」ノードと「コンポジット」ノードの間にドラッグ＆ドロップして接続します。

「フォググロー」を選択し、好みの数値を設定します。

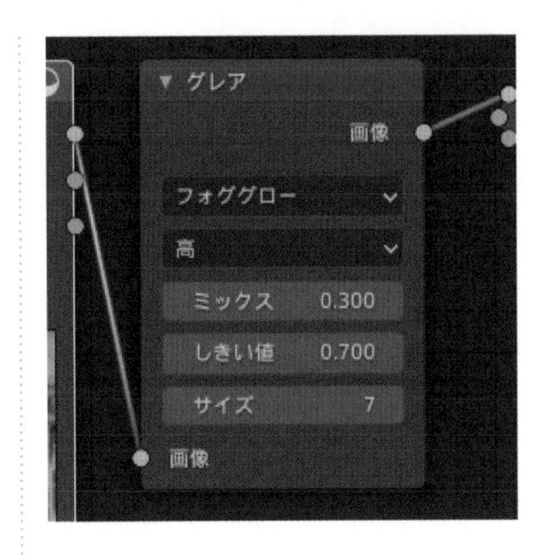

19.5 完成

Eevee レンダーの場合は 3D ビュー上でほぼレンダリング結果と同じ描画が可能で、最終レンダリングも高速です。

付　録

付録 A

ショートカットキー

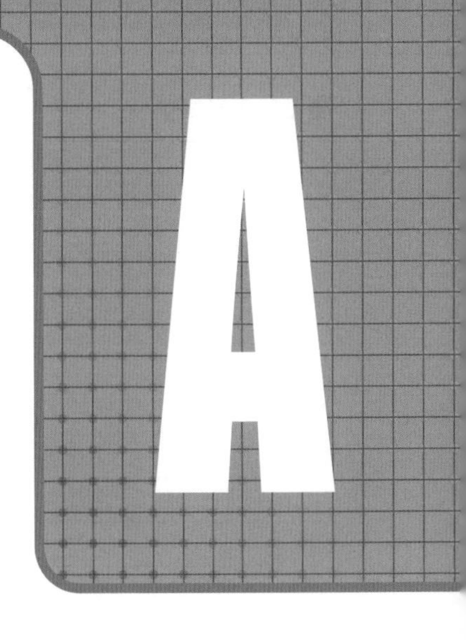

主に 3D ビューポート上のオブジェクトモード時に使用できるショートカットキーです。

- 他のエディタータイプやモードでは異なる機能が割り当てられている場合があります。
- キーマップはプリファレンスなどで変更できます。

エディタータイプ

Shift + F1	ファイルブラウザー
Shift + F2	動画クリップエディター
Shift + F3	コンポジター
Shift + F3	テクスチャノードエディター
Shift + F3	シェーダーエディター
Shift + F4	Python コンソール
Shift + F5	3D ビューポート
Shift + F6	グラフエディター
Shift + F6	ドライバー
Shift + F7	プロパティ
Shift + F8	ビデオシーケンサー
Shift + F9	アウトライナー
Shift + F10	画像エディター
Shift + F10	UV エディター
Shift + F11	テキストエディター
Shift + F12	ドープシート
Shift + F12	タイムライン

レンダリング

F11	レンダーウィンドウ表示
F12	レンダリング
Ctrl + F11	アニメーションレンダー表示
Ctrl + F12	アニメーションレンダリング

データ

F2	アクティブアイテムをリネーム
Ctrl + F2	名前を一括変更
F3	メニュー検索
F4	ファイルコンテキストメニュー

基本機能

Ctrl + N	新規ファイルコンテキスト
Ctrl + C	選択オブジェクトをコピー
Ctrl + V	選択オブジェクトをペースト
Ctrl + Z	やり直し
Shift + Ctrl + Z	取り消し
X	削除
Shift + X	削除
Delete	確認なし削除
Shift + Delete	確認なし削除
Ctrl + S	保存
Shift + Ctrl + S	別名で保存
Ctrl + O	ファイルを開く
Shift + Ctrl + O	最近使用したファイル
Ctrl + Q	終了

編集

Shift + A	追加コンテキスト
Shift + R	操作を繰り返す
Shift + W	湾曲
Shift + Space	ツールバー機能呼び出し
Shift + Alt + S	球に変形
Ctrl + A	適用
Ctrl + J	結合
Ctrl + M	選択物をミラー反転
Ctrl + 数字キー 0 ~ 5	細分化レベルを設定

編集オプション

,	座標系パイメニュー
.	ピボットポイントパイメニュー
Q	お気に入りツール一覧
O	プロポーショナル編集切り替え
Shift + O	プロポーショナルの減衰タイプ編集パイメニュー
Ctrl + B	矩形レンダリング範囲設定

トランスフォーム

G	移動
R	回転
S	拡大
Alt + G	位置をクリア
Alt + R	回転をクリア
Alt + S	拡大縮小をクリア

スナップ

Shift + S	スナップパイメニュー
Shift + Tab	スナップ切り替え
Shift + Ctrl + Tab	スナップメニュー

リンク

Shift + M	コレクションにリンクコンテキスト
Ctrl + L	リンク作成コンテキスト

複製

Shift + D	複製
Alt + D	リンク複製

親子化

Ctrl + P	親子化コンテキスト
Alt + P	親子関係をクリア

表示

Z	シェーディングパイメニュー
T	ツールバー表示切り替え
N	サイドバー切り替え
Ctrl + `	ギズモ表示切り替え
Ctrl + .	選択オブジェクトの軸表示
Shift + Z	ソリッドモードとワイヤーフレーム + 透過表示切り替え
Alt + Z	透過表示切り替え
Shift + Alt + Z	オーバーレイ表示切り替え
Ctrl + Alt + B	矩形レンダリング範囲削除
Ctrl + Alt + Q	四分割表示
Alt + B	矩形範囲外を隠す / 表示

コレクション

Ctrl + G	新規コレクションを作成
Ctrl + H	コレクションを隠すコンテキスト
M	コレクションに移動コンテキスト
数字キー 1 ～ 0	対応コレクション以外非表示
Shift + 数字キー 1 ～ 0	対応コレクション表示切り替え
Ctrl + Alt + G	コレクションから除外
Shift + Ctrl + G	選択物をアクティブコレクションに追加コンテキスト
Shift + Alt + G	選択物をアクティブコレクションから除外
Shift + Ctrl + Alt + G	全コレクションから除外

フレーム操作

Space	アニメーション再生 / 停止
Shift + ←	最初のフレームにジャンプ
Shift + →	最後のフレームにジャンプ

キーフレーム

I	キーフレーム挿入コンテキスト
Alt + I	キーフレームを削除
Shift + Ctrl + Alt + I	キーイングセットメニュー

モード切り替え

Tab	編集モードと直前のモード切り替え
Ctrl + Tab	モード切り替えパイメニュー

選択

A	全選択、2回連続で全選択解除
B	矩形選択
C	追加サークル選択
W	長押し、ボックス、サークル、投げ縄選択切り替え
Alt + W	フォールバックツールパイメニュー
Alt + A	選択解除
Ctrl + I	選択を反転
Shift + G	グループ選択コンテキスト
Shift + L	リンク選択コンテキスト

表示 / 非表示

H	選択物を非表示
Shift + H	選択物以外を隠す
Alt + H	隠したオブジェクトを表示

視点

`	ビューパイメニュー
Shift + B	矩形範囲にズーム
テンキー .	選択の中心にズーム
テンキー +、-	ズーム、ズームアウト
Shift + テンキー +、-	透視投影でズーム、ズームアウト

Home	カメラの境界に収める
Alt + 中ボタンクリック	マウス位置を視点の中心に
Shift + C	シーン内オブジェクトを視野内表示、3D カーソル位置リセット

Shift + `	ウォーク / フライナビゲーション
/	視点のローカル / グローバル
テンキー 5	平行 / 透視投影

Ctrl + テンキー 0	選択オブジェクトをカメラにする
Alt + Ctrl + テンキー 0	現在の視点をカメラにする
テンキー 0	カメラ / ユーザー視点切り替え

テンキー 1	前視点
Ctrl + テンキー 1	後ろ視点
テンキー 3	右視点
Ctrl + テンキー 3	左視点

テンキー 7	上視点
Ctrl + テンキー 7	下視点

テンキー 4	右に視点回転
テンキー 6	左に視点回転
テンキー 8	上に視点回転
テンキー 2	下に視点回転
テンキー 9	左右または上下視点切り替え

Shift + テンキー 4	左に視点回転
Shift + テンキー 6	右に視点回転

Ctrl + テンキー 4	左に移動
Ctrl + テンキー 6	右に移動
Ctrl + テンキー 8	上に移動
Ctrl + テンキー 2	下に移動

Shift + テンキー 7	ユーザー上視点
Shift + Ctrl + テンキー 7	ユーザー下視点
Shift + テンキー 1	ユーザー前視点
Shift + Ctrl + テンキー 1	ユーザー後ろ視点
Shift + テンキー 3	ユーザー右視点
Shift + Ctrl + テンキー 3	ユーザー左視点

付録 B

関連・参考ウェブサイト

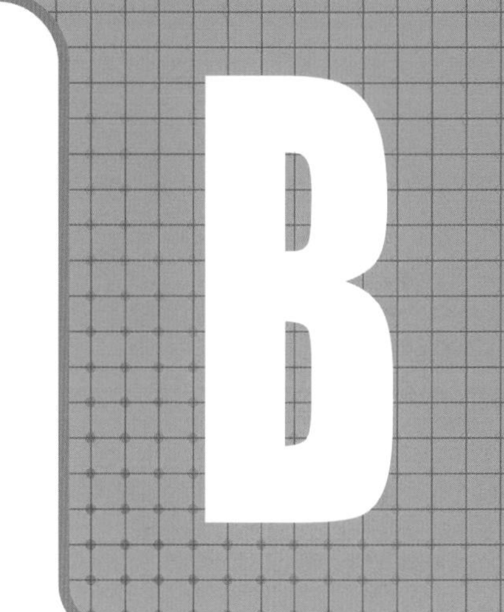

- Blender.org（Blender 公式ウェブサイト）
  https://www.blender.org/

- 過去のバージョンの Blender のダウンロード
  https://download.blender.org/release/

- リファレンスマニュアル
  https://docs.blender.org/manual/ja/dev/

- GraphicAll（Blender の非公式ビルド版がダウンロード可能）
  https://blender.community/c/graphicall/

- Blender Artists Community（大規模コミュニティーサイト）
  https://blenderartists.org/

- Blender.jp（日本の Blender コミュニティーサイト）
  https://blender.jp/

- BlenderWiki（開発者向け情報、リリースノートなど）
  https://wiki.blender.org/wiki/Main_Page

- Wiki の翻訳版
  https://wiki.blender.jp/

索引

ま

や

ら

わ

■ **著者プロフィール**

海川 メノウ（うみかわ・めのう）
フリーでCG制作活動を行っている。
ウェブサイト「CG制作」で各種CG関連ソフトの解説、「イラスト制作集」に作品を掲載中。
他の著書に「Blender2.7 ガイド＆ 3DCG基本作品制作」、「メタセコイア4マスターブック 3DCG モデリングの基本と応用」などがある。

CG制作　http://cg.xyamu.net/
イラスト制作集　http://illust.xyamu.net/

Blender 2.9
ガイド & 3DCG基本作品制作

2021年2月10日　初版第1刷発行

著　者　海川 メノウ
発行人　石塚 勝敏
発　行　株式会社 カットシステム
〒169-0073 東京都新宿区百人町4-9-7　新宿ユーエストビル8F
TEL（03)5348-3850　FAX（03)5348-3851
URL　http://www.cutt.co.jp/
振替　00130-6-17174
印　刷　シナノ書籍印刷 株式会社

本書に関するご意見、ご質問は小社出版部宛まで文書か、sales@cutt.co.jp 宛に e-mail でお送りください。電話によるお問い合わせはご遠慮ください。また、本書の内容を超えるご質問にはお答えできませんので、あらかじめご了承ください。

Printed in Japan　ISBN978-4-87783-504-0